Klaus Marxen, Gerhard Werle, Moritz Vormbaum
Die strafrechtliche Aufarbeitung von DDR-Unrecht

Klaus Marxen, Gerhard Werle,
Moritz Vormbaum

Die strafrechtliche Aufarbeitung von DDR-Unrecht

Eine Bilanz

2., neu bearbeitete Auflage

DE GRUYTER

Prof. Dr. *Klaus Marxen*, Humboldt-Universität zu Berlin.
Prof. Dr. *Gerhard Werle*, Humboldt-Universität zu Berlin.
Prof. Dr. *Moritz Vormbaum*, Westfälische Wilhelms-Universität Münster.

ISBN 978-3-11-057394-7
e-ISBN (PDF) 978-3-11-059735-6
e-ISBN (EPUB) 978-3-11-059377-8

Library of Congress Control Number: 2020933145

Bibliografische Information der Deutschen Nationalbibliothek
Die Deutsche Nationalbibliothek verzeichnet diese Publikation in der Deutschen Nationalbibliografie; detaillierte bibliografische Daten sind im Internet über http://dnb.dnb.de abrufbar.

Datenkonvertierung/Satz: jürgen ullrich typosatz, Nördlingen
Druck und Bindung: CPI books GmbH, Leck

www.degruyter.com

Vorwort zur zweiten Auflage

Die Neuauflage vertieft die erstmals 1999 gezogene Bilanz der Strafverfolgung von DDR-Unrecht. Einbezogen sind alle seit dem Erscheinen der ersten Auflage ergangenen Entscheidungen sowie neuere kritische Stellungnahmen. Zudem wurden die in der Zwischenzeit erschienene Reihe Marxen/Werle (Hrsg.), „Strafjustiz und DDR-Unrecht. Dokumentation“ sowie die Broschüre Marxen/Werle/Schäfter, „Die Strafverfolgung von DDR-Unrecht. Fakten und Zahlen“ eingearbeitet, die, wie schon die 1. Auflage, aus dem Forschungsprojekt „Strafjustiz und DDR-Vergangenheit“ hervorgegangen sind.

Für die Neuauflage wurde der Text vollständig überarbeitet. Die Einbeziehung der nach 1999 ergangenen Entscheidungen machte durchgängig eine Aktualisierung des Zahlenmaterials erforderlich.

30 Jahre nach dem Mauerfall liegt damit eine abgeschlossene Gesamtdarstellung der strafrechtlichen Aufarbeitung des DDR-Unrechts vor. Sie schildert die Rahmenbedingungen der Aufarbeitung, stellt die Fallgruppen des DDR-Unrechts vor und informiert auf der Grundlage zuverlässiger Zahlen über Verfahren und Ergebnisse. Darüber hinaus werden die Grundlinien der strafjuristischen Aufarbeitung herausgestellt und kritisch bewertet – auch in international und historisch vergleichender Perspektive.

Für wertvolle Unterstützung bei der Fertigstellung des Manuskripts danken wir den Mitarbeiterinnen und Mitarbeitern sowie den Promovierenden des Lehrstuhls von Moritz Vormbaum. Dr. Kathrin Fenrich hat wichtige Beiträge zur Überarbeitung des ersten Teils geleistet. Am Abschnitt über die Gewalttaten an der deutsch-deutschen Grenze hat Tobias Köpcke auch durch Recherchetätigkeiten mitgewirkt. Neuere Informationen zum Doping im DDR-Leistungssport verdanken wir Michaela Galandi. Leonie Brinkmann hat umfangreiche redaktionelle Arbeiten an den Fußnoten und Verzeichnissen durchgeführt.

Dem Verlag de Gruyter danken wir für die Bereitschaft, die zweite Auflage des Bilanzbandes zu veröffentlichen. Lili Hammler, Project Editor von de Gruyter, danken wir für die angenehme Zusammenarbeit und für ihre Geduld.

Berlin und Münster, April 2020

Klaus Marxen, Gerhard Werle,
Moritz Vormbaum

https://doi.org/10.1515/9783110597356-202

Vorwort zur ersten Auflage

Die vorliegende Untersuchung ist im Arbeitszusammenhang des Forschungsprojekts „Strafjustiz und DDR-Vergangenheit“ entstanden. Das von der Volkswagen-Stiftung geförderte Projekt wird an der Humboldt-Universität zu Berlin durchgeführt. Es analysiert unter Leitung der Autoren seit 1996 den strafrechtlichen Umgang mit der DDR-Vergangenheit in juristischer, zeitgeschichtlicher und rechtsvergleichender Perspektive. Die vorliegende Veröffentlichung präsentiert wesentliche Ergebnisse der ersten Projektphase. Hierbei konnte teilweise auf Erkenntnisse aus einem Gutachten zurückgegriffen werden, das die Autoren 1997 für die Enquete-Kommission des Deutschen Bundestages „Überwindung der Folgen der SED-Diktatur im Prozess der deutschen Einheit“ erstattet haben.

Die Autoren sind einer Vielzahl von Institutionen und Personen zu Dank verpflichtet. Die Konferenz der Justizministerinnen und Justizminister der neuen Bundesländer hat 1996 auf Initiative der Berliner Justizverwaltung die Unterstützung des Projekts beschlossen. Die Ministerien und die zuständigen Staatsanwaltschaften der Länder Berlin, Brandenburg, Mecklenburg-Vorpommern, Sachsen, Sachsen-Anhalt und Thüringen sowie die Bundesanwaltschaft haben durch die Herausgabe von Materialien und zahlreiche Auskünfte entscheidend zum Gelingen des Vorhabens beigetragen. Zu besonderem Dank sind wir der Berliner Justizverwaltung und der Staatsanwaltschaft II bei dem Landgericht Berlin verpflichtet. Die früheren Berliner Justizsenatorinnen Frau Prof. Dr. Jutta Limbach und Frau Dr. Lore Maria Peschel-Gutzeit, Herr Justizsenator Dr. Körting, der Leiter der Abteilung Strafrecht in der Berliner Senatsverwaltung für Justiz Herr Diwell sowie Herr Generalstaatsanwalt Schaefgen haben das Projekt in jeder Phase unterstützt. Hervorzuheben ist ferner die gute Zusammenarbeit mit der Behörde des Bundesbeauftragten für die Unterlagen des Staatssicherheitsdienstes der ehemaligen DDR.

Wichtige Anregungen verdanken wir den Mitgliedern des Projektbeirats, zu dem neben den bereits genannten Herren Diwell und Schaefgen der ehemalige Richter am Bundesgerichtshof Prof. Dr. Horstkotte und der Strafverteidiger Priv. Doz. Dr. Dr. Ignor gehören.

Am Zustandekommen dieses Buches haben alle Projektbeteiligten ihren Anteil. Hervorzuheben sind die Beiträge der Doktorandinnen und Doktoranden Toralf Rummler (Gewalttaten an der deutsch-deutschen Grenze), Jan Müller (Wahlfälschung), Ute Hohoff (Rechtsbeugung), Roland Schissau (MfS-Straftaten), Frank Böhm (Misshandlungen in Haftanstalten), Willi Fahnenschmidt (Amtsmissbrauch und Korruption) und Ivo Thiemrodt (Spionage). Margarete Koppers hat zu den Abschnitten über den Deliktsbereich Denunziationen und über die Verfahrenspraxis wertvolle Unterstützung geleistet. Petra Schäfter, Willi Fahnenschmidt und Jan Müller haben darüber hinaus wesentlich zur Erstellung des gesamten Manuskripts beigetragen. Die Register haben Ute Hohoff, Holger Karitzky und Petra Schäfter angefertigt. Für Unterstützung haben wir ferner den Mitarbeiterinnen und Mitarbeitern sowie den studentischen Hilfskräften unserer Lehrstühle und des Projekts zu danken.

Ein besonderer Dank gilt der Volkswagen-Stiftung und unserem dortigen Ansprechpartner Herrn Dr. Hof. Ohne die großzügige Förderung des Projekts „Strafjustiz und DDR-Vergangenheit" durch die Stiftung hätte diese Bilanz der strafrechtlichen Aufarbeitung nicht vorgelegt werden können.

Berlin, April 1999 — Klaus Marxen, Gerhard Werle

Inhaltsverzeichnis

Abkürzungsverzeichnis

aaO	am angegebenen Ort
Abs.	Absatz
a.F.	alte Fassung
AfNS	Amt für Nationale Sicherheit
AG	Amtsgericht
AGGVG	Ausführungsgesetz zum Gerichtsverfassungsgesetz
Anl.	Anlage
Anm.	Anmerkung
AR	Allgemeines Register
Art.	Artikel
AT	Allgemeiner Teil
Aufl.	Auflage
Az.	Aktenzeichen
AZKW	Amt für Zoll und Kontrolle des Warenverkehrs
BA	Beschlussausfertigung
BArch	Bundesarchiv
BayObLG	Bayerisches Oberstes Landesgericht
Bd.	Band
BerlVerfGH	Berliner Verfassungsgerichtshof
Bew.	Bewährung
BezG	Bezirksgericht
BGBl.	Bundesgesetzblatt (zit. nach Jahr und Seite)
BGH	Bundesgerichtshof
BGHSt	Amtliche Entscheidungssammlung des Bundesgerichtshofs in Strafsachen (zit. nach Band und Seite)
BT	Besonderer Teil
BT-Drucksache	Bundestagsdrucksache
BVerfG	Bundesverfassungsgericht
BVerfGE	Amtliche Entscheidungssammlung des Bundesverfassungsgerichts (zit. nach Band und Seite)
bzw.	beziehungsweise
ca.	circa
CDU	Christlich Demokratische Union
COCOM	Coordinating Commitee for East-West Trade Policy
CSU	Christlich-Soziale Union
d.h.	das heißt
dass.	dasselbe
DDR	Deutsche Demokratische Republik
DDR-GBl.	Gesetzblatt der DDR (zit. nach Jahr und Seite)
DDR-StÄG	Strafrechtsänderungsgesetz der DDR
DDR-StGB	Strafgesetzbuch der DDR
DDR-StPO	Strafprozessordnung der DDR

https://doi.org/10.1515/9783110597356-204

ders.	derselbe
dies.	dieselbe(n)
DRiZ	Deutsche Richterzeitung (zit. nach Jahr und Seite)
dt.	deutsch
DtZ	Deutsch-Deutsche Rechts-Zeitschrift (zit. nach Jahr und Seite)
DuR	Demokratie und Recht (zit. nach Jahr und Seite)
DVBl.	Deutsches Verwaltungsblatt
EGGVG	Einführungsgesetz zum Gerichtsverfassungsgesetz
EGStGB	Einführungsgesetz zum Strafgesetzbuch
Erledig.	Erledigungen
EuGRZ	Europäische Grundrechtszeitschrift (zit. nach Jahr und Seite)
EV	Einigungsvertrag
f.	und die folgende
FDP	Freie Demokratische Partei
ff.	und die folgenden
Fn.	Fußnote
GA	Goltdammer's Archiv für Strafrecht (zit. nach Jahr und Seite)
GBA	Generalbundesanwalt
GBl.	Gesetzblatt
gem.	gemäß
GG	Grundgesetz
GmbH	Gesellschaft mit beschränkter Haftung
GMS	Gesellschaftlicher Mitarbeiter für Sicherheit
GStA	Generalstaatsanwalt
GVG	Gerichtsverfassungsgesetz
ha	Hektar
Hervorh.	Hervorhebung
HIM	Hauptamtlicher Inoffizieller Mitarbeiter (des Ministeriums für Staatssicherheit)
HLKO	Haager Landkriegsordnung
Hrsg.	Herausgeber
HVA	Hauptverwaltung A (des Ministeriums für Staatssicherheit)
i.S.d.	im Sinne des
IStGH	Internationaler Strafgerichtshof
iVm	in Verbindung mit
IM	Informeller Mitarbeiter (des Ministeriums für Staatssicherheit)
insbes.	insbesondere
IPbpR	Internationaler Pakt über bürgerliche und politische Rechte
IWF	Institut für Wirtschaftswissenschaftliche Forschung
J.	Jahr
JMBl.	Justizministerblatt (zit. nach Jahr und Seite)

JR	Juristische Rundschau (zit. nach Jahr und Seite)
JuS	Juristische Schulung (zit. nach Jahr und Seite)
JZ	Juristenzeitung (zit. nach Jahr und Seite)
Kap.	Kapitel
Kfz	Kraftfahrzeug
KG	Kammergericht
KGB	Komitee für Staatssicherheit der früheren Sowjetunion
KK	Karlsruher Kommentar
KoKo	Bereich Kommerzielle Koordinierung (im Ministerium für Außenhandel)
KRD	Kontrollratsdirektive
KreisG	Kreisgericht
KritV	Kritische Vierteljahreszeitschrift für die Gesetzgebung und Rechtswissenschaft (zit. nach Jahr und Seite)
LG	Landgericht
LKW	Lastkraftwagen
M.	Monat
M/W	Marxen/Werle
mwN	mit weiteren Nachweisen
MDR	Monatsschrift für deutsches Recht (zit. nach Jahr und Seite)
Mecklenbg.-Vorp.	Mecklenburg-Vorpommern
MfS	Ministerium für Staatssicherheit
MRG	Militärregierungsgesetz
NATO	North Atlantic Treaty Organization
NJ	Neue Justiz (zit. nach Jahr und Seite)
NJW	Neue Juristische Wochenschrift (zit. nach Jahr und Seite)
Nr.	Nummer
NS	Nationalsozialismus/nationalsozialistisch
NStZ	Neue Zeitschrift für Strafrecht (zit. nach Jahr und Seite)
NStZ-RR	Rechtsprechungsreport der NStZ
NSW	nichtsozialistisches Wirtschaftsgebiet
NVA	Nationale Volksarmee
o.A.	ohne Angaben
OG	Oberstes Gericht
OibE	Offizier im besonderen Einsatz
OLG	Oberlandesgericht
PDS	Partei des demokratischen Sozialismus
RAF	Rote Armee Fraktion
RGSt	Entscheidungssammlung des Reichsgerichtes in Strafsachen (zit. nach Band und Seite)
Rn.	Randnummer

ROW	Recht in Ost und West (zit. nach Jahr und Seite)
RStGB	Reichsstrafgesetzbuch
RuP	Recht und Politik, Vierteljahreszeitschrift für Rechts- und Verwaltungspolitik (zit. nach Jahr und Seite)
S.	Seite/Satz
s.	siehe
s.o.	siehe oben
SächsAbl.	Amtsblatt des Freistaates Sachsen (zit. nach Jahr und Seite)
SBZ	Sowjetische Besatzungszone
SC	Sportclub
Sch/Sch	Schönke/Schröder
SED	Sozialistische Einheitspartei Deutschlands
SfS	Staatssekretariat für Staatssicherheit
SJZ	Süddeutsche Juristenzeitung (zit. nach Jahr und Seite)
SK	Systematischer Kommentar
SMAD	Sowjetische Militäradministration in Deutschland
sog.	sogenannte(r/n)
SPuRT	Sport und Recht (zit. nach Jahr und Seite)
StA	Staatsanwaltschaft
StÄG	Strafrechtsänderungsgesetz
StEG	Strafrechtsergänzungsgesetz
Stasi	Ministerium für Staatssicherheit der DDR
StGB	Strafgesetzbuch
StPO	Strafprozessordnung
Strafauss.	Strafaussetzung
StrRehaG	Strafrechtliches Rehabilitierungsgesetz vom 29.10.1992
StV	Strafverteidiger (zit. nach Jahr und Seite)
StVG	Strafvollzugsgesetz
TSC	Turn- und Sportclub
u.a.	unter anderem
UA	Urteilsausfertigung
ua.	und andere
U-Haft	Untersuchungshaft
US	United States
v.	vom
Verf.	Verfassung/Verfasser/Verfahren
VerfGH	Verfassungsgerichtshof
vgl.	vergleiche
VM	Valutamark
VOBl.	Verordnungsblatt
VVDStRL	Veröffentlichungen der Vereinigung deutscher Staatsrechtslehrer

wistra	Zeitschrift für Wirtschafts- und Steuerstrafrecht (zit. nach Jahr und Seite)
WStG	Wehrstrafgesetz
z.B.	zum Beispiel
z.Zt.	zur Zeit
ZAP-Ost	Zeitschrift für anwaltliche Praxis – Ost (zit. nach Jahr und Seite)
ZERV	Zentrale polizeiliche Ermittlungsstelle für die Verfolgung der Regierungs- und Vereinigungskriminalität
ZfStrVo	Zeitschrift für Strafvollzug und Straffälligenhilfe
Ziff.	Ziffer
zit.	zitiert
ZKG	Zentrale Koordinierungsgruppe
ZRP	Zeitschrift für Rechtspolitik (zit. nach Jahr und Seite)
ZStW	Zeitschrift für die gesamte Strafrechtswissenschaft (zit. nach Jahr und Seite)
ZV-Fond	Fond zur Gewährleistung der ständigen Einsatz- und Führungstätigkeit des Rates des Kreises

Einführung

Zu einer revolutionären Abrechnung mit dem Unrecht des DDR-Regimes ist es 1989 nicht gekommen. Eine friedliche Revolution hat die strafende Aufarbeitung von DDR-Unrecht von vornherein in die Bahnen des Strafprozesses gelenkt. Erste und wichtige Anfänge strafrechtlicher Aufarbeitung wurden noch von der gewendeten DDR-Justiz gemacht. Nach der Vereinigung hat die bundesdeutsche Justiz diese Ansätze übernommen und auf andere Erscheinungsformen von DDR-Unrecht ausgedehnt. Dreißig Jahre nach der Wende in der DDR und zwanzig Jahre nach der Zwischenbilanz, die mit der ersten Auflage dieses Buchs gezogen wurde, ist die Zeit nun reif, eine abschließende Bilanz des strafrechtlichen Aufarbeitungsprozesses vorzulegen.

In den Jahren nach der deutschen Vereinigung haben zeitliche Nähe, thematische Begrenzungen und sektorale Bewertungen die Auseinandersetzung mit dem strafrechtlichen Aufarbeitungsprozess geprägt. Nach Abschluss des strafrechtlichen Aufarbeitungsprozesses ist ein Perspektivenwechsel angezeigt. Der Blick ist auf den Gesamtvorgang zu richten. Seine Stärken und Schwächen sind nüchtern zu bilanzieren. Das kann nur gelingen, wenn Analyse und Bewertung sich auf die Grundlinien des Aufarbeitungsprozesses konzentrieren. Distanz gilt es zu wahren sowohl zu den Turbulenzen der Anfangsphase als auch zu der Vielzahl juristischer Detailprobleme. Daher ist die hier vorgelegte Bilanz um eine Gesamtschau der Erscheinungsformen des DDR-Unrechts sowie der Verfahrenspraxis bemüht.

Die Untersuchung bietet eine umfassende Darstellung, Analyse und Bewertung der strafrechtlichen Aufarbeitung von DDR-Unrecht durch die deutsche Justiz. Die Strafjustiz soll an ihren Produkten gemessen werden: den einschlägigen Strafverfahren. Grundlage dieses Unternehmens ist deshalb die Auswertung aller veröffentlichten und unveröffentlichten Urteile und verfahrensbeendenden Entscheidungen der Gerichte. Weitere wichtige Verfahrensmaterialien, insbesondere Anklageschriften, sind einbezogen. Dieser umfassende Zugriff lässt ein vollständiges Bild des strafrechtlichen Aufarbeitungsprozesses entstehen und stellt damit die Bewertung des Gesamtvorgangs auf eine verlässliche Basis.

Der *Erste Teil* der Studie informiert über das gesamte Spektrum der Strafverfolgungsmaßnahmen. Der Gegenstandsbereich wird nach Deliktsgruppen unterteilt, um die jeweiligen tatsächlichen und rechtlichen Besonderheiten erfassen zu können. Die Themen der einzelnen Abschnitte lauten: Gewalttaten an der deutsch-deutschen Grenze, Wahlfälschung, Rechtsbeugung, Denunziationen, MfS-Straftaten, Misshandlungen in Haftanstalten, Doping, Amtsmissbrauch und Korruption, sonstige Wirtschaftsstraftaten sowie Spionage. Die Un-

https://doi.org/10.1515/9783110597356-001

tersuchung beschränkt sich nicht auf eine Analyse der Rechtsfragen und der gerichtlichen Antworten. Vielmehr werden auch die zeitgeschichtlich bedeutsamen Feststellungen der Justiz herausgearbeitet. Denn die Aufklärung und Anerkennung von Unrechtsvergangenheit ist eine wichtige Leistung der Strafverfahren, die in eine Bewertung des Aufarbeitungsprozesses einzubeziehen ist.

Der *Zweite Teil* gilt der Verfahrenspraxis. Die verwendeten Daten konnten einmal durch Auskünfte der zuständigen Justizbehörden gewonnen werden. Zum zweiten wird auf eigene Erhebungen zurückgegriffen, die weitergehende, insbesondere auch länderübergreifende Auswertungen ermöglichen. Die Strafverfolgung in der Endphase der DDR wird dabei gesondert betrachtet. Trotz mancher methodischer Schwierigkeiten lassen sich die Erkenntnisse zu einem Gesamtbild zusammenführen, welches die empirischen Dimensionen der Verfolgungsaktivitäten gesichert aufzeigt.

Der *Dritte Teil* zieht das Fazit. Die beiden ersten Abschnitte präsentieren zusammenfassend die wesentlichen Erkenntnisse zu den Erscheinungsformen des DDR-Unrechts und zur Verfahrenspraxis. Anschließend werden die Grundlinien der strafrechtlichen Verfolgung herausgearbeitet. Auf diesen Grundlagen erfolgt die abschließende Bewertung. Eine Betrachtung der strafrechtlichen Verfolgung von DDR-Unrecht in internationaler Perspektive sowie ein Ausblick schließen die Untersuchung ab.

Erster Teil: Erscheinungsformen des DDR-Unrechts

Die strafrechtlich relevanten Hinterlassenschaften des „SED-Unrechts-Regimes“[1] erstrecken sich auf unterschiedlichste Lebensbereiche. Die folgende Darstellung vermittelt einen systematischen Überblick. Sie behandelt zunächst allgemeine Rechtsfragen der strafrechtlichen Aufarbeitung von DDR-Unrecht (A.). Sodann ordnet sie die einzelnen Strafverfahren zehn verschiedenen Deliktsgruppen zu: Gewalttaten an der deutsch-deutschen Grenze (B.), Wahlfälschung (C.), Rechtsbeugung (D.), Denunziationen (E.), innerstaatliche Aktivitäten des Ministeriums für Staatssicherheit (F.), Misshandlungen in Haftanstalten (G.), Doping (H.), Amtsmissbrauch und Korruption (I.), sonstige Wirtschaftsstraftaten (J.) sowie Spionage (K.).

Grundlage der Analyse sind Justizdokumente aus über 700 Strafverfahren,[2] nicht nur Urteile, sondern auch zahlreiche weitere gerichtliche Entscheidungen, wie beispielsweise Einstellungsbeschlüsse, sowie Anklageschriften und Revisionsbegründungen.[3] Auf der Basis dieses Materials werden innerhalb der Deliktsgruppen in den Abschnitten B. bis K. die Tathandlungen dargestellt und soweit möglich nach Fallgruppen geordnet. Der einführende Teil stellt jeweils die zeitgeschichtlich relevanten Sachverhaltsfeststellungen heraus, die von der Strafjustiz getroffen wurden. Weiterer Bestandteil einer Typologie des DDR-Unrechts ist die strafrechtliche Einordnung der Lebenssachverhalte. Sie orientiert sich primär an der Rechtsprechungspraxis; ergänzend wird auf Stellungnahmen in der rechtswissenschaftlichen Literatur hingewiesen.

A. Allgemeine Rechtsfragen

Rechtsfragen von allgemeiner Bedeutung für die strafrechtliche Aufarbeitung des DDR-Unrechts ergeben sich im Bereich des Strafanwendungsrechts sowie der Verjährungsregelungen.

---

1 So die Wortwahl in Art. 17 Satz 2 Einigungsvertrag.

2 Die Analyse erfolgte im Rahmen des von *Klaus Marxen* und *Gerhard Werle* betreuten Forschungsprojekts „Strafjustiz und DDR-Vergangenheit“. Seit 1996 sind im Rahmen des durch die Volkswagen-Stiftung und die Bundestiftung Aufarbeitung geförderten Projektes an der Humboldt-Universität zu Berlin sämtliche Strafprozesse, die Taten mit Bezug zum DDR-Regime zum Gegenstand hatten, ausgewertet worden.

3 Näher zur Materialbasis des Forschungsprojekts vgl. S. 250 f.

https://doi.org/10.1515/9783110597356-002

I. Strafanwendungsrecht

Bei allen vor dem 3. Oktober 1990, dem Tag des Inkrafttretens des Einigungsvertrags,[4] in der DDR begangenen Delikten handelte es sich um sogenannte Alttaten. Für sie stellte sich den Gerichten zunächst die Frage nach dem anzuwendenden Strafrecht. Denn während zur Tatzeit das DDR-Strafrecht Geltung beanspruchte, wurde mit dem 3. Oktober 1990 gemäß Artikel 8 Einigungsvertrag grundsätzlich das Strafrecht der Alt-Bundesrepublik auch für die neuen Bundesländer verbindlich.[5] Das Recht der DDR konnte also „an sich" nicht mehr angewendet werden. Zugleich wäre aber die ausschließliche Beurteilung nach dem bundesdeutschen Strafrecht mit dem Rückwirkungsverbot gemäß Art. 103 Absatz 2 GG kaum vereinbar gewesen. Artikel 315 Absatz 1 EGStGB[6] ordnete deshalb die Anwendung von § 2 StGB auf alle vor dem Beitritt begangenen Taten an.[7] § 2 StGB wiederum regelt den zeitlichen Geltungsbereich der Strafgesetze, das sogenannte intertemporale Strafrecht. In Übereinstimmung mit Artikel 103 Absatz 2 GG erklärt § 2 Absatz 1 StGB grundsätzlich das zur Tatzeit geltende Recht für anwendbar. Im weiterhin einschlägigen Absatz 3 heißt es:

> „Wird das Gesetz, das bei Beendigung der Tat gilt, vor der Entscheidung geändert, so ist das mildeste Gesetz anzuwenden."

Mit dieser Regelung hat der Gesetzgeber die Ersetzung des DDR-Strafrechts durch das Strafrecht der Bundesrepublik einer nationalen Gesetzesänderung zwischen Tatbeendigung und Aburteilung gleichgestellt. Für die Ahndung des DDR-Unrechts wurde damit bei einer Aburteilung die für den Täter günstigere Regelung (sogenanntes Meistbegünstigungsprinzip) maßgeblich. Es galt also ein „Zwei-Schlüssel-Ansatz": Erst wenn sowohl die Strafgesetze der DDR als auch diejenigen der Bundesrepublik passten, ließ sich das Tor zur Strafbarkeit „aufschließen".

---

4 BGBl. II 1990, S. 885 ff.

5 Die gemäß Art. 9 Abs. 2 EV in Verbindung mit dessen Anlage II fortgeltenden Bestimmungen des DDR-Strafrechts sind im Zusammenhang mit den hier behandelten Deliktsgruppen ausschließlich für die Verfahren wegen Amtsmissbrauch und Korruption relevant (dazu eingehend S. 161 ff.). Die Sonderbestimmungen der Anlage I zum Einigungsvertrag sind für die genannten Deliktsbereiche grundsätzlich nicht von Bedeutung.

6 BGBl. II 1990, S. 889, 954.

7 „Auf vor dem Wirksamwerden des Beitritts in der Deutschen Demokratischen Republik begangene Taten findet § 2 des Strafgesetzbuches ... Anwendung."

Für die Gerichte ergab sich daraus eine differenzierte Prüfungsfolge.[8] In einem ersten Schritt war die Strafbarkeit nach dem Recht der DDR zu prüfen. Im Falle ihrer Verneinung blieb es bei der Straflosigkeit als „mildester" Variante. Wurde sie hingegen bejaht, war in einem zweiten Schritt das einschlägige Verhalten unter bundesdeutsches Strafrecht zu subsumieren. War auch hiernach die Strafbarkeit zu bejahen, so stellte sich drittens die Frage nach der sogenannten Unrechtskontinuität zwischen alter und neuer Norm. Es musste sichergestellt sein, dass die neuere Norm (lex posterior), also der entsprechende Tatbestand des bundesdeutschen Strafrechts, trotz „formaler" Subsumierbarkeit des einschlägigen Verhaltens auch materiell an das zur Tatzeit im DDR-Strafrecht vertypte Unrecht anknüpfte. Nur so ließen sich Kollisionen mit dem Verbot rückwirkender Bestrafung ausschließen.[9] Bei Individualrechtsgütern wie Leben oder Gesundheit war dieser Prüfungsschritt unproblematisch. Er bereitete aber für Delikte mit Bezug auf staatlich-politische Einrichtungen und Institutionen erhebliche Schwierigkeiten.[10] Wurde eine Kontinuität des Unrechtstyps bejaht, bestimmte das Gericht abschließend die insgesamt mildere Strafdrohung.

Ausnahmen von diesem Vorgehen ergaben sich für den – seltenen – Fall, dass das Strafrecht der Bundesrepublik bereits vor Wirksamwerden des Beitritts auch für in der DDR begangene Taten gegolten hat.[11]

II. Verjährung

Da die in Rede stehenden Taten zum Zeitpunkt ihrer Verfolgung teilweise schon weit zurücklagen, stellte sich die Frage nach der Verjährung. Wichtige Grundsätze der Verjährung ergaben sich aus der durch den Einigungsvertrag

---

8 Zum maßgeblichen Verständnis der Regelungstechnik des Art. 315 EGStGB grundlegend *BGH*, Urteil v. 3.11.1992 – Az. 5 StR 370/92, BGHSt 39, 1, 6 ff., *M/W*, Bd. 2/1 (2002), S. 135; zu abweichenden Auffassungen im Schrifttum, die freilich mit Wortlaut und Systematik des Gesetzes kaum vereinbar waren, vgl. den Überblick bei *Tröndle/Fischer*, StGB, 54. Aufl. (2007), vor § 3 Rn. 46.

9 Zum Erfordernis der Unrechtskontinuität grundlegend *BGH* GS, Beschluss v. 10.7.1975 – Az. GSSt 1/75, BGHSt 26, 167, 172 f.; im Kontext der Aufarbeitung von DDR-Unrecht *BGH*, Urteil v. 26.11.1992 – Az. 3 StR 319/92, BGHSt 39, 54, 67 ff., *M/W*, Bd. 1 (2000), S. 217.

10 Hierzu sowie zu sonstigen Problemen des Strafanwendungsrechts jeweils im Einzelnen unten bei den einzelnen Deliktsgruppen (S. 8 ff.). Aufbautechnisch verfuhr der BGH nicht einheitlich. Während er bei der Wahlfälschung (S. 47) in der geschilderten Reihenfolge vorging, erfolgte die Prüfung der Unrechtskontinuität der Rechtsbeugungs-Tatbestände (S. 76) abstrakt vor dem Eintritt in tatbestandliche Erwägungen.

11 Art. 315 Abs. 4 EGStGB.

eingefügten Regelung des Artikels 315a EGStGB. In seiner Ursprungsfassung im Einigungsvertrag erklärte dieser, dass eine Verfolgungsverjährung als unterbrochen gelte, wenn im Zeitpunkt des Beitritts eine solche noch nicht eingetreten sei.[12] Durch die Verjährungsunterbrechung zum 3. Oktober 1990 sollte insbesondere sichergestellt werden, dass der Aufbau einer funktionsfähigen rechtsstaatlichen Strafjustiz im Gebiet der neuen Bundesländer nicht die Verfolgbarkeit von DDR-Unrecht hinderte.[13] Für den Anwendungsbereich der Vorschrift hatte freilich die nicht geklärte Vorfrage entscheidende Bedeutung, welche DDR-Taten zum Zeitpunkt des Beitritts bereits verjährt waren. Gemäß § 83 Nr. 2 DDR-StGB ruhte die Verjährung, solange Strafverfahren aus einem „gesetzlichen Grunde“ nicht eingeleitet oder fortgeführt werden konnten. Sämtliche Delikte aus dem Bereich des DDR-Unrechts wurden nun aber gerade entgegen geschriebenem Recht aufgrund des politischen Willens der Staats- und Parteiführung nicht verfolgt. Ferner ließ die Regelung offen, inwieweit eine Verjährungsunterbrechung bei solchen Delikten eintreten sollte, die bereits zu DDR-Zeiten (auch) dem Strafrecht der Bundesrepublik unterfielen.[14] Zu beiden Fragen nahm der Gesetzgeber im ersten Verjährungsgesetz vom 26. März 1993[15] Stellung. In Bezug auf die Nichtverfolgung während der SED-Herrschaft regelte dessen Artikel 1:

> „Bei der Berechnung der Verjährungsfrist für die Verfolgung von Taten, die während der Herrschaft des SED-Unrechtsregimes begangen wurden, aber entsprechend dem ausdrücklichen oder mutmaßlichen Willen der Staats- und Parteiführung ... nicht geahndet worden sind, bleibt die Zeit vom 11. Oktober 1949 bis 2. Oktober 1990 außer Ansatz. In dieser Zeit hat die Verjährung geruht.“

Die faktische Nichtverfolgung wurde damit in Bezug auf die Verjährung einem gesetzlichen Verfolgungshindernis gleichgestellt. Zum Geltungsbereich bestimmte die durch das erste Verjährungsgesetz eingefügte Norm,[16] dass auch Straftaten im Sinne von Artikel 315 Absatz 4 EGStGB (Strafbarkeit auch unmittelbar nach bundesdeutschem Recht) von Artikel 315a Absatz 1 Satz 1 EGStGB erfasst würden. Dies ermöglichte einen Rückgriff auf den – bis zum 3. Oktober

12 BGBl. II 1990, S. 889, 954. „Soweit die Verjährung der Verfolgung oder der Vollstreckung nach dem Recht der Deutschen Demokratischen Republik bis zum Wirksamwerden des Beitritts nicht eingetreten war, bleibt es dabei. Die Verfolgungsverjährung gilt als am Tag des Wirksamwerdens des Beitritts unterbrochen ...“

13 Vgl. *Kinkel* JZ 1992, 485, 488.

14 Art. 315 Abs. 4 EGStGB.

15 BGBl. I 1993, S. 392.

16 Der jetzige Art. 315a Abs. 1 S. 2 EGStGB.

1990 in der Verjährung gehemmten – DDR-Strafanspruch, wenn der bundesdeutsche Strafanspruch wegen Unerreichbarkeit der DDR-Täter bereits verjährt war.

In der rechtswissenschaftlichen Literatur wurde die Zulässigkeit beider Regelungen teilweise angezweifelt.[17] Die Gleichsetzung von faktischem und rechtlichem Verfolgungshindernis sei im Hinblick auf den Wortlaut des § 83 Nr. 2 DDR-StGB nicht vertretbar. Der Rückgriff auf DDR-Strafansprüche im Falle einer Doppelstrafbarkeit bedeute einen Widerspruch zu den eigenen Verjährungsregeln. Insgesamt laufe das erste Verjährungsgesetz auf eine nach Artikel 103 Absatz 2 GG unzulässige rückwirkende Verjährungsverlängerung hinaus. Der Bundesgerichtshof sah demgegenüber lediglich die Übertragbarkeit seiner Rechtsprechung zum Ruhen der Verjährung während der nationalsozialistischen Gewaltherrschaft bestätigt.[18]

Das zweite Verjährungsgesetz vom 27. September 1993[19] ergänzte Artikel 315a EGStGB um zwei weitere Absätze. In der Sache enthielt es insbesondere eine Verlängerung der Verjährungsfristen für Fälle kleiner und mittlerer Kriminalität, die wegen der unzureichenden Besetzung der Strafverfolgungsbehörden in den neuen Bundesländern und wegen der Verzögerungen beim Zugang zu den Stasi-Unterlagen zu verjähren drohten (Absatz 2). Darüber hinaus wurde die Unverjährbarkeit des nach DDR-Recht eigentlich verjährbaren Mordes auch für DDR-Alttaten festgeschrieben (Absatz 3).[20] Auch diese Regelungen sind im Schrifttum auf Kritik gestoßen, da die Begründung mit Aufbauschwierigkeiten in den neuen Ländern bereits verbraucht sei[21] und ferner die absolute Verjährungsfrist des § 78c StGB vielfach deutlich überschritten werde.[22]

---

17 Vgl. den Gesamtüberblick bei *Tröndle/Fischer*, StGB, 52. Aufl. (2004), vor § 78 Rn. 9; detailliert zum Streitstand *Zimmermann*, Vergangenheitsaufarbeitung (1997), S. 98 ff.

18 *BGH*, Urteil v. 19.4.1994 – Az. 5 StR 204/93, BGHSt 40, 113, 115; vgl. auch Urteil v. 26.4.1995 – Az. 3 StR 93/95, NJW 1995, 2861, *M/W*, Bd. 7 (2009), S. 31.

19 BGBl. I 1993, S. 1657.

20 „(2) Die Verfolgung von Taten, die vor Ablauf des 31. Dezember 1992 in dem in Artikel 3 des Einigungsvertrages genannten Gebiet begangen worden sind und die im Höchstmaß mit Freiheitsstrafe von mehr als einem Jahr bis zu fünf Jahren bedroht sind, verjährt frühestens mit Ablauf des 31. Dezember 1997, die Verfolgung der in diesem Gebiet vor Ablauf des 2. Oktober 1990 begangenen und im Höchstmaß mit Freiheitsstrafe bis zu einem Jahr oder mit Geldstrafe bedrohten Taten frühestens mit Ablauf des 31. Dezember 1995.

(3) Verbrechen, die den Tatbestand des Mordes ... erfüllen, für welche sich die Strafe jedoch nach dem Recht der Deutschen Demokratischen Republik bestimmt, verjähren nicht."

21 Vgl. *Heuer/Lilie* DtZ 1993, 354, 357.

22 Vgl. *Otto* Jura 1994, 611, 614; detailliert zum Streitstand *Zimmermann*, Vergangenheitsaufarbeitung (1997), S. 189 ff.

Schließlich wurde mit dem dritten Verjährungsgesetz vom 22. Dezember 1997[23] Artikel 315a EGStGB erneut geändert. Durch Streichung der zeitlichen Anwendungsgrenze für Taten, die im Höchstmaß mit Freiheitsstrafe von einem Jahr bis zu fünf Jahren bedroht sind, in Absatz 2 alte Fassung („vor Ablauf des 31. Dezember 1992") sollten insbesondere auch Fälle vereinigungsbedingter Wirtschaftskriminalität erfasst werden. Denn vereinigungsbedingte Straftaten hätten, so die Begründung, auch noch nach dem 31. Dezember 1992 begangen werden können.[24] Ferner wurde der bislang auf den 31. Dezember 1997 terminierte Eintritt der Verfolgungsverjährung für die genannten Taten bis zum 2. Oktober 2000 hinausgeschoben.[25]

Zusammengefasst ergeben sich aus den Verjährungsregeln zur Ahndung des DDR-Unrechts folgende Grundsätze.[26] Mordtaten bleiben als schwerstes Unrecht, auch wenn sie nach dem Recht der DDR zu beurteilen sind, unverjährbar. Totschlag und versuchter Totschlag können längstens bis zum Eintritt der absoluten Verjährung am 2. Oktober 2030 verfolgt werden. Fälle mittelschweren DDR-Unrechts, die das Spektrum der Taten dominieren, sind spätestens seit dem 2. Oktober 2000 verjährt (absolute Verjährung).[27]

B. Gewalttaten an der deutsch-deutschen Grenze[28]

I. Einführung

An der deutsch-deutschen Grenze kamen zahlreiche Menschen durch den Einsatz von Schusswaffen, Minen und Selbstschussanlagen ums Leben oder wur-

23 BGBl. I 1997, S. 3223.

24 Begründung zum Gesetzentwurf der Koalitionsfraktionen, BT-Drucksache 13/8962 v. 11.11.1997, S. 3.

25 Kritisch dazu *Braum* NJ 1998, 75 f.

26 Vgl. im Übrigen die detaillierten Ausführungen zu den einzelnen Deliktsgruppen.

27 §§ 78c Abs. 3 S. 2, 78 Abs. 3 Nr. 4 StGB.

28 Zum Gesamtkomplex vgl. die aus dem Projekt „Strafjustiz und DDR-Vergangenheit" hervorgegangene Monografie von *Rummler*, Gewalttaten (2000) sowie *M/W*, Bd. 2 (2002). Da sich die vorliegende Darstellung auf die strafrechtliche Aufarbeitung von DDR-Systemunrecht beschränkt, werden unter „Gewalttaten an der deutsch-deutschen Grenze" im Folgenden nur solche Taten verstanden, die von Grenzsicherungskräften der DDR oder der militärischen und politischen Führungsebene begangen wurden. Körperverletzungs- oder Tötungsdelikte zum Nachteil von Grenzsoldaten durch Zivilisten bleiben hier außer Betracht. Zu einem solchen Fall (Erschießung eines Grenzpostens an der Berliner Mauer durch Fluchthelfer) vgl. *LG Berlin*, Urteil v. 22.4.1999 – Az. 1 Kap Js 1422/90 Ks (3/97); *BGH*, Urteil v. 5.7.2000 – Az. 5 StR 629/99, NJW 2000, 3079; *BVerfG*, Beschluss v. 30.11.2000 – Az. 2 BvR 1473/00.

den verletzt. Über die genaue Zahl der Todesfälle gibt es bis heute unterschiedliche, stark voneinander abweichende Zahlenangaben. Nach Angaben der ehemaligen Staatsanwaltschaft II bei dem Landgericht Berlin wurden zwischen 1946 und 1989 mindestens 264 Menschen getötet.[29] Andere Studien gehen, freilich auf Grundlage teils sehr unterschiedlicher Bewertungskriterien, von deutlich höheren Zahlen aus.[30] Nicht nur den unmittelbar handelnden Grenzsoldaten wurde wegen dieser Vorfälle der Prozess gemacht. Auch Angehörige der staatlichen und militärischen Führung der DDR mussten sich wegen der Veranlassung der zu diesen Taten führenden Befehlslage sowie für den Aufbau und die Aufrechterhaltung des Grenzregimes verantworten. Den direkten Vorgesetzten der Grenzsoldaten wurde die Übermittlung der Befehle vorgeworfen.

1. Rechtsgrundlagen des Schusswaffengebrauchs

Die Rechtslage an der Grenze war in der DDR seit der Sperrung der Demarkationslinie zwischen beiden Teilen Deutschlands durch Vorschriften bestimmt, welche die Ausreise der Bürger bis hin zur vollkommenen Versagung des Ausreiserechts beschränkten. Ab 1954 regelte § 8 des Passgesetzes die Strafbarkeit der nicht genehmigten Ausreise. 1968 wurde diese Norm durch § 213 DDR-StGB abgelöst.[31] Das Verfassungsrecht wurde an diese Situation angepasst. Die DDR-Verfassung von 1949 hatte in Artikel 8 zumindest formal noch „das Recht, sich an einem beliebigen Ort niederzulassen" gewährt und in Artikel 10 Absatz 3 das Recht auf Auswanderung garantiert. Dagegen wurde die Freizügigkeit in Artikel 32 der Verfassung der DDR von 1968 und in der Fassung vom 7. Oktober 1974 ausdrücklich nur noch innerhalb der DDR eingeräumt.[32] Die Ausreisepraxis der DDR war äußerst restriktiv. Die Ausreise wurde regelmäßig und ohne Begründung verwehrt.[33]

---

29 Die Staatsanwaltschaft bei dem Landgericht Berlin meldete mit Stand vom 9. Juni 2000 270 nachweisliche Todesfälle an der Grenze infolge Gewaltakts, *M/W*, Bd. 2/1 (2002), S. XXVII.

30 So spricht etwa die „Arbeitsgemeinschaft 13. August" von insgesamt 938 Todesopfern (vgl. *Tagesspiegel* v. 12.8.1998, S. 13: „938 Todesopfer des Grenzregimes"). Ein im Jahr 2009 abgeschlossenes Forschungsprojekt konzentrierte sich auf die Ermittlung der Anzahl von Todesopfern an der Berliner Mauer. Nachgewiesen seien demnach 136 Fälle, in denen Menschen an der Berliner Mauer erschossen worden seien, tödlich verunglückt seien oder sich angesichts ihres gescheiterten Fluchtversuchs das Leben genommen hätten, vgl. *Zentrum für Zeithistorische Forschung Potsdam/Stiftung Berliner Mauer* (Hrsg.), Todesopfer an der Berliner Mauer (2009), S. 18. Vgl. auch die Studie von *Schroeder/Staadt* (Hrsg.), Todesopfer (2017), S. 24.

31 Vgl. *M. Vormbaum*, Strafrecht der DDR (2015), S. 212 ff., 420 ff.

32 Vgl. *M/W*, Bd. 2/2 (2002), S. 967.

33 *BGH*, Urteil v. 3.11.1992 – Az. 5 StR 370/92, BGHSt 39, 1, 19, 21, *M/W*, Bd. 2/1 (2002), S. 135; *BGH*, Urteil v. 26.7.1994 – Az. 5 StR 98/94, BGHSt 40, 218, 226, *M/W*, Bd. 2/2 (2002), S. 599.

Die Ausreisebeschränkungen wurden an der Grenze mit Waffengewalt durchgesetzt. Die Vorschriften über den Schusswaffengebrauch waren bis zum Jahre 1982 undurchsichtig.[34] Ein Geflecht inoffizieller Anweisungen aus Dienstverordnungen und Befehlen regelte den Schusswaffengebrauch gegenüber den sogenannten Grenzverletzern. Im Jahre 1982 wurde das Grenzgesetz[35] erlassen, das in § 27[36] ausdrücklich den Schusswaffengebrauch vorsah, der sich insbesondere gegen Flüchtende aus der DDR richtete. Neben dem Grenzgesetz bestanden weiterhin inoffizielle Anweisungen zur Anwendung der Schusswaffe, die § 27 Grenzgesetz überlagerten. Für die Grenzsoldaten blieb die Befehlslage ausschlaggebend. An der Praxis der Grenzsicherung änderte sich nichts.[37] Die politische Führung schuf somit zugleich die Ursachen für die Fluchtversuche und für ihren tödlichen Ausgang.

2. Aufbau der Grenzanlagen

Nachdem Grenzsicherungsanlagen an der deutsch-deutschen Grenze anfänglich nur spärlich vorhanden waren oder gänzlich fehlten, wurden auf Anordnung der politischen Führung der DDR im Jahre 1961 zur Eindämmung des anschwellenden Flüchtlingsstroms massive Grenzanlagen errichtet und ständig ausgebaut. Sie waren in der Regel folgendermaßen angelegt. Aus Richtung der DDR waren der Berliner Grenze eine Hinterlandmauer und der Grenze zur Bundesrepublik eine etwa fünf Kilometer breite Sperrzone vorgelagert. Es folgten üblicherweise Signalzaun, Beobachtungstürme, Kolonnenweg, Kontrollstreifen, Kfz-Sperrgraben und als letztes Hindernis die Grenzmauer bzw. der Grenzzaun.

---

34 Vgl. *M/W*, Bd. 2/2 (2002), S. 973 ff.

35 DDR-Gesetzblatt I 1982, S. 197.

36 Absatz 2 der Vorschrift lautete: „Die Anwendung der Schusswaffe ist gerechtfertigt, um die unmittelbar bevorstehende Ausführung oder die Fortsetzung einer Straftat zu verhindern, die sich den Umständen nach als ein Verbrechen darstellt. Sie ist auch gerechtfertigt zur Ergreifung von Personen, die eines Verbrechens dringend verdächtig sind." Die Vorschrift ist vollständig abgedruckt in *M/W*, Bd. 2/2 (2002), S. 970. Der einfache ungesetzliche Grenzübertritt gemäß § 213 DDR-StGB enthielt zwar keine erhöhte Mindeststrafdrohung und war somit kein „Verbrechen". Absatz 2 der Norm enthielt aber Erschwerungsgründe, bei deren Vorliegen eine Freiheitsstrafe von einem Jahr bis zu fünf Jahren verhängt wurde. Die Aufzählung enthielt Voraussetzungen, die bei einer „Republikflucht" regelmäßig erfüllt gewesen sein dürften (z.B. der Missbrauch von Ausweisdokumenten oder die Ausnutzung eines Verstecks), so dass der schwere Fall des ungesetzlichen Grenzübertritts den Normalfall darstellte. Vgl. im Einzelnen *M. Vormbaum*, Strafrecht der DDR (2015), S. 421 ff.

37 *BGH*, Urteil v. 26.7.1994 – Az. 5 StR 98/94, UA S. 9, BGHSt 40, 218, 222, *M/W*, Bd. 2/2 (2002), S. 600 iVm *LG Berlin*, Urteil v. 16.9.1993 – Az. (527) 2 Js 26/90 Ks (10/92), UA S. 112, NJ 1994, 210, 212, *M/W*, Bd. 2/2 (2002), S. 541.

Zusätzlich war die Grenze zur Bundesrepublik ab 1961 über weite Strecken mit Erdminen versehen, die seit Anfang der 1970er Jahre in weiten Teilen durch Selbstschussanlagen ersetzt wurden. Erst Mitte der 1980er Jahre erfolgte die ersatzlose Räumung von Minen und Selbstschussanlagen.[38]

3. Die Befehlskette

Leitentscheidungen bezüglich der Grenzsicherung traf allein das Politbüro.[39] Auf Grundlage dieser Entscheidungen fasste der Nationale Verteidigungsrat entsprechende Beschlüsse. Diese Beschlüsse waren notwendige Voraussetzung für die Jahresbefehle des Ministers für Nationale Verteidigung gegenüber dem Chef der Grenztruppen. Dessen Anordnungen wiederum richteten sich an die Kommandeure der drei Grenzkommandos,[40] die ihrerseits den Kommandeuren der Grenzregimenter Befehle erteilten.[41] In den Grenzregimentern wurden diese Vorgaben umgesetzt. Letztlich beruhten sämtliche Handlungen der Grenztruppen auf dieser Befehlskette.[42]

4. Instruktion der ausführenden Grenzposten

Eine Unterrichtung über die gesetzlichen Bestimmungen zum Schusswaffengebrauch, insbesondere über den Inhalt der §§ 26 und 27 des Grenzgesetzes, erfolgte nach den Feststellungen der Gerichte bei der Ausbildung der Soldaten nur allgemein und bewusst unzureichend. Stattdessen wurde in Befehlen die Verhinderung der Flucht um jeden Preis angeordnet, notfalls auch durch die Tötung von Flüchtenden. Dementsprechend enthielt die vor jedem Ausrücken zum Grenzdienst vorgenommene „Vergatterung“, die das Kernstück der Befehlslage bildete, die Aussage: „Grenzdurchbrüche sind auf keinen Fall zuzulassen. Grenzverletzer sind zu stellen oder zu vernichten.“ Als Faustregel wurde vermittelt: „Besser der Flüchtling ist tot, als dass die Flucht gelingt.“[43] Auch wurde von den Vorgesetzten

---

38 Vgl. zum Ganzen *LG Berlin*, Urteil v. 16.9.1993 – Az. (527) 2 Js 26/90 Ks (10/92), NJ 1994, 210 f., *M/W*, Bd. 2/2 (2002), S. 501.

39 *LG Berlin*, Urteil v. 25.8.1997 – Az. (527) 25/2 Js 20/92 Ks (1/95), UA S. 276, *M/W*, Bd. 2/2 (2002), S. 878.

40 Vor 1971 richteten sie sich an die Kommandeure der Grenzbrigaden.

41 Vgl. zur Struktur der Grenztruppen und zum Befehlsweg die Übersichten in *M/W*, Bd. 2/2 (2002), S. 964 ff.

42 *LG Berlin*, Urteil v. 16.9.1993 – Az. (527) 2 Js 26/90 Ks (10/92), NJ 1994, 210, *M/W*, Bd. 2/2 (2002), S. 501; *LG Berlin*, Urteil v. 10.9.1996 – Az. (536) 2 Js 15/92 Ks (2/95), UA S. 30; *LG Berlin*, Urteil v. 30.7.1997 – Az. (536) 25 Js 112/95 Ks (1/97), UA S. 10 f.

43 *BGH*, Urteil v. 3.11.1992 – Az. 5 StR 370/92, BGHSt 39, 1, 3, *M/W*, Bd. 2/1 (2002), S. 140.

das Motto ausgegeben: „Keiner darf durchkommen, lieber schießen, wir schützen Euch schon."[44] In dem abgestuften Handlungsschema, welches den Soldaten zur Verhinderung einer Flucht vorgegeben wurde, war als letztes Mittel vorgeschrieben: „Weiterschießen, egal wie, notfalls auch erschießen, bis die Flucht verhindert ist."[45] In den letzten Jahren des Bestehens der DDR wurde den Soldaten zwar nicht mehr ausdrücklich gesagt, dass Grenzverletzer zu vernichten seien. Die Flüchtenden sollten durch Schüsse in die Füße fluchtunfähig gemacht werden. Es wurde aber bei der Vergatterung generell suggeriert, kein Flüchtender dürfe durchkommen und ein Grenzdurchbruch sei auf jeden Fall zu verhindern. Gleichzeitig machten die Vorgesetzten den Soldaten unterschwellig klar, dass eine Tötung hingenommen werde. Bei den Soldaten entstand nach den gerichtlichen Feststellungen deshalb der Eindruck, ein toter Flüchtling sei allemal besser als ein entkommener Flüchtling.[46] Die Rechtsprechung wertete diese Art der Beeinflussung als „perfide Doppelstrategie".[47]

Den Soldaten wurde zur Verhinderung einer Flucht folgendes Handlungsschema vorgegeben, bei dem jeweils zur nächsten Stufe übergegangen werden sollte, wenn die vorherige keinen Erfolg zeigte oder von vornherein nicht erfolgversprechend war: Anrufen des Flüchtenden – Versuch des Postens, den Flüchtenden zu Fuß zu erreichen – Warnschuss – gezieltes Einzelfeuer, falls erforderlich mehrmals, auf die Beine – „Weiterschießen, egal wie, notfalls auch erschießen, bis die Flucht verhindert ist." In vielen Fällen hielten sich die Soldaten – zumindest im Grundsatz – an dieses Handlungsschema und gaben Warnrufe oder Warnschüsse ab. Oftmals unterblieb jedoch auch ohne die unmittelbare Gefahr, dass bei Einzelschüssen die Flucht gelingen würde, eine Abgabe von Einzelfeuer, so dass sofort mit Dauerfeuer geschossen wurde. Lediglich bei politisch wichtigen Anlässen wie Staatsbesuchen oder an bestimmten Feiertagen wurde der Schießbefehl auf Fälle der Notwehr, der Verwendung „schwerer Technik" und der Fahnenflucht beschränkt. Zum Ausgleich wurde dann die Postendichte erhöht.[48]

---

44 *KG Berlin*, Beschluss v. 6.3.1991 – Az. 4 Ws 288/90, BA S. 10, NJW 1991, 2653, 2654.

45 *BGH*, Urteil v. 3.11.1992 – Az. 5 StR 370/92, BGHSt 39, 1, 3.

46 Vgl. zum Ganzen *BGH*, Urteil v. 3.11.1992 – Az. 5 StR 370/92, UA S. 17, BGHSt 39, 1, 3, *M/W*, Bd. 2/1 (2002), S. 140; *BGH*, Urteil v. 25.3.1993 – Az. 5 StR 418/92, UA S. 7 f., BGHSt 39, 168, 169 ff., *M/W*, Bd. 2/1 (2002), S. 72 iVm *M/W*, Bd. 2/1 (2002), S. 13 ff.; *KG Berlin*, Beschluss v. 6.3.1991 – Az. 4 Ws 288/90, BA S. 10, NJW 1991, 2653, 2654.

47 *LG Berlin*, Urteil v. 20.1.1992 – Az. (523) 2 Js 48/90 (9/91), UA S. 132, *M/W*, Bd. 2/1 (2002), S. 50. Die Formulierung wurde vom BGH wörtlich übernommen, vgl. *ders.*, Urteil v. 25.3.1993 – Az. 5 StR 418/92, UA S. 8, BGHSt 39, 168, 170.

48 *LG Berlin*, Urteil v. 20.1.1992 – Az. (523) 2 Js 48/90 (9/91), UA S. 34, *M/W*, Bd. 2/1 (2002), S. 16; *LG Berlin*, Urteil v. 16.9.1993 – Az. (527) 2 Js 26/90 Ks (10/92), UA S. 57, NJ 1994, 210, *M/W*,

In der praktischen Ausbildung der Grenzsoldaten spielte der Schutz des Lebens sogenannter Grenzverletzer ebenfalls keine Rolle. Die Schießausbildung war darauf ausgerichtet, das menschliche Ziel überhaupt nur zu treffen. Es wurde nicht speziell geübt, wie durch gezieltes Schießen auf bestimmte Körperteile lebensgefährliche Verletzungen vermieden werden konnten. Da bei der im Grenzdienst hauptsächlich verwendeten Schusswaffe Kalaschnikow bei Dauerfeuer eine sehr große Streuung auftrat, war ein zielgenaues oder annähernd punktgenaues Schießen mit Feuerstößen ohnehin kaum möglich. Selbst wenn auf die Füße geschossen wurde, bestand infolge der Geschossstreuung ein hohes Risiko, das Opfer in anderen Körperbereichen tödlich zu treffen. Ballistische Grundkenntnisse wurden den Soldaten nicht vermittelt. Auch die praktische Übung der Handlungsabläufe bei einer Grenzverletzung orientierte sich nicht an den tatsächlichen Gegebenheiten. An einer „Übungsgrenze" wurden lediglich Grenzdurchbrüche von Ost nach West nachgestellt, welche die Soldaten primär ohne Einsatz von Waffen im Wege der Festnahme eines sogenannten Grenzverletzers abzuwehren hatten, obwohl dies in der Praxis aufgrund der geringen Postendichte faktisch kaum möglich war.[49]

5. Indoktrination und Beeinflussung der Grenzsoldaten[50]

Die Rechtsprechung stellte fest, dass die in der Hierarchie ganz unten stehenden Grenzsoldaten in gewisser Weise auch selbst als Opfer anzusehen seien. Ihre Wertvorstellungen seien durch die herrschende Ideologie und die in der Ausbildung besonders intensive Indoktrination geprägt gewesen. Sie seien „im Geiste des Sozialismus mit entsprechenden Feindbildern von der Bundesrepublik Deutschland und von Personen, die unter Überwindung der Sperranlagen die DDR verlassen wollen", aufgewachsen.[51] Im Politunterricht sei ihnen vermittelt worden, dass „Personen, die die DDR ohne Genehmigung verlassen wollten, Verbrecher, Kriminelle und Verräter seien, deren Grenzüberschreitung verhin-

---

Bd. 2/2 (2002), S. 521; *KG Berlin*, Beschluss v. 6.3.1991 – Az. 4 Ws 288/90, BA S. 16, NJW 1991, 2653, 2655.

49 *LG Berlin*, Urteil vom 20.1.1992 – Az. (523) 2 Js 48/90 (9/91), UA S. 23, *M/W*, Bd. 2/1 (2002), S. 12; *LG Berlin*, Urteil v. 5.2.1992 – Az. (518) 2 Js 63/90 KLs (57/91), UA S. 10, *M/W*, Bd. 2/1 (2002), S. 108; *LG Berlin*, Urteil vom 12.9.1995 – Az. (528) 2 Js 79/91 (8/92), UA S. 10, *M/W*, Bd. 2/1 (2002), S. 256.

50 Die folgenden Ausführungen basieren auf den Darstellungen in *BGH*, Urteil v. 3.11.1992 – Az. 5 StR 370/92, BGHSt 39, 1, 33, 36, *M/W*, Bd. 2/1 (2002), S. 135; *BGH*, Urteil v. 25.3.1993 – Az. 5 StR 418/92, BGHSt 39, 168, 169, 193, *M/W*, Bd. 2/1 (2002), S. 71; *BGH*, Urteil v. 8.6.1993 – Az. 5 StR 88/93, NStZ 1993, 488.

51 *BGH*, Urteil v. 3.11.1992 – Az. 5 StR 370/92, UA S. 44 f., *M/W*, Bd. 2/1 (2002), S. 154.

dert werden müsse; ‚normale' DDR-Bürger hätten ja die Möglichkeit, einen Ausreiseantrag zu stellen".[52] Auch würden westliche Provokateure, zum Teil im Zusammenwirken mit aus der DDR stammenden Grenzverletzern, bewaffnete Angriffe auf Grenzposten und Grenzanlagen unternehmen.

6. Auswahl der Grenzsoldaten

Die zur Grenzsicherung eingesetzten Soldaten wurden im Hinblick auf ihre Einstellung zum Staat und ihre politische Zuverlässigkeit sowie auf das Fehlen von Westkontakten, Vorstrafen und persönlichen oder familiären Problemen ausgewählt. Vordringlich wurde auf die Bereitschaft geachtet, die Schusswaffe gegen Grenzverletzer einzusetzen. Während des Wehrdienstes setzte das Ministerium für Staatssicherheit zur Überprüfung der Soldaten in den Kasernen Spitzel ein. Sie hatten die Stimmung in der Truppe in Erfahrung zu bringen und insbesondere potentiell Fluchtwillige ausfindig zu machen sowie Fahnenflucht zu verhindern. Aus Furcht vor abgesprochener Fahnenflucht wurde die Zusammensetzung der Postenpaare stets verändert, wobei grundsätzlich jedem Postenpaar mindestens ein als besonders zuverlässig geltender Soldat angehörte.[53]

7. Folgen einer verhinderten oder gelungenen Flucht für die Grenzsoldaten[54]

Die Erschießung eines Flüchtenden hatte nach den Feststellungen der Gerichte keine negativen Konsequenzen für den Schützen. Zu einem Verfahren oder einer Untersuchung gegen die Täter kam es nie. Der Schusswaffeneinsatz wurde letztlich immer als rechtmäßig angesehen. Ein Soldat, der eine Flucht, wie auch immer, verhindert hatte, wurde ausgezeichnet und belohnt, erhielt Orden und Geldprämien. Auch erfolgten Beförderungen.

52 *BGH*, Urteil v. 25.3.1993 – Az. 5 StR 418/92, BGHSt 39, 168, 169.

53 Vgl. zum Ganzen *LG Berlin*, Urteil v. 20.1.1992 – Az. (523) 2 Js 48/90 (9/91), UA S. 12f., 18f., 85f., 89f., *M/W*, Bd. 2/1 (2002), S. 8, 10, 34, 35; *LG Berlin*, Urteil v. 25.8.1997 – Az. (527) 25/2 Js 20/92 Ks (1/95), UA S. 57, *M/W*, Bd. 2/2 (2002), S. 688.

54 Die folgenden Ausführungen basieren auf den Darstellungen in *BGH*, Urteil v. 3.11.1992 – Az. 5 StR 370/92, UA S. 18f., BGHSt 39, 1, 11, *M/W*, Bd. 2/1 (2002), S. 140; *BGH*, Urteil v. 25.3.1993 – Az. 5 StR 418/92, UA S. 11, BGHSt 39, 168, 173, *M/W*, Bd. 2/1 (2002), S. 72 iVm *M/W*, Bd. 2/1 (2002), S. 25; *BGH*, Urteil v. 17.12.1996 – Az. 5 StR 137/96, UA S. 8, BGHSt 42, 356, 359, *M/W*, Bd. 2/1 (2002), S. 277 iVm. *M/W*, Bd. 2/1 (2002), S. 262; *LG Berlin*, Urteil v. 5.2.1992 – Az. (518) 2 Js 63/90 KLs (57/91), UA S. 20f., NStZ 1992, 492, *M/W*, Bd. 2/1 (2002), S. 113; *LG Berlin*, Urteil v. 3.7.1992 – Az. (529) 2 Js 98/90 Ks (29/91), UA S. 32f.; *LG Berlin*, Urteil v. 4.9.1995 – Az. (529) 2 Js 159/90 Ks (21/94), UA S. 25; *LG Berlin*, Urteil v. 24.7.1998 – Az. (529) 26 Js 1/96 (10/96), UA S. 20, 50; *LG Gera*, Urteil v. 12.1.1996 – Az. 551 Js 96067/95 – 1 Ks, UA S. 12f.

Für eine Befehlsverweigerung oder mangelhafte Befehlsausführung, zum Beispiel durch absichtliches Danebenschießen, wurden hingegen disziplinarische oder strafrechtliche Folgen angedroht. Die Soldaten befürchteten, wegen Beihilfe zum ungesetzlichen Grenzübertritt gemäß § 213 DDR-StGB oder wegen Nichtausführung eines militärischen Befehls gemäß § 257 DDR-StGB mit einer hohen Freiheitsstrafe in der berüchtigten Militärstrafanstalt in Schwedt bestraft zu werden. In der Regel wurden die Grenzsoldaten jedoch nicht persönlich für gelungene Grenzdurchbrüche zur Verantwortung gezogen.[55] In einzelnen Fällen wurden zwar für die Grenzsoldaten negative Folgen nachgewiesen,[56] es ist aber kein Strafverfahren dokumentarisch belegt, in dem ein Grenzsoldat dafür verurteilt wurde, dass er es unterlassen hat, eine Flucht durch Schusswaffengebrauch zu verhindern.[57]

8. Geheimhaltung der Grenztötungen und Umgang mit verletzten Fluchtwilligen

Um das Bekanntwerden eines Grenzvorfalls zu verhindern, wurden nach den gerichtlichen Feststellungen vielfältige Maßnahmen zur Geheimhaltung getroffen. Sie hatten selbst bei schweren Verletzungen Vorrang vor dem Schutz des Lebens. So kam es vor, dass der Verletzte vor der ärztlichen Behandlung an eine aus westlicher Richtung nicht einsehbare Stelle gebracht wurde. Weitere Verzögerungen ergaben sich beispielsweise dadurch, dass der angeschossene Flüchtling nicht mit einem gewöhnlichen Krankenwagen in das nächstgelegene Krankenhaus abtransportiert werden durfte. Vielmehr wurde er mit einem Sanitätswagen des Regiments, dessen Anfahrt in der Regel zusätzliche Zeit in Anspruch nahm, in ein entfernteres Krankenhaus der Volkspolizei eingeliefert. Im Sanitätswagen befand sich kein Arzt, denn bei Anforderung des Wagens durfte nicht mitgeteilt werden, dass jemand schwer verletzt war. Diese Maßnahmen hatten zur Folge, dass Verletzte starben, obwohl sie bei sofortiger ärztlicher Versor-

---

55 *BGH*, Urteil v. 3.11.1992 – Az. 5 StR 370/92, UA S. 17f., BGHSt 39, 1, 11, *M/W*, Bd. 2/1 (2002), S. 140; *BGH*, Urteil v. 25.3.1993 – Az. 5 StR 418/92, UA S. 6, 11, 25, 32, BGHSt 39, 168, 169, 173, 183, 188, *M/W*, Bd. 2/1 (2002), S. 72 iVm *M/W*, Bd. 2/1 (2002), S. 11, 26 sowie *M/W*, Bd. 2/1 (2002), S. 79, 82; *BGH*, Urteil v. 19.4.1993 – Az. 5 StR 602/92, UA S. 4, BGHSt 39, 199, 201.

56 Verhängung eines drei- bzw. fünftägigen Arrestes: *LG Berlin*, Urteil v. 6.3.1996 – Az. (540) 27/2 Js 103/90 Ks (1/96), UA S. 20; *LG Berlin*, Urteil v. 2.12.1993 – Az. (509) 2 Js 60/90 KLs (28/93), UA S. 9; „unangenehme Verhöre“: *LG Berlin*, Urteil v. 23.8.1994 – (507) 2 Js 82/90 KLs (66/92), UA S. 13.

57 Die Angaben von *Grasemann*, Grenzregime (1999), S. 1248f. zum Fall der Verurteilung eines Grenzsoldaten zu zehn Jahren Zuchthaus, weil er sich geweigert hatte, auf einen Flüchtenden zu schießen, beruhen ausschließlich auf Aussagen des betroffenen Soldaten selbst.

gung hätten gerettet werden können. Der Zugführer musste bescheinigen, dass der Dienst ohne besondere Vorkommnisse verlaufen sei. Der Name des Opfers wurde im Eingangsbuch des Krankenhauses und auf dem Totenschein nicht genannt. Weiterhin wurden Aufzeichnungen des Krankenhauses über die ärztliche Versorgung der Getöteten unkenntlich gemacht und alle schriftlichen Unterlagen des Grenzregiments vernichtet, die Rückschlüsse auf die Tat zuließen. Nach einem Schusswaffeneinsatz herrschte Nachrichtensperre und Schweigegebot. Soldaten, die geschossen hatten, wurden versetzt. Angehörige eines Getöteten wurden oftmals erst einige Zeit nach der Tat von der Tötung unterrichtet und über die Umstände des Ablebens getäuscht.[58] Teilweise ließ sich nicht einmal mehr der Verbleib der Leiche feststellen.[59]

Fluchtwillige, die den Schusswaffeneinsatz überlebten, wurden vom Ministerium für Staatssicherheit festgenommen, inhaftiert und von Gerichten der DDR regelmäßig zu Freiheitsstrafen verurteilt.[60]

9. Allgemeine Einstellung der Bevölkerung und der Grenzsoldaten zum Grenzregime

Nach den Feststellungen der Justiz war allgemein bekannt, dass die große Mehrheit der DDR-Bevölkerung den Schusswaffengebrauch an der Grenze missbilligte. Auch die Grenzsoldaten waren überwiegend danach bestrebt, den Grenzdienst mit „weißen Handschuhen“ zu beenden, also ohne auf Menschen geschossen zu haben.[61]

II. Sachverhalte

Innerhalb der gerichtlichen Tatsachenfeststellungen zu den Gewalttaten an der deutsch-deutschen Grenze kann sachverhaltsbezogen sowie nach Tätergruppen differenziert werden.

---

58 Vgl. zum Ganzen *BGH*, Urteil v. 3.11.1992 – Az. 5 StR 370/92, UA S. 18f., BGHSt 39, 1, 12f., *M/W*, Bd. 2/1 (2002), S. 140; *BGH*, Urteil v. 25.3.1993 – Az. 5 StR 418/92, UA S. 11, BGHSt 39, 168, 173, *M/W*, Bd. 2/1 (2002), S. 72 iVm *M/W*, Bd. 2/1 (2002), S. 24f.; *BGH*, Urteil v. 26.7.1994 – Az. 5 StR 167/94, UA S. 5ff., BGHSt 40, 241 (insoweit nicht abgedruckt), *M/W*, Bd. 2/1 (2002), S. 179 iVm *M/W*, Bd. 2/1 (2002), S. 165ff.

59 Vgl. z.B. *LG Berlin*, Urteil v. 3.7.1992 – Az. (529) 2 Js 98/90 Ks (29/91), UA S. 35.

60 Vgl. z.B. *BGH*, Urteil v. 25.3.1993 – Az. 5 StR 418/92, UA S. 11, BGHSt 39, 168, 173, *M/W*, Bd. 2/1 (2002), S. 72 iVm *M/W*, Bd. 2/1 (2002), S. 28.

61 *BGH*, Urteil v. 3.11.1992 – Az. 5 StR 370/92, BGHSt 39, 1, 34, *M/W*, Bd. 2/1 (2002), S. 135; *BGH*, Urteil v. 25.3.1993 – Az. 5 StR 418/92, BGHSt 39, 168, 189.

1. Fallgruppen

Ausgehend von den rechtlichen Besonderheiten einzelner Fallgestaltungen lässt sich aus der Vielzahl der Vorfälle exemplarisch folgende sachverhaltsbezogene Einteilung bilden. Die im Folgenden genannten typischen Sachverhaltsgestaltungen können sich im Einzelfall überschneiden oder kombiniert auftreten.

„Standardfall"

Die erste Fallgruppe beinhaltet einen Geschehensablauf, der als „Standardfall" bezeichnet werden kann und der den meisten Verfahren in dieser oder ähnlicher Form zugrunde lag. Hierbei handelt es sich um die Tötung flüchtender DDR-Bürger. Einen solchen Standardfall hatte der Bundesgerichtshof in seinem ersten Urteil vom 3. November 1992[62] zu entscheiden.

Ein DDR-Bürger überwindet vorgelagerte Grenzsicherungsanlagen. Während er auf die Grenzmauer zurennt, die das letzte Hindernis zur Flucht nach Westberlin bildet, versuchen ihn die Grenzsoldaten mit Warnrufen und Warnschüssen zum Stehenbleiben zu bewegen. Der Flüchtende reagiert nicht und setzt dazu an, mit Hilfe einer Leiter die Mauer zu überwinden. Während er die Sprossen emporsteigt, wird mit Dauerfeuer auf ihn geschossen. Ein Schuss trifft ihn in den Rücken. Erst über zwei Stunden später wird das Opfer in ein Krankenhaus eingeliefert, wo es verstirbt. Bei unverzüglicher ärztlicher Hilfe hätte der Flüchtende gerettet werden können.

Tötung Fahnenflüchtiger

Die zweite Fallgruppe betrifft die Tötung von Fahnenflüchtigen. Als Beispiel eignet sich der folgende Sachverhalt. Ein Angehöriger der Nationalen Volksarmee, der als Wachposten an grenznahen Hallen mit kampftechnischem Gerät eingesetzt war, ergreift bewaffnet und in Uniform die Flucht. Er löst bei der Überwindung des Grenzsignalzauns Alarm aus. Als er durch Warnschüsse nicht von der Flucht abzubringen ist, wird er von vier Grenzsoldaten mit Dauerfeuer beschossen und von einem der Schützen getötet.[63]

---

62 *BGH*, Urteil v. 3.11.1992 – Az. 5 StR 370/92, BGHSt 39, 1, *M/W*, Bd. 2/1 (2002), S. 135.
63 *BGH*, Urteil v. 17.12.1996 – Az. 5 StR 137/96, BGHSt 42, 356, *M/W*, Bd. 2/1 (2002), S. 277.

Tötung von Bürgern der Bundesrepublik oder Ausländern bei Grenzübertritten von West nach Ost

Eine dritte Fallgruppe wird durch die Tötung von Bürgern der Bundesrepublik oder Ausländern gebildet, die die Grenze aus der Bundesrepublik kommend überquerten. Der Bundesgerichtshof befasste sich mit folgenden Fällen.

Bei einem Bootsausflug wird eine Person getötet und eine weitere verletzt, als nach der versehentlichen Überquerung der Grenzlinie um wenige Meter auf die Bootsinsassen geschossen wird.[64]

Eine weitere Tötung geschieht, als ein erheblich angetrunkener Mann die Berliner Mauer aus Westberlin kommend überwindet. Der Mann läuft von der Mauer weg in Richtung DDR. Der Grenzsoldat hält das Anrufen des Mannes aufgrund der Entfernung für zwecklos und schießt sofort mit Dauerfeuer ungezielt in Richtung des Opfers. Der Mann erleidet einen Bauchdurchschuss und stirbt an inneren Blutungen.[65]

Ein italienischer LKW-Fahrer wird als vermeintlicher Grenzverletzer (allerdings fahrlässig) erschossen, als er – zuvor aus der DDR ausgereist – zu Fuß zum DDR-Kontrollpunkt zurückkehrt, um seine bei der Kontrolle vergessenen Papiere abzuholen.[66]

„Exzessfälle"

Eine vierte Gruppe stellen „Exzessfälle" dar. Ein besonders verstörendes Beispiel für einen Exzess bildet die Tötung eines DDR-Bürgers nach Aufgabe seiner Flucht. Zwei DDR-Bürger versuchen, nach Westberlin zu flüchten. Sie werden von einem Postenpaar entdeckt und geben die Flucht nach Sperrfeuer und Anruf durch die Soldaten auf. Nach einer entsprechenden Aufforderung durch die Posten begeben sie sich in den Sperrgraben und werden dort in Schach gehalten. Zur Einschüchterung wird sodann Dauerfeuer in den Graben abgegeben, das einen Flüchtenden schwer verletzt. Der zwischenzeitlich alarmierte Gruppenführer begibt sich zum Ereignisort, übernimmt das Kommando und befiehlt den Flüchtenden, aus dem Graben herauszukommen. Der unverletzte Flüchtende erhebt sich, um ihm entgegenzugehen. Der Gruppenführer tötet den Mann, indem er aus höchstens 20 bis 25 Metern Entfernung in drei Feuerstößen mindestens 15 Schuss Dauerfeuer auf ihn abgibt. Er schießt dabei so lange, bis das Opfer umfällt und er glaubt, sein Magazin sei leer. Im Rahmen dieses Ge-

---

64 *BGH*, Urteil v. 20.3.1995 – Az. 5 StR 378/94, NJW 1995, 2732.
65 *BGH*, Urteil v. 19.4.1994 – Az. 5 StR 204/93, BGHSt 40, 113.
66 *BGH*, Urteil v. 15.2.1995 – Az. 2 StR 513/94, NStZ 1995, 286, *M/W*, Bd. 2/1 (2002), S. 347.

schehens schreit der Schütze sinngemäß: „Ich habe mir geschworen, hier kommt keiner mehr lebend raus.“[67]

Dieser Fallgruppe zuzuordnen ist auch das folgende Geschehen. Ein DDR-Bürger versucht, die Grenzanlagen nach Westberlin zu überwinden. Er wird von Grenzsoldaten entdeckt, die Leuchtmunition abfeuern und mehrere Stöße Sperrfeuer in den Boden vor den Flüchtenden schießen. Bei dem Versuch, eine Sperre aus Stacheldraht zu überwinden, verfängt er sich und bleibt auf dem Bauch liegen. Nun treffen mehrere auf den Fluchtversuch aufmerksam gewordene Angehörige der Grenztruppen ein, so dass sich insgesamt acht von ihnen am Ereignisort befinden. Unter ihnen ist auch der Kommandeur des Grenzregiments. Der Flüchtende, der erkennbar nicht mehr zur weiteren Flucht in der Lage ist, macht eine Bewegung in Richtung Westberlin. Der Kommandeur zieht daraufhin seine Pistole und schießt gezielt, bis das Magazin leer ist. Die Schüsse verfehlen allerdings das Opfer. Daraufhin gibt er mit einer Maschinenpistole aus 15 bis 20 Metern mehrere gezielte Schüsse auf den Mann ab. Neben dem Kommandeur schießen mindestens zwei, möglicherweise aber auch mehr als vier andere Grenzsoldaten auf den Flüchtenden. Insgesamt werden rund 70 Schüsse abgegeben, von denen drei unmittelbar tödlich wirken.[68]

Den Exzesstaten lässt sich auch der Fall zuordnen, in dem ein Wehrpflichtiger Reparaturarbeiten an den Grenzsicherungsanlagen zu einem Fluchtversuch nutzt. Es gelingt ihm, bundesdeutsches Gebiet zu erreichen, was die Sicherungsposten wohl dazu veranlasst, das Feuer einzustellen. Erst nachdem der Flüchtende sich etwa zehn Meter hinter der Grenze ins Gras wirft und sich robbend vorwärtsbewegt, fordert ihn der vorgesetzte Hauptmann zur Rückkehr auf und gibt Warnschüsse ab. Der Flüchtende bleibt jedoch liegen. Von einem völkerrechtswidrig auf das Gebiet der Bundesrepublik abgegebenen Schuss des Hauptmanns wird er an der Schläfe getroffen und dann vom Schützen und einem weiteren Soldaten auf das Gebiet der DDR zurückgebracht. Er verstirbt noch am selben Tag.[69]

Tötung Flüchtender durch Minen und Selbstschussanlagen

Die fünfte Fallgruppe betrifft Fälle der Tötung durch Minen und Selbstschussanlagen.

Ein Flüchtender tritt bei dem Versuch, das Minenfeld an der deutsch-deutschen Grenze zu überqueren, auf eine Erdmine. Diese reißt ihm den linken

67 *BGH*, Urteil v. 20.10.1993 – Az. 5 StR 473/93, BGHSt 39, 353, *M/W*, Bd. 2/1 (2002), S. 379.
68 *BGH*, Urteil v. 4.3.1996 – Az. 5 StR 494/95, BGHSt 42, 65.
69 *BGH*, Urteil v. 18.1.1994 – Az. 1 StR 740/93, BGHSt 40, 48, *M/W*, Bd. 2/1 (2002), S. 411.

Fuß ab. Es gelingt dem Flüchtenden zwar, das Gebiet der Bundesrepublik zu erreichen, doch verstirbt er dort nach mehreren Operationen an den Folgen der Verletzungen.[70]

Ein anderer Flüchtender löst bei seiner Flucht drei Splitterminen SM-70 der Selbstschussanlage aus und wird durch zahlreiche Splitter schwer verletzt. Von Grenzsoldaten wird er ins Hinterland geschleift und auf einen LKW verladen. Etwa zwei Stunden nach dem Vorfall erfolgt die Einlieferung in ein Krankenhaus, wo das Opfer seinen Verletzungen erliegt.[71]

Tötungen mit Erfolgsort Bundesrepublik

Die sechste Fallgruppe beinhaltet Fälle der Tötung auf dem Gebiet der Bundesrepublik einschließlich Westberlins. Erfasst ist einmal der Fall, dass der Grenzsoldat die Schüsse, die den Flüchtenden auf bundesdeutschem Territorium tödlich treffen, vom Gebiet der DDR aus abgibt. Der oben beschriebene Beispielsfall der Erschießung des Fahnenflüchtigen, der die Grenzlinie schon überschritten hatte, ist hier einzuordnen. Einschlägig ist auch der Fall, dass der von der DDR aus beschossene Flüchtende auf dem Gebiet der DDR verletzt wird, dennoch in die Bundesrepublik gelangt, wo er schließlich den Folgen der Verletzung erliegt.

Körperverletzungsdelikte

Die siebente sachverhaltsbezogene Fallgruppe wird durch Körperverletzungsdelikte gebildet. Als typisch kann folgender Beispielsfall gelten. Ein flüchtender DDR-Bürger wird von Grenzsoldaten bemerkt. Ihm wird zugerufen, er solle stehenbleiben, doch er läuft im Zickzack weiter auf die Mauer zu. Nun schießen drei Grenzsoldaten mit Dauerfeuer auf den Flüchtenden, zielen aber absichtlich so, dass sie ihn nicht treffen. Ein weiterer Grenzsoldat schießt sodann aus etwa 60 Meter Entfernung mit Dauerfeuer in kurzen Feuerstößen, wobei er auf die Beine zielt. Zwei Schüsse treffen das rechte Bein des Flüchtenden, der etwa 30 Meter vor der Mauer liegen bleibt, aber überlebt.[72]

---

70 *LG Berlin*, Urteil v. 16.9.1993 – Az. (527) 2 Js 26/90 Ks (10/92), *M/W*, Bd. 2/2 (2002), S. 547.
71 *BGH*, Urteil v. 26.7.1994 – Az. 5 StR 98/94, BGHSt 40, 218, 227, *M/W*, Bd. 2/2 (2002), S. 599.
72 *BGH*, Urteil v. 8.6.1993 – Az. 5 StR 88/93, NStZ 1993, 488.

Versuchstaten

Einer achten Fallgruppe lassen sich Taten zuordnen, bei denen es lediglich zu einem Versuch gekommen ist. Ein 15-jähriger Flüchtender bewegt sich kriechend auf die durch einen Stacheldrahtzaun gesicherte Demarkationslinie zu und wird dabei vom Fahrer eines Kompaniechefs entdeckt. Der Entdeckte kriecht trotz eines Anrufs und dreier Warnschüsse weiter. Der Fahrer läuft auf den Flüchtenden zu und schießt dabei mit Einzelfeuer mindestens zwei Mal ungezielt in dessen Richtung. Mit einer möglichen Tötung des Jugendlichen findet er sich ab. Der Flüchtende wird an beiden Beinen getroffen. Weder der Fahrer noch der hinzugekommene Kompaniechef bemerken indes die Verletzung. Sie tragen den Verletzten, der unter Hinweis auf eine Beinverletzung nicht aufsteht, zum Fahrzeug und bringen ihn zu einem 200 Meter entfernten Krankenwagen, der von ihnen angefordert wurde.[73]

2. Tätergruppen

Es können drei Gruppen von Tätern unterschieden werden. Die erste Tätergruppe wird durch die Zugehörigkeit zur politisch-administrativen Führungsebene bestimmt. Ihr gehören die Machthaber an, die maßgeblichen Einfluss auf die Ausgestaltung der Grenzsicherung und der Befehlslage hatten. Dazu zählen beispielsweise Mitglieder des Politbüros,[74] des Nationalen Verteidigungsrates[75] und des Kollegiums des Ministeriums für Nationale Verteidigung, der Chef der Grenztruppen, Angehörige des Kommandos der Grenztruppen sowie weitere nachgeordnete Angehörige der Führungsebene.[76] Auch Erich Honecker, gegen

---

73 *BGH*, Beschluss v. 7.2.1995 – Az. 5 StR 650/94, BGHSt 41, 10. Der Bundesgerichtshof sprach die Angeklagten wegen Rücktritts vom Tötungsversuch frei.

74 *LG Berlin*, Urteil v. 25.8.1997 – Az. (527) 25/2 Js 20/92 Ks (1/95), *M/W*, Bd. 2/2 (2002), S. 645; *BGH*, Urteil v. 8.11.1999 – Az. 5 StR 632/98, BGHSt 45, 270, *M/W*, Bd. 2/2 (2002), S. 891; *BVerfG*, Beschluss v. 12.1.2000 – Az. 2 BvQ 60/99, 2 BvR 2414/99, *M/W*, Bd. 2/2 (2002), S. 911; *EGMR*, Urteil v. 22.3.2001 – Beschwerden Nr. 34044/96, 35532/97 und 44801/98, *M/W*, Bd. 2/2 (2002), S. 915; *LG Berlin*, Urteil v. 7.7.2000 – Az. (532) 25 Js 4/94 Ks (9/96), *M/W*, Bd. 2/2 (2002), S. 941.

75 *LG Berlin*, Urteil v. 16.9.1993 – Az. (527) 2 Js 26/90 Ks (10/92), *M/W*, Bd. 2/2 (2002), S. 501; *BGH*, Urteil v. 26.7.1994 – Az. 5 StR 98/94, BGHSt 40, 218, *M/W*, Bd. 2/2 (2002), S. 599; *BVerfG*, Beschluss v. 24.10.1996 – Az. 2 BvR 1851/94; 2 BvR 1853/94; 2 BvR 1875/94; 2 BvR 1852/94, *M/W*, Bd. 2/2 (2002), S. 609; *EGMR*, Urteil v. 22.3.2001 – Beschwerden Nr. 34044/96, 35532/97 und 44801/98, *M/W*, Bd. 2/2 (2002), S. 915.

76 Eine Sonderstellung nahm das Pionierwesen ein, das mit den anderen militärischen Hierarchieebenen zwar eng verzahnt, aber dennoch in eine eigene Parallelstruktur eingegliedert war. Vgl. dazu z.B. *LG Berlin*, Urteil v. 30.7.1997 – Az. (536) 25 Js 112/95 Ks (1/97) (Urteil gegen den Leiter der Abteilung Pionierwesen im Kommando der Grenztruppen sowie vier seiner Mitarbeiter).

den das Verfahren aus Gründen der Achtung der Menschenwürde eines todkranken Angeklagten eingestellt wurde,[77] ist dieser Gruppe zuzuordnen.

Bei der zweiten Tätergruppe handelt es sich um Personen, die keinen maßgeblichen Einfluss auf die allgemeine Ausgestaltung des Grenzregimes hatten, sondern in die Befehlskette eingebunden waren. Sie waren aber als Vorgesetzte den Schützen bzw. Pionieren übergeordnet und veranlassten deren Taten durch Vergatterungen,[78] Einzelbefehle[79] oder den Befehl zur Errichtung und Instandsetzung von Minen und Selbstschussanlagen.[80]

Die dritte und zahlenmäßig größte Tätergruppe besteht aus den unmittelbar handelnden Grenzsoldaten. Zu diesen Personen sind alle Angehörigen der Grenztruppen zu zählen, soweit sie selbst Schüsse auf Grenzverletzer abgegeben oder Minen verlegt und Selbstschussanlagen installiert sowie diese in Stand gehalten haben.[81]

---

77 Zu den Gründen vgl. *BerlVerfGH*, Beschluss v. 12.1.1993 – Az. VerfGH 55/92, NJW 1993, 515. Zum Meinungsbild im Schrifttum vgl. *Bartlsperger* DVBl 1993, 333; *Berkemann* NVwZ 1993, 409; *Meurer* JR 1993, 89; *Paeffgen* NJ 1993, 152; *Schoreit* NJW 1993, 881; *Starck* JZ 1993, 231; *Wesel*, Honecker-Prozeß (1994); *Wilke* NJW 1993, 887.

78 *LG Berlin*, Urteil v. 7.6.1995 – Az. (529) 27/2 Js 193/90 Ks (22/94), *M/W*, Bd. 2/1 (2002), S 431; *BGH*, Urteil v. 20.3.1996 – Az. 5 StR 623/95, NStZ-RR 1996, 323, *M/W*, Bd. 2/1 (2002), S. 441.

79 *LG Berlin*, Beschluss v. 10.7.1992 – Az. (50) 2 s 67/90 (68/91), *M/W*, Bd. 2/1 (2002), S. 447; *KG Berlin*, Beschluss v. 17.12.1992 – Az. 4 Ws 160/92; (507) 2 Js 67/90 (68/91), *M/W*, Bd. 2/1 (2002), S. 453; *LG Berlin*, Urteil v. 24.2.1995 – Az. (507) 2 Js 67/90 KLs (68/91), *M/W*, Bd. 2/1 (2002), S. 463; *BGH*, Urteil v. 24.4.1996 – Az. 5 StR 322/95, NStZ-RR 1996, 323, *M/W*, Bd. 2/1 (2002), S. 473.

80 *LG Stendal*, Urteil v. 24.5.2000 – Az. 502 Ks – 654 Js 41887/98 – 9/98, *M/W*, Bd. 2/1 (2002), S. 483.

81 *LG Berlin*, Urteil v. 20.1.1992 – Az. (523) 2 JS 48/90 (9/91), *M/W*, Bd. 2/1 (2002), S. 5; *BGH*, Urteil v. 25.3.1993 – Az. 5 StR 418/92, BGHSt 39, 168, *M/W*, Bd. 2/1 (2002), S. 71; *LG Berlin*, Urteil v. 14.3.1994 – Az. (527) 2 Js 48/90 Ks (3/93), *M/W*, Bd. 2/1 (2002), S. 89; *LG Berlin*, Urteil v. 5.2.1992 – Az. (518) 2 Js 63/90 KLs (57/91), *M/W*, Bd. 2/1 (2002), S. 105; *BGH*, Urteil v. 3.11.1992 – Az. 5 StR 370/92, BGHSt 39, 1, *M/W*, Bd. 2/1 (2002), S. 135; *LG Berlin*, Urteil v. 17.6.1993 – Az. (513) 2 JS 55/91 KLs (15/92), *M/W*, Bd. 2/1 (2002), S. 159; *BGH*, Urteil v. 26.7.1994 – Az. 5 StR 167/94, BGHSt 40, 241, *M/W*, Bd. 2/1 (2002), S. 179; *EGMR*, Urteil v. 22.3.2001 – Beschwerde Nr. 37201/97, *M/W*, Bd. 2/1 (2002), S. 189; *LG Berlin*, Urteil v. 29.9.1993 – Az. (529) 2 Js 153/90 Ks (24/92), *M/W*, Bd. 2/1 (2002), S. 219; *BGH*, Urteil v. 20.3.1995 – Az. 5 StR 111/94, BGHSt 41, 101, *M/W*, Bd. 2/1 (2002), S. 229; *LG Berlin*, Urteil v. 5.3.1997 – Az. (521) 27/2 Js 83/90 KLs (28/96), *M/W*, Bd. 2/1 (2002), S. 241; *LG Berlin*, Urteil v. 12.9.1995 – Az. (528) 2 Js 79/91 (8/92), *M/W*, Bd. 2/1 (2002), S. 251; *BGH*, Urteil v. 17.12.1996 – Az. 5 StR 137/96, BGHSt 42, 356, *M/W*, Bd. 2/1 (2002), S. 277; *LG Berlin*, Beschluss v. 30.3.1992 – Az. (513) 2 Js 97/90 KLs (92/91), *M/W*, Bd. 2/1 (2002), S. 285; *KG Berlin*, Beschluss v. 9.6.1992 – Az. Ws 86/92; (513) 2 Js 97/90 KLs (92/91), *M/W*, Bd. 2/1 (2002), S. 289; *LG Berlin*, Urteil v. 28.10.1992 – Az. (513) 2 Js 97/90 KLs (92/91), *M/W*, Bd. 2/1 (2002), S. 295; *BGH*, Urteil v. 19.4.1994 – Az. 5 StR 204/93, BGHSt 40, 113, *M/W*, Bd. 2/1 (2002), S. 309; *LG Stendal*, Urteil v. 10.9.1997 – Az. 503 KLs 16/95; 33 Js 20365/95, *M/W*,

III. Rechtsfragen

1. Strafanwendungsrecht

Im Bereich des Strafanwendungsrechts folgte die bundesdeutsche Rechtsprechung dem Meistbegünstigungsprinzip des Artikels 315 Abs. 1 EGStGB in Verbindung mit § 2 Abs. 3 StGB. Als das für den Täter mildeste Recht wurden bei den Tötungsdelikten im Falle des Mordes § 112 DDR-StGB und im Falle des Totschlages §§ 212, 213 StGB angesehen.[82] Eine Besonderheit ergab sich für Taten, bei denen das Opfer auf dem Gebiet der Bundesrepublik erschossen oder aber auf dem Gebiet der DDR angeschossen wurde, jedoch erst in der Bundesrepublik seinen Verletzungen erlag. Wegen des bundesdeutschen Tatorts[83] kam in diesen Fällen allein das Recht der Bundesrepublik zur Anwendung.[84] Bundesdeutsches Recht war nach § 7 Abs. 1 StGB auch dann anwendbar, wenn es sich bei den Opfern um Bürger der Bundesrepublik handelte.[85]

2. Vorsatz

Probleme ergaben sich für die Strafjustiz beim Nachweis des Vorsatzes der unmittelbar handelnden Grenzsoldaten. Nicht selten hing der Vorsatznachweis vom Einlassungsgeschick der Beschuldigten ab. Regelmäßig kam die Rechtsprechung zur Annahme eines bedingten Tötungsvorsatzes. Hierbei schloss sie vom äußeren Geschehensablauf und von personenbezogenen Umständen auf die innere Tatseite. Beispielsweise wurden die besondere Gefährdung des Opfers durch die Abgabe von Dauerfeuer, die hohe Treffsicherheit der Waffe bei Einzelfeuer, gute Sichtverhältnisse sowie die Tatsache, dass der Täter ein guter

---

Bd. 2/1 (2002), S. 317; *LG Gera*, Urteil v. 13.5.1994 – Az. 400 Js 13276/92 – Ks, *M/W*, Bd. 2/1 (2002), S. 335; *BGH*, Urteil v. 15.2.1995 – Az. 2 StR 513/94, NStZ 1995, 286, *M/W*, Bd. 2/1 (2002), S. 347; *BezG Potsdam*, Urteil v. 9.12.1992 – Az. 3 Ks 67/92, *M/W*, Bd. 2/1 (2002), S. 353; *BGH*, Urteil v. 20.10.1993 – Az. 5 StR 473/93, BGHSt 39, 353, *M/W*, Bd. 2/1 (2002), S. 379. Gegen einfache Angehörige der Pioniereinheiten, die selbst Minen verlegt hatten, konnte wegen Ermittlungsschwierigkeiten keine Anklage erhoben werden.

82 *BGH*, Urteil v. 3.11.1992 – Az. 5 StR 370/92, UA S. 40, BGHSt 39, 1, 30, *M/W*, Bd. 2/1 (2002), S. 151; *BGH*, Urteil v. 20.10.1993 – Az. 5 StR 473/93, UA S. 26 f., BGHSt 39, 353, 370 f., *M/W*, Bd. 2/1 (2002), S. 387 f.

83 §§ 3, 9 StGB.

84 *BGH*, Urteil v. 26.7.1994 – Az. 5 StR 98/94, UA S. 22, BGHSt 40, 218, 231, *M/W*, Bd. 2/2 (2002), S. 600.

85 *BGH*, Urteil v. 19.4.1994 – Az. 5 StR 204/93, UA S. 5, BGHSt 40, 113, 114 f., *M/W*, Bd. 2/1 (2002), S. 309.

Schütze war oder der Befehlslage entsprechen wollte, zu Indizien für den Tötungsvorsatz.[86]

Insbesondere bei versuchten Tötungen war jedoch der Nachweis des Vorsatzes angesichts der strengen Beweisanforderungen schwierig, da hier der Eintritt des tatbestandlichen Erfolgs als wesentliches Indiz für den Willen zur Tötung fehlte.[87] Dementsprechend wurde in aller Regel nur dann Vorsatz bejaht, wenn das Opfer getötet worden war. In diesen Fällen blieb dann aber auch die Verneinung des Vorsatzes die Ausnahme.

Bei den Vorgesetzten der Grenzsoldaten bereitete der Vorsatznachweis geringere Schwierigkeiten, da die Erteilung eines Befehls zur Grenzsicherung nach der Befehlslage zugleich als Anweisung zur Tötung verstanden werden konnte.[88] Unproblematisch war auch der Nachweis des bedingten Vorsatzes der Mitglieder der politischen und militärischen Führung.[89]

3. Rechtswidrigkeit der Grenztötungen

Den Schwerpunkt der Rechtsprobleme bildete die Rechtswidrigkeit der Taten und die damit verknüpfte Frage, ob eine Bestrafung der Täter gegen das in Art. 103 Absatz 2 GG verfassungsrechtlich garantierte Rückwirkungsverbot verstieß. Nachdem zunächst Urteile des Landgerichts Berlin mit unterschiedlichen Argumentationen ergangen waren,[90] folgte die Rechtsprechung seit der Grundsatzentscheidung des Bundesgerichtshofs vom 3. November 1992[91] einer einheitlichen Linie. Diese Rechtsprechung wurde im Ergebnis sowohl vom Bundesverfassungsgericht als auch vom Europäischen Gerichtshof für Menschenrechte bestätigt.[92]

---

86 *BGH*, Urteil v. 3.11.1992 – Az. 5 StR 370/92, UA S. 41, BGHSt 39, 1, 30, *M/W*, Bd. 2/1 (2002), S. 152; *BGH*, Urteil v. 25.3.1993 – Az. 5 StR 418/92, UA S. 21f., BGHSt 39, 168, 180, *M/W*, Bd. 2/1 (2002), S. 77.

87 *BGH*, Urteil v. 20.3.1996 – Az. 5 StR 623/95, NStZ-RR 1996, 323, *M/W*, Bd. 2/1 (2002), S. 442.

88 *LG Berlin*, Urteil v. 24.2.1995 – Az. (507) 2 Js 67/90 KLs (68/91), *M/W*, Bd. 2/1 (2002), S. 469.

89 *LG Berlin*, Urteil v. 16.9.1993 – Az. (527) 2 Js 26/90 Ks (10/92), *M/W*, Bd. 2/2 (2002), S. 581.

90 Vgl. einerseits *LG Berlin*, Urteil v. 20.1.1992 – Az. (523) 2 Js 48/90 (9/91), JZ 1992, 691, *M*/W, Bd. 2/1 (2002), S. 5 und andererseits *LG Berlin*, Urteil v. 5.2.1992 – Az. (518) 2 Js 63/90 KLs (57/91), NStZ 1992, 492, *M*/W, Bd. 2/1 (2002), S. 105.

91 *BGH*, Urteil v. 3.11.1992 – Az. 5 StR 370/92, BGHSt 39, 1, *M*/W, Bd. 2/1 (2002), S. 135.

92 Vgl. S. 28.

a) Rechtsprechung

Eindeutig war, dass eine Rechtfertigung der Taten nach bundesdeutschem Recht ausschied. Die Rechtswidrigkeit der Taten nach DDR-Recht war dagegen zweifelhaft. Der Bundesgerichtshof verfolgte zwei grundlegende Ansätze, die zumeist in einem Stufenverhältnis geprüft wurden.

Ein erster Ansatz unterzog das DDR-Recht einer immanenten Betrachtung, bei der die Rechtswidrigkeit anhand der Maßstäbe der DDR-Rechtspraxis untersucht wurde. Der Bundesgerichtshof zog hierbei nicht nur § 27 Grenzgesetz, sondern auch die vom Norminhalt abweichende Staatspraxis und die Befehlslage zur Ermittlung des DDR-Rechts heran. Nach dieser Praxis war kein Fall des Schusswaffengebrauchs disziplinarisch oder strafrechtlich verfolgt worden. Der Bundesgerichtshof kam daher zu dem Ergebnis, dass die Schüsse sowohl für die Zeit nach als auch vor der Geltung des Grenzgesetzes in den „Normalfällen" von den rechtfertigenden Vorschriften des DDR-Rechts, so wie sie in der Staatspraxis angewandt wurden, gedeckt waren.[93] Diese Rechtfertigung fand jedoch bei von den „Normalfällen" extrem abweichenden Tatabläufen wie den oben genannten „Exzessfällen" der vierten Fallgruppe eine Grenze. In diesen Fällen lehnte der Bundesgerichtshof eine Rechtfertigung schon bei immanenter Betrachtung des DDR-Rechts ab.[94] Nicht ganz auf einer Linie lagen unterinstanzliche und höchstrichterliche Rechtsprechung allerdings bei der Beantwortung der Frage, wann eine Exzesstat vorlag.[95]

Ein zweiter Ansatz der Rechtsprechung legte Maßstäbe an, die der DDR-Rechtspraxis fremd waren (sogenannte transzendente[96] Betrachtung). Leitend war einmal eine naturrechtliche Argumentation unter Verwendung der sogenannten Radbruchschen Formel. Danach hat das positive Recht im Konflikt zwischen der Gerechtigkeit und der Rechtssicherheit grundsätzlich auch für den Fall seiner inhaltlichen Ungerechtigkeit den Vorrang, es sei denn, der Widerspruch des positiven Gesetzes zur Gerechtigkeit erreicht ein so unerträgliches Maß, dass das Gesetz als „unrichtiges Recht" der Gerechtigkeit zu weichen

---

93 Vgl. z.B. *BGH*, Urteil v. 3.11.1992 – Az. 5 StR 370/92, UA S. 16 ff., BGHSt 39, 1, 10 ff., *M/W*, Bd. 2/1 (2002), S. 139 ff.

94 *BGH*, Urteil v. 3.11.1992 – Az. 5 StR 370/92, UA S. 19 f., BGHSt 39, 1, 13, *M/W*, Bd. 2/1 (2002), S. 141; vgl. dazu auch *BGH*, Urteil v. 20.10.1993 – Az. 5 StR 473/93, UA S. 21 f., BGHSt 366 f., *M/W*, Bd. 2/1 (2002), S. 385; vgl. zu einem weiteren Exzessfall *LG Schweinfurt*, Urteil v. 1.7.1993 – Az. 1 Ks 11 Js 4457/92, UA S. 33 f., *M/W*, Bd. 2/1 (2002), S. 407.

95 So wertete das *LG Mühlhausen* in seinem Urteil v. 31.8.1995 – Az. 551 Js 96030/95 – 1 Ks die Tötung eines Fahnenflüchtigen als Exzess, anders als der BGH in diesen Fällen (vgl. etwa *BGH*, Urteil v. 18.1.1994 – Az. 1 StR 740/93, BGHSt 40, 48, *M/W*, Bd. 2/1 (2002), S. 411).

96 *Schroeder* JR 1993, 45, 47. Vgl. auch *Rummler*, Gewalttaten (2000), S. 298 ff.

hat.[97] Dabei konkretisierte die Rechtsprechung den Bereich, in dem gesetztes Recht der Gerechtigkeit zu weichen habe, anhand der völkerrechtlich anerkannten Menschenrechte. Hierbei handele es sich um den „von allen Kulturvölkern anerkannten Kernbereich des Rechts".[98] Genannt wurde einmal der Internationale Pakt über bürgerliche und politische Rechte.[99] Die generelle Versagung einer Ausreise in der DDR habe dem im Pakt verankerten Recht auf Ausreise[100] widersprochen. Die Tötung der für Leib und Leben der Grenzsoldaten nicht gefährlichen Flüchtenden zur Abschreckung anderer Fluchtwilliger habe gegen das im Pakt gewährleistete Recht auf Leben[101] verstoßen.[102] Herangezogen wurde ferner die Allgemeine Erklärung der Menschenrechte, die schon vor Inkrafttreten des Internationalen Pakts über bürgerliche und politische Rechte einen verbindlichen Maßstab für die Geltung von Menschenrechten normiert habe. Sie habe die Rechte auf Leben und Ausreise in ähnlicher Weise wie der Pakt geschützt.[103] Diese Argumentation wurde auch auf Fälle des Eindringens in die DDR (dritte Fallgruppe) übertragen.[104]

Ein Verstoß gegen das Rückwirkungsverbot des Artikels 103 Absatz 2 GG lag nach Auffassung der Rechtsprechung bei der Anwendung der Radbruchschen Formel nicht vor. Dies folge aus der Erwägung, dass eine Freistellung von Strafbarkeit, die derart gegen die Menschenrechte verstoße, von vornherein unwirksam gewesen, also überhaupt nicht Recht geworden sei.[105]

Der Bundesgerichtshof beließ es jedoch innerhalb des zweiten Ansatzes nicht bei der Anwendung der Radbruchschen Formel. Er untersuchte unabhängig von diesem Vorgehen die Möglichkeit einer menschenrechtsfreundlichen Auslegung des DDR-Rechts. Dabei kam er zu dem Ergebnis, dass § 27 Grenzgesetz und die vorher geltenden Schusswaffengebrauchsbestimmungen einer an den Menschenrechten orientierten Interpretation zugänglich gewesen seien. Ver-

---

97 *Radbruch* SJZ 1946, 105, 107.

98 *LG Berlin*, Urteil v. 5.2.1992 – Az. (518) 2 Js 63/90 KLs (57/91), UA S. 40f., *M/W*, Bd. 2/1 (2002), S. 121.

99 Vom 19.12.1966; BGBl. 1973 II, S. 1534.

100 Vgl. Art. 12 Abs. 2 IPbpR.

101 Vgl. Art. 6 Abs. 1 Satz 1 und 3 IPbpR.

102 *BGH*, Urteil v. 3.11.1992 – Az. 5 StR 370/92, UA S. 23ff., BGHSt 39, 1, 16ff., *M/W*, Bd. 2/1 (2002), S. 143ff.

103 Vgl. Art. 3 und 13 Nr. 2 der Erklärung sowie *BGH*, Urteil v. 26.7.1994 – Az. 5 StR 167/94, UA S. 13ff., BGHSt 40, 241, 245ff., *M/W*, Bd. 2/1 (2002), S. 183ff.

104 *LG Berlin*, Urteil v. 28.10.1992 – Az. (513) 2 Js 97/90 KLs (92/91), UA S. 25, *M/W*, Bd. 2/1 (2002), S. 304.

105 *BGH*, Urteil v. 20.3.1995 – Az. 5 StR 111/94, UA S. 15, 26, BGHSt 41, 101, 105, 112, *M/W*, Bd. 2/1 (2002), S. 232f., 237.

wiesen wird auf die Menschenrechte aus den Artikeln 6 und 12 des Internationalen Pakts über bürgerliche und politische Rechte sowie auf die Allgemeine Erklärung der Menschenrechte. Artikel 30 der DDR-Verfassung habe das Recht auf Leben und körperliche Unversehrtheit beinhaltet. Eine an den Artikeln 6 und 12 des Internationalen Pakts über bürgerliche und politische Rechte orientierte Auslegung habe den sich aus Artikel 30 Absatz 2 Satz 2 der DDR-Verfassung ergebenden Grundsatz der Verhältnismäßigkeit zu beachten gehabt, der seinen Niederschlag auch im Grenzgesetz[106] gefunden habe. Der Verhältnismäßigkeitsgrundsatz sei in der DDR verletzt worden, wenn der einfache ungesetzliche Grenzübertritt gemäß § 213 DDR-StGB als ein den Schusswaffengebrauch rechtfertigendes Verbrechen im Sinne des § 27 Grenzgesetz angesehen worden sei. Überdies sei im Rahmen des § 27 Grenzgesetz eine Auslegung möglich gewesen, die dem Verhältnismäßigkeitsgrundsatz und dem Erfordernis der Schonung des Lebens aus § 27 Absatz 5 Satz 1 Grenzgesetz gerecht geworden wäre. Nach dieser Interpretation habe auf einen unbewaffneten und nicht für Leib und Leben der Grenzsoldaten gefährlichen Flüchtenden nicht mit Tötungsvorsatz geschossen werden dürfen. Die entgegenstehende Staatspraxis in der DDR, nach der die tödlichen Schüsse an der deutsch-deutschen Grenze nicht geahndet worden seien, widerspreche diesem Ergebnis nicht, denn sie habe kein Recht zu schaffen vermocht.[107] Ähnlich wurde mit der Allgemeinen Erklärung der Menschenrechte bei Taten argumentiert, die vor der Geltung des Internationalen Pakts über bürgerliche und politische Rechte begangen worden waren.[108] Diese Auffassung verstoße nicht gegen das Rückwirkungsverbot, so meinte der Bundesgerichtshof, denn sie nutze nur die im Recht der DDR angelegten Möglichkeiten zu einer menschenrechtsfreundlichen Auslegung. Die Tat sei schon bei ihrer Begehung nach dem „richtig" ausgelegten Recht der DDR strafbar gewesen. Eine bloße Änderung der Auslegung einer Norm verletze das Rückwirkungsverbot nicht.[109]

---

106 § 26 Abs. 2 S. 2 und 3 sowie § 27 Abs. 1 S. 1.

107 *BGH*, Urteil v. 3.11.1992 – Az. 5 StR 370/92, UA S. 32f., BGHSt 39, 1, 23ff., *M/W*, Bd. 2/1 (2002), S. 147f.; *BGH*, Urteil v. 20.3.1995 – Az. 5 StR 111/94, UA S. 16f., BGHSt 41, 101, 105f., *M/W*, Bd. 2/1 (2002), S. 233. Ähnlich *EGMR*, Urteil v. 22.3.2001 – Beschwerde Nr. 34044/96, 35532/97 und 44801/98, Rn. 62ff., 87, NJW 2001, 3035, 3038, 3040, *M/W*, Bd. 2/1 (2002), S. 920ff., 925.

108 *BGH*, Urteil v. 26.7.1994 – Az. 5 StR 167/94, UA S. 19, BGHSt 40, 241, 249, *M/W*, Bd. 2/1 (2002), S. 186; *BGH*, Urteil v. 20.3.1995 – Az. 5 StR 111/94, UA S. 16ff., BGHSt 41, 101, 105f., *M/W*, Bd. 2/1 (2002), S. 232f.

109 *BGH*, Urteil v. 3.11.1992 – Az. 5 StR 370/92, UA S. 39f., BGHSt 39, 1, 29f., *M/W*, Bd. 2/1 (2002), S. 151; *BGH*, Urteil v. 19.4.1994 – Az. 5 StR 204/93, UA S. 7f., BGHSt 40, 113, 116, *M/W*, Bd. 2/1 (2002), S. 310; *BGH*, Urteil v. 20.3.1995 – Az. 5 StR 111/94, UA S. 25ff., BGHSt 41, 101, 111f. mwN, *M/W*, Bd. 2/1 (2002), S. 236f.

Das Bundesverfassungsgericht hat diese Rechtsprechung mit seinem Beschluss vom 24. Oktober 1996 als verfassungskonform bestätigt. Darin kam es zu dem Ergebnis, dass das Rückwirkungsverbot unter bestimmten Voraussetzungen nur eingeschränkt gelte. Artikel 103 Absatz 2 GG sei auf Taten zugeschnitten, die innerhalb der Bundesrepublik begangen werden. Hier biete das unter demokratischen Zuständen zustande gekommene Gesetz genügend Gewähr für ein Strafrecht, das prinzipiell den Erfordernissen der materiellen Gerechtigkeit genüge. Nur diese besondere Vertrauensgrundlage rechtfertige die Einhaltung des strikten Rückwirkungsverbots. Diese Grundlage entfalle, wenn ein Staat unter schwerwiegender Missachtung allgemein anerkannter Menschenrechte schwerstes kriminelles Unrecht durch die Schaffung von Rechtfertigungsgründen begünstige. In einer solchen Situation müsse das Rückwirkungsverbot zugunsten des Gebots der materiellen Gerechtigkeit zurücktreten, da die Strafrechtspflege der Bundesrepublik sonst zu ihren eigenen Prämissen in Widerspruch geriete.[110]

Der Europäische Gerichtshof für Menschenrechte stellte in seinen Entscheidungen vom 22. März 2001 fest, dass diese Rechtsprechung der deutschen Gerichte mit der Europäischen Menschenrechtskonvention vereinbar sei. Insbesondere wurde ein Verstoß gegen das in Artikel 7 der Konvention[111] verankerte Rückwirkungsverbot verneint. Die Tötungen an der deutsch-deutschen Grenze seien zur Tatzeit sowohl nach dem innerstaatlichen Recht der DDR als auch nach internationalem Recht strafbar gewesen. In voller Übereinstimmung mit dem Bundesgerichtshof ist der Europäische Gerichtshof für Menschenrechte zu dem Ergebnis gelangt, das geschriebene Recht der DDR habe, insbesondere unter Berücksichtigung der DDR-Verfassung, die Tötungen an der deutsch-deutschen Grenze nicht rechtfertigen können.[112]

Die Legitimität einer menschenrechtsfreundlichen Auslegung des DDR-Rechts wurde damit anerkannt. Darüber hinaus betonte der Gerichtshof ausdrücklich das Recht demokratischer Nachfolgestaaten, die Auslegung von Gesetzen aus der Zeit einer Diktatur im rechtsstaatlichen Sinne zu ändern. Den Gerichten eines Nachfolgestaates könne man „nicht vorwerfen, dass sie die zur

110 Vgl. zum Ganzen *BVerfG*, Beschluss v. 24.10.1996 – Az. 2 BvR 1851/94, 1853/94, 1875/94 und 1852/94, UA S. 46 ff., BVerfGE 95, 96, 131 ff., *M/W*, Bd. 2/2 (2002), S. 631 ff.; bestätigt in *BVerfG*, Beschluss v. 21.7.1997 – Az. 2 BvR 1084/97, 1120/97, 1121/97 und 1122/97, EuGRZ 1997, 413, 416.

111 Art. 7 Abs. 1 S. 1 lautet: „Niemand darf wegen einer Handlung oder Unterlassung verurteilt werden, die zur Zeit ihrer Begehung nach innerstaatlichem oder internationalem Recht nicht strafbar war."

112 *EGMR*, Urteil vom 22.3.2001 – Beschwerde Nr. 34044/96, 35532/97 und 44801/98, Rn. 64 ff., NJW 2001, 3035, 3038, *M/W*, Bd. 2/2 (2002), S. 921.

Tatzeit geltenden Rechtsvorschriften im Lichte der Grundsätze angewendet und ausgelegt haben, die in einem Rechtsstaat gelten".[113] Daneben bejahte der Europäische Gerichtshof für Menschenrechte auch eine Strafbarkeit der Tötungsvorgänge nach internationalem Recht. Die Tötungen hätten nicht nur das ranghöchste Menschenrecht, das Recht auf Leben, verletzt, sondern auch gegen das Recht auf Freizügigkeit verstoßen.[114]

b) Schrifttum[115]

Im Schrifttum fand die Linie der Rechtsprechung Zustimmung. Es gab jedoch auch erhebliche Kritik an ihrem Vorgehen.

Vielfach wurde eine transzendente, auf systemexterne Maßstäbe abstellende Betrachtung des DDR-Rechts abgelehnt und eine rechtliche Bewertung der Taten anhand systemimmanenter Kriterien favorisiert. Lediglich Taten, die sich schon nach dem in der DDR praktizierten Recht als rechtswidrig erwiesen hätten, seien danach verfolgbar. Uneinigkeit bestand dabei jedoch, wie weit dem Selbstverständnis des DDR-Rechts gefolgt werden durfte oder musste. Teilweise wurde unter Anerkennung der Faktizität als Recht die Straflosigkeit aller Taten außer Exzesstaten angenommen,[116] während andere Autoren auf den Wortlaut des § 27 Grenzgesetz als Maßstab für den Umfang der Rechtfertigung abstellten.[117] Darüber hinaus wurde die Rechtswidrigkeit zum Teil aus der innerstaatlichen Geltung völkerrechtlicher Bestimmungen hergeleitet.[118]

Die menschenrechtsfreundliche Auslegung des Bundesgerichtshofs wurde überwiegend für mit dem Rückwirkungsverbot unvereinbar gehalten.[119] Verbrei-

---

113 *EGMR*, Urteil vom 22.3.2001 – Beschwerde Nr. 34044/96, 35532/97 und 44801/98, Rn. 81, *M/W*, Bd. 2/2 (2002), S. 923.

114 *EGMR*, Urteil vom 22.3.2001 – Beschwerde Nr. 34044/96, 35532/97 und 44801/98, Rn. 92 ff., *M/W*, Bd. 2/2 (2002), S. 925; näher dazu *Werle* NJW 2001, 3001, 3007.

115 Zu dem kaum noch übersehbaren Schrifttum vgl. die Nachweise bei *Lackner/Kühl*, StGB, 29. Aufl. (2018), § 2 Rn. 16, 16a sowie die Übersicht über kritische Stimmen in *BGH*, Urteil 20.3.1995 – Az. 5 StR 111/94, UA S. 18, BGHSt 41, 101, 107, *M/W*, Bd. 2/1 (2002), S. 233. Grundlegend zum Positivismusproblem im Zusammenhang mit Systemunrecht *Naucke*, Privilegierung (1996) sowie *Rogall*, Bewältigung (2000).

116 *Isensee*, Rechtsstaat (1992), S. 105 ff.; *Jakobs* GA 1994, 1, 5; *Pawlik* GA 1994, 472.

117 *Lüderssen* ZStW 1992, 735, 739 ff.; *Miehe*, in Gitter-FS (1995), 647, 650 ff.; *Roggemann* DtZ 1993, 10, 16.

118 *Blumenwitz* DA 1992, 567, 575 ff. iVm Fn. 70; *Buchner*, Rechtswidrigkeit (1996), S. 196 ff., 204 ff., 225 ff., 237 ff., 265 ff. Diese Strategie weist große Übereinstimmungen mit der menschenrechtsfreundlichen Auslegung des Bundesgerichtshofs auf.

119 Zustimmend *Dreier*, Vergangenheitsbewältigung (1995), S. 31; *Eser/Arnold*, Strafrecht (2000), S. 83 f.; *Eser*, in Odersky-FS (1996), 337, 338 f.; *Hirsch*, Strafrecht (1996), S. 16 ff.

tet war die Berufung auf die Radbruchsche Formel.[120] Andere lehnten eine Anwendung der Radbruchschen Formel mit Verweis auf das Rückwirkungsverbot ab.[121] Darüber hinaus wurde teilweise grundsätzlich bezweifelt, dass das Naturrecht einen zulässigen und praktikablen Maßstab für die Ermittlung rechtlich verbindlicher Aussagen abgeben könne.[122] Gegen die Konkretisierung der Radbruchschen Formel mittels Völkerrecht wurde auch eingewendet, dass der Bundesgerichtshof völkerrechtliche Pakte trotz ihrer fehlenden Faktizität in der DDR unzulässigerweise zum Maßstab gegenüber den Bürgern der ehemaligen DDR gemacht habe.[123] Im Übrigen sei fraglich, ob die angeführten völkerrechtlichen Bestimmungen tatsächlich dem „Kernbereich des Rechts" angehörten und sich zu einer Konkretisierung der Formel eigneten.[124] Teilweise wurde auch ein Verstoß gegen die herangezogenen Völkerrechtspakte bestritten.[125] Die Kritik mündete vielfach in der These, die Zulässigkeit von Bestrafungen hätte die Schaffung eines offen rückwirkenden Gesetzes bzw. die förmliche Änderung des Artikels 103 Absatz 2 GG erfordert.[126]

Die Stellungnahmen zu den Entscheidungen des Europäischen Gerichtshofs für Menschenrechte griffen einzelne Aspekte dieser Kritik auf. Insbesondere die rechtsstaatliche Auslegung der DDR-Vorschriften, auf die der Gerichtshof seine Entscheidungen stützte, stieß auf Ablehnung.[127] Sie widerspreche, so hieß es, dem Gebot systemimmanenter Fremdrechtsanwendung.[128] Teilweise wurde die naturrechtliche Argumentationslinie des Bundesgerichtshofs anhand der Radbruchschen Formel im Vergleich dazu als der „ehrlichere" Ansatz bewertet.[129]

---

120 *Alexy*, Mauerschützen (1993), S. 28 ff.; *Herzog* NJ 1993, 1, 2 f.; *Hruschka* JZ 1992, 665, 667 f.

121 *Dencker* KritV 1990, 299, 305; *Jakobs* GA 1994, 1, 11 ff.; *Miehe*, in Gitter-FS (1995), 647, 658 ff.

122 *Kuhlen*, Normverletzungen (1990), S. 63, 92 ff.; *Pawlik* GA 1994, 472, 479 f., 483.

123 *Amelung* NStZ 1995, 29, 30; *Gropp* NJ 1996, 393, 395 f.; *Ott* NJ 1993, 337, 340 f.; *Roggemann* DtZ 1993, 10, 17 f.

124 *Grünwald* StV 1991, 31, 37; *Rittstieg* DuR 1991, 404, 417; *Roggemann* DtZ 1993, 10, 18. Vgl. hierzu oben S. 26.

125 *Alexy*, Mauerschützen (1993), S. 17 ff.; *Rittstieg* DuR 1991, 404, 416 ff.

126 *Dencker* KritV 1990, 299, 306 f.; *Isensee*, Rechtsstaat (1992), S. 107; *Joerden* GA 1997, 201, 211; *Seidel*, Aspekte (1999), S. 277.

127 Kritisch zu diesem Begründungsansatz *Ambos* KritV 2003, 31, 41 ff.; *Arnold/Karsten/Kreicker* NJ 2001, 561, 563; *Kreicker*, Gewalttaten (2002), S. 19 ff.; *Rau* NJW 2001, 3008, 3010 ff.; die Begründung befürwortend dagegen *Hassemer*, in Trechsel-FS (2002), 135, 149 f.; *Miller* KJ 2001, 255, 262 f.; *Naucke*, in Trechsel-FS (2002), 505, 507 f., 514; *Starck* JZ 2001, 1102, 1106; *Werle* NJW 2001, 3001, 3004.

128 Eingehend dazu *Kreicker*, Gewalttaten (2002), S. 19 ff.

129 So ausdrücklich *Ambos* KritV 2003, 31, 43; *Kreicker*, Gewalttaten (2002), S. 29; *Rau* NJW 2001, 3008, 3012.

Im Ergebnis traf freilich die Feststellung des Gerichtshofs, die bundesdeutsche Rechtsprechung sei mit dem konventionsrechtlichen Rückwirkungsverbot vereinbar, auf breite Zustimmung.[130] Auch Autoren, die in den Verurteilungen einen Verstoß gegen Artikel 103 Absatz 2 GG erblickten, gingen von einer Vereinbarkeit mit dem konventionsrechtlichen Rückwirkungsverbot aus.[131] Positiv wurde auch die politische Dimension der Entscheidungen bewertet: Die Anerkennung der bundesdeutschen Rechtsprechung durch den international besetzten Europäischen Gerichtshof für Menschenrechte habe den Vorwurf der „Siegerjustiz“ endgültig entkräftet.[132]

4. Rechtswidrigkeit von Erschießungen Fahnenflüchtiger und von Körperverletzungshandlungen

Zur Rechtswidrigkeit der Erschießung Fahnenflüchtiger sowie zur Rechtswidrigkeit von Körperverletzungen durch den Schusswaffengebrauch an der deutsch-deutschen Grenze hat sich die höchstrichterliche Rechtsprechung nicht geäußert. Die zu diesem Komplex ergangenen Urteile haben die Frage der Rechtswidrigkeit vielmehr offengelassen und die Tatschuld verneint.[133]

5. Rechtswidrigkeit der Tötung durch Minen und Selbstschussanlagen

Die Rechtswidrigkeit der Tötung sogenannter Grenzverletzer durch Minen und Selbstschussanlagen ergab sich nach der Rechtsprechung schon aus dem Fehlen einer entsprechenden Ermächtigungsgrundlage im Recht der DDR. Eine solche habe sich auch nicht aus dem Grenzgesetz ergeben.[134]

---

130 *Arnold/Karsten/Kreicker* NJ 2001, 561, 569; *Werle* NJW 2001, 3001, 3007; zurückhaltender auch *Rau* NJW 2001, 3008, 3008; teilweise auch *Kreicker*, Gewalttaten (2002), S. 103 ff.; *Hassemer*, in Trechsel-FS (2002), 135, 149 f.; *Miller* KJ 2001, 255, 262 f.; *Naucke*, in Trechsel-FS (2002), 505, 507 f., 514; *Starck* JZ 2001, 1102, 1106.

131 Vgl. nur *Arnold/Karsten/Kreicker* NJ 2001, 561, 562, 566, die in dieser Differenz einen „Schlüssel für die Entscheidung des EGMR“ erblicken.

132 *Starck* JZ 2001, 1102, 1102; *Kreicker*, Gewalttaten (2002), S. 106 f.; *Kühl*, in Jung-FS (2007), 433, 443; *Roellecke* NJW 2001, 3024, 3025.

133 *BGH*, Urteil v. 25.3.1993 – Az. 5 StR 418/92, BGHSt 39, 168, 194 f., *M/W*, Bd. 2/1 (2002), S. 71; *BGH*, Urteil v. 8.6.1993 – Az. 5 StR 88/93, NStZ 1993, 488; *BGH*, Urteil v. 17.12.1996 – Az. 5 StR 137/96, BGHSt 42, 356, 361, *M/W*, Bd. 2/1 (2002), S. 277.

134 Insbesondere könnten weder § 8 Abs. 2 noch §§ 26, 27 Grenzgesetz hierfür als Rechtsgrundlage angesehen werden. Vgl. hierzu *BVerfG*, Beschluss v. 24.10.1996 – Az. 2 BvR 1851/94, 1853/94, 1875/94 und 1852/94, BVerfGE 95, 96, 124 f., *M/W*, Bd. 2/2 (2002), S. 609; *LG Berlin*, Urteil v. 16.9.1993 – Az. (527) 2 Js 26/90 Ks 10 (92), NJ 1994, 210, 213, *M/W*, Bd. 2/2 (2002), S. 501.

6. Schuld

Im Rahmen der Schuld wurden insbesondere zwei Probleme relevant. Zum einen hatte die Rechtsprechung zu prüfen, ob die Schuld der Angeklagten wegen Handelns auf Befehl entfiel. Entscheidend war nach den dafür maßgeblichen gesetzlichen Grundlagen,[135] ob die Täter die Rechtswidrigkeit ihrer Taten erkannt hatten oder ob deren Rechtswidrigkeit jedenfalls offensichtlich war. Ersteres verneinte die Rechtsprechung, ging jedoch von der Offensichtlichkeit der Rechtswidrigkeit aus. Die Gewalttaten an der Grenze seien ein derart schreckliches und jeder vernünftigen Rechtfertigung entzogenes Tun gewesen, dass der Verstoß gegen das elementare Tötungsverbot auch für einen indoktrinierten Menschen ohne weiteres habe einsichtig sein müssen. Diese Argumentation der Rechtsprechung resultierte aus ihrer Ansicht zur Rechtswidrigkeit der Taten. Da dort von extremem Unrecht ausgegangen wurde, war es naheliegend, dieses zugleich auch als evidentes Unrecht anzusehen. Zum anderen war zu klären, ob sich die Täter in einem Verbotsirrtum nach § 17 StGB befunden hatten.[136] Dies nahmen die Gerichte in der Regel an. Der Irrtum sei aber aus den Gründen vermeidbar gewesen, welche die Offensichtlichkeit der Rechtswidrigkeit des Handelns auf Befehl begründeten.[137]

In der Literatur wurde gegen diese Auffassung nicht unerheblicher Widerspruch erhoben.[138] Von der Offensichtlichkeit der Rechtswidrigkeit beim Handeln auf Befehl könne angesichts der Indoktrination der Soldaten, ihrer sozia-

---

135 § 258 Abs. 1 DDR-StGB („Eine Militärperson ist für eine Handlung, die sie in Ausführung des Befehls eines Vorgesetzten begeht, strafrechtlich nicht verantwortlich, es sei denn, die Ausführung des Befehls verstößt offensichtlich gegen die anerkannten Normen des Völkerrechts oder gegen Strafgesetze.") und § 5 Abs. 1 Wehrstrafgesetz („Begeht ein Untergebener eine rechtswidrige Tat, die den Tatbestand eines Strafgesetzes verwirklicht, auf Befehl, so trifft ihn eine Schuld nur, wenn er erkennt, dass es sich um eine rechtswidrige Tat handelt oder dies nach den ihm bekannten Umständen offensichtlich ist.").

136 Eingehend dazu *Siekmann*, Unrechtsbewusstsein (2005), S. 42ff.

137 *BGH*, Urteil v. 3.11.1992 – Az. 5 StR 370/92, UA S. 46f., BGHSt 39, 1, 34, *M/W*, Bd. 2/1 (2002), S. 154; *BGH*, Urteil v. 25.3.1993 – Az. 5 StR 418/92, UA S. 37, BGHSt 39, 168, 191f., *M/W*, Bd. 2/1 (2002), S. 84; *EGMR*, Urteil vom 22.3.2001 – Beschwerde Nr. 37201/97, Nr. 68ff., NJW 2001, 3042, 3044, *M/W*, Bd. 2/1 (2002), S. 196; vgl. aber auch die dortigen Sondervoten der Richter Cabral Barreto sowie Pellonpää (*M/W*, Bd. 2/1 [2002]), S. 207ff. bzw. S. 211ff.). Führende Repräsentanten der DDR konnten sich nach Ansicht des EGMR schon deshalb nicht auf Unkenntnis berufen, weil sie selbst „eine Staatspraxis begründet oder aufrechterhalten" hätten, die „offensichtlich die ureigenen Grundsätze" des DDR-Rechtssystems missachtet habe; *EGMR*, Urteil v. 22.3.2001 – Beschwerde Nr. 34044/96, 35532/97 und 44801/98, Rn. 88, NJW 2001, 3035, 3040, *M/W*, Bd. 2/2 (2002), S. 925.

138 *Adomeit* NJW 1993, 2914, 2915; *Amelung* NStZ 1995, 29, 30; *Hohoff* DtZ 1997, 308; *Miehe*, in Gitter-FS (1995), 647, 663ff.

listischen Erziehung seit dem Kindesalter und der Befürwortung des Schusswaffengebrauchs in der Propaganda der DDR nicht die Rede sein. Der Annahme einer Vermeidbarkeit des Verbotsirrtums stünden diese Umstände ebenfalls entgegen. Im Übrigen genüge es für die Vermeidbarkeit nicht, dass ein Täter bei gehöriger Anspannung seiner geistigen Kräfte hätte erkennen können, dass sein Tun unmoralisch, unmenschlich oder ungerecht sei; vielmehr habe ihm die Erkenntnis möglich sein müssen, gegen das Recht verstoßen zu haben. Dies sei aber für die Grenzsoldaten in aller Regel zu verneinen.

Bei Körperverletzungen (siebente Fallgruppe) nahm der Bundesgerichtshof an, dass ein schuldhaftes Verhalten nicht vorgelegen habe. Im Hinblick auf die Vorschriften zum Handeln auf Befehl habe es an der Offensichtlichkeit des Strafrechtsverstoßes gefehlt. Bei Schüssen ohne Tötungsvorsatz habe keine Verletzung des elementaren Tötungsverbots vorgelegen. Zwar sei den Flüchtenden die Möglichkeit der Auswanderung genommen worden, doch ergebe sich daraus keine Offensichtlichkeit des Verstoßes.[139] Mit denselben Argumenten begründete die Rechtsprechung ihre Auffassung, dass sich die Täter in diesen Fällen in einem unvermeidbaren Verbotsirrtum befunden hätten.[140]

Auch bei der Erschießung bewaffneter Fahnenflüchtiger konnte nach höchstrichterlicher Rechtsprechung nicht von einer offensichtlichen Rechtswidrigkeit ausgegangen werden. Im Vergleich zu den üblicherweise vorliegenden Fällen, in denen die Annahme der Schuld schon nicht unproblematisch sei, würden gewichtige, für die Möglichkeit der Rechtmäßigkeit des Befehls sprechende Besonderheiten hinzukommen.[141]

7. Beteiligungsformen

Mit Problemen aus dem Bereich von Täterschaft und Teilnahme hatte sich die Rechtsprechung intensiv zu befassen. Im Hinblick auf die Angehörigen der politischen und militärischen Führung war seit der Entscheidung des Bundesgerichtshofs in Bezug auf die Mitglieder des Nationalen Verteidigungsrates anerkannt, dass sich diejenigen Angehörigen der Führung als mittelbare Täter verantworten müssten, welche die grundlegenden politischen Entscheidungen zur Grenzsicherung getroffen oder selbst als Befehlsgeber für die Konkretisie-

139 *BGH*, Urteil v. 8.6.1993 – Az. 5 StR 88/93, UA S. 9f., NStZ 1993, 488, 489.

140 *BGH*, Urteil v. 25.3.1993 – Az. 5 StR 418/92, UA S. 42, BGHSt 39, 168, 194f., *M/W*, Bd. 2/1 (2002), S. 87.

141 *BGH*, Urteil v. 17.12.1996 – Az. 5 StR 137/96, BGHSt 42, 356, 362, *M/W*, Bd. 2/1 (2002), S. 277; vgl. auch *BGH*, Beschluss v. 7.2.1995 – Az. 5 StR 650/94, BGHSt 41, 10, 15.

rung und Weiterleitung der Befehlslage gesorgt hatten. Das wurde folgendermaßen begründet. Zwar scheide im Regelfall eine mittelbare Täterschaft aus, wenn die tatausführenden Personen, wie hier die Schützen, strafrechtlich voll verantwortlich gehandelt hätten. Dies sei jedoch in der vorliegenden Konstellation anders zu beurteilen. Der Beitrag der Mitglieder der politischen und militärischen Führung habe durch die Ausnutzung der Befehlskette nahezu automatisch zu der erstrebten Tatbestandsverwirklichung durch die Grenzsoldaten geführt. Der zur Verfügung stehende organisatorische Machtapparat habe regelhafte Abläufe garantiert. Dies hätten sich die Täter zunutze gemacht, indem sie die unbedingte Bereitschaft der unmittelbar Handelnden zur Tatausführung ausgenutzt hätten.[142]

Damit erkannte die Rechtsprechung erstmals die Rechtsfigur des „Täters hinter dem Täter" an. Sie wurde später auch von der internationalen Strafgerichtsbarkeit aufgegriffen.[143]

Die übrigen Angehörigen der Führungsebene, die lediglich im Vorfeld an der Erstellung der Beschlüsse und Befehle dieser mittelbaren Täter beteiligt waren, wurden als Gehilfen verurteilt.[144] Unmittelbare Vorgesetzte der Schützen wurden bei der Erteilung eines Tötungsbefehls im konkreten Einzelfall als Anstifter bestraft.[145] Die Erteilung eines generellen Befehls, insbesondere im Rahmen der „Vergatterung", wurde hingegen als Beihilfe gewertet.[146]

---

142 *BGH*, Urteil v. 26.7.1994 – Az. 5 StR 98/94, UA S. 21ff., BGHSt 40, 218, 230ff., *M/W*, Bd. 2/2 (2002), S. 600ff.

143 Vgl. Art. 25 Abs. 3 lit. a des Römischen Statuts des Internationalen Strafgerichtshofs sowie die Nachweise bei *Werle/Jeßberger*, Völkerstrafrecht, 5. Aufl. (2020), Rn. 570ff. Vgl. hierzu unten, S. 326f.

144 Vgl. z.B. das Urteil des *LG Berlin* gegen den Chef der Grenztruppen und fünf seiner Stellvertreter v. 10.9.1996 – Az. (536) 2 Js 15/92 Ks (2/95), UA S. 111f. Der *BGH* hat in seinem Urteil v. 8.3.2001 – Az. 4 StR 453/00, NJW 2001, 2409 allerdings festgestellt, dass die bloße Mitwirkung an der Erstellung von Befehlen zur Grenzsicherung für sich allein noch keine strafbare Beihilfe zur Tötung oder Verletzung von Personen durch die dort verlegten Minen darstelle, und damit den erstinstanzlichen Freispruch (vgl. *LG Stendal*, Urteil v. 7.3.2000 – Az. 502 Ks – 33 Js 27676/95 – 16/95) zweier Stellvertreter des Kommandeurs des Grenzkommandos Nord im Ergebnis bestätigt.

145 *BGH*, Urteil v. 24.4.1996 – Az. 5 StR 322/95, UA S. 10, NStZ-RR 1996, 323, 324, *M/W*, Bd. 2/1 (2002), S. 474.

146 *BGH*, Urteil v. 30.8.2001 – Az. 5 StR 259/01. Einen Anstiftervorsatz des Offiziers, der die Vergatterung durchführte, verneinte auch bereits *LG Berlin*, Urteil v. 7.6.1995 – Az. (529) 27/2 Js 193/90 Ks (22/94), UA S. 24ff., *M/W*, Bd. 2/1 (2002), S. 439. Dieses Urteil gelangte im Ergebnis zwar zu einem Freispruch, setzte sich aber eingehend mit den Problemen von Täterschaft und Teilnahme auseinander.

Im Gegensatz zu seiner Rechtsprechung in den NS-Verfahren,[147] hat der Bundesgerichtshof die unmittelbar Handelnden als Täter angesehen und nicht als bloße Gehilfen. Mit Blick auf das Verhältnis der Posten zueinander kam der Bundesgerichtshof selbst bei fehlender Kommunikation unter den unmittelbar Beteiligten zu dem Ergebnis, dass im Regelfall Mittäterschaft vorgelegen habe, da alle Beteiligten unter dem Einfluss des gleichen Befehls und mit gleicher Zielrichtung gehandelt hätten.[148]

Die Annahme der mittelbaren Täterschaft bei den sogenannten Schreibtischtätern stieß im Schrifttum auf Zustimmung[149] und Widerspruch. Alternativ wurde teilweise Anstiftung,[150] Mittäterschaft[151] oder Nebentäterschaft[152] angenommen.

8. Verjährung

Die Gewalttaten an der deutsch-deutschen Grenze gehören zu den wenigen Deliktsgruppen von DDR-Unrecht, die bislang nicht verjährt sind. Bezüglich der Taten, die sich als Mord darstellen, liegt Unverjährbarkeit vor.[153] Für die (versuchten) Totschlagsdelikte tritt wegen des Ruhens der Verjährung in der vor dem Beitritt verstrichenen Zeit die absolute Verjährung erst mit Ablauf des 2. Oktober 2030 ein.[154]

9. Strafzumessung[155]

Für die Erwägungen der Rechtsprechung zur Strafzumessung ist zweierlei kennzeichnend. Zum einen wurde deutlich nach Tätergruppen differenziert.

147 Nach der vielfach kritisierten „Gehilfenrechtsprechung" konnte selbst derjenige, der alle Tatbestandsmerkmale eigenhändig erfüllt hatte, bei fehlendem Täterwillen bloßer Gehilfe sein, vgl. hierzu *Werle* NJW 1992, 2529, 2533; *ders./Wandres*, Auschwitz vor Gericht (1995), S. 32.

148 *BGH*, Urteil v. 3.11.1992 – Az. 5 StR 370/92, UA S. 41f., BGHSt 39, 1, 31f., *M/W*, Bd. 2/1 (2002), S. 152; *BGH*, Urteil v. 26.7.1994 – Az. 5 StR 167/94, UA S. 8f., NJW 1994, 2708, *M/W*, Bd. 2/1 (2002), S. 181.

149 *Roxin* JZ 1995, 49; *Schroeder* JR 1995, 177; *Gropp* JuS 1996, 13, 15ff.; im Ergebnis auch *Rogall*, Bewältigung (2000), S. 418ff.

150 *Bottke*, Verfolgung (1993), S. 224f.; *Jescheck/Weigend*, Strafrecht (1996), S. 669.

151 *Jakobs* NStZ 1995, 26, 27.

152 *Bockelmann/Volk*, Strafrecht, 4. Aufl. (1987), S. 191f., die sich insofern auf „die Schreibtischmörder, die während des zweiten Weltkrieges den Massenmord an Juden, Gefangenen und Patienten von Heil- und Pflegeanstalten organisiert haben, und ihre Handlanger" beziehen.

153 § 78 Abs. 2 StGB, Art. 315a Abs. 3 EGStGB.

154 § 78c Abs. 3 Satz 2 iVm § 78 Abs. 3 Nr. 2 StGB.

155 Vgl. zum Ganzen *Epik*, Strafzumessung (2017), S. 278ff.

Gegen einfache Grenzsoldaten wurde regelmäßig eine milde Freiheitsstrafe im Bereich bis zu zwei Jahren verhängt und deren Vollstreckung zur Bewährung ausgesetzt. Mitglieder der politischen und militärischen Führung – sowie Exzesstäter – wurden dagegen zumeist zu längeren Freiheitsstrafen verurteilt, für die schon von Gesetzes wegen eine Aussetzung nicht in Betracht kam. Zum anderen kehrten Zweifel und Bedenken, die im Rahmen der Prüfung von Rechtswidrigkeit und Schuld noch zurückgewiesen wurden, als Begründungen für eine Strafmilderung wieder. So wurde den Grenzsoldaten zugutegehalten, dass sie auf der untersten Stufe der militärischen Hierarchie gestanden hätten und von der politischen und militärischen Führung zur Durchsetzung ihrer Zwecke missbraucht worden seien. Ihnen wurde bescheinigt, dass sie mangels hinreichender Ausbildung mit der Bewältigung von Fluchtsituationen überfordert gewesen und durch Indoktrination und Einschüchterung zur Abgabe von Schüssen angehalten worden seien. Dieses Vorgehen lässt als wesentliches Anliegen erkennen, insgesamt das tödliche Geschehen an der Grenze klar als strafbare Menschenrechtsverletzung auszuweisen, zugleich aber durch eine stark divergierende Strafzumessung einen deutlichen Unterschied im Ausmaß der Verantwortlichkeit kenntlich zu machen. Der schwere Schuldvorwurf, den die Tötung Wehrloser begründete, traf die politische und militärische Führung, während die Ausführenden durch eine Vielzahl von Gründen entlastet wurden. Diese entlastenden Gesichtspunkte hatten wiederum ein so starkes Gewicht, dass Zweifel blieben, ob sie durch Absenken des Strafmaßes und Gewähren einer Strafaussetzung ausreichend zur Geltung kämen. Ganz offensichtlich wurden die Taten dieser Beschuldigten so eingestuft, dass sie im Grenzbereich von Strafbarkeit und Straflosigkeit lagen.

C. Wahlfälschung[156]

I. Einführung

Im erstinstanzlichen Wahlfälschungsurteil des Landgerichts Dresden gegen Hans Modrow und andere heißt es, dass mit Sicherheit von einer Manipulation sämtlicher seit 1950 in der DDR veröffentlichter Wahlresultate ausgegangen werden könne.[157] Damit korrespondiert die lakonische Feststellung eines im

156 Zum Gesamtkomplex vgl. die aus dem Projekt „Strafjustiz und DDR-Vergangenheit" hervorgegangene Monografie von *J. Müller*, Symbol 89 (2001) sowie *M/W*, Bd. 1 (2000).

157 *LG Dresden*, Urteil v. 27.5.1993 – Az. 3 (c) KLs 51 Js 4048/91, UA S. 37 (insoweit nicht veröffentlicht), *M/W*, Bd. 1 (2000), S. 237.

Prozess hinzugezogenen Sachverständigen, die Geschichte der Wahlen in der DDR sei zugleich die Geschichte ihrer Fälschungen.[158] Dennoch beschränkte sich die Strafverfolgung auf die letzten Wahlen unter der Ägide des SED-Parteiapparats, die Kommunalwahlen vom 7. Mai 1989. Allein hier war es aufgrund der zeitlichen Nähe zum Zusammenbruch der DDR möglich, eine strafrechtlichen Anforderungen genügende Sachverhaltsaufklärung durchzuführen. Die Judikate enthalten die zur Klärung individueller strafrechtlicher Verantwortlichkeit erforderlichen Ermittlungsergebnisse. Sie treffen darüber hinaus zahlreiche Feststellungen von allgemeinem zeitgeschichtlichem Wert, die sich auf das Umfeld der Tathandlungen beziehen.

1. Bedeutung und Funktionsweise des DDR-Wahlsystems

Im Gegensatz zu Wahlen in parlamentarischen Demokratien westlicher Prägung war das Wahlsystem der DDR nicht auf Machtverteilung an frei konkurrierende politische Kräfte ausgerichtet.[159] Vielmehr ging es primär um eine plebiszitäre Bestätigung der verfassungsmäßig festgeschriebenen Führungsrolle der SED und der mit ihr über die Einheitslisten verbundenen politischen Organisationen. Im Wahlakt sollte die Loyalität des Staatsvolks gegenüber dem „Demokratischen Block“ und die Identifikation mit seiner jeweils aktuellen Politik bekundet werden. Dies entsprach der durch die marxistisch-leninistische Staatslehre proklamierten Einheit von staatlichen und individuellen Interessen. Über einen sogenannten Verteilerschlüssel wurden die zu vergebenden Mandate von vornherein anteilig den zusammengefassten Parteien und Massenorganisationen zugewiesen. Die Höhe der Wahlbeteiligung und die abgegebenen Gegenstimmen, mit denen lediglich für eine Streichung des gesamten Wahlvorschlages gestimmt werden konnte, hatten somit keinen Einfluss auf die Mandatsverteilung. Theoretisch erreichbar waren lediglich personale Veränderungen bei einzelnen Kandidaten, wenn diese von mindestens 50% der Wähler von der Liste gestrichen wurden. Dies war bei den Kommunalwahlen vom 7. Mai 1989 mit insgesamt 273.462 Kandidaten gerade zweimal der Fall.

Allerdings bestanden im Vorfeld der Stimmabgabe Möglichkeiten, auf die personelle Besetzung der Volksvertretungen Einfluss zu nehmen. Entsprechend der selbstgesetzten Aufgabe, durch die Wahlen „in der DDR weiter die entwi-

158 Nachzulesen bei *Hannover* NJ 1993, 496, 497.

159 So die Feststellungen des *LG Erfurt*, Urteil v. 3.11.1994 – Az. Js 6/94-2 KLs, UA S. 9 ff., *M/W*, Bd. 1 (2000), S. 147; *LG Dresden*, Urteil v. 27.5.1993 – Az. 3 (c) KLs 51 Js 4048/91, UA S. 27 ff., *M/W*, Bd. 1 (2000), S. 237; vgl. ferner *StA II bei dem LG Berlin*, Anklageschrift gegen Krenz und andere v. 1.6.1995 – Az. 28/2 Js 185/91, S. 76 ff., *M/W*, Bd. 1 (2000), S. 391.

ckelte sozialistische Gesellschaft zu gestalten und so grundlegende Voraussetzungen für den allmählichen Übergang zum Kommunismus zu schaffen“, so die Präambel des DDR-Wahlgesetzes, wurden die Wahlen selbst stets durch eine „Wahlbewegung“ vorbereitet. Neben öffentlichen Erörterungen der SED-Politik mussten sich alle Kandidaten vor der Nominierung in ihren Wahlkreisen vorstellen und sich anschließend persönlichen Beurteilungen durch die Orts- bzw. Wohnbezirksausschüsse der Nationalen Front unterziehen. Dieses gesetzlich nicht näher ausgestaltete Verfahren einer Vorauswahl, das gleichsam Rudimente direkter Demokratie verkörpern sollte, führte bei den Kommunalwahlen von 1989 zum Austausch von 1,3% der Kandidaten (insgesamt über 3.500 Personen).[160]

Darüber hinaus gab die Wahlbewegung zahlreichen Bürgern Anlass, die schnellere und bevorzugte Lösung individueller Anliegen einzufordern, insbesondere bei Wohnungs- und Versorgungsproblemen. So wurde unter Bezugnahme auf unerledigte Eingaben und Anträge mit Wahlenthaltung gedroht. Amtsträger reagierten hierauf mit dem Versprechen, bestimmten besonders schweren Mängeln beschleunigt abzuhelfen. Diese offenbar durchaus selbstbewusst und handfest betriebene „Klientel-Politik“ führte nach unwidersprochenen Aussagen mehrerer Funktionsträger des Bezirks Dresden dazu, dass man sich zeitweise „regelrecht erpresst“ fühlte, die Forderungen der Wähler zu erfüllen.[161]

Für die Kommunalwahlen von 1989 ist schließlich deren besondere politische Bedeutung im Kontext der internationalen Entwicklung zu beachten. In der Sowjetunion unter Gorbatschow wie auch in Polen, Ungarn und der Tschechoslowakei bedrohten Reformbewegungen die Stabilität des realsozialistischen Machtblocks insgesamt. Auch in der DDR wurde verstärkt Unzufriedenheit artikuliert, die über eine Kritik an Versorgungsmängeln weit hinausging. Dies geschah in scharfem Kontrast zur offiziellen Selbstdarstellung der DDR anlässlich des 40-jährigen Staatsjubiläums, für das besonders eindrucksvolle Loyalitätsbekundungen vorgesehen waren. Auch gegenüber den schwankenden

---

160 Freilich ist, worauf die Sachverhaltsfeststellungen der Gerichte nicht hinweisen, zu beachten, dass die Wählerbeteiligung bei der Kandidatenaufstellung und -prüfung nur in engen Grenzen möglich war. Abgeordnetenmandate wurden häufig lange vorher im Wege der allgemeinen „Kaderarbeit“ verplant und standen daher nicht mehr zur Disposition (dazu ausführlich *Brandt*, Kandidatenaufstellung [1983], S. 71ff.). Auch die am häufigsten vorgebrachten unpolitischen Ablehnungsgründe wie „unzureichende Arbeitsmoral“ oder „gesellschaftliche Inaktivität“ (vgl. *Neues Deutschland* v. 11./12.3.1989, S. 1) sprechen für eine gelenkte Auswahl.

161 *LG Dresden*, Urteil v. 27.5.1993 – Az. 3 (c) KLs 51 Js 4048/91, UA S. 34, *M/W*, Bd. 1 (2000), S. 254.

„Bruderstaaten" wollte man mit dem Wahlergebnis ein Zeichen setzen und innere Stärke und Geschlossenheit demonstrieren.

2. „Legale" Manipulationsmöglichkeiten[162]

Bereits die allgemein übliche tatsächliche Ausgestaltung des Wahlvorgangs bot die Möglichkeit, das auch in der DDR gesetzlich garantierte Recht auf freie und geheime Wahlen[163] manipulativ zu unterlaufen. Durch den Einsatz zahlreicher als „Agitatoren" bezeichneter Wahlhelfer wurden Wahlberechtigte am Wahltag persönlich aufgesucht und zur Stimmabgabe aufgefordert. Teilweise erfolgte auch die Verwendung sogenannter „fliegender Wahlurnen", die eine Stimmabgabe an Ort und Stelle außerhalb des Wahllokals ermöglichten. Potentiell Wahlunwillige konnten sich so dem faktischen Druck noch schwerer entziehen. Nach den zu den Kommunalwahlen von 1989 ausgegebenen Wahldirektiven war diese Möglichkeit der Stimmabgabe dagegen ausschließlich für gebrechliche Wähler vorgesehen. In den Wahllokalen selbst wurde der Gebrauch bereitstehender Wahlkabinen[164] gezielt diskriminiert. Wer sich zur geheimen Stimmabgabe entschloss, hatte den „Auftrag" der Wahlbewegung „nicht verstanden". Die Kabinen waren der permanenten und offenkundigen Beobachtung durch Mitarbeiter des Ministeriums für Staatssicherheit der DDR ausgesetzt. Nutzer wurden registriert und hatten so persönliche Nachteile zu befürchten.

Auch die Praxis der Stimmenauszählung beinhaltete manipulative Elemente. Wie schon bei vorangegangenen Wahlen wurden die Grundsätze zur Wertung der Stimmzettel bei Streichungen und ähnlichem erst kurz vor der Wahl in einem als „Vertrauliche Verschlusssache" gekennzeichneten Schreiben aus Berlin übermittelt. Dieses war vor Ort den Wahlvorständen mündlich zur Kenntnis zu geben und anschließend sofort zu vernichten. Am Wahltag selbst wurde dann in den durch die unklare Weisungslage bewusst herbeigeführten Zweifelsfällen stets zu Gunsten der Einheitsliste gewertet. Darüber hinaus blieben die Auszählungsgrundsätze den Wahlberechtigten vorenthalten. Wer gegen den Wahlvorschlag oder gegen die Kandidaten der Einheitsliste stimmen wollte, musste sich unter dem Risiko weiterer Stigmatisierung zur Nachfrage an den

---

162 Vgl. die Feststellungen des *KreisG Potsdam-Stadt*, Urteil v. 13.9.1991 – Az. 32 S 26/90 221-7/90, UA S. 10–12, *M/W*, Bd. 1 (2000), S. 107; *LG Erfurt*, Urteil v. 3.11.1994 – Az. Js 6/94-2 KLs, UA S. 12 ff., *M/W*, Bd. 1 (2000), S. 147; vgl. ferner *StA II bei dem LG Berlin*, Anklageschrift gegen Krenz und andere v. 1.6.1995 – Az. 28/2 Js 185/91, S. 113 ff., *M/W*, Bd. 1 (2000), S. 391.

163 § 2 DDR-Wahlgesetz.

164 § 35 Abs. 4 DDR-Wahlgesetz.

Wahlvorstand wenden oder aber mit der Nichtberücksichtigung seines Votums rechnen.

Die Ermittlung der Wahlbeteiligung erfolgte über ein als „Zweitnumerierung" bezeichnetes Verfahren. Von den zunächst für alle Wahlkreise aufgestellten allgemeinen Wählerlisten wurden unter Ausschluss bestimmter Personenkreise aktuelle Zweitversionen gefertigt. Unberücksichtigt blieben hier neben Verstorbenen auch Personen mit dem Vermerk „z.Zt. im Ausland". Dieser Vermerk wurde entgegen seiner eigentlichen Bestimmung kurzerhand auch bei Wahlberechtigten angebracht, die aufgrund vergangenen Wahlverhaltens oder gestellter Ausreiseanträge als hartnäckige Nichtwähler galten. Gingen letztere doch zur Wahl, ließ man sie aufgrund des allgemeinen Wählerverzeichnisses wählen und stellte im Nachhinein einen Wahlschein aus. Zur Feststellung der Wahlbeteiligung wurde dann aber gleichwohl nur die Zahl der Zweitnumerierungen berücksichtigt. Durch diese doppelte Verzerrung der Relation von Wählern und Wahlberechtigten wurden von vornherein günstigere, scheinbar den „Erfolg" der Wahlbewegung dokumentierende Beteiligungsquoten erreicht.

3. Wahlbeobachtungen, MfS-Aktivitäten und DDR-Justiz[165]

Dass eine Strafverfolgung der Fälschungen der Kommunalwahlen von 1989 überhaupt möglich wurde, ist den durch widerständige Bürger organisierten Wahlbeobachtungen zu verdanken. Bereits bei den Volkskammerwahlen von 1986 hatten Bürgerrechtler versucht, die nach dem DDR-Wahlgesetz öffentlichen Auszählungsvorgänge[166] zu überwachen. Mangels Bekanntgabe der Resultate einzelner Wahllokale und in Anbetracht einer noch schwachen Organisationsstruktur gab es jedoch keine Möglichkeit, eine Fälschung des offiziell verkündeten republikweiten Gesamtergebnisses zu belegen. Mit logistischer und beratender Unterstützung von kirchlicher Seite gelang bei den Kommunalwahlen 1989 die Organisation einer umfassenden Präsenz in den Wahllokalen. So konnten in zahllosen Fällen Diskrepanzen zwischen den realen Werten für Wahlbeteiligung, Zustimmung sowie Ablehnung des Wahlvorschlags und den offiziell verkündeten Resultaten zumindest annäherungsweise belegt werden.

---

165 Die folgenden Ausführungen basieren auf Feststellungen des *LG Dresden*, Urteil v. 27.5. 1993 – Az. 3 (c) KLs 51 Js 4048/91, UA S. 37ff., *M/W*, Bd. 1 (2000), S. 237; *BezG Dresden*, Urteil v. 7.2.1992 – Az. 3 KLs 51 Js 530/91, UA S. 41f., *M/W*, Bd. 1 (2000), S. 175; vgl. ferner *StA II bei dem LG Berlin*, Anklageschrift gegen Krenz und andere v. 1.6.1995 – Az. 28/2 Js 185/91, S. 115–125, *M/W*, Bd. 1 (2000), S. 391.
166 § 37 DDR-Wahlgesetz.

Da die oppositionellen Gruppen ihre umfassende Wahlbeobachtung bewusst als bloße Wahrnehmung von gesetzlich gewährten Rechten gestalteten, hatten sie keinen Anlass, ihr Vorhaben vor offiziellen Stellen zu verbergen. So erhielt die Staatsführung relativ früh Kenntnis von dem beabsichtigten Vorgehen. Zur Erschwerung entschloss man sich dazu, eine öffentliche Bekanntgabe der genauen Standorte sämtlicher Wahllokale zu vermeiden. Die entsprechenden Standorte wurden nur über die Wahlbenachrichtigungskarten den jeweils örtlich Wahlberechtigten mitgeteilt. Darüber hinaus entfaltete das Ministerium für Staatssicherheit umfangreiche Aktivitäten. In internen Berichten wurden die geplanten Wahlbeobachtungen als „provokatorisch-demonstrative Aktivitäten" von „feindlich-negativen Kräften" eingestuft. Dem politischen Selbstverständnis der Wahlbeobachter entsprach es dagegen eher, im Gegensatz zu einer „fundamentaloppositionellen" Haltung Veränderungen und Fortschritte innerhalb des bestehenden Systems zu erreichen.

Unter dem bezeichnenden Decknamen „Symbol 89" ordnete der zentrale MfS-Befehl[167] Maßnahmen zur „politisch-operativen Sicherung der Vorbereitung und Durchführung der Wahlen" an. Dies bedeutete insbesondere die verstärkte Observierung führender Bürgerrechtler und massive MfS-Präsenz in den Wahllokalen. Eingeschlossen waren aber auch Beobachtungen im Umfeld einzelner Staats- und Parteifunktionäre, die in die Fälschungsabläufe eingebunden waren.

Gleichwohl konnten die MfS-Aktivitäten den Erfolg der Wahlbeobachtungen kaum beeinträchtigen. Die festgestellten Abweichungen, die nur durch massive Fälschungen auf einer den Wahllokalen übergeordneten Ebene erklärbar waren, führten zu zahlreichen Eingaben und Strafanzeigen wegen Wahlfälschung. Von staatlicher Seite reagierte man mit konsequentem Verleugnen. In einem Fernschreiben des ehemaligen stellvertretenden DDR-Generalstaatsanwalts Karl-Heinz Borchert vom 19. Mai 1989 an die Staatsanwälte der Bezirke, das auf einem gleichlautenden Befehl Erich Mielkes beruhte, wurde unter anderem folgende Anweisung erteilt:

> „Anzeigen, die nach § 211 Strafgesetzbuch [Wahlfälschung] erstattet werden, sind ohne Kommentar entgegenzunehmen. Nach Ablauf der vorgesehenen Fristen für die Anzeigenbearbeitung ist von den jeweils zuständigen Organen zu antworten, dass keine Anhaltspunkte für den Verdacht einer Straftat vorliegen. Außerdem ist auf die offizielle Verlautbarung über die ordnungsgemäße Durchführung der Wahlen zu verweisen. Beschwerden über die getroffene Entscheidung sind gemäß § 91 StPO zu bearbeiten und abschlägig zu entscheiden."[168]

167 MfS-Befehl Nr. 6/89 vom 6. März 1989.
168 Zitiert nach *Reuter* NJ 1990, 322, 323.

Erst nach der politischen Wende vom Herbst 1989 begann die DDR-Justiz mit der Verfolgung der Wahlfälschungen. Beim DDR-Generalstaatsanwalt wurde zu diesem Zweck eine gesonderte Ermittlungsgruppe eingerichtet. Einige Verfahren wurden noch vor Inkrafttreten des Einigungsvertrags am 3. Oktober 1990 rechtskräftig abgeschlossen.[169] Die meisten Verfahren gingen hingegen auf die Justiz des vereinigten Deutschlands über. Die Wahlfälschungsverfahren gaben als erster Gegenstand justizieller Aktivitäten im Bereich des DDR-Unrechts auch den Anstoß zur Befassung mit einer weiteren Deliktsgruppe. Ausgehend von der unterlassenen staatsanwaltschaftlichen Untersuchung der Vorfälle wurden die ersten Strafverfahren wegen Rechtsbeugung eingeleitet.[170]

II. Sachverhalte

Eine Fallgruppenbildung im engeren Sinne ist für die allein auf das Ergebnis der Kommunalwahlen von 1989 bezogenen Verfahren nicht möglich. Jedoch ist zwischen dem Umfang der Wahlfälschungen, ihren Begehungsformen und dem Organisationszusammenhang der Ergebnismanipulationen zu unterscheiden.

1. Umfang der Wahlfälschungen

Das einheitliche Unrecht der Fälschungshandlungen liegt in der systematischen Unterdrückung von Enthaltungen, ungültigen Stimmen sowie insbesondere von Ablehnungen des gesamten Wahlvorschlags („Gegenstimmen"). Der reale Anteil der „Gegenstimmen" wird mit regionalen Unterschieden im Durchschnitt auf etwa zehn Prozentpunkte über den veröffentlichten Werten (stets um 99% Zustimmung) geschätzt. So lag beispielsweise für die Stadt Dresden der (für DDR-Verhältnisse hohe) offizielle Wert bei 2,5%, während ein tatsächlicher Anteil von etwa 10 bis 12% angenommen wird.[171] Zwar kam dieser Differenz keine Bedeutung für die personelle Zusammensetzung der Volksvertretungen zu, doch wurde durch die Unterschlagung von „Gegenstimmen" eine ohnehin abgeschwächte Möglichkeit politischer Willensäußerung weiter beschnitten. Im Schrifttum wird hier der plastische Vergleich zu einem Hungernden gezogen, dem auch noch der letzte Brotkanten entwendet werde.[172]

169 Vgl. S. 204 ff.
170 Vgl. S. 52 ff.
171 *LG Dresden*, Urteil v. 27.5.1993 – Az. 3 (c) KLs 51 Js 4048/91, UA S. 37 und 71 f., *M/W*, Bd. 1 (2000), S. 237; *Reuter* NJ 1991, 198.
172 *Schroeder* NStZ 1993, 216, 218.

Die DDR-Kommunalwahlen bezogen sich auf die Zusammensetzung der Volksvertretungen auf Kreis- und Gemeindeebene, das heißt die Kreistage und Gemeindevertretungen. Hinzu kamen in den Städten und Stadtkreisen die Stadtverordnetenversammlungen sowie die Stadtbezirksversammlungen. In Ost-Berlin, das verwaltungsrechtlich einem DDR-Bezirk gleichgestellt war, wurden dementsprechend nur die Stadtbezirksversammlungen gewählt. Zum Großteil unveröffentlichte Wahlfälschungsurteile ergingen hinsichtlich einzelner Ergebnisse auf Landkreisebene, städtischer sowie bezirklicher Ebene.[173] Eine Gesamtüberprüfung des Wahlergebnisses war aufgrund der umfangreichen Vernichtung von Wahlunterlagen nicht möglich. Die insgesamt weitgehend übereinstimmenden Ergebnisse sprechen jedoch deutlich für die Annahme flächendeckender Fälschungsaktivitäten.[174]

Die Fälschungen bezogen sich sowohl auf die in den regulären Wahllokalen erzielten Ergebnisse als auch auf Resultate der sogenannten Sonderwahllokale. Letztere waren als Äquivalent zur Briefwahl für zum Wahltag verhinderte Wähler vorgesehen und wurden vom 15. April bis zum 6. Mai 1989 offengehalten. Sie dienten aufgrund reger Nutzung[175] als wichtiger Gradmesser für das abschließende Wahlergebnis und für die „Notwendigkeit" einer weiteren Verfälschung. Die Inanspruchnahme von Sonderwahllokalen wurde entgegen ihrer gesetzlichen Ausnahmefunktion von offizieller Seite zunehmend propagiert, um „ergänzend" zu den eigentlichen Fälschungshandlungen über das Verfahren der Zweitnumerierung auch hier bereits die Beteiligungsquoten zu manipulieren. Denn auch die „Sonderwähler" blieben nach Abholung ihres Wahlscheins für die Zweitversion der Wählerliste unberücksichtigt. Die in den Sonderwahllokalen abgegebenen Stimmen wurden am Ende des Wahltags ohne besondere Kennzeichnung mit den Ergebnissen bestimmter Wahlbezirke verrechnet. Wer trotz Abholung des Wahlscheins der Wahl fernblieb, konnte die Zahl der Wahlenthaltungen nicht mehr beeinflussen.[176]

---

173 *Weber* JR 1995, 403, 404.

174 *Reuter* NJ 1991, 198.

175 Für 1989 fehlen genaue Zahlen. Bei der Kommunalwahl 1984 ergab sich ein Anteil von mehr als 16% der Stimmabgaben; *LG Dresden*, Urteil v. 27.5.1993 – Az. 3 (c) KLs 51 Js 4048/91, UA S. 42, *M/W*, Bd. 1 (2000), S. 237.

176 *LG Dresden*, Urteil v. 27.5.1993 – Az. 3 (c) KLs 51 Js 4048/91, UA S. 43, *M/W*, Bd. 1 (2000), S. 237; vgl. ferner *KreisG Potsdam-Stadt*, Urteil v. 13.9.1991 – Az. 32 S 26/90 221-7/90, UA S. 11, *M/W*, Bd. 1 (2000), S. 107.

2. Begehungsformen

Allgemeines Kennzeichnen der strafrechtlich verfolgten Wahlfälschungen war die Verfälschung der aus den einzelnen Wahllokalen von den Wahlvorständen übermittelten Ergebnisse durch Mitglieder der jeweils zuständigen Wahlkommission. Die Kommissionsmitglieder trugen falsche Ergebnisse in die anzufertigenden Protokolle ein und gaben sie an übergeordnete Wahlkommissionen weiter. Die Auszählung in den Wahllokalen selbst erfolgte – wohl im Gegensatz zu vorangegangenen Wahlen – weitgehend korrekt. Nur so war auch den oppositionellen Wahlbeobachtern eine Rekonstruktion realer Ergebnisse erst möglich.

Teilweise wird auch von bestimmten Einzelinterventionen berichtet, die neben den Ergebnismanipulationen und sonstigen manipulativen Vorgehensweisen (Verfahren der Zweitnumerierung, überzogene und geheimgehaltene Anforderungen an Nein-Stimmen) zur Verfälschung der Wahlergebnisse beigetragen haben sollen.[177] So befassten sich die Gerichte nach der Vereinigung mit einem Fall, in dem übereifrige Funktionäre eine Art Doppelwahl durchführten, indem sie Stimmzettel für Wähler einwarfen, die bereits in einem auswärtigen Sonderwahllokal gewählt hatten.[178] In einem weiteren Fall wurden für zwei örtlich bekannte „Nichtwähler" Stimmzettel eingeworfen.[179]

Im Hinblick auf die zentralen Ergebnisverfälschungen kann der Täterkreis weiter differenziert werden. Gemäß dem Wahlfälschungstatbestand des DDR-Strafgesetzbuchs kam für eine täterschaftliche Begehung nur in Betracht, wer „als Mitglied einer Wahlkommission oder als ein in ihrem Auftrag Handelnder" tätig wurde.[180] Dies bedeutete, dass insbesondere für leitende Parteifunktionäre, die kraft ihrer politischen Stellung die Fälschungen veranlassten, (mittelbare) Täterschaft grundsätzlich ausschied. Im Regelfall kam nur Anstiftung oder sogenannte psychische Beihilfe durch Bekräftigung eines bereits vorhandenen Fälschungsentschlusses in Betracht. Als Täter wurden vor allem Bürgermeister bzw. Vorsitzende der Räte der Kreise erfasst, die stets zugleich der jeweiligen Wahlkommission vorstanden und das „Endergebnis" abzuzeichnen hatten. Dies galt ebenso für oft nachrangige Angehörige der Wahlkommissionen bzw. Beauftragte in den Rechenbüros, welche die zahlenmäßige „Umsetzung" der vorgegebenen Werte ausführten.

---

177 Bei *Reuter* NJ 1991, 198, 199.

178 *KreisG Gera-Stadt*, Urteil v. 25.2.1992 – Az. 11 Ls 1 Js 1825/91; bezüglich des Tatvorwurfs im Einzelnen wird dort auf die Anklageschrift verwiesen: *StA Gera*, Anklageschrift v. 6.11.1991 – Az. 1 Js 1825/91, S. 1.

179 *KreisG Stadtroda*, Strafbefehl v. 14.10.1993 – Az. 4 Js 17912/91, S. 1.

180 § 211 Abs. 1 DDR-StGB. Hierzu *M. Vormbaum*, Strafrecht der DDR (2015), S. 417 f.

3. Organisationszusammenhang der Ergebnismanipulationen

Anhand der gerichtlichen Sachverhaltsfeststellungen zum Wahlfälschungsgeschehen im Bezirk Dresden lässt sich die zentrale, über die verschiedenen Hierarchieebenen in Partei und Staat umgesetzte Organisation der Wahlfälschungen verdeutlichen. Die für alle DDR-Bezirke im Zusammenhang mit den Manipulationen erteilte Vorgabe, nicht hinter die Ergebnisse der Kommunalwahlen von 1984 und der Volkskammerwahlen von 1986 zurückzufallen, erfolgte in der Terminologie der Zeugen und Angeklagten „von oben" bzw. „aus Berlin". Ein konkreter, für die Initiierung der Fälschungen verantwortlicher Personenkreis der zentralen Führungsebene konnte jedoch in den Prozessen nicht benannt werden.[181] Allerdings hatte der für Wahlen zuständige Sekretär des Zentralkomitees Horst Dohlus in zwei Reden vor den 2. Sekretären der SED-Bezirksleitungen zu den anstehenden Kommunalwahlen Stellung genommen. Er hatte zunächst eindringlich die innen- und außenpolitische Bedeutung der Kommunalwahlen im 40. Jahr der DDR hervorgehoben. Als „Kampfauftrag der Bezirksleitungen" gab Dohlus die Formeln aus, „die bisher erzielten eindrucksvollen Wahlergebnisse erneut zu erreichen und zu bestätigen" und „das bestmögliche Ergebnis zu erreichen". Dafür habe man „alle Trümpfe in der Hand". Das Landgericht Dresden wertete dies rückschauend als andeutungsweise Ergebnisvorgabe, die notfalls durch Fälschungen umzusetzen sei.[182]

Am 2. Mai 1989, also verhältnismäßig kurz vor dem Wahltag, wies der 1. Sekretär der Dresdner SED-Bezirksleitung Hans Modrow in einer von ihm geleiteten Sekretariatssitzung in Anwesenheit des Dresdner Bürgermeisters Wolfgang Berghofer die versammelten Funktionäre auf die Äußerungen von Dohlus hin. Er ordnete außerdem an, dass am Wahltag durch die örtlichen Wahlkommissionen nur Zahlen herausgegeben werden dürften, die zuvor von den 1. Sekretären der SED-Kreis- und Stadtbezirksleitungen kontrolliert worden seien. Auf insbesondere durch Berghofer erhobenen Widerspruch hin kündigte

---

181 Das Verfahren gegen die wegen Wahlfälschung angeklagten Politbüro-Mitglieder Krenz, Dohlus und Schabowski (Anklageschrift der *StA II bei dem LG Berlin* v. 1.6.1995 – Az. 28/2 Js 185/91. *M/W*, Bd. 1 [2000]), S. 391) wurde eingestellt. Den Einstellungsgrund bildeten die in erster Instanz vorliegenden Schuldsprüche gegen Krenz und Schabowski wegen ihrer Verantwortlichkeit für die Grenztötungen, denen gegenüber eine Verurteilung wegen Anstiftung zur Wahlfälschung nicht mehr selbstständig ins Gewicht fiele. Dohlus war bereits aus Verfahren wegen der Gewalttaten an der deutsch-deutschen Grenze krankheitsbedingt ausgeschieden.

182 *LG Dresden*, Urteil v. 27.5.1993 – Az. 3 (c) KLs 51 Js 4048/91, UA S. 45, *M/W*, Bd. 1 (2000), S. 237.

Modrow an, in Berlin eine letzte Intervention zur Verhinderung von Manipulationen zu unternehmen. Nachdem diese jedoch gescheitert war, gingen die Beteiligten von einer Unvermeidbarkeit der Wahlfälschungen aus. Innerlich lehnten sie freilich die Abrechnung manipulierter Zahlen nach wie vor ab.

Im Folgenden „erarbeiteten" Berghofer und der 1. Sekretär der Dresdner SED-Stadtleitung Werner Moke verschiedene Ergebnisvarianten, die bis auf die abschließende Version jeweils „von oben" als zu negativ verworfen wurden. Diese Zahlen wurden wiederum den Stadtbezirksbürgermeistern übermittelt, die sich nach anfänglichen Protesten schließlich widerwillig zur „Umsetzung" bereit erklärten. Am Wahltag selbst setzten Berghofer und Moke die vorgegebenen Gesamtergebnisse auf die einzelnen Stadtbezirke um und übermittelten die jeweiligen Anteile wiederum deren Bürgermeistern sowie den 1. Sekretären der SED-Stadtbezirksleitungen. Diese errechneten aus den Prozentwerten absolute Stimmenzahlen, die sie selbst oder über beauftragte Wahlhelfer den bezirklichen Rechenbüros zukommen ließen. Dort wurde nun die Rechenoperation gleichsam wieder zurückvollzogen, um die so „ermittelten" Prozentwerte als abschließende Wahlergebnisse auszugeben.

Zuvor hatten Berghofer und Moke am 6. Mai 1989 nach einem Gespräch mit Modrow die Manipulation der in Teilen gerade bekanntgewordenen Sonderwahllokal-Ergebnisse angeordnet. Modrow selbst entsandte am Wahltag ihm unterstellte Angehörige der SED-Bezirksleitung zu den Wahlkommissionen der Kreise, um sicherzustellen, dass auch dort Fälschungen im festgelegten Umfang vorgenommen würden. Die Beauftragten setzten dies auf Kreisebene zum Teil unter massiver Drohung mit dem Verlust von Ämtern gegenüber den örtlichen Funktionsträgern der SED-Kreisleitungen oder direkt gegenüber den Leitern der staatlichen Kreiswahlkommissionen durch.

Die Vorgehensweise im Bezirk Dresden offenbart Mechanismen, die den bekanntgewordenen Sachverhalten in anderen Regionen entsprachen. Dies sind zum einen die zentrale Initiierung durch bewusst verschleierte Vorgaben aus Berlin sowie die Beeinflussung staatlicher Funktionsträger über die örtlich und hierarchisch parallel strukturierte SED-Parteiebene. Ebenso charakteristisch ist das gehäufte Auftreten von Widerständen vorrangig durch mittlere und untere staatliche Amtsträger, teilweise aber auch bei den Bezirksspitzen in Staat und Partei. Das damit verbundene ständige Wechselspiel zwischen Weigerung und Rückfrage auf höherer Ebene führte teilweise zu einem grotesken Feilschen um die bekanntzugebenden Zahlen. Nicht selten trugen Bürgermeister hier „Siege" davon, indem ihnen etwa einige hundert Nein-Stimmen mehr zugestanden wurden. Die „Umsetzung" der Vorgaben erfolgte schließlich einheitlich unter Heranziehung eines möglichst klein gehaltenen Kreises eher untergeordneter Mitarbeiter aus der örtlichen Verwaltung.

III. Rechtsfragen

1. Strafanwendungsrecht

Als mildestes Gesetz im Sinne von § 2 Absatz 3 StGB[183] hat der Bundesgerichtshof für die Wahlfälschungen § 107a StGB angesehen, da diese Vorschrift im Gegensatz zur parallelen DDR-Norm eine Strafaussetzung zur Bewährung gestatte.[184] Das für alle Delikte gegen sogenannte Gemeinschaftsgüter sich ergebende Problem einer räumlichen Begrenzung der in Beziehung zu setzenden Tatbestände auf jeweils „inländische" Belange[185] erklärte der Gerichtshof auf der Ebene des Strafanwendungsrechts für unbeachtlich. Der einigungsvertraglichen Verweisung in Artikel 315 Absatz 1 EGStGB auf § 2 Absatz 3 StGB könne entnommen werden, dass die Tatsache unterschiedlicher räumlicher Geltungsbereiche bei der Anwendung des Meistbegünstigungsprinzips durch die Gleichsetzung von (zeitlicher) Gesetzesänderung und (räumlicher) Geltungserstreckung gerade außer Acht zu lassen sei.[186]

Im Schrifttum wurde diese Auslegung zum Teil heftig kritisiert, da sie im Ergebnis auf eine mit dem im Grundgesetz verankerten Gesetzlichkeitsprinzip[187] unvereinbare „tatbestandsmodifizierende Wirkung" des bundesdeutschen Strafgesetzes hinauslaufe.[188] Um eine unproblematische Erfassung aller Alttaten gegen Gemeinschaftsgüter zu erreichen, wurde vereinzelt vorgeschlagen, § 2 Absatz 3 StGB nur analog zur Begrenzung des Strafrahmens heranzuziehen, strafbegründend aber ausschließlich DDR-Recht als Tatzeitrecht im Sinne von § 2 Absatz 1 StGB anzuwenden.[189] Auch wurde erwogen, das DDR-Strafgesetzbuch als gleichsam bis zur deutschen Einheit befristetes Zeitgesetz anzusehen, so dass es für Alttaten gemäß § 2 Absatz 4 StGB weiter anzuwenden wäre.[190] Diese Vorschläge konnten sich jedoch in der Praxis nicht durchsetzen.

---

183 Vgl. hierzu oben S. 4 f.

184 Vgl. § 211 DDR-StGB sowie *BGH*, Urteil v. 26.11.1992 – Az. 3 StR 319/92, BGHSt 39, 54, 59, *M/W*, Bd. 1 (2000), S. 217; *BGH*, Urteil v. 3.11.1994 – Az. 3 StR 62/94, BGHSt 40, 307, 313, *M/W*, Bd. 1 (2000), S. 313.

185 Vgl. für §§ 107a, 108d StGB etwa Schönke/Schröder/*Eser*, 30. Aufl. (2019), vor § 105 Rn. 2.

186 *BGH*, Urteil v. 26.11.1992 – Az. 3 StR 319/92, BGHSt 39, 54, 65 f., *M/W*, Bd. 1 (2000), S. 217.

187 Art. 103 Abs. 2 GG.

188 *Dannecker*, Strafrecht (1993), S. 520; *Hübner*, Beurteilung (1997), S. 111 ff. sowie 169 ff.; *Th. Vormbaum* NJ 1993, 212, 213; dagegen wiederum *Lorenz* NStZ 1992, 422, 424 ff.

189 *Luther* DtZ 1991, 433, 434; *ders.* NJ 1991, 395, 397.

190 *Günther* ZStW 103 (1991), 851, 858.

2. Tatbestandsmäßigkeit der DDR-Wahlfälschungen nach bundesdeutschem Recht

Gleichsam als Fortsetzung der soeben (1.) erörterten Kontroverse erwies sich die Frage nach der Tatbestandsmäßigkeit der DDR-Wahlfälschungen gemäß dem milderen § 107a StGB.[191] § 108d StGB regelt für alle Delikte gegen Wahlen und Abstimmung einheitlich deren „Geltungsbereich“. Danach sind auch „Wahlen zu den Volksvertretungen ... in den Gemeinden“ vom Schutz des Wahlstrafrechts erfasst. Nach Auffassung des Bundesgerichtshofs handelte es sich trotz aller Unterschiede der im DDR-Wahlgesetz geregelten rechtstechnischen Ausgestaltung des Kommunalwahlvorgangs „formal“ gleichwohl noch um Wahlen im Sinne des § 107a StGB.[192] Zwar liege beim Fehlen jeglicher formaler Auswahlfunktion bereits begrifflich keine „Wahl“, sondern lediglich eine „Akklamation“ vor, das Wahlgeschehen in der DDR sei aber noch nicht als eine solche einzustufen gewesen.

Dieser Auffassung wurde in der Literatur entgegengehalten, selbst bei einer territorialen Erweiterung der durch den bundesdeutschen Tatbestand der Wahlfälschung geschützten Gemeinschaftsinteressen durch den Beitritt der DDR sei eine Subsumtion der DDR-Kommunalwahlen unter „Wahlen in den Gemeinden“ mit dem Wortlaut des § 108d StGB als äußerster Auslegungsgrenze nicht mehr in Einklang zu bringen.[193] Aber auch vom Wortsinn her lasse sich der Wahlbegriff der §§ 107a, 108d StGB nicht „formalisieren“. Aufgrund seiner Wahlrechtsakzessorietät nehme er allein auf solche Wahlen Bezug, die den Vorgaben des freiheitlich-demokratischen Grundgesetzes genügten.[194]

3. Unrechtskontinuität zwischen altem und neuem Wahlfälschungstatbestand

Bejaht man mit der Rechtsprechung die „formale“ Tatbestandsmäßigkeit von DDR-Wahlfälschungen nach bundesdeutschem Recht, so ergibt sich auf der

---

191 Zur weitgehend unproblematischen Tatbestandsmäßigkeit nach § 211 DDR-StGB *BGH*, Urteil v. 26.11.1992 – Az. 3 StR 319/92, BGHSt 39, 54, 61, *M/W*, Bd. 1 (2000), S. 217; *Arnold/Kühl* NJ 1992, 476, 479 f. Auch aus den im Zuge des Demokratisierungsprozesses vorgenommenen Wahlrechtsänderungen sowie der Neufassung von § 211 DDR-StGB durch das 6. Strafrechtsänderungsgesetz vom 29.6.1990 ergibt sich nach BGHSt 39, 54, 62 ff. kein Fortfall der Strafbarkeit; mit jeweils unterschiedlicher Begründung im Ergebnis zustimmend *Schroeder* NStZ 1993, 216, 217 f. sowie *Hübner*, Beurteilung (1997), S. 87 ff.

192 *BGH*, Urteil v. 26.11.1992 – Az. 3 StR 319/92, BGHSt 39, 54, 67, *M/W*, Bd. 1 (2000), S. 217.

193 *Samson* StV 1992, 141, 142; im Anschluss daran *Lüderssen*, Staat (1992), S. 75; *Th. Vormbaum* NJ 1993, 212, 213; dagegen *Höchst* JR 1992, 360, 364 f.

194 *Hübner*, Beurteilung (1997), S. 124 ff.

Ebene der Unrechtskontinuität[195] das Problem der unterschiedlichen politischen Ausrichtung von bundesdeutschen Wahlen und DDR-Wahlsystem. Nach Auffassung der Rechtsprechung war die Unrechtskontinuität zwischen den jeweiligen Wahlfälschungstatbeständen trotz der jeweils unterschiedlichen staatlich-politischen Systeme zu bejahen. Der Bundesgerichtshof konstatierte zunächst die unterschiedlichen Schutzrichtungen der Normen. Er sah diese in der Sicherung der Gesetzlichkeit freiheitlich-demokratischer Wahlen einerseits[196] und sozialistischer Wahlen[197] andererseits. Der Gerichtshof wies aber darauf hin, dass der DDR-Tatbestand der Wahlfälschung im Gegensatz zu reinen Staatsschutzdelikten nicht auf die Erhaltungsfunktion für den sozialistischen Staat beschränkt gewesen sei. Vielmehr seien über die Möglichkeit der Ablehnung des gesamten Wahlvorschlags auch Rudimente parlamentarisch-demokratischer Wahlen mitgeschützt worden, mit denen die Ablehnung der „Zwangsherrschaft der SED" habe bekundet werden können.[198] Demgegenüber hatte das Bezirksgericht Dresden als Vorinstanz den Bereich kongruenten Unrechts weiter gefasst. Es stellte unabhängig von der bloßen Möglichkeit der „Systemablehnung" auf die Freiheit und Achtung der Willensbildung und Willensäußerung der Wähler ab, die unabhängig vom Ausmaß des wahlrechtlich eröffneten Spielraums grundsätzlich durch beide Tatbestände geschützt seien.[199]

Teile des Schrifttums lehnten diese Rechtsauffassung ab. Sie betonten stärker die Unterschiede zwischen bundesdeutschem und DDR-Wahlsystem, welche sich auch in den strafrechtlich geschützten Rechtsgütern niederschlügen. So werde die Bejahung von „Rudimenten freier parlamentarisch-demokratischer Wahlen" in der DDR einem systemimmanenten Verständnis der Rolle von Wahlen im realsozialistischen Staat nicht gerecht.[200] Aufgrund der engen Verknüpfung des Wahlstrafrechts mit dem jeweiligen politischen System entfalle auch eine Vergleichbarkeit der entsprechenden Tatbestände.[201] Die Behauptung von (Unrechts-)Kontinuität suggeriere fälschlicherweise, dass das DDR-Strafrecht im Kern „schon immer bundesrepublikanisch" gewesen sei; dies verfälsche aber den rechtshistorischen Befund.[202]

---

195 Vgl. hierzu S. 5.

196 § 107a StGB.

197 § 211 DDR-StGB.

198 *BGH*, Urteil v. 26.11.1992 – Az. 3 StR 319/92, BGHSt 39, 54, 70, *M/W*, Bd. 1 (2000), S. 217.

199 *BezG Dresden*, Urteil v. 7.2.1992 – Az. 3 KLs 51 Js 530/91, NJ 1992, 363, 367, *M/W*, Bd. 1 (2000), S. 175.

200 *J. Müller* NStZ 1998, 195.

201 *Liebig* NStZ 1991, 372, 375.

202 *Schlink* NJ 1994, 433, 435; für Unrechtskontinuität dezidiert *Schroeder* NStZ 1993, 216, 218.

4. Nichtverfolgung der Wahlfälschungen zur Tatzeit

Die DDR-Wahlfälschungen wurden zur Tatzeit wie andere Delikte politischer Funktionsträger nicht strafrechtlich verfolgt. Für die obergerichtliche Rechtsprechung bereitete dies jedoch keine Schwierigkeiten, da sie gleichwohl von der positiv-rechtlichen Geltung des DDR-Tatbestandes der Wahlfälschung ausging. Dies war mit Blick auf die eigene Rechtsprechung konsequent. Bereits in den Prozessen wegen Gewalttaten an der deutsch-deutschen Grenze hatte der Bundesgerichtshof wiederholt ausgeführt, das im Grundgesetz verankerte Rückwirkungsverbot[203] schütze nur das Vertrauen in geschriebenes Recht, nicht aber in eine normwidrige, rein faktische Staatspraxis. Letztere hindere nicht an der Annahme, dass die Strafbarkeit zur Tatzeit gesetzlich bestimmt gewesen sei.[204] Das Bezirksgericht Dresden sah im evidenten Unrechtsbewusstsein der Angeklagten ein wichtiges Indiz für die Geltung des Wahlfälschungstatbestandes.[205] Auch der Bundesgerichtshof betonte im Rahmen – abstrakter – Strafzumessungserwägungen, dass die Wahlfälschungen unter SED-Parteifunktionären nicht allgemein als durch den Parteibefehl „gerechtfertigt" akzeptiert worden seien. Dies verdeutliche bereits der oftmals geleistete Widerstand.[206]

In der Literatur hat die Tatsache der Nichtverfolgung der Wahlfälschungen in der DDR auf der einen und die Strafverfolgung durch die Bundesrepublik auf der anderen Seite eine umfängliche, die Grenzen juristischer Dogmatik sprengende Diskussion ausgelöst.[207] Die Gegner einer strafrechtlichen Verfolgung warfen der bundesdeutschen Justiz insbesondere eine künstliche Trennung von lex scripta und tatsächlicher Rechtspraxis vor. Die lex scripta gehöre nur dann zur „real geltenden normativen Struktur" einer Gesellschaft, wenn der Staat zu ihrer Durchsetzung bereit sei. Sei dies, wie bei den Wahlfälschungen, nicht der Fall, fehle es an der Strafbarkeit am Tatort.[208]

---

203 Art. 103 Abs. 2 GG.

204 *BGH*, Urteil v. 3.11.1992 – Az. 5 StR 370/92, BGHSt 39, 1, 29, *M/W*, Bd. 2/1 (2002), S. 135; *BGH*, Urteil v. 20.3.1995 – Az. 5 StR 111/94, BGHSt 40, 101, 111f., *M/W*, Bd. 2/1 (2002), S. 229.

205 *BezG Dresden*, Urteil v. 7.2.1992 – Az. 3 KLs 51 Js 530/91, UA S. 66, *M/W*, Bd. 1 (2000), S. 175.

206 *BGH*, Urteil v. 3.11.1994 – Az. 3 StR 62/94, BGHSt 40, 307, 324, *M/W*, Bd. 1 (2000), S. 313.

207 Vgl. zusammenfassend und mit weiteren Nachweisen die Darstellungen bei *Buchner*, Rechtswidrigkeit (1996), S. 85ff.; *Lüderssen*, Staat (1992), S. 33ff.

208 *Jakobs* GA 1994, 1, 5ff.; ähnlich *Dencker* KritV 1990, 299, 303; *Pawlik* GA 1994, 472, 475ff.; *Schlink* NJ 1994, 433, 435. Verwiesen wird auf Art. 315 Abs. 1 EGStGB, Art. 103 Abs. 2 GG.

5. Strafzumessung

Hauptproblem der Strafzumessungserwägungen war die im Einzelfall äußerst komplizierte Frage, wie die Einbindung der Täter in ein System fortgesetzter staatlich-politischer Beeinflussung und Disziplinierung durch übergeordnete Stellen juristisch adäquat zu erfassen sei.

Für die noch vor dem 3. Oktober 1990 abgeschlossenen Verfahren bestand insoweit die besondere Schwierigkeit, dass der allein maßgebliche DDR-Tatbestand der Wahlfälschung eine Strafaussetzung zur Bewährung nicht vorsah. Die Verhängung vollziehbarer Freiheitsstrafen bei den durchweg nicht vorbestraften Angeklagten erschien jedoch in Anbetracht des ohnehin fragwürdigen Charakters der DDR-Wahlen sowie der sich entwickelnden Wende hin zu demokratisch-rechtsstaatlichen Strukturen weder schuldangemessen noch rechtspolitisch vertretbar. Im Ergebnis wurde deshalb regelmäßig der dogmatische Ausweg über die im DDR-Strafgesetzbuch vorgesehene außergewöhnliche Strafmilderung gewählt.[209] Diese in ihrer Offenheit generalklauselartige Regelung[210] erlaubte das Ausweichen auf mildere Strafarten als im konkreten Tatbestand vorgesehen. Grundlegende Voraussetzung war, dass bereits „eine mildere Strafe den Strafzweck erfüllt".[211]

Vergleichbare Schwierigkeiten bestanden für die bundesdeutsche Justiz nicht mehr, da der insoweit mildere bundesdeutsche Wahlfälschungstatbestand eine Strafaussetzung zur Bewährung[212] oder die Verhängung von Geldstrafe ermöglichte. Jedoch war hier der zeitliche Abstand zu den Taten, die in engem Zusammenhang mit einem mittlerweile endgültig untergegangenen politischen System verübt worden waren, noch größer. Der Systemwechsel stellte zumindest in Frage, dass es weiterhin sinnvoll war, die Verletzung eines undemokratischen „sozialistischen Wahlrechts" zu ahnden. Nicht zuletzt aus diesem Grund verhängte das Landgericht Dresden im Verfahren gegen den ehemaligen DDR-Ministerpräsidenten Hans Modrow lediglich eine Verwarnung mit Strafvorbehalt – gewissermaßen eine Geldstrafe auf Bewährung, die denkbar mildeste Sanktion.[213] Denn es könne, so das Gericht, mit der „tiefgreifenden, epochalen Veränderung der Verhältnisse in der ehemaligen DDR" nach menschlichem Ermessen „nie wieder zu einer Situation kommen, in der eine Wiederholung der ...

---

209 § 62 Abs. 2 iVm § 25 DDR-StGB.

210 *M. Vormbaum*, Strafrecht der DDR (2015), S. 332.

211 Vgl. zur Anwendung der Strafmilderung nur *BezG Gera*, Urteil v. 31.5.1990 – Az. BSB 33/90, UA S. 7 ff., *M/W*, Bd. 1 (2000), S. 55; *BezG Leipzig*, Urteil v. 27.9.1990 – Az. BSB 134/90, UA S. 4 f., *M/W*, Bd. 1 (2000), S. 83.

212 § 56 StGB.

213 § 59 Abs. 1 Nr. 2 StGB.

begangenen strafbaren Handlungen vorstellbar wäre." Auch seien die Folgen der Wahlmanipulationen von „der geschichtlichen Entwicklung im vereinten Deutschland" längst überholt worden.[214] Der Bundesgerichtshof folgte dieser Rechtsauffassung jedoch im Ergebnis nicht. Der Tatsache des politischen Systemwechsels sah er bereits dadurch Genüge getan, dass der Einigungsvertrag die generelle Strafbarkeit der DDR-Alttaten vom Vorliegen der Unrechtskontinuität abhängig gemacht habe.[215]

6. Verjährung

Die Fälschungen der Wahlen vom 7. Mai 1989 verjährten nach dem Recht der DDR in acht Jahren.[216] Somit war eine Verjährung zum 3. Oktober 1990 unabhängig von der Kontroverse um das Ruhen der Verfolgungsverjährung[217] nicht gegeben. Mit dem 3. Oktober 1990 begann die Verjährungsfrist erneut zu laufen.[218] Sie betrug nach bundesdeutschem Recht fünf Jahre.[219] Der bundesdeutsche Gesetzgeber hat diese Frist im Dezember 1997 bis zum 2. Oktober 2000 verlängert.[220] Zu diesem Zeitpunkt trat die absolute Verjährung ein.[221]

D. Rechtsbeugung[222]

I. Einführung

Nach der deutschen Vereinigung hat die bundesdeutsche Justiz zahlreiche Strafverfahren gegen Juristen der DDR wegen Rechtsbeugung durchgeführt. In erster Linie wurden Strafverfahren gegen die an den damaligen Entscheidungen unmittelbar beteiligten Richter und Staatsanwälte geführt. Sie bilden innerhalb der wegen DDR-Unrechts erhobenen Anklagen die größte Gruppe.[223] Tatvorwurf war

---

214 *LG Dresden*, Urteil v. 27.5.1993 – Az. 3 (c) KLs 51 Js 4048/91, UA S. 130, *M/W*, Bd. 1 (2000), S. 237.
215 *BGH*, Urteil v. 3.11.1994 – Az. 3 StR 62/94, BGHSt 40, 307, 321, *M/W*, Bd. 1 (2000), S. 313.
216 § 82 Abs. 1 Nr. 3 DDR-StGB.
217 Vgl. S. 5 ff.
218 Art. 315a Abs. 1 S. 3 EGStGB iVm § 78c Abs. 3 S. 1 StGB.
219 § 78 Abs. 3 Nr. 4 StGB.
220 Art. 315a Abs. 2 EGStGB in der Fassung des dritten Verjährungsgesetzes.
221 § 78c Abs. 3 S. 2 iVm § 78 Abs. 3 Nr. 4 StGB.
222 Zum Gesamtkomplex vgl. die aus dem Projekt „Strafjustiz und DDR-Vergangenheit" hervorgegangene Monografie von *Hohoff*, Grenzen (2001) sowie *M/W*, Bd. 5 (2007).
223 Vgl. S. 253.

in der Regel täterschaftlich begangene Rechtsbeugung gegebenenfalls in Tateinheit mit Freiheitsberaubung oder Totschlag. Daneben wurden aber auch Angehörige des Justizministeriums und des Ministeriums für Staatssicherheit sowie Richter des Obersten Gerichts und Staatsanwälte beim Generalstaatsanwalt der DDR wegen Teilnahme (Anstiftung und Beihilfe) an diesen Delikten strafrechtlich verfolgt. Die tatsächliche Grundlage für den strafrechtlichen Vorwurf wegen Anstiftungs- und Beihilfetaten bildeten Einflussnahmen auf Richter und Staatsanwälte durch Weisungen, Orientierungen oder Richtlinien. Einige wenige Anklagen richteten sich zudem gegen justizexterne Personen, die nicht an der Entscheidung konkreter Einzelfälle beteiligt waren. Ihnen wurde zur Last gelegt, durch generelle Vorgaben auf die Entscheidungen Einfluss genommen zu haben. Der Tatvorwurf lautete dann Anstiftung zur Rechtsbeugung. Anklagen gegen Schöffen, die an strafrechtlichen Urteilen mitgewirkt haben, sind nicht erhoben worden.

II. Sachverhalte

Die von den Gerichten festgestellten Sachverhalte betrafen einerseits die damaligen Verfahren, die den Anknüpfungspunkt für den Rechtsbeugungsvorwurf bildeten, und andererseits das Justizsystem der DDR, in das die damaligen Prozesse eingebettet waren und das für die strafrechtliche Beurteilung des Geschehens ebenfalls von Relevanz war.

Den gerichtlichen und staatsanwaltschaftlichen Entscheidungen der DDR-Zeit lagen sehr unterschiedliche Lebenssachverhalte zugrunde. Der nachfolgende systematische Überblick erfasst nur diejenigen Bereiche der DDR-Justiz, die zum Gegenstand bundesdeutscher Strafverfolgung geworden sind. Ein Abbild der Tätigkeiten der DDR-Justiz ist nicht bezweckt. Eine erste Untergliederung lässt sich nach Rechtsgebieten treffen. Danach sind Rechtsbeugungstaten in Strafverfahren sowie in Arbeits- und Zivilrechtsstreitigkeiten zu unterscheiden.

1. Strafrecht

Die Verfolgung wegen Rechtsbeugung erfasste hauptsächlich Strafverfahren in der DDR.[224] Für einen Rechtsbeugungsvorwurf waren zwei Anknüpfungspunkte

224 Von den im Rahmen der vorliegenden Untersuchung ausgewerteten 374 Anklagen beziehen sich 361 auf DDR-Verfahren aus dem Bereich des Strafrechts, *M/W*, Bd. 5/1 (2007), S. XXXIII.

möglich: Fälle, in denen Strafverfolgung stattgefunden hat, und Fälle systembedingter Nichtverfolgung.

a) Strafrechtliche Verfolgung

Die Anklagen wegen Rechtsbeugung bezogen sich auf die Waldheimer Prozesse sowie auf Strafverfahren, denen politische Straftaten und Militärstraftaten zugrunde lagen. Ausgenommen blieben Entscheidungen der DDR-Justiz, die „normale" Kriminalität betrafen.[225] Der Tatvorwurf wegen Rechtsbeugung durch Strafverfolgungsmaßnahmen erfasste in erster Linie strafrechtliche Urteile aller Instanzen, aber auch Entscheidungen in Ermittlungsverfahren, wie zum Beispiel den Antrag auf Erlass eines Haftbefehls oder das Verfassen einer Anklageschrift. Neben diesen üblichen richterlichen oder staatsanwaltschaftlichen Entscheidungen wurde als Grundlage für einen Rechtsbeugungsvorwurf aber auch das Abfassen eines Berichts über ein Ermittlungsverfahren an den Generalstaatsanwalt der DDR oder dessen Stellvertreter angesehen.[226]

Waldheimer Prozesse

Acht Anklagen wegen Rechtsbeugung hatten die von April bis Juli 1950 durchgeführten Waldheimer Prozesse zum Gegenstand, die der Aburteilung von wirklichen und angeblichen NS-Verbrechern dienten. Zu diesem Zweck waren beim Landgericht Chemnitz besondere Strafkammern eingerichtet worden, die in Waldheim tätig wurden. Die Verfahren fanden unter Missachtung strafprozessualer Rechte der Angeklagten und unter massivem Einfluss der SED statt. Materiellrechtliche Grundlage der Urteile bildeten das Kontrollratsgesetz Nr. 10 vom 20. Dezember 1945[227] und die Kontrollratsdirektive Nr. 38 vom 12. Oktober 1946.[228] Die Waldheimer Prozesse führten im Ergebnis zur Verurteilung von 3324 Häftlingen; 32 davon wurden zum Tode verurteilt.[229] Nach der Vereinigung kam es zu

---

225 Eine Ausnahme bildet insoweit ein Strafverfahren der StA Erfurt – Az. 580 Js 10514/93, dem die strafrechtliche Verfolgung eines US-Amerikaners wegen der Herbeiführung eines schweren Verkehrsunfalls in Tateinheit mit fahrlässiger Körperverletzung (§§ 196 Abs. 1 und 2, 118 Abs. 1, 63 Abs. 2 DDR-StGB) zugrunde lag.

226 *StA II bei dem LG Berlin*, Anklage v. 22.12.1993 – Az. 30/76 Js 1494/93 und Anklage v. 4.5.1994 – Az. 76 Js 121/90.

227 Amtsblatt des Kontrollrats in Deutschland Nr. 3 (1946), S. 50 ff.

228 Amtsblatt des Kontrollrats in Deutschland Nr. 11 (1946), S. 184 ff.

229 Zu den Waldheimer Prozessen vgl. *Eisert*, Waldheim (1993); *Fricke*, Politik (1990), S. 205 ff. sowie die Feststellungen des *LG Leipzig*, Urteil v. 1.9.1993 – Az. 1 Ks 04 Js 1807/91, NJ 1994, 111 und des *BezG Dresden*, Beschluss v. 28.10.1991 – Az. BSK (1) 231/91, NStZ 1992, 137.

mehreren Verurteilungen wegen der Beteiligung an diesen Prozessen. Verhängt wurden meist Freiheitsstrafen mit Bewährung,[230] im Falle der ehemaligen DDR-Richterin Irmgard Jendretzky hingegen vier Jahren ohne Bewährung.[231]

Politisches Strafrecht

Den Hauptgegenstand der Verfahren wegen Rechtsbeugung bilden Entscheidungen im Bereich des politischen Strafrechts. Der Begriff des politischen Strafrechts ist sehr umstritten, und eine allseits anerkannte Definition ist bis heute nicht erreicht.[232] Die Begriffsbestimmung ist abhängig vom jeweiligen Kontext, in dem der Begriff „politisches Strafrecht" gebraucht wird.[233] Im Folgenden soll der Begriff die Strafvorschriften kennzeichnen, die dem Aufbau und der Sicherung des politischen Systems in der Sowjetischen Besatzungszone und der DDR dienten.[234] Erfasst werden sowohl das Staatsschutzrecht im engeren Sinne als auch der Schutz ideologischer Wert- und Ordnungsvorstellungen der politisch herrschenden Gruppen in der DDR gegen jegliche Art der Opposition. Ausgeklammert bleiben Strafverfahren, die sich auf Taten vor der Errichtung der Sowjetischen Besatzungszone beziehen, also Verbrechen in der Zeit des Nationalsozialismus. Das politische Strafrecht in der DDR lässt sich nach den zur Anwendung gelangten Rechtsvorschriften gliedern, die hier in der zeitlichen Abfolge ihrer Geltung dargestellt werden sollen, soweit sie Gegenstand von Anklagen wegen Rechtsbeugung geworden sind.[235]

---

230 *LG Leipzig*, Urteil v. 1.9.1993 – Az. 1 Ks 04 Js 1807/91, NJ 1994, 111, bestätigt durch *BGH*, Beschluss v. 10.8.1994 – Az. 3 StR 252/94, mitgeteilt in NJ 1994, 456; *LG Leipzig*, Urteil v. 7.11.1994 – Az. 9 Ks 20 Js 17/92; *LG Leipzig*, Urteil v. 18.7.1996 – Az. 1 Ks 20 Js 5115/93, bestätigt durch *BGH*, Urteil v. 13.8.1997 – Az. 3 StR 158/97.

231 *LG Leipzig*, Urteil v. 28.11.1997 – Az 1 Ks 835 Js 21999/94, *M/W*, Bd. 5/2 (2007), S. 795; *BGH*, Beschluss v. 18.2.1999 – Az. 5 StR 236/98 (Verwerfung der Revision), *M/W*, Bd. 5/2 (2007), S. 883. Die hohe Strafe ergibt sich daraus, dass es in ihrem Fall um Rechtsbeugung in Tateinheit mit Totschlag in fünf Fällen ging.

232 *Eisenberg/Sander* JZ 1987, 111.

233 *Roggemann* NJ 1997, 226, 231.

234 Der Definition liegt der Ansatz Kirchheimers zugrunde, nach dem politisches Strafrecht durch eine mehr oder weniger starke staatspolitische Zweckgebundenheit und Zweckgerichtetheit gekennzeichnet ist. Politisches Strafrecht in diesem Sinne schützt nicht nur Rechtswerte, sondern auch politische Machtlagen, vgl. *Kirchheimer*, Justiz (1965, Nachdruck 1993), S. 606. Vgl. zum Begriff des politischen Strafrechts im Kontext des DDR-Strafrechts *M. Vormbaum*, Strafrecht der DDR (2015), S. 116 ff.

235 Zum politischen Strafrecht der DDR, vgl. *Fricke*, Politik (1990); *Schuller*, Geschichte (1980); *M. Vormbaum*, Strafrecht der DDR (2015), S. 60 ff., 116 ff., 188 ff., 356 ff., 493 ff., 511 ff.; *Werkentin*, Politische Strafjustiz (1995). Vgl. auch *Roggemann* ROW 1968, 50 ff.

In der Sowjetischen Besatzungszone und der frühen DDR existierte zunächst kein einheitliches politisches Strafrecht.[236] Stattdessen kamen Besatzungsrecht und, nach der Staatsgründung, Artikel 6 Absatz 2 der DDR-Verfassung vom 7. Oktober 1949 zur Anwendung.

Sabotage

Die bundesdeutsche Justiz befasste sich mit Verfahren auf der Grundlage des Befehls Nr. 160 der Sowjetischen Militäradministration in Deutschland vom 3. Dezember 1945 (SMAD-Befehl Nr. 160).[237] Die damaligen Verfahren richteten sich unter anderem gegen den ehemaligen ersten Staatsanwalt beim Generalstaatsanwalt im Lande Sachsen Erhard F., der mit der Verfolgung von Wirtschaftsstraftaten betraut war. Dieser hatte bei seiner amtlichen Tätigkeit wiederholt den Anforderungen der Zentralen Kommission für Staatliche Kontrolle zuwidergehandelt, die

> „der verlängerte Arm der Regierung der DDR war und deren Aufgaben darin bestand, der Regierung wachend und helfend zur Seite zu stehen, dass die Gesetze und Verordnungen der DDR und ihre Verfassungsbestimmungen so eingehalten und durchgeführt werden, wie sie zum Wohle der Gesamtheit gemeint sind."[238]

So teilte F. in einem Wirtschaftsstrafverfahren der Kommission einen Hauptverhandlungstermin nicht mit und beantragte eine verhältnismäßig niedrige Stra-

---

236 Die politischen Straftatbestände des auch in der DDR zunächst weitergeltenden Reichsstrafgesetzbuchs wurden durch die Kontrollratsgesetze Nr. 1 v. 20.9.1945 (Amtsblatt des Kontrollrats in Deutschland Nr. 1 [1945], S. 6 ff.) und Nr. 11 v. 30.1.1946 (Amtsblatt des Kontrollrats in Deutschland Nr. 3 [1946], S. 55 ff.) aufgehoben.

237 *StA Dresden*, Anklage v. 9.3.1995 – Az. 800 Js 10975/95 sowie *StA Dresden*, Anklage v. 16.12.1996 – Az. 834 Js 10973/95. Für den SMAD-Befehl Nr. 160, der in russischer Sprache erlassen worden war, existierten mehrere deutsche Übersetzungen, vgl. *Schuller*, Geschichte (1980), S. 8 ff. Der Wortlaut der Fassung, die dem Haftbefehl und der Verurteilung zugrunde lagen, die Gegenstand der Strafverfahren in Dresden waren, lautete: „Um die verbrecherische Tätigkeit einzelner Personen, die die Durchkreuzung des wirtschaftlichen Aufbaus zum Ziele hat, der von den deutschen Selbstverwaltungsorganen durchgeführt wird, zu unterbinden, befehle ich: 1. Personen, die bei Übergriffen festgestellt wurden, die eine Durchkreuzung der wirtschaftlichen Maßnahmen der deutschen Selbstverwaltungsorgane und der deutschen Verwaltung bezwecken, werden zu Freiheitsstrafen bis zu 15 Jahren Zuchthaus und in besonders schweren Fällen zur Todesstrafe verurteilt. 2. Zu denselben Strafen werden die Personen verurteilt, die Sabotageakte zwecks Lähmung der Tätigkeit der Unternehmen, zwecks ihrer Beschädigung oder Vernichtung verüben."

238 *LG Bautzen*, Urteil v. 1.9.1951 – Az. 31/99 I/2 – 593/51 – zitiert nach *StA Dresden*, Anklage v. 9.3.1995 – Az. 800 Js 10975/95, S. 20 f.

fe. In einer weiteren Wirtschaftsstrafsache erhob er keine Anklage, obwohl ihm von der Kommission die Bedeutung und Eilbedürftigkeit der Aburteilung des „Saboteurs“ vor Augen geführt worden war. Zudem meldete er sich einen Tag vor Prozessbeginn in einem anderen Wirtschaftsverfahren, in dem er die Anklage vertreten sollte, unberechtigter Weise krank. In einer Strafsache gegen den früheren sächsischen Finanzminister schaffte F. ein Beweismittel beiseite. Außerhalb seiner dienstlichen Tätigkeit unterstützte er die Wareneinfuhr aus dem „Westsektor Berlins“ und half Freunden, indem er für diese juristisch tätig wurde. In einem anderen Fall stellte er ein Strafverfahren gegen einen befreundeten Arzt wegen Schwangerschaftsabbruchs ein. Weiter hatte F. Kontakt zu einem Agenten aus dem Westen aufgenommen und geplant, Informationen weiterzugeben, um seine Ausreise in den Westen vorzubereiten.

Am 22. März 1951 wurde F. aufgrund eines Haftbefehls des Amtsgerichts Dresden in Untersuchungshaft genommen und am 1. September 1951 wegen Sabotage aufgrund des SMAD-Befehls Nr. 160 vom Landgericht Bautzen zu einer Zuchthausstrafe von 15 Jahren verurteilt. Das Verfahren wegen Rechtsbeugung gegen den inzwischen über 80-jährigen vormaligen beisitzenden Richter der Strafkammer beim Landgericht Bautzen wurde gemäß § 205 StPO wegen Verhandlungsunfähigkeit vorläufig eingestellt.[239] Auch über die Anklage gegen den Richter, der den Haftbefehl gegen den Beschuldigten erlassen hatte, wurde letztlich nicht entschieden, da der Angeklagte zuvor verstarb.[240]

Aktion Rose (Normen der Wirtschaftsstrafverordnung)

Eine weitere Anklage betraf die Strafverfahren im Rahmen der sogenannten Aktion Rose.[241] Mit der Aktion Rose wurden im Jahre 1953 Eigentümer von Hotels, Pensionen und ähnlichen Wirtschaftsbetrieben im Küstenbereich der Ostsee strafrechtlich verfolgt und enteignet.[242] Die Rechtsgrundlage für diese Maßnahmen bildete die Wirtschaftsstrafverordnung vom 20. Oktober 1948.[243] Die Tatvorwürfe bestanden im Wesentlichen darin, dass die Eigentümer von Hotels und Pensionen im Küstenbereich bezugsbeschränkte Waren ohne Bezugsschein angekauft und verarbeitet hätten, ihnen für Gäste zugewiesene Lebensmittel für den eigenen Gebrauch einbehalten, Steuern hinterzogen sowie Kontakt mit

---

239 *LG Bautzen*, Beschluss v. 17.3.1997 – Az. 1 KLs 800 Js 10975/95.

240 *LG Dresden*, Beschluss v. 29.6.1998 – Az. 4 KLs 834 Js 10973/95.

241 *StA Schwerin*, Anklage ohne Datum – Az. 191 Js 21263/93.

242 Zur Aktion Rose vgl. *Bundesministerium der Justiz*, Im Namen des Volkes? (1994), S. 85 ff.; *K. Müller*, Lenkung (1995), S. 17 ff.; *Werkentin*, Politische Strafjustiz (1995), S. 59 ff.

243 Regierungsblatt für Mecklenburg 1948, Nr. 25, S. 165 ff.

„Agentenzentralen des amerikanischen Imperialismus" in Westberlin und Westdeutschland gehabt hätten. Im Rahmen der Aktion wurden 711 Betriebe durchsucht, 527 Ermittlungsverfahren eingeleitet und 442 Personen in Untersuchungshaft genommen. 408 Personen wurden verurteilt und fünf freigesprochen, 440 Hotels und Pensionen sowie 181 Gaststätten, Wohnhäuser und andere Wirtschaftsbetriebe wurden beschlagnahmt.[244] Die Gerichtsverfahren fanden vor eigens hierfür gebildeten Strafkammern des Kreisgerichts Bützow statt. Die Anklage der Staatsanwaltschaft Schwerin, die sich gegen einen an der Aktion beteiligten Staatsanwalt richtete, betraf neun Fälle mit 15 ehemaligen Angeklagten, die in einem Fall zu einer Geldstrafe, in vier Fällen zu Gefängnisstrafen von vier bis zehn Monaten sowie in neun Fällen zu Zuchthausstrafen von fünf Monaten bis fünf Jahren verurteilt wurden. In den meisten Fällen wurde das gesamte Vermögen der Angeklagten eingezogen, zum Teil beschränkte sich die Einziehung auf einzelne Betriebe.

Dem nach der Vereinigung wegen Rechtsbeugung angeklagten Staatsanwalt wurde vorgeworfen, in den Verfahren die Anklageschriften verfasst und beantragt zu haben, die Haftbefehle aufrechtzuerhalten. Das Landgericht Rostock verurteile den damaligen Staatsanwalt wegen Rechtsbeugung, teilweise in Tateinheit mit Freiheitsberaubung.[245] Der Bundesgerichtshof nahm demgegenüber lediglich Beihilfe zur Rechtsbeugung an, änderte den Schuldspruch entsprechend und hob den Strafausspruch auf.[246]

Boykotthetze und friedensgefährdende Propaganda

Die Strafverfahren wegen Rechtsbeugung hatten zudem Verurteilungen aus den 1950er Jahren auf Grundlage von Artikel 6 Absatz 2 der DDR-Verfassung vom 7. Oktober 1949[247] und Artikel III A III des Abschnitts II der Direktive Nr. 38 des Alliierten Kontrollrates vom 12. Oktober 1946[248] (KRD Nr. 38) zum Gegenstand.

---

244 *StA Schwerin*, Anklage ohne Datum – Az. 191 Js 21263/93, S. 12 ff.

245 *LG Rostock*, Urteil v. 23.6.1997 – Az. III KLs 4/95, *M/W*, Bd. 5/1 (2007), S. 519.

246 *BGH*, Urteil v. 9.7.1998 – Az. 4 StR 599/97, *M/W*, Bd. 5/1 (2007), S. 559.

247 Art. 6 Abs. 2 DDR-Verfassung (1949) war eine in der Verfassung verortete Strafnorm. Sie lautete: „Boykotthetze gegen demokratische Einrichtungen und Organisationen, Mordhetze gegen demokratische Politiker, Bekundung von Glaubens-, Rassen-, Völkerhass, militaristische Propaganda sowie Kriegshetze und alle sonstigen Handlungen, die sich gegen die Gleichberechtigung richten, sind Verbrechen im Sinne des Strafgesetzbuches." Vgl. hierzu *M. Vormbaum*, Strafrecht der DDR (2015), S. 121 ff.

248 Der Hauptteil der Direktive Nr. 38, die Richtlinien für die Entnazifizierung enthielt, bezog sich auf Sachverhalte, die vor der bedingungslosen Kapitulation der Deutschen Wehrmacht vom 8.5.1945 lagen. Art. III A III des Abschnitts II KRD Nr. 38 bezog sich jedoch auf Handlun-

Dabei wurden die strafrechtlichen Urteile teilweise allein auf Artikel 6 Absatz 2 DDR-Verfassung oder nur auf die Kontrollratsdirektive Nr. 38 gestützt worden, teilweise kamen beide Vorschriften auch nebeneinander zur Anwendung. Artikel 6 Absatz 2 DDR-Verfassung ermöglichte die Verurteilung zu Zuchthausstrafen von mindestens einem Jahr und zu Todesstrafen.

Ein Strafverfahren vor dem Landgericht Berlin aus dem Jahre 1994[249] richtete sich gegen einen ehemaligen Richter am Obersten Gericht der DDR, der von 1954 bis 1956 als beisitzender Richter mit der Verfolgung von Straftaten, die gegen die DDR gerichtet waren, befasst war. Der damaligen Verurteilung lag nach den Feststellungen des Landgerichts Berlin folgender Sachverhalt zugrunde. Ein 40-jähriger Ingenieur war von Herbst 1953 bis Sommer 1955 für den britischen Geheimdienst tätig. Er sammelte im Rahmen dieser Tätigkeit Informationen über sowjetische Objekte und Militäreinheiten, leitete diese weiter und führte Kurierfahrten in die DDR durch. Nachdem der Ingenieur im Juni 1955 sein Einverständnis erklärt hatte, in die kasernierte Volkspolizei einzutreten, wurde er nicht weiter mit Kurierfahrten betraut, sondern sollte seine Informationen über eine Deckadresse an den britischen Geheimdienst weiterleiten. Zu dieser Nachrichtenübermittlung kam es allerdings nicht mehr. Das Bezirksgericht verurteilte den 40-jährigen Ingenieur zum Tode. Die gegen das Urteil eingelegte Berufung wurde vom Obersten Gericht der DDR unter Mitwirkung des Angeklagten zurückgewiesen. Der Angeklagte hatte als Berichterstatter für die Todesstrafe gestimmt. Rechtsgrundlage für die Verurteilung war Artikel 6 Absatz 2 DDR-Verfassung; Spionagehandlungen wurden unter den Begriff der „Kriegshetze" subsumiert. Der Bundesgerichtshof wertete das Verhalten des Angeklagten als Rechtsbeugung durch die Verhängung einer übermäßig harten und grausamen Strafe.[250] Er bestätigte damit das erstinstanzliche Urteil des Landgerichts Berlin, mit dem der ehemalige Richter wegen Rechtsbeugung in Tateinheit mit Totschlag bzw. versuchtem Totschlag in drei Fällen zu einer Freiheitsstrafe von drei Jahren und neun Monaten verurteilt worden war.[251]

---

gen, die nach diesem Datum eingetreten sind: „Aktivist ist auch, wer nach dem 8. Mai 1945 durch Propaganda für den Nationalsozialismus oder Militarismus oder durch Erfindung und Verbreitung tendenziöser Gerüchte den Frieden des deutschen Volkes oder den Frieden der Welt gefährdet hat oder möglicherweise noch gefährdet."

249 *LG Berlin*, Urteil v. 17.6.1994 – Az. (528) 29/2 Js 283/92 Ks (1/94), *M/W*, Bd. 5/1 (2007), S. 353. Vgl. auch die Anklageschrift *StA II bei dem LG Berlin* – Az. 29/2 Js 283/92.

250 *BGH*, Urteil v. 16.11.1995 – Az. 5 StR 747/94, BGHSt 41, 317, 332, *M/W*, Bd. 5/1 (2007), S. 457 .

251 *LG Berlin*, Urteil v. 17.6.1994 – Az. (528) 29/2 Js 283/92 Ks (1/94), *M/W*, Bd. 5/1 (2007), S. 353. Die Verurteilung des Leipziger Studentenpfarrers Georg-Siegfried Schmutzler durch das Bezirksgericht Leipzig am 28.11.1957 zu einer Zuchthausstrafe von fünf Jahren erfolgte eben-

Als Beispiel für eine Verurteilung nach Artikel III A III des Abschnitts II Kontrollratsdirektive Nr. 38 sei ein Fall geschildert, der einem Verfahren vor dem Landgericht Berlin zugrundelag. Angeklagt waren eine beisitzende Richterin und eine Staatsanwältin, die an der Verurteilung durch die Große Strafkammer 1b des Landgerichts Berlin (Ost) am 18. August 1952 mitgewirkt hatten.[252] Das Landgericht Berlin ging von folgendem Sachverhalt aus. Die damals Beschuldigte verteilte am 25. Juni 1952 gegen 1.45 Uhr auf dem Potsdamer Platz mehrere Exemplare einer Broschüre des „Kampfbundes Deutscher Jugend". Aufgabe des „Kampfbundes" war es, kommunistischen Bestrebungen im Westteil Deutschlands entgegenzutreten und zugleich propagandistisch in die DDR hineinzuwirken. Die Broschüre enthielt eine unkommentierte Wiedergabe der Debatte des Deutschen Bundestages über „Bemühungen zur Freilassung von in der sowjetischen Besatzungszone aus politischen Gründen inhaftierten Jugendlichen" vom 24. April 1952. Die zum damaligen Zeitpunkt gerade 18-jährige Beschuldigte wurde vom Landgericht Berlin (Ost) unter Mitwirkung der später wegen Rechtsbeugung angeklagten Richterin und der Staatsanwältin, die in der Hauptverhandlung als Sitzungsvertreterin der Staatsanwaltschaft tätig war, zu einer Gefängnisstrafe von drei Jahren und „Sühnemaßnahmen" verurteilt. Nach Auffassung der Staatsanwaltschaft II bei dem Landgericht Berlin erfüllte das tatsächliche Verhalten der Beschuldigten nicht den Tatbestand von Artikel III A III Abschnitt II der Kontrollratsdirektive Nr. 38, was den Angeklagten auch bewusst gewesen sei. Daher liege durch die Verurteilung eine Rechtsbeugung vor.[253] Das Landgericht Berlin sprach die Angeklagten jedoch frei, da ihnen ein Rechtsbeugungsvorsatz nicht nachzuweisen sei.[254]

---

falls wegen Boykotthetze gemäß Art. 6 Abs. 2 DDR-Verf. Vgl. dazu *Bundesministerium der Justiz*, Im Namen des Volkes? (1994), S. 77 ff.; *Schmutzler*, Gegen den Strom (1992), S. 105 ff.; *Schuller*, Geschichte (1980), S. 118 ff. Das Urteil war Gegenstand von zwei Strafverfahren gegen die beteiligten Richter. Das LG Leipzig hat den damaligen Vorsitzenden Richter wegen Rechtsbeugung in Tateinheit mit Freiheitsberaubung zu einer Freiheitsstrafe von einem Jahr und zehn Monaten verurteilt und die Vollstreckung der Strafe zur Bewährung ausgesetzt, vgl. *LG Leipzig*, Urteil v. 6.11.1996 – Az. 6 KLs 835 Js 44297/93, UA S. 2. Der damalige beisitzende Richter wurde wegen der Mitwirkung an dem Urteil gegen Schmutzler und an einem weiteren Verfahren wegen Rechtsbeugung in Tateinheit mit Freiheitsberaubung zu einer Gesamtfreiheitsstrafe von einem Jahr und neun Monaten verurteilt, vgl. *LG Leipzig*, Urteil v. 20.8.1996 – Az. 5 KLs 835 Js 3557/92. Die Vollstreckung der Strafe ist zur Bewährung ausgesetzt worden. Der BGH hat das Urteil bestätigt, vgl. *BGH*, Beschluss v. 15.10.1997 – Az. 3 StR 294/97.

252 *StA II bei dem LG Berlin*, Anklage v. 25.2.1997 – Az. 30 Js 510/95.

253 *StA II bei dem LG Berlin*, Anklage v. 25.2.1997 – Az. 30 Js 510/95, S. 2 ff.

254 *LG Berlin*, Urteil v. 26.6.1998 – Az. (522) 30 Js 510/95 KLs (4/98).

Gegenstand eines Prozesses, der auf einer Anklage der Staatsanwaltschaft Dresden beruhte, war die Verurteilung von 19 Werdauer Oberschülern durch das Landgericht Zwickau im Oktober 1951. Das Urteil beruhte auf Artikel 6 Absatz 2 DDR-Verfassung und Artikel III A III Abschnitt II Kontrollratsdirektive Nr. 38. Angeklagt wegen Rechtsbeugung und Freiheitsberaubung wurden nach der Vereinigung der damalige Vorsitzende Richter und eine Beisitzerin.[255] Die Staatsanwaltschaft legte folgenden Sachverhalt zugrunde. Die größtenteils noch nicht 18-jährigen Werdauer Oberschüler verteilten im Raum Werdau in Sachsen antikommunistische Flugblätter, die sie sich in Westberlin beschafft hatten. Weiter zertraten einzelne Schüler bei Veranstaltungen anlässlich der russischen Oktoberrevolution „Stinkbomben", schütteten Zucker in den Autotank eines SED-Funktionärs, nahmen an einer Feier aus Anlass des Geburtstages von Adolf Hitler teil und beschädigten Bilder von Stalin, Pieck und Grotewohl in ihrer Schule. Das Landgericht Zwickau verurteilte in einem Schauprozess die Schüler unter Mitwirkung der nunmehr angeklagten Richter wegen „Boykotthetze gegen demokratische Einrichtungen, Verbreitung und Bekundung von tendenziösen Gerüchten, die den Frieden des deutschen Volkes und der Welt gefährden, Spionage und Völkerhass" zu Zuchthausstrafen von zwei bis 15 Jahren. Die verhängten Strafen waren weitestgehend bereits vor der Hauptverhandlung festgelegt worden, und es bestand keine ernstzunehmende Verteidigungsmöglichkeit für die Schüler.[256]

Landfriedensbruch gemäß Reichsstrafgesetzbuch

Neben dem Besatzungsstrafrecht und der Verfassung der DDR kam auch das in der DDR bis zum Erlass eines neuen Strafgesetzbuchs 1968 fortgeltende Reichsstrafgesetzbuch zur Anwendung. Insbesondere im Zusammenhang mit dem Aufstand am 17. Juni 1953 wurde auf das Reichsstrafgesetzbuch zurückgegriffen.[257] Eine Anklage der Staatsanwaltschaft II bei dem Landgericht Berlin gegen

---

255 *StA Dresden*, Anklage v. 17.12.1996 – Az. 831 Js 6504/93. Auch die Verurteilung der neun Mitglieder der Zeugen Jehovas am 4.10.1950 zu langjährigen, in zwei Fällen sogar lebenslangen, Zuchthausstrafen durch das Oberste Gericht der DDR unter dem Vorsitz von Hilde Benjamin beruhte auf diesen Vorschriften (vgl. dazu *Fricke*, Politik [1990], S. 241; *Schuller*, Geschichte [1980], S. 36). Der wegen dieser Verurteilung angeklagte beisitzende Richter, der 1952 in den Westen floh, wurde letztlich vom BGH vom Vorwurf der Rechtsbeugung freigesprochen, da ihm ein Rechtsbeugungsvorsatz nicht nachzuweisen sei, vgl. *BGH*, Urteil v. 20.6.1996 – Az. 5 StR 54/96, NJ 1997, 35.

256 *StA Dresden*, Anklage v. 17.12.1996 – Az. 831 Js 6504/93, S. 12.

257 *Schuller*, Geschichte (1980), S. 134; *M. Vormbaum*, Strafrecht der DDR (2015), S. 136, 168.

eine ehemalige Staatsanwältin beim Generalstaatsanwalt von Berlin (Ost) hatte deren Beteiligung an einem Verfahren wegen Landfriedensbruchs gemäß § 125 Reichsstrafgesetzbuch gegen einen zum Tatzeitpunkt 16-jährigen Jugendlichen zum Gegenstand.[258] Der in Westberlin lebende F. beabsichtigte am Nachmittag des 17. Juni 1953, seine in Ostberlin lebende Mutter zu besuchen. Auf dem Weg zu seiner Mutter befuhr er mit seinem Fahrrad die Friedrichstraße und die Straße Unter den Linden, wo zu dieser Zeit gewalttätige Protestaktionen stattfanden. F. traf gegen 17.30 Uhr bei seiner Mutter ein und verbrachte mit dieser und seiner Freundin den Abend. Er übernachtete bei seiner Mutter. Als er am Morgen des 18. Juni 1953 wieder die Sektorengrenze nach Westberlin überqueren wollte, wurde er von der Volkspolizei festgenommen. Ihm wurde nachfolgend die Beteiligung an „Gewalttätigkeiten gegen Angehörige der Volkspolizei und Einrichtungen des demokratischen Sektors" am 17. Juni 1953 vorgeworfen. Obwohl F. die Vorwürfe bestritt und keine anderen Beweismittel vorlagen, erhob die nach der Vereinigung angeklagte Staatsanwältin Anklage wegen Landfriedensbruchs nach § 125 Reichsstrafgesetzbuch. Da F. kein strafbares Verhalten vorzuwerfen sei, stellte die Anklageerhebung nach Ansicht der Staatsanwaltschaft II bei dem Landgericht Berlin eine Rechtsbeugung dar.[259] Das Landgericht Berlin sprach die Angeklagte demgegenüber frei. Die von ihr seinerzeit erhobene Anklage habe dem damals geltenden Recht entsprochen.[260] Nach der im Jahr 1953 maßgeblichen Rechtsauffassung habe sich der Tatbestand des Landfriedensbruchs auch auf den bloßen Aufenthalt in einer Menschenmenge erstreckt, in der oder aus der heraus Gewalttätigkeiten begangen worden seien. Eine gleichartige Rechtslage habe damals auch in der Bundesrepublik bestanden. Die Staatsanwältin habe mithin zurecht Anklage wegen Landfriedensbruchs erhoben.

---

258 *StA II bei dem LG Berlin*, Anklage v. 1.12.1995 – Az. 30 Js 48/95. § 125 RStGB hatte zum Tatzeitpunkt folgenden Wortlaut: „(1) Wenn sich eine Menschenmenge öffentlich zusammenrottet oder mit vereinten Kräften gegen Personen oder Sachen Gewalttätigkeiten begeht, so wird jeder, welcher an dieser Zusammenrottung teilnimmt, wegen Landfriedensbruchs mit Gefängnis nicht unter drei Monaten bestraft. (2) Die Rädelsführer sowie diejenigen, welche Gewalttätigkeiten gegen Personen begangen oder Sachen geplündert, vernichtet oder zerstört haben, werden mit Zuchthaus bis zu zehn Jahren bestraft; auch kann auf Zulässigkeit von Polizeiaufsicht erkannt werden. Sind mildernde Umstände vorhanden, so tritt Gefängnisstrafe nicht unter sechs Monaten ein."

259 *StA II bei dem LG Berlin*, Anklage v. 1.12.1995 – Az. 30 Js 48/95, S. 2.

260 *LG Berlin*, Urteil v. 17.12.1997 – Az. (504) 30 Js 48/95 KLs (5/96).

Politisches Strafrecht ab 1957 (Strafrechtsergänzungsgesetz)

Das politische Strafrecht der DDR erhielt mit dem Strafrechtsergänzungsgesetz vom 11. Dezember 1957[261] eine neue Grundlage. Strafverfolgung nach dem Strafrechtsergänzungsgesetz nahm bei den Verfahren wegen Rechtsbeugung nach der Vereinigung einen beachtlichen Raum ein. Als Beispiel sei das Urteil gegen Bernhard G. geschildert, das – neben einem weiteren Urteil – einer Anklage der Staatsanwaltschaft II bei dem Landgericht Berlin gegen eine ehemalige Richterin am Obersten Gericht der DDR zugrunde lag.[262] Die Anklage, um die es in dem späteren Rechtsbeugungsverfahren ging, beruhte auf folgendem Sachverhalt. G., der in Ostberlin einen Betrieb für Radiotechnik führte, erfuhr im Sommer 1962, dass sein in Westberlin lebender Bruder einen Tunnel von West- nach Ostberlin bauen wollte, damit seine noch im Ostteil der Stadt lebende Familie durch diesen Tunnel fliehen könnte. G. fasste den Entschluss, sich dem Vorhaben anzuschließen und die DDR durch diesen Tunnel zu verlassen. In Absprache mit seinem Bruder mietete er im September 1962 einen unmittelbar an der Sektorengrenze in der Bernauer Straße befindlichen Laden an, in dessen Keller der Tunnel enden sollte, und tarnte diesen als Auslieferungslager für seine Firma. G. erhielt durch Informationen aus Westberlin Kenntnis vom Beginn des Tunnelbaus. Nachdem die Familie seines Bruders im Oktober auf andere Weise nach Westberlin gelangt war, fürchtete G., dass der Tunnel nicht fertiggestellt würde. Unter anderem aus diesem Grund nahm er von seinem Fluchtvorhaben Abstand. Dies teilte er seinem Bruder mit und gab den Laden in der Bernauer Straße auf. Am 4. Juli 1963 wurde G. gemeinsam mit vier weiteren an dem Fluchtvorhaben beteiligten Personen vom Stadtgericht von Groß-Berlin[263] wegen staatsgefährdenden Gewaltakts gemäß § 17 Strafrechtsergänzungsgesetz[264] und Vorbereitung zum illegalen Verlassen der DDR sowie Beihilfe zum illegalen Verlassen der DDR nach § 5 der Passverordnung vom 15. Dezember 1954[265] zu

---

261 DDR-GBl. I 1957, S. 643 ff. Im Gegensatz zur traditionellen Aufgliederung im Staatsschutzrecht nach betroffenen Rechtsgütern (Hoch- und Landesverrat sowie Staatsgefährdung) unterschied das StEG nach Begehungsformen, vgl. *Roggemann* ROW 1968, 50, 59; eingehend zu diesem Gesetz und seiner Entstehung *M. Vormbaum*, Strafrecht der DDR (2015), S. 176 ff.

262 *StA II bei dem LG Berlin*, Anklage v. 9.9.1996 – Az. 28 Js 15/96.

263 Diese traditionelle Gerichtsbezeichnung wurde in der DDR zunächst aufrechterhalten. Örtlich zuständig war das Gericht lediglich für Ost-Berlin.

264 Nach § 17 StEG wurde mit Zuchthaus, in minderschweren Fällen mit Gefängnis nicht unter sechs Monaten, bestraft, wer es unternimmt, durch Gewaltakte oder durch Drohung mit Gewaltakten die Bevölkerung in Angst und Schrecken zu versetzen, um Unsicherheit zu verbreiten und das Vertrauen zur Arbeiter-und-Bauern-Macht zu erschüttern.

265 VOBl. für Groß-Berlin, Teil I S. 631 f. Zur Anwendung kam die Fassung des § 1 der Passänderungsverordnung vom 11. Dezember 1957, vgl. VOBl. für Groß-Berlin, Teil I S. 633. Zum

einer Zuchthausstrafe von drei Jahren verurteilt. Das Oberste Gericht der DDR verwarf die gegen das Urteil eingelegte Berufung durch Beschluss vom 24. August 1963 als offensichtlich unbegründet. An dieser Entscheidung hatte die nunmehr angeklagte Person als Richterin mitgewirkt. Die Staatsanwaltschaft II bei dem Landgericht Berlin sah eine Rechtsbeugung darin begründet, dass das Verhalten des damaligen Beschuldigten den Tatbestand des § 17 Strafrechtsergänzungsgesetz nicht erfüllt habe. Weder habe der Tunnelbau einen staatsgefährdenden Gewaltakt dargestellt, noch habe G. in der Absicht gehandelt, Unsicherheit zu verbreiten und das Vertrauen zur Arbeiter-und-Bauern-Macht zu erschüttern.[266]

Das Landgericht Berlin lehnte die Eröffnung des Hauptverfahrens dagegen ab.[267] Zur Begründung verwies das Gericht auf die in der höchstrichterlichen Rechtsprechung zur rechtlichen Beurteilung der Verfolgung von Richtern und Staatsanwälten der ehemaligen DDR wegen Rechtsbeugung entwickelten Leitlinien. Danach sei die Verfolgung wegen Rechtsbeugung auf Fälle beschränkt, in denen die Rechtswidrigkeit der Entscheidung offensichtlich sei und die Menschenrechte der Verurteilten so schwerwiegend verletzt worden seien, dass sich die Entscheidung als Willkürakt darstelle.[268] Hiervon sei im zu entscheidenden Fall indes noch nicht auszugehen.

Verordnung über Aufenthaltsbeschränkung

Ein weiteres Verfahren betraf ein Urteil des Kreisgerichts Eisenach, mit dem Ursula W. im Jahr 1962 der Aufenthalt in allen Grenzkreisen der DDR entlang der westlichen Staatsgrenze untersagt wurde.[269] Die Rechtsgrundlage für diese Maßnahme bildete § 3 Absatz 1 der Verordnung über Aufenthaltsbeschränkung

---

DDR-Passgesetz und -Passänderungsgesetz vgl. *M. Vormbaum*, Strafrecht der DDR (2015), S. 212 ff.

266 *StA II bei dem LG Berlin*, Anklage v. 9.9.1996 – Az. 28 Js 15/96, S. 3. – Ebenfalls auf den Vorschriften des Strafrechtsergänzungsgesetzes basierte das Todesurteil gegen Manfred Smolka wegen Spionage im Jahr 1960 (vgl. *Werkentin*, Strafjustiz im politischen System der DDR [1994], S. 112, 118 f.). Es war Gegenstand eines Strafverfahrens wegen Rechtsbeugung gegen den an der Entscheidung beteiligten Staatsanwalt. Das LG Erfurt verurteilte diesen wegen Beihilfe zur Rechtsbeugung in Tateinheit mit Beihilfe zum Totschlag zu einer Freiheitsstrafe von zehn Monaten, deren Vollstreckung zur Bewährung ausgesetzt wurde, vgl. *LG Erfurt*, Urteil v. 5.7. 1994 – Az. 510 Js 463/90-1 KS.

267 *LG Berlin*, Beschluss v. 30.9.2000 – Az. (504) 28 Js 15/96 (52/96).

268 Vgl. hierzu S. 79 ff.

269 *StA Erfurt*, Anklage v. 30.11.1994 – Az. 550 Js 11018/93.

vom 24. August 1961.[270] Die Aufenthaltsbeschränkung wurde damit begründet, dass Ursula W. einen Unsicherheitsfaktor darstelle, weil ihr Bruder 1952 und ihre Eltern 1961 bzw. 1962 illegal die DDR verlassen hätten, sie zwei nichteheliche Kinder habe, um die sie sich nicht ausreichend kümmere, und weil sie nicht am politischen und gesellschaftlichen Leben in ihrem Wohnort teilnehme. Die Staatsanwaltschaft Erfurt klagte den damaligen Staatsanwalt, der die Aufenthaltsbeschränkung beantragt hatte, sowie den damaligen Richter am Kreisgericht wegen Rechtsbeugung und Nötigung an. Nachdem das Amtsgericht Eisenach die Angeklagten freigesprochen hatte, verurteilte das Landgericht Mühlhausen den damaligen Richter wegen Rechtsbeugung zu einer Freiheitsstrafe von sechs Monaten auf Bewährung und den damaligen Staatsanwalt wegen Beihilfe zur Rechtsbeugung zu einer Freiheitsstrafe von fünf Monaten auf Bewährung.[271] Auf die Revision der Angeklagten sprach das Thüringer Oberlandesgericht die Angeklagten frei.[272] Eine Rechtsbeugung liege nicht vor, weil die Angeklagten die Verordnung über Aufenthaltsbeschränkung ihrem Zweck, ein Ausbluten der DDR durch vermehrte „Republikflucht" zu verhindern, entsprechend angewendet hätten, auch wenn der Wortlaut der Vorschrift nicht erfüllt gewesen sei.[273]

Politisches Strafrecht ab 1968

Die Verfahren wegen Rechtsbeugung gegen Richter und Staatsanwälte der DDR betrafen hauptsächlich[274] politische Strafverfahren auf der Grundlage des Strafgesetzbuchs der DDR vom 12. Januar 1968[275]. Dieser Schwerpunkt der Verfolgung lässt sich damit erklären, dass die Verfahren auf der Grundlage des DDR-Strafgesetzbuchs von 1968, das mit Änderungen bis zum Beitritt der DDR zur

---

270 § 3 Abs. 1 der Verordnung über Aufenthaltsbeschränkung vom 24.8.1961 (DDR-GBl. II 1961, S. 343 f.) bestimmte: „Auf Verlangen der örtlichen Organe der Staatsmacht kann, auch ohne dass die Verletzung eines bestimmten Strafgesetzes vorliegt, durch Urteil des Kreisgerichts einer Person die Beschränkung ihres Aufenthaltes auferlegt werden, wenn durch ihr Verhalten der Allgemeinheit oder dem einzelnen Gefahren entstehen oder die öffentliche Sicherheit und Ordnung bedroht ist. § 2 dieser Verordnung findet Anwendung." Vgl. zu der Verordnung im Einzelnen *M. Vormbaum*, Strafrecht der DDR (2015), S. 216 ff.

271 *LG Mühlhausen*, Urteil v. 13.9.1996 – Az. 550 Js 11018/93-5 Ns.

272 *Thüringer OLG*, Beschluss v. 24.9.1997 – Az. 1 Ss 7 und 8/97.

273 *Thüringer OLG*, Beschluss v. 24.9.1997 – Az. 1 Ss 7 und 8/97, BA S. 13 f.

274 253 der vorliegend ausgewerteten 374 Anklagen (67,7%) betrafen Strafverfahren auf Grundlage des DDR-Strafgesetzbuchs, *M/W*, Bd. 5/1 (2007), S. XXXIV.

275 DDR-GBl. I 1968, S. 1 ff. Zum DDR-Strafgesetzbuch und seiner Entstehung vgl. *M. Vormbaum*, Strafrecht der DDR (2015), S. 234 ff.

Bundesrepublik fortgalt und bis zum Mauerfall eine beachtliche Verschärfung erfuhr,[276] zum Zeitpunkt der bundesdeutschen Strafverfolgung von DDR-Unrecht noch nicht lange zurücklagen. Die an den damaligen Entscheidungen beteiligten Richter und Staatsanwälte lebten größtenteils noch und waren zumeist auch verhandlungsfähig.

Als Beispiel für die politische Strafverfolgung in der Zeit der Geltung des DDR-Strafgesetzbuchs sei eine Verurteilung wegen Beeinträchtigung staatlicher oder gesellschaftlicher Tätigkeit nach § 214 Absatz 1 DDR-StGB geschildert.[277] Der damalige Angeklagte wollte nach seiner Ehescheidung zu seiner kranken Mutter nach Westberlin ausreisen. Sein Ausreiseantrag war von den DDR-Behörden abgelehnt worden. Er hatte daraufhin am 28. Mai 1985 gegen 0.25 Uhr an der Grenzübergangsstelle Chausseestraße in Berlin seinen Personalausweis vorgelegt und die Ausreise in den Westen gefordert. Die Vorlage des Ausweises wurde in der damaligen Anklage als „provokatorisch" bezeichnet. Der Angeklagte wurde vom Stadtbezirksgericht Berlin-Pankow zu einer Freiheitsstrafe von einem Jahr und zwei Monaten verurteilt.[278] Der Bundesgerichtshof wertete diesen Fall – ebenso wie das Landgericht Berlin in erster Instanz[279] – als Rechtsbeugung.[280] Es liege nahe, eine Rechtsbeugung bereits durch Überdehnung des Straftatbestandes des § 214 Absatz 1 DDR-StGB anzunehmen. Zu einer krassen Menschenrechtsverletzung werde die strafrechtliche Verfolgung jedenfalls durch die Verhängung der unverhältnismäßig hohen Freiheitsstrafe.[281]

---

276 Vgl. zu den Reformen des DDR-StGB im Einzelnen *M. Vormbaum*, Strafrecht der DDR (2015), S. 463 ff.

277 § 214 Abs. 1 DDR-StGB bestimmte, dass „mit Freiheitsstrafe bis zu drei Jahren oder mit Verurteilung auf Bewährung, Haftstrafe, Geldstrafe oder mit öffentlichem Tadel bestraft wird, wer die Tätigkeit staatlicher Organe durch Gewalt oder Drohungen beeinträchtigt oder in einer die öffentliche Ordnung gefährdenden Weise eine Mißachtung der Gesetze bekundet oder zur Mißachtung der Gesetze auffordert". Vgl. zu dieser Norm *M. Vormbaum*, Strafrecht der DDR (2015), S. 420.

278 Die Verurteilung war – neben neun weiteren Fällen – Gegenstand eines Strafverfahrens wegen Rechtsbeugung gegen eine ehemalige Staatsanwältin in der Abteilung I a des Generalstaatsanwalts von Berlin, vgl. *StA II bei dem LG Berlin* – Az. 76 Js 1277/91.

279 *LG Berlin*, Urteil v. 18.5.1994 – Az. (510) 76 Js 1277/91 KLs (68/93), UA S. 102 ff., *M/W*, Bd. 5/1 (2007), S. 275.

280 *BGH*, Urteil v. 15.9.1995 – Az. 5 StR 713/94, BGHSt 41, 247, 274 f., *M/W*, Bd. 5/1 (2007), S. 321. Dieses Urteil des BGH stellte die zentrale Entscheidung für die Strafbarkeit von Richtern und Staatsanwälten der DDR wegen politischer Strafverfolgung auf der Grundlage des StGB von 1968 dar.

281 *BGH*, Urteil v. 15.9.1995 – Az. 5 StR 713/94, BGHSt 41, 247, 275, *M/W*, Bd. 5/1 (2007), S. 321.

Sonderkonstellationen – Der Fall Havemann

Neun Anklagen bezogen sich auf mehrere damalige Verurteilungen, die unterschiedliche Phasen des politischen Strafrechts der DDR berührten oder innerhalb eines Zeitabschnitts auf unterschiedlichen Rechtsgrundlagen basierten (Überschneidungsfälle). Eine Zuordnung zu den oben entwickelten Fallgruppen, die nach Zeitabschnitten und Rechtsgrundlagen erfolgte, ist für diese Anklagen damit nicht möglich.[282]

In diesem Zusammenhang ist das Rechtsbeugungsverfahren gegen sieben Richter und Staatsanwälte der DDR zu erwähnen, die an den Prozessen gegen Robert Havemann beteiligt waren.[283] Mit Urteil des Kreisgerichts Fürstenwalde vom 26. November 1976 wurde der Aufenthalt Havemanns auf sein Grundstück in Grünheide beschränkt.[284] Die gegen dieses Urteil eingelegte Berufung Havemanns wurde vom Bezirksgericht Frankfurt/Oder mit Beschluss vom 4. Januar 1977 als offensichtlich unbegründet verworfen. In einem späteren Strafverfahren gegen Havemann erließ das Kreisgericht Fürstenwalde am 25. Mai 1979 einen Strafbefehl in Höhe von 10.000,– Mark wegen Devisenvergehen[285] im Zusammenhang mit Veröffentlichungen und einem Kontoguthaben im westlichen Ausland. Auf Einspruch Havemanns erging am 20. Juni 1979 ein dem Strafbefehl entsprechendes Urteil des Kreisgerichts Fürstenwalde. Die Berufung Havemanns wurde durch Beschluss des Bezirksgerichts Frankfurt/Oder vom 18. Juli 1979 als offensichtlich unbegründet verworfen. Die Anklage wegen Rechtsbeugung nach der Vereinigung stützte sich im Wesentlichen darauf, dass den Verfahren detaillierte Vorgaben des Ministeriums für Staatssicherheit zugrunde gelegen hätten, denen die Richter und Staatsanwälte gefolgt seien. Zum Teil seien die von den Richtern und Staatsanwälten später getroffenen Entscheidungen durch das Ministerium für Staatssicherheit vorformuliert worden. Die Prozesse hätten ausschließlich der Ausschaltung Havemanns als Gegner des politi-

---

282 Die Zusammenfassung derartiger Überschneidungsfälle in einer Anklage erfolgte aus verfahrensökonomischen Gründen.

283 StA Neuruppin – Az. 63 Js 1291/63.

284 Rechtsgrundlage waren §§ 2 und 3 Abs. 1 der Verordnung über Aufenthaltsbeschränkung vom 24. August 1961.

285 Rechtsgrundlage waren § 17 Abs. 1 Ziff. 1 und 2 Devisengesetz v. 19.12.1973, DDR-GBl. I 1973, S. 574 ff. Nach § 17 Abs. 1 Ziff. 1 und 2 Devisengesetz wurde mit Freiheitsstrafe bis zu zwei Jahren, Verurteilung auf Bewährung, Haftstrafe, Geldstrafe oder mit öffentlichem Tadel bestraft, wer vorsätzlich entgegen den devisenrechtlichen Vorschriften ohne Genehmigung oder Anmeldung oder entgegen den Bedingungen einer Genehmigung Devisenwerte im Deviseninland oder Devisenausland besitzt oder verwaltet (Ziff. 1) oder ohne Genehmigung oder entgegen den Bedingungen einer Genehmigung einen Devisenwertumlauf veranlaßt oder durchführt (Ziff. 2).

schen Systems in der DDR gedient und seien nicht an der Verwirklichung von Gerechtigkeit orientiert gewesen.[286] Das Landgericht Frankfurt/Oder sprach hingegen alle Angeklagten frei. Es stehe zur Überzeugung des Gerichts zwar fest, dass die Durchführung des Aufenthaltsbeschränkungs- sowie Devisenstrafverfahrens auf einer umfassenden Abstimmung zwischen zentralen DDR-Justizorganen (Oberstes Gericht, Generalstaatsanwaltschaft, Justizministerium) und dem Ministerium für Staatssicherheit, in die teilweise der Staats- und Parteichef Erich Honecker einbezogen gewesen sei, beruht habe. Es sei jedoch nicht bewiesen, dass die damaligen Richter und Staatsanwälte die Rolle der Verfahren gegen Havemann im Gesamtkomplex seiner vom Ministerium für Staatssicherheit gesteuerten Verfolgung erkannt hätten. Weiter habe sich nicht beweisen lassen, dass sie Weisungen justizfremder Stellen, insbesondere des Ministeriums für Staatssicherheit, befolgt hätten und dass sie mit ihren Entscheidungen nicht der Verwirklichung der Gerechtigkeit im Sinne von Artikel 86 DDR-Verfassung hätten dienen wollen. Soweit einige Entscheidungen den DDR-Gesetzen widersprochen hätten, sei eine Bestrafung wegen der von der Rechtsprechung entwickelten Grundsätze für die Strafbarkeit von Richtern und Staatsanwälten nicht möglich. Zudem fehle insoweit auch der Vorsatz einer falschen Rechtsanwendung.[287] Auf die Revision der Staatsanwaltschaft, die sich lediglich gegen den Freispruch von vier Angeklagten richtete, hob der Bundesgerichtshof das Urteil des Landgerichts Frankfurt/Oder auf und verwies die Sache zurück.[288] Als rechtsfehlerhaft wurde besonders die Verneinung der subjektiven Voraussetzungen der Rechtsbeugung angesehen.[289] Das Landgericht Neuruppin, an das das Verfahren zurückverwiesen wurde, stellte die Verfahren gegen zwei der Angeklagten ein (einer von ihnen war zwischenzeitlich verstorben) und verurteilte die beiden anderen Angeklagten wegen Rechtsbeugung zu einer einjährigen Freiheitsstrafe, deren Vollstreckung zur Bewährung ausgesetzt wurde.[290]

---

286 *StA Neuruppin*, Anklage v. 5.10.1994 – Az. 63 Js 1291/63, S. 3ff.

287 *LG Frankfurt/Oder*, Urteil v. 30.9.1997 – Az. 23 KLs 36/94, UA S. 16f., *M/W*, Bd. 5/2 (2007), S. 573.

288 *BGH*, Urteil v. 10.12.1998 – Az. 5 StR 322/98, *M/W*, Bd. 5/2 (2007), S. 731.

289 *BGH*, Urteil v. 10.12.1998 – Az. 5 StR 322/98, UA S. 31ff., *M/W*, Bd. 5/2 (2007), S. 731. Rechtsgrundlage für die Verurteilung waren §§ 33 Abs. 1 und 2 StEG, 113 RStGB.

290 *LG Neuruppin*, Urteil v. 14.8.2000 – Az. 11 KLs 363 Js 1291/93 (5/99), *M/W*, Bd. 5/2 (2007), S. 741.

Militärstraftaten

Weitere Rechtsbeugungsverfahren hatten Verurteilungen wegen Militärstraftaten zum Gegenstand. Eine Anklage betraf die Verurteilung eines ehemaligen Oberleutnants des Ministeriums für Staatssicherheit im Jahr 1959 wegen Widerstands gegen die Staatsgewalt und versuchter Fahnenflucht.[291] Der Anklage lag folgender Sachverhalt zu Grunde. Der Oberleutnant war in betrunkenem Zustand nahe der Grenze zu Westberlin von der Volkspolizei aufgegriffen und zu einem Kontrollpunkt gebracht worden. Während des dort durchgeführten Verhörs war er plötzlich aufgesprungen und auf den Gang hinausgelaufen, konnte aber schnell wieder zurückgeführt werden. Angeklagt wurde er zunächst allein wegen Widerstands gegen die Staatsgewalt, zuständig war das Stadtbezirksgericht Berlin-Lichtenberg. Die Anklage wurde allerdings um versuchte Fahnenflucht erweitert. Hierdurch gelangte die Sache vor das sachlich zuständige Stadtgericht Berlin. Das Stadtgericht verurteilte den Angeklagten wegen des Vorwurfs des Widerstands gegen die Staatsgewalt, sprach ihn allerdings von dem Vorwurf der Fahnenflucht frei. Nach einem Protest des Militäroberstaatsanwalts, hob das Kammergericht das erstinstanzliche Urteil hinsichtlich des Freispruchs auf und verwies die Sache zurück an das Stadtgericht. Der spätere Angeklagte war zu jener Zeit Direktor des Stadtgerichts. Obwohl er auf Grund dieser Stellung keinem Senat vorsaß, zog er die Sache an sich. Der Oberleutnant, der eine Fluchtabsicht stets bestritten hatte, wurde zu einer Gesamtfreiheitsstrafe von zwei Jahren verurteilt. Das Landgericht Berlin sprach den damaligen Richter vom Vorwurf der Rechtsbeugung frei.[292] Es sei schon nicht feststellbar, dass die Verurteilung objektiv rechtswidrig gewesen sei. Jedenfalls habe der Richter nicht vorsätzlich gehandelt. Denn es sei zu berücksichtigen gewesen, dass das Kammergericht in seiner Rückverweisung unmissverständlich darauf hingewiesen habe, dass das Verhalten des Oberleutnants als versuchte Fahnenflucht gewertet werden könne. Damit sei deutlich gemacht worden, dass eine entsprechende Verurteilung erwartet werde.

Eine weitere Anklage bezog sich auf die Verurteilung einer ehemaligen Physiotherapeutin im medizinischen Dienst des Ministeriums für Staatssicherheit im Rang eines Leutnants, die Vorbereitungen getroffen haben soll, die DDR ohne Genehmigung über Ungarn zu verlassen.[293] Die Physiotherapeutin wurde im Jahr 1982 vom Militärgericht Berlin wegen Vorbereitung der Fahnenflucht im schweren Fall zu einer Freiheitsstrafe von fünf Jahren und sechs Monaten verur-

291 *StA II bei dem LG Berlin*, Anklage v. 25.7.1996 – Az. 28 Js 51/94.
292 *LG Berlin*, Urteil v. 8.4.1998 – Az. (522) 28 Js 51/94 KLs (22/97).
293 *StA II bei dem LG Berlin*, Anklage v. 21.6.1996 – Az. 28/2 Js 88/93.

teilt.[294] Das Landgericht Berlin verurteilte den damaligen Vertreter der Staatsanwaltschaft wegen Beihilfe zur Rechtsbeugung zu einer Freiheitsstrafe von einem Jahr und setzte die Vollstreckung zur Bewährung aus.[295]

b) Systembedingte Nichtverfolgung

Neben der strafrechtlichen Verfolgung hatten die Rechtsbeugungsverfahren die systembedingte Nichtverfolgung von Straftaten zum Gegenstand. In diesen Fällen unterblieb die Strafverfolgung, weil sie Interessen der politischen Führung der DDR zuwiderlief. Die Anklagen richteten sich in erster Linie gegen ehemalige Staatsanwälte der DDR, die für die Durchführung von Ermittlungsverfahren zuständig gewesen waren. Daneben wurden in diesem Zusammenhang der damalige Minister für Staatssicherheit Erich Mielke sowie ein Mitarbeiter der Untersuchungsabteilung des Ministeriums für Staatssicherheit angeklagt.[296] Ehemalige Richter waren von den Anklagen nicht betroffen.

Dieser Sachverhaltsgruppe zuzuordnen sind die Rechtsbeugungsverfahren wegen Nichtverfolgung der Anzeigen wegen Fälschung der Kommunalwahlen in der DDR vom 7. Mai 1989.[297] Ein Verfahren richtete sich gegen den ehemaligen ersten Stellvertreter des Generalstaatsanwalts der DDR Karl-Heinz Borchert, den ehemaligen Generalstaatsanwalt von Berlin Dieter Simon sowie die ehemaligen Leiter der Abteilung I A des Generalstaatsanwalts von Berlin und des Bezirksstaatsanwalts Cottbus.[298] Borchert wurde vorgeworfen, eine strafrechtliche Prüfung des Verdachts der Wahlfälschung dadurch unterbunden zu haben, dass er mit Fernschreiben vom 19. Mai 1989 an alle Bezirksstaatsanwälte der DDR die Weisung erteilt habe, in bestimmter Weise die wegen Wahlfälschung eingehenden Anzeigen zu bearbeiten und keinesfalls ein Ermittlungsverfahren einzuleiten.[299]

---

294 Rechtsgrundlage waren § 254 Abs. 1 und 2 Nr. 1, 3 DDR-StGB. Der Fall könnte auch dem politischen Strafrecht zugeordnet werden. In Fällen des ungesetzlichen Grenzübertritts eines Militärangehörigen lag gemäß § 254 Abs. 2 S. 2 Nr. 1 DDR-StGB in der Regel ein schwerer Fall der Fahnenflucht vor.

295 *LG Berlin*, Urteil v. 11.3.1997 – Az. (522) 28/2 Js 88/93 KLs (40/96).

296 Zu dem Verfahren gegen Mielke – *StA bei dem KG Berlin*, Anklage v. 16.4.1991 – Az. 2 Js 245/90 – vgl. *Hohoff*, Grenzen (2001), S. 63 sowie *M/W*, Bd. 5/1 (2007), S. XXXII.

297 Zur Fälschung der Kommunalwahlen vgl. oben S. 40 ff. Sechs Anklagen hatten die Nichtverfolgung der Anzeigen wegen Wahlfälschung zum Gegenstand.

298 *StA bei dem KG Berlin* – Az. 2 Js 66/91. Das Ermittlungsverfahren war bereits vor dem 3.10.1990 von der Staatsanwaltschaft der DDR eingeleitet und wurde von der StA bei dem KG Berlin übernommen.

299 Die Weisung soll von dem damaligen Minister für Staatssicherheit Erich Mielke veranlasst worden sein, den die StA bei dem KG Berlin insoweit wegen Anstiftung zur Rechtsbeugung angeklagt hat, vgl. *StA bei dem KG Berlin*, Anklage v. 16.4.1991 – Az. 2 Js 245/90 sowie oben

Die wegen Beihilfe zur Rechtsbeugung mitangeklagten ehemaligen Staatsanwälte seien daran beteiligt gewesen, die Weisung innerhalb der Staatsanwaltschaft der DDR umzusetzen. Nachdem das Landgericht Berlin die Angeklagten vom Vorwurf der Rechtsbeugung freigesprochen hatte,[300] hob der Bundesgerichtshof dieses Urteil auf und verwies die Sache zurück.[301] Die Nichtverfolgung der Anzeigen wegen Wahlfälschung stelle einen Willkürakt dar, so dass eine nachträgliche Bestrafung in Betracht komme.[302] Zur Entscheidung einer anderen Strafkammer ist es nicht mehr gekommen. Gegen drei Angeklagte wurde das Verfahren wegen Verhandlungsunfähigkeit eingestellt; gegen eine weitere Angeklagte war in der Zwischenzeit durch das Landgericht Cottbus eine Bewährungsstrafe verhängt worden,[303] so dass das Landgericht Berlin das Verfahren gemäß § 154 Absatz 2 StPO[304] einstellte.[305]

Die Einstellung eines Ermittlungsverfahrens trotz hinreichenden Tatverdachts war nach der Vereinigung Gegenstand eines Strafverfahrens gegen zwei ehemalige Militärstaatsanwälte.[306] Sie hatten unter Verfälschung des tatsächlichen Sachverhalts ein Ermittlungsverfahren gegen einen Angehörigen der Kreisdienststelle Güstrow des Ministeriums für Staatssicherheit zu Unrecht eingestellt. Ein wachhabender Unterleutnant im Dienstgebäude der Kreisdienststelle Güstrow des Ministeriums für Staatssicherheit hatte am 21. Dezember 1984 vor dem Dienstgebäude mit seiner Dienstpistole zwei unbewaffnete junge Männer erschossen und einen dritten schwer verletzt. Das Militärgericht in Berlin erließ am 23. Dezember 1984 gegen den Unterleutnant Haftbefehl wegen des Vorwurfs der fahrlässigen Tötung in einem schweren Fall,[307] der schweren Körperverletzung[308] in mehreren Fällen und der Verletzung von Vorschriften über den Wachdienst.[309] In dem Abschlussbericht, den ein Mitarbeiter des Ministeriums für Staatssicherheit am 7. Januar 1985 anfertigte, hieß es, dass der Unterleut-

---

S. 41. Das Verfahren wurde wegen dauernder Verhandlungsunfähigkeit Mielkes eingestellt, vgl. *LG Berlin*, Beschluss v. 12.5.1995 – Az. (505) 2 Js 245/90 (10/93).

300 *LG Berlin*, Urteil v. 19.4.1996 – Az. (515) 2 Js 66/91 KLs (22/93), *M/W*, Bd. 5/2 (2007), S. 989.

301 *BGH*, Urteil v. 21.8.1997 – Az. 5 StR 652/96, BGHSt 43, 183, *M/W*, Bd. 5/2 (2007), S. 1007.

302 *BGH*, Urteil v. 21.8.1997 – Az. 5 StR 652/96, BGHSt 43, 191f., *M/W*, Bd. 5/2 (2007), S. 1011.

303 *LG Cottbus*, Urteil v. 28.9.2000 – Az. 23 KLs 35/00.

304 Hiernach kann das Gericht auf Antrag der Staatsanwaltschaft das Verfahren vorläufig einstellen, wenn die Strafe neben einer anderen Strafe, die gegen den Beschuldigten wegen einer anderen Tat rechtskräftig verhängt worden ist, nicht beträchtlich ins Gewicht fällt.

305 *LG Berlin*, Beschluss v. 6.11.2001 – Az 512 – 20/97.

306 *StA bei dem KG Berlin* – Az. 2 Js 225/90.

307 § 114 Abs. 2 DDR-StGB.

308 § 116 Abs. 1 DDR-StGB.

309 § 261 DDR-StGB.

nant aus Diensteifer und unter erheblichem Alkoholeinfluss mit Risikobereitschaft und geminderter Kritik- und Urteilsfähigkeit gehandelt habe; er habe gröblichst gegen bestehende Befehle und Weisungen verstoßen. Die Alkoholisierung war durch ein rechtsmedizinisches Gutachten belegt. In der Folgezeit wurde dieses Ermittlungsergebnis unter anderem von den angeklagten Militärstaatsanwälten dahingehend verfälscht, dass die späteren Opfer unter Alkoholeinfluss eine Bedrohungssituation für den Unterleutnant geschaffen hätten. Dieser sei nüchtern gewesen und habe in Notwehr gehandelt. Das Ermittlungsverfahren gegen den Unterleutnant des Ministeriums für Staatssicherheit wurde mangels Tatverdachts eingestellt. Das Landgericht Berlin[310] sowie der Bundesgerichtshof werteten die gesetzwidrige Einstellung des Ermittlungsverfahrens durch die Angeklagten als Rechtsbeugung.[311]

2. Arbeitsrecht

Entscheidungen im Arbeitsrecht waren nur in geringem Umfang Gegenstand von Strafverfahren wegen Rechtsbeugung.[312] In erster Linie gründeten sich die Rechtsbeugungsvorwürfe auf die Behandlung von Kündigungsschutzklagen.[313] Als Beispiel sei die Abweisung einer Klage eines Fachbereichsleiters für Informationstechnik beim Bundesvorstand des Freien Deutschen Gewerkschaftsbunds genannt, der sich geweigert hatte, in die Betriebskampfgruppen einzutreten, und daraufhin aus der SED ausgeschlossen wurde. In der Folgezeit wurde ihm gekündigt. Er erhob Kündigungsschutzklage, die das Stadtbezirksgericht Berlin-Mitte als offensichtlich unbegründet abwies.[314] Das Landgericht Berlin[315] sowie der Bundesgerichtshof[316] sprachen die an der damaligen Entscheidung

310 *LG Berlin*, Urteil v. 27.11.1992 – Az. 524 KLs 63/92.

311 *BGH*, Urteil v. 9.5.1994 – Az. 5 StR 354/93, BGHSt 40, 169, 183f. Aus prozessualen Gründen hat der Bundesgerichtshof das Urteil jedoch aufgehoben und zurückverwiesen. Das Landgericht Berlin verurteilte daraufhin die ehemaligen Militärstaatsanwälte zu Freiheitsstrafen von neun Monaten bzw. einem Jahr und sechs Monaten mit Bewährung, vgl. *LG Berlin*, Urteil v. 30.10.1996 – Az. 525 KLs 24/94.

312 Insgesamt betrafen lediglich zwölf der vorliegend ausgewerteten Anklagen (3,2 %) arbeitsrechtliche Entscheidungen.

313 Lediglich ein Verfahren der StA Dessau hat die Abweisung einer Schadensersatzklage zum Inhalt, vgl. *StA Dessau* – Az. 122 Js 14224/92.

314 Dieser Fall war Gegenstand eines Strafverfahrens der StA II bei dem LG Berlin, vgl. *StA II bei dem LG Berlin* – Az. 76 Js 1589/91.

315 *LG Berlin*, Urteil v. 17.8.1992 – Az. 515 KLs 26/92, *M/W*, Bd. 5/1 (2007), S. 5.

316 *BGH*, Urteil v. 13.12.1993 – Az. 5 StR 76/93, BGHSt 40, 30, 43f., *M/W*, Bd. 5/1 (2007), S. 21. Dieses Urteil beinhaltet die erste Entscheidung des BGH zur Strafbarkeit von Richtern und Staatsanwälten der DDR wegen Rechtsbeugung.

beteiligten Richter vom Vorwurf der Rechtsbeugung frei. Der Bundesgerichtshof war der Ansicht, dass die Auffassung, dass jemand, den die SED ausgeschlossen habe, keine Leitungsfunktion mehr wahrnehmen könne, jedenfalls nicht willkürlich gewesen sei. Auch in den übrigen Verfahren erfolgte keine Verurteilung wegen Rechtsbeugung.

3. Familienrecht

Nur ein Strafverfahren wegen Rechtsbeugung betraf eine familienrechtliche Entscheidung.[317] Durch Urteil des Kreisgerichts Staßfurt wurde im Jahre 1973 den in die Bundesrepublik abgeschobenen Eltern der Svetlana S., die in der DDR zurückgeblieben war, das elterliche Erziehungsrecht entzogen. Das Urteil ersetzte zugleich die elterliche Einwilligung in die Adoption. Nach Ansicht der Staatsanwaltschaft beruhte das Urteil auf einer Festlegung des Ministerrates der DDR, Ministerium für Volksbildung, und sei unter Verstoß gegen mehrere Verfahrensvorschriften zustande gekommen.[318] Nachdem das Bezirksgericht Magdeburg die Eröffnung des Hauptverfahrens abgelehnt hatte,[319] bestätigte das Oberlandesgericht Naumburg diese Entscheidung, weil die Tat verjährt sei.[320] Grundsätzlich habe die Verjährung für SED-Unrecht in der Zeit des Bestehens der DDR zwar geruht; es könne aber nicht festgestellt werden, dass die dem damaligen Richter vorgeworfene Tat mit Bestimmtheit in der DDR nicht geahndet worden sei.

4. Feststellungen zum Justizsystem der DDR

In vielen bundesdeutschen Judikaten finden sich zeitgeschichtlich bedeutsame Feststellungen zum Justizsystem der DDR. Der Bundesgerichtshof gelangte dabei im Wesentlichen zu folgendem Befund.[321] In der DDR gab es keine Gewalten-

---

317 *StA Magdeburg*, Anklage v. 30.9.1991 – Az. 4 Js 5011/91, *M/W*, Bd. 5/1 (2007), S. 33.

318 *StA Magdeburg*, Anklage v. 30.9.1991 – Az. 4 Js 5011/91, S. 2, *M/W*, Bd. 5/1 (2007), S. 33.

319 *BezG Magdeburg*, Beschluss v. 16.4.1992 – Az. 5 KLs 17/91, *M/W*, Bd. 5/1 (2007), S. 39.

320 *OLG Naumburg*, Beschluss v. 11.5.1993 – Az. Ws 85/92, BA S. 10 ff., *M/W*, Bd. 5/1 (2007), S. 47.

321 Gegenstand der nachfolgenden Erörterungen kann nicht eine detaillierte Beschreibung der Stellung der Justiz im Staats- und Gesellschaftssystem der DDR sein, wie sie in den verschiedenen Entscheidungen Ausdruck gefunden hat. Es erfolgt vielmehr eine Beschränkung auf allgemeine Strukturprinzipien, die der Bundesgerichtshof seinen Entscheidungen zugrunde gelegt hat. Besondere Erwähnung verdient unter formellen Gesichtspunkten in diesem Zusammenhang auch das Urteil des LG Frankfurt/Oder im sog. Havemann-Verfahren. Anklagegegenstand war die Steuerung der Justiz durch das MfS, vgl. S. 67 f. Das LG Frankfurt/Oder

teilung. Die Rechtsprechung hatte neben anderen staatlichen Organen die Funktion, die „staatliche Macht der Arbeiterklasse auszuüben". Sie war dabei „fest in das einheitliche System der Machtausübung eingegliedert". Nach § 3 des Gerichtsverfassungsgesetzes der DDR gehörte es zwar zu den Aufgaben der Justiz, „die gesetzlich garantierten Rechte und Interessen der Bürger zu schützen, zu wahren und durchzusetzen". Die Rechte und Interessen des Einzelnen wurden in der DDR jedoch nicht als Gegensatz zu staatlichen Belangen gesehen, vielmehr herrschte die Auffassung, dass alles, was der Entwicklung und Festigung der sozialistischen Gesellschaft diene, zugleich dem Interesse des einzelnen entspreche. Die in Artikel 19 DDR-Verfassung garantierte „sozialistische Gesetzlichkeit" gewährleistete daher keinen umfassenden Schutz vor Rechtsbeeinträchtigungen durch den Staat. Durch den Zusatz „sozialistisch" fand eine Orientierung der Gesetzesanwendung an dem Staatsziel des Artikels 1 Absatz 1 DDR-Verfassung, der Verwirklichung eines sozialistischen Staates, statt. Die DDR wurde in Artikel 1 Absatz 1 der Verfassung als die „politische Organisation der Werktätigen in Stadt und Land, die unter Führung der Arbeiterklasse und ihrer marxistisch-leninistischen Partei den Sozialismus verwirklicht", bezeichnet. Die Führung durch die SED hatte damit Verfassungsrang und stand nach dem Text der Verfassung gleichgeordnet neben anderen staatlichen Funktionen, also auch der Justiz. Tatsächlich war die SED der Rechtsprechung insofern übergeordnet, als sie die Inhalte des Sozialismus und damit die sozialistische Komponente der Gesetzlichkeit definierte. Folglich entsprach es dem Staats- und Verfassungssystem der DDR, dass die Entscheidungen der Justiz mannigfachen Einflüssen unterlagen, die allesamt letztlich auf die SED zurückzuführen waren. Die Orientierung der Justiz an der inhaltlichen Bestimmung sozialistischer Grundsätze durch die SED wurde durch das Prinzip des demokratischen Zentralismus[322] verstärkt. Der Einheitlichkeit der Rechtsprechung kam daher in der DDR ein weit größerer Stellenwert zu als in der Bundesrepublik.

Vielfältige Formen der Einflussnahme auf die Tätigkeit der Richter, die zwar formell bei ihrer Rechtsprechung unabhängig und nur an die Verfassung, die Gesetze und andere Rechtsvorschriften gebunden waren,[323] dienten der Durchsetzung sozialistischer Prinzipien und einer weitest möglichen Uniformität der Rechtsprechung. Das Oberste Gericht der DDR beispielsweise nahm zum einen

---

hörte Sachverständige zur Stellung der Justiz in der Staats- und Gesellschaftsordnung der DDR an, vgl. *LG Frankfurt/Oder*, Urteil v. 30.9.1997 – Az. 23 KLs 36/94, UA S. 17–65, *M/W*, Bd. 5/2 (2007), S. 573. Zu der Beauftragung der Sachverständigen vgl. *Marxen/Werle*, Enquete Kommission (1999), S. 1064, 1260 ff.

322 Art. 47 Abs. 2 DDR-Verfassung.

323 Art. 96 Abs. 1 DDR-Verfassung.

durch rechtlich verbindliche Richtlinien und Beschlüsse Einfluss auf die Richter. Zum anderen trugen die Plenartagungen des Obersten Gerichts sowie sogenannte Standpunkte, die vom Obersten Gericht teilweise im Zusammenwirken mit der Generalstaatsanwaltschaft und den Ministerien formuliert wurden, zur Beeinflussung der Richter bei. Dabei wurden auch die Standpunkte als für die Rechtsanwender verbindlich angesehen, obwohl diese Bindungswirkung rechtlich nicht normiert war. Als justizfremde Stelle nahm zum Beispiel die zuständige Abteilung beim Zentralkomitee der SED besonders in den ersten beiden Jahrzehnten des Bestehens der DDR auf Verlautbarungen des Obersten Gerichts sowie auf die Entscheidung einzelner Strafsachen Einfluss. Neben dieser fehlenden sachlichen Unabhängigkeit war die persönliche Unabhängigkeit der Richter der DDR ebenfalls eingeschränkt.

Die Staatsanwaltschaft war streng hierarchisch und zentralistisch organisiert. Dem Prinzip des demokratischen Zentralismus kam in diesem Zusammenhang besondere Bedeutung zu. Dementsprechend war für die Tätigkeit der Staatsanwälte die Einflussnahme übergeordneter Instanzen sowie die Abstimmung von Entscheidungen mit anderen staatlichen Organen und der SED besonders ausgeprägt. Die Untersuchungsorgane des Ministeriums für Staatssicherheit waren formell befugt, in Strafverfahren zu ermitteln.[324] Obwohl sie dabei nach dem Gesetzeswortlaut der Aufsicht des Staatsanwaltes unterlagen, hatte das Ministerium für Staatssicherheit bei der Ausübung der Staatsgewalt eine privilegierte Position inne, so dass in Wirklichkeit bei einer Abstimmung der Auffassungen der Staatsanwaltschaft und des Ministeriums für Staatsicherheit „zumindest nicht von einer Unterordnung des MfS“ ausgegangen werden kann.[325]

III. Rechtsfragen

Die folgende Darstellung der vielfältigen rechtlichen Probleme stützt sich im Wesentlichen auf die Rechtsprechung des Bundesgerichtshofs. Der Bundesgerichtshof hat in mehreren Grundsatzentscheidungen eine einheitliche Rechtsprechungslinie entwickelt, an der sich Staatsanwaltschaften und Gerichte orientierten.

---

324 § 88 Abs. 2 Nr. 2 DDR-StPO. Hierzu *M. Vormbaum*, Strafrecht der DDR (2015), S. 606 ff.

325 Dazu insgesamt *BGH*, Urteil v. 13.12.1993 – Az. 5 StR 76/93, BGHSt 40, 30, 34 ff., *M/W*, Bd. 5/1 (2007), S. 21 sowie *BGH*, Urteil v. 9.5.1994 – Az. 5 StR 354/93, BGHSt 40, 169, 174 ff. Die späteren Entscheidungen des BGH legten diese Ausführungen zum Justizsystem der DDR zugrunde.

1. Strafanwendungsrecht

Im Hinblick auf das Strafanwendungsrecht ist zu beachten, dass es sich bei der Rechtsbeugung um ein gegen Gemeinschaftsgüter, nämlich die Rechtspflege, gerichtetes Delikt mit nationaler Tatbestandsbegrenzung handelt. Mit Blick auf die daraus resultierenden Fragen und Lösungsansätze kann auf die entsprechenden Ausführungen zur Wahlfälschung verwiesen werden.[326]

Zur Feststellung des milderen Strafgesetzes im Sinne von § 2 Absatz 3 StGB hat die Rechtsprechung in den Rechtsbeugungsentscheidungen zunächst einen abstrakten Vergleich der Tatbestände vorgenommen und § 244 DDR-StGB wegen des niedrigeren Strafrahmens und der engeren Tatbestandsvoraussetzungen im Bereich des Vorsatzes als milderes Gesetz angesehen.[327] In späteren Entscheidungen wurde hingegen auf den jeweiligen Einzelfall abgestellt. Danach galt derjenige Tatbestand als milder, nach dem unter Berücksichtigung einer Strafaussetzung zur Bewährung im Einzelfall eine geringere Strafe zu erwarten war.[328]

2. Unrechtskontinuität

Die Rechtsprechung ging in ihren Entscheidungen davon aus, dass die durch die Rechtsbeugungstatbestände der DDR und der Bundesrepublik geschützten Rechtsgüter im Unrechtskern übereinstimmten. Sie stützte sich dabei auf zwei Begründungen.

Zum einen stellte die Rechtsprechung auf den von beiden Tatbeständen bezweckten Schutz des überindividuellen Rechtsguts der Rechtspflege ab. Der bundesdeutsche Straftatbestand diene dem Schutz einer unabhängigen und unparteiischen Rechtspflege. Die kongruente Schutzrichtung der parallelen DDR-Strafrechtsnorm begründete der Bundesgerichtshof wie folgt. Die Rechtspflege in der DDR sei zwar de facto nicht unabhängig gewesen.[329] Maßgeblich für den – abstrakten – Vergleich der geschützten Rechtsgüter sei aber, dass die Rechtspflege in der DDR dazu gedient habe, ein geordnetes Zusammenleben der Menschen zu regeln. Grundsätzlich sei es auch in der DDR Ziel der Rechtsprechung gewesen, streitentscheidend, befriedend und ahndend zu wirken. Die Rechtsprechung sei von dem Bemühen getragen gewesen, neutral und gerecht

---

326 Vgl. S. 47. Vgl. zu dieser Problematik speziell für die Rechtsbeugung von Richtern und Staatsanwälten der DDR *Th. Vormbaum* NJ 1993, 212, 213 f. sowie *Hohmann* DtZ 1996, 230, 233 f.

327 *BGH*, Urteil v. 9.5.1994 – Az. 5 StR 354/93, BGHSt 40, 169, 174.

328 *BGH*, Urteil v. 15.9.1995 – Az. 5 StR 713/94, BGHSt 41, 247, 277, *M/W*, Bd. 5/1 (2007), S. 321.

329 Zur Beschreibung des Justizsystems der DDR durch den BGH vgl. S. 73 ff.

zu entscheiden.[330] Menschenrechtsverletzungen durch gerichtliche Entscheidungen seien als Missbrauch richterlicher Entscheidungsmacht im Einzelfall zu werten.[331] Vor dem Hintergrund dieser in wesentlichen Teilen – ungeachtet vieler Pressionen – einigermaßen neutralen Rechtsprechung sei eine Vergleichbarkeit der durch die Rechtsbeugungstatbestände geschützten Rechtsgüter zu bejahen.[332]

Zum anderen knüpfte die Rechtsprechung zur Begründung der Unrechtskontinuität an die individuellen Interessen der Bürger an. Der bundesdeutsche und der DDR-Tatbestand der Rechtsbeugung entfalteten eine Reflexwirkung zum Schutz des rechtsunterworfenen Bürgers dergestalt, dass dieser vor einer Rechtsanwendung geschützt werden solle, die der nationalen Rechtsordnung widerspreche.[333] Beide Tatbestände beschrieben in diesem Teilbereich art- und wertgleiches Unrecht.

Kritik in der Literatur wurde hinsichtlich beider Argumentationslinien geäußert. Zunächst wurde die Vergleichbarkeit der durch § 244 DDR-StGB und § 339 StGB jeweils geschützten innerstaatlichen Rechtspflege in Frage gestellt. Die Einbindung der Justiz der DDR in ein auf die SED ausgerichtetes politisches System und die fehlende Unabhängigkeit der Richter wurden gegenüber dem historischen Befund des Bundesgerichtshofs stärker betont.[334] Weiter wurde der Begründung der Unrechtskontinuität über eine Reflexwirkung des jeweiligen Rechtsbeugungstatbestandes zum Schutz des normunterworfenen Bürgers entgegengetreten. Geschütztes Rechtsgut des Rechtsbeugungstatbestandes der DDR sei ausschließlich das kollektive Rechtsgut der Rechtspflege gewesen, so dass die Verletzung von Individualinteressen für die Frage der Unrechtskontinuität irrelevant sei.[335] In tatsächlicher Hinsicht sei zudem die Stellung des einzelnen Bürgers im Gesellschaftssystem der Bundesrepublik völlig verschieden von der des Bürgers in der DDR: Hier dominiere die Betonung der Individualität des Einzelnen, dort die seiner Einbindung in die Gesellschaft.[336]

Dogmatisch unabhängig von der Unrechtskontinuität, aber inhaltlich damit zusammenhängend, stellte sich die Frage, ob die Gerichte der DDR im Einzelfall

---

330 *BGH*, Urteil v. 13.12.1993 – Az. 5 StR 76/93, BGHSt 40, 30, 39, *M/W*, Bd. 5/1 (2007), S. 21.

331 *BGH*, Urteil v. 13.12.1993 – Az. 5 StR 76/93, BGHSt 40, 30, 39, *M/W*, Bd. 5/1 (2007), S. 21.

332 *BGH*, Urteil v. 13.12.1993 – Az. 5 StR 76/93, BGHSt 40, 30, 39, *M/W*, Bd. 5/1 (2007), S. 21.

333 *BGH*, Urteil v. 6.10.1994 – Az. 4 StR 23/94, BGHSt 40, 272, 275, *M/W*, Bd. 5/1 (2007), S. 165. So auch *Roggemann* JZ 1994, 769, 773; *Bemmann* JZ 1995, 123, 124.

334 *Roggemann* JZ 1994, 769, 773; zweifelnd bezüglich der Prämisse des BGH auch *Willnow* JR 1997, 265 Fn. 110.

335 *Th. Vormbaum* NJ 1993, 212, 214.

336 *Hohmann* DtZ 1996, 230, 233.

die für eine Anwendung des Rechtsbeugungstatbestandes maßgeblichen Mindestanforderungen an Gerichte erfüllten.[337] Grundsätzlich ist für die Anwendung des bundesdeutschen Rechtsbeugungstatbestandes nicht erforderlich, dass die Richter tatsächlich unabhängig und weisungsfrei sind, so dass auch Richter unter totalitären Regimen taugliche Täter einer Rechtsbeugung sein können.[338] Die Entscheidung eines Richters unterfällt jedoch dann nicht mehr dem Rechtsbeugungstatbestand, wenn „ein Tribunal nicht mehr als ‚Gericht', seine Prozedur nicht mehr als ‚Rechtsverfahren', seine Entscheidung nicht mehr als ‚Richterspruch' qualifiziert werden" kann.[339] In diesem Fall wird in Abgrenzung von nur fehlerhaften und nichtigen Urteilen von sogenannten Nichturteilen gesprochen, denen jede Rechtsqualität fehlt.[340] Als Beispiele dafür sind die „Rechtsprechungsakte" des Volksgerichtshofs nach Übernahme der Präsidentschaft durch Roland Freisler im August 1942[341] sowie die Standgerichtsurteile der letzten Kriegstage des Zweiten Weltkriegs zu nennen.[342] Im Hinblick auf die Justiztätigkeit der DDR-Gerichte wird die Gerichtsqualität bezüglich der Waldheimer Prozesse diskutiert.[343] Das Landgericht Leipzig gelangte zu der Einschätzung, dass die Strafkammern in Waldheim den Mindestanforderungen an Gerichte entsprochen hätten, auch wenn die dort getroffenen Entscheidungen als Willkürakte zu qualifizieren seien.[344] Demgegenüber wird in der Literatur die Auffassung vertreten, dass es sich um Nichturteile handele und der Rechtsbeugungstatbestand mithin keine Anwendung finde.[345] Konsequenz dieser Ansicht ist jedoch nicht notwendig Straflosigkeit. Vielmehr kommt eine Strafbarkeit unabhängig von der Rechtsbeugung nach anderen Tatbeständen wie Freiheitsberaubung oder Totschlag in Betracht. Für das sogenannte Richterprivileg, die

---

337 Die Unrechtskontinuität hat lediglich einen abstrakten Vergleich der Rechtsgüter zum Gegenstand, den der BGH – wie dargestellt – auf der Grundlage einer generalisierenden Betrachtung des Justizsystems vornimmt.

338 LK/*Hilgendorf*, 12. Aufl. (2009), § 339, Rn. 16; *Lackner/Kühl*, StGB, 29. Aufl. (2018), § 339 Rn. 2.

339 LK/*Hilgendorf*, 12. Aufl. (2009), § 339, Rn. 147.

340 LK/*Hilgendorf*, 12. Aufl. (2009), § 339, Rn. 148.

341 So die Anklage der *StA bei dem LG Berlin* gegen Paul Reimers v. 6.9.1984 – Az. 3 P (K) Js 6/97, S. 209; ebenso *Rüping* GA 1984, 297, 304 f.

342 LK/*Hilgendorf*, 12. Aufl. (2009), § 339, Rn. 147.

343 Zu den Waldheimer Prozessen vgl. S. 54 f. Die Gerichtsqualität der DDR-Gerichte konnte im Einzelfall auch dann zweifelhaft sein, wenn ein Gericht, sei es aufgrund justizfremder Einflüsse oder „autonomer" Entscheidung, bereits vor der Hauptverhandlung auf die Verurteilung und die genaue Strafe festgelegt war.

344 *LG Leipzig*, Urteil v. 1.9.1993 – Az. 1 Ks 04 Js 1807/91, NJ 1994, 111, 114; bestätigt durch Beschluss des *BGH* v. 10.8.1994 – Az. 3 StR 252/94, mitgeteilt in NJ 1994, 456.

345 *Wassermann* NJW 1992, 878, 879.

Sperrwirkung der Rechtsbeugung für andere Straftatbestände, ist dann kein Raum.[346]

3. Tatbestandseinschränkung – Grundsätze für die Strafbarkeit von Richtern und Staatsanwälten

Der Bundesgerichtshof beschränkte die Bestrafung von Richtern und Staatsanwälten wegen Rechtsbeugung

> „von Einzelexzessen abgesehen, auf Fälle, in denen die Rechtswidrigkeit der Entscheidung so offensichtlich war und in denen Rechte anderer, hauptsächlich ihre Menschenrechte, derart schwerwiegend verletzt worden sind, dass sich die Entscheidung als Willkürakt darstellt".[347]

Hinsichtlich der rechtlichen Bewertung unterschied der Bundesgerichtshof Fälle, in denen Strafverfolgung stattgefunden hatte, von Fällen, in denen von der Verfolgung von Straftätern zur Erreichung politisch erwünschter Ziele abgesehen wurde.[348]

Für Strafverfolgungsmaßnahmen hat der Bundesgerichtshof drei Fallgruppen aufgezeigt, in denen eine Strafbarkeit von Richtern und Staatsanwälten der DDR entsprechend den genannten Grundsätzen in Betracht komme:

> „Fälle, in denen Straftatbestände unter Überschreitung des Gesetzeswortlauts oder unter Ausnutzung ihrer Unbestimmtheit bei der Anwendung derart überdehnt worden sind, dass eine Bestrafung, zumal mit Freiheitsstrafe als offensichtliches Unrecht anzusehen ist; ferner Fälle, in denen die verhängte Strafe in einem unerträglichen Mißverhältnis zu der abgeurteilten Handlung gestanden hat, so dass die Strafe, auch im Widerspruch zu den Vorschriften des DDR-Strafrechts, als grob ungerecht und schwerer Verstoß gegen die Menschenrechte erscheinen muss; des weiteren schwere Menschenrechtsverletzungen durch die Art und Weise der Durchführung von Verfahren, namentlich Strafverfahren, in denen die Strafverfolgung und die Bestrafung überhaupt nicht der Verwirklichung von Gerechtigkeit, sondern der Ausschaltung des politischen Gegners oder einer bestimmten sozialen Gruppe gedient haben."[349]

---

346 Für eine eingehende Prüfung der damit zusammenhängenden Fragen *Hohoff*, Grenzen (2001).

347 *BGH*, Urteil v. 13.12.1993 – Az. 5 StR 76/93, BGHSt 40, 30, 41, *M/W*, Bd. 5/1 (2007), S. 21; *BGH*, Urteil v. 15.9.1995 – Az. 5 StR 713/94, BGHSt 41, 247, 253, *M/W*, Bd. 5/1 (2007), S. 321.

348 Diese Differenzierung hat der BGH in einer Entscheidung zur Nichtverfolgung der Anzeigen wegen Fälschung der Kommunalwahlen vom 7.5.1989 explizit herausgestellt, vgl. *BGH*, Urteil v. 21.8.1997 – Az. 5 StR 652/96, NJW 1998, 248, 249 f., *M/W*, Bd. 5/2 (2007), S. 1007.

349 *BGH*, Urteil v. 13.12.1993 – Az. 5 StR 76/93, BGHSt 40, 30, 42 f., *M/W*, Bd. 5/1 (2007), S. 21; *BGH*, Urteil v. 15.9.1995 – Az. 5 StR 713/94, BGHSt 41, 247, 254, *M/W*, Bd. 5/1 (2007), S. 321. Die-

Für Fälle der systembedingten Nichtverfolgung, die naturgemäß nicht zu einer unmittelbaren Menschenrechtsverletzung führen könnten, sei maßgeblich, ob die Rechtswidrigkeit der Entscheidung derart offensichtlich sei, dass sie sich ohne weiteres als Willkürakt darstelle.[350] Dies könne angenommen werden, wenn dieser Akt seinem Gewicht nach einer Menschenrechtsverletzung entspreche. Jenseits davon komme es zur Hauptsache auf das Maß der in der Tat liegenden Pflichtwidrigkeit an.[351]

Als Begründung für die Einschränkung der Strafbarkeit auf Willkürakte verwies der Bundesgerichtshof zum einen auf die seiner Ansicht nach „im Begriff der Rechtsbeugung angelegte Einschränkung".[352] Mit dem Straftatbestand der Rechtsbeugung solle nur der elementare Verstoß gegen die Rechtspflege unter Strafe gestellt sein.[353] Bereits für den bundesdeutschen Rechtbeugungstatbestand sei anerkannt, dass nur der Amtsträger Rechtsbeugung begehe, der sich bewusst in schwerwiegender Weise von Gesetz und Recht entferne.[354] Zum anderen folge die Tatbestandseinschränkung für Richter und Staatsanwälte daraus, dass es um Handlungen gehe, die in einem anderen Rechtssystem begangen worden seien.[355] Eine weitergehende Bestrafung verstoße gegen Grundprinzipien des Schuldstrafrechts sowie Grundsätze des Vertrauensschutzes, die sich aus dem Rechtsstaatsprinzip, speziell aus Artikel 103 Absatz 2 GG, ergäben.[356]

In der Literatur wurde die vom Bundesgerichtshof entwickelte Beschränkung der Strafbarkeit teilweise abgelehnt. Dabei setzt die Kritik zum Teil bereits am dogmatischen Ausgangspunkt des Bundesgerichtshofs an, bei der Tatbestandseinschränkung des bundesdeutschen Rechtsbeugungstatbestandes auf

---

se Fallgruppen sind laut BGH nicht abschließend zu verstehen, vgl. *BGH*, Urteil v. 21.8.1997 – Az. 5 StR 652/96, NJW 1998, 248, 250, *M/W*, Bd. 5/2 (2007), S. 1007.

350 *BGH*, Urteil v. 21.8.1997 – Az. 5 StR 652/96, NJW 1998, 248, 250, *M/W*, Bd. 5/2 (2007), S. 1007 unter Berufung auf *BGH*, Urteil v. 9.5.1994 – Az. 5 StR 354/93, BGHSt 40, 169, 181.

351 *BGH*, Urteil v. 21.8.1997 – Az. 5 StR 652/96, NJW 1998, 248, 250, *M/W*, Bd. 5/2 (2007), S. 1007.

352 *BGH*, Urteil v. 15.9.1995 – Az. 5 StR 713/94, BGHSt 41, 247, 253, *M/W*, Bd. 5/1 (2007), S. 321, 324.

353 *BGH*, Urteil v. 15.9.1995 – Az. 5 StR 713/94, BGHSt 41, 247, 251, *M/W*, Bd. 5/1 (2007), S. 321.

354 *BGH*, Urteil v. 15.9.1995 – Az. 5 StR 713/94, BGHSt 41, 247, 251, *M/W*, Bd. 5/1 (2007), S. 321; *BGH*, Urteil v. 13.12.1993 – Az. 5 StR 76/93, BGHSt 40, 30, 40; *BGH*, Urteil v. 6.10.1994 – Az. 4 StR 23/94, BGHSt 40, 272, 283. Diese Grundsätze hat der BGH bereits für § 339 StGB unabhängig von der Frage der Strafbarkeit von Richtern und Staatsanwälten der DDR entwickelt, vgl. *BGH*, Urteil v. 23.5.1984 – Az. 3 StR 102/84, BGHSt 32, 357, 363f.; *BGH*, Urteil v. 29.7.1986 – Az. 1 StR 330/86, BGHSt 34, 146, 149; *BGH*, Urteil v. 29.10.1992 – Az. 4 StR 353/92, BGHSt 38, 381, 383.

355 *BGH*, Urteil v. 15.9.1995 – Az. 5 StR 713/94, BGHSt 41, 247, 253, *M/W*, Bd. 5/1 (2007), S. 321.

356 *BGH*, Urteil v. 15.9.1995 – Az. 5 StR 713/94, BGHSt 41, 247, 253, *M/W*, Bd. 5/1 (2007), S. 321.

bewusste und schwerwiegende Rechtsverstöße.[357] Eine derartige Restriktion des Tatbestandes sei mit dem Wortlaut des bundesdeutschen Rechtsbeugungstatbestandes nicht in Einklang zu bringen.[358] Darüber hinaus wird die weitergehende Einschränkung der Strafbarkeit für Richter und Staatsanwälte der DDR auf Willkürakte im Sinne offensichtlicher, schwerer Menschenrechtsverletzungen kritisiert.[359] Weder der Rechtsbeugungstatbestand der Bundesrepublik noch der der DDR setzten einen Nachteil von besonderer Schwere für den von der Entscheidung Betroffenen voraus.[360] Erforderlich sei entsprechend der Regelung im Einigungsvertrag vielmehr – neben der Erfüllung der anderen Tatbestandsmerkmale – lediglich eine gesetzwidrige Entscheidung im Sinne von § 244 DDR-StGB und eine Beugung des Rechts im Sinne von § 339 StGB.

4. Anwendung des DDR-Rechts

a) Gesetzwidrigkeit im Sinne von § 244 DDR-StGB

Das zentrale Problem der Verfahren wegen in der DDR begangener Rechtsbeugungen bestand darin, wie der Begriff der gesetzwidrigen Entscheidung zu verstehen war.[361] Er beinhaltete die Frage nach dem Rechtsbegriff der DDR.

Der Bundesgerichtshof ging von einem positivistischen Grundansatz aus. Das geschriebene Recht der DDR wurde bei der Prüfung der Gesetzwidrigkeit im Sinne von § 244 DDR-StGB grundsätzlich als wirksam angesehen.[362] An einer gesetzwidrigen Entscheidung fehle es daher, wenn die Handlung des Richters oder Staatsanwalts vom Gesetzeswortlaut gedeckt sei. Bei der Auslegung von Gesetzen komme es auf die Auslegungsmethoden der DDR, nicht auf die der Bundesrepublik an.[363] In der DDR habe es keine Doktrin gegeben, wonach der bloße Wille der Inhaber der staatlichen Macht Recht schaffe.[364] Bestimmungen ohne Gesetzesqualität habe keine strafbarkeitsbegründende oder -einschränkende Wirkung zukommen können. Beschlüsse und Richtlinien des Obersten Gerichts mit rechtlicher Bindungswirkung seien nur im Rahmen des Gesetzes-

---

357 *Kraut*, Rechtsbeugung (1997), S. 133 f.; *Seebode* JR 1994, 1, 3; *Schulz* StV 1995, 206, 209.

358 *Seebode* JR 1994, 1, 3.

359 *Hohmann* NJ 1995, 128, 131; *Kraut*, Rechtsbeugung (1997), S. 133 f.; *Spendel* JZ 1995, 375, 378 f.

360 *Hohmann* NJ 1995, 128, 131; *Hirsch*, Strafrecht (1996), S. 24; *Kraut*, Rechtsbeugung (1997), S. 133 f.; *Spendel* JZ 1995, 375, 378 f.

361 § 244 DDR-StGB.

362 *BGH*, Urteil v. 15.9.1995 – Az. 5 StR 713/94, BGHSt 41, 247, 256, *M/W*, Bd. 5/1 (2007), S. 321.

363 *BGH*, Urteil v. 13.12.1993 – Az. 5 StR 76/93, BGHSt 40, 30, 41, *M/W*, Bd. 5/1 (2007), S. 21.

364 *BGH*, Urteil v. 15.9.1995 – Az. 5 StR 713/94, BGHSt 41, 247, 256, *M/W*, Bd. 5/1 (2007), S. 321.

wortlauts zu berücksichtigen gewesen.[365] Elementare Gebote der Gerechtigkeit und des völkerrechtlichen Menschenrechtsschutzes hätten jedoch auch in der DDR gegolten.[366] Der Bundesgerichtshof hielt es deshalb grundsätzlich für möglich, die Gesetzwidrigkeit einer Entscheidung mit einem Verstoß gegen höherrangiges Recht zu begründen.[367] Fälle, in denen DDR-Gesetze wegen eines Verstoßes gegen den Kernbereich des Rechts unbeachtlich seien, müssten aber mit Rücksicht auf die Rechtssicherheit auf extreme Ausnahmen beschränkt bleiben.[368]

Einen solchen Ausnahmefall hat die höchstrichterliche Rechtsprechung für den Bereich der Rechtsbeugung nicht bejaht. So sah der Bundesgerichtshof auch die Vorschriften des politischen Strafrechts der DDR nicht als unwirksam an. Die Unvereinbarkeit dieser Bestimmungen mit den Menschenrechten, insbesondere die Einschränkung von Ausreise-, Meinungs-, Versammlungs- sowie Vereinigungsfreiheit, gehe nicht so weit, dass sie jenes Maß an Unerträglichkeit erreiche, welches im Sinne der Radbruchschen Formel zur Annahme der Unverbindlichkeit gesetzten Rechts führe.[369] Im Einzelfall könne aber die Geltung der Menschenrechte auch in der DDR zu einer einschränkenden Anwendung gesetzlicher Straftatbestände verpflichtet haben.[370] Eine solche menschenrechtskonforme Auslegung des DDR-Rechts bildete in der BGH-Praxis allerdings die Ausnahme.

Der vom Bundesgerichtshof entwickelte Rechtsbegriff wurde in der Literatur teilweise mit der Begründung kritisiert, dass er die Dimension des Geltens in der Wirklichkeit außer Acht lasse.[371] Entscheidend sei die gelebte Rechtsordnung der DDR.[372] Diese habe gerade darin bestanden, dass die systembedingten Straftaten und damit auch die Entscheidungen der DDR-Justiz nicht verfolgt worden seien. Der Staat der DDR habe nicht nur das an sich richtige Recht in

---

365 *BGH*, Urteil v. 15.9.1995 – Az. 5 StR 713/94, BGHSt 41, 247, 261, *M/W*, Bd. 5/1 (2007), S. 321.

366 *BGH*, Urteil v. 15.9.1995 – Az. 5 StR 713/94, BGHSt 41, 247, 257, *M/W*, Bd. 5/1 (2007), S. 321; *BGH*, Urteil v. 15.11.1995 – Az. 3 StR 527/94, DtZ 1996, 92, 93.

367 *BGH*, Urteil v. 15.9.1995 – Az. 5 StR 713/94, BGHSt 41, 247, 256ff., *M/W*, Bd. 5/1 (2007), S. 321; *BGH*, Urteil v. 6.10.1994 – Az. 4 StR 23/94, BGHSt 40, 272, 276, *M/W*, Bd. 5/1 (2007), S. 165.

368 *BGH*, Urteil v. 15.9.1995 – Az. 5 StR 713/94, BGHSt 41, 247, 257, *M/W*, Bd. 5/1 (2007), S. 321; *BGH*, Urteil v. 15.11.1995 – Az. 3 StR 527/94, DtZ 1996, 92, 93.

369 *BGH*, Urteil v. 15.9.1995 – Az. 5 StR 713/94, BGHSt 41, 247, 257, *M/W*, Bd. 5/1 (2007), S. 321.

370 *BGH*, Urteil v. 15.11.1995 – Az. 3 StR 527/94, DtZ 1996, 92, 95; *BGH*, Urteil v. 30.11.1995 – Az. 4 StR 777/94, NStZ-RR 1996, 65, 68; *BGH*, Urteil v. 15.9.1995 – Az. 5 StR 642/94, UA S. 32 (insoweit nicht veröffentlicht), *M/W*, Bd. 5/1 (2007), S. 237.

371 Vgl. *Dencker* KritV 1990, 299, 303; *Schlink* NJ 1994, 433, 435.

372 Vgl. mit unterschiedlichen Begründungen *Buchholz* ZAP-Ost 1996, 219, 226f.; *Jakobs* GA 1994, 1, 8; *Pawlik* Rechtstheorie 25 (1994), 101, 113ff.; *Schlink* NJ 1994, 433, 435. Dagegen dezidiert *Hirsch*, Strafrecht (1996), S. 9ff. und *Lüderssen* JZ 1997, 525, 527f.

einem schlechten Geiste gehandhabt, sondern das Recht bereits so gestaltet.[373] Die nachträgliche Bestrafung von Richtern und Staatsanwälten der DDR verstößt nach dieser Auffassung gegen das Rückwirkungsverbot aus Artikel 103 Absatz 2 GG.[374]

Eine scharfe Gegenposition zu der gerade genannten Auffassung aber auch zu der Konzeption des Bundesgerichtshofs wird in der Literatur ebenfalls vertreten. Das anzuwendende DDR-Recht sei nach rechtsstaatlichen Maßstäben auszulegen.[375] Jede rechtsstaatswidrige Entscheidung sei daher auch gesetzwidrig im Sinne des Rechtsbeugungstatbestandes der DDR gewesen. Darin liege kein Verstoß gegen das Rückwirkungsverbot, da die Änderung der Auslegung von Gesetzen nicht vom Schutzbereich des Rückwirkungsverbotes umfasst sei.[376]

Die Konzeption des Bundesgerichtshofs, die gesetzlichen Bestimmungen der DDR als wirksam zu behandeln und bei der Norminterpretation den Besonderheiten der Rechtspflege der DDR Rechnung zu tragen, sowie die grundsätzliche Begrenzung der Strafbarkeit von Richtern und Staatsanwälten der DDR auf Willkürakte, schränkten den Bereich des Strafbaren deutlich ein. Dies kommt in der Zahl der Einstellungen von Ermittlungsverfahren sowie der Freisprüche und Nichteröffnungsentscheidungen durch die Gerichte zum Ausdruck.[377] Die Rechtsprechung des Bundesgerichtshofs verpflichtete den Rechtsanwender zur Überprüfung jeder einzelnen DDR-Entscheidung anhand der vielfach unbestimmten Normen des DDR-Rechts, wobei die Grenzen, ab wann eine Entscheidung als Willkürakt zu qualifizieren ist, nicht leicht zu ziehen waren.[378] Der Fallgruppe der Unverhältnismäßigkeit von Tat und Strafe kam besondere Bedeutung zu. Eine Strafbarkeit wegen Rechtsbeugung wurde vielfach nur wegen der Verhängung einer unverhältnismäßig hohen Freiheitsstrafe oder einer Todesstrafe angenommen.[379] Derartige Strafen waren nach Auffassung des Bundesgerichtshofs immer zugleich als eine schwere Menschenrechtsverletzung anzusehen.

Das Bundesverfassungsgericht hat die Rechtsprechung des Bundesgerichtshofs zur Strafbarkeit von Richtern und Staatsanwälten der DDR bestätigt.[380] Es hat

373 Vgl. *Jakobs* GA 1994, 1, 9.

374 Vgl. *Buchholz* ZAP-Ost 1996, 219, 226 f.; *Schlink* NJ 1994, 433, 435.

375 *Bemmann* JZ 1995, 123, 126; *Spendel* JZ 1995, 375, 378.

376 *Bemmann* JZ 1995, 123, 126.

377 Vgl. S. 260 ff., 263 ff.

378 Vgl. insoweit die detaillierte Zusammenstellung der BGH-Rechtsprechung bei *Willnow* JR 1997, 265, 266 ff.

379 So auch die Analyse von *Willnow* JR 1997, 265, 266 ff.

380 *BVerfG*, Beschluss v. 7.4.1998 – Az. 2 BvR 2560/95, NJW 1998, 2585, *M/W*, Bd. 5/1 (2007), S. 265.

die Verfassungsbeschwerde einer DDR-Richterin gegen ihre rechtskräftige Verurteilung wegen Rechtsbeugung nicht zur Entscheidung angenommen. Das Bundesverfassungsgericht sah in der Auslegung und Anwendung des Rechtsbeugungstatbestandes der DDR keine Verletzung des Rückwirkungsverbotes gemäß Artikel 103 Absatz 2 GG. Dass die damaligen Entscheidungen der DDR-Richterin gegebenenfalls im Einklang mit der Staatspraxis der DDR erfolgt seien, sei für die Frage eines Verstoßes gegen das Rückwirkungsverbot unbeachtlich. Denn das Rückwirkungsverbot sei immer dann nicht anwendbar, wenn die der Rechtsanwendung zugrunde liegende Staatspraxis die in der Völkergemeinschaft allgemein anerkannten Menschenrechte in schwerwiegender Weise missachte.[381] Zu den in der Völkergemeinschaft allgemein anerkannten Menschenrechten zählte das Bundesverfassungsgericht neben dem Schutz von Leib und Leben auch das Recht auf persönliche Freiheit und den Schutz vor grausamer und unmenschlicher Bestrafung.[382] Bei den vom Bundesgerichtshof entwickelten Fallgruppen der Verurteilung unter Überdehnung von Straftatbeständen und der Verhängung einer grob ungerechten Strafe handele es sich um unerträgliche Menschenrechtsverletzungen, für die sich ein daran beteiligter Richter der DDR nicht auf den Schutz des Vertrauens durch Artikel 103 Abs. 2 GG berufen könne.[383]

b) Subjektive Tatseite

Die Entscheidungen des Bundesgerichtshofs enthalten nur wenige Ausführungen zur subjektiven Tatseite des Rechtsbeugungstatbestandes der DDR. Eine Definition des nach § 244 DDR-StGB erforderlichen direkten Vorsatzes erfolgte nicht. Offenbar legte der Bundesgerichtshof stillschweigend den Vorsatzbegriff der bundesrepublikanischen Dogmatik, also Wissen und Wollen der Tatbestandsverwirklichung,[384] zugrunde. Im Rahmen der tatsächlichen Feststellung des Vorsatzes wurde die Wissentlichkeit des Täters in der Regel mit dem Argument angenommen, dass der Gesetzesverstoß offensichtlich im Sinne einer schweren Menschenrechtsverletzung sei.[385]

381 *BVerfG*, Beschluss v. 7.4.1998 – Az. 2 BvR 2560/95, NJW 1998, 2585, *M/W*, Bd. 5/1 (2007), S. 265.

382 *BVerfG*, Beschluss v. 7.4.1998 – Az. 2 BvR 2560/95, NJW 1998, 2585, BA S. 13 (insoweit nicht veröffentlicht), *M/W*, Bd. 5/1 (2007), S. 265.

383 *BVerfG*, Beschluss v. 7.4.1998 – Az. 2 BvR 2560/95, NJW 1998, 2585, BA S. 14, *M/W*, Bd. 5/1 (2007), S. 265.

384 Sch/Sch/*Schuster*/*Sternberg-Lieben*, 30. Aufl. (2019), § 15 Rn. 9 mwN.

385 *BGH*, Urteil v. 15.9.1995 – Az. 5 StR 713/94, BGHSt 41, 247, 276, *M/W*, Bd. 5/1 (2007), S. 321; *BGH*, Urteil v. 16.11.1995 – Az. 5 StR 747/94, BGHSt 41, 317, 337, *M/W*, Bd. 5/1 (2007), S. 457;

Die Frage, ob das Strafrecht der DDR einen Verbotsirrtum kannte und dieser gegebenenfalls zum Vorsatzausschluss führte, beantwortete der Bundesgerichtshof unterschiedlich. Der Ausgangspunkt der Rechtsprechung war dabei einheitlich. Der Bundesgerichtshof hielt es für möglich, dass ein Richter oder Staatsanwalt zwar die Gesetzwidrigkeit seiner Entscheidung erkannte, diese aber infolge seiner Einordnung in ein Unrechtssystem für „rechtens" hielt.[386] In einem Urteil gelangte der Bundesgerichtshof zu dem Ergebnis, dass diese Bewertung nach DDR-Recht unbeachtlich sei.[387] In einer weiteren Entscheidung ließ es der Bundesgerichtshof, ohne auf das Recht der DDR einzugehen, dahinstehen, ob die Überzeugung, rechtmäßig zu handeln, als Verbotsirrtum anzusehen sei; in jedem Fall sei dieser Irrtum „weder unvermeidbar noch jemals zur Strafrahmenverschiebung geeignet".[388] An dieser Argumentation wurde kritisiert, dass das Strafrecht der DDR nicht ausreichend Berücksichtigung finde.[389] Nach der Strafrechtsdogmatik der DDR sei das – allerdings nur in der bundesdeutschen Dogmatik so bezeichnete – Unrechtsbewusstsein Bestandteil des Vorsatzes gewesen.[390] Sei ein Unrechtsbewusstsein tatsächlich nicht feststellbar, scheide eine Bestrafung wegen eines vorsätzlichen Deliktes nach dem Strafrecht der DDR aus.

5. Beteiligungsformen

Die an den damaligen Entscheidungen beteiligten Richter wurden durchweg als Täter einer Rechtsbeugung angesehen. Bei den Staatsanwälten nahm der Bundesgerichtshof eine täterschaftliche Rechtsbeugung nur für Amtshandlungen im Ermittlungsverfahren an, etwa bei Haftbefehlsanträgen, Anklageerhebungen und Einstellungen.[391] Für den in der Hauptverhandlung als Sitzungsvertreter auftretenden Staatsanwalt kam wegen des Übergangs der Verfahrensherrschaft auf das Gericht lediglich eine Strafbarkeit wegen Beihilfe in Frage.[392]

BGH, Urteil v. 15.11.1995 – Az. 3 StR 527/94, DtZ 1996, 92, 94. Bestätigt durch *BVerfG*, Beschluss v. 7.4.1998 – Az. 2 BvR 2560/95, BA S. 18 f., *M/W*, Bd. 5/1 (2007), S. 265.

386 *BGH*, Urteil v. 16.11.1995 – Az. 5 StR 747/94, BGHSt 41, 317, 339, *M/W*, Bd. 5/1 (2007), S. 457.

387 *BGH*, Urteil v. 15.9.1995 – Az. 5 StR 713/94, BGHSt 41, 247, 277, *M/W*, Bd. 5/1 (2007), S. 321.

388 *BGH*, Urteil v. 16.11.1995 – Az. 5 StR 747/94, BGHSt 41, 317, 340, *M/W*, Bd. 5/1 (2007), S. 457.

389 *Hohoff* DtZ 1997, 308, 313.

390 *Hohoff* DtZ 1997, 308, 312; ebenso *Amelung* JuS 1993, 637, 643; *Gropp* NJ 1996, 393, 397.

391 *BGH*, Urteil v. 15.9.1995 – Az. 5 StR 713/94, BGHSt 41, 247, 249 f., *M/W*, Bd. 5/1 (2007), S. 321.

392 *BGH*, Urteil v. 15.9.1995 – Az. 5 StR 713/94, BGHSt 41, 247, 250, *M/W*, Bd. 5/1 (2007), S. 321. Eine Anstiftung kam nicht in Betracht, weil regelmäßig nicht ausgeschlossen werden konnte,

6. Verjährung

Die Verjährung begann für die in der DDR begangenen Rechtsbeugungen am 3. Oktober 1990. Da es sich um Taten handelte, die im Sinne des ersten Verjährungsgesetzes entsprechend dem ausdrücklichen oder mutmaßlichen Willen der Staats- und Parteiführung aus politischen oder sonst mit wesentlichen Grundsätzen einer freiheitlichen rechtsstaatlichen Ordnung unvereinbaren Gründen nicht geahndet worden waren, ruhte die Verjährung vom 11. Oktober 1949 bis zum 2. Oktober 1990. Grundsätzlich wäre somit die Verjährung nach fünf Jahren mit Ablauf des 2. Oktober 1995 eingetreten.[393] Durch das dritte Verjährungsgesetz wurde diese Frist bis zum 2. Oktober 2000 verlängert. Die absolute Verjährung trat für die Rechtsbeugung ebenfalls zu diesem Zeitpunkt ein.[394]

7. Strafzumessung

Bei der Bestimmung der gesetzlichen Grundlage für die Strafzumessung ging die Rechtsprechung vom Grundsatz strikter Alternativität aus. Danach sei eine Strafe sowohl nach dem Recht der Bundesrepublik als auch nach dem der DDR zu ermitteln und sodann die Strafe nach dem milderen Gesetz zu bestimmen. Dabei müsse beachtet werden, dass im Rechtsbeugungstatbestand der DDR eine Verurteilung auf Bewährung nicht vorgesehen gewesen sei und die Anwendung der bundesdeutschen Regelung über die Strafaussetzung[395] auf eine nach DDR-Recht gebildete Freiheitsstrafe nicht in Betracht komme.[396] Eine dem strengeren Strafrahmen des bundesdeutschen Rechtsbeugungstatbestandes entnommene Strafe sei als mildere Sanktion[397] zu verhängen, wenn sie zur Bewährung ausgesetzt werden könne.[398] Wurden Rechtsbeugungen in mehreren Verfahren be-

---

dass die verurteilenden Richter bereits vor dem Schlussantrag des Staatsanwalts tatentschlossen waren, vgl. *Willnow* JR 1997, 265 Fn. 114.

393 § 78 Abs. 3 Nr. 4 StGB.

394 §§ 78c Abs. 3 S. 2, 78 Abs. 3 Nr. 4 StGB.

395 § 56 StGB.

396 *BGH*, Beschluss v. 15.5.1997 – Az. 5 StR 580/96, NStZ-RR 1997, 301. Hier wurde der Ausschluss der Bewährung für die nach DDR-Recht zu bildende Freiheitsstrafe jedenfalls für Fälle mehrfacher Rechtsbeugung angenommen.

397 Art. 315 Abs. 1 Satz 1 EGStGB, § 2 Abs. 3 StGB.

398 *BGH*, Urteil v. 15.9.1995 – Az. 5 StR 713/94, BGHSt 41, 247, 277, *M/W*, Bd. 5/1 (2007), S. 321; *BGH*, Urteil v. 16.11.1995 – Az. 5 StR 747/94, UA S. 51 (insoweit nicht veröffentlicht), *M/W*, Bd. 5/1 (2007), S. 457.

gangen, war für die Strafzumessung nach DDR-Recht eine Hauptstrafe,[399] für das bundesdeutsche Recht eine Gesamtstrafe[400] zu bilden.

Der Systembezug der von den Richtern und Staatsanwälten der DDR begangenen Taten wurde bei der Strafzumessung unter zwei Gesichtspunkten berücksichtigt. Zum einen wirkte strafmildernd, dass die Täter in das politische System der DDR eingebunden waren und einer starken Einflussnahme unterlagen.[401] Für die Angehörigen der DDR-Justiz sei es viel schwieriger gewesen, das Recht zu wahren, als es den massiven äußeren Einflüssen folgend zu beugen.[402] Zum anderen wurde die – in den meisten Fällen erfolgende – Aussetzung einer Freiheitsstrafe zur Bewährung nach bundesdeutschem Recht mit einer günstigen Sozialprognose begründet.[403] Rechtsbeugungsdelikte schieden als mögliche Wiederholungstaten bereits deshalb aus, weil die Richter und Staatsanwälte nicht mehr in der Justiz tätig seien. Die Begehung anderer Delikte sei ebenfalls nicht zu erwarten.[404] Bemerkenswerter Weise wurde auch die Nichtahndung der nationalsozialistischen Justizverbrechen durch die bundesdeutsche Justiz strafmildernd berücksichtigt. Eine harte Bestrafung müsse, so hieß es, von den Angeklagten vor diesem Hintergrund als ungerecht empfunden werden, zumal die bundesdeutsche Justiz ihre Rechtsprechung zur Rechtsbeugung von NS-Justizangehörigen erst kurz zuvor geändert und damit eine Bestrafung der Richter und Staatsanwälte der DDR erst ermöglicht habe.[405]

---

399 § 64 DDR-StGB.

400 §§ 53 ff. StGB.

401 Insoweit nur beispielhaft *BGH*, Urteil v. 16.11.1995 – Az. 5 StR 747/94, BGHSt 41, 317, 341 f., *M/W*, Bd. 5/1 (2007), S. 457; *LG Berlin*, Urteil v. 21.4.1994 – Az. (520) 76 Js 681/92 KLs (68/92), UA S. 129 f., *M/W*, Bd. 5/1 (2007), S. 177; *LG Dresden*, Urteil v. 28.2.1994 – Az. 5 KLs 82 Js 13837/92, UA S. 271 f.; *LG Erfurt*, Urteil v. 5.7.1994 – Az. 510 Js 463/90 – 1 Ks, UA S. 181 f.; *LG Magdeburg*, Urteil v. 15.2.1994 – Az. 23 KLs 11/91, UA S. 1060. Dies wirkte sich u.a. bei der Annahme eines minder schweren Falls eines – neben der Rechtsbeugung gegebenenfalls verwirklichten – Totschlags aus.

402 *BGH*, Urteil v. 16.11.1995 – Az. 5 StR 747/94, BGHSt 41, 317, 341, *M/W*, Bd. 5/1 (2007), S. 457.

403 *LG Berlin*, Urteil v. 21.4.1994 – Az. (520) 76 Js 681/92 KLs (68/92), UA S. 131 f., *M/W*, Bd. 5/1 (2007), S. 177; *LG Dresden*, Urteil v. 28.2.1994 – Az. 5 KLs 82 Js 13837/92, UA S. 272 f.; *LG Frankfurt/Oder*, Urteil v. 4.9.1996 – Az. 25 Ks 7/95, UA S. 119 f.; *LG Erfurt*, Urteil v. 5.7.1994 – Az. 510 Js 463/90-1 Ks, UA S. 185 f.

404 *LG Dresden*, Urteil v. 28.2.1994 – Az. 5 KLs 82 Js 13837/92, UA S. 273; *LG Frankfurt/Oder*, Urteil v. 4.9.1996 – Az. 25 Ks 7/95, UA S. 120.

405 *BGH*, Urteil v. 16.11.1995 – Az. 5 StR 747/94, BGHSt 41, 317, 343, *M/W*, Bd. 5/1 (2007), S. 457; ebenso *LG Frankfurt/Oder*, Urteil v. 4.9.1996 – Az. 25 Ks 7/95, UA S. 118. Beide Entscheidungen haben Todesurteile zum Gegenstand.

E. Denunziationen

I. Einführung

Die strafrechtliche Ahndung von Denunziationen umfasste Verfahren gegen Beschuldigte, die offiziellen Stellen in der DDR Informationen über angebliche oder tatsächliche Regimegegner zwecks Einleitung von Strafverfahren zugeliefert hatten. Diese Informationen waren den Beschuldigten in ihrer Eigenschaft als Inoffizielle Mitarbeiter des Ministeriums für Staatssicherheit, durch ihre berufliche Tätigkeit, etwa als Arzt oder Rechtsanwalt, oder aufgrund privater Kontakte bekannt geworden.[406] In den meisten Fällen waren diese Anzeigen staatlicherseits nicht nur erwünscht, sondern sogar vorgeschrieben. So statuierte das DDR-Strafgesetzbuch eine Anzeigepflicht, unter anderem für Spionage, landesverräterische Nachrichtenübermittlung und Agententätigkeit, staatsfeindlichen Menschenhandel, staatsfeindliche Hetze, verfassungsfeindlichen Zusammenschluss und für schwere Fälle des ungesetzlichen Grenzübertritts.[407] Das Unterlassen der Anzeige war mit Freiheitsstrafe bis zu fünf Jahren bedroht.

Die Angezeigten wurden in Untersuchungshaft genommen und in der Regel zu Freiheitsstrafen verurteilt. Die Staatsanwaltschaft ermittelte in diesem Bereich daher zum einen gegen die Richter und Staatsanwälte der DDR, die in diesen Verfahren mitgewirkt hatten, unter dem Gesichtspunkt der Rechtsbeugung.[408] Zum anderen wurden gegen die Anzeigenden Ermittlungsverfahren wegen Freiheitsberaubung und politischer Verdächtigung[409] eingeleitet.

II. Sachverhalte

Das den Beschuldigten vorgeworfene Anzeigeverhalten wies keine wesentlichen Unterschiede auf, wohl aber die Stellung der Beschuldigten im System der DDR: Die Anzeigen wurden sowohl von Inoffiziellen Mitarbeitern des Ministeriums für

---

406 Nicht erfasst werden hingegen die Ermittlungsverfahren der Staatsanwaltschaft, die die Weitergabe von Informationen ohne konkret fassbare oder ohne strafrechtliche Konsequenzen für die Angezeigten betreffen.

407 Die Anzeigepflicht ergab sich aus § 225 DDR-StGB. Hinter der Norm stand die Überzeugung, dass sich die generelle moralische Pflicht zur Anzeige bei den genannten Tatbeständen (§§ 96 bis 105, 106 Abs. 2, 107 und 213 Abs. 3 DDR-StGB) in eine Rechtspflicht verwandelte. Vgl. *M. Vormbaum*, Strafrecht der DDR (2015), S. 431 f.

408 Vgl. oben, S. 52.

409 §§ 239, 241a StGB.

Staatssicherheit als auch von DDR-Bürgern erstattet, die in keiner Beziehung zum Ministerium für Staatssicherheit standen. In einem Fall wurde ein Rechtsanwalt angeklagt, der ihm anvertraute Informationen über seine Mandanten an das Ministerium für Staatssicherheit weitergegeben haben soll.

Angezeigt wurden in der Regel Fluchtvorhaben von DDR-Bürgern, wobei die Motivation für die Anzeigen durchaus unterschiedlich war. So richtete sich ein Strafverfahren gegen einen ehemaligen Berufssoldaten der Nationalen Volksarmee, der die Fluchtpläne seines Onkels an das Ministerium für Staatssicherheit weitergegeben und sich in dessen Auftrag zum Schein an den weiteren Fluchtvorbereitungen beteiligt hatte. Das Verfahren wurde wegen der herausgehobenen Stellung des Angezeigten in der Öffentlichkeit bekannt.[410]

Weitere Verfahren betrafen Beschuldigte, die angebliche oder tatsächliche regimekritische Äußerungen Dritter an das Ministerium für Staatssicherheit oder andere offizielle Stellen weitergegeben hatten. Hervorzuheben ist das Strafverfahren gegen Rechtsanwalt Wolfgang Schnur,[411] der nach den gerichtlichen Feststellungen vertrauliche Informationen seiner Mandanten, des Liedermachers Stefan Krawczyk und der Regisseurin Freya Klier, an das Ministerium für Staatssicherheit weitergegeben hatte. Mit der Einleitung des Ermittlungsverfahrens und der Verhaftung der beiden Angezeigten sollte deren Ausreise aus der DDR erzwungen werden, da sie als Regimegegner unerwünscht waren. Die Taktik der DDR-Behörden war letztendlich – wesentlich beeinflusst durch die Tätigkeit von Rechtsanwalt Schnur – erfolgreich, da Krawczyk und Klier Anfang Februar 1988 die DDR verließen.

Auch Personen, die zum Tatzeitpunkt Bürger der Bundesrepublik waren, befanden sich unter den Angeklagten. In zwei von der Berliner Staatsanwaltschaft angeklagten Fälle hatten sich die Angeklagten als Inoffizielle Mitarbeiter für das Ministerium für Staatssicherheit anwerben lassen und entsprechende Verpflichtungserklärungen unterschrieben. Auch hier war die Motivation unterschiedlich. Neben angestrebten Vorteilen in anhängigen Strafverfahren[412] spiel-

---

410 Das Verfahren wurde wegen der herausgehobenen Stellung des Angezeigten bekannt, der Mitarbeiter des Justizministers der DDR sowie später Hochschullehrer an der Akademie für Staats- und Rechtsfragen war. Der Sachverhalt ergibt sich aus dem Urteil des *LG Berlin* v. 29.3.1995 – Az. (573) 30 Js 2313/92 (159/94), *M/W*, Bd. 7 (2009), S. 373. Nach der Vereinigung zeigte der Onkel seinerseits seinen Neffen an und verklagte ihn zivilrechtlich auf Schadensersatz, vgl. hierzu die Urteile des *OLG Dresden* v. 13.7.1993 – Az. 7 U 172/93, DtZ 1993, 345 und des *BGH* v. 11.10.1994 – Az. VI ZR 234/93, BGHZ 127, 195.

411 *LG Berlin*, Urteil v. 15.3.1996 – Az. (502) 65 Js 1285/91 KLs (22/95), *M/W*, Bd. 6 (2006), S. 313.

412 *AG Tiergarten*, Urteil v. 23.11.1995 – Az. (216) 30 Js 1695/93 Ls (76/95).

ten wirtschaftliche Gründe eine Rolle.[413] So hatte sich ein Angeklagter mit einer Spedition in Hamburg selbstständig gemacht. Im Rahmen seiner Geschäfte, die er vorrangig nach Osteuropa und in die DDR ausdehnen wollte, wurde er als „Zeitüberschreiter" an der Grenzübergangsstelle Bahnhof Friedrichstraße von den Behörden der DDR festgehalten und durch Mitarbeiter des Ministeriums für Staatssicherheit darauf angesprochen, ob er zu einer Zusammenarbeit bereit sei. Der Angeklagte sagte einige Zeit später zu, da er sich von der Zusammenarbeit unter anderem geschäftliche Vorteile versprach. Nachdem er zunächst Fluchthilfeorganisationen ausgekundschaftet hatte, wurde er schließlich auf den damaligen Weltrekordhalter im Diskuswerfen Wolfgang Schmidt angesetzt, dessen Fluchtpläne er dem Ministerium für Staatssicherheit verriet. Der sportlichen Karriere von Schmidt wurde damit zunächst ein Ende gesetzt. Er durfte auch nach seiner Haftentlassung nicht mehr als Leistungssportler in der DDR starten, sondern lediglich seine Ausbildung als Diplomsportlehrer abschließen und als solcher arbeiten. Erst 1987 durfte er nach mehreren vergeblichen Anträgen die DDR verlassen, und zwar so spät, dass er aus sportrechtlichen Gründen an den Olympischen Spielen 1988 nicht teilnehmen konnte. In einem anderen Verfahren informierte ein Angeklagter einen Abschnittsbevollmächtigten über den gescheiterten Fluchtversuch eines Freundes, um sich die Wohnungseinrichtung zu sichern, die dieser ihm in der Hoffnung auf eine erfolgreiche Flucht überlassen hatte.[414] In wieder einem anderen Verfahren hatte eine Angeklagte die Fluchtpläne ihres Ehemannes verraten, weil sie hoffte, sich durch dessen Inhaftierung aus der Ehe lösen zu können, in der sie sich auch physischer Misshandlung ausgesetzt sah.[415] Schließlich sahen sich manche Angeklagte ihrer Darstellung zufolge auch zu einer Strafanzeige gedrängt, weil sie befürchteten, bei den ihnen zu Ohren gekommenen Fluchtplänen handele es sich um eine „Falle", die den Zweck habe, ihre eigene Systemtreue auf die Probe zu stellen.[416]

413 *LG Berlin*, Urteil v. 17.10.1994 – Az. (504) 76 Js 1445/92 KLs (6/94), *M/W*, Bd. 6 (2006), S. 197.

414 Vgl. *AG Tiergarten*, Urteil v. 25.1.1994 – Az. (424) 76 Js 610/91 Ls (154/93).

415 Vgl. *LG Hildesheim*, Urteil v. 10.12.1993 – Az. 12 KLs 17 Js 1863/90, *M/W*, Bd. 7 (2009), S 345.

416 *LG Berlin*, Urteil v. 29.3.1995 – Az. (573) 30 Js 2313/92 (159/94), UA S. 14, *M*/W, Bd. 7 (2009), S. 373. Der Geschädigte in dem Verfahren *AG Tiergarten*, Urteil v. 8.8.1994 – Az (258) 76 Js 2313/92 Ls (91/93), *LG Berlin*, Urteil v. 29.3.1995 – Az (573) 30 Js 2313/92 (159/94), *KG Berlin*, Urteil v. 21.6.1996 – Az (4) 1 Ss 189/95 (38/96), *M/W*, Bd. 7 (2009), S. 365 ff. verklagte den Täter später auf Schadensersatz, vgl. hierzu *BGH*, Urteil v. 11.10.1994 – Az. VI ZR 243/93, NJW 1995, 256.

In allen Fällen wurden gegen die Angezeigten in der DDR Strafverfahren eingeleitet, die – bis auf eine Ausnahme[417] – mit der Verurteilung der Betroffenen zu teilweise mehrjährigen Haftstrafen endeten.

III. Rechtsfragen

1. Strafanwendungsrecht

Die Staatsanwaltschaften hatten zunächst Anklage wegen politischer Verdächtigung[418] und Freiheitsberaubung[419] erhoben und folgten der bis dahin ständigen Rechtsprechung des Bundesgerichtshofs.[420] Danach wurden Fälle, in denen die Freiheitsberaubung durch eine politische Verdächtigung begangen worden war, bereits vor dem Beitritt der DDR vom Strafrecht der Bundesrepublik erfasst.[421] Soweit die Verfolgung nach den Straftatbeständen des bundesdeutschen Strafrechts wegen Verjährung nicht mehr möglich war, erhob die Staatsanwaltschaft Anklage wegen Anstiftung zur Freiheitsberaubung nach dem Recht der DDR[422] und griff damit auf den – subsidiären – Strafanspruch der DDR zurück. Dieser Strafanspruch sei nicht verjährt, da die Verjährung von Taten, die während der Herrschaft des SED-Unrechtsregimes begangen worden seien, geruht habe.[423]

In seiner Entscheidung vom 29. April 1994 bestätigte der 3. Strafsenat des Bundesgerichtshofs zunächst seine bisherige Rechtsprechung[424] und entschied, dass für eine in der DDR zum Nachteil eines dort ansässigen DDR-Bürgers begangene politische Verdächtigung zur Tatzeit das Strafrecht der Bundesrepublik gegolten habe.[425] Zur Begründung führte der Bundesgerichtshof aus, hierfür bedür-

417 Der von der Denunziation Betroffene wurde letztlich auf freien Fuß gesetzt. Es war dem MfS nicht gelungen, ihn irgendwelcher strafbarer Handlungen zu überführen. Er selbst stritt die Vorwürfe ab, und außer der Aussage des Denunzianten standen keine belastenden Beweismittel zur Verfügung; vgl. *AG Tiergarten*, Urteil v. 26.4.1995 – Az (278) 30 Js 1900/93 Ls (58/94), UA S. 6 f; *M/W*, Bd. 7 (2009), S. LII.

418 § 241a StGB.

419 § 239 StGB.

420 Vgl. insbesondere die grundlegende Entscheidung des *BGH* v. 26.11.1980 – Az. 3 StR 393/80, BGHSt 30, 1 sowie die Entscheidung v. 7.3.1984 – Az. 3 StR 550/83, BGHSt 32, 293.

421 § 241a iVm §§ 3, 5 Nr. 6, 7 Abs. 1 StGB.

422 §§ 131 Abs. 1, 22 Abs. 2 Nr. 1 DDR-StGB.

423 Art. 1 des ersten Verjährungsgesetzes v. 26.3.1993, BGBl. I 1993, S. 392. Hierzu oben, S. 6 f.

424 *BGH*, Urteil v. 26.11.1980 – Az. 3 StR 393/80, BGHSt 30, 1. Zur Kritik an dieser Rechtsprechung vgl. die Nachweise in *M/W*, Aufarbeitung (1999), S. 69 Fn. 334.

425 *BGH*, Urteil v. 29.4.1994 – Az. 3 StR 528/93, BGHSt 40, 125; der 5. Strafsenat ist dem 3. Senat in der Entscheidung v. 8.2.1995 – Az. 5 StR 157/94 gefolgt, NStZ 1995, 288, *M/W*, Bd. 7

fe es nicht des Rückgriffs auf das Schutzprinzip des § 7 Absatz 1 StGB. Denn die Anwendbarkeit des einschlägigen bundesdeutschen Tatbestandes zur politischen Verdächtigung auch auf DDR-Taten folge aus dem Universalitätsgrundsatz des § 5 Nr. 6 StGB. Weder der Wortlaut des § 5 Nr. 6 StGB noch rechtssystematische Gründe sprächen dagegen, in der DDR ansässige Bürger in den geschützten Personenkreis einzubeziehen. Ihre Einbeziehung hänge vielmehr allein davon ab, ob sie vom Normzweck des § 5 Nr. 6 StGB gedeckt sei. Dies sei nach der Entstehungsgeschichte des bundesdeutschen Tatbestandes der politischen Verdächtigung unbezweifelbar.[426] Gemäß Artikel 315 Absatz 4 EGStGB bleibe demzufolge nach der deutschen Vereinigung bundesdeutsches Recht maßgebend.

Hingegen änderte der Bundesgerichtshof seine Rechtsprechung für eine andere Fallgruppe. In dieser ging es um die Frage, ob auf eine durch eine politische Verdächtigung begangene Freiheitsberaubung bundesdeutsches Recht auch dann anwendbar war, wenn die Tat in der DDR von einem DDR-Bürger gegen einen anderen DDR-Bürger begangen worden war. Insoweit hat der 3. Strafsenat seine frühere Rechtsauffassung[427] aufgegeben und entschieden, es habe zur Tatzeit allein das Strafrecht der DDR gegolten.[428] Der Bundesgerichtshof bezog sich dabei auf den Wortlaut des § 5 Nr. 6 StGB, der nur bei den Tatbeständen der Verschleppung und der politischen Verdächtigungen, nicht jedoch bei einer Freiheitsberaubung die Anwendung des bundesdeutschen Strafrechts ermögliche. Zudem müsse die Frage, ob bei einer Freiheitsberaubung das Strafrecht der Bundesrepublik oder das der DDR anzuwenden sei, einheitlich beantwortet werden:

> „Es entständen Wertungswidersprüche, wenn das StGB nur auf solche Freiheitsberaubungen durch rechtsstaatswidrige Inhaftierungen in der DDR angewendet würde, die sich aus einer politischen Verdächtigung ergeben haben, nicht aber auf solche – unter Umständen viel schwerwiegendere – Freiheitsberaubungen, die sich aus von Amts wegen eingeleiteten Strafverfahren ergeben haben.“[429]

(2009), S. 359; ebenso die Urteile v. 23.10.1996 – Az. 5 StR 695/95, NStZ-RR 1997, 100, *M/W*, Bd. 6 (2006), S. 275 und Az. 5 StR 183/95, NJW 1997, 951, *M/W*, Bd. 6 (2006), S. 211.

426 § 241a StGB ist – zusammen mit dem Tatbestand der Verschleppung, § 234a StGB – durch das Gesetz zum Schutze der persönlichen Freiheit v. 15.7.1951, BGBl. I 448, in das Strafgesetzbuch eingefügt worden. Anlass für die Einführung der Strafbestimmungen waren Verschleppungen in den kommunistischen Machtbereich und Fälle von politischer Verdächtigung, die zu rechtsstaatswidrigen Verfolgungen in diesem Bereich geführt hatten, vgl. *Wagner* MDR 1967, 629 und die Resolution des *Bundestags* v. 14.9.1950, Protokoll der 85. Sitzung, S. 3187, 3193.

427 *BGH*, Urteil v. 7.3.1984 – Az. 3 StR 550/83, BGHSt 32, 293.

428 *BGH*, Urteil v. 29.4.1994 – Az. 3 StR 528/93, BGHSt 40, 125, 132 f.

429 *BGH*, Urteil v. 29.4.1994 – Az. 3 StR 528/93, BGHSt 40, 125, 133.

2. Rechtsprobleme im Rahmen der Freiheitsberaubung (§§ 131 DDR-StGB, 239 StGB)

Die Grundsatzentscheidung des 3. Strafsenats des Bundesgerichtshofs vom 29. April 1994[430] betraf den Fall eines Anzeigenden, der zur Tatzeit Bürger der DDR war. Der Senat hatte daher nicht darüber zu entscheiden, wie die Rechtslage zu beurteilen war, wenn es sich bei dem Anzeigenden um einen Bürger der Bundesrepublik handelte. Für diesen Fall stellte der Bundesgerichtshof im Urteil des 5. Strafsenats vom 23. Oktober 1996[431] andere Beurteilungsmaßstäbe auf, so dass im Folgenden entsprechend zu differenzieren ist.

a) Beteiligungsformen

Die Staatsanwaltschaft ging zunächst in allen Fällen, unabhängig von der Nationalität des Anzeigenden, unter Bezugnahme auf die bis dahin maßgebliche Rechtsprechung des Bundesgerichtshofs [432] von der Anwendbarkeit bundesdeutschen Strafrechts aus und erhob Anklage wegen Freiheitsberaubung in mittelbarer Täterschaft.[433]

Nach der geänderten Rechtsprechung des Bundesgerichtshofs galt insoweit das Recht der DDR, wenn der Anzeigende zur Tatzeit Bürger der DDR gewesen war. Das Recht der DDR stellte jedoch an die mittelbare Täterschaft strengere Anforderungen und verlangte ausdrücklich, dass der Tatmittler für seine Tat nicht verantwortlich ist.[434] Diese Voraussetzung war jedenfalls bei einer inhaltlich zutreffenden Anzeige für die unmittelbar ausführenden Amtsträger nicht erfüllt. Die Staatsanwaltschaft erhob deshalb in solchen Fällen auf der Basis der neueren Rechtsprechung nur noch wegen Anstiftung oder Beihilfe zur Freiheitsberaubung Anklage.

Handelte es sich bei dem Anzeigenden jedoch um einen Bürger der Bundesrepublik Deutschland, blieb es nach der neueren Entscheidung des Bundesgerichtshofs[435] sowie der auf dem Einigungsvertrag beruhenden Regelung[436] bei der Anwendung bundesdeutschen Strafrechts: Der Täter war zur Tatzeit Deutscher[437] und die Tat war am Tatort mit Strafe bedroht.[438]

---

430 *BGH*, Urteil v. 29.4.1994 – Az. 3 StR 528/93, BGHSt 40, 125.
431 *BGH*, Urteil v. 23.10.1996 – Az. 5 StR 183/95, NJW 1997, 951.
432 *BGH*, Urteil v. 7.3.1984 – Az. 3 StR 550/83, BGHSt 32, 293.
433 §§ 239, 25 Abs. 1 2. Alt. StGB.
434 § 22 Abs. 1 DDR-StGB. Hierzu *M. Vormbaum*, Strafrecht der DDR (2015), S. 296 ff.
435 *BGH*, Urteil v. 23.10.1996 – Az. 5 StR 183/95, NJW 1997, 951, 952.
436 Art. 315 Abs. 4 EGStGB.
437 § 7 Abs. 2 Nr. 1 StGB.
438 § 131 DDR-StGB.

b) „Schwere und offensichtliche Menschenrechtsverletzung"

Eine Einschränkung des DDR-Tatbestandes der Freiheitsberaubung nahm der Bundesgerichtshof unter Bezugnahme auf die Rechtsprechung zu den Rechtsbeugungsverfahren gegen Richter und Staatsanwälte der DDR vor. Nur unter der Voraussetzung, dass durch die Inhaftierung Menschenrechte „schwer und offensichtlich" verletzt worden seien, sollten Denunziationen durch DDR-Bürger als Freiheitsberaubung erfassbar sein.[439] Das zusätzliche Erfordernis sollte eine Ungleichbehandlung im Verhältnis von Anzeigeerstattern und Amtspersonen ausschließen, welche die Inhaftierungen unmittelbar zu verantworten hatten. Damit wurde das kaum vertretbare Ergebnis vermieden, dass Denunzianten strafrechtlich belangt wurden, während Staatsanwälte und Richter möglicherweise straflos blieben, die in derselben Sache tätig geworden waren. Kein Anlass für eine entsprechende Einschränkung bestand im Hinblick auf die strafrechtliche Verantwortlichkeit von Bundesbürgern nach dem bundesdeutschen Freiheitsberaubungstatbestand.

c) Rechtswidrigkeit

Nach dem Text des Freiheitsberaubungstatbestands der DDR war die Rechtswidrigkeit Tatbestandsmerkmal („rechtswidrig der persönlichen Freiheit beraubt"). Prüfungsmaßstab für das Merkmal der Rechtswidrigkeit war in diesem Rahmen das Recht der DDR. Der Bundesgerichtshof[440] schränkte den Tatbestand der Freiheitsberaubung dahingehend ein, dass solche Handlungen nicht erfasst seien, die das Recht der DDR den ihm unterworfenen Bürgern zur Pflicht gemacht und deren Unterlassung § 225 Absatz 1 DDR-StGB sogar mit Strafe bedroht habe. Bei Unterlassen der Anzeige eines gemeinschaftlichen ungesetzlichen Grenzübertritts sah das DDR-Strafgesetzbuch eine Freiheitsstrafe von bis zu fünf Jahren vor, in besonders schweren Fällen von bis zu zehn Jahren.[441] Daraus folge, dass ein DDR-Bürger sich jedenfalls dann nicht wegen Freiheitsberaubung strafbar gemacht habe, wenn er von einer sogenannten Republikflucht vor deren Beendigung glaubhaft Kenntnis erlangt und sich in Befolgung des Gebots des DDR-Strafrechts darauf beschränkt habe, dies bei einer Dienststelle der Sicherheitsorgane der DDR zur Anzeige zu bringen und in einem späteren DDR-Strafverfahren als Zeuge zu bekunden.

---

439 *BGH*, Urteil v. 29.4.1994 – Az. 3 StR 528/93, BGHSt 40, 125, 133f. unter Bezugnahme auf *BGH*, Urteil v. 13.12.1993 – Az. 5 StR 76/93, BGHSt 40, 30, 42f., *M/W*, Bd. 5/1 (2007), S. 21.

440 *BGH*, Urteil v. 29.4.1994 – Az. 3 StR 528/93, BGHSt 40, 125, 134.

441 § 225 Abs. 1 Nr. 5, Abs. 3 iVm § 213 Abs. 3 Nr. 5 DDR-StGB.

Im Urteil vom 23. Oktober 1996 entschied der 5. Strafsenat, dass diese Rechtsprechung nur Geltung für DDR-Bürger im Rahmen des auf sie anzuwendenden Freiheitsberaubungstatbestands der DDR beanspruchen könne. Einem von vornherein unter der Strafdrohung des bundesdeutschen Freiheitsberaubungstatbestands stehenden Bürger der Bundesrepublik komme sie hingegen nicht zugute. Für ihn bleibe die Rechtsordnung verbindlich, in der er lebe.[442] Eine Verurteilung des Angezeigten wegen ungesetzlichen Grenzübertritts gemäß § 213 DDR-StGB stelle keine Rechtfertigung für die Inhaftierung dar, unabhängig davon, ob die Richter der DDR, die diese Entscheidung gefällt hätten, wegen Rechtsbeugung zur Verantwortung gezogen werden könnten. Die Strafvorschrift des ungesetzlichen Grenzübertritts habe einen wesentlichen Teil des offensichtlich menschenrechtswidrigen, durch Mauer, Stacheldraht, Todesstreifen und Schießbefehl gekennzeichneten Grenzregimes der DDR gebildet.[443] Einer solchen Bestimmung, durch deren Anwendung bereits die bloße Inanspruchnahme der Ausreisefreiheit nach dem Recht des Tatorts zur Verhängung einer längeren Haftstrafe habe führen können, müsse die Anerkennung im Rahmen des § 7 Absatz 2 Nr. 1 StGB versagt werden. Auch die Anzeigepflicht des DDR-Strafrechts sei Ausfluss der insgesamt rechtsstaatswidrigen Ausreisegesetzgebung der DDR gewesen. Da dem Angeklagten alle in diesem Zusammenhang relevanten Tatsachen bekannt gewesen seien, sei für ihn weder ein rechtfertigender noch ein entschuldigender Notstand gegeben.[444] Damit etablierte der Bundesgerichtshof im Ergebnis eine strengere strafrechtliche Haftung für bundesdeutsche Denunzianten als für ostdeutsche.

3. Rechtsprobleme im Rahmen des Tatbestandes der politischen Verdächtigung (§ 241a StGB)

a) Tatbestandsmäßigkeit des Verhaltens

Taterfolg im Sinne von § 241a StGB ist die Gefahr, aus politischen Gründen verfolgt zu werden und hierbei im Widerspruch zu rechtsstaatlichen Grundsätzen durch Gewalt- oder Willkürmaßnahmen Schaden an Leib oder Leben zu erleiden, der Freiheit beraubt oder in der beruflichen oder wirtschaftlichen Stellung empfindlich beeinträchtigt zu werden. Nach der Rechtsprechung des Bun-

---

442 *BGH*, Urteil v. 23.10.1996 – Az. 5 StR 183/95, NJW 1997, 951, 952, *M/W*, Bd. 6 (2006), S. 211.

443 *BGH*, Urteil v. 23.10.1996 – Az. 5 StR 183/95, NJW 1997, 951, 953, *M/W*, Bd. 6 (2006), S. 211 unter Bezugnahme auf *BVerfG*, Urteil v. 31.7.1973 – Az. 2 BvF 1/73, BVerfGE 36, 1, 35 und *BGH*, Urteil v. 3.11.1992 – Az. 5 StR 370/92, BGHSt 39, 1, 20, *M/W*, Bd. 2/1 (2002), S. 135.

444 *BGH*, Urteil v. 3.11.1992 – Az. 5 StR 370/92, BGHSt 39, 1, 20, *M/W*, Bd. 2/1 (2002), S. 135 unter Bezugnahme auf *BGH*, Urteil v. 29.4.1994 – Az. 3 StR 528/93, BGHSt 40, 125, 137.

desgerichtshofs[445] ist das bundesdeutsche Recht der Maßstab für die Frage der Rechtsstaatlichkeit. In dem der Entscheidung vom 29. April 1994 zu Grunde liegenden Fall[446] hatte die Angeklagte durch eine Anzeige an das Ministerium für Staatssicherheit die Angezeigten der Gefahr ausgesetzt, wegen vorbereiteten oder versuchten ungesetzlichen Grenzübertritts gemäß § 213 DDR-StGB in schweren Fällen verfolgt und zu erheblichen Freiheitsstrafen verurteilt zu werden. Unter Bezugnahme auf das Strafrechtliche Rehabilitierungsgesetz beurteilte der Bundesgerichtshof auch hier solche Verurteilungen als in der Regel rechtsstaatswidrig.[447]

Im Gegensatz zu seiner früheren Rechtsprechung,[448] nach der das Tatbestandsmerkmal der Gewalt- oder Willkürmaßnahmen grundsätzlich erfüllt war, wenn die Tatbestandsvoraussetzungen „politische Verfolgung" und „Rechtsstaatswidrigkeit" vorlagen, stellte der Bundesgerichtshof nunmehr in Anlehnung an seine Rechtsprechung zu den Rechtsbeugungsverfahren strengere Anforderungen auf. Gewalt- oder Willkürmaßnahmen liegen danach bei einer drohenden Verurteilung aufgrund eines in der DDR geltenden Strafgesetzes nur dann vor, wenn mit einer Bestrafung gerechnet werden musste, die in einem unerträglichen Missverhältnis zur Tat stand, so dass sie als grob ungerecht und als schwerer, offensichtlicher Verstoß gegen die Menschenrechte erscheinen musste, oder wenn in dem Ermittlungs- oder Strafverfahren sonst mit schweren Verstößen gegen die Menschenrechte zu rechnen war.[449]

Bereits aus dieser Auslegung folgte, dass nicht jede Anzeige, durch die ein DDR-Bürger der in der DDR geltenden Anzeigepflicht nachkam, den bundesdeutschen Tatbestand der politischen Verdächtigung erfüllte. Tatbestandserheblich war nach der Rechtsprechung vielmehr nur eine Anzeige, die den Angezeigten der Gefahr aussetzte, solche rechtsstaatswidrigen Gewalt- oder

445 *BGH*, Urteil v. 29.4.1994 – Az. 3 StR 528/93, BGHSt 40, 125, 136; Beschluss v. 8.2.1995 – Az. 5 StR 157/94, NStZ 1995, 288, 289, *M/W*, Bd. 7 (2009), S. 359.

446 *BGH*, Urteil v. 29.4.1994 – Az. 3 StR 528/93, BGHSt 40, 125.

447 Vgl. § 1 Abs. 1 Nr. 1 lit. e StrRehaG und *BGH*, Urteil v. 29.4.1994 – Az. 3 StR 528/93, BGHSt 40, 125, 136.

448 *BGH*, Urteil v. 2.6.1954 – Az. 6 StR 47/54, BGHSt 6, 166; *BGH*, Urteil v. 2.2.1960 – Az. 3 StR 53/59, BGHSt 14, 104; *BGH*, Urteile v. 10.1.1963 – Az. 3 StR 57/62, v. 10.6.1963 – Az. 3 StR 22/63, v. 8.5.1964 – Az. 3 StR 6/64, bei *Wagner* GA 1966, 65, 77; *KG Berlin*, Urteil v. 1.11.1956 – Az. (2) 1 OJs 53/56 (229/56), NJW 1957, 684; *LG Dortmund*, Urteil v. 2.7.1953 – Az. 18 KLs 7/53, NJW 1954, 1539.

449 *BGH*, Urteil v. 29.4.1994 – Az. 3 StR 528/93, BGHSt 40, 125, 136; *BGH*, Urteil v. 23.10.1996 – Az. 5 StR 695/95, NStZ-RR 1997, 100, 101, *M/W*, Bd. 6 (2006), S. 275. Diese Einschränkung des Tatbestands ist in der Literatur heftig kritisiert worden, vgl. *Reimer* NStZ 1995, 83; *Wassermann* NJW 1995, 931 sowie die Ausführungen in *M/W*, Aufarbeitung (1999), S. 73 Fn. 354.

Willkürmaßnahmen zu erleiden, die wegen ihrer offensichtlichen und schweren Verletzung von Menschenrechten auch eine Strafbarkeit der dafür verantwortlichen DDR-Organe begründen konnte.[450] Damit knüpfte der Bundesgerichtshof ausdrücklich an seine Rechtsprechung zu während der NS-Diktatur begangenen politischen Verdächtigungen an. In seiner Entscheidung vom 8. Juli 1952[451] hatte er den Grundsatz aufgestellt, dass die Frage, ob die durch den Vollzug eines Strafurteils herbeigeführte Folge rechtmäßig oder rechtswidrig sei, für alle Beteiligten – den Anzeigenden, den Polizeibeamten, den Staatsanwalt und den Richter – nur einheitlich entschieden werden könne, wenn der Anzeigende einen wahren Sachverhalt angezeigt habe und der wahre Sachverhalt in einem ordnungsgemäßen Verfahren zutreffend ermittelt worden sei.[452]

b) Rechtswidrigkeit und Schuld

Anders als beim DDR-Straftatbestand der Freiheitsberaubung war bei der politischen Verdächtigung des bundesdeutschen Strafrechts die Rechtswidrigkeit kein Merkmal des gesetzlichen Tatbestandes. Bei der Anwendung der bundesdeutschen Norm führte der Bundesgerichtshof seine bisherige Rechtsprechung fort; eine Rechtfertigung dadurch, dass die Pflicht zur Anzeige nach DDR-Recht vorgeschrieben war, wurde nicht anerkannt.[453] Zur Begründung berief sich der Bundesgerichtshof auf die vom bundesdeutschen Gesetzgeber gewollte Geltung des Tatbestandes der politischen Verdächtigung auch und gerade für in der DDR begangene Taten. Hieraus folge zwingend, dass die tatbestandserheblichen Verdächtigungen und Bespitzelungen nicht schon deshalb als rechtmäßig im Sinne des Strafgesetzbuchs anzusehen seien, weil sie von der formalen Gesetzeslage der DDR gedeckt gewesen seien.[454] Eine konkrete Zwangslage im Einzelfall müsse im Rahmen des rechtfertigenden oder entschuldigenden Notstands[455] berücksichtigt werden.

---

450 *BGH*, Urteil v. 29.4.1994 – Az. 3 StR 528/93, BGHSt 40, 125, 136. Diese Verknüpfung wurde in der Literatur ebenfalls kritisiert, vgl. *Reimer* NStZ 1995, 83; *Wassermann* NJW 1995, 931 sowie die Ausführungen in *M/W*, Aufarbeitung (1999), S. 73 Fn. 355.

451 *BGH*, Urteil v. 8.7.1952 – Az. 1 StR 123/51, BGHSt 3, 110 f.

452 *BGH*, Urteil v. 23.10.1996 – Az. 5 StR 183/95, NJW 1997, 951, *M/W*, Bd. 6 (2006), S. 211.

453 *BGH*, Urteil v. 29.4.1994 – Az. 3 StR 528/93, BGHSt 40, 125, 137.

454 *BGH*, Urteil v. 29.4.1994 – Az. 3 StR 528/93, BGHSt 40, 125, 137 unter Bezugnahme auf *BGH*, Urteil v. 2.6.1960 – Az. 3 StR 53/59, BGHSt 14, 104, 106.

455 §§ 34, 35 StGB.

4. Verjährung

Nach dem Recht der DDR kam nur eine Verfolgung wegen Anstiftung oder Beihilfe zur Freiheitsberaubung gemäß § 131 DDR-StGB in Betracht. Die Verjährungsfrist für diese Taten betrug nach DDR-Strafrecht fünf Jahre.[456] Ausgehend davon, dass sich der Lauf der Verjährungsfrist nach dem Zeitpunkt der Beendigung der Straftat richtet, kam es jeweils auf den Zeitpunkt der Haftentlassung der Angezeigten an.[457]

Nach bundesdeutschem Recht war eine Strafbarkeit der Anzeigenden wegen politischer Verdächtigung gegeben, für die eine Verjährungsfrist von fünf Jahren galt.[458] Der – in diesen Fällen regelmäßig gegebene – schwere Fall einer Freiheitsberaubung verjährte erst nach zehn Jahren.[459] Der Lauf der Verjährungsfrist begann, ebenso wie im Recht der DDR, mit der Entlassung des Angezeigten aus der Haft. Nach dem ersten Verjährungsgesetz ruhte für die Denunziationen die Verjährung in der DDR bis zum 2. Oktober 1990. Der Wille der Staats- und Parteiführung der DDR ging eindeutig dahin, Anzeigen von Fluchtvorhaben nicht zu verfolgen. Mittlerweile sind alle nicht verfolgten Fälle von Denunziation sowohl nach DDR-Recht als auch nach bundesdeutschem Recht längst verjährt.

F. MfS-Straftaten[460]

I. Einführung

Das Ministerium für Staatssicherheit der DDR wurde im Jahr 1950 durch Gesetz gegründet.[461] Es gehört zu den Institutionen der DDR, deren Erwähnung in besonderem Maße Erinnerungen und Emotionen hervorruft. Eine rückschauende Betrachtung der DDR kommt selten ohne Erwähnung des Ministeriums für Staatssicherheit aus. Als Chiffre steht „MfS“ nach wie vor in einem besonders engen Wahrnehmungszusammenhang mit der DDR. Eine – auch nur schlag-

---

456 § 82 Abs. 1 Nr. 2 DDR-StGB.
457 § 82 Abs. 3 S. 1 DDR-StGB.
458 §§ 241a, 78 Abs. 3 Nr. 5 StGB.
459 § 239 Abs. 3 StGB iVm § 78 Abs. 3 Nr. 3 StGB.
460 Zum Gesamtkomplex vgl. die aus dem Projekt „Strafjustiz und DDR-Vergangenheit“ hervorgegangene Monografie von *Schißau*, Strafverfahren (2006) sowie *M/W*, Bd. 6 (2006).
461 Gesetz über die Bildung eines Ministeriums für Staatssicherheit v. 8.2.1950; DDR-GBl. 1950, S. 95.

wortartige – Charakterisierung der DDR ohne zentrale Erwähnung des Ministeriums für Staatssicherheit erscheint geradezu unmöglich.

Als eigenständiges Ministerium löste das Ministerium für Staatssicherheit die bis dahin im Ministerium des Innern bestehende „Hauptverwaltung zum Schutze der Volkswirtschaft“ ab. In der Folge der Ereignisse vom 17. Juni 1953, die das Ministerium für Staatssicherheit nicht verhindert oder auch nur vorhergesehen hatte, wurde es zu einem dem Ministerium des Innern zugehörigen „Staatssekretariat für Staatssicherheit“ herabgestuft. Im November 1955 erstarkte dieses dann erneut zum Ministerium für Staatssicherheit. Von 1957 bis zum 7. November 1989 unterstand das Ministerium Erich Mielke als Minister für Staatssicherheit.[462]

Neben der Anordnung zu seiner Einrichtung enthielt das „Gesetz über die Bildung eines Ministeriums für Staatssicherheit“ von 1950 keinerlei Regelungen hinsichtlich Aufgaben und Zuständigkeiten. Auch zu späteren Zeitpunkten unterblieb eine grundlegende gesetzliche Regelung dieser Fragen. Lediglich in vereinzelten Bestimmungen fanden Befugnisse des Ministeriums für Staatssicherheit Erwähnung,[463] ohne dass damit dessen Tätigkeit geregelt wurde. Grundlage der Arbeit des Ministeriums war eine Vielzahl interner Regelungsinstrumente verschiedener Art,[464] die streng geheim gehalten wurden. Auch die eigenen Mitarbeiter erfuhren nur das jeweils für ihre Tätigkeit Notwendige.

Dem Ministerium für Staatssicherheit war die Gewährleistung der inneren und äußeren Sicherheitsinteressen der DDR mit geheimdienstlichen Mitteln und Methoden übertragen. Diese Tätigkeit beinhaltete Maßnahmen der Aufklärung

---

462 Gegen Mielke wurden wegen Handlungen im Dienste des MfS drei Anklagen erhoben. Die Anklage der *StA bei dem KG Berlin* v. 16.9.1992 – Az. 2 Js 15/91 und die Anklage der *StA II bei dem LG Berlin* v. 16.2.1994 – Az. 29 Js 1241/92 betrafen Vorgänge aus der Zeit, als Mielke Staatssekretär des MfS war. Dabei ging es um eine Gefangenenvernehmung aus dem Jahr 1950 und eine Entführung aus dem Jahr 1955. Die Anklage der *StA bei dem KG Berlin* v. 16.4.1991 – Az. 2 Js 245/90 behandelte neben der Kontrolle des Telefonverkehrs Vorwürfe der Untreue und der Rechtsbeugung und bezog sich auf Zeiträume, während derer Mielke Minister für Staatssicherheit war. Wegen Verhandlungsunfähigkeit Mielkes, die zu Verfahrenseinstellungen führte, konnten die Tatvorwürfe in keinem dieser Verfahren gerichtlich geklärt werden. In einem weiteren Verfahren, das einen Polizistenmord am Berliner Bülowplatz aus dem Jahr 1931 (!) betraf und mithin ohne Bezug zu Mielkes Tätigkeit für das Ministerium für Staatssicherheit war, wurde er im Oktober 1993 durch das LG Berlin zu einer Freiheitsstrafe von sechs Jahren verurteilt. Der *BGH* bestätigte diese Verurteilung, Urteil v. 10.3.1995 – Az. 5 StR 434/94, BGHSt 42, 71.

463 Vgl. insbesondere § 88 DDR-StPO 1968.

464 So gab es „Richtlinien“, „Durchführungsbestimmungen“, „Festlegungen“, „Ordnungen“, „Dienstanweisungen“, „Befehle“. Die Zahl solcher internen Regelungen wird mit etwa 600 angegeben, vgl. *Fricke*, MfS intern (1991), S. 11; *M. Vormbaum*, Strafrecht der DDR (2015), S. 602f.

und der Abwehr. Das Selbstverständnis des Ministeriums sah eine parteiliche Erfüllung seiner Aufgaben mit „tschekistischer Disziplin“[465] und im Interesse der SED vor.[466]

Im Wesentlichen war das Ministerium für Staatssicherheit in drei Hierarchieebenen unterteilt. Auf oberster Ebene war das in Berlin ansässige Ministerium für die gesamte DDR zuständig. Unterhalb der ministeriellen Ebene fungierten 15 „Bezirksverwaltungen für Staatssicherheit“ als Mittelinstanzen.[467] Darunter waren rund 210 „Kreisdienststellen“ angesiedelt. Zusätzlich zu diesen Einheiten, deren Struktur sich an die Aufteilung der DDR in Bezirke und Kreise anlehnte, gab es vereinzelte „Objektdienststellen“, die für besonders wichtige Einrichtungen zuständig waren.[468] Die interne Organisation folgte im Ministerium und in den Bezirksverwaltungen für Staatssicherheit dem gleichen Muster. Die Einteilung in sogenannte „Hauptabteilungen“ und „Abteilungen“ stimmte überein. Gleiches gilt für die Untergliederung in einzelne „Referate“. Die Kreisdienststellen hatten dagegen eine andere Binnenstruktur. Sie waren nach sogenannten „Operativen Referaten“ gegliedert.

Das Ministerium war in insgesamt 39 Diensteinheiten untergliedert, die für die unterschiedlichsten Bereiche zuständig waren.[469] Von den zum Zeitpunkt der Auflösung rund 85.000 hauptamtlichen Mitarbeitern des Ministeriums für Staatssicherheit waren ca. 31.000 bei den Bezirksverwaltungen im Einsatz und ca. 11.000 bei den Kreis- und Objektdienststellen.

---

465 Der Begriff geht zurück auf die „Tscheka“, die politische Polizei, die nach der Oktoberrevolution 1917 in Russland zur Abwehr „konterrevolutionärer Machenschaften gegen die Sowjetmacht“ gebildet wurde, vgl. *Gill/Schröter*, Ministerium (1993), S. 18.

466 Ernst Wollweber, Minister für Staatssicherheit von 1953 bis 1957, hatte in einer Rede 1954 gefordert, dass das Ministerium für Staatssicherheit ein „scharfes Schwert“ der Partei sein müsse.

467 Ursprünglich gab es sechs „Landesverwaltungen für Staatssicherheit“. Im Zuge der Einführung von Bezirken wurden diese 1952 umgebildet in 15 „Bezirksverwaltungen für Staatssicherheit“.

468 Objektdienststellen gab es zum Beispiel für das Kernkraftwerk Greifswald oder für die Chemischen Kombinate Bitterfeld. Es existierten zusammen 219 Kreis- und Objektdienststellen.

469 Neben solchen Einheiten, die für die Durchführung bestimmter Überwachungsmaßnahmen oder für die Ausforschung bestimmter Bevölkerungsgruppen zuständig waren, gab es andere, die mit Aufgaben wie der Sicherung von Gebäuden des Ministeriums für Staatsicherheit, der Verwaltung von Dokumenten, der Führung von Finanzen oder – wegen eines besonderen persönlichen Interesses des Ministers für Staatssicherheit Mielke – mit der Leitung des Sportvereins SC Dynamo Berlin beschäftigt waren.

II. Sachverhalte

Aus der Gesamttätigkeit des Ministeriums für Staatssicherheit sind – als Konsequenz seiner Omnipräsenz – sehr unterschiedliche Handlungsweisen strafrechtlich relevant.[470]

Folgende Fallgruppen, die sich an Einteilungen der Justiz orientieren, lassen sich zur Darstellung der Strafverfolgungsaktivitäten bilden: Abhören von Telefonen, Öffnen von Briefsendungen zur Kenntnisnahme von deren Inhalt, Entnahme von Geld und Wertgegenständen aus Postsendungen, heimliches Betreten fremder Räumlichkeiten, Preisgabe von Informationen aus beruflich begründeten Vertrauensverhältnissen, Repressalien gegenüber Ausreiseantragstellern, Entführungen, Liquidierungen und Liquidierungsversuche, Unterbringung von RAF-Terroristen in der DDR.

In dieser Zusammenstellung sind solche Strafverfolgungsmaßnahmen nicht enthalten, die sich auf die Tätigkeit im Zusammenhang mit der Außenspionage der DDR bezogen. Diese war zwar organisatorisch in das Ministerium für Staatssicherheit eingebunden. Spionagehandlungen richteten sich aber in erster Linie nicht gegen die Bevölkerung der DDR, sondern gegen Einrichtungen und Bürger anderer Staaten. Sie werden an anderer Stelle gesondert dargestellt.[471] Weiterhin sind Fälle nicht erfasst, in denen es um Denunziationsvorwürfe ging, die Vorfälle außerhalb strafrechtlich gesondert geschützter beruflicher Beziehungen betrafen.[472]

Ebenfalls nicht der Deliktsgruppe MfS-Straftaten zugerechnet werden diejenigen Fälle, in denen MfS-Angehörige (mit-)angeklagt waren, der Schwerpunkt der Verfahren jedoch auf anderen Erscheinungsformen von DDR-Unrecht lag. Darunter fallen insbesondere Verfahren wegen Wahlfälschung, Amtsmissbrauch und Korruption sowie wegen Rechtsbeugung.[473] Schließlich betrafen einige Verfahren zwar MfS-Praktiken, richteten sich aber gegen Angeklagte, bei denen entweder tatsächlich keine formelle oder informelle Zugehörigkeit zum Ministerium für Staatssicherheit vorlag oder eine solche zumindest nicht nachgewiesen werden konnte.[474] Aufgrund des engen Sachzusammenhangs werden diese Verfahren dennoch einbezogen.

---

470 Die folgenden Fallgruppen umfassen weder inhaltlich noch quantitativ alle dienstlichen Tätigkeiten des MfS; erwähnt ist nur derjenige Teil aus der Gesamtheit an Diensthandlungen, bei denen der Verdacht strafbarer Handlungen bestand.

471 Vgl. S. 171 ff.

472 Vgl. dazu S. 88 ff.

473 Zu diesen Verfahren *M/W*, Bd. 1 (2000), Bd. 3 (2002) und Bd. 5 (2007).

474 Zu den Problemen bei der Bestimmung der MfS-Zugehörigkeit *Lindheim* DtZ 1993, 358.

1. Abhören von Telefonen

Es ging in diesem Bereich um die Strafverfolgung von Mitarbeitern des Ministeriums für Staatssicherheit im Zusammenhang mit der Anordnung und Durchführung des Abhörens von Telefonanschlüssen in der DDR. Das Ministerium für Staatssicherheit unterhielt für das Abhören von Telefonen, das in die Zuständigkeit der sogenannten Linie 26[475] fiel, eigene technische Anlagen, auf welche die an sich für den Fernsprechverkehr zuständige Deutsche Post der DDR keinen Zugriff hatte.[476] Die Entscheidung darüber, bei wem Telefonate mitgehört oder aufgezeichnet wurden, lag allerdings nicht in der Hand der Verantwortlichen der Linie 26. Für diese Auswahl waren andere Einheiten zuständig. Für diejenige Einheit, welche das Vorgehen gegen die betreffende Person koordinierte, kam das Abhören des Telefons als eine von mehreren Maßnahmen der Überwachung in Betracht. Die Einheiten der Linie 26 erbrachten MfS-intern insofern eine Art technischer Dienstleistung. Die einzelne Abhörmaßnahme musste auf einem Formblatt beantragt und vom Leiter der Bezirksverwaltung bzw. von dessen Stellvertreter schriftlich bestätigt werden. Aus Kapazitätsgründen war die Maßnahme zeitlich beschränkt. Der Inhalt der überwachten Gespräche wurde aufgezeichnet oder durch die überwachenden Mitarbeiter des Ministeriums für Staatssicherheit protokolliert.

2. Öffnen von Briefsendungen zur Kenntnisnahme von deren Inhalt

Diese Fallgruppe hatte Sachverhalte zum Gegenstand, in denen MfS-Mitarbeiter Briefe und Telegramme des deutsch-deutschen, des internationalen sowie des Postverkehrs innerhalb der DDR öffneten, um von ihrem Inhalt Kenntnis zu nehmen. Zuständig war die „Linie M" des Ministeriums für Staatssicherheit.[477] Zunächst wurde geprüft, ob eine Sendung für das Ministerium von Interesse war. Dies geschah anhand verschiedener äußerer Kriterien, vor allem der Ad-

---

475 Der Begriff „Linie" wurde verwendet für diejenigen Abteilungen auf der Ebene des Ministeriums und der Bezirksverwaltungen, die jeweils gleich benannt waren und den gleichen Aufgabenbereich hatten. So gehörten zur „Linie 26" alle als „Abteilung 26" benannten Einheiten. Die Linien waren geprägt durch ein straffes vertikales Weisungsverhältnis.

476 Die Abteilungen 26 in den Bezirksverwaltungen für Staatssicherheit waren mit unterschiedlichen technischen und personellen Kapazitäten für die Überwachungstätigkeit ausgestattet. Im Bereich der Bezirksverwaltung für Staatssicherheit Potsdam bestand zum Beispiel die Möglichkeit, bis zu 100 Anrufe gleichzeitig abzuhören und aufzuzeichnen, in Frankfurt/Oder konnten 200, in Halle 210, in Leipzig 350, in Magdeburg 400 und in Erfurt 800 Überwachungen durchgeführt werden. In einer im Mai 1983 in Berlin-Johannisthal in Betrieb genommenen Dienststelle der Abteilung 26 war es möglich, 1.000 Gespräche gleichzeitig zu überwachen.

477 Zum Begriff der „Linie" vgl. S. 102 Fn. 475.

ressaten- und Absenderanschrift. Für relevant erachtete Briefe wurden ausgesondert und von darauf spezialisierten Teileinheiten geöffnet. Wiederum andere Stellen werteten den Inhalt aus. Die Briefe wurden zu einem kleinen Teil nach Kenntnisnahme des Inhaltes vernichtet, ansonsten nach erneutem Verschluss weiterbefördert. Wie auch die Tätigkeit der Linie 26 war die Postkontrolle durch die Linie M eines von mehreren Überwachungsinstrumenten, die auf Anforderung anderer Diensteinheiten im Ministerium für Staatssicherheit eingesetzt wurden.

3. Entnahme von Geld und Wertgegenständen aus Postsendungen

Die Strafverfahren hatten ferner die in den 1980er Jahren zunehmend ausgebaute Praxis des Ministeriums für Staatssicherheit zum Gegenstand, aus Postsendungen Geld und Wertgegenstände, wie zum Beispiel Schmuck, zu entnehmen. Die Sendungen stammten zum großen Teil aus der damaligen Bundesrepublik. Bei Briefen, denen Bargeld entnommen wurde, handelte es sich vor allem um Sendungen von Verwandten. Die betroffenen Pakete waren vielfach sogenannte „Irrläufer", die wegen gleichlautender Postleitzahlen in den beiden deutschen Staaten versehentlich in die DDR gelangt waren. Hinsichtlich des Briefverkehrs wurden auch diese Maßnahmen in der Zuständigkeit der Linie M durchgeführt. Für den Paketverkehr war die „Abteilung Postzollfahndung" verantwortlich.[478]

Auf diese Weise wurden allein im Zeitraum von 1984 bis 1989 Geldbeträge von mehr als 32 Millionen DM und Wertgegenstände im Wert von über 10 Millionen DM[479] entnommen.[480] Das einbehaltene Geld wurde buchhalterisch erfasst, anschließend MfS-intern weitergeleitet und durch das Ministerium in Berlin über ein Sonderkonto bei der Staatsbank dem Staatshaushalt der DDR zur Verfügung gestellt. Die entnommenen Wertgegenstände wurden in der Mehrzahl der Fälle an die „Arbeitsgruppe für Asservate" zur Verwertung weitergeleitet. Die Verwertung bestand zum Teil darin, dass höherrangigen MfS-Angehörigen die Möglichkeit eröffnet wurde, diese Gegenstände für den privaten Gebrauch zu kaufen.

---

478 Nach dem Zusammenschluss der beiden Abteilungen im Jahr 1984 wurde die Kontrolle einheitlich von den Einheiten der Linie M wahrgenommen.

479 Angaben nach *Schroeder* JR 1995, 95. In der gleichen Größenordnung bewegen sich die Angaben der Staatsanwaltschaft, auf die sich der *BGH* in seinem Beschluss v. 31.3.1993 – Az. 3 Bjs 512/90-2 (141)-AK 5/93, NStZ 1994, 542 bezieht.

480 Für frühere Zeiträume existiert keine genaue Auflistung.

4. Heimliches Betreten fremder Räumlichkeiten

In dieser Fallgruppe ging es um das Eindringen in Häuser und Wohnungen,[481] das von MfS-Mitarbeitern ohne Wissen der betroffenen Bewohner und in deren Abwesenheit durchgeführt wurde. Zum einen handelte es sich um vom Ministerium für Staatssicherheit intern als „E-Maßnahme" bezeichnete Handlungen im Zusammenhang mit einer „konspirativen Durchsuchung". Eine solche Durchsuchung diente dem Auffinden von belastendem Material. Nach Abschluss der Maßnahme wurden regelmäßig umfangreiche Berichte erstellt, die, ergänzt durch vor Ort angefertigte Fotografien, detailliert die Räume und die darin enthaltenen Gegenstände dokumentierten. Die Durchführung von „konspirativen Durchsuchungen" oblag der „Linie VIII", die auf Antrag anderer Diensteinheiten des Ministeriums für Staatssicherheit tätig wurde. Zum anderen sind Handlungen im Zusammenhang mit „B-Maßnahmen" (akustische Überwachung) hier erfasst, die in die Zuständigkeit der Linie 26[482] fielen. Das Betreten der Räumlichkeiten erfolgte in diesen Fällen mit dem Ziel der Installation von Abhöreinrichtungen.

5. Preisgabe von Informationen aus beruflich begründeten Vertrauensverhältnissen

Diese Fallgruppe umfasst Verfahren gegen Beschuldigte, die ihre berufliche Stellung als Arzt oder Rechtsanwalt missbrauchten, indem sie vertrauliche Informationen über Patienten oder Mandanten an das Ministerium für Staatssicherheit weitergaben.[483] Den Beschuldigten war gemeinsam, dass sie sich dem Ministerium gegenüber zur Mitarbeit als „Inoffizielle Mitarbeiter" verpflichtet hatten.[484] Die geheimhaltungspflichtigen Tatsachen wurden gegenüber dem jeweils zuständigen Führungsoffizier des Inoffiziellen Mitarbeiters offenbart. Neben der Mitteilung von Einzelheiten aus dem Patienten- bzw. Mandats-

---

481 Einige Fälle betrafen die Durchsuchung von Räumlichkeiten am Arbeitsplatz.

482 Vgl. auch S. 102.

483 Dieser Bereich ist von dem Bereich der Denunziationen abzugrenzen (vgl. oben, S. 88 ff.), der Fälle betrifft, in denen die Beschuldigten strafrechtlich relevante Informationen über angebliche oder tatsächliche Regimegegner an die DDR-Behörden weiterleiteten. Charakteristisch für Denunziationen ist, dass die Einleitung eines Ermittlungsverfahrens gegen die Betroffenen und deren anschließende Verurteilung zu zum Teil mehrjährigen Haftstrafen die Folge der Anzeige war.

484 In einem Fall gab der angeklagte Arzt an, zwar in Kontakt zum Ministerium für Staatssicherheit gestanden zu haben, jedoch keine Verpflichtungserklärung unterschrieben zu haben und somit zu Unrecht als Inoffizieller Mitarbeiter geführt worden zu sein, *AG Döbeln*, Urteil v. 13.9.1996 – Az. 1 Ds 823 Js 20814/96, UA S. 6.

verhältnis im Gespräch zwischen dem Inoffiziellen Mitarbeiter und seinem Führungsoffizier kam es auch vor, dass der als Arzt tätige Inoffizielle Mitarbeiter dem hauptamtlichen Mitarbeiter des Ministeriums für Staatssicherheit Krankenakten für eine gewisse Zeit überließ. Die offenbarten Inhalte sind vielfältig. Nicht immer ist erkennbar, welches Interesse das Ministerium an den übergebenen Informationen hatte.

6. Repressalien gegenüber Ausreiseantragstellern

Dieser Komplex betraf Verfahren gegen Beschuldigte, die aufgrund ihrer Position in der DDR Einfluss auf die Genehmigung und die Durchführung von Übersiedlungen nehmen konnten. Es war das Ziel der DDR, die Zahl der Anträge auf Übersiedlung möglichst gering zu halten. Deshalb unternahmen offizielle Stellen viel, um potentielle Antragsteller vom Stellen eines Antrags abzuhalten.[485] Nachdem ein Antrag gestellt worden war, wurde versucht, eine Rücknahme zu erreichen. Anträge wurden zum Teil durch die Behörden nicht bearbeitet. Ausreisewillige Bürger wurden vielfach Ziel von Repressalien. Die Antragsteller und deren Familienmitglieder erlitten allein wegen der Tatsache der Antragstellung Nachteile in Ausbildung und Beruf sowie im Privatleben.

Die Strafverfahren bezogen sich auf zwei verschiedene Stadien solcher Ausreiseverfahren. Zum einen ging es um Fälle, in denen die Ausreisewilligen unter Einsatz von Gewalt oder unzulässigen Drohungen dazu bewegt werden sollten, ihren Ausreiseantrag zurückzunehmen. Zum anderen wurden Fälle erfasst, in denen Ausreisewillige im Zusammenhang mit dem Genehmigungsverfahren hinsichtlich der Übertragung von Grundeigentum unter Druck gesetzt wurden.[486] Der größte Teil der Verfahren in diesem Zusammenhang befasste sich mit Aktivitäten der Kanzlei des Rechtsanwalts und Notars Wolfgang Vogel und deren Umfeld. Die Kanzlei von Vogel, der seit 1964 gegenüber der Bundesregierung als Unterhändler für die DDR auftrat, hatte sich zur Anlaufstelle für Ausreisewillige aus der gesamten DDR entwickelt, weil der Einfluss und die Stellung Vogels bekannt waren und die Kanzlei die einzige unbürokratische

---

485 Um den Übersiedlungsbegehren zu begegnen, war 1975 mit der „Zentralen Koordinierungsgruppe“ (ZKG) eigens eine hierfür zuständige Diensteinheit im Ministerium für Staatssicherheit gegründet worden.

486 Gesetzlich vorgesehen war, dass der Ausreisende seinen Grundbesitz verkaufte, ihn verschenkte oder ihn vom Nutzer verwalten ließ. In Abweichung hiervon wurde Ausreisewilligen ein bestimmter Käufer vorgestellt mit dem Hinweis, dass an diesen – oft zu einem erheblich unter dem gutachterlichen Wert liegenden Preis – zu verkaufen sei, andernfalls die Ausreise nicht vorgenommen werden könne.

Möglichkeit zur Förderung von Ausreisen bot. Vogel hatte die Berechtigung, sogenannte FD-Listen („Familienzusammenführung dringlich“) zu erstellen und vorzulegen. Diese Listen enthielten Einzelfälle von Übersiedlungsbegehren, die nach dem Ermessen Vogels als dringlich anzusehen waren und bevorzugt genehmigt wurden. Die Befugnis Vogels zur Erstellung der FD-Listen war ein in der DDR einzigartiges Privileg. Da eine Kontrolle der Ermessensausübung nicht stattfand, hatte Vogel faktisch die Möglichkeit, Ausreisescheine für DDR-Bürger auszustellen.

7. Entführungen

In dieser Fallgruppe sind Fälle erfasst, in denen Bürger, ohne dass die gesetzlichen Voraussetzungen für eine Verhaftung vorgelegen hätten, gegen ihren Willen an einen anderen Ort verbracht wurden, wo man sie förmlich in Haft nahm oder anderweitig festhielt. Anschließend erfolgten Verurteilungen zu Haftstrafen. Die angeklagten Taten[487] betrafen vorrangig Entführungen aus dem Westen Berlins in den Ostteil der Stadt. Die Opfer hatten zumeist vom Boden Westberlins aus mit unterschiedlicher Intensität eine gegen die DDR gerichtete Tätigkeit entfaltet. Um die Verbringung der Opfer nach Ostberlin zu ermöglichen, wurde zumeist ein bestehendes Bekanntschafts- oder Vertrauensverhältnis genutzt oder der Aufbau einer Bekanntschaft zielgerichtet gefördert. Zur Erleichterung der Entführung wurden Opfer mit List an einen Ort gelockt, an dem es dann zur Überwältigung kam. Zum Teil wurde Widerstand durch vorherige heimliche Verabreichung eines Betäubungsmittels verhindert. Es gab jedoch auch Fälle, in denen das Opfer unter Anwendung unmittelbarer körperlicher Gewalt in den Osten der Stadt verbracht wurde.

8. Liquidierungen und Liquidierungsversuche

Diese Deliktsgruppe beinhaltet Fälle, in denen der Vorwurf versuchter oder vollendeter Tötung aus politischen Motiven erhoben wurde. Vornehmlich waren die Opfer DDR-Bürger, die in die Bundesrepublik gelangt waren. Ein einheitliches Handlungsschema in dieser Deliktsgruppe ist nicht erkennbar.

In einem spektakulären Verfahren wegen dreifachen Mordversuchs ging es um einen Anschlag auf ein Ehepaar, das eine Fluchthilfeorganisation von der Bundesrepublik aus betrieb und einer größeren Zahl von meist gut ausgebildeten DDR-Bürgern die Flucht ermöglicht hatte. Der Ehemann war früher selbst

---

487 Vgl. hierzu *M/W*, Bd. 6 (2006), S. XLIII f.

durch die Bundesregierung aus DDR-Haft freigekauft worden. Koordiniert durch das Ministerium für Staatssicherheit nahm der spätere Angeklagte, ein für das Ministerium tätiger Bundesbürger, Kontakt zu der Familie auf und gewann über die Jahre ihr Vertrauen. Im Verlaufe eines gemeinsamen Urlaubs in Israel verabreichte er der Familie vergiftetes Hackfleisch. Die Familie überlebte den Anschlag. Das Landgericht Berlin verurteilte den Angeklagten zu einer Freiheitsstrafe von sechs Jahren und sechs Monaten.[488]

Ein weiteres Verfahren richtete sich gegen zwei MfS-Mitarbeiter, darunter ein ehemaliger Stellvertreter Erich Mielkes. Ihnen wurde vorgeworfen, einen Plan zur Ermordung eines ehemaligen DDR-Grenzsoldaten ausgearbeitet zu haben, der bei der Flucht von seiner Einheit in die Bundesrepublik seinerseits zwei Angehörige der DDR-Grenztruppen getötet hatte. Die Durchführung des Planes sei mehrfach aufgeschoben und am Ende aufgegeben worden. Die Staatsanwaltschaft klagte die beiden MfS-Mitarbeiter wegen Verbrechensverabredung an.[489] Das Landgericht Berlin lehnte allerdings eine Eröffnung des Hauptverfahrens ab.[490] Auf Grund der Beweislage seien die Beschuldigten der ihnen vorgeworfenen Tat nicht hinreichend verdächtig.

Ein anderes Verfahren[491] gegen drei Angeklagte betraf eine Tötung im Zusammenhang mit dem Grenzregime der DDR.[492] Sie erfolgte bei einem Sondereinsatz des Ministeriums für Staatssicherheit an der Staatsgrenze.[493] Ein früherer DDR-Bürger war nach langer Haft, unter anderem wegen „staatsgefährdender Propaganda", in die Bundesrepublik entlassen worden. Aufgrund eines Artikels des „Spiegel", wonach die Funktionsweise der von der DDR an der Grenze zur Bundesrepublik installierten Selbstschussanlagen den bundesdeutschen Behörden aller Wahrscheinlichkeit nach nicht bekannt sei, hatte er beschlossen, eine solche Anlage zu beschaffen. In der Folge hatte er dann zweimal einen Selbstschussautomaten an der Grenze abmontiert. Bei dem Versuch, dies ein drittes Mal zu tun, wurde er durch Mitglieder des vom Ministerium für Staatssicherheit geleiteten Sonderkommandos erschossen. Das Landgericht Schwerin sprach die Angeklagten allerdings frei. Es sei davon auszugehen,

---

488 *LG Berlin*, Urteil v. 28.11.1994 – Az. (527) 29/2 Js 256/90 Ks (15/94), *M/W*, Bd. 6 (2006), S. 219.

489 Anklage der *StA II bei dem LG Berlin* v. 29.10.1993 – Az. 29/2 Js 228/90.

490 *LG Berlin*, Beschluss v. 26.4.1994 – Az. (532) 29/2 Js 228/90 (12/93).

491 *LG Schwerin*, Urteil v. 24.3.2000 – Az. KLsw (54/95) – 191 Js 21460/95, *M/W*, Bd. 6 (2006), S. 471.

492 Denselben Lebenssachverhalt betraf eine Anklage der *StA II bei dem LG Berlin* v. 27.5.1997 – Az. 25 Js 2/97, die sich gegen drei vorgesetzte MfS-Offiziere richtete.

493 Der Fall betraf die für Abwehrarbeit in NVA und Grenztruppen zuständige Hauptabteilung I des MfS.

dass ihr Verhalten durch Notwehr gerechtfertigt sei oder jedenfalls die irrige Annahme einer Notwehrlage (Putativnotwehr) die Strafbarkeit ausschließe.[494]

In zwei weiteren Fällen betrafen die Vorwürfe die geplante Ermordung einer Person, die in der „Kampfgruppe gegen kommunistische Unmenschlichkeit" gegen die DDR aktiv war, sowie eines kommerziellen Fluchthelfers aus Hamburg.[495] Das Kammergericht Berlin verurteilte die Angeklagten wegen geheimdienstlicher Agententätigkeit in Tateinheit mit Beihilfe zum versuchten Mord zu Freiheitsstrafen von drei Jahren und sechs Monaten bzw. vier Jahren und sechs Monaten.[496]

9. Unterbringung von RAF-Terroristen in der DDR

Diese Deliktsgruppe bezieht sich auf ein einziges, allerdings sehr umfangreiches Verfahren.[497] Es richtete sich gegen Gerhard Neiber, einen der Stellvertreter Mielkes, und fünf weitere Offiziere des Ministeriums für Staatssicherheit. Ihnen wurde vorgeworfen, ab 1980 daran mitgewirkt zu haben, dass insgesamt zehn steckbrieflich gesuchte Terroristen der „Rote Armee Fraktion" (RAF) in die DDR einreisen und dort unter einer Legende eine neue Existenz aufbauen konnten. Unter der Federführung der für die Terrorabwehr zuständigen Hauptabteilung XXII des Ministeriums für Staatssicherheit und mit Unterstützung der mit der Auslandsaufklärung befassten Hauptverwaltung A erarbeiteten die RAF-Aussteiger zunächst in einem Objekt des Ministeriums für Staatssicherheit neue Identitäten, für die passende Ausweispapiere zur Verfügung gestellt wurden. Durch Verleihung von Staatsbürgerurkunden wurden die MfS-gesteuerten Aufnahmeverfahren abgeschlossen. Die RAF-Aussteiger erhielten Wohnungen und Arbeitsplätze in verschiedenen Orten der DDR. Von der wahren Identität der Neubürger erfuhr außer einem kleinen Kreis von MfS-Angehörigen niemand. Erst als 1990 eine systematische Untersuchung der Einbürgerungsunterlagen der DDR möglich wurde, konnten die Terroristen identifiziert und im Juni 1990 festgenommen werden. Acht von ihnen wurden in der Folge verurteilt.

---

494 *LG Schwerin*, Urteil v. 24.3.2000 – Az. KLsw (54/95) – 191 Js 21460/95, *M/W*, Bd. 6 (2006), S. 471, 488.

495 Anklage des *GBA beim BGH* v. 14.12.1992 – Az. 3 StE 16/92-4.

496 *KG Berlin*, Urteil v. 1.7.1993 – Az. (2/1) 3 StE 16/92-4 (1) (81/92).

497 Vgl. Anklage der *StA II bei dem LG Berlin* v. 7.4.1995 – Az. 29/2 Js 231/90; *LG Berlin*, Urteil v. 7.3.1997 – Az. (522) 29/2 Js 231/90 KLs (21/95), *M/W*, Bd. 6 (2006), S. 345.

III. Rechtsfragen

1. Abhören von Telefonen

Für das Abhören von Telefonen kamen die Strafvorschriften der Verletzung der Vertraulichkeit des Wortes (§ 201 StGB)[498] sowie der Amtsanmaßung (§ 132 StGB; § 224 DDR-StGB) in Betracht.

a) Zur Verletzung der Vertraulichkeit des Wortes

Während der Zeiträume, die Gegenstand der Anklagen waren, enthielt das DDR-Strafgesetzbuch noch keine dem bundesdeutschen Tatbestand der Verletzung der Vertraulichkeit des Wortes entsprechende Strafnorm. Die Verfassung der DDR vom 7. Oktober 1974 garantierte zwar das Post- und Fernmeldegeheimnis.[499] Verletzungen waren aber nicht strafbewehrt. Die Strafbarkeit der Verletzung des Briefgeheimnisses[500] wurde erst 1990 durch das 6. Strafrechtsänderungsgesetz[501] eingeführt. Abhörhandlungen auf dem Gebiet der DDR während der von den Anklagen erfassten Zeiträume konnten daher nicht bestraft werden.[502]

Das Kammergericht Berlin nahm den ihm vorliegenden Fall zum Anlass, zwischen dem Abhören von Gesprächen innerhalb der DDR einerseits und von solchen zwischen der DDR und der Bundesrepublik andererseits zu unterscheiden.[503] Auf Fälle letzterer Art sei der bundesdeutsche Tatbestand der Verletzung der Vertraulichkeit des Wortes anwendbar.[504] Der Deliktserfolg des Bruchs der Vertraulichkeit des Wortes trete überall dort ein, wo sich einer der Gesprächsteilnehmer befinde, weshalb im Falle deutsch-deutscher Telefonate ein Tatort auch in der Bundesrepublik liege.[505]

---

498 Die Tatbestände der Verletzung des Post- oder Fernmeldegeheimnisses (§ 206 StGB; § 202 DDR-StGB) wurden nicht erörtert. Sie stellen Sonderdelikte dar und gelten nur für Postbedienstete.

499 Art. 31 der DDR-Verfassung.

500 § 135a DDR-StGB. Die Norm ist § 202 StGB nachgebildet worden.

501 V. 29.6.1990; DDR-GBl. I 1990, S. 526 ff.

502 § 2 Abs. 1 StGB iVm Art. 315 Abs. 1 EGStGB.

503 Das AG Tiergarten als Ausgangsgericht war hierauf nicht eingegangen. Das zurückverweisende Urteil mahnte daher weitere Sachverhaltsaufklärung an. Im Ergebnis wurde das Verfahren durch das AG Tiergarten nach § 153 Abs. 2 StPO eingestellt.

504 § 201 Abs. 1 Nr. 1 und Abs. 2 Nr. 1 StGB. Die Anwendbarkeit ergibt sich hier aufgrund der §§ 3 und 9 Abs. 1 StGB iVm Art. 315 Abs. 4 EGStGB.

505 *KG Berlin*, Urteil v. 12.5.1993 – Az. (5) 2 Js 216/91 Ls (34/92), JR 1993, 388.

Der Bundesgerichtshof ging auf diese Auffassung in einem obiter dictum ein und deutete an, dass die Tathandlung im Falle der Verletzung der Vertraulichkeit des Wortes das Aufnehmen des gesprochenen Wortes sei. Nach diesem Verständnis war, entgegen der Ansicht des Kammergerichts, ein bundesdeutscher Tatort ausgeschlossen. In der Sache selbst gelangte der Bundesgerichtshof zur Straflosigkeit, weil im zu entscheidenden Fall nur DDR-interne Gespräche den Verfahrensgegenstand bildeten.[506]

b) Zum Vorwurf der Amtsanmaßung

Nach dem „Zwei-Schlüssel-Ansatz“[507] war für eine Verurteilung erforderlich, dass das in Rede stehende Täterverhalten sowohl nach DDR-Strafrecht als auch nach bundesdeutschem Strafrecht strafbar war, andernfalls ließ sich das Tor zur Strafbarkeit nicht „aufschließen“. Dementsprechend kam es darauf an, ob die Voraussetzungen des Amtsanmaßungstatbestands des DDR-Strafrechts[508] sowie des bundesdeutschen Strafrechts[509] beim Abhören von Telefonen vorlagen.[510]

Das Amtsgericht Tiergarten[511] schloss unter Berufung auf die Auslegungsmethoden im DDR-Strafrecht eine Anwendung der DDR-Strafnorm aus. Es habe bei den heimlich durchgeführten Abhörmaßnahmen an der nötigen Demonstration der angemaßten Befugnisse nach außen gefehlt. Ferner ließen auch die Änderungen durch das 6. Strafrechtsänderungsgesetz vom 29. Juni 1990 erkennen, dass der Gesetzgeber selber von einer Lücke im Strafrecht der DDR ausgegangen sei, welche er durch die Einführung des Tatbestandes des unberechtigten Abhörens[512]sowie der Straftaten in Ausübung staatlicher Tätigkeiten[513] geschlossen habe. Auf die Frage, ob der bundesdeutsche Amtsanmaßungstatbestand gleichartiges Unrecht enthalte, ging die Entscheidung folgerichtig nicht mehr ein.

---

506 *BGH*, Urteil v. 9.12.1993 – Az. 4 StR 416/93, BGHSt 40, 8, *M/W*, Bd. 6 (2006), S. 73.

507 Vgl. oben, S. 4.

508 § 224 Abs. 1 DDR-StGB.

509 § 132 2. Alt. StGB.

510 § 132 StGB erfasst in der zweiten Alternative denjenigen, der „eine Handlung vornimmt, welche nur kraft eines öffentlichen Amtes vorgenommen werden darf“. § 224 DDR-StGB trug die Bezeichnung „Anmaßung staatlicher Befugnisse“. Sein Absatz 1 lautete: „Wer sich eine staatliche Befugnis anmaßt und dadurch die ordnungsgemäße Tätigkeit staatlicher Organe oder die Rechte der Bürger beeinträchtigt ...“.

511 *AG Tiergarten*, Urteil v. 25.5.1992 – Az. (215) 2 Js 216/91 Ls (110/91), NStZ 1993, 46, 47.

512 § 135a DDR-StGB.

513 § 244b DDR-StGB.

Das Oberlandesgericht Dresden[514] und vor allem das Berliner Kammergericht[515] begründeten dagegen in ihren Entscheidungen ausführlich die Anwendbarkeit des Amtsanmaßungstatbestandes des DDR-Strafrechts. Zwar sei der Begriff „Anmaßen" dergestalt einschränkend auszulegen, dass die Handlung, an die man anknüpfe, mit „Außenwirkung" vorgenommen worden sein müsse. Dieses Kriterium diene aber nur dazu, eine Abgrenzung zu dem Fall eines nicht tatbestandlichen bloßen Behauptens von Amtsbefugnissen zu ermöglichen. Bereits durch die Organisation der Abhörmaßnahmen MfS-intern hätten die Angeklagten für einen objektiven Beobachter erkennbar die angemaßten Befugnisse durch Taten demonstriert, so dass die nötige Außenwirkung vorliege. Dass die Abhörmaßnahmen unbefugt gewesen seien, leitete insbesondere das Kammergericht aus grundsätzlichen Erwägungen zur Rechtsordnung und speziell zum Verfassungsrecht der DDR ab. Betont wurde ferner, dass die durch das 6. Strafrechtsänderungsgesetz von 1990 vorgenommenen Änderungen nicht ausschlössen, dass das genannte Verhalten auch schon zuvor strafbar gewesen sei. Zum einen schützten die neu eingefügten Normen andere Rechtsgüter als die Amtsanmaßung, zum anderen seien Rückschlüsse auf Vorstellungen des Gesetzgebers verfehlt, weil dieser 1990 unter großem Zeitdruck gehandelt habe. Am Ende wurde jeweils knapp ausgeführt, dass die bundesdeutsche Amtsanmaßungsnorm (§ 132 StGB) jedenfalls teilidentisch sei mit dem DDR-Delikt der Anmaßung staatlicher Befugnisse (§ 224 DDR-StGB).

Der Bundesgerichtshof trat der Annahme einer Strafbarkeit mit Überlegungen entgegen, die sich auf den bundesdeutschen Amtsanmaßungstatbestand beschränkten. Es liege eine Strafbarkeitslücke vor, die „dem Gerechtigkeitsgefühl allerdings deutlich zuwiderlaufe"[516], die aber nicht durch einen Rückgriff auf die Amtsanmaßungsnormen des bundesdeutschen und des DDR-Strafgesetzbuches zu schließen sei. Entgegen einem reichsgerichtlichen Urteil[517] sei für den bundesdeutschen Amtsanmaßungstatbestand zu fordern,[518] dass der Täter durch sein Handeln den Anschein einer rechtmäßigen Amtshandlung hervorrufe und daher die Gefahr einer Verwechslung bestehe. Die Anwendbarkeit der Norm scheitere demnach daran, dass für den objektiven Betrachter durch das Abhören nicht etwa der Anschein einer rechtmäßigen Untersuchungshandlung

514 *OLG Dresden*, Beschluss v. 22.3.1993 – Az. Ws 100/92, DtZ 1993, 287.
515 *KG Berlin*, Urteil v. 12.5.1993 – Az. (5) 2 Js 216/ 91 Ls (34/92), JR 1993, 388.
516 *BGH*, Urteil v. 9.12.1993 – Az. 4 StR 416/93, BGHSt 40, 8, 11, *M/W*, Bd. 6 (2006), S. 73.
517 *RG*, Urteil v. 22.9.1921 – Az. I 67/21, RGSt 56, 156.
518 Dabei wird auf § 132 2. Alt. StGB Bezug genommen.

erzeugt,[519] sondern lediglich eine, gemessen an der Gesetzeslage der DDR, unzulässige Tätigkeit ausgeübt worden sei. Der Bundesgerichtshof führte als weiteres Argument an, dass im Gegensatz zu § 224 DDR-StGB nach § 132 StGB nur das staatliche Ansehen, nicht aber auch private Rechte geschützt seien. Da aber die Rechtswidrigkeit der Abhörmaßnahmen nur aus einem Verstoß gegen private Rechte herrühre,[520] sei die Maßnahme nicht „unbefugt", wie es für den bundesdeutschen Tatbestand der Amtsanmaßung zu fordern sei. An die Normen zum Schutz staatlicher Interessen, namentlich die Dienstanweisungen des Ministers für Staatssicherheit, hätten sich die Beschuldigten regelmäßig gehalten.

Von weiteren Strafverfolgungsmaßnahmen auf diesem Gebiet haben die Staatsanwaltschaften in Folge der grundlegenden Entscheidung des Bundesgerichtshofs Abstand genommen. Im Ergebnis konnte damit das Abhören von Telefonen nicht bestraft werden.

2. Öffnen von Briefsendungen und Kenntnisnahme von deren Inhalt

Die Handlungen wurden unter den Gesichtspunkten der Verletzung des Briefgeheimnisses[521] sowie der Sachbeschädigung[522] untersucht. Die tatbestandliche Zuordnung bereitete keine Probleme, wohl aber das Antragserfordernis[523] und die Verjährungsfrage.

Zu unterscheiden war zwischen solchen Taten, die Briefe aus der Bundesrepublik betrafen, und solchen, die im Zusammenhang mit innerhalb der DDR versandten Briefen begangen wurden. Bei Briefen aus der Bundesrepublik richtete sich die Strafbarkeit nach der bundesdeutschen Strafnorm der Verletzung des Briefgeheimnisses, da diese Norm bereits vor der Vereinigung anwendbar war.[524] Der bundesdeutsche Absender des Briefes, der allein strafantragsberechtigt war, da sein Bestimmungsrecht hinsichtlich des Adressaten verletzt war, musste einen Strafantrag innerhalb der Drei-Monats-Frist stellen.[525] Die Frist beginnt mit Ablauf des Tages der Kenntniserlangung von der Tat und der Per-

519 § 88 DDR-StPO bestimmte, dass (neben anderen) „die Untersuchungsorgane des Ministeriums für Staatssicherheit" für die Durchführung der Ermittlungen in Strafsachen zuständig waren.

520 Sie verstieß gegen das in Art. 31 DDR-Verfassung garantierte Fernmeldegeheimnis.

521 § 202 StGB; § 135 DDR-StGB.

522 § 303 StGB; § 183 DDR-StGB.

523 Antragserfordernisse enthalten die §§ 205, 303c StGB und die §§ 2 Abs. 1, 135 Abs. 2 DDR-StGB.

524 Art. 315 Abs. 4 EGStGB.

525 § 205 Abs. 1, §§ 77, 77b StGB.

son des Täters. Oftmals ließ sich freilich nicht mit Bestimmtheit sagen, wann ein Brief von wem geöffnet worden war.

Bei innerhalb der DDR versendeten Briefen ergab sich das Problem, dass der durch den Einigungsvertrag eingefügte Artikel 315b EGStGB zwar bestimmte, dass die Vorschriften des bundesdeutschen Strafgesetzbuchs über den Strafantrag auch für Taten Gültigkeit hätten, die vor dem Wirksamwerden des Beitritts in der Deutschen Demokratischen Republik begangenen worden waren. Nicht geregelt war hingegen, ob der Fristlauf für die Stellung eines Strafantrages, ähnlich wie bei der Verjährungsfrist, für systembedingt unverfolgt gebliebene Taten bis zum 3. Oktober 1990 gehemmt war. Diese Frage war entscheidend dafür, ob Strafanträge, die kurz vor oder erst nach der Vereinigung gestellt wurden, noch als fristgemäß angesehen werden konnten. Denn nach dem Recht der DDR betrug die Antragsfrist drei Monate seit Kenntniserlangung von der Tat und endete spätestens sechs Monate nach der Tat.[526]

Hier vertraten die Schwerpunktstaatsanwaltschaften unterschiedliche Auffassungen. Die Brandenburgische Schwerpunktstaatsanwaltschaft in Neuruppin lehnte unter Berufung auf Artikel 315b Satz 4 EGStGB eine Hemmung des Fristlaufs ab. Die dort getroffene Regelung, dass nach DDR-Recht bereits eingetretene Verfristungen Bestand haben sollten, beantworte die vorliegende Frage. Auch habe es der Gesetzgeber bei Erlass des ersten Verjährungsgesetzes gerade unterlassen, die schon damals bekannte Frage durch eine entsprechende Ergänzung des Artikels 315b EGStGB im Sinne der Gegenansicht zu klären.[527]

Die Staatsanwaltschaft II in Berlin sowie die Staatsanwaltschaften in Erfurt und Dresden waren gegenteiliger Ansicht. Dort ging man davon aus, dass das Stellen eines Strafantrags in den Fällen „politischer“ Kriminalität systembedingt keine Strafverfolgungstätigkeit ausgelöst hätte, so dass der Ablauf der Antragsfrist, ebenso wie die Verjährung der Straftat, geruht habe. Anknüpfungspunkt für diese Auffassung war § 79 StPO-DDR, nach dem „Befreiung von den nachteiligen Folgen“ gewährt werden musste, wenn ein Antragsteller „durch Naturereignisse oder andere unabwendbare Zufälle an der Einhaltung der Frist verhindert war“. In dieser Frage hat das mit den einschlägigen Fällen

---

526 § 2 Abs. 2 DDR-StGB.

527 Vgl. hierzu den damaligen Generalstaatsanwalt des Landes Brandenburg *Rautenberg* NJ 1997, 94. Das von Rautenberg besprochene Urteil des *AG Chemnitz* v. 29.8.1996 – Az. 3 Ds 823 Js 32114/95 – betrifft zwar einen Fall der Verletzung des Berufsgeheimnisses, jedoch hat die Anmerkung für Antragsdelikte insgesamt Bedeutung. Das Urteil selbst enthält keine Ausführungen zu der mit der Strafantragsfrist verbundenen Problematik.

hauptsächlich befasste Oberlandesgericht Dresden anderweitig entscheiden, indem es § 79 StPO-DDR für unanwendbar erklärte.[528] Nach dieser die Praxis leitenden Auffassung war das Strafantragsrecht praktisch immer erloschen. Schon deshalb blieb die Kontrolle des Postverkehrs, von zwei Ausnahmen abgesehen,[529] ohne strafrechtliche Folgen.

Ferner wurde auf staatsanwaltlicher Seite der Frage nachgegangen, ob bei politisch veranlasster Verneinung des öffentlichen Interesses dieses nachträglich noch bejaht werden konnte. Die Frage stellte sich, weil das DDR-Recht bei Antragsdelikten stets die Möglichkeit vorsah, auch bei fehlendem Strafantrag die Verfolgung aus Gründen des öffentlichen Interesses aufzunehmen. Es setzte sich die Auffassung durch, dass das öffentliche Interesse der DDR mit dieser gemeinsam in Fortfall geraten sei und daher nicht mehr tauglicher Anknüpfungspunkt für Strafverfolgung sein könne.

Unklarheiten bestanden auch in der Frage des Ruhens der Verjährung, die sich nicht nur in dieser Fallgruppe stellte. Während das Oberlandesgericht Dresden[530] das eine Strafverfolgung begünstigende erste Verjährungsgesetz bei Verletzungen des Briefgeheimnisses für anwendbar hielt, entschied das Oberlandesgericht Jena[531], dass in „Fällen minderer Kriminalität" ein quasigesetzliches Verfolgungshindernis mit der Folge eines Ruhens der Verjährung nicht vorliege.

3. Entnahme von Geld und Wertgegenständen aus Postsendungen

Im Hinblick auf die Entnahme von Geld und Wertgegenständen wurde eine Strafbarkeit wegen Unterschlagung und wegen Verwahrungsbruchs in Betracht gezogen.

a) Unterschlagung

Soweit es in gerichtlichen Entscheidungen um den Vorwurf der Unterschlagung ging, wurde der bundesdeutsche Tatbestand[532] als die mildere Vorschrift im

---

528 *OLG Dresden*, Urteil v. 24.9.1997 – Az. 1 Ss 235/97, *M/W*, Bd. 6 (2006), S. 189.

529 Zwei erstinstanzliche Verurteilungen, gegen die kein Rechtsmittel eingelegt worden war, erlangten Rechtskraft; vgl. *AG Zwickau*, Urteil v. 25.9.1996 – Az. 7 Ds 820 Js 23565/95, *AG Plauen*, Urteil v. 13.9.1996 – Az. 3 Ds 820 Js 39429/96.

530 *OLG Dresden*, Beschluss v. 29.4.1997 – Az. 1 Ws 93/97.

531 *OLG Jena*, Urteil v. 16.1.1997 – Az. 1 Ss 295/95, *M/W*, Bd. 6 (2006), S. 139; der Fall behandelte die Verletzung der ärztlichen Schweigepflicht.

532 § 246 StGB.

Vergleich zur Unterschlagung nach DDR-Strafrecht angesehen, weil der Unterschlagungstatbestand der DDR[533] auch die Drittzueignung ausdrücklich unter Strafe gestellt habe, was bei der Norm des bundesdeutschen Strafrechts dagegen zur Tatzeit nicht der Fall gewesen sei.

Entscheidend war somit die Frage, ob die angeklagten MfS-Offiziere die entnommenen Gegenstände im Sinne des bundesdeutschen Unterschlagungstatbestandes „sich zugeeignet" hatten. Alle Entscheidungen gingen darauf ein, dass die Verfügung über eine Sache zugunsten eines Dritten für das Merkmal des Sich-Zueignens genügen könne. Unter Verweis auf die höchstrichterliche Rechtsprechung[534] wurde als Ausgangspunkt angeführt, dass der Täter von der Zuwendung an den Dritten einen wirtschaftlichen Nutzen oder Vorteil im weitesten Sinne haben müsse, der auch ein nur mittelbarer sein könne.

Mit Blick auf die Entnahme von Schmuck und Konsumgütern führte der 3. Strafsenat des Bundesgerichtshofs aus, dass dieser mittelbare Vorteil vorliege, weil hohe MfS-Offiziere das Recht gehabt hätten, solche Güter zu kaufen, die sonst nicht oder nur schwer zu bekommen gewesen seien.[535] Der 5. Strafsenat stellte dagegen auf andere Gründe ab. Er sah einen mittelbaren wirtschaftlichen Vorteil darin, dass die verantwortlichen Offiziere des Ministeriums für Staatssicherheit durch ihr Handeln den Bestand der DDR und damit auch ihre eigene hervorgehobene berufliche und gesellschaftliche Stellung, die nicht zuletzt in entsprechender Entlohnung Ausdruck gefunden habe, gesichert hätten.[536] Ferner zog der 5. Strafsenat eine Parallele zu Fällen, in denen der Täter Gegenstände einer Organisation zugewendet hatte, der er selber angehörte.[537] Unter Berufung auf verschiedene Literaturstimmen regte er weiter – ohne eigene Festlegung – an, in den Fällen der Drittzueignung stets auch ein Sich-Zueignen zu sehen, da jede Verfügung zugunsten eines Dritten die Anmaßung einer eigentümerähnlichen Stellung unter Leugnung der Befugnisse des Berechtigten bedeute.[538]

Demgegenüber stellten der 4. Strafsenat und später der Große Senat heraus, dass für die Zuführung der entnommenen Gelder an den Staatshaushalt politi-

---

533 § 177 DDR-StGB.

534 *BGH*, Urteil v. 23.4.1953 – Az. 3 StR 219/52, BGHSt 4, 236, 238; *BGH*, Urteil v. 20.5.1986 – Az. 1 StR 224/86, NJW 1987, 77.

535 *BGH*, Beschluss v. 31.3.1993 – Az. 3 Bjs 512/90-2 (141)-AK 5/93, NStZ 1994, 542.

536 *BGH*, Beschluss v. 13.10.1994 – Az. 5 StR 386/94, wistra 1995, 23, 26.

537 In den genannten Fällen ging es allerdings um Zuwendungen zugunsten einer GmbH oder eines Vereins.

538 *BGH*, Urteil v. 9.12.1993 – Az. 4 StR 416/93, BGHSt 40, 8, 22, 26 f., *M/W*, Bd. 6 (2006), S. 73; in gleicher Weise argumentiert auch *Wolfslast* NStZ 1994, 542.

sche Motive wie die Stärkung des Sozialismus maßgebend gewesen sein könnten.[539] Die Verfolgung solcher Interessen sei aber, anders als in den Fällen der Begünstigung eines freiwilligen Zusammenschlusses von Personen, nicht ausreichend.[540] Damit entfiel eine Strafbarkeit nach dem bundesdeutschen Unterschlagungstatbestand.[541]

b) Zum Vorwurf des Verwahrungsbruchs[542]

Eine Strafbarkeit wegen Verwahrungsbruchs wurde vom 4. Strafsenat des Bundesgerichtshofs mit der Begründung abgelehnt, dass die Postsendungen von der Deutschen Post der DDR dem Ministerium für Staatssicherheit pauschal überlassen worden seien und daher zum Zeitpunkt der Bearbeitung durch das Ministerium kein zu brechender Gewahrsam mehr vorgelegen habe.[543] Der 5. Strafsenat deutete hierzu zwar eine Gegenposition an.[544] Dieser Ansatz wurde aber nicht weiterverfolgt.

4. Heimliches Betreten fremder Räumlichkeiten

Bezüglich dieser Fallgruppe ergaben sich Unterschiede je nachdem, ob nur ein einzelner Hausfriedensbruch oder aber eine mehrfache Tatbegehung ermittelbar war. Nach DDR-Strafrecht war im Fall des einfachen Hausfriedensbruchs keine Kriminalstrafe verwirkt.[545] Nach den Regelungen des Einigungsvertrags konnte eine solche Tat damit nach der Vereinigung nicht strafrechtlich verfolgt werden. In den Fällen, in denen einem Beschuldigten nicht mehr als ein Haus-

---

539 *BGH*, Urteil v. 9.12.1993 – Az. 4 StR 416/93, BGHSt 40, 8, 20, *M/W*, Bd. 6 (2006), S. 73.

540 Beschluss des *Großen Senats für Strafsachen* v. 25.7.1995 – Az. GSSt 1/95, BGHSt 41, 187, 196, *M/W*, Bd. 6 (2006), S. 121. Während der 4. Senat in seiner Entscheidung daneben auch einen Gewahrsam der MfS-Offiziere ablehnte, ging der Große Senat darauf nicht ein. § 246 Abs. 1 StGB a.F. lautete: „Wer eine fremde bewegliche Sache, die er im Besitz hat, sich rechtswidrig zueignet, wird wegen Unterschlagung mit Gefängnis bis zu drei Jahren und, wenn die Sache ihm anvertraut ist, mit Gefängnis bis zu fünf Jahren bestraft."

541 Die Unanwendbarkeit des Unterschlagungstatbestands in solchen Fällen der Drittzueignung war dann auch für den Gesetzgeber ein wesentliches Motiv für eine Änderung des § 246 StGB, vgl. *Duttge/Fahnenschmidt* ZStW 110 (1998), 884, 886.

542 § 133 StGB; § 239 DDR-StGB betraf den „schweren Gewahrsamsbruch". Bestimmte leichtere Fälle stellten lediglich eine Ordnungswidrigkeit dar.

543 *BGH*, Urteil v. 9.12.1993 – Az. 4 StR 416/93, BGHSt 40, 8, 24, *M/W*, Bd. 6 (2006), S. 73.

544 *BGH*, Beschluss v. 13.10.1994 – Az. 5 StR 386/94, wistra 1995, 23, 27.

545 Vgl. den als „Verfehlung" ausgestalteten § 134 Abs. 1 DDR-StGB. Hierzu *M. Vormbaum*, Strafrecht der DDR (2015), S. 381.

friedensbruch nachgewiesen werden konnte, stellten die Staatsanwaltschaften deshalb die Ermittlungen ein.[546]

Eine Strafverfolgung war daher nur unter der Voraussetzung möglich, dass ein Fall des schweren Hausfriedensbruchs[547] vorlag. In Frage kam insbesondere die Variante der mehrfachen Begehung. Im Ergebnis wurden aber auch die Fälle mehrfacher Begehung von fast allen Staatsanwaltschaften eingestellt. Die Einstellungen erfolgten auf Grund mangelnden Anlasses zur Erhebung öffentlicher Klage[548] mit der Begründung, dass ein unvermeidbarer Verbotsirrtum[549] nicht mit der für eine Verurteilung nötigen Sicherheit ausgeschlossen werden könne. Die Beschuldigten könnten die Rechtswidrigkeit der für ihr Handeln maßgeblichen MfS-Vorschriften verkannt haben, ohne dass insoweit ein Verschulden nachweisbar sei.

Einen anderen Standpunkt vertrat die Staatsanwaltschaft Dresden in den von ihr erhobenen Anklagen. Sie verneinte das Fehlen des Unrechtsbewusstseins. Die Angeklagten hätten an der Juristischen Hochschule des Ministeriums für Staatssicherheit in Potsdam studiert und seien sich daher über die Rechtswidrigkeit ihrer Handlungen im Klaren gewesen. Diese Auffassung hat das Oberlandesgericht Dresden im Wesentlichen bestätigt. In zwei Entscheidungen[550] hat es den Standpunkt vertreten, dass bei einem Täter in gehobener Position mit juristischer Ausbildung in Anbetracht der Tatsache, dass das Eindringen in Wohnräume eindeutig rechtswidrig gewesen sei, besonders hohe Anforderungen an die Annahme eines unvermeidbaren Verbotsirrtums zu stellen seien.

---

546 Die Einstellung erfolgte in entsprechender Anwendung des § 153b Abs. 1 StPO. § 153b Abs. 1 StPO lautet: „Liegen die Voraussetzungen vor, unter denen das Gericht von Strafe absehen könnte, so kann die Staatsanwaltschaft mit Zustimmung des Gerichts, das für die Hauptverhandlung zuständig wäre, von der Erhebung der öffentlichen Klage absehen." Die Norm fand nur entsprechende Anwendung, da Art. 315 Abs. 1 Satz 1 EGStGB eine andere Formulierung hinsichtlich des Absehens von Strafe wählte: „Auf vor dem Wirksamwerden des Beitritts in der Deutschen Demokratischen Republik begangene Taten findet § 2 des Strafgesetzbuches mit der Maßgabe Anwendung, dass das Gericht von Strafe *absieht*, wenn nach dem zur Zeit der Tat geltenden Recht der Deutschen Demokratischen Republik weder eine Freiheitsstrafe noch eine Verurteilung auf Bewährung noch eine Geldstrafe verwirkt wäre." (Hervorhebung d. Verf.).

547 § 134 Abs. 2 DDR-StGB: „Wer die Tat nach Abs. 1 oder den Hausfriedensbruch in öffentlichen Gebäuden, Grundstücken oder Verkehrsmitteln unter Anwendung von Gewalt, Drohung mit Gewalt oder mehrfach begeht, wird mit Verurteilung auf Bewährung oder mit Geldstrafe bestraft".

548 § 170 Abs. 2 StPO.

549 § 17 StGB.

550 *OLG Dresden*, Urteile v. 24.9.1997 – Az. 1 Ss 402/97 und 1 Ss 323/97, *M/W*, Bd. 6 (2006), S. 161.

Hinsichtlich des Ruhens der Verjährung brachte das Oberlandesgericht Dresden seine Ansicht, wonach die Verjährung entsprechend dem ersten Verjährungsgesetz bis zum 3. Oktober 1990 geruht habe, auch in Entscheidungen zu dieser Fallgruppe[551] zum Ausdruck.

5. Preisgabe von Informationen aus beruflich begründeten Vertrauensverhältnissen

In dieser Fallgruppe kam eine Bestrafung wegen Verletzung des Berufsgeheimnisses nach dem DDR-Strafgesetzbuch[552] als das in seinen Rechtsfolgen im Vergleich zum bundesdeutschen Straftatbestand[553] mildere Gesetz in Betracht. Besondere rechtliche Probleme bei der Anwendung des Tatbestandes wurden dabei von den Justizorganen nicht gesehen.

Erst relativ spät[554] wurde von den Gerichten die Problematik des Ablaufs der Strafantragsfrist erkannt.[555] Durch das 5. Strafrechtsänderungsgesetz vom 14. Dezember 1988[556] war der DDR-Straftatbestand der Verletzung des Berufsgeheimnisses um einen Absatz 2 ergänzt worden, der das Erfordernis eines Strafantrags als Voraussetzung für die Strafverfolgung einführte. Diese Neuregelung galt auch für Altfälle, bei denen die Frist freilich erst mit Inkrafttreten der Änderung zu laufen begann. Nach der Überleitungsregelung in Artikel 315b Satz 4 EGStGB war der Ablauf einer gemäß dem DDR-Strafgesetzbuch berechneten Antragsfrist auch nach Einführung des bundesdeutschen Strafgesetzbuchs zu beachten. Nach dem DDR-Strafrecht[557] war der Antrag innerhalb von drei Monaten, nachdem der Geschädigte von der Straftat erfahren hatte, spätestens aber binnen sechs Monaten seit der Begehung der Straftat zu stellen. Dementsprechend endete die Antragsfrist spätestens sechs Monate nach Inkrafttreten der Gesetzesänderung, also am 1. Januar 1990.

---

551 *OLG Dresden*, Beschluss v. 30.5.1997 – Az. 1 Ws 99/97; Urteil v. 24.9.1997 – Az. 1 Ss 402/97, UA S. 18 f; vgl. auch S. 114 und dort Fn. 530.

552 § 136 DDR-StGB.

553 § 203 Abs. 1 StGB.

554 In fünf Fällen waren bereits rechtskräftig Geldstrafen ausgesprochen worden, ohne dass eine mögliche Verfristung von Strafanträgen erörtert worden war. In einem weiteren Fall, in dem es auch zu einer rechtskräftigen Verurteilung kam, war das Problem angesprochen, in seinem Umfang aber wohl nicht erkannt worden. (Die betreffende Passage in der Anklageschrift, auf die sich auch das Gericht bezieht, besteht aus zwei Sätzen, vgl. die Anklage der *StA Erfurt* v. 21.2.1995 – Az. 550 Js 10107/93, S. 15.)

555 Vgl. zur Frage der Strafantragsfrist auch S. 112 f.

556 DDR-GBl. I 1988, S. 335. Vgl. zu diesem Reformgesetz *M. Vormbaum*, Strafrecht der DDR (2015), S. 546 ff.

557 § 2 DDR-StGB.

Das Strafgesetzbuch der DDR sah neben der Verfolgung auf Antrag des Geschädigten weiter die Möglichkeit der Verfolgung aufgrund öffentlichen Interesses vor.[558] Darauf konnte jedoch nicht zurückgegriffen werden.[559] Gemäß Artikel 315b Satz 1 EGStGB waren Fragen des Strafantrags allein anhand des bundesdeutschen Strafgesetzbuchs zu klären. Satz 4 der Norm traf eine Spezialregelung nur für die Antragsfrist. Das bundesdeutsche Strafgesetzbuch kennt eine allgemeine Möglichkeit der Ersetzung eines Strafantrags durch ein öffentliches Interesse nicht. Nachdem das Oberlandesgericht Dresden dementsprechend entschieden hatte, dass Strafanträge wegen Artikel 315b Satz 4 EGStGB nach dem 1. Januar 1990 nicht mehr wirksam gestellt werden konnten,[560] und zudem das Oberlandesgericht Jena in Fällen „minderer Kriminalität", zu denen die Verletzung des Berufsgeheimnisses zählte, ein Ruhen der Verjährung verneint hatte,[561] stand fest, dass diese Taten nicht mehr verfolgt werden konnten.

6. Repressalien gegenüber Ausreiseantragstellern

Die rechtliche Beurteilung dieser Taten warf keine Streitfragen auf. Probleme bereitete dagegen der Nachweis der Tat.[562]

Handlungen mit dem Ziel, einen Ausreiseantragsteller zur Zurücknahme des Antrags zu bewegen, waren als Nötigung erfassbar.[563] Tatvorwürfe im Zusammenhang mit der Übertragung von Grundeigentum wurden unter dem Gesichtspunkt der schweren Erpressung[564] geprüft. Dabei hielten die Berliner Staatsanwaltschaften das Nötigungsmittel der „Gewalt" für gegeben. Zumeist wurde die bundesdeutsche Norm als das mildere Gesetz herangezogen, weil bei einer Schadenssumme von mehr als 10.000,– Mark nach DDR-Strafrecht bereits ein schwerer Fall mit erheblich höherer Strafandrohung vorlag.[565] Dagegen er-

---

558 § 2 Abs. 1 DDR-StGB.

559 Allein die StA Dresden stellte in einem Verfahren Überlegungen zu einer Ersetzung des Strafantrags auf diesem Wege an. Sie setzte sich damit aber nicht durch; *LG Leipzig*, Beschluss v. 26.8.1997 – Az. 10 Ns 823 Js 20814/96, *OLG Dresden*, Urteil v. 24.9.1997 – Az. 1 Ss 235/97.

560 *OLG Dresden*, Urteil v. 24.9.1997 – Az. 1 Ss 235/97, *M/W*, Bd. 6 (2006), S. 189.

561 *OLG Jena*, Urteil v. 16.1.1997 – Az. 1 Ss 295/95, *M/W*, Bd. 6 (2006), S. 139.

562 Mangels Tatnachweises ergingen Freisprüche durch das *LG Neubrandenburg*, Urteil v. 22.10.1996 – Az. 11 KLs 29/94, und durch das *LG Potsdam*, Urteil v. 28.7.1997 – Az. 23 KLs 58/93.

563 § 240 StGB bzw. § 129 DDR-StGB.

564 § 253 StGB bzw. §§ 127, 128 DDR-StGB.

565 *AG Tiergarten*, Urteil v. 7.11.1994 – Az. (213) 21 Js 3/94 Ls (67/94), UA S. 43.

gab die Prüfung anhand § 253 Abs. 4 S. 2 StGB, dass ein besonders schwerer Fall nicht in Betracht kam und somit nur ein Strafrahmen von Geldstrafe bis zu einer Freiheitsstrafe von maximal fünf Jahren zur Verfügung gestanden hätte. Das Landgericht Berlin und das Kammergericht Berlin sahen, anders als die Staatsanwaltschaften, in dem angeklagten Verhalten das Nötigungsmittel einer „Drohung" als verwirklicht an.[566] Der Bundesgerichtshof entschied demgegenüber, dass die Taten nicht strafbar seien.[567] Mangels Rechtswidrigkeit der Handlungen seien die Strafvorschriften der Nötigung und der Erpressung nicht einschlägig.[568]

7. Entführungen

Bei dieser Fallgruppe bereitete häufig ein lange zurückliegender Tatzeitpunkt tatsächliche Schwierigkeiten.[569] Fälle der Verschleppung von West- nach Ostberlin konnten im Übrigen lediglich wegen eines – gemessen an der Gesamtdauer der Einschränkung der Bewegungsfreiheit – sehr kurzen Zeitabschnittes als Freiheitsberaubung geahndet werden. Da bald nach Überschreiten der Grenze ein Haftbefehl erlassen wurde, war von diesem Zeitpunkt an in derartigen Fällen das Festhalten gerechtfertigt.[570] Auch hier konnte das Strafrecht nur einen kleinen Teil des Gesamtgeschehens erfassen. Seit der Entscheidung des Bundesgerichtshofs, wonach derartige Taten als Freiheitsberaubung bestraft werden konnten,[571] wurden gegen die an der Planung oder der Durchführung von Entführungen beteiligten Personen regelmäßig Freiheitsstrafen in Höhe zwischen sechs und zwölf Monaten verhängt, deren Vollstreckung zur Bewährung ausgesetzt wurde.

---

566 *LG Berlin*, Urteil v. 9.1.1996 – Az. 506-53/93 und v. 29.11.1996 – Az. 506-3/95, *KG Berlin*, Beschlüsse v. 1.2.1995 – Az. 5 Ws 425/94 und v. 1.12.1997 – Az. 5 Ws 553/97.

567 *BGH*, Beschluss v. 22.4.1998 – Az. 5 StR 5/98, NJW 1998, 2612, *M/W*, Bd. 6 (2006), S. 395.

568 Eine Nötigung ist nach § 240 Abs. 2 StGB dann rechtswidrig, „wenn die Anwendung der Gewalt oder die Androhung des Übels zu dem angestrebten Zweck als verwerflich anzusehen ist". Für die Erpressung gilt Gleiches, wie sich aus § 253 Abs. 2 StGB ergibt.

569 Zweifelhaft war, ob die DDR-Vorschrift zur Freiheitsberaubung herangezogen werden konnte, weil sich ein Teil des Geschehens auf Westberliner Gebiet zutrug. Der Strafanspruch nach bundesdeutschem Recht konnte wegen Verjährung in den meisten Fällen nicht mehr durchgesetzt werden.

570 Die StA II bei dem LG Berlin hatte eine weiterreichende Strafbarkeit befürwortet.

571 *BGH*, Urteil v. 3.12.1996 – Az. 5 StR 67/96, *M/W*, Bd. 6 (2006), S. 297.

8. Liquidierungen und Liquidierungsversuche

In mehreren Verfahren wurden Mordanschläge oder deren Vorbereitung behandelt.[572] Die Tatvorwürfe waren rechtlich meist problemlos erfassbar. Unterschiede zwischen dem bundesdeutschen und dem DDR-Strafgesetzbuch waren nicht von Belang. Auch ansonsten wiesen die Verfahren kaum erwähnenswerte rechtliche Besonderheiten auf. Im Falle von Verurteilungen wurden mehrjährige Freiheitsstrafen verhängt.[573]

9. Unterbringung von RAF-Terroristen in der DDR

Die Unterbringung von RAF-Terroristen in der DDR wurde als Strafvereitelung[574] angeklagt. Das erstinstanzlich zuständige Landgericht Berlin sprach Verwarnungen mit Strafvorbehalt aus.[575] Es ging dabei von versuchten Taten aus, da es nicht sicher feststellen konnte, ob die Unterbringung der Terroristen in der DDR deren Strafverfolgung tatsächlich wesentlich beeinträchtigt hatte. Der Bundesgerichtshof entschied dagegen, dass die Taten nicht strafbar seien.[576] Zwar sei grundsätzlich der Tatbestand der Strafvereitelung über die §§ 3 und 9 StGB auch auf im Ausland begangene Handlungen anwendbar. Bei der Beurteilung seien aber völkerrechtliche Einschränkungen zu beachten. Handeln im staatlichen Auftrag sei nämlich nur dann als Strafvereitelung zu ahnden, wenn aufgrund eines völkerrechtlichen Vertrags eine Verpflichtung bestanden habe, einen Einzelauslieferungsvertrag hinsichtlich der betreffenden Personen zu schließen. Zwischen der Bundesrepublik und der DDR habe es ein solches Abkommen aber nicht gegeben. Auch wenn es dem Strafvereitelungstatbestand zuwiderlaufe, sei deshalb die Gewährung von Einreise und Aufenthalt als Ausdruck staatlicher Souveränität hinzunehmen.

---

572 Vgl. etwa *LG Berlin*, Urteil v. 28.11.1994 – Az. 527 Ks 15/94, *M/W*, Bd. 6 (2006), S. 219; *LG Schwerin*, Urteil v. 24.3.2000 – Az. 33 KLs (54/95) – 191 Js 21460/95, *M/W*, Bd. 6 (2006), S. 469.

573 Vgl. oben S. 106 ff.

574 § 258 StGB.

575 *LG Berlin*, Urteil v. 7.3.1997 – Az. 522 KLs 21/95, *M/W*, Bd. 6 (2006), S. 345. Das Urteil betraf nur noch drei der ursprünglich sechs Angeklagten, nachdem gegen die übrigen drei Einstellungen ergangen waren.

576 *BGH*, Urteil v. 5.3.1998 – Az. 5 StR 494/97, BGHSt 44, 52, *M/W*, Bd. 6 (2006), S. 369.

G. Misshandlungen in Haftanstalten[577]

I. Einführung

In der DDR-Propaganda präsentierte sich das Haftsystem als Aushängeschild der modernen sozialistischen Gesellschaft. Indes belegen Vielzahl und Intensität der nach der Vereinigung zutage getretenen strafrechtlichen Verfehlungen, dass die Misshandlung inhaftierter Personen in der DDR zur Normalität gehörte.

Mit dieser Diskrepanz verbindet sich das Grundproblem der Deliktsgruppe: Sind die Misshandlungen als systembedingte Kriminalität oder als systemwidrige Exzesstaten von allerdings erschreckender Häufigkeit einzuordnen? Ein Systemzusammenhang ist in unterschiedlicher Form und Stärke denkbar. Die Taten können durch das sozialistische Herrschaftssystem gefördert oder als Mittel zur Durchsetzung politischer Interessen zumindest gebilligt worden sein. Auch wenn beides zu verneinen ist, bleibt zu prüfen, ob eine strafrechtliche Verfolgung aus Gründen unterblieb, die einen Systemzusammenhang aufwiesen.[578]

II. Sachverhalte

Misshandlungen fanden nicht ausschließlich im Bereich des Strafvollzuges statt. Eine Reihe von Straftaten wurde auch anlässlich vorläufiger Festnahmen und während der Untersuchungshaft begangen. Allerdings betraf der weitaus größte Teil der bekannt gewordenen Delikte Misshandlungen im Rahmen des Strafvollzuges, so dass sich die nachfolgende Darstellung des Haftsystems auf den Strafvollzug konzentriert.

1. Allgemeine Feststellungen zum Strafvollzug in der DDR

Der Vollzug der Strafen mit Freiheitsentzug war in der DDR durch eine Vielzahl von gesetzlichen Bestimmungen geregelt. Durchführung und Verwaltung des Strafvollzugs bestimmten sich zunächst nach der Verordnung zur Übertragung der Geschäfte des Strafvollzuges auf das Ministerium des Innern der DDR vom 16. November 1950[579] sowie nach den hierzu ergangenen Durchführungsbe-

577 Zum Gesamtkomplex vgl. die aus dem Projekt „Strafjustiz und DDR-Vergangenheit“ hervorgegangene Monografie von *Pfarr*, Misshandlung (2013) sowie *M/W*, Bd. 7 (2009).

578 Vgl. hierzu unten S. 131.

579 DDR-GBl. I 1950, S. 1165.

stimmungen. Das Strafvollzugs- und Wiedereingliederungsgesetz von 1968[580] hob die Verordnung auf und verband die Regelungen des Strafvollzugs mit den bis dahin gesondert normierten[581] Bestimmungen über die Reintegration Strafgefangener. Das Strafvollzugs- und Wiedereingliederungsgesetz wurde 1977 durch ein Strafvollzugsgesetz[582] und ein Wiedereingliederungsgesetz[583] ersetzt. Darin wurden erstmals Rechte der Strafgefangenen normiert.[584]

Der überwiegende Teil der bekannt gewordenen und verfolgten Delikte wurde während der Geltung des Strafvollzugsgesetzes von 1977 begangen, so dass dessen Ziele und Regelungen nachfolgend näher zu betrachten sind. Gemäß § 2 Absatz 1 des Gesetzes diente der Strafvollzug in Übereinstimmung mit den in § 39 DDR-StGB[585] geregelten Grundsätzen der Anwendung von Freiheitsstrafen[586] dazu, den Strafgefangenen ihre Verantwortung als Mitglieder der Gesellschaft bewusst zu machen und sie zu erziehen, künftig die Gesetze des sozialistischen Staates einzuhalten und ihr Leben verantwortungsbewusst zu gestalten. Die gesellschaftlich nützliche Arbeit hatte hierbei als erzieherisches Element im Vordergrund zu stehen.[587]

Inhalt und Gestaltung des Vollzugs der Strafen mit Freiheitsentzug sollten „durch das humanistische Wesen des sozialistischen Staates" bestimmt werden.[588] Aus diesem Grunde war die Anwendung von anderen als im Strafvollzugsgesetz vorgesehenen Disziplinar- und Sicherungsmaßnahmen unzulässig.[589]

---

580 Gesetz über den Vollzug der Strafen mit Freiheitsentzug und über die Wiedereingliederung Strafentlassener in das gesellschaftliche Leben vom 12. Januar 1968, DDR-GBl. I 1968, S. 109. Vgl. hierzu *M. Vormbaum*, Strafrecht der DDR (2015), S. 453 f.

581 Anordnung über die Eingliederung entlassener Strafgefangener in den Arbeitsprozess vom 27.12.1955 (DDR-GBl. I 1955, S. 57) sowie Verordnung über die Wiedereingliederung aus der Strafhaft entlassener Personen in das gesellschaftliche Leben v. 11.7.1963 (DDR-GBl. II 1963, S. 561). Vgl. hierzu *M. Vormbaum*, Strafrecht der DDR (2015), S. 499 f.

582 Gesetz über den Vollzug der Strafen mit Freiheitsentzug vom 7.4.1977, (DDR-GBl. 1977, S. 109).

583 Gesetz über die Wiedereingliederung der aus dem Strafvollzug entlassenen Bürger in das gesellschaftliche Leben vom 7.4.1977 (GBl. DDR 1977, S. 98 ff.).

584 Dazu *Kaiser/Kerner/Schöch*, Strafvollzug (1993), § 2 Rn. 32.

585 DDR-StGB v. 12.1.1968 in der Neufassung v. 19.12.1974 (DDR-GBl. I 1975, S. 14).

586 Die Freiheitsstrafe sollte Tätern und anderen Bürgern gemäß § 39 DDR-StGB die Unantastbarkeit der sozialistischen Staatsordnung bewusst machen und andererseits die Bereitschaft des Staates demonstrieren, verurteilte Straftäter nach der Erziehung im Strafvollzug in die sozialistische Gesellschaft zu reintegrieren.

587 § 6 StVG.

588 § 2 Abs. 1 StVG.

589 § 4 Abs. 2 StVG.

Als Sicherungsmaßnahmen waren der Entzug von Einrichtungs- und sonstigen Gegenständen sowie die Absonderung von anderen Strafgefangenen oder die Unterbringung in Einzelhaft vorgesehen.[590] Derartige Maßnahmen durften lediglich zur Verhinderung körperlicher Angriffe oder einer Flucht und zur Aufrechterhaltung der Sicherheit angewandt werden und mussten in ihrer Intensität und Dauer in ausgewogenem Verhältnis zur Gefährlichkeit des Anlasses stehen.[591]

Als Disziplinarmaßnahmen sah das Strafvollzugsgesetz[592] den Ausspruch einer Missbilligung oder einer Verwarnung, den Entzug von Vergünstigungen, die Einschränkung des monatlichen Verfügungssatzes sowie die Verhängung von Arrest vor.[593] Die auf eine Höchstdauer von 21 Tagen bei Erwachsenen und von 14 Tagen bei Jugendlichen beschränkte Arrestierung setzte voraus, dass andere Disziplinarmaßnahmen wiederholt erfolglos geblieben oder die vorgeworfenen Verstöße besonders schwer waren.[594] Die Vollziehung des Einzelarrestes als härtester disziplinarischer Maßnahme erfolgte in gesonderten Arresträumen, deren Größe und Ausstattung genormt war.[595]

Eine körperliche Züchtigung Gefangener war im Strafvollzugsgesetz mithin nicht vorgesehen und aufgrund der enumerativen Auflistung in Betracht kommender Zwangsmaßnahmen nach der gesetzlichen Regelung unzulässig.[596] Gefangenenmisshandlungen standen somit im Widerspruch zum geltenden Recht der DDR.

Die Strafvollzugseinrichtungen der DDR unterstanden der Verantwortung des Ministers des Innern und Chefs der Deutschen Volkspolizei der DDR. Sie stellten einen Teil der „bewaffneten Organe" dar und waren militärähnlich hierarchisiert.[597] Den Haftanstalten stand jeweils der Leiter der Strafvollzugseinrichtung vor. Seine Stellvertretung übten die Leiter der nachgeordneten Bereiche „Operativ", „Vollzug", „Ökonomie-Verwaltungsdienst", „Parteiangelegenheiten" und „Zentrale Produktionseinheiten" aus. Zu jeder Strafvollzugseinrichtung gehörten darüber hinaus eine Abteilung der Kriminalpolizei und eine des Ministe-

590 § 33 StVG.

591 § 33 Abs. 1 StVG.

592 § 32 Abs. 3 StVG.

593 Die Arrestierung konnte in Form von Freizeit- oder Einzelarrest erfolgen.

594 § 32 Abs. 4 StVG.

595 § 41 der Ersten Durchführungsbestimmung zum StVG vom 7. April 1977, DDR-GBl. I 1977, S. 118.

596 § 4 Abs. 2 StVG.

597 Das Personal besaß militärähnliche Dienstränge, wie z.B. Meister des Strafvollzugs, Obermeister des Strafvollzugs.

riums für Staatssicherheit.[598] Die einzelnen Verwahrhäuser der Haftanstalten bildeten ein sogenanntes Kommando, wobei die als Stationen bezeichneten Hausetagen jeweils von einem Stationsleiter geführt wurden.[599] Im Bereich „Operativ" waren Wachtmeister tätig, die eine reine Schließertätigkeit ausübten und während des Dienstes mit einem feststehenden, 70 cm langen Kunststoffschlagstock sowie mit einer 50 cm langen Teleskop-Schlagrute bewaffnet waren. Die Verantwortung für die ideologische und persönliche Betreuung der Gefangenen lag bei den sogenannten Erziehern, die als Offiziere[600] den aus jeweils sechs bis acht Gemeinschaftszellen gebildeten „Erziehungsbereichen" vorstanden.

2. Fallbeispiele

Dass Gefangene in der DDR trotz der eindeutigen gesetzlichen Verbote vielfach körperlichen Misshandlungen unterschiedlicher Art und Intensität ausgesetzt waren, sollen die nachfolgend exemplarisch geschilderten Sachverhalte verdeutlichen.

In einem Urteil gegen einen ehemaligen Major des Ministeriums für Staatssicherheit traf das Amtsgericht Tiergarten[601] folgende Feststellungen. Der Angeklagte schlug bei einem Verhör einen Untersuchungsgefangenen, dessen Antworten ihm ungenügend erschienen, unvermittelt mit der Faust derart in den Bauch, dass dieser gegen eine Wand fiel. Eine halbe Stunde später schlug er den Gefangenen erneut mit der Faust in den Bauch und griff ihm so kräftig in die Hoden, dass das Opfer tagelang heftige Schmerzen verspürte.

Auf Grundlage der folgenden Sachverhaltsfeststellungen verurteilte das Amtsgericht Eilenburg[602] einen ehemaligen SED-Funktionär wegen Körperverletzung in drei Fällen. Der Angeklagte misshandelte drei vorläufig festgenommene Personen im Rahmen eines polizeilichen Verhörs. Das erste Opfer schlug er mit dem Kopf derart gegen die Wand, dass dessen Nase blutete. Dabei rief er: „Mal sehen, was mehr aushält, dein Kopf oder die Wand". Ein weiteres Opfer, das mit dem Rücken zu ihm stand, forderte er auf, sich umzudrehen. Darauf trat er mit dem Fuß in dessen Geschlechtsteil und schlug den Festgenommenen mit einem Gegenstand ins Gesicht. Der Schlag hinterließ eine mehrere Zentimeter lange Narbe. Auf die Beschwerde des Gefangenen entgegnete der Angeklagte:

---

598 Feststellungen der *StA Neuruppin* in der Anklage v. 23.9.1993 – Az. 60/4 Js 16/93, S. 15f.

599 *StA Neuruppin*, Anklage v. 23.9.1993 – Az. 60/4 Js 16/93, S. 12.

600 Im Rang eines Leutnants oder Oberleutnants.

601 *AG Tiergarten*, Urteil v. 16.1.1998 – Az. 282 Ds 174/97.

602 *AG Eilenburg*, Urteil v. 28.2.1995 – Az. 4 Ds 810 Js 7480/92.

„Wohin geschlagen wird, bestimmen wir". Schließlich schlug der Angeklagte das dritte Opfer mit der Faust einmal rechts und einmal links in das Gesicht und verursachte so Hämatome und Nasenbluten.

Das Landgericht Bautzen[603] verurteilte einen ehemaligen Strafvollzugsbediensteten wegen Körperverletzung in zwei Fällen und stellte dazu folgenden Tathergang fest. In einem Fall richtete sich die Tat gegen einen Gefangenen im Hungerstreik, der körperlich so schwach war, dass er die vorgeschriebene Meldung nicht abgeben konnte, als der Angeklagte die Zelle betrat. Der Angeklagte brachte diesen Gefangenen zusammen mit einem anderen Bediensteten in eine Arrestzelle. Auf dem Weg dorthin zog er ihn an den Haaren eine Treppe hinunter, schlug ihn mit der flachen Hand und trat ihn mit Füßen. Im zweiten Fall rasierte er einen anderen Gefangen, wiederum unter Mitwirkung eines weiteren Bediensteten, zwangsweise und kniete sich zu diesem Zweck auf den Brustkorb des Opfers, dem dabei eine Rippe brach. Die Rasur setzte der Angeklagte sodann fort, indem er einen Fuß auf das Gesicht des Opfers setzte und dessen Kopf so auf den Boden drückte.

III. Rechtsfragen

1. Strafanwendungsrecht

Nach dem Beitritt der DDR zur Bundesrepublik stellte sich zunächst die Frage, ob die Verfolgung und Ahndung von Gefangenenmisshandlungen auf der Grundlage des DDR-Rechts oder des bundesdeutschen Strafrechts zu erfolgen hatte.

a) Korrespondierende Straftatbestände

Die in Betracht kommenden Regelungen des DDR-Strafgesetzbuchs stimmten weitgehend überein mit entsprechenden Vorschriften des bundesdeutschen Strafrechts. So entsprachen die Körperverletzungstatbestände des DDR-Strafgesetzbuchs[604] im Wesentlichen den Regelungen der Bundesrepublik.[605] Auch die

---

603 *LG Bautzen*, Urteil v. 24.6.1997 – 1 KLs 811 Js 7548/91.

604 §§ 115, 116 und 118 DDR-StGB.

605 §§ 223, (223a, 224 a.F.) 224, 226 und 230 StGB. Allerdings normierte das DDR-Strafrecht eine dem § 224 StGB vergleichbare gefährliche Begehungsweise lediglich als Voraussetzung für die Versuchsstrafbarkeit in § 115 Abs. 2 DDR-StGB. Die im Rahmen des § 224 StGB geregelte lebensgefährdende Behandlung findet sich in § 116 DDR-StGB wieder, der im Übrigen § 226 StGB entspricht. Zu diesen und den im Folgenden genannten Vorschriften des DDR-Strafunterlassene Hilfeleistung war nahezu gleichlautend normiert.[606] Die in § 120 DDR-StGB geregelte Verletzung der Obhutspflicht entsprach dem Normgehalt der Aussetzung (§ 221 StGB); beide Vorschriften regelten Hilfeleistungspflichten im Rahmen einer besonderen Täter-Opfer-Beziehung. Die Nötigungstatbestände in beiden Strafgesetzbüchern entsprachen sich.[607] Die Regelung der Freiheitsberaubung[608] sowie der Aussageerpressungsdelikte[609] war in beiden Rechtsordnungen nahezu identisch. Nicht geregelt war im DDR-Strafrecht dagegen eine § 340 StGB entsprechende Strafbarkeit der Körperverletzung im Amt.

b) Das „mildeste Gesetz"

Inwieweit das bundesdeutsche Strafrecht gegenüber den Vorschriften des DDR-Strafgesetzbuchs das „mildeste Gesetz" darstellte, war nicht losgelöst vom konkreten Fall zu beurteilen.[610] Erforderlich war vielmehr eine den gesamten materiellen[611] Rechtszustand berücksichtigende Betrachtung der jeweils zur Tatzeit geltenden Fassungen.

Unzulässig war allerdings eine kumulative Verwertung aller tätergünstigen Elemente der beiden Strafrechtssysteme.[612] Der Bundesgerichtshof sprach insofern vom Grundsatz der strikten Alternativität.[613] Ausgeschlossen war folglich die Aussetzung einer Freiheitsstrafe zur Bewährung nach bundesdeutschen Maßstäben, wenn die Verurteilung in Anwendung der Normen des DDR-Rechts erfolgte.[614] Denn das DDR-Recht kannte eine Strafaussetzung zur Bewährung nicht.[615]

---

gesetzbuchs vgl. im Einzelnen die entsprechenden Passagen in *M. Vormbaum*, Strafrecht der DDR (2015).

606 § 119 DDR-StGB und § 323c StGB.

607 § 129 DDR-StGB und § 240 StGB.

608 § 131 DDR-StGB und § 239 StGB.

609 § 243 DDR-StGB und § 343 StGB.

610 *BGH*, Urteil v. 12.2.1991 – Az. 5 StR 523/90, BGHSt 37, 320, 321 f. Ein Vergleich der in Betracht kommenden Regelstrafrahmen für Freiheitsstrafen ergibt zwar, dass das bundesdeutsche Strafgesetzbuch außer im Fall des § 323c deutlich höhere Strafdrohungen enthielt. Da das DDR-Strafgesetzbuch jedoch keine Möglichkeit der Strafaussetzung zur Bewährung enthielt (vgl. unten S. 127 Fn. 615), konnte sich das bundesdeutsche Strafgesetzbuch im Einzelfall als das „mildeste Gesetz" erweisen.

611 Das formelle Recht, wie z.B. die Regelungen über die Verjährung, bleibt außer Betracht, *BVerfG*, Beschluss v. 22.8.1994 – Az. 2 BvR 1884/93, NJW 1995, 315, 316.

612 *BGH*, Urteil v. 12.2.1991 – Az. 5 StR 523/90, BGHSt 37, 320, 322.

613 *BGH*, Urteil v. 26.4.1995 – Az. 3 StR 93/95, NJW 1995, 2861, *M/W*, Bd. 7 (2009), S. 31.

614 *BGH*, Urteil v. 26.4.1995 – Az. 3 StR 93/95, NJW 1995, 2861, *M/W*, Bd. 7 (2009), S. 31.

615 § 33 DDR-StGB regelte allein die Verurteilung auf Bewährung, die – im Gegensatz zur Aussetzung der Freiheitsstrafe zur Bewährung im Sinne des § 56 StGB – eine selbstständige, mit

Das Landgericht Potsdam[616] verhängte gleichwohl in einem Urteil eine zweijährige Freiheitsstrafe und setzte diese unter Hinweis auf die nach DDR-Recht mögliche Strafaussetzung des Vollzugs einer Freiheitsstrafe auf Bewährung[617] zur Bewährung aus. Das Landgericht war offensichtlich davon ausgegangen, dass nach DDR-Recht – ebenso wie in der Bundesrepublik[618] – die Strafe von vornherein zur Bewährung ausgesetzt werden konnte. Dies war aber nicht der Fall. Nach der Regelung über die Freiheitsstrafe auf Bewährung nach DDR-Strafrecht kam allein eine Aussetzung des laufenden Vollzuges in Betracht.[619] Das Urteil ist rechtskräftig geworden, nachdem der Angeklagte seine Revision zurückgenommen hatte.[620]

Das Landgericht Bautzen[621] verurteilte einen Angeklagten, der als Stationsleiter in der Strafvollzugseinrichtung Bautzen II Gefangene körperlich misshandelt hatte, wegen Körperverletzung in sieben Fällen auf Grundlage des DDR-Strafrechts zu einer Freiheitsstrafe von einem Jahr und sechs Monaten und setzte die Strafe zur Bewährung aus. Der Bundesgerichtshof[622] hob den Strafausspruch mit dem Hinweis auf, dass sich das Landgericht rechtsfehlerhaft mit der Frage des anzuwendenden Rechts auseinandergesetzt habe. Da das DDR-Strafgesetzbuch keine Strafaussetzung zur Bewährung gekannt habe, sei bundesdeutsches Strafrecht anzuwenden. Nach der Zurückverweisung durch den Bundesgerichtshof verhandelte das Landgericht Bautzen erneut. Es verurteilte den Angeklagten nach den bundesdeutschen Körperverletzungstatbeständen zu einer Freiheitsstrafe von zwei Jahren und setzte diese zur Bewährung aus.

2. Verjährung

Gemäß Artikel 315a Absatz 1 EGStGB konnten Straftaten, die bis zum Wirksamwerden des Beitritts nach DDR-Recht noch nicht verjährt waren, weiterverfolgt werden. Bei der Berechnung der Verjährungsfrist blieb allerdings gemäß Artikel 1 des ersten Verjährungsgesetzes die Zeit vom 11. Oktober 1949 bis zum

---

staatlichen Sanktionen ausgestaltete Strafart ohne Freiheitsentzug darstellte, vgl. *M. Vormbaum*, Strafrecht der DDR (2015), S. 325, 468 f. Eine Verurteilung auf Bewährung durch bundesdeutsche Gerichte scheidet gemäß Art. 315c Satz 2 EGStGB aus.

616 *LG Potsdam*, Urteil v. 24.6.1994 – Az. 24 KLs 39/93, S. 40.

617 § 45 Abs. 1 DDR-StGB.

618 § 56 StGB.

619 *Autorenkollektiv*, DDR-StGB, 5. Aufl. (1987), § 45 Anm. 1.

620 Mitteilung der *StA Neuruppin* an das Brandenburgische Justizministerium v. 26.10.1994.

621 *LG Bautzen*, Urteil v. 2.9.1994 – Az. 1 KLs 183 Js 5993/91, *M/W*, Bd. 7 (2009), S. 5, mitverbunden: Az. 1 KLs 811 Js 7693/91.

622 *BGH*, Urteil v. 26.4.1995 – Az. 3 StR 93/95, NJW 1995, 2861, *M/W*, Bd. 7 (2009), S. 31.

2. Oktober 1990 außer Betracht, soweit die Straftaten nach dem ausdrücklichen oder mutmaßlichen Willen der DDR-Führung aus politischen oder sonst mit wesentlichen Rechtsstaatsgrundsätzen unvereinbaren Gründen nicht geahndet worden waren.[623] In der Praxis stellte sich die (auch zeithistorisch relevante) Frage, ob die Gefangenenmisshandlungen nach dem Willen des SED-Regimes aus politischen oder anderen rechtsstaatswidrigen Gründen nicht geahndet wurden.

Eine vom Bundesrat vorgeschlagene enumerative Auflistung der systemimmanent nicht verfolgten Delikte, zu denen auch Gefangenenmisshandlungen zählen sollten, wurde nicht Gesetz. Grund hierfür war die Erwägung, eine abschließende Auflistung könne der Vielfalt der in Betracht kommenden Delikte nicht gerecht werden.[624] Die Prüfung, ob in der DDR eine konsequente strafrechtliche Verfolgung stattfand und somit bereits Verjährung eingetreten war, oblag also den Ermittlungsbehörden und Gerichten, die in den einzelnen Bundesländern zu unterschiedlichen Ergebnissen gelangten.

Im Land Berlin wurde der überwiegende Teil der Ermittlungsverfahren durch die Staatsanwaltschaft mit der Begründung eingestellt, dass die DDR-Organe vereinzelt entsprechende Strafverfahren durchgeführt hätten, so dass von einer systematischen Nichtverfolgung keine Rede sein könne.

Das Landgericht Meiningen[625] lehnte die Eröffnung des Hauptverfahrens gegen zwei ehemalige Mitarbeiter des Ministeriums für Staatssicherheit wegen in den Jahren 1957 und 1959 begangener Aussageerpressungs- und Körperverletzungsdelikte ab und führte ebenfalls aus, die bekannt gewordenen Straf- und Disziplinarmaßnahmen stünden der Annahme einer generellen Nichtverfolgung entgegen. Auf die hiergegen gerichtete sofortige Beschwerde der Staatsanwaltschaft Erfurt hob das Thüringer Oberlandesgericht[626] den landgerichtlichen Beschluss indes auf und führte unter Hinweis auf die nachstehend dargestellte Feststellung der Landgerichte Potsdam und Bautzen aus, dass Gefangenenmisshandlungen in der DDR systematisch unverfolgt geblieben seien.

Das Landgericht Potsdam[627] hatte in einem Verfahren gegen einen ehemaligen Wachtmeister der Strafvollstreckungseinrichtung Brandenburg festgestellt, dass Strafverfahren wegen Gefangenenmisshandlung in der DDR grundsätzlich nicht durchgeführt worden seien. Es hatte hierzu den ehemaligen Leiter der

---

623 Die Probleme der Verfolgungsverjährung, u.a. auch die durch das dritte Verjährungsgesetz eingeführten Regelungen, werden oben, S. 5 ff., ausführlich dargestellt.

624 Vgl. *Tröndle/Fischer*, StGB, 54. Aufl. (2007), vor § 3 Rn. 46.

625 *LG Meiningen*, Beschluss v. 21.12.1994 – Az. 4 KLs 550 Js 11636/93.

626 *Thüringer OLG*, Beschluss v. 28.8.1995 – Az. 1 Ws 21/95.

627 *LG Potsdam*, Urteil v. 24.6.1994 – Az. 24 KLs 39/93, UA S. 25 ff.

Strafvollstreckungseinrichtung Brandenburg, einen „Stellvertreter Operativ" der Strafvollstreckungseinrichtung Bautzen II, einen Offizier des Ministeriums für Staatssicherheit in den Einrichtungen Bautzen I und II, einen Abteilungsleiter im Vollzugsdienst in der Einrichtung Brandenburg sowie eine Reihe von DDR-Ermittlungsbediensteten – Staatsanwälte für die Strafvollzugsaufsicht und Bedienstete der Volkspolizei – vernommen. Sämtliche Zeugen sagten aus, von strafrechtlichen Ermittlungsverfahren wegen Misshandlungen an Inhaftierten nie etwas gehört zu haben. Bekannt geworden seien lediglich vereinzelte disziplinarische Maßnahmen. Von einer generellen Billigung der Misshandlungen durch die DDR-Führung sei zwar nicht auszugehen. Vielmehr hätten derartige Delikte im Widerspruch zu den Zielen des Strafvollzuges gestanden. Die Durchführung öffentlicher Strafverfahren sei aber vermieden worden, um das Ansehen des Strafvollzuges nicht zu schädigen.

Das Landgericht Bautzen[628] hatte zur Klärung der Frage, ob die DDR-Organe derartige Misshandlungsdelikte verfolgten, mehrere Beamte des Landeskriminalamts Brandenburg vernommen, welche die Nachweisbücher über Vorkommnisse im Strafvollzug zwischen 1972 und 1990 ausgewertet hatten. Die Zeugen berichteten über mindestens 18 Eintragungen zu Misshandlungstaten. Die Einträge hätten allerdings lediglich Verweise auf Disziplinarstrafen enthalten. Eine als sachverständige Zeugin vernommene Mitarbeiterin der Bundesbehörde für die Unterlagen der Staatssicherheit sagte aus, sie habe in Aussageprotokollen und Berichten Inoffizieller Mitarbeiter 20 Einzelberichte über Misshandlungen gefunden. Einen Hinweis auf strafrechtliche Sanktionen habe es indes nicht gegeben. Der ehemals für den Bezirk Cottbus zuständige Haftstaatsanwalt bekundete ebenfalls, nie von entsprechenden Strafverfahren gehört zu haben. Nach den Feststellungen der Strafkammer sollte nach dem Willen der DDR-Regierung die Durchführung von Strafverfahren generell und systematisch vermieden werden, um das Ansehen des sozialistischen Strafvollzuges zu schützen. Der Erkenntnis, dass Misshandlungen an Gefangenen grundsätzlich nicht verfolgt worden seien, stehe nicht entgegen, dass vereinzelt Strafverfahren bekannt geworden seien. Zu entsprechenden Verurteilungen sei es nämlich in diesen Fällen allein aus politischen Opportunitätsgründen gekommen, etwa wenn Einzelfälle öffentlich bekannt geworden seien.

Der Bundesgerichtshof[629] bestätigte die Auffassung des Landgerichts Bautzen zur Verfolgungsverjährung. Er kam zu dem Ergebnis, dass es sich um Taten

---

628 *LG Bautzen*, Urteil v. 2.9.1994 – Az. 1 KLs 183 Js 5993/91, *M/W*, Bd. 7 (2009), S. 5, mitverbunden: Az. 1 KLs 811 Js 7693/91.

629 *BGH*, Urteil v. 26.4.1995 – Az. 3 StR 93/95, NJW 1995, 2861, *M/W*, Bd. 7 (2009), S. 31.

handelte, die nach „dem ausdrücklichen oder mutmaßlichen Willen der Staats- und Parteiführung der ehemaligen DDR aus politischen oder sonst mit wesentlichen Grundsätzen einer freiheitlichen rechtsstaatlichen Ordnung unvereinbaren Gründen nicht geahndet worden" seien und damit die Verfolgungsverjährung bis zum 3.10.1990 geruht habe.[630] Er ließ allerdings offen,[631] ob im Interesse des Rechtsfriedens das Ruhen der Verjährung zu verneinen sei in Fällen minder schwerer und weit zurückliegender Taten. Auf diese Frage ging der Bundesgerichtshof auch nicht in seinem Beschluss aus dem Jahr 1998 ein[632]

Die Entwicklung der Rechtsprechung zum Ruhen der Verjährung legt als Antwort auf die oben[633] angesprochene Frage nach dem Systemzusammenhang nahe: Die Strafverfolgung von Misshandlungen in den Haftanstalten unterblieb in der DDR, da sie politisch inopportun war.[634] Im Hinblick auf die Nichtverfolgung der Täter ist deshalb von einem „unmittelbaren Systemzusammenhang" auszugehen. Darüber hinaus sind aber auch die von der Staats- und Parteiführung geschaffenen Rahmenbedingungen des Strafvollzugs zu berücksichtigen, denn diese begünstigten die Misshandlungen. Zu den „begünstigenden Faktoren"[635] zählen die Militarisierung des Strafvollzugs, die herausragende Machtstellung und politische Indoktrinierung des Verhörs- und Wachpersonals sowie das Fehlen eines funktionierenden Beschwerdesystems.[636] Insofern lässt sich ein „mittelbarer Systemzusammenhang" bejahen.[637] Vor diesem Hintergrund erscheint der Kreis potenzieller Täter, den die bundesdeutsche Justiz bei der Strafverfolgung von Misshandlungen in den Gefängnissen der DDR gezogen hat, recht eng. Anders als bei der Fallgruppe der Tötungen an der deutsch-deutschen Grenze wurden lediglich die unmittelbar handelnden Personen strafrechtlich verfolgt, nicht aber Angehörige der höheren Hierarchieebene der Staats- und Parteiführung.[638]

---

630 *BGH*, Urteil v. 26.4.1995 – Az. 3 StR 93/95, NJW 1995, 2861, *M/W*, Bd. 7 (2009), S. 31, 32.

631 So auch bereits in *BGH*, Urteil v. 19.4.1994 – Az. 5 StR 204/93, BGHSt 40, 113, 119.

632 *BGH*, Beschluss v. 30.3.1998 – Az. 5 StR 30/98, *M/W*, Bd. 7 (2009), S. 91. Darin bestätigte er lediglich seine vorherigen Feststellungen.

633 Vgl. S. 122.

634 *Pfarr*, Misshandlung (2013), S. 195 f., der jedoch die fehlende Auseinandersetzung der bundesdeutschen Gerichte mit den verhängten Disziplinarstrafen kritisiert.

635 *Pfarr*, Misshandlung (2013), S. 196.

636 *Pfarr*, Misshandlung (2013), S. 196 ff.

637 *Pfarr*, Misshandlung (2013), S. 223.

638 *Pfarr*, Misshandlung (2013), S. 292.

3. Strafzumessung

Die Auswertung der Justizmaterialien zeigt, dass die gerichtliche Strafzumessung in vielen Fällen sehr schematisch erfolgte. Zumeist beschränkten sich die Gerichte auf die Feststellung, dass die Taten lange Zeit zurücklägen und die Täter nicht vorbestraft seien. Beide Erwägungen begegnen Bedenken. Dass zwischen Tatbegehung und Verurteilung mindestens drei Jahre lagen, folgte zwangsläufig aus der Tatsache, dass die bundesdeutsche Justiz erst Anfang der 1990er Jahre mit der Aufarbeitung von DDR-Unrecht beginnen konnte. Die strafmildernde Berücksichtigung fehlender Vorstrafen erscheint problematisch, weil eine strafrechtliche Ahndung der Gefangenenmisshandlungen in der DDR in der Regel unterblieb. Nicht zufällig war keiner der Täter vorbestraft.

Das Landgericht Bautzen[639] verurteilte einen Angeklagten wegen Körperverletzung im Amt in sieben Fällen, davon in drei Fällen in Tateinheit mit gefährlicher Körperverletzung, zu einer Freiheitsstrafe von zwei Jahren. Sämtliche Straftaten hatten sich gegen politische Häftlinge gerichtet. Dieser Umstand wirkte sich letztlich strafmildernd aus. Das Landgericht wies darauf hin, dass in der Haftanstalt besonders viele politische Häftlinge untergebracht gewesen seien, und der Angeklagte diese aufgrund seiner Ausbildung als besonders gefährliche Feinde seines Vaterlandes betrachtet habe.

Soweit die Gerichte eine Freiheitsstrafe in Anwendung bundesdeutschen Strafrechts[640] aussprachen, hatten sie zu prüfen, ob eine Strafaussetzung zur Bewährung in Betracht kam. Nach der gesetzlichen Regelung war diese zwingend zu versagen, wenn die Verteidigung der Rechtsordnung dies gebot und die verhängte Freiheitsstrafe mindestens sechs Monate betrug.[641]

Diese Regelung wurde von den Gerichten jedoch in keinem der vorliegenden Fälle problematisiert. Die Staatsanwaltschaft Dresden rügte eben dieses Versäumnis in ihrer Revision[642] gegen ein Urteil des Landgerichts Bautzen.[643] Für die große Mehrheit unter den Opfern des DDR-Unrechts sei nicht ohne weiteres nachvollziehbar, dass eine gegen einen Straftäter wegen jahrelanger Misshandlung von Gefangenen verhängte Freiheitsstrafe gerade deshalb nicht vollstreckt würde, weil die Taten schon lange Zeit zurücklägen. Die Verteidigung der Rechtsordnung erfordere hier die Versagung der Strafaussetzung. Der Bun-

639 *LG Bautzen*, Urteil v. 17.10.1995 – Az. 1 KLs 183 Js 5993/91, *M/W*, Bd. 7 (2009), S. 41.

640 Im Falle der Anwendung des DDR-Strafgesetzbuchs scheiterte eine Strafaussetzung daran, dass das DDR-Strafgesetzbuch eine solche nicht vorsah; vgl. hierzu oben S. 127 Fn. 615.

641 § 56 Abs. 3 StGB.

642 *StA Dresden*, Revisionsbegründung v. 2.1.1995 – Az. 183 Js 5993/91.

643 *LG Bautzen*, Urteil v. 2.9.1994 – Az. 1 KLs 183 Js 5993/91, *M/W*, Bd. 7 (2009), S. 5.

desgerichtshof[644] hob das Urteil aus anderen Gründen auf und verwies die Sache zurück. Das Landgericht Bautzen bestätigte in seiner daraufhin ergangenen Entscheidung die Strafaussetzung zur Bewährung.[645] Der Angeklagte sei seit 1983 nicht mehr strafrechtlich in Erscheinung getreten. Die Verteidigung der Rechtsordnung erfordere die Versagung der Strafaussetzung nicht. Vielmehr sei davon auszugehen, dass ein verständiger außenstehender Betrachter die Entscheidung ohne weiteres nachvollziehen könne.

4. Beweisfragen

Die größten Schwierigkeiten der Strafverfolgung von Misshandlungen in DDR-Gefängnissen lagen im tatsächlichen Bereich.[646] Nachweis und Rekonstruktion der Straftaten wurden dadurch erschwert, dass die Taten zum Teil mehrere Jahrzehnte zurücklagen. Die Verletzungen waren oft nur lückenhaft oder gar nicht dokumentiert.[647] Hinzu kam, dass die Aussagen der Opfer, die ihre Peiniger nach Jahren oft nicht wiedererkannten, nur selten durch Zeugen bestätigt werden konnten.[648] In der Regel standen sich Täter und Opfer der Misshandlungen allein gegenüber, sodass es keine Zeugen der Taten gab.[649] Viele der Misshandlungsopfer hatten ferner über die Jahre eigene Bewältigungsstrategien entwickelt und wollten an die traumatisierenden Ereignisse nicht erinnert werden.[650] Auch waren Betroffene vielfach wegen der starken psychischen Belastung einer Zeugenaussage vor Gericht nicht bereit, am Verfahren mitzuwirken.

---

644 *BGH*, Urteil v. 26.4.1995 – Az. 3 StR 93/95, NJW 1995, 2861, *M/W*, Bd. 7 (2009), S. 31; aus der Sicht des BGH bedurfte es keiner Erörterung des § 56 Abs. 3 StGB, denn die Anwendung der Vorschriften über die Strafaussetzung war schon deswegen fehlerhaft, weil das DDR-Recht kumulativ mit bundesdeutschem Strafrecht angewendet worden war.

645 *LG Bautzen*, Urteil v. 17.10.1995 – Az. 1 KLs 183 Js 5993/91, *M/W*, Bd. 7 (2009), S. 41.

646 So hat beispielsweise das *AG Frankfurt/Oder* durch Urteil v. 14.6.1995 – Az. 4.3 Ls 64 Js 01/92 zwei Angeklagte aus Mangel an Beweisen rechtskräftig freigesprochen.

647 In einem Verfahren des *LG Potsdam*, Urteil v. 24.6.1994 – Az. 24 KLs 39/93 scheiterte eine Verurteilung wegen einer Straftat nach § 116 DDR-StGB daran, dass das vorgelegte medizinische Gutachten erst fünf Jahre nach der Tat erstellt worden war und daher eine nachhaltige Störung im Sinne der Norm als nicht zuverlässig bewiesen angesehen wurde.

648 Das *AG Chemnitz* sprach mit Urteil v. 9.2.1996 – Az. 4 Ds 812 Js 12913/92 einen Angeklagten frei, weil die Zeugenaussagen dessen Täterschaft nicht zweifelsfrei belegen konnten. In einem weiteren Urteil v. 20.3.1996 – Az. 10 Ls 812 Js 33906/95 sprach es den Angeklagten frei, weil es die belastenden Zeugenaussagen für unglaubhaft hielt.

649 *Pfarr*, Misshandlung (2013), S. 278.

650 *Pfarr*, Misshandlung (2013), S. 278 f.

H. Doping

I. Einführung

Im Prozess der strafrechtlichen Aufarbeitung von DDR-Systemunrecht nahmen die Dopingverfahren nur vergleichsweise wenig Raum ein.[651] Die in ihnen getroffenen Feststellungen über die Dopingpraxis der DDR erregten aber großes Aufsehen in der gesamtdeutschen Öffentlichkeit. Das Thema Doping im DDR-Leistungssport war in der Bundesrepublik schon lange vor der Wende diskutiert worden.[652] Nach der Vereinigung wurde öffentliche Kritik daran geübt, dass am DDR-Dopingsystem beteiligte Sportfunktionäre und Trainer wichtige Positionen in nationalen und internationalen Sportgremien besetzten.[653] Betroffene DDR-Athletinnen und -Athleten kämpfen seit langem um Entschädigung für die erlittenen Nebenwirkungen und Folgeschäden der Dopingmittelverabreichung[654] sowie dafür, dass die deutschen Sportverbände ihre Verantwortung für die DDR-Dopingpraxis anerkennen.[655] Auch dies hat dazu beigetragen, dass das Thema nach wie vor im öffentlichen Bewusstsein präsent ist.

---

651 Der Anteil der Doping-Verfahren an allen Verfahren zur Verfolgung von DDR-Unrecht betrug lediglich 3,7%, vgl. S. 253.

652 Fälle, die in der Bundesrepublik Aufsehen erregt hatten, betrafen etwa die DDR-Kugelstoßerin Ilona Slupianek, die bei einer Wettkampfveranstaltung 1977 in Helsinki positiv auf Dopingmittel getestet worden war, sowie die DDR-Olympiakandidatin im Sprint Renate Neufeld, die 1977 in die Bundesrepublik geflüchtet war und hier über die Dopingpraxis im DDR-Leistungssport berichtete (vgl. den Beitrag in *Der Spiegel* v. 19.3.1979 „Schluck Pillen oder kehr Fabriken aus"). Zum Thema Doping in der DDR vgl. etwa *Geipel,* Verlorene Spiele (2001); *dies.*, No Limit (2008); *Hartmann* (Hrsg.), Goldkinder (1997); *Spitzer,* Doping in der DDR, 4. Aufl. (2012); *ders.*, Wunden und Verwundungen (2007).

653 So war etwa Dr. Manfred Höppner, stellvertretender Direktor des Sportmedizinischen Dienstes der DDR, nach der Wende Mitglied verschiedener medizinscher Kommissionen und Dopingkontrollausschüsse. Dr. Claus Clausnitzer, zu DDR-Zeiten Direktor des Zentralen Doping-Kontroll-Labors in Kreischa, war nach der Vereinigung Mitglied der Medizinischen Kommission des Internationalen Olympischen Komitees. Vgl. *Berendonk/Franke,* in Hartmann (1997), S. 166, 187.

654 Im „Zweiten Gesetz über eine finanzielle Hilfe für Dopingopfer der DDR (Zweites Dopingopfer-Hilfegesetz)" vom 28.6.2016 (BGBl. I S. 1546) beschloss der Bundestag „aus humanitären und sozialen Gründen" die Einrichtung eines Fonds in Höhe von 13,65 Millionen Euro zur finanziellen Unterstützung von Doping-Opfern der DDR.

655 Vgl. beispielsweise die Klage gegen das Nationale Olympische Komitee vor dem LG Frankfurt – Az. 2 – 31 O 158/01 oder die Schadensersatzklage wegen Verabreichens von Doping gegen verantwortliche Sportärzte und die Bundesrepublik Deutschland vor dem *OLG Dresden*, Urteil v. 29.2.1996 – Az. 4 U 1226/95, abgedruckt in SpuRt 1997, 132ff. Weiterhin entstand eine Debatte darüber, wer nach der deutschen Vereinigung zur Zahlung von Schmerzensgeld in

Die Strafverfolgung wegen staatlich gesteuerten Dopings in der DDR setzte deutlich später ein als bei anderen Deliktsgruppen. Die erste Anklage wurde im September 1997 erhoben. Das Hauptaugenmerk der Ermittlungen richtete sich auf Trainer und Ärzte von Sportlerinnen. Sachverhalte, in denen männliche Sportler in die Vergabe von Dopingmitteln, zumeist Anabolika, involviert waren, gaben in der Regel keinen Anlass für Ermittlungen, weil die befragten Sportler in den meisten Fällen Gesundheitsschäden verneinten. Ohnehin gingen die Staatsanwaltschaften davon aus, dass sich anabole Steroide auf den weiblichen Körper stärker auswirkten. Aus diesem Grund und auch aus verfahrensökonomischen Gründen wurde von einer weiteren Strafverfolgung von Trainern und Ärzten männlicher Sportler abgesehen.[656]

Der strafrechtliche Vorwurf beschränkte sich auf die Beteiligung an bestimmten vorsätzlich begangenen Körperverletzungen als Täter oder Teilnehmer. Die Mitwirkung an der Gestaltung oder Steuerung des staatlich gelenkten Dopingsystems wurde nicht explizit zum Gegenstand einer strafrechtlichen Würdigung gemacht. Nachdem die Staatsanwaltschaften in Fällen, die das DDR-Staatsdoping betrafen, zunächst Anklagen erhoben hatten,[657] gingen sie in den Jahren 1999 und 2000 verstärkt dazu über, Anträge auf Erlass eines Strafbefehls zu stellen. Dies war zum einen auf das Näherrücken des Zeitpunktes der absoluten Verjährung im Jahr 2000 zurückzuführen. Das Strafbefehlsverfahren ermöglichte eine raschere Erledigung. Zum anderen konnten nach einem ersten Urteil des Landgerichts Berlin im Jahr 1998[658] die wesentlichen tatsächlichen und rechtlichen Fragen der Dopingmittelvergabe in der DDR als geklärt gelten. Der in diesem Urteil entwickelten Grundlinie folgten die Gerichte in allen weiteren Verfahren. So ist es zu erklären, dass es letztlich nur in wenigen Verfahren[659] zu einer Hauptverhandlung kam. Soweit die Gerichte Frei-

---

Anspruch genommen werden konnte: die Sportärzte, die gesamtdeutschen Sportverbände oder sogar die Bundesrepublik Deutschland, vgl. dazu *Lehner/Freibüchler* SpuRt 1995, 2.

656 Vgl. etwa die Verfügungen der *StA Neuruppin* v. 7.12.1999 – Az. 361 Js 27693/98 sowie v. 21.12.1999 – Az. 361 Js 32623/98. Lediglich in zwei Fällen beantragten Staatsanwaltschaften Strafbefehle wegen Körperverletzung (auch) von männlichen Athleten, vgl. *AG Neubrandenburg*, Strafbefehl v. 28.9.2000 – Az. 3 Cs 997/00 sowie *AG Suhl*, Strafbefehl v. 14.1.2000 – Az. 510 Js 8730/99.

657 *M/W*, Bd. 7 (2009), S. XL.

658 *LG Berlin*, Urteil v. 31.8.1998 – Az. (534) 28 Js 39/97 KLs (17/98), *M/W*, Bd. 7 (2009), S. 111.

659 *LG Berlin*, Urteil v. 31.8.1998 – Az. (534) 28 Js 39/97 KLs (17/98), *M/W*, Bd. 7 (2009), S. 111; *LG Berlin*, Urteil v. 25.9.1998 – Az. (512) 28 Js 105/97 KLs (8/98); *LG Berlin*, Urteil v. 7.12.1998 – Az. (534) 28 Js 39/97 KLs (33/97), *M/W*, Bd. 7 (2009), S. 237; *LG Berlin*, Urteil v. 22.12.1999 – Az. (522) 28 Js 195/97 KLs (40/99); *LG Berlin*, Urteil v. 12.1.2000 – Az. (522) 28 Js 195/97 KLs (50/99); *LG Berlin*, Urteil v. 18.7.2000 – Az. (538) 28 Js 14/98 KLs (23/99), *M/W*, Bd. 7 (2009), S. 287.

heitsstrafen verhängten, wurden diese ausnahmslos zur Bewährung ausgesetzt.[660]

II. Sachverhalte

Der DDR-Leistungssport war wegen seiner politisch-ideologischen Funktion im „Wettkampf der Systeme" straff organisiert und in die staatlichen Strukturen der DDR eingebunden. Diese Struktur ermöglichte es, gezielt und unter staatlicher Anleitung und Kontrolle in nahezu allen olympischen Sportarten systematisch und flächendeckend Dopingmittel zur Erreichung sportlicher Höchstleistungen einzusetzen. Nach den Erkenntnissen der Staatsanwaltschaft II bei dem Landgericht Berlin wurde zumindest seit dem Jahre 1974 aufgrund eines Beschlusses der „Leistungssportkommission" das Anabolika-Doping in der DDR staatlich gefördert und gesteuert. Im Jahre 1975 wurde eine Arbeitsgruppe gebildet, die sich aus Sportmedizinern und Sportverbandsfunktionären zusammensetzte. Aufgabe dieser Arbeitsgruppe war es, die damals als „unterstützende Mittel" bezeichneten Dopingmittel zu beschaffen, zu verteilen und ihre Anwendung in den Sportverbänden anzuleiten und zu kontrollieren. Als „unterstützende Mittel" wurden neben Vitaminpräparaten in erster Linie anabole Substanzen (Oral-Turibanol, Testosteron) verabreicht. Diese Mittel griffen in den Hormonhaushalt der DDR-Athletinnen und -Athleten ein und beeinflussten den Muskelzuwachs. Ihre größte Wirkung entfalteten sie bei Heranwachsenden und bei Frauen. Insbesondere bei langfristiger und hoch dosierter Anwendung von Anabolika war mit schweren, teilweise irreversiblen Nebenwirkungen zu rechnen. Augenscheinlichste Nebenwirkung war die „Vermännlichung" (Virilisierung) bei Sportlerinnen (Veränderungen der Stimme, der Körperbehaarung, des Körperbaus). Daneben traten Muskelverhärtungen, Schädigungen der inneren Organe sowie Schäden am Sehnen- und Knochenapparat auf.

Den Sportlerinnen und Sportlern wurde nicht mitgeteilt, welche Präparate man ihnen verabreichte. Insbesondere wurden sie nicht über mögliche Risiken und Nebenwirkungen aufgeklärt. Auf Nachfrage der Sportlerinnen und Sportler oder ihrer Eltern bei Trainern oder Ärzten, wurde ihnen wahrheitswidrig geantwortet, es handele sich lediglich um Vitaminpräparate.

660 *M/W*, Bd. 7 (2009), S. XL.

III. Rechtsfragen

1. Strafanwendungsrecht

Die strafanwendungsrechtliche Problematik stellte sich bei Dopingstraftaten nicht wesentlich anders dar als in der Deliktsgruppe der Gefangenenmisshandlung, soweit Vorschriften aus dem Bereich der Körperverletzungsdelikte in Betracht kamen. Daher kann hier auf die entsprechenden Ausführungen verwiesen werden.[661]

2. Strafbarkeit

Die Feststellung einer tatbestandsmäßigen Körperverletzungshandlung bereitete den Gerichten in aller Regel keine Probleme. Sowohl die bundesdeutsche[662] als auch die DDR-Strafvorschrift[663] der Körperverletzung setzten eine Gesundheitsschädigung beim Opfer voraus. Dafür reichte bereits aus, dass eine Verabreichung anaboler Steroide zu „somatisch fassbaren nachteiligen Veränderungen der Körperbeschaffenheit" führte, „auch wenn klinisch erkennbare Schäden nicht oder nicht sogleich erkennbar" waren.[664] Konkret wurden sogar ganz erhebliche Gesundheitsschädigungen festgestellt, weil den zumeist jugendlichen Sportlerinnen über einen längeren Zeitraum anabole Steroide in größerer Dosis zugeführt worden waren, was massive Auswirkungen auf das gesamtkörperliche Geschehen und gravierende innerliche und äußerliche körperliche Veränderungen zur Folge hatte.[665] Die Kausalität konnte zumeist „mit einem nach der Lebenserfahrung ausreichendem Maß an Sicherheit" angenommen werden.[666] Insbesondere durch den großen Zeitabstand bedingte Beweisprobleme ließen jedoch in einigen Verfahren Zweifel aufkommen, die sich dann zugunsten der Angeklagten auswirkten. Keinen Anlass sahen die Gerichte, die Dopingmittelvergabe als straflosen ärztlichen Heileingriff einzustu-

---

661 Vgl. oben, S. 126 ff.

662 § 223 Abs. 1 StGB.

663 § 115 Abs. 1 DDR-StGB.

664 *LG Berlin*, Urteil v. 31.8.1998 – Az. (534) 28 Js 39/97 KLs (17/98), UA S. 154, *M/W*, Bd. 7 (2009), S. 227.

665 *LG Berlin*, Urteil v. 31.8.1998 – Az. (534) 28 Js 39/97 KLs (17/98), UA S. 154, *M/W*, Bd. 7 (2009), S. 228; vgl. auch *StA II bei dem LG Berlin*, Anklage v. 18.9.1997 – Az. 28 Js 39/97, S. 124 unter Hinweis auf *Ahlers*, Doping (1994), S. 39; vgl. auch die Ausführungen dazu bei *Karakaya*, Doping (2004), S. 90 f.; *Klug*, Doping (1998), S. 75 ff.; *Mestwerdt*, Doping (1987), S. 68 ff.

666 *LG Berlin*, Urteil v. 31.8.1998 – Az. (534) 28 Js 39/97 KLs (17/98), UA S. 155, *M/W*, Bd. 7 (2009), S. 228.

fen.[667] Dieser setze eine medizinische Indikation voraus, die jedoch nicht vorgelegen habe.[668]

Thematisiert wurde noch eine Rechtfertigung im Wege der Einwilligung. Sowohl das Recht der DDR als auch das Recht der Bundesrepublik kannten einen solchen Rechtfertigungsgrund. Voraussetzung war freilich jeweils, dass die Betroffenen die Einwilligung frei von Willensmängeln wie Täuschung, Irrtum oder Zwang sowie in Kenntnis der Tragweite und Folgen abgaben.[669] Diese Anforderungen waren in keinem gerichtlich entschiedenen Fall erfüllt. Bei Opfern im Alter von 14 Jahren und jünger schloss mangelnde Einwilligungsfähigkeit eine Rechtfertigung von vornherein aus.[670] Soweit die Dopingmittelvergabe minderjährige Sportlerinnen betraf, die älter als 14 Jahre waren, war hinsichtlich der Frage, ob sie das Wesen, die Bedeutung und die Tragweite des Eingriffs in vollem Umfang hatten erkennen können, auf den jeweiligen individuellen Reifegrad abzustellen.[671] Letztlich kam es darauf aber nicht an, weil die Betroffenen ohnehin mittels der Legende der Vitaminvergabe über die tatsächliche

667 *LG Berlin*, Urteil v. 31.8.1998 – Az. (534) 28 Js 39/97 KLs (17/98), UA S. 152 ff., *M/W*, Bd. 7 (2009), S. 226 f.; vgl. auch *StA II bei dem LG Berlin*, Anklage v. 18.9.1997 – Az. 28 Js 39/97, S. 123.

668 *LG Berlin*, Urteil v. 31.8.1998 – Az. (534) 28 Js 39/97 KLs (17/98), UA S. 153, *M/W*, Bd. 7 (2009), S. 227; *LG Berlin*, Urteil v. 18.7.2000 – Az. (538) 28 Js 14/98 KLs (23/99), UA S. 58, *M/W*, Bd. 7 (2009), S. 320. Vgl. dazu auch die ähnlichen Ausführungen bei *Karakaya*, Doping (2004), S. 93 f.; *Mestwerdt*, Doping (1987), S. 75 f.; *Müller*, Doping (1993), S. 43 ff.; *Rain*, Einwilligung (1998), S. 66 ff. Vgl. auch die Darstellung in der Anklage der *StA II bei dem LG Berlin* v. 18.9.1997 – Az. 28 Js 39/97, S. 123 (unter Hinweis auf *Ahlers*, Doping [1994], S. 32 sowie *Linck* NJW 1987, 2545 und *Turner* MDR 1991, 569 ff.): Bei gesunden Sportlerinnen und Sportlern gebe es keinen medizinischen Grund, Dopingmittel einzusetzen. Aus ärztlicher Sicht sei Doping strikt und unmissverständlich abzulehnen gewesen. Doping diene einer künstlichen Leistungssteigerung; dies begründe keine medizinische Indikation.

669 *LG Berlin*, Urteil v. 31.8.1998 – Az. (534) 28 Js 39/97 KLs (17/98), UA S. 156, *M/W*, Bd. 7 (2009), S. 229, *LG Berlin*, Urteil v. 7.12.1998 – Az. (534) 28 Js 39/97 KLs (33/97), UA S. 180, *M/W*, Bd. 7 (2009), S. 268, und *LG Berlin*, Urteil v. 18.7.2000 – Az. (538) 28 Js 14/98 KLs (23/99), UA S. 59, 65, *M/W*, Bd. 7 (2009), S. 321 f., 325, teilweise unter Hinweis auf § 12 Abs. 3 des Arzneimittelgesetzes der DDR v. 27. November 1986; vgl. auch *StA II bei dem LG Berlin*, Anklage v. 18.9.1997 – Az. 28 Js 39/97, S. 126 unter Hinweis auf das Lehrbuch der DDR zum Strafrecht, Allgemeiner Teil, Berlin, 1976, S. 420; vgl. auch *Kargl* JZ 2002, 394; *Fischer*, StGB, 66. Aufl. (2019), § 228 Rn. 5–7; Schönke/Schröder/*Sternberg-Lieben*, 30. Aufl. (2019), vor § 32 Rn. 46–48.

670 *StA II bei dem LG Berlin*, Anklage v. 18.9.1997 – Az. 28 Js 39/97, S. 126; *Mestwerdt*, Doping (1987), S. 91.

671 *StA II bei dem LG Berlin*, Anklage v. 18.9.1997 – Az. 28 Js 39/97, S. 127 unter Hinweis auf *Kohlhaas* NJW 1979, 1960.

Dopingmittelverabreichung getäuscht worden waren.[672] Das Fehlen der Voraussetzungen für eine rechtfertigende Einwilligung stellten die Gerichte auch bei volljährigen Sportlerinnen als Opfer fest, weil sie nicht hinreichend über die schädlichen Nebenwirkungen aufgeklärt worden waren.[673]

3. Beteiligungsformen

Die an der Dopingmittelvergabe beteiligten Trainer der Sportvereine wurden durchweg als Täter einer Körperverletzung verurteilt. Schließlich waren sie es gewesen, die die Dopingmittel an die Sportlerinnen übergeben und deren Einnahme auch teilweise überwacht hatten. Im Hinblick auf Ärzte wurde unterschieden: Wer den Athletinnen Dopingpräparate direkt verabreicht hatte, wurde als Täter eingestuft, während diejenigen, die lediglich Dopingmittel an die Trainer übergeben hatten, nur wegen Beihilfe belangt wurden.

Das Verfahren gegen die Sportfunktionäre Manfred Ewald und Dr. Manfred Höppner wies in dieser Hinsicht Besonderheiten auf. Zwar waren sie die maßgeblichen Personen auf der Planungs- und Leitungsebene des Dopingsystems gewesen. Gleichwohl wurden sie lediglich wegen Beihilfe verurteilt. Ihnen kam zugute, dass nur nach bundesdeutschem Recht, nicht aber nach dem Recht der DDR die Möglichkeit bestand, sie als Mittäter einzustufen. Wegen des Grundsatzes des Vorrangs des milderen Rechts blieb es bei einer Bestrafung wegen Beihilfe.[674]

4. Verjährung

Die Frage der Verjährung hing bei den Dopingverfahren ebenso wie bei den Verfahren wegen Gefangenenmisshandlung zunächst davon ab, ob im Sinne des ersten Verjährungsgesetzes für den Zeitraum der Existenz der DDR ein Ruhen der Verjährung anzunehmen war, weil entsprechend dem ausdrücklichen oder mutmaßlichen Willen der Staats- und Parteiführung aus politischen oder sonst mit wesentlichen Grundsätzen einer freiheitlichen rechtsstaatlichen Ordnung unvereinbaren Gründen eine Ahndung unterblieben war.[675] Da die Taten im Rahmen eines staatlich gelenkten Systems begangen worden waren, drängte

672 *StA II bei dem LG Berlin*, Anklage v. 18.9.1997 – Az. 28 Js 39/97, S. 127; *LG Berlin*, Urteil v. 31.8.1998 – Az. (534) 28 Js 39/97 KLs (17/98), UA S. 156, *M/W*, Bd. 7 (2009), S. 229.

673 *AG Cottbus*, Strafbefehl v. 9.2.2000 – Az. 74 Cs 361 Js 27693/98 (1318/99).

674 *LG Berlin*, Urteil v. 18.7.2000 – Az. (538) 28 Js 14/98 KLs (23/99), UA S. 59 ff., *M/W*, Bd. 7 (2009), S. 321 ff., 326.

675 Vgl. hierzu oben, S. 128 ff.

sich eine bejahende Antwort auf. Der Bundesgerichtshof bestätigte diesen Standpunkt in einem Beschluss vom 9. Februar 2000. Darin führte er unter Bezugnahme auf frühere Entscheidungen zu anderen Deliktsgruppen aus, dass die Verjährung auch bei staatlich gelenkter Vergabe schädlicher Dopingmittel an uneingeweihte Athletinnen und Athleten aufgrund eines quasigesetzlichen Verfolgungshindernisses geruht habe.[676] Zwar sei „der Einsatz von Dopingmitteln im Hochleistungssport keine Besonderheit [...], die ausschließlich für totalitäre Unrechtssysteme kennzeichnend wäre".[677] In der DDR hätten das Doping sowie dessen Geheimhaltung aber als zentrale staatliche Aufgaben gegolten. Aus der Gesamtheit dieses systematischen Vorgehens ergebe sich, dass die entsprechenden Körperverletzungshandlungen in der DDR aus politischen Gründen ohne strafrechtliche Folgen geblieben seien.[678]

Somit hat die Verjährung vom 11. Oktober 1949 bis zum 2. Oktober 1990 geruht. Gemäß der einschlägigen bundesdeutschen Norm[679] wäre die Verjährung nach fünf Jahren eingetreten. Das zweite und das dritte Verjährungsgesetz bewirkten eine Fristverlängerung bis zum 2. Oktober 2000.[680] Seither sind DDR-Dopingstraftaten nicht mehr verfolgbar.

5. Strafzumessung

Auch für die Festlegung der Rechtsfolgen in den Strafverfahren wegen Dopings galt das Prinzip, dass zunächst strikt alternativ eine Strafe sowohl nach bundesdeutschem Recht als auch nach dem Strafgesetzbuch der DDR zu bilden und sodann unter Berücksichtigung des Grundsatzes des mildesten Gesetzes die zu verhängende Strafe zu bestimmen war.[681] Der Vorgang erforderte einen Gesamtvergleich der einschlägigen Körperverletzungsnormen im Hinblick auf den konkreten Einzelfall.

Schwierigkeiten ergaben sich vor allem in den Fällen, in denen aufgrund der Tatschwere eine Geldstrafe nicht in Betracht kam. Nach dem Strafgesetzbuch der DDR[682] konnte eine Freiheitsstrafe allein während des bereits laufenden Vollzugs zur Bewährung ausgesetzt werden. Demgegenüber ermöglicht das

676 *BGH*, Beschluss v. 9.2.2000 – Az. 5 StR 451/99, BA S. 4, *M/W*, Bd. 7 (2009), S. 274.
677 *BGH*, Beschluss v. 9.2.2000 – Az. 5 StR 451/99, BA S. 8, *M/W*, Bd. 7 (2009), S. 276 unter Hinweis auf *Berendonk*, Doping-Dokumente (1991), S. 228 ff.
678 *BGH*, Beschluss v. 9.2.2000 – Az. 5 StR 451/99, BA S. 7, *M/W*, Bd. 7 (2009), S. 276.
679 § 78 Abs. 3 Nr. 4 StGB.
680 *M/W*, Aufarbeitung (1999), S. 6 f.
681 *LG Berlin*, Urteil v. 12.1.2000 – Az. (522) 28 Js 195/97 KLs (50/99), UA S. 12; LG Berlin, Urteil v. 18.7.2000 – Az. (538) 28 Js 14/98 KLs (23/99), UA S. 56, *M/W*, Bd. 7 (2009), S. 319.
682 § 45 Abs. 1 DDR-StGB.

bundesdeutsche Strafgesetzbuch[683] das Aussetzen des Vollzugs einer Freiheitsstrafe zur Bewährung bereits zum Zeitpunkt der Verurteilung. Allerdings verfügte das DDR-Strafgesetzbuch mit der Möglichkeit der „Verurteilung auf Bewährung“[684] über eine selbstständig ausgestaltete Strafart ohne Freiheitsentzug. Die DDR-Strafvorschrift der Körperverletzung sah diese Sanktionsform ausdrücklich vor.

In einem Verfahren, das Fälle von Gefangenenmisshandlung betraf, hatte der Bundesgerichtshof in seinem Urteil vom 26. April 1995 sowie in einem Beschluss vom gleichen Tage festgestellt, „dass für DDR-Alttaten auch nach dem Wirksamwerden des Beitritts die dem StGB fremde Verurteilung auf Bewährung nicht ausgeschlossen ist“.[685] Er hatte das erstinstanzliche Urteil unter anderem deshalb aufgehoben, weil sich die Richter nicht mit der Möglichkeit auseinandergesetzt hatten, den Angeklagten „auf Bewährung“ zu verurteilen.[686]

Vor dem Hintergrund dieser Entscheidung erscheinen sämtliche Verurteilungen zu Freiheitsstrafen in Doping-Verfahren, die im Strafbefehlsverfahren ergingen, bedenklich, weil sie die Möglichkeit einer Verurteilung auf Bewährung – wie auch generell die Frage des mildesten Rechts – nicht erörterten.[687] Auch in den beiden einzigen Urteilen in einem Doping-Verfahren, in denen auf eine Freiheitsstrafe erkannt wurde, scheint das zuständige Landgericht Berlin eine Verurteilung auf Bewährung nach dem DDR-Strafgesetzbuch nicht erwogen zu haben. Es begründete die Anwendung des bundesdeutschen Strafge-

---

683 § 56 StGB.

684 § 33 DDR-StGB.

685 *BGH*, Urteil v. 26.4.1995, UA S. 7 ff., *M/W*, Bd. 7 (2009), S. 33 f.; *BGH*, Beschluss v. 26.4.1995 – Az. 3 StR 93/95, UA S. 6 ff., *M/W*, Bd. 7 (2009), S. 38 f.

686 *BGH*, Beschluss v. 26.4.1995 – Az. 3 StR 93/95, UA S. 6 ff., *M/W*, Bd. 7 (2009), S. 38 f. Vgl. auch S. 132 zur Gefangenenmisshandlung.

687 Vgl. statt aller *AG Tiergarten*, Strafbefehl v. 15.4.1999 – Az. 244 Cs 293/99. Auch bei den Verurteilungen zu einer Geldstrafe wurde die Frage des milderen Rechts meist nicht problematisiert. So verhängte das *LG Berlin* durch Urteil v. 31.8.1998 – Az. (534) 28 Js 39/97 KLs (17/98), UA S. 157, *M/W*, Bd. 7 (2009), S. 230 Geldstrafen gegen die Angeklagten und wendete dabei, ohne die Gründe näher zu erörtern, das DDR-StGB als das im konkreten Vergleich mildere Recht an. Insbesondere vielen Strafbefehlen lässt sich nicht einmal entnehmen, ob letztlich bundesdeutsches oder DDR-Recht zu Anwendung kam. Eine Ausnahme hiervon stellten die Strafbefehle des *AG Leipzig* v. 28.2.2000 – Az. 63 Cs 606 Js 45824/99, S. 4 sowie v. 6.3.2000 – Az. 83 Cs 606 Js 45784/99, S. 4 f. dar, wo es hieß, der Vergleich führe im konkreten Fall zur Anwendung von DDR-Recht, da dort auch unter Berücksichtigung der zwingenden Strafmilderung für Beihilfe gemäß §§ 27 Abs. 2, 49 Abs. 1 Nr. 2 die geringere Höchststrafe angedroht werde.

setzbuchs damit, „dass die Vollstreckung der hier einzig in Frage kommenden Freiheitsstrafe nach StGB gemäß § 56 StGB zur Bewährung ausgesetzt werden konnte, was das Strafgesetzbuch der DDR im Fall des § 115 Abs. 1 StGB/DDR nicht zulässt."[688]

Demgegenüber kam eine andere Kammer desselben Gerichts in einem Urteil vom 18. Juli 2000 zu dem Ergebnis, dass eine Verurteilung auf Bewährung nach DDR-Strafgesetzbuch möglich sei und gegenüber einer Verurteilung nach dem bundesdeutschen Strafgesetzbuch zu einer Freiheitsstrafe, deren Vollzug zur Bewährung ausgesetzt werde, die günstigere Rechtsfolge darstelle.[689]

Sofern eine Verurteilung zu einer Freiheitsstrafe erfolgte, wurde deren Vollstreckung durchgängig zur Bewährung ausgesetzt. Die Strafen fielen zumeist recht milde aus.[690] Als Grund wurde unter anderem angeführt, dass die Taten bereits längere Zeit zurücklägen und nicht mehr verfolgt werden könnten, wenn der Gesetzgeber nicht die Verjährungsfrist verlängert hätte.[691] Darüber hinaus müsse die Einbindung in einen Systemzusammenhang zugunsten der Angeklagten berücksichtigt werden.[692] Strafmildernd wurden auch Geständnisse[693] oder zumindest Entschuldigungen[694] der Angeklagten gewertet. Dagegen wirkte es sich strafschärfend aus, wenn die Angeklagten die Gesundheit der ihnen anvertrauten Sportlerinnen und Sportler aus Eigennutz aufs Spiel gesetzt hatten, um ihre privilegierten Stellungen nicht zu verlieren.[695]

---

688 *LG Berlin*, Urteil v. 22.12.1999 – (522) 28 Js 195/97 KLs (40/99), UA S. 17 und v. 12.1.2000 – Az. (522) 28 Js 195/97 KLs (50/99), UA S. 12.

689 *LG Berlin*, Urteil v. 18.7.2000 – Az. (538) 28 Js 14/98 KLs (23/99), UA S. 66 f., *M/W*, Bd. 7 (2009), S. 326 f.

690 Zur Höhe der verhängten Freiheits- und Geldstrafen vgl. *Marxen/Werle/Schäfter*, Strafverfolgung (2007), S. 44, 46.

691 Z.B. *LG Berlin*, Urteil v. 31.8.1998 – Az. (534) 28 Js 39/97 KLs (17/98), UA S. 157, *M/W*, Bd. 7 (2009), S. 230.

692 *LG Berlin*, Urteil v. 20.1.2000 – Az. (522) 28 Js 195/97 KLs (50/99), UA S. 12.

693 Vgl. statt aller *LG Berlin*, Urteil v. 31.8.1998 – Az. (534) 28 Js 39/97 KLs (17/98), UA S. 157, *M/W*, Bd. 7 (2009), S. 230.

694 *LG Berlin*, Urteil v. 18.7.2000 – Az. (538) 28 Js 14/98 KLs (23/99), UA S. 68, *M/W*, Bd. 7 (2009), S. 327.

695 Z.B. *LG Berlin*, Urteil v. 31.8.1998 – Az. (534) 28 Js 39/97 KLs (17/98), UA S. 157, *M/W*, Bd. 7 (2009), S. 230; *LG Berlin*, Urteil v. 7.12.1998 – Az. (534) 28 Js 39/97 KLs (33/97), UA S. 181, *M/W*, Bd. 7 (2009), S. 269.

I. Amtsmissbrauch und Korruption[696]

I. Einführung

Der Einsatz politischer Macht zum Zwecke persönlicher Bereicherung war nach Erkenntnissen der Ermittlungsbehörden und Strafgerichte in der politischen Führung der DDR weit verbreitet. Die Aufdeckung dieser Missstände begann bereits im Herbst 1989 und trieb die politische Wende in der DDR voran. Auch danach war die persönliche Bereicherung von Funktionären ein zentrales Thema der öffentlichen Debatte.

1. Begriffsbestimmung

Die Begriffe „Amtsmissbrauch" und „Korruption" wurden während der Wendezeit geprägt. Sowohl in der Öffentlichkeit[697] als auch bei den Strafverfolgungsorganen sowie in der Fachliteratur[698] standen sie als Synonym für den politischen Machtmissbrauch zahlreicher Funktionäre zum Zwecke persönlicher Privilegierung. Präziser wäre von Vermögensdelikten oder Untreuehandlungen zu sprechen. Die juristisch nicht ganz korrekten Begriffe Amtsmissbrauch und Korruption werden für diese Fallgruppe jedoch beibehalten, da sie sich für die Benennung des Gesamtkomplexes etabliert haben.

2. Die wirtschaftliche Situation der DDR

a) Die Probleme im Außenhandel

Bereits Ende des Jahres 1977 wurden volkswirtschaftliche Probleme der DDR, insbesondere im Außenhandel mit den Ländern des nichtsozialistischen Wirtschaftsgebiets (NSW), offenkundig.[699] Die Staats- und Parteispitze war über die prekäre Lage stets informiert. In mehreren Beratungen, an denen Wirtschafts-

696 Zum Gesamtkomplex vgl. die aus dem Projekt „Strafjustiz und DDR-Vergangenheit" hervorgegangene Monografie von *Fahnenschmidt*, DDR-Funktionäre vor Gericht (2000) sowie *M/W*, Bd. 3 (2002).

697 Vgl. etwa den Bericht von *Klemm* über den Untersuchungsausschuss der Volkskammer mit dem Titel: „Korruption und Amtsmissbrauch in der DDR" (1991).

698 *Buchholz* Staat und Recht 1990, 70; *Fahnenschmidt*, DDR-Funktionäre vor Gericht (2000), S. 4 f.

699 Die folgenden Ausführungen basieren im Wesentlichen auf Ermittlungsergebnissen der *StA II bei dem LG Berlin*, die in den Anklagen gegen Honecker – Az. 2 Js 97/91, Mielke – Az. 2 Js 245/90, Alexander Schalck-Golodkowski und Manfred Seidel – Az. 24/2 Js 1243/92 sowie Siegrid Schalck-Golodkowski – Az. 24/2 Js 17/93 nachzulesen sind.

experten der DDR und die politische Führung teilnahmen, wurde bereits in den Jahren 1977 und 1978 von akuten Zahlungsschwierigkeiten und davon gesprochen, dass die Zahlungsbilanz mit dem nichtsozialistischen Wirtschaftsgebiet „nicht mehr beherrschbar" sei.[700] Praktische Konsequenzen wurden aus diesen Erkenntnissen allerdings nicht gezogen. Wirksame Maßnahmen einer grundlegenden Kurskorrektur unterblieben. Zwar wurde mehrfach über geeignete Maßnahmen, etwa dringend notwendige Preiserhöhungen, diskutiert, durchgesetzt hat sich aber immer die Status-quo-Politik der Parteiführung. Als etwa der für die Wirtschaft verantwortliche Sekretär im Zentralkomitee Mittag im Oktober 1979 ohne Absegnung durch das Politbüro einige Preiserhöhungen veranlasste, hob Honecker aufgrund der Proteste in der Bevölkerung diese wieder auf.

Da es der Volkswirtschaft der DDR aus eigenen Kräften nicht möglich war, einen höheren Standard an Qualität und Konsum zu erwirtschaften, mussten Versorgungslücken in immer größerem Umfang durch Importe geschlossen werden, denen keine äquivalenten Exporte gegenüber standen. Das Ergebnis der verfehlten Politik und der dauerhaften wirtschaftlichen Schwäche war eine ständig steigende Auslandsverschuldung. In den letzten Jahren der DDR hatten die Schulden in konvertierbaren Devisen ein derartiges Ausmaß erreicht, dass bereits zur Bedienung der Zins- und Tilgungsraten neue Devisenkredite aufgenommen werden mussten. Über einen gewissen Zeitraum hinweg konnte die DDR den wirtschaftlichen Zusammenbruch abwenden. Spätestens 1987 wurde jedoch die alsbald eintretende Zahlungsunfähigkeit unverkennbar. Eine schriftliche Information des Leiters des Bereichs „Kommerzielle Koordinierung" Alexander Schalck-Golodkowski an den verantwortlichen Sekretär für Wirtschaftsfragen des Zentralkomitees Günter Mittag vom 16. Oktober 1987 zog eine vernichtende Bilanz. Danach hätte die Zahlungsfähigkeit der DDR allein bis 1990 nur noch durch drastische Maßnahmen aufrechterhalten werden können. „Die Sicherung der Zahlungsfähigkeit nach 1990" stellte nach Ansicht des Devisenbeschaffers sogar „noch wesentlich höhere Anforderungen an die Steigerung des NSW-Exports und damit an die Verteilungsproportionen des produzierten Nationaleinkommens."[701] Die nachfolgenden Ausführungen des Schreibens machten deutlich, dass die DDR bereits damals unmittelbar vor dem wirtschaftlichen Kollaps stand. Die DDR war Ende des Jahres 1989 bankrott.

---

700 Anklage der *StA bei dem KG Berlin* gegen Honecker v. 12.11.1992 – Az. 2 Js 97/91, *M/W*, Bd. 3 (2002), S. 305.

701 Anklage der *StA bei dem KG Berlin* gegen Honecker v. 12.11.1992 – Az. 2 Js 97/91, *M/W*, Bd. 3 (2002), S. 321.

b) Die Erfindung von Valutamark und Richtungskoeffizient

Aufgrund der schlechten Wirtschaftslage nahm der Werteverfall der Mark der DDR im Verhältnis zu Währungen wie dem US-Dollar oder der DM ständig zu. Im Interesse der Volkswirtschaft der DDR hätte die Mark daher ständig abgewertet werden müssen. Eine solche Maßnahme war jedoch mit den politischen Maximen der Staats- und Parteiführung nicht vereinbar. Vielmehr war es oberster Grundsatz, dass bei dem Verhältnis von Mark zur DM Parität, also ein Kurs von 1:1, gewahrt werden müsse. Das wiederum hatte zur Folge, dass der tatsächlich notwendige wirtschaftliche Aufwand, um im Export den Erlös im Wert von einer DM zu erzielen, offiziell nicht ermittelt werden konnte. Um eine Kalkulation kostendeckender Exporterlöse zu ermöglichen, musste gleichwohl ein Weg gefunden werden, die Mark der DDR zu den westlichen Währungen in ein realistisches Verhältnis zu setzen.

Die Lösung fand man in einem einfachen Etikettenschwindel: Im Vergleich mit anderen Währungen wurde intern der Wert der DM als Umrechnungsfaktor herangezogen. Um dies nicht offenkundig zu machen, erfand man dafür den Begriff „Valutamark“ (VM). Die Valutamark war somit nichts anderes als der Wert einer DM. Damit war eine marktgerechte Berechnungsbasis gefunden. Anschließend musste der Wert der Mark der DDR in ein adäquates Verhältnis zum Wert der Valutamark (also letztlich der DM) gesetzt werden. Hierzu rechnete man aus, welche Kosten in DDR-Mark entstanden, um einen Exporterlös von einer Valutamark zu erzielen. Der jeweils notwendige Prozentaufschlag auf eine Mark der DDR wurde als Berechnungsfaktor zugrunde gelegt. Dieses Werteverhältnis bezeichnete man als „Richtungskoeffizient“. Der Richtungskoeffizient wurde Ende der 1960er Jahre eingeführt. Er lag in den 1970er Jahren bei 90% und stieg kontinuierlich an. Am 1. Januar 1988 erreichte er 340%. Das realistische Wertverhältnis zwischen DM und Mark der DDR lag Anfang 1988 bei etwa 4,4:1.

3. Verfolgungskontinuität

Ermittlungen wegen Amtsmissbrauch und Korruption wurden bereits zu einem sehr frühen Zeitpunkt aufgenommen. In nahezu allen Verfahren dieses Deliktsbereichs wurden zumindest die Ermittlungen noch von DDR-Staatsanwaltschaften eingeleitet. In etwa der Hälfte aller Fälle wurden auch die Anklagen bereits vor dem Beitritt erhoben. Die Strafverfolgung von Amtsmissbrauch und Korruption ist demnach durch Kontinuität gekennzeichnet. Die bundesdeutsche Justiz sorgte auf diese Weise dafür, dass ein klarer politischer Wille der DDR-Bevölkerung, der sich in der Endphase der DDR herausgebildet hatte, den Umbruch der Vereinigung überdauerte.

II. Sachverhalte

Die den Anklagen zugrundeliegenden Sachverhalte lassen sich grob in vier Komplexe unterteilen. Die privilegierte Versorgung der Politbüromitglieder in der „Bonzensiedlung“ von Wandlitz ist der wohl bekannteste Bereich (dazu 1.). Häufig nutzten die Mächtigen ihre Position, um sich zu bevorzugten Konditionen Wohnraum zu verschaffen (dazu 2.). Hohe Kosten verursachte auch die willkürliche und aufwendige Gestaltung und Ausstattung der Jagdgebiete (dazu 3.). Schließlich lassen sich weitere Privilegien verschiedener Art anführen, die hohe Funktionäre für sich in Anspruch nahmen (dazu 4.).

1. Die Waldsiedlung Wandlitz

a) Struktur und Organisation

Nördlich von Berlin entstand Anfang der 1960er Jahre die Regierungssiedlung Wandlitz. In Wandlitz wohnberechtigt waren praktisch ausschließlich die Mitglieder und Kandidaten des Politbüros. Im Herzen der Waldsiedlung, dem sogenannten Innenring, befanden sich 23 Wohnhäuser der SED-Spitze. Außerdem gab es dort eine Schwimmhalle, einen Kinosaal, eine Klubgaststätte, medizinische Versorgungsmöglichkeiten und den sagenumwobenen Einkaufsladen.[702] In dem vom Innenring durch eine Mauer abgetrennten Außenring befanden sich weitere Wohnungen und Einrichtungen. Dort waren die Fahrer, Betreuer und Dienstleistungskräfte der Siedlung untergebracht.

Zuständig für die Bewirtschaftung der Siedlung war offiziell das Ministerium für Handel und Versorgung. Tatsächlich oblagen Schutz, Versorgung und Betreuung der Bewohner aber von Beginn an ausschließlich der Hauptabteilung Personenschutz des Ministeriums für Staatssicherheit. Vom Bäcker bis zum Wachpersonal standen insgesamt 650 MfS-Beschäftigte zur Verfügung.[703] Von Anfang an wurde darauf geachtet, dass die bevorzugte Behandlung der Bewohner nicht nach außen drang. Um die Verschwiegenheit der Bediensteten zu gewährleisten und deren Motivation zu erhöhen, durften auch sie innerhalb der Grenzen der Waldsiedlung an der privilegierten Versorgung teilnehmen. Hierzu verabschiedete das Politbüro eine Direktive, nach der die Versorgung der in Wandlitz Beschäftigten außerhalb des Innenrings in gleicher Weise wie darin zu erfolgen habe. Auch die Entlohnung der Angestellten lag über dem Durch-

702 Der Wandlitz-Komplex war Gegenstand der Anklagen der *StA II bei dem LG Berlin* gegen Honecker – Az. 2 Js 97/91, Mielke – Az. 2 Js 245/90, Alexander Schalck-Golodkowski und Manfred Seidel – Az. 1243/92 sowie Sigrid Schalck-Golodkowski – Az. 24/2 Js 17/93.

703 *Klemm*, Amtsmissbrauch (1991), S. 73.

schnitt. Zudem waren alle Beschäftigten als Mitarbeiter des Ministeriums für Staatssicherheit mit militärischen Diensträngen ausgestattet. Der Verstoß gegen Anweisungen kam somit einer Befehlsverweigerung gleich.

b) Importwaren und Preisgestaltung

Bis etwa 1972 wurden in Wandlitz Importwaren nur in geringem Umfang angeboten. Der Bedarf der Bewohner an Importgütern wurde bis dahin allein aus sogenannter Ware des Amts für Zoll und Kontrolle des Warenverkehrs gedeckt. Dabei handelte es sich um Güter, die beim Postverkehr zwischen der Bundesrepublik und der DDR beschlagnahmt worden waren. Im März 1972 versiegte diese Bezugsquelle jedoch vorübergehend.[704] Um die weiterhin gewünschten Produkte dennoch anbieten zu können, wurde deren Einfuhr notwendig.

Die nunmehr zu importierenden Waren konnten nicht mehr so günstig erworben werden wie die Produkte aus dem Bestand des Amtes für Zoll und Kontrolle des Warenverkehrs. Schon der Einkaufspreis in DM lag regelmäßig über dem alten Verkaufspreis in Mark der DDR. Zusätzlich musste der Richtungskoeffizient[705] dem Einkaufspreis in DM aufgeschlagen werden. Dieser stieg im Laufe der Zeit auf 340%, wurde jedoch aufgrund einer Sonderregelung für Wandlitz auf maximal 50% festgeschrieben. Schließlich war entsprechend den Preiskalkulationsrichtlinien für Preise im Binnenhandel eine gesetzlich festgelegte Handelsspanne aufzuschlagen. Ein weiteres Problem der Preisgestaltung lag darin, dass der Einkaufspreis in DM durch Preisänderungen in den westlichen Ländern erheblich schwankte. Preissteigerungen widersprachen jedoch dem Festpreissystem der DDR. Es war daher nicht möglich, die Preise der marktwirtschaftlichen Situation anzupassen.

Als Folge dieser Situation wurde 1972 eine starre Berechnungsgrundlage für die Preise in Wandlitz geschaffen, die bis November 1989 unverändert Gültigkeit hatte. Der Verkaufspreis errechnete sich danach wie folgt: Der DM-Preis wurde durch Aufschlag des Richtungskoeffizienten (je nach Ware 25–50%) und einer Handelsspanne von 20% in den Verkaufspreis in Mark der DDR umgewandelt. Bei manchen Warengruppen existierten Sonderregelungen. Die Preisgestaltung war jedoch stets sehr verbraucherfreundlich. In wenigen Einzelfällen

---

704 Grund hierfür war die Aufnahme der deutsch-deutschen Verhandlungen im Jahr 1971, in deren Folge die DDR ihre Beschlagnahmepraxis stark einschränkte. Nach bundesdeutschen Beobachtungen ging die Zahl der beschlagnahmten Pakete von 96.000 im Jahr 1970 auf 31.000 im Jahr 1972 zurück; vgl. Abschlussbericht des *Untersuchungsausschusses des Deutschen Bundestages zum Bereich „Kommerzielle Koordinierung“*, BT-Drucksache 12/7600 (1994), S. 287.
705 Vgl. S. 145.

legte Erich Mielke persönlich und ohne Berücksichtigung der in Wandlitz üblichen Kalkulation den Preis fest. Abgesehen davon, dass viele der in Wandlitz verkauften Waren für das Volk selten oder gar nicht käuflich waren, wird der wirtschaftliche Vorteil der Einkaufsberechtigten deutlich, wenn man der Wandlitz-Kalkulation die Preise für westliche Waren in den sog. Delikat oder „Exquisit"-Läden gegenüberstellt. Während in Wandlitz Importgüter im Wert von 100,– DM mit 150,– bis 180,– Mark bezahlt wurden, musste in den letzten Jahren der DDR in den Delikat-Läden, je nach Produkt und sofern die Ware überhaupt zu erwerben war, zwischen 400,– und 2.000,– Mark aufgewendet werden.

Die Liste der Wandlitz-Privilegien lässt sich noch erweitern. So wurden in vielen Fällen aufgrund von Sonderwünschen der Bewohner Einzelaufträge ausgeführt. Die durch den hierfür eingerichteten Kurierdienst verursachten Zusatzkosten wurden den Bestellern nicht berechnet. An einer im Außenring der Siedlung befindlichen Tankstelle konnten Familienmitglieder der Bewohner für private Zwecke gratis tanken. Zusätzlich erhielten Kinder der Politbüromitglieder kostenlos Kreditscheine für andere Tankstellen.[706] Weitere Devisen wurden gebunden durch die wunschgemäße Ausstattung der Häuser mit Waren aus dem westlichen Ausland und eine verstärkte Reiseaktivität der Bewohner. Für alle Wünsche der Politbüromitglieder galt nach wie vor die Weisung von „ganz oben", dass die Bediensteten ohne jeden Kommentar, dafür mit „tschekistischer Meisterschaft ... die optimale und niveauvolle Betreuung und Versorgung der führenden Repräsentanten"[707] zu realisieren hatten.

Die Devisenausgaben für die Unterhaltung der Regierungssiedlung stiegen ständig an. Während im Jahr 1973 noch etwa eine Million Valutamark ausreichte, war der Bedarf an Devisen für das Jahr 1989 auf deutlich über acht Millionen Valutamark gestiegen. Legt man den zuletzt gültigen Richtungskoeffizienten von 4,4 zugrunde, so verschlang allein der Erwerb von Importprodukten für die Waldsiedlung zuletzt jährlich etwa 40 Millionen Mark der DDR. Der durch den Absatz der Waren erzielte Erlös deckte aufgrund der Vorzugspreise lediglich einen Teil der Devisenausgaben ab. Nicht berücksichtigt sind dabei die Nebenkosten für den Transport. Auch die Kosten für Verwaltung und für das Verkaufspersonal waren nicht einberechnet.[708]

---

706 *Klemm*, Amtsmissbrauch (1991), S. 74.

707 Anweisung Nr. PS 5/87 – 1836/87 des Leiters der Hauptabteilung Personenschutz v. 19.11.1987, zitiert nach *StA bei dem KG Berlin*, Anklage v. 12.11.1992 – Az. 2 Js 97/91, S. 77, *M/W*, Bd. 3 (2002), S. 289.

708 Die Kosten für Sachmittel und Personal, die zur Unterhaltung der Siedlung anfielen, wurden weitestgehend aus dem Etat des Ministeriums für Staatssicherheit gedeckt. Für das Jahr

Den Nutzern des Einkaufladens wurden demnach allein im Jahr 1989 durch den kostengünstigen Erwerb von Importware Aufwendungen in einer Größenordnung von 30 Millionen Mark erspart. Die hohe Summe spricht dafür, dass in Wandlitz auch Waren zum Weiterverkauf erworben wurden. Anders ist es wohl nicht zu erklären, dass eine einzige Familie innerhalb eines Jahres für fast 140.000,– Mark Lebensmittel und Spirituosen oder zehn importierte Fernseher einkaufte.[709]

2. Die Verschaffung und Renovierung von Wohnraum

Die Privilegierung hoher Funktionäre und ihrer Familienangehörigen bei der Beschaffung und Ausstattung von Wohnraum war oftmals nur möglich, weil diese ihre Machtstellung durch Androhung von dienstlichen Konsequenzen gegenüber den ihnen Unterstellten rücksichtslos ausnutzten. Die Untergebenen wiederum schlossen häufig aus Angst vor persönlichen Nachteilen die Augen und kamen den Anweisungen nach. Allenfalls erlaubten sie sich, vorsichtige Bedenken anzudeuten. Wenn der Funktionär trotzdem auf seinem Wunsch beharrte, wurde dieser erfüllt. In dem „Kommandosystem“ der DDR konnte ein Widerspruch den Verlust der Position bedeuten. Zudem war Widerstand wenig aussichtsreich. Es sei „in der DDR üblich und auch in der Bevölkerung bekannt“ gewesen, dass für Politbüromitglieder besondere Rechte gegolten hätten. Man hätte für Kritik „bei niemandem ein offenes Ohr gefunden“.[710]

a) Staatlich „subventionierter“ Eigentumserwerb

Der kostengünstige Erwerb von Wohnhäusern zeigte regelmäßig wiederkehrende Abläufe. Gegenstand der Kaufverträge waren staats- oder parteieigene Objekte. Der Begünstigte schloss mit der zuständigen Abteilung des Rechtsträgers einen Kaufvertrag. Dabei war den Beteiligten klar, dass der Wert des Objekts erheblich über dem vereinbarten Kaufpreis lag.

Das Landgericht Berlin befasste sich in einem Verfahren mit dem Bau von Häusern für Mitglieder des Ministerrats bzw. deren Familienangehöri-

---

1990 war zu diesem Zweck im Haushalt des Ministeriums für Staatssicherheit ein Betrag von 29,4 Millionen Mark bereitgestellt; vgl. Abschlussbericht des *Untersuchungsausschusses des Deutschen Bundestages zum Bereich „Kommerzielle Koordinierung“*, BT-Drucksache 12/7600 (1994), S. 291.

709 *Klemm*, Amtsmissbrauch (1991), S. 73.

710 So die unwidersprochene Einlassung eines Angeklagten, vgl. *LG Berlin*, Urteil v. 9.12.1991 – Az. (520) 2 Js 25/90 (64/90), UA S. 26.

ge.[711] Angeklagt waren mit Kurt Kleinert und Günter Schilling zwei hohe Funktionäre der DDR. Staatssekretär Kleinert oblag unter anderem die Leitung aller Betriebe und Einrichtungen des Ministerrats. Er unterstand damit unmittelbar dem Vorsitzenden des Ministerrats Willi Stoph und dessen Stellvertreter Werner Krolikowski. Kleinert wiederum direkt untergeordnet war der Angeklagte Schilling als Leiter der „Abteilung Betriebe und Einrichtungen" des Ministerrats. Dessen Abteilung war zuständig für die Wohnraumbeschaffung für Mitarbeiter des Ministerrats.

1987 trat Krolikowski an die Angeklagten heran und verlangte für seinen Sohn ein neues Grundstück, da dieser sich in seiner Umgebung nicht mehr wohl fühle. Obwohl die Angeklagten wussten, dass der Sohn von Krolikowski nicht zum berechtigten Personenkreis zählte, bemühte sich Schilling in Absprache mit seinem Vorgesetzten Kleinert, dem Wunsch zu entsprechen. Als ein geeignetes Grundstück gefunden war, forderte Krolikowski den Ankauf und die Errichtung eines Bungalows als Wochenendhaus, der jedoch nicht mehr als 80.000,– Mark kosten dürfe. Den Beteiligten war klar, dass zu diesem Preis nur ein sehr minderwertiges Gebäude errichtet werden konnte. Die von Krolikowski näher präzisierten Ansprüche machten jedoch schnell deutlich, dass der Bau zu diesem Preis nicht realisierbar war. Auf vorsichtige Einwände von Schilling reagierte Krolikowski ungehalten. Schließlich wagte es aus Furcht vor dem Verlust seiner Position keiner der Angeklagten, sich den Wünschen Krolikowskis zu verschließen. Der Bau des Wochenendhauses wurde im Sinne Krolikowskis mit einem Aufwand von über 700.000,– Mark betrieben. Dem Sohn wurden bei Abschluss des Kaufvertrags lediglich 45.000,– Mark in Rechnung gestellt.

Auf ähnliche Weise verschafften auch andere hochrangige Funktionäre sich oder Familienangehörigen günstig Wohn- oder Ferienhäuser.[712] Sofern es sich nicht um Mitglieder des Ministerrats handelte, bedienten sie sich der Hilfe des Bauministeriums. Der damalige Bauminister Wolfgang Junker und der Staatssekretär im Bauministerium Karl-Heinz Martini sorgten für die Durchführung der Vorhaben.

Auch auf regionaler Ebene nutzten die Machthaber ihre Position zum günstigen Erwerb von Wohneigentum. Die verbreitete Patronage auf der Funktionärsebene eröffnete hierbei zahlreiche Möglichkeiten. Die Geschäfte wurden

---

711 *LG Berlin*, Urteil v. 9.12.1991 – Az. (520) 2 Js 25/90 (64/90).

712 Vgl. etwa das Urteil des *LG Berlin* v. 13.12.1994 – Az. (526) 2 Js 871/92 KLs (2/94), *M/W*, Bd. 3 (2002), S. 369 und das Urteil des *AG Tiergarten* v. 23.7.1991 – Az. (214) 2 Js 8/90 Ls (135/90) gegen Martini sowie die Anklageschrift gegen Junker v. 9.4.1990 ohne Az. Die Anklage gegen Junker ist wegen des Todes des Beschuldigten am 9.4.1990 nicht mehr erhoben worden.

nach außen regelmäßig als legal getarnt. Kritischen Mitarbeitern wurde unmissverständlich deutlich gemacht, dass schon alles seine Richtigkeit habe.[713]

b) Staatlich „subventionierte" Mietverhältnisse

Die finanziell günstige Anmietung von Wohnraum verlief nach ähnlichem Muster. Funktionäre oder deren Familienangehörige äußerten Wünsche über die Anmietung eines Wohn- oder Ferienhauses. Die gewünschten Objekte entsprachen nach damaligem Standard durchweg gehobenen Ansprüchen. Die Bauaufwendungen für die Häuser in bester Lage betrugen nicht selten mehrere hunderttausend Mark. Für einen Mietzins, der regelmäßig nicht einmal die laufenden Kosten für die Unterhaltung des Objekts sicherstellte, ging das Domizil dann an den Bewerber. In Ausnahmefällen erfolgte die Überlassung sogar ohne Entgelt.

Ein Fall, der großes Aufsehen erregte, betraf das Politbüromitglied Mittag und seine Familie. Mittag war als Sekretär für Wirtschaftsfragen des Zentralkomitees Vorgesetzter von Schalck-Golodkowski.[714] 1980 erteilte er ohne Rechtsgrundlage dem Leiter des Bereichs Kommerzielle Koordinierung (KoKo) den Auftrag, drei Einfamilienhäuser zu errichten. Während zwei dieser Häuser den Familien seiner Töchter auf Mietbasis zugedacht waren, wollte er das dritte Gebäude für sich selbst als Altersruhesitz nutzen. Dieses dritte Haus sollte zunächst leerstehend bereitgehalten werden. Zur Vermeidung belastender Kosten wurde geplant, das Objekt als „Gästehaus" des Ministeriums für Außenhandel zu führen.

Schalck-Golodkowski kam dem Wunsch seines Dienstvorgesetzten engagiert nach. Bereits die Erstellung der drei Gebäude mit Garagen, Versorgungseinrichtungen und Außenanlagen erfolgte mit dem außergewöhnlichen finanziellen Aufwand von insgesamt mindestens fünf Millionen Mark sowie weiteren 500.000,– Valutamark. Davon entfielen mehr als eine halbe Million Mark auf Tischlerarbeiten für die Innenausstattung mit Edelhölzern und knapp 90.000,– Mark auf die Gartengestaltung. Zum Vergleich: Die üblichen Kosten für ein Einfamilienhaus gehobener Ausstattung in der DDR betrugen 200.000,– Mark.

---

713 Ein repräsentatives Beispiel ist das Verfahren gegen den Leiter des Ministeriums für Staatssicherheit im Bezirk Schwerin Werner Korth. Das *BezG Schwerin*, Urteil v. 27.8.1991 – Az. 1h BS 2/91, *M/W*, Bd. 3 (2002), S. 161, verurteilte den Angeklagten wegen Untreue in einem besonders schweren Fall zu einer Freiheitsstrafe von zwei Jahren und acht Monaten.

714 Die folgenden Angaben basieren im Wesentlichen nur auf der Anklage der *StA II* bei dem *LG Berlin* v. 4.11.1991 – Az. 2 Js 214/91. Zu einem Urteil ist es wegen dauerhafter Verhandlungsunfähigkeit des Angeklagten nicht gekommen. Vgl. zu diesem Sachverhalt auch das Verfahren gegen Schalck-Golodkowski – Az. 23 Js 1003/93, Fall 265.

Die Gebäude wurden nach Fertigstellung von den Töchtern des Angeklagten bezogen. Im Mietvertrag wurde ein monatlicher Zins von 239,10 Mark festgelegt. Die Einnahmen des Ministeriums für Außenhandel deckten nicht einmal die laufenden Kosten für die im Preis enthaltene zentrale Beheizung und Warmwasserversorgung.[715] Der Rechtsträger des für Mittag freigehaltenen „Gästehauses" musste im Zeitraum von 1982 bis 1989 allein für anfallende Nebenkosten über 200.000,– Mark und weitere 21.000,– Mark für Renovierungsmaßnahmen aufwenden.

Der in diesem Sachverhalt verkörperte Unrechtsgehalt bestand in erster Linie in der umfangreichen Inanspruchnahme von finanziellen und materiellen Ressourcen durch die äußerst günstigen Mietpreise. Zu berücksichtigen ist jedoch, dass die Mietpreise für die gesamte Bevölkerung erheblich subventioniert wurden. Der Quadratmeterpreis lag in der DDR regelmäßig unter einer Mark. Der zulässige Höchstpreis für Neubauwohnungen lag in Berlin bei 1,25 Mark pro Quadratmeter, in den Bezirken bei 0,90 Mark pro Quadratmeter.[716]

c) Staatlich „subventionierte" Werterhöhungsmaßnahmen

Die Werterhöhungsmaßnahmen an Privathäusern wurden auf zwei verschiedenen Wegen staatlich „subventioniert". Entweder hatte der Angeklagte die Möglichkeit, Rechnungen für sein Haus unmittelbar aus einem öffentlichen Finanztopf begleichen zu lassen. In diesem Fall konnte er offiziell Betriebe mit der Renovierung betrauen. Zu dieser Untergruppe gehört etwa das Verfahren gegen den Vorsitzenden der Ost-CDU Gerald Götting.[717] Der Angeklagte erreichte die Finanzierung für Aus- und Umbauten an seinem Privatbungalow in Höhe von fast 100.000,– Mark aus Mitteln der CDU, da er als Parteivorsitzender auch für die Finanzkontrolle zuständig war. Er veranlasste durch geschickte Manöver, dass die Rechnungen an den Hauptvorstand der CDU gerichtet wurden. Als dort Verantwortlicher ließ er die Beträge von einem Konto der Partei abbuchen. Seine Mitarbeiter ließ er in dem Glauben, die Partei sei Rechtsträger des Hauses. Vereinzelten Zweifeln an der Richtigkeit der Zahlungen wurde aufgrund der hohen Position des Angeklagten nicht entschieden nachgegangen.

---

715 Zu diesem Sachverhalt auch *Klemm*, Amtsmissbrauch (1991), S. 77.

716 § 2 Abs. 1 der Verordnung zur Verbesserung der Wohnverhältnisse der Arbeiter, Angestellten und Genossenschaftsbauern v. 10.5.1972, DDR-GBl. II 1972, S. 318.

717 Das *LG Berlin* verurteilte den Angeklagten am 9.7.1991 – Az. (515) 2 Js 4/90 (38/90) wegen Untreue zu einer Freiheitsstrafe von einem Jahr und sechs Monaten, die es zur Bewährung aussetzte. Ähnlich auch der Sachverhalt im Verfahren gegen den 1. Sekretär der Bezirksleitung Suhl Albrecht, der durch Urteil des *BezG Meiningen* – Az. 4 KLs 111-72/89 am 16.10.1992 zu einer Freiheitsstrafe von einem Jahr und zehn Monaten verurteilt wurde.

In anderen Fällen veranlassten die Angeklagten die Verwendung staatlich finanzierter Arbeitskraft auf ihren Privatgrundstücken, ohne dafür Ausgleichszahlungen zu leisten.[718] Als Dienstvorgesetzte bestimmten sie den entsprechenden Einsatz der ihnen unterstellten Arbeitskräfte, was ihnen jeweils nur aufgrund ihrer herausgehobenen Stellung möglich war.

3. Die Jagdgebiete

Grundsätzlich hatte jeder DDR-Bürger die Möglichkeit, in den öffentlichen Jagdgebieten unter bestimmten Voraussetzungen der Jagd nachzugehen. Die hierfür aufzubringenden Beiträge waren so gering, dass sie kein ernsthaftes Hindernis darstellten. Die Besonderheit der Jagdgebiete der Führungsriege lag in der privilegierten Ausstattung und aufwendigen Unterhaltung nach den speziellen Wünschen der Regierenden sowie in der engen Begrenzung der Jagdberechtigten. Das finanzielle Gesamtvolumen für die Unterhaltung der Jagdgebiete mit allen Nebenkosten ist kaum abschätzbar. Neben die materiellen Aufwendungen in dreistelliger Millionenhöhe treten die durch unprofessionelle Führung der Gebiete verursachten Naturschäden.[719]

Eines der feudalsten Jagdgebiete war das fast ausschließlich Honecker, Mittag und Sindermann zur Verfügung stehende Areal „Schorfheide". Die Kosten für das 20.558 ha große Gebiet waren enorm. Zur Unterhaltung der Gäste wurde der Wildbestand viel zu hoch gehalten. Die durch Jagd- und Wildschäden verursachten Kosten machten im Jahr 1988 einen Zuschuss von fast zehn Millionen Mark notwendig. 6,4 Millionen Mark wurden allein für das Bewässern von Wiesenflächen aufgewendet, damit Rehe und Hirsche ertragreiche Weidegründe finden konnten. Mehr als 20 Millionen Mark verschlangen der Um- und Neubau von Jagdhütten und Nebenanlagen. Die an Honecker und andere ausgezahlten Schützenanteile von 30.000,– bis 70.000,– Mark jährlich und pro Person sowie Kosten für Waffen fielen dagegen kaum noch ins Gewicht.

Honecker und Mittag legten auch Wert auf repräsentative Jagdfahrzeuge.[720] Durch das Engagement von Schalck-Golodkowski wurden ausschließlich zur

---

718 Diese Fallgestaltung enthält etwa das Urteil des *BezG Erfurt* v. 11.11.1992 – Az. 1 Js 5073/91 und das Urteil des *KreisG Erfurt* v. 16.3.1993 – Az. 1 Js 4940/91 Ls.

719 Die folgenden Ausführungen basieren auf der Anklage gegen Schalck-Golodkowski und Seidel (*StA II bei dem LG Berlin* v. 19.5.1995 – Az. 23 Js 1003/93, *M/W*, Bd. 3 [2002], S. 381), dem Verfahren gegen den ehemaligen 1. Sekretär der SED-Bezirksleitung Erfurt Müller (1 Js 4984/91) sowie Angaben von *Klemm*, Amtsmissbrauch (1991), S. 79 ff.

720 Dazu die Anklage der *StA II bei dem LG Berlin* v. 19.5.1995 – Az. 23 Js 1003/93 gegen Schalck-Golodkowski und Seidel, Fälle 266-273, *M/W*, Bd. 3 (2002), S. 381.

Verfügung von Honecker und Mittag acht Geländefahrzeuge der Typen Mercedes-Benz und Range-Rover beschafft. Die Fahrzeuge wurden entsprechend den Vorstellungen der Nutzer aufwendig für Jagdzwecke umgerüstet, so dass für die Geländewagen insgesamt eine Summe von mehr als 1,7 Millionen DM (durchschnittlich also mehr als 220.000,– DM pro Fahrzeug) verausgabt wurden. Eine besondere Ermächtigung hielten die Staatsmänner dabei nicht für notwendig.

Neben den Staatsgebieten existierten auch einige illegale Gebiete. Die illegalen Sonderjagdgebiete unterschieden sich von den Staatsjagdgebieten dadurch, dass sie nicht auf der Grundlage des Jagdgesetzes der DDR eingerichtet wurden, sondern Produkt der selbstherrlichen Anordnungen der jeweiligen „Bezirksfürsten" waren. Eines der größten seiner Art war das Jagdgebiet „Kammerbach" des 1. Sekretärs der SED im Bezirk Erfurt Gerhard Müller mit etwa 1700 ha Waldfläche.[721] Für den Neubau der Kammerbachhütte und einer Straße sowie andere Nebenkosten wurden öffentliche Gelder in Höhe von etwa einer Million Mark verbraucht. Auch andere 1. Sekretäre der Bezirksleitungen der SED und eine Anzahl 1. Kreissekretäre waren an den illegalen Sonderjagdgebieten beteiligt.[722] Allein im Jahr 1989 sollen mindestens fünf Millionen Mark für die illegalen Gebiete bezahlt worden sein.[723]

4. Sonstige Privilegien

Zahlreiche weitere Fälle zeigen wirtschaftliche Begünstigung der Führungsriege durch den Einsatz politischer Macht auf. Es können im Folgenden nur wenige repräsentative Beispielsfälle genannt werden, die einen Gesamteindruck von den tatsächlichen Möglichkeiten und deren Gebrauch durch Spitzenfunktionäre vermitteln sollen.

a) Die Geschäfte des Bereichs Kommerzielle Koordinierung

Eine Zusammenfassung zahlreicher Transaktionen zugunsten der politischen Führung findet sich in der Anklage gegen den Leiter des Bereichs Kommerzielle

---

721 Dazu das Verfahren der *StA Erfurt* – Az. 1 Js 4984/91 sowie *Klemm*, Amtsmissbrauch (1991), S. 80.

722 Angeklagt wurden deshalb noch der 1. Sekretär der SED-Bezirksleitung Halle Böhme, der Vorsitzende des Rates des Bezirks Schwerin Fleck (vgl. die Anklage des *StA des Bezirks Schwerin* v. 2.2.1990) und der Leiter der Bezirkszolldirektion Erfurt Ohmann (Anklage des *StA des Bezirks Erfurt* v. 7.5.1990). Strafrechtlich ermittelt wurde gegen zahlreiche weitere Funktionäre.

723 *Klemm*, Amtsmissbrauch (1991), S. 80.

Koordinierung[724] Schalck-Golodkowski und seinen Stellvertreter Seidel.[725] Neben den schon oben beschriebenen Fällen von privilegiertem Häuserbau und der Unterstützung der Jagdleidenschaft wurden den Angeklagten nahezu 300 weitere Einzelfälle zur Last gelegt. 263 Fälle betrafen den Ankauf von insgesamt fast 5.000 Videokassetten mit Unterhaltungsfilmen aus dem westlichen Ausland.[726] Der Bereich Kommerzielle Koordinierung musste dafür mehr als 1,3 Millionen DM aufwenden. Auftraggeber und Nutzer waren ausschließlich Honecker und Mittag. Eine Kostenerstattung durch die Begünstigten erfolgte nicht.

Schalck-Golodkowski und Seidel beschafften auch kurzfristig Fahrzeuge aus Westländern, die dann zu besonders günstigen Konditionen an hohe Funktionsträger oder deren Verwandte und Freunde vergeben wurden.[727] Dieses Privileg war nicht allein finanzieller Natur. Neben dem rein wirtschaftlichen Vorteil von mehreren Tausend Mark je Einzelfall muss auch berücksichtigt werden, dass DDR-Bürger normalerweise jahrelang auf die Zuweisung eines Kraftfahrzeugs warten mussten.

Auch andere Produkte aus dem westlichen Ausland, etwa Bauzubehörteile oder Elektrogeräte, die der Bereich Kommerzielle Koordinierung in großem Umfang importierte, wurden ohne spezielle rechtliche Grundlage durch die Verantwortlichen vergeben.[728] Teilweise behielten Schalck-Golodkowski und Seidel die Waren für sich, andere Gegenstände wurden an einen von ihnen bestimmten Personenkreis ohne Entgelt oder zu Preisen weitergeleitet, die den Importaufwand nicht deckten.

b) Ehre, wem Ehre gebührt

Als kreativ bei der Schaffung von Privilegien erwies sich der Sekretär für Wirtschaftsfragen im Zentralkomitee Mittag. Im November 1978 bat er den damaligen Minister für Bauwesen Wolfgang Junker und den Abteilungsleiter Bauwesen im Zentralkomitee zu einer Arbeitsbesprechung. Im Rahmen dieser Besprechung teilte Mittag den Anwesenden mit, dass er, Mittag und sechs weitere Personen zu

724 Zur Arbeitsweise und Organisation des Bereichs KoKo vgl. den Abschlussbericht des *Untersuchungsausschusses des Deutschen Bundestages zum Bereich „Kommerzielle Koordinierung“*, BT-Drucksache 12/7600 (1994).

725 *StA II bei dem LG Berlin*, Urteil v. 19.5.1995 – Az. 23 Js 1003/93, *M/W*, Bd. 3 (2002), S. 381. Die Eröffnung des Hauptverfahrens wurde später jedoch abgelehnt, vgl. *LG Berlin*, Beschluss v. 19.9.1997 – Az. (512) 23 Js 1003/93 KLs (14/95), *M/W*, Bd. 3 (2002), S. 465 und *KG Berlin*, Beschluss v. 30.11.1998 – Az. 2 AR 66/95 – 5 Ws 764/97, *M/W*, Bd. 3 (2002), S. 487.

726 Fälle 1–263 der Anklage.

727 Fälle 274–278 der Anklage.

728 Fälle 281–292 der Anklage.

Ehrenmitgliedern der Bauakademie zu ernennen seien. Darüber hinaus verlangte Mittag, dass die Ehrenmitgliedschaft in Zukunft auch mit einer jährlichen Dotation verbunden werde. Obwohl das Statut der Bauakademie weder eine Ehrenmitgliedschaft kannte, noch Gelder im Haushaltsplan für eine Dotation zur Verfügung standen, erließ Junker noch im Dezember 1978 eine den Wünschen Mittags entsprechende Anordnung. Die jährliche Ehrendotation wurde auf 20.000,- Mark festgeschrieben und erstmals für das Jahr 1978 ausgezahlt. Die Anordnung des Ministers für Bauwesen hätte als Ergänzung des Statuts der Bauakademie wie eine Rechtsvorschrift im Gesetzblatt der DDR veröffentlicht werden müssen. Dies unterblieb jedoch aufgrund der erwarteten negativen Reaktionen der Öffentlichkeit. Bis zum Jahr 1989 erhielten die Ehrenmitglieder der Bauakademie Zahlungen in Höhe von insgesamt 1,24 Millionen Mark.

c) Die ratseigene Sauna

Einen schon fast skurrilen Sachverhalt enthielt eine Anklage der Staatsanwaltschaft des Bezirks Erfurt.[729] Der Vorsitzende des Rates des Kreises Arnstadt veranlasste im Jahr 1987 den Einbau einer Sauna in ein Ratsgebäude. Die Einrichtung sollte von einem durch ihn zu bestimmenden Personenkreis exklusiv genutzt werden. Die Kosten finanzierte der Angeklagte aus einem Fonds „Zur Gewährleistung der ständigen Einsatz- und Führungstätigkeit des Rates des Kreises", über den nur er verfügen durfte. Der sogenannte ZV-Fonds war vorgesehen, um Maßnahmen auf dem Gebiet der Zivilverteidigung finanziell abzusichern. Wegen aufkommender Diskussionen über die Rechtmäßigkeit des Einbaus wurde die Sauna nicht in Betrieb genommen und später wegen fehlender Nutzungsmöglichkeiten demontiert.

III. Rechtsfragen

1. Strafanwendungsrecht

Die Gerichte hielten im Regelfall den bundesdeutschen Untreuetatbestand[730] sowie die entsprechenden Tatbestände des DDR-Rechts[731] für erfüllt. Bei der

---

729 *StA Erfurt*, Anklage v. 4.5.1990 – Az. 111-8/90. Der Angeklagte wurde durch Urteil des *KreisG Erfurt* v. 16.3.1993 – Az. 1 Js 4940/91 Ls freigesprochen, weil das Gericht den verursachten Schaden für nicht „bedeutend" i.S.d. § 165 DDR-StGB hielt.

730 § 266 StGB.

731 §§ 161a, 162 DDR-StGB in der Fassung des 5. Strafrechtsänderungsgesetzes bzw. die §§ 163, 164 DDR-StGB in der Fassung des 6. Strafrechtsänderungsgesetzes der DDR. Vgl. hierzu

Auslegung des DDR-Rechts orientieren sich die Gerichte weitgehend an den Lehrbüchern und dem Kommentar zum DDR-Strafgesetzbuch sowie an der Rechtsprechung des Obersten Gerichts der DDR. Dies gilt allerdings nur für Auslegungsgrundsätze, die „frei von spezifischen sozialistischen Wertungen und Rechtsmaximen sind."[732]

a) Schaden für das sozialistische Eigentum durch subventionierte Mieten

In der Fallgruppe der staatlich subventionierten Mietverhältnisse war zweifelhaft, ob die staatlichen Ausgaben als strafrechtsrelevanter Schaden eingestuft werden konnten. Denn den Aufwendungen für den Bau und die Ausstattung der Wohnhäuser stand der staatliche Eigentumserwerb an den Objekten gegenüber. Die Gesamtsumme des sozialistischen Vermögens blieb demnach unverändert. Den eigentlichen wirtschaftlichen Schaden verursachte erst die spätere Vermietung, da der Mietzins häufig nicht einmal die laufenden Kosten deckte. Freilich waren die Mieten in der DDR grundsätzlich subventioniert. Die für „Luxuswohnungen" verlangten Mieten entsprachen den rechtlichen Vorgaben. Anhaltspunkte für eine über das normale Maß hinausgehende Stützung der Funktionärsmieten ließen sich nicht erkennen.

Das Amtsgericht Tiergarten stellte allerdings, wenn auch ohne nähere Begründung, fest, dass es dem Bereich Kommerzielle Koordinierung nicht erlaubt gewesen sei,

> „unter dem Deckmantel der Werkwohnung für seine Mitarbeiter von deren persönlichen Vorstellungen geprägte Häuser zu errichten, die erhebliche Baukosten verursachten, zu unwirtschaftlichen Preisen vermietet und auf Staatskosten zu erhalten und zu bewirtschaften waren."[733]

Da sich mit dem unzulässigen Vorgehen allein noch kein Vermögensschaden begründen ließ, machte das Gericht geltend, dass auf diese Weise öffentliches Vermögen zweckwidrig verwendet worden sei. Damit habe es für eine legale Verwendung nicht mehr zur Verfügung gestanden, was einen Schaden am sozialistischen Eigentum darstelle.[734]

M. Vormbaum, Strafrecht der DDR (2015), S. 399 f., 474 f., 585; *M/W*, Aufarbeitung (1999), S. 116 Fn. 560.

732 *BGH*, Urteil v. 13.1.1994 – Az. 4 StR 481/93, NStZ 1994, 231, 231.

733 *AG Tiergarten*, Urteil v. 9.6.1997 – Az. (213) 23 Js 32/94 (93/95), UA S. 14.

734 *AG Tiergarten*, Urteil v. 9.6.1997 – Az. (213) 23 Js 32/94 (93/95), UA S. 13 sowie *Fahnenschmidt*, DDR-Funktionäre vor Gericht (2000), S. 228 ff.

b) Rechtmäßigkeit durch Anordnung

Unterschiedlich beurteilt wurde die rechtliche Qualität von Anweisungen der Staats- und Parteispitze. Zunächst waren die Gerichte[735] davon ausgegangen, dass auch Anordnungen höchster Funktionäre einer speziellen Ermächtigungsgrundlage bedurft hätten, um rechtliche Wirksamkeit zu entfalten. Später setzte sich das Landgericht Berlin mit der Frage in zwei Entscheidungen näher auseinander und kam dabei zu einer anderen Auffassung.[736] Nach Ansicht der Kammer

> „war sogar die Verfassung der DDR ... den Weisungen der obersten Staats- und Parteiführung nachrangig. Nach dem politischen und rechtlichen System der DDR herrschte ein den Verfassungsbestimmungen und sonstigen Rechtsvorschriften vor- und übergeordnetes Primat der politischen Führung der SED.“[737]

Das Landgericht stützte diese Sicht auf die in Artikel 1 Absatz 1 der Verfassung der DDR manifestierte und damit auch rechtlich abgesicherte Führungsrolle der SED. Die grundsätzliche Rechtswirksamkeit solcher Anordnungen entfalle nur bei Verstößen „gegen allgemein anerkanntes Menschen- und Völkerrecht“.[738] Unter anderem mit dieser Begründung lehnte das Landgericht Berlin die Eröffnung der beiden Hauptverfahren gegen Alexander Schalck-Golodkowski und seinen Stellvertreter Manfred Seidel ab.

Die Beschlüsse des Landgerichts wurden zwar im Ergebnis durch das Kammergericht Berlin rechtskräftig bestätigt. Der Begründungsansatz war in der Rechtsmittelinstanz aber ein anderer.[739] Denn mit der herrschenden Ansicht war auch das Kammergericht der Auffassung, dass Anordnungen von politischen Führungskräften in der DDR nicht mit Rechtsnormen gleichzusetzen seien. Die Handlungen der Beschuldigten hätten dennoch das Vertrauen des Staates nicht missbraucht, da keine Verstöße gegen rechtlich bedeutsame Bindungen hätten festgestellt werden können.[740] Die Vergünstigungen für hohe Funktionäre sah das Kammergericht vielmehr als Ausprägung des „Belohnungssystems“ der DDR. Die Finanzierung von Privilegien der Staats- und Parteiführung durch den

---

735 Anders *LG Berlin*, Beschluss v. 27.6.1991 – Az. 512-10/91, NJ 1992, 176, *M/W*, Bd. 3 (2002), S. 253.

736 *LG Berlin*, Beschlüsse v. 19.9.1997 – Az. (512) 24 Js 1243/92 KLs (56/94) und – inhaltlich weitgehend identisch – Az. (512) 23 Js 1003/93 KLs (14/95), *M/W*, Bd. 3 (2002), S. 465.

737 *LG Berlin*, Beschluss v. 19.9.1997 – Az. (512) 24 Js 1243/92 KLs (56/94), BA S. 23 f.

738 *LG Berlin*, Beschluss v. 19.9.1997 – Az. (512) 24 Js 1243/92 KLs (56/94), BA S. 24.

739 *KG Berlin*, Beschluss v. 12.11.1998 – Az. 2 AR 175/94 – 5 Ws 763/97; Beschluss v. 30.11.1998 – Az. 2 AR 66/95 – 5 Ws 764/97, *M/W*, Bd. 3 (2002), S. 487.

740 *KG Berlin*, Beschluss v. 12.11.1998 – Az. 2 AR 175/94 – 5 Ws 763/97, BA S. 22.

Bereich Kommerzielle Koordinierung stelle sich als ein „subventionsähnlicher" Vorgang dar.[741]

2. Das mildeste Gesetz

Bei der Frage des mildesten Rechts standen sich verschiedene Vorschriften des DDR-Strafgesetzbuchs[742] und des bundesdeutschen Strafgesetzbuchs[743] über Untreuedelikte gegenüber. Trotz des Erfordernisses der konkreten Einzelfallprüfung lassen sich aus einer Gesamtschau der gerichtlichen Entscheidungen einige Anwendungsprinzipien entnehmen, die eine begrenzte Abstrahierung ermöglichen.

Soweit nach dem Recht der DDR nur der Grundtatbestand in Betracht kam, war nach Ansicht der Gerichte der DDR-Straftatbestand der Untreue zum Nachteil sozialistischen Eigentums[744] wegen seiner geringeren Strafdrohung[745] und der engeren Tatbestandsfassung[746] immer das mildere Recht. Da allerdings bei einem Schaden von mehr als 10.000,– Mark nach Ansicht fast aller Gerichte[747] nach DDR-Recht grundsätzlich der strafschärfende Tatbestand[748] erfüllt war, musste in diesen Fällen der bundesdeutsche Untreuetatbestand zur Anwendung kommen, dessen Absatz 2 in seiner alten Fassung[749] eine stärkere Berücksichti-

---

741 *KG Berlin*, Beschluss v. 12.11.1998 – Az. 2 AR 175/94 – 5 Ws 763/97, BA S. 23.

742 §§ 161a, 162 DDR-StGB in der Fassung des 5. Strafrechtsänderungsgesetzes v. 14.12.1988, DDR-GBl. I 1988, S. 335 ff., und §§ 163, 164 DDR-StGB in der Fassung des 6. Strafrechtsänderungsgesetzes v. 29.6.1990, DDR-GBl. I 1990, S. 526 ff.

743 § 266 Abs. 1, Abs. 2 (a.F.) StGB. § 266 Abs. 2 StGB in der Fassung bis zum 6. Strafrechtsreformgesetz (26.1.1998) lautete: „In besonders schweren Fällen ist die Strafe Freiheitsstrafe von einem bis zu zehn Jahren."

744 § 161a DDR-StGB.

745 Das Höchstmaß der angedrohten Strafe im DDR-StGB war eine Freiheitsstrafe von maximal zwei Jahren gegenüber einer Freiheitsstrafe von bis zu fünf Jahren nach § 266 Abs. 1 StGB.

746 Die Vorschrift verlangt – anders als die bundesdeutsche Norm – einen Bereicherungswillen. Vgl. dazu *OG der DDR*, Urteil v. 6.9.1990 – Az. 2 OSB 1/90, UA S. 8, *M/W*, Bd. 3 (2002), S. 21; *AG Tiergarten*, Urteil v. 9.6.1997 – Az. (213) 23 Js 32/94 Ls (93/95), UA S. 8 f.

747 Anders *AG Tiergarten*, Urteil v. 23.7.1991 – Az. (214) 2 Js 8/90 Ls (135/90), UA S. 11, das auch im DDR-Recht trotz einer Schadenhöhe von über 10.000,– Mark eine Gesamtwürdigung vornimmt.

748 § 162 DDR-StGB.

749 Dies galt für § 266 in der Fassung vor dem 6. Strafrechtsreformgesetz. In seiner heute gültigen Fassung gibt es den „schweren Fall" über den Verweis auf § 263 Abs. 3 StGB in § 266 Abs. 2 StGB. Da aber Anfang 1998 bereits fast alle Verfahren abgeschlossen waren, hat die Neufassung eine nur untergeordnete Bedeutung.

gung anderer Faktoren ermöglichte. Mit dieser Begründung kamen die Gerichte in den meisten Fällen (nur) zu einer Anwendung des einfachen Untreuetatbestandes (§ 266 Absatz 1 StGB).[750]

3. Unrechtskontinuität

Sowohl die Instanzgerichte[751] als auch der Bundesgerichtshof[752] gingen bei der Untreue „zu Lasten sozialistischen Eigentums" von einer fortdauernden Vertypisierung des Unrechts im bundesdeutschen Recht aus. Gleiches gilt im Hinblick auf das DDR-Recht nach Inkrafttreten des 6. Strafrechtsänderungsgesetzes, „da die genannten Vorschriften (§ 161a a.F. DDR-StGB, 163 n.F. DDR-StGB, § 266 StGB) in ihrem Kern dasselbe Rechtsgut gegen identische Angriffsformen schützen."[753] Im Urteil gegen Harry Tisch setzte sich das Landgericht Berlin näher mit der Gegenansicht auseinander. Dabei führte es aus:[754]

> „Entgegen der Ansicht der Verteidigung kann auch der Umstand, dass § 161a a.F. DDR-StGB sich nur auf das im Rahmen der Herstellung der Währungs-, Wirtschafts- und Sozialunion zwischen beiden deutschen Staaten zum 1. Juli 1990 als Rechtsform beseitigte sozialistische Eigentum, nicht aber auf das durch § 182 a.F. DDR-StGB gegen Untreue geschützte persönliche und private Eigentum bezog, nicht zu der Schlußfolgerung führen, daß durch die Regelung des 6. Strafrechtsänderungsgesetzes die Strafbestimmung des § 161a a.F. DDR-StGB ersatzlos gestrichen werden sollte. § 161a a.F. DDR-StGB war keineswegs *per se* ein Ausdruck sozialistischen Unrechts. Die Regelung beruhte allerdings auf der ideologisch begründeten Aufspaltung des einheitlichen Eigentumsbegriffs, wie er der Rechtsordnung der Bundesrepublik Deutschland zugrundeliegt, in verschiedene Eigentumsarten, von denen das sozialistische Eigentum von Verfassungs wegen einem besonderen Schutz unterlag (Art. 10 Absatz 2 DDR-Verfassung); dieser spiegelte sich in der unterschiedlichen Strafdrohung der §§ 161a und 182 a.F. DDR-StGB wider. Die Aufspaltung des Eigentumsbegriffs schuf jedoch keine besondere neue Eigentumsart, die allein [für die; d. Verf.] Rechtsordnung der DDR typisch und eine Verkörperung sozialistischen Unrechts gewesen wäre. Es wurde lediglich in Abhängigkeit von der Person des Rechtsträ-

---

750 Etwa *BGH*, Urteil v. 5.3.1991 – Az. 1 StR 647/90, NJ 1991, 273 f.; *ders.*, Urteil v. 13.1.1994 – Az. 4 StR 481/93, NStZ 1994, 231, 232, *M/W*, Bd. 3 (2002), S. 223; *LG Berlin*, Urteil v. 6.6.1991 – Az. (519) 2 Js 3/90 KLs (48/90), UA S. 21 f., *M/W*, Bd. 3 (2002), S. 63.

751 Etwa *KG Berlin*, Beschluss v. 26.11.1990 – Az. 3 Ws 295/90, BA S. 3; *BezG Schwerin*, Urteil v. 27.8.1991 – Az. 1h BS 2/91, UA S. 58, *M/W*, Bd. 3 (2002), S. 161; *LG Halle*, Urteil v. 26.2.1992 – Az. 4 BS 5/90, UA S. 12.

752 *BGH*, Urteil v. 13.1.1994 – Az. 4 StR 481/93, NStZ 1994, 231, 232, *M/W*, Bd. 3 (2002), S. 223.

753 *LG Berlin*, Urteil v. 6.6.1991 – Az. (519) 2 Js 3/90 KLs (48/90), UA S. 20, *M/W*, Bd. 3 (2002), S. 63.

754 *LG Berlin*, Urteil v. 6.6.1991 – Az. (519) 2 Js 3/90 KLs (48/90), UA S. 20 f., *M/W*, Bd. 3 (2002), S. 63.

gers dessen Eigentum in besonderer Weise qualifiziert. Das in der ehemaligen DDR als sozialistisches Eigentum bezeichnete Rechtsgut war und ist als Eigentum der öffentlichen Hand nach Bundesrecht im selben Umfang geschützt."

Den meisten Gerichten lag diese Wertung offenbar so nahe, dass sie in ihren Entscheidungen auf Ausführungen zur Unrechtskontinuität ganz verzichteten.[755]

4. Die Fortgeltung des Tatbestandes des Vertrauensmissbrauchs

Das 6. Strafrechtsänderungsgesetz der DDR enthielt in § 10 eine problematische Übergangsregelung.[756] Obwohl die Strafvorschrift über Vertrauensmissbrauch[757] aufgehoben wurde, sollte dieser Tatbestand[758] bei der Entscheidung über die strafrechtliche Verantwortung unter zwei Voraussetzungen weiterhin zugrunde gelegt werden. Die Tat musste vor dem Inkrafttreten des Gesetzes am 1. Juli 1990 begangen worden sein. Zusätzlich musste zu diesem Zeitpunkt bereits ein förmliches Strafverfahren eingeleitet gewesen sein. Dies hatte zur Konsequenz, dass Geschehnisse, die an diesem Stichtag noch nicht bekannt oder jedenfalls nicht formell verfolgt worden waren, nicht mehr als Vertrauensmissbrauch verfolgt werden konnten. Zudem wurden bereits nach dieser Norm rechtskräftig verurteilte Täter durch § 8 des 6. Strafrechtsänderungsgesetzes amnestiert. Weiterhin

755 Aus den zahlreichen Entscheidungen etwa *LG Berlin*, Urteil v. 9.12.1991 – Az. (520) 2 Js 25/90 (64/90); *AG Tiergarten*, Urteil v. 23.7.1991 – Az. (214) 2 Js 8/90 Ls (135/90); *AG Tiergarten*, Urteil v. 3.7.1991 – Az. (271) 2 Js 14/90 Ls (140/90).

756 § 10 Satz 1: „Soweit vor Inkrafttreten dieses Gesetzes Straftaten nach den Vorschriften der §§ 165, 166 Abs. 1 Ziff. 1 und Abs. 2, 167 bis 171, 173 Abs. 1 Ziff. 1 und 3, sowie 214 begangen und Strafverfahren eingeleitet wurden, sind in diesen Fällen die vorgenannten Bestimmungen der Entscheidung über die strafrechtliche Verantwortlichkeit weiterhin zugrunde zu legen." Diese Regelung blieb auch nach dem Beitritt in Kraft (vgl. Art. 9 Abs. 2 EV iVm Anlage II., Sachgebiet C., Abschnitt I. Nr. 2).

757 § 165 DDR-StGB lautete:
„(1) Wer eine ihm dauernd oder zeitweise übertragene Vertrauensstellung missbraucht, indem er entgegen seinen Rechtspflichten Entscheidungen oder Maßnahmen trifft oder pflichtwidrig unterlässt oder durch Irreführung oder in anderer Weise Maßnahmen oder Entscheidungen bewirkt und dadurch vorsätzlich einen bedeutenden wirtschaftlichen Schaden verursacht, wird mit Freiheitsstrafe bis zu fünf Jahren oder mit Verurteilung auf Bewährung oder mit Geldstrafe bestraft.
(2) Wer ... durch die Tat einen besonders schweren wirtschaftlichen Schaden verursacht ... wird mit Freiheitsstrafe von zwei bis zu zehn Jahren bestraft ..."

758 Dasselbe gilt für die in der Praxis nicht relevant gewordenen alten DDR-Straftatbestände der §§ 166 Abs. 1 Ziff. 1, Abs. 2; 167 bis 171; 173 Abs. 1 Ziff. 1 und 3, Abs. 2 und 3 sowie 214.

anzuwenden war der Tatbestand des Vertrauensmissbrauchs nur noch bei laufenden Ermittlungsverfahren und anhängigen Gerichtsverfahren.

a) Verfassungsrechtliche Bedenken

Mehrere Gerichte äußerten durchgreifende Bedenken gegen die Verfassungsmäßigkeit der Fortgeltungsregelung.[759] Einwände gleicher Art wurden in der Literatur erhoben.[760] Die erste, richtungsweisende Entscheidung erging am 14. Februar 1991.[761] Das Landgericht Berlin trennte aufgrund seiner Rechtsauffassung das Verfahren in Bezug auf den Vorwurf des Vertrauensmissbrauchs ab und legte die Frage nach Artikel 100 GG dem Bundesverfassungsgericht vor.[762] Zu einer Entscheidung kam es wegen des Todes des Angeklagten allerdings nicht in diesem Verfahren, sondern aufgrund eines ähnlich begründeten Vorlagebeschlusses des Landgerichts Erfurt.[763] Das Bundesverfassungsgericht wies den Beschluss als unzulässig zurück.[764] Gesetze der DDR, die nach Artikel 9 Absatz 2 des Einigungsvertrags in Verbindung mit dessen Anlage II in Kraft bleiben sollten, unterlägen nicht der konkreten Normenkontrolle. Das Landgericht könne, so das Bundesverfassungsgericht, über die Vorlagefrage selbst entscheiden, da nach Artikel 9 Absatz 2 Einigungsvertrag das DDR-Recht nur in Kraft bleibt, „soweit es mit dem Grundgesetz ... vereinbar ist“. Die Vorschrift könne

---

759 *LG Berlin*, Beschluss v. 14.2.1991 – Az. (519) 2 Js 3/90 (48/90), DtZ 1992, 254, *M/W*, Bd. 3 (2002), S. 45; *LG Berlin*, Beschluss v. 27.6.1991 – Az. 512-10/91, NJ 1992, 176, *M/W*, Bd. 3 (2002), S. 253; *BezG Erfurt*, Beschluss v. 9.8.1991 – Az. 1 Js 4984/91, *M/W*, Bd. 3 (2002), S. 93; *LG Erfurt*, Beschluss v. 23.6.1995 – Az. 1 Js 4984/91, *M/W*, Bd. 3 (2002), S. 119; *LG Schwerin*, Urteil v. 27.11. 1996 – Az. 32 KLs (10/92).

760 Für verfassungsrechtlich zumindest zweifelhaft hielt auch der größte Teil der Literatur die Regelung; vgl. *Classen* JZ 1991, 717, 719; Sch/Sch/*Eser*, 27. Aufl. (2006), vor § 3 Rn. 123; *Geppert* Jura 1991, 610, 614; *Grünwald* StV 1991, 31, 32; *Karpenstein* JuS 1991, 1005; *Luther* DtZ 1991, 433, 434; *Peter/Volk* JR 1991, 89; *Schneiders* MDR 1990, 1049, 1052 f.; *Tröndle/Fischer*, StGB, 49. Aufl. (1999), vor § 3 Rn. 31; zurückhaltend *Eser* GA 1991, 241, 259; LK/*Gribbohm*, 11. Aufl. (2003), § 2 Rn. 63; LK/*Laufhütte*, 11. Aufl. (2005), vor § 80, Rn 38 Fn. 7. Erkennbar anders nur *Th. Baumann* NStZ 1994, 546.

761 Verfahren gegen Harry Tisch – Az. (519) 2 Js 3/90 (48/90), DtZ 1992, 254 ff., *M/W*, Bd. 3 (2002), S. 45.

762 Die kritischen Ansätze stammen schon aus der Zeit des Inkrafttreten des 6. DDR-Strafrechtsänderungsgesetzes; vgl. etwa das Schreiben des damaligen Generalstaatsanwalts der DDR *Günter Seidel* an die Präsidentin der Volkskammer v. 27.7.1990, abgedruckt in: *Przybylski*, Tatort Politbüro (1991), S. 391 ff.

763 *LG Erfurt*, Beschluss v. 23.6.1995 – Az. 1 Js 4984/91 KLs, *M/W*, Bd. 3 (2002), S. 107 ff.

764 *BVerfG*, Beschluss v. 21.12.1997 – Az. 2 BvL 6/95, BVerfGE 97, 117, M/W, Bd. 3 (2002), S. 141.

als solche dem Grundgesetz nicht widersprechen, da sie die Fortgeltung alter DDR-Gesetze gerade von deren Verfassungsmäßigkeit abhängig mache. Materiell gehe es demnach um die Vereinbarkeit von vorkonstitutionellem Recht mit dem Grundgesetz, für das Artikel 100 GG keine Anwendung finde.[765]

Die Bedenken der Fachgerichte gegen die Vorschrift stützten sich im Wesentlichen auf zwei Gesichtspunkte. Einmal handele es sich bei § 10 des 6. Strafrechtsänderungsgesetzes der DDR um ein nach Artikel 19 Absatz 1 Satz 1 GG unzulässiges Einzelfallgesetz, da der nach dieser Norm strafbare Personenkreis bereits bei Inkrafttreten der Vorschrift abschließend bestimmbar gewesen sei. Zudem habe der Gesetzgeber ein Gesetz für die Bestrafung eines ganz konkreten Personenkreises – die ehemalige Führungsspitze der DDR – schaffen wollen. Die Fortgeltungsbestimmung sei zudem mit dem Gleichbehandlungsgebot nicht vereinbar. § 10 des 6. Strafrechtsänderungsgesetzes der DDR beinhalte eine nicht gerechtfertigte Ungleichbehandlung von Straftätern und damit einen Verstoß gegen den in Artikel 3 GG verankerten Gleichheitsgrundsatz, weil die Voraussetzung des bereits eingeleiteten Ermittlungsverfahrens von Umständen abhänge, die ihre Ursache nicht in der Person des Täters hätten. Hinzu komme, dass die Bestrafung einiger weniger auch im Hinblick auf die in § 8 Absatz 1 des 6. Strafrechtsänderungsgesetzes der DDR ausgesprochene Amnestie für rechtskräftig verurteilte Täter nicht zu rechtfertigen sei.[766]

b) Argumente für die Anwendbarkeit

Auch die gegenteilige Auffassung wurde in der Rechtsprechung vertreten. Eine rechtskräftige Verurteilung aufgrund des Straftatbestandes des Vertrauensmissbrauchs durch bundesdeutsche Gerichte erfolgte in nur einem Fall. Das Landgericht Berlin verurteilte den Stellvertreter von Schalck-Golodkowski als Leiter des Bereichs Kommerzielle Koordinierung Manfred Seidel.[767] Eine weitere Verurteilung durch das Landgericht Rostock[768] wurde später durch den Bundesgerichtshof[769] aufgehoben.

---

765 *BVerfG*, Beschluss v. 21.12.1997 – Az. 2 BvL 6/95, BVerfGE 97, 117, 122 ff.

766 *LG Erfurt*, Beschluss v. 23.6.1995 – Az. 1 Js 4984/94 KLs, BA S. 33, *M/W*, Bd. 3 (2002), S. 119.

767 *LG Berlin*, Urteil v. 26.11.1993 – Az. (570) 2 Js 188/91 Ls-Ns (153/93).

768 *LG Rostock*, Urteil v. 16.2.1993 – Az. II KLs 6/91, 111-1-90, *M/W*, Bd. 3 (2002), S. 197.

769 *BGH*, Urteil v. 13.1.1994 – Az. 4 StR 481/93, NStZ 1994, 231 f., *M/W*, Bd. 3 (2002), S. 223. In der Begründung stellte der BGH jedoch allein darauf ab, dass das LG das Tatbestandsmerkmal eines „bedeutenden“ Schadens nicht richtig ausgelegt habe. Ob § 10 des 6. DDR-StÄG verfassungskonform ist, ließ der BGH ausdrücklich dahingestellt (insoweit nicht veröffentlicht, UA S. 6).

Ein Einzelfall- oder Einzelpersonengesetz lag nach Auffassung des Landgerichts Berlin nicht vor, da

> „durch das 6. Strafrechtsänderungsgesetz der DDR lediglich ein bestimmtes Verhalten mit bestimmtem Unrechtsgehalt erfasst (ist), das nur von einem noch zu ermittelnden Personenkreis ausgehen konnte, der gewisse Leitungsfunktionen innehatte. Dabei war weder eine konkrete Person ins Auge gefasst worden, noch war konkret überschaubar, wer im Einzelnen als Täter in Betracht kommen könnte."[770]

Auch nach Auffassung des Landgerichts Rostock[771] enthielt die Vorschrift keinen Verstoß gegen das Verbot des Einzelfallgesetzes. Sie greife schon nicht in das Grundrecht der Freiheit der Person ein,[772] da es sich bei § 8 des 6. Strafrechtsänderungsgesetzes um eine Amnestieregelung und damit um eine „bloße Rechtswohltat" handele, „in die einbezogen zu werden der einzelne Betroffene keinen Anspruch hat".[773] Zwar widerspreche die Bestimmung dem Meistbegünstigungsprinzip,[774] doch komme diesem „keine verfassungsrechtliche, insbesondere keine grundrechtliche Qualität zu; es kann – wie geschehen – durch einfachgesetzliche Regelungen teilweise außer Kraft gesetzt werden."[775] Auch eine Verletzung des Gleichheitsgrundsatzes sei nicht zu erkennen. Die Ungleichbehandlung sei sachlich zu rechtfertigen. Die Kammer begründete die Amnestie für bereits rechtskräftig Verurteilte mit dem fehlenden Schutzzweck der Vorschrift nach der Ablösung des volkswirtschaftlichen Systems sowie mit dem Verlangen nach einem Schlussstrich „soweit vertretbar". Ein Strafverzicht gegenüber den betroffenen Tätern sei aber gerade nicht vertretbar. Bei den so Erfassten handele es sich um den Personenkreis,

> „gegen den in der letzten Phase des Bestehens der DDR erstmals wegen Missbrauchs seiner politischen Machtpositionen Ermittlungsverfahren eingeleitet worden waren und der

---

770 *LG Berlin*, Urteil v. 26.11.1993 – Az. (570) 2 Js 188/91 Ls-Ns (153/93), UA S. 22 f.; ähnlich begründete das *KG Berlin* – Az. (4) 2 Js 6/90 HEs (119/90), BA S. 13 seinen Beschluss v. 19.11. 1990, mit dem es die Haftfortdauer gegen den ehemaligen Minister für Staatssicherheit der DDR Erich Mielke anordnete.

771 *LG Rostock*, Urteil v. 16.2.1993 – Az. II KLs 6/91, 111-1-90, UA S. 29 ff., *M/W*, Bd. 3 (2002), S. 197.

772 Art. 2 Abs. 2 S. 2 GG. Nach der herrschenden Auffassung kommt das Einzelfallgesetz-Verbot gem. Art. 19 Abs. 1 S. 1 GG nur dann zum Tragen, wenn durch die Norm ein Grundrecht eingeschränkt wird.

773 *LG Rostock*, Urteil v. 16.2.1993 – Az. II KLs 6/91, 111-1-90, UA S. 29, *M/W*, Bd. 3 (2002), S. 197, ähnlich *KG Berlin*, Beschluss v. 19.11.1990 – Az. (4) 2 Js 6/90 HEs (119/90), BA S. 13.

774 § 2 Abs. 3 StGB und § 81 Abs. 3 DDR-StGB.

775 *LG Rostock*, Urteil v. 16.2.1993 – Az. II KLs 6/91, 111-1-90, UA S. 29, *M/W*, Bd. 3 (2002), S. 197.

> zuvor kraft seiner Stellung im politischen System der DDR vor solcher Verfolgung sicher gewesen war. ... [Ein Verfolgungs- und Strafverzicht] „hätte zu großem Unverständnis in der ... Masse der Bevölkerung geführt ... Es hätte dem Vertrauen der Bevölkerung in die bevorstehende neue Rechtsordnung geschadet, wenn die eingeleiteten Strafverfahren nicht weitergeführt worden wären ... Dagegen scheint der Verzicht auf die Einleitung neuer Strafverfahren angemessen ... Denn bis zu jenem Zeitpunkt unentdeckt gebliebene Vorfälle waren noch nicht Gegenstand öffentlicher Erörterung geworden und konnten deshalb im Interesse des Rechtsfriedens unverfolgt bleiben.“[776]

5. Verjährung

Vor dem Erlass des ersten Verjährungsgesetzes hatten die Gerichte an ein Ruhen der Verjährung offenbar regelmäßig nicht gedacht. Sie waren vielmehr ohne Weiteres davon ausgegangen, dass die Verjährungszeit auch während der SED-Herrschaft lief.[777] Die einzige Entscheidung, die überhaupt diesen Gedanken ansprach, hielt ihn – jedenfalls in den Fällen von Amtsmissbrauch – für nicht anwendbar, „da selbst die Befürworter einer solchen Auffassung diese auf politisch motivierte oder gar staatlich angeordnete (strafbare) Handlungen beschränken“.[778]

Nach dem Erlass des ersten Verjährungsgesetzes vertrat der größte Teil der Rechtsprechung dann die gegenteilige Auffassung und zog die allgemeinen Grundsätze des Gesetzes[779] heran, ohne dabei jedoch auf die bis dahin abweichende Rechtsprechung näher einzugehen.[780] Das Landgericht Halle hielt dagegen auch nach Erlass des ersten Verjährungsgesetzes ein Ruhen der Verjährung für ausgeschlossen, weil der Wille zur Nichtverfolgung – jedenfalls im konkreten Fall – nicht mit Bestimmtheit festgestellt werden könne.[781]

---

776 *LG Rostock*, Urteil v. 16.2.1993 – Az. II KLs 6/91, 111-1-90, UA S. 31f., *M/W*, Bd. 3 (2002), S. 197.

777 *LG Berlin*, Urteil v. 9.7.1991 – Az. (515) 2 Js 4/90 (38/90), UA S. 7, 19; *BezG Meiningen*, Urteil v. 16.10.1992 – Az. 4 KLs 111-72/89, UA S. 41; *LG Rostock*, Urteil v. 16.2.1993 – Az. II KLs 6/91, 111-1/90, UA S. 11, *M/W*, Bd. 3 (2002), S. 197.

778 *BezG Schwerin*, Urteil v. 27.8.1991 – Az. 1h BS 2/91, UA S. 65, *M/W*, Bd. 3 (2002), S. 161.

779 Vgl. dazu S. 5ff.

780 Etwa *LG Berlin*, Urteil v. 13.12.1994 – Az. (526) 2 Js 871/92 KLs (2/94), *M/W*, Bd. 3 (2002), S. 369; *AG Tiergarten*, Strafbefehl v. 30.1.1997 – Az. 277 Cs 1280/96.

781 So *LG Halle/Saale*, Beschluss v. 16.2.1995 – Az. 27 (14) Ns 39/93, BA S. 11. Das *OLG Naumburg* hat die Frage offengelassen (Beschluss v. 17.10.1995 – Az. 1 Ws 64/95, BA S. 3).

J. Wirtschaftsstraftaten

I. Einführung

Die im Rahmen der strafrechtlichen Aufarbeitung von DDR-Unrecht geführten Verfahren wegen Wirtschaftsdelikten betrafen sehr unterschiedliche Sachverhalte. Sofern sie Fälle von Amtsmissbrauch und Korruption zum Gegenstand hatten, bleiben sie hier außer Betracht, weil diese eine eigene Deliktsgruppe bilden, die bereits im Abschnitt zuvor ausführlich behandelt worden ist.[782] Damit verbleiben im Bereich der Wirtschaftsstrafverfahren im Wesentlichen zwei Gegenstandsbereiche: Strafverfahren wegen Nötigung oder Erpressung von Ausreiseantragstellern und Strafverfahren wegen Embargoverstößen. Nötigungs- und Erpressungsfälle, an denen MfS-Angehörige beteiligt waren, sind gerade durch die Beteiligung des Ministeriums für Staatssicherheit geprägt. Sie wurden daher der Deliktsgruppe der MfS-Straftaten zugeordnet und bereits an anderer Stelle erläutert.[783] Da die Sachverhaltsfeststellungen der Gerichte in den einschlägigen Verfahren gegen Angeklagte, die nicht dem Ministerium für Staatssicherheit angehörten, keine über die bereits dokumentierten Verfahren mit MfS-Bezug hinausgehenden Informationen enthalten und auch keine anderen rechtlichen Probleme zu verzeichnen waren, werden diese Verfahren nicht gesondert dargestellt. Die nachfolgenden Ausführungen beziehen sich vor allem auf die Strafverfahren wegen Embargoverstößen; auf Verfahren ohne Systembezug wird ebenfalls eingegangen. Die Strafverfahren wegen Embargoverstößen betrafen Verstöße gegen das Kriegswaffenkontrollgesetz, gegen das Militärregierungsgesetz Nr. 53 und gegen die Verordnungen der Alliierten Streitkräfte.

II. Sachverhalte

1. Embargoverstöße

Die westlichen Industrienationen verfolgten das Ziel, die Lieferung von Gütern, die militärischen Zwecken dienen konnten, in Staaten, die man im Rahmen des Ost-West-Konflikts als potentielle militärische Gegner ansah, zu unterbinden. Die Kontrolle des Warenverkehrs erfolgte vor allem nach Maßgabe einer durch das „Coordinating Committee for East-West Trade Policy“ (CoCom) in Paris zusammengestellten Liste von Gütern, deren Export in Ostblockländer untersagt

782 Vgl. oben, S. 143 ff.
783 Vgl. oben, S. 98 ff.

war. Im Wirtschaftsverkehr zwischen der Bundesrepublik und der DDR erfolgte die Durchsetzung des Handelsembargos auf der Grundlage des Gesetzes Nr. 53 der alliierten Militärregierung sowie der Verordnung Nr. 500 der Kommandanten des amerikanischen, britischen und französischen Sektors. Nach diesen Vorschriften war für jedes Geschäft im innerdeutschen Handel eine behördliche Genehmigung erforderlich. Die Genehmigung wurde für bestimmte Warengruppen allgemein erteilt, für technologisch hochwertige Waren oder militärisch nutzbare Güter musste sie jedoch im Einzelfall eingeholt werden.[784]

Die DDR war nicht in der Lage, den Bedarf an Erzeugnissen der Mikroelektronik aus eigener Produktion oder durch Importe aus anderen Ostblockstaaten zu decken.[785] Außerdem hatte sie ein Interesse an moderner westlicher Waffentechnologie, wie etwa Nachtsichtgeräten.[786] Einem legalen Import solcher hochwertigen Technologiegüter standen jedoch die genannten und weitere Ausfuhrbeschränkungen entgegen.[787] Um diese Güter unter Umgehung der bestehenden Handelsrestriktionen dennoch zu beschaffen, wurde unter Leitung des Staatssekretärs und Leiters des Bereichs für Kommerzielle Koordinierung im Ministerium für Außenhandel, Alexander Schalck-Golodkowski, im Bereich Kommerzielle Koordinierung ein spezieller Handelsbereich für Embargowaren aufgebaut, der auch für die Bereitstellung der benötigten finanziellen Mittel zuständig war. Zu diesem Zweck nahmen Schalck-Golodkowski und weitere Mitarbeiter des Bereichs Kommerzielle Koordinierung Kontakt zu westlichen Firmen und Einzelpersonen auf, die bereit waren, die begehrten Embargowaren zu liefern.[788] Diese übergaben die Güter an einen Kurier und wurden in der Regel im Austausch bar in westlichen Devisen bezahlt.[789]

2. Verfahren ohne Systembezug

Die für die Verfolgung von DDR-Unrecht zuständigen Staatsanwaltschaften befassten sich teilweise auch mit solchen Wirtschaftsstraftaten, denen es am typi-

---

784 *LG Berlin*, Urteil v. 9.7.1998 – Az. 505 KLs 21/98, UA S. 9.

785 *LG Berlin*, Urteil v. 9.7.1998 – Az. 505 KLs 21/98, UA S. 9.

786 *LG Berlin*, Urteil v. 31.1.1996 – Az. (505) 23/2 Js 41/93 KLs (6/94), UA S. 4, *M/W*, Bd. 7 (2009), S. 433. Nach den Feststellungen des Gerichts erfolgte die Beschaffung etwa von Handfeuerwaffen nicht nur zu militärischen Zwecken; vielmehr dienten die Waffen auch einzelnen Repräsentanten der DDR zum persönlichen Gebrauch.

787 *LG Berlin*, Urteil v. 9.7.1998 – Az. 505 KLs 21/98, UA S. 9.

788 *LG Berlin*, Urteil v. 9.7.1998 – Az. 505 KLs 21/98, UA S. 9 ff.; *LG Berlin*, Urteil v. 31.1.1996 – Az. (505) 23/2 Js 41/93 KLs (6/94), UA S. 4 ff., *M/W*, Bd. 7 (2009), S. 433.

789 *LG Berlin*, Urteil v. 9.7.1998 – Az. 505 KLs 21/98, UA S. 9 ff.; *LG Berlin*, Urteil v. 31.1.1996 – Az. (505) 23/2 Js 41/93 KLs (6/94), UA S. 8 ff., *M/W*, Bd. 7 (2009), S. 433 ff.

schen Systembezug fehlt. Die Verfahren bleiben deshalb für die hier vorgenommene Analyse der strafrechtlichen Aufarbeitung der DDR-Vergangenheit unberücksichtigt.

Das gilt zum einen für Verfahren gegen Wirtschaftsstraftaten, die nach dem 3. Oktober 1990 begangen worden waren.[790] Zum anderen bleibt die Strafverfolgung von Taten außer Betracht, die durch die gesellschaftlichen Veränderungen und die bevorstehende Vereinigung bedingt waren. Zu nennen sind in diesem Zusammenhang etwa Vermögensstraftaten in Verbindung mit der Währungsunion oder mit der Umstrukturierung und Privatisierung volkseigener Betriebe. Schließlich wird auch von der Berücksichtigung solcher Wirtschaftsstrafverfahren abgesehen, die Taten zum Gegenstand hatten, denen es an systemtypischen Besonderheiten fehlte, auch wenn sie im relevanten Zeitraum begangen worden waren. Zu nennen ist hier etwa ein Steuerstrafverfahren gegen Rechtsanwalt Vogel, dem vorgeworfen wurde, zu Lasten des DDR-Staatshaushalts seine Einkünfte nicht umfassend angegeben und dadurch seine Steuerschuld gekürzt zu haben.[791] Ebenfalls hierher gehört der Vorwurf gegenüber demselben Angeklagten, Mandantengelder veruntreut zu haben.[792]

III. Rechtsfragen

Die Importe der Embargowaren wurden von den Gerichten unter dem Gesichtspunkt möglicher Verstöße gegen das Kriegswaffenkontrollgesetz bzw. das Militärregierungsgesetz Nr. 53 sowie die einschlägigen Verordnungen der Alliierten Streitkräfte bewertet. Bei angeklagten Bürgern der Bundesrepublik prüften die Gerichte zudem die Erfüllung des Tatbestandes der Steuerhinterziehung.[793]

Die wesentlichen rechtlichen Probleme traten am deutlichsten in dem Verfahren gegen Schalck-Golodkowski hervor. Bereits das in erster Instanz zuständige Landgericht Berlin befasste sich eingehend mit ihnen.

Anlass für nähere Ausführungen gab zunächst der Umstand, dass das Militärregierungsgesetz Nr. 53 seit dem 3. Oktober 1990 nicht mehr galt. In Anbetracht der Regelungen des § 2 Absatz 2 und 3 StGB konnte eine Anwendung nur erfolgen, soweit das Militärregierungsgesetz Nr. 3 als Zeitgesetz anzusehen war, also als ein Gesetz, das von vornherein nur für einen bestimmten Zeitraum gel-

790 Z.B. Aussagedelikte im Rahmen der nach 1990 geführten Verfahren.

791 Anklage der *StA II bei dem LG Berlin* v. 24.3.1994 – Az. 21/2 Js 850/92.

792 Anklage der *StA II bei dem LG Berlin* v. 28.9.1993 – Az. 2 Js 943/92.

793 § 370 Abs. 1 Nr. 1 und 2 AO; *LG Berlin*, Urteil v. 8.7.1994 – Az. (505) 23/2 Js 41/93 KLs (4/94), *M/W*, Bd. 7 (2009), S. 421.

ten sollte. § 2 Absatz 4 StGB erlaubte die Anwendung eines solchen Zeitgesetzes auf Taten, die während seiner Geltung begangen worden waren, auch wenn das Gesetz später wieder außer Kraft getreten ist. Wegen der besonderen politischen Umstände, die der Gesetzgebung zugrunde gelegen hatten, erachtete das Landgericht Berlin diese Voraussetzungen für gegeben.[794]

Ferner befasste sich das Landgericht mit der Frage, ob das vom Bundesverfassungsgericht im Zusammenhang mit Spionagetaten entwickelte unmittelbar verfassungsrechtlich begründete Verfolgungshindernis auch auf Embargoverstöße anzuwenden war. Ein solches Verfolgungshindernis hatte das Bundesverfassungsgericht aus dem Verhältnismäßigkeitsprinzip abgeleitet. Dieses sei verletzt, wenn der Strafanspruch aus Spionagetatbeständen in der einzigartigen Situation, die mit der Überwindung der deutschen Teilung entstanden sei, gegenüber solchen Bürgern der DDR durchgesetzt werde, die im Zeitpunkt des Wirksamwerdens der Einheit Deutschlands ihren Lebensmittelpunkt in der ehemaligen DDR gehabt und allein vom Boden der DDR oder solcher Staaten aus gehandelt hätten, in denen sie sowohl vor Auslieferung als auch vor Bestrafung wegen dieser Taten sicher gewesen seien.[795] Aus zwei Gründen sprach sich das Landgericht gegen das Vorliegen eines Verfolgungshindernisses aus. Zunächst scheide eine Anwendung dieses Hindernisses auf Embargoverstöße aus, weil das Bundesverfassungsgericht in seiner Entscheidung ausdrücklich auf den Ausnahmecharakter der Spionagebestimmungen abgestellt habe und das Militärregierungsgesetz Nr. 53 mit den Spionagevorschriften nicht vergleichbar sei. Außerdem fehle es an der weiteren Voraussetzung, wonach der Täter zum Zeitpunkt des Wirksamwerdens der Einheit Deutschlands seinen Lebensmittelpunkt in der DDR gehabt haben müsse; der Angeklagte Schalck-Golodkowski habe die DDR bereits zehn Monate vorher verlassen und daher nicht mehr auf den Schutz durch die DDR vertrauen können.[796]

Das Landgericht verurteilte Schalck-Golodkowski zu einer Freiheitsstrafe, deren Vollstreckung es zur Bewährung aussetzte. Die Revision des Angeklagten gegen dieses Urteil blieb im Ergebnis erfolglos. Nach eingehender Prüfung, die insbesondere verfassungsrechtliche Fragen zum Gegenstand hatte, bestätigte der Bundesgerichtshof – abgesehen von einer Neufassung des Schuldspruchs – das landgerichtliche Urteil. In seiner Begründung erachtete der Bundesge-

---

794 *LG Berlin*, Urteil v. 31.1.1996 – Az. (505) 23/2 Js 41/93 KLs (6/94), UA S. 33f.; *M/W*, Bd. 7 (2009), S. 435.

795 *BVerfG*, Beschluss v. 15.5.1995 – Az. 2 BvL 19/91 u.a., BVerfGE 92, 277 sowie unten, S. 170 f.

796 *LG Berlin*, Urteil v. 31.1.1996 – Az. (505) 23/2 Js 41/93 KLs (6/94), UA S. 34f., *M/W*, Bd. 7 (2009), S. 435f.

richtshof zwar verfassungsrechtliche Restriktionen in verschiedener Hinsicht für geboten. Sie blieben letztlich aber ohne Auswirkungen auf das Entscheidungsergebnis.

Verfassungsrechtliche Bedenken des Bundesgerichtshofs betrafen zunächst den Umstand, dass sich die Strafbarkeit auf Handelsbeschränkungen stützte, die außerordentlich rigide waren, indem sie ein umfassendes Verbot statuierten, das nur durch einen Erlaubnisvorbehalt gelockert war. Einen Verfassungsverstoß vermochte der Bundesgerichtshof darin letztlich aber nicht zu erkennen. Der Grundsatz der Verhältnismäßigkeit könnte gewahrt und das Militärregierungsgesetz Nr. 53 verfassungskonform ausgelegt werden, wenn als Maßstab das wesentlich liberalere Außenwirtschaftsgesetz angelegt werde und nur solches Verhalten Berücksichtigung finde, das auch nach dem Außenwirtschaftsgesetz verboten und mit Strafe bedroht sei. Mit der Anwendung dieses Maßstabs sah der Bundesgerichtshof auch den Einwand widerlegt, dass mit einer Bestrafung auf der Grundlage außer Kraft getretener Vorschriften kein legitimer Strafzweck mehr verfolgt werden könne.[797]

Eine Anwendung des vom Bundesverfassungsgericht im Zusammenhang mit Spionagetaten entwickelten unmittelbar verfassungsrechtlich begründeten Verfolgungshindernisses auf Embargoverstöße lehnte der Bundesgerichtshof wie zuvor schon das Landgericht ab. Zwar lasse das Verhalten des Angeklagten eine Nähe zu nachrichtendienstlichen Straftaten erkennen, denn auch die Embargobestimmungen bezögen ihren Unrechtsgehalt wesentlich aus dem Schutz des strafenden Staates und seiner Verbündeten. Jedoch diene die Sanktionierung von Embargoverstößen auch der Einhaltung internationaler Verpflichtungen der Bundesrepublik Deutschland zum Zwecke der Friedenssicherung.[798] In diesem Zusammenhang nahm der Bundesgerichtshof ausdrücklich Bezug auf das strafbewehrte Friedensgebot nach Artikel 26 GG. Ein aus dem Verhältnismäßigkeitsprinzip abgeleitetes Verfolgungshindernis sei damit nicht vereinbar. Die Bestrafung ungenehmigter, zur Friedensstörung geeigneter Waffenexporte beruhe auf einem sozialethischen Unwerturteil, das die Rechtsordnung der Bundesrepublik Deutschland aus geschichtlicher Erfahrung auch verfassungsrechtlich zum Ausdruck gebracht habe.[799] Zudem scheitere eine Übernahme des vom

797 *BGH*, Urteil v. 9.7.1997 – Az. 5 StR 544/96, UA S. 10 ff., *M/W*, Bd. 7 (2009), S. 443. Unter Berufung auf diese Rechtsprechung des BGH kam das KG Berlin in einem anderen Fall jedoch zu dem Ergebnis, das Verhalten der Angeklagten sei nach dem Außenwirtschaftsgesetz nicht strafbar. Es verwarf deshalb die sofortige Beschwerde der Staatsanwaltschaft gegen die Nichteröffnung des Hauptverfahrens; *KG Berlin*, Beschluss v. 30.7.1999 – Az. 4 Ws 132/97.

798 *BGH*, Urteil v. 9.7.1997 – Az. 5 StR 544/96, UA S. 21 ff., *M/W*, Bd. 7 (2009), S. 443.

799 *BGH*, Urteil v. 9.7.1997 – Az. 5 StR 544/96, UA S. 23 ff., *M/W*, Bd. 7 (2009), S. 443.

Bundesverfassungsgericht entwickelten Verfolgungshindernisses daran, dass der Angeklagte im Zeitpunkt des Beitritts seinen Lebensmittelpunkt nicht mehr in der DDR gehabt habe.[800] Die gegen diese Entscheidung gerichtete Verfassungsbeschwerde Schalck-Golodkowskis wurde vom Bundesverfassungsgericht nicht zur Entscheidung angenommen.[801]

K. Spionage[802]

I. Einführung

Das Sicherheitsbedürfnis der DDR war ausgeprägt. Entsprechend hoch war das Interesse der DDR an möglichst umfassenden Informationen über den sogenannten Klassenfeind, vor allem verkörpert durch die Bundesrepublik. Zur Erlangung solcher Informationen unterhielt die DDR mehrere dem Ministerium für Staatssicherheit oder der Nationalen Volksarmee zugeordnete Nachrichtendienste und mit nachrichtendienstlichen Aufgaben betraute Einheiten.

1. Die Hauptverwaltung A des Ministeriums für Staatssicherheit und die Linie XV

Ihren ersten Nachrichtendienst mit dem Ziel der Auslandsaufklärung gründete die DDR im Jahre 1951 in Gestalt eines Instituts für wirtschaftswissenschaftliche Forschung. Das Institut unterstand zunächst dem Ministerium für Auswärtige Angelegenheiten. Im September 1953 wurde es als Hauptabteilung XV in das zu dieser Zeit dem Ministerium des Innern unterstehende Staatssekretariat für Staatssicherheit eingegliedert. Nach der im November 1955 erfolgten Wiedererrichtung des Ministeriums für Staatssicherheit wurde die Hauptabteilung XV im Sommer 1965 zur Hauptverwaltung A aufgewertet.[803] Im Rahmen der Spionagetätigkeit des Ministeriums für Staatssicherheit spielte die Hauptverwaltung A auch in der Folgezeit die bedeutendste Rolle.

---

800 *BGH*, Urteil v. 9.7.1997 – Az. 5 StR 544/96, UA S. 25 ff., *M/W*, Bd. 7 (2009), S. 443.

801 *BVerfG*, Beschluss v. 17.3.1999 – Az. 2 BvR 1565/97, *M/W*, Bd. 7 (2009), S. 457.

802 Zum Gesamtkomplex vgl. die aus dem Projekt „Strafjustiz und DDR-Vergangenheit" hervorgegangene Monografie von *Thiemrodt*, Strafjustiz (2000) sowie *M/W*, Bd. 4 (2004).

803 Vgl. hierzu *GBA*, Anklage v. 28.7.1992 – Az. 3 StE 10/92-1, S. 26 f.; Anklage v. 16.9.1992 – Az. 3 StE 14/92-3, S. 56 f.

Wie die übrigen Einheiten des Ministeriums für Staatssicherheit war die Hauptverwaltung A eine nach militärischen Grundsätzen geführte Behörde.[804] In den letzten Jahren ihres Bestehens gliederte sie sich in ihren Stab, 16 Abteilungen, sechs Arbeitsgruppen, den Rückwärtigen Dienst, den Bereich K und die Hauptverwaltung A-Schule.[805] Die einzelnen Abteilungen bestanden aus Referaten, die teilweise in Bereiche zusammengefasst waren.[806] Im Jahre 1983 gehörten der Hauptverwaltung A ohne ihre Offiziere im besonderen Einsatz und Hauptamtlichen Inoffiziellen Mitarbeiter etwa 2.500 Mitarbeiter an.[807] Einschließlich der Offiziere im besonderen Einsatz und der Mitarbeiter der Abteilungen XV der Bezirksverwaltungen verfügte die Hauptabteilung Ende 1989 über etwa 4.100 Mitarbeiter.[808] Innerhalb des Ministeriums für Staatssicherheit war die Hauptverwaltung A weitgehend autark. Sie organisierte ihre Tätigkeit selbst und war auch logistisch im Wesentlichen unabhängig.[809] Ihren Mitarbeitern standen unter anderem eigene Datenspeicher, eine selbstständige Registratur und gesonderte Archive zur Verfügung.[810]

Der MfS-Zentrale in Berlin waren Bezirksverwaltungen in den jeweiligen Bezirkshauptstädten der DDR[811] nachgeordnet. Die Auslandsaufklärung in diesen Verwaltungen betrieben im Wesentlichen durch die Hauptverwaltung A angeleitete Abteilungen XV, die dort 1955 als eigenständige Diensteinheiten mit entsprechender Aufgabenstellung errichtet worden waren. Untergliedert waren die Abteilungen in mehrere operative Referate, ein Auswertungs- und Informations-

804 *OLG Düsseldorf*, Urteil v. 6.12.1993 – Az. IV-40/92, UA S. 16, *M/W*, Bd. 4/1 (2004), S. 3.

805 *GBA*, Anklage v. 31.1.1992 – Az. 3 StE 3/92-4, S. 52; Anklage v. 28.7.1992 – Az. 3 StE 10/92-1, S. 29; *OLG Stuttgart*, Urteil v. 10.12.1992 – Az. 4-3 StE 3/92, UA S. 19 f., *M/W*, Bd. 4/1 (2004), S. 561; *OLG Düsseldorf*, Urteil v. 6.12.1993 – Az. IV-40/92, UA S. 15, *M/W*, Bd. 4/1 (2004), S. 3.

806 Vgl. etwa *GBA*, Anklage v. 28.7.1992 – Az. 3 StE 10/92-1, S. 28; *OLG Düsseldorf*, Urteil v. 6.12.1993 – Az. IV-40/92, UA S. 15 f., *M/W*, Bd. 4/1 (2004), S. 3.

807 *GBA*, Anklage v. 16.9.1992 – Az. 3 StE 14/92-3, S. 71; *OLG Düsseldorf*, Urteil v. 6.12.1993 – Az. IV-40/92, *M/W*, Bd. 4/1 (2004), S. 3 unter Hinweis auf Ministervorlage des Leiters Hauptabteilung Kader und Schulung v. 28.2.1983.

808 *GBA*, Anklage v. 16.9.1992 – Az. 3 StE 14/92-3, S. 71; *GStA bei dem OLG Rostock*, Anklage v. 19.7.1994 – OJs 3/92, S. 32; *OLG Düsseldorf*, Urteil v. 6.12.1993 – Az. IV-40/92, UA S. 14, *M/W*, Bd. 4/1 (2004), S. 3 unter Hinweis auf den Abschlussbericht des Leiters Hauptverwaltung A – in Auflösung – v. 25.6.1990.

809 *GBA*, Anklage v. 20.2.1991 – Az. 3 StE 4/91-3, S. 18; Anklage v. 16.9.1992 – Az. 3 StE 14/92-3, S. 95.

810 *GBA*, Anklage v. 16.9.1992 – Az. 3 StE 14/92-3, S. 96.

811 Berlin, Cottbus, Dresden, Erfurt, Frankfurt/Oder, Gera, Halle, Karl-Marx-Stadt (Chemnitz), Leipzig, Magdeburg, Neubrandenburg, Potsdam, Rostock, Schwerin, Suhl. Bis zu ihrer Auflösung 1982 existierte zusätzlich eine „Objektverwaltung“ in Wismut.

referat, ein Referat Konspirative Objekte,[812] ein Informations- und Ausbildungszentrum[813] und eine operative Außengruppe.[814] Der Personalbestand der Abteilungen XV schwankte zwischen etwa 30 Mitarbeitern in Schwerin und ungefähr 60 Mitarbeitern in Berlin. In der Abteilung XV der Bezirksverwaltung Dresden waren Ende 1989 insgesamt 54 hauptamtliche Mitarbeiter tätig.[815]

Die Kompetenzen der Hauptverwaltung A im Verhältnis zu den Abteilungen XV beschränkten sich nicht auf allgemeine Anleitungen, sondern beinhalteten auch Weisungsbefugnisse in Bezug auf einzelne operative Vorgänge und Aufgaben.[816]

2. Sonstige nachrichtendienstlich tätige Einheiten des Ministeriums für Staatssicherheit

Aufklärungstätigkeit im Ausland war auch innerhalb des Ministeriums für Staatssicherheit nicht ausschließlich der Hauptverwaltung A und den ihr nachgeordneten Abteilungen XV vorbehalten. Daneben entfalteten sowohl die Hauptabteilungen I, II, III, VI, VIII, XVIII, XIX, XX und XXII als auch die Zentrale Koordinierungsgruppe nachrichtendienstliche Aktivitäten im Operationsgebiet, das heißt unter anderem in der Bundesrepublik.[817] Diese Einheiten beschränkten sich dabei auch nicht auf den Einsatz zweit- oder drittrangiger Agenten.[818] Im Jahre 1985 etwa unterhielten sie zusammen mindestens 477 Verbindungen in die Bundesrepublik und nach Westberlin zu Inoffiziellen Mitarbeitern.[819] Allein die Hauptabteilung VIII verfügte über 65 solcher Verbindungen.[820]

---

812 Hier wurden die konspirativen Objekte der Abteilung verwaltet.

813 Diese war für die Auswertung und Aufbereitung der Parteimaterialien zuständig.

814 Ihr oblagen die Suche, Auswahl und Ausbildung von Mitarbeitern der Linie XV.

815 *OLG Stuttgart*, Urteil v. 10.12.1992 – Az. 4-3 StE 3/92, UA S. 25, *M/W*, Bd. 4/1 (2004), S. 561.

816 *OLG Stuttgart*, Urteil v. 10.12.1992 – Az. 4-3 StE 3/92, UA S. 45 f., *M/W*, Bd. 4/1 (2004), S. 561.

817 *GBA*, Anklage v. 16.9.1992 – Az. 3 StE 14/92-3, S. 69; Anklage v. 12.3.1993 – Az. 3 StE 2/93-2, S. 59 f., *M/W*, Bd. 4/2 (2004), S. 627; *GStA bei dem OLG Rostock*, Anklage v. 19.7.1994 – Az. OJs 3/92, S. 34 f. und *OLG Stuttgart*, Urteil v. 10.12.1992 – Az. 4-3 StE 3/92, UA S. 13, *M/W*, Bd. 4/1 (2004), S. 561; *OLG Düsseldorf*, Urteil v. 6.12.1993 – Az. IV-40/92, UA S. 13, *M/W*, Bd. 4/1 (2004), S. 3.

818 Beispielhaft *GBA*, Anklage v. 16.9.1992 – Az. 3 StE 14/92-3, S. 69; vgl. auch *GStA bei dem OLG Rostock*, Anklage v. 19.7.1994 – Az. OJs 3/92, S. 34.

819 *GBA*, Anklage v. 12.3.1993 – Az. 3 StE 2/93-2, S. 70, *M/W*, Bd. 4/2 (2004), S. 627; *OLG Düsseldorf*, Urteil v. 6.12.1993 – Az. IV-40/92, UA S. 13, *M/W*, Bd. 4/1 (2004), S. 3 unter Hinweis auf die Aufstellung der Abteilung XII des MfS über festgestellte Verbindungen in das Operationsgebiet v. 24.5.1985.

820 *OLG Düsseldorf*, Urteil v. 6.12.1993 – Az. IV-40/92, UA S. 13, *M/W*, Bd. 4/1 (2004), S. 3 unter Verweis auf Rechercheergebnisse der Hauptabteilung VIII zu operativ interessanten Verbindungen in das Operationsgebiet.

3. Der Bereich Aufklärung des Hauptstabes der Nationalen Volksarmee

Ein nicht primär dem Ministerium für Staatssicherheit zugeordneter, vornehmlich militärischer Nachrichtendienst der DDR, der seine Tätigkeit ebenfalls auf die Bundesrepublik ausgerichtet hatte, war der Bereich Aufklärung des Hauptstabes der Nationalen Volksarmee (Bereich A).[821]

Zum Bereich A, der in einem militärisch abgesicherten Gebäudekomplex in Berlin bis 1988 unter der Tarnbezeichnung Mathematisch-Physikalisches Institut der Nationalen Volksarmee residierte, gehörten in den letzten Jahren seines Bestehens insgesamt etwa 1.200 Angehörige und Zivilbeschäftigte der Nationalen Volksarmee, davon rund 660 Offiziere und Generäle.[822]

II. Sachverhalte

Die Bewertung der einzelnen Taten der beteiligten Personen erforderte eine Einordnung in den nachrichtendienstlichen Zusammenhang und in die Struktur der auftraggebenden Dienste der DDR. Deshalb beinhalten die einschlägigen Justizmaterialien auch Feststellungen zur Organisation und Arbeitsweise des Ministeriums für Staatssicherheit und seiner vorrangig mit Auslandsaufklärung befassten Einheiten. Auch der Bereich Aufklärung des Hauptstabes der Nationalen Volksarmee (Bereich A) wurde einbezogen. Die Feststellungen der Justizorgane werden im Folgenden zusammengefasst.

1. Zur Spionagetätigkeit der Hauptverwaltung A

Ziele der nachrichtendienstlichen Angriffe der Hauptverwaltung A waren vornehmlich die „Schaltstellen der Bundesrepublik“,[823] die „Geheimdienste der NATO-Staaten“ sowie „wissenschaftliche und technische Informationen aus dem Militärwesen und den Volkswirtschaften des Gegners“.[824] Die Hauptverwaltung A wurde insbesondere von den ihr nachgeordneten Einheiten der Linie XV unterstützt. So hatte die Hauptverwaltung A den Abteilungen XV bestimmte Regionen und Institutionen in der Bundesrepublik oder in Westberlin zugewiesen, die diese vorrangig zu bearbeiten hatten.[825] Die Zielobjekte der Abteilung XV der

---

821 Vgl. etwa *GBA*, Anklage v. 12.4.1994 – Az. 3 StE 3/94-2, *M/W*, Bd. 4/2 (2004), S. 839.
822 *GBA*, Anklage v. 12.4.1994 – Az. 3 StE 3/94-2, S. 72, *M/W*, Bd. 4/2 (2004), S. 839.
823 *OLG Düsseldorf*, Urteil v. 6.12.1993 – Az. IV-40/92, UA S. 36, *M/W*, Bd. 4/1 (2004), S. 3.
824 *OLG Düsseldorf*, Urteil v. 6.12.1993 – Az. IV-40/92, UA S. 32, *M/W*, Bd. 4/1 (2004), S. 3.
825 *OLG Düsseldorf*, Urteil v. 6.12.1993 – Az. IV-40/92, UA S. 36, *M/W*, Bd. 4/1 (2004), S. 3; *OLG Stuttgart*, Urteil v. 10.12.1992 – Az. 4-3 StE 3/92, UA S. 22, *M/W*, Bd. 4/1 (2004), S. 561.

Bezirksverwaltung Dresden befanden sich beispielsweise vornehmlich in Baden-Württemberg und im Raum München.[826]

a) Zusammenarbeit mit den anderen Einheiten des Ministeriums für Staatssicherheit

Zur Erfüllung ihrer Aufgaben konnte die Hauptverwaltung A auch auf die Hilfe anderer Diensteinheiten des Ministeriums für Staatssicherheit zurückgreifen. Die Hauptabteilung III und die ihr auf der Ebene der Bezirksverwaltungen entsprechenden Einheiten überwachten den gesamten drahtgebundenen Fernsprechverkehr zwischen der DDR und der Bundesrepublik einschließlich Westberlins sowie große Teile der innerhalb des Bundesgebiets verlaufenden Richtfunkstrecken und Funktelefonnetze. Insgesamt wurden etwa 30.000 bis 40.000 Telefonanschlüsse in der Bundesrepublik ständig überwacht und jährlich mehr als 100.000 Gespräche aufgezeichnet.[827] Mehr als die Hälfte sogenannter Zielkontrollaufträge erhielt die Hauptabteilung III von der Hauptverwaltung A. Der Abteilung M des Ministeriums für Staatssicherheit oblagen Kontrolle und Auswertung von Brief- und Paketsendungen. Dieser Abteilung erteilte die Hauptverwaltung A Postfahndungsaufträge derart, dass sie zu kontrollierende Angehörige bestimmter Berufsgruppen bezeichnete.[828] Mit Aufträgen der Hauptverwaltung A waren auch die Abteilungen der Linie 26 des Ministeriums für Staatssicherheit befasst.[829] Diese überwachten den Telefonverkehr innerhalb der DDR und waren zuständig für die akustische und optische Raumüberwachung sowie die Kontrolle des Fernschreibverkehrs.[830]

Weiterhin konnte die Hauptverwaltung A auf Erkenntnisse zurückgreifen, welche die für die Sicherung der Staatsgrenze der DDR, die Kontrolle des grenzüberschreitenden Reiseverkehrs und die Überwachung der Interhotels zustän-

---

OLG Düsseldorf, Urteil v. 6.12.1993 – Az. IV-40/92, UA S. 22, *M/W*, Bd. 4/1 (2004), S. 3.
OLG Düsseldorf, Urteil v. 6.12.1993 – Az. IV-40/92, *M/W*, Bd. 4/1 (2004), S. 3.
OLG Düsseldorf, Urteil v. 6.12.1993 – Az. IV-40/92, UA S. 23, *M/W*, Bd. 4/1 (2004), S. 3.
Anordnung des Ministers für Staatssicherheit Nr. 6/87 v. 3.7.1987, *OLG Düsseldorf*, Urteil v. 6.12.1993 – Az. IV-40/92, *M/W*, Bd. 4/1 (2004), S. 3, Beweismittelverzeichnis, Dokument 76.
OLG Düsseldorf, Urteil v. 6.12.1993 – Az. IV-40/92, UA S. 23, *M/W*, Bd. 4/1 (2004), S. 3.
OLG Düsseldorf, Urteil v. 6.12.1993 – Az. IV-40/92, UA S. 25, *M/W*, Bd. 4/1 (2004), S. 3, *OLG Stuttgart*, Urteil v. 10.12.1992 – Az. 4-3 StE 3/92, UA S. 29, *M/W*, Bd. 4/1 (2004), S. 561.

826 *OLG Stuttgart*, Urteil v. 10.12.1992 – Az. 4-3 StE 3/92, UA S. 30, *M/W*, Bd. 4/1 (2004), S. 561.
827 *OLG Düsseldorf*, Urteil v. 6.12.1993 – Az. IV-40/92, UA S. 36, *M/W*, Bd. 4/1 (2004), S. 3; *OLG Stuttgart*, Urteil v. 10.12.1992 – Az. 4-3 StE 3/92, UA S. 22, *M/W*, Bd. 4/1 (2004), S. 561.
828 *OLG Düsseldorf*, Urteil v. 6.12.1993 – Az. IV-40/92, UA S. 22, *M/W*, Bd. 4/1 (2004), S. 3.
829 Vgl. zur Linie 26 oben, S. 102.
830 *OLG Düsseldorf*, Urteil v. 6.12.1993 – Az. IV-40/92, UA S. 22, *M/W*, Bd. 4/1 (2004), S. 3.

dige Hauptabteilung VI gewonnen hatte. Bei Schleusungen von Inoffiziellen Mitarbeitern über die Grenzanlagen bediente sie sich zur Unterstützung der Mitarbeiter dieser Hauptabteilung.[831]

Eine weitere Stelle, deren Dienste die Hauptverwaltung A in Anspruch nahm, war die Hauptabteilung VII des Ministeriums für Staatssicherheit. Die Aufgabe dieser Hauptabteilung bestand darin, „zur Unterstützung der politisch-operativen Arbeit anderer Diensteinheiten operative Beobachtungen und Ermittlungen in der DDR und im Operationsgebiet"[832] durchzuführen. Sie stützte sich dabei auf ein Netz von in der DDR und in der Bundesrepublik operierenden Agenten. Hauptauftraggeber der Hauptabteilung VIII war die Hauptverwaltung A, die sie etwa mit der Versendung konspirativer Schreiben sowie von ihrer Abteilung X hergestellter Desinformationsschriften im Bundesgebiet beauftragte.[833]

Eine enge Zusammenarbeit der Hauptverwaltung A ergab sich auch mit der für die Terrorismusabwehr zuständigen Hauptabteilung XXII. Nachdem beispielsweise ein Inoffizieller Mitarbeiter dieser Hauptabteilung auch für die Hauptverwaltung A „bedeutsam und perspektivvoll" geworden war, einigten sich beide Abteilungen, ihn fortan gemeinsam als Quelle zu nutzen und seine „politisch bedeutsame Perspektive nicht durch spezifische eigene Aktivitäten der Hauptabteilung XXII" zu gefährden.[834]

b) Zusammenarbeit mit dem KGB und anderen ausländischen Diensten

Die Zusammenarbeit des Ministeriums für Staatssicherheit mit den Nachrichtendiensten der Mitgliedstaaten des Warschauer Vertrages erfolgte auf der Grundlage bilateraler Vereinbarungen und Protokolle, die hinsichtlich des Austausches von Aufklärungsinformationen verbindliche Regelungen für die Hauptverwaltung A und die Linie XV enthielten.[835] Beispielsweise verpflichteten

---

831 *OLG Düsseldorf*, Urteil v. 6.12.1993 – Az. IV-40/92, UA S. 23, *M/W*, Bd. 4/1 (2004), S. 3.

832 *OLG Düsseldorf*, Urteil v. 6.12.1993 – Az. IV-40/92, *M/W*, Bd. 4/1 (2004), S. 3 unter Hinweis auf die Ordnung des Ministers für Staatssicherheit Nr. 6/87 betreffend die Zusammenarbeit zwischen den operativen Diensteinheiten und den Diensteinheiten der Linie VIII v. 3.7.1987.

833 *OLG Düsseldorf*, Urteil v. 6.12.1993 – Az. IV-40/92, UA S. 23, *M/W*, Bd. 4/1 (2004), S. 3.

834 *OLG Düsseldorf*, Urteil v. 6.12.1993 – Az. IV-40/92, UA S. 25, *M/W*, Bd. 4/1 (2004), S. 3.

835 *GBA*, Anklage v. 16.9.1992 – Az. 3 StE 14/92-3, S. 136 unter Hinweis auf die Vereinbarung über die Zusammenarbeit zwischen dem MfS der DDR und dem Komitee für Staatssicherheit beim Ministerrat der UdSSR v. 6.12.1973 und das Protokoll über die Regelung des Zusammenwirkens zwischen dem MfS der DDR und der Vertretung des Komitees für Staatssicherheit beim Ministerrat der UdSSR beim MfS der DDR v. 29.3.1978; die Vereinbarung über die Zusammenarbeit zwischen dem MfS der DDR und dem Ministerium des Innern der Volksrepublik Bulgarien v. 26.11.1974; die Vereinbarung über die Zusammenarbeit zwischen dem MfS der DDR und dem

sich das Ministerium für Staatssicherheit und das sowjetische Komitee für Staatssicherheit (KGB) „zum gegenseitigen Austausch von politischen, militärischen, wirtschaftlichen und wissenschaftlich-technischen Aufklärungsinformationen über den Gegner sowie von Mustern seiner neuesten Technik."[836]

Zusätzlich wurden in Abständen von zwei bis drei Jahren Tagungen der Leiter der Sicherheitsorgane der Mitgliedsstaaten des Warschauer Vertrages durchgeführt, um den Rahmen operativer Zusammenarbeit zu konkretisieren.[837]

Die Organisation der Zusammenarbeit des Ministeriums für Staatssicherheit und des KGB wurde einer „Vertretung des KGB beim MfS" übertragen. Insgesamt 30 Verbindungsoffiziere des KGB[838] waren auf der Ebene des Ministers, des Leiters der Hauptverwaltung A sowie der Bezirksverwaltungen tätig. Von den sogenannten Eingangsinformationen der Hauptverwaltung A gelangte grundsätzlich je ein Exemplar an die eigenen Auswertungsabteilungen VII oder IX/C und an den Verbindungsoffizier des KGB. Das Auswertungsergebnis der Abteilung VII wurde dem Verbindungsoffizier ebenfalls zugeleitet. Klarnamen von Quellen wurden dabei jedoch nicht genannt.[839] Es galt als ungeschriebenes Gesetz, den sowjetischen Verbindungsoffizier bei seinen Wünschen zu unterstützen.[840]

Dem KGB war es auch gestattet, Bürger der DDR zu geheimdienstlicher Tätigkeit heranzuziehen. Ebenso durfte das Ministerium für Staatssicherheit auf ständig in der DDR wohnhafte Sowjetbürger zurückgreifen.[841] Sogenannte Sicherungsvorgänge in der Zentralkartei des Ministeriums für Staatssicherheit bezeichneten Personen, die ohne Genehmigung des KGB nachrichtendienstlich nicht angesprochen werden durften.[842]

c) Die Inoffiziellen Mitarbeiter der Hauptverwaltung A

Der Arbeit mit Inoffiziellen Mitarbeitern kam im Ministerium für Staatssicherheit zentrale Bedeutung zu. Diese Arbeit war in der Richtlinie 1/79 des Ministers

---

Ministerium des Innern der Volksrepublik Ungarn v. 12.11.1981 sowie die Vereinbarung über die Zusammenarbeit zwischen dem MfS der DDR und dem Ministerium für Innere Angelegenheiten der Volksrepublik Polen v. 16.5.1974.

836 *OLG Düsseldorf*, Urteil v. 6.12.1993 – Az. IV-40/92, UA S. 26, *M/W*, Bd. 4/1 (2004), S. 3 unter Hinweis auf die Vereinbarung v. 6.12.1973 (oben S. 176 Fn. 835).

837 *GBA*, Anklage v. 16.9.1992 – Az. 3 StE 14/92-3, S. 136.

838 *OLG Stuttgart*, Urteil v. 10.12.1992 – Az. 4-3 StE 3/92, UA S. 72, *M/W*, Bd. 4/1 (2004), S. 561.

839 *OLG Stuttgart*, Urteil v. 10.12.1992 – Az. 4-3 StE 3/92, UA S. 73, *M/W*, Bd. 4/1 (2004), S. 561.

840 *OLG Düsseldorf*, Urteil v. 6.12.1993 – Az. IV-40/92, UA S. 209 f., *M/W*, Bd. 4/1 (2004), S. 3.

841 *OLG Stuttgart*, Urteil v. 10.12.1992 – Az. 4-3 StE 3/92, UA S. 72, *M/W*, Bd. 4/1 (2004), S. 561.

842 *OLG Düsseldorf*, Urteil v. 6.12.1993 – Az. IV-40/92, UA S. 28, *M/W*, Bd. 4/1 (2004), S. 3.

für Staatssicherheit grundlegend geregelt.[843] Auch die Hauptverwaltung A verschaffte sich ihre Erkenntnisse im Wesentlichen durch Inoffizielle Mitarbeiter, deren Auswahl, Werbung und Führung in der Richtlinie Nr. 2/79[844] gesondert geregelt waren. Als Inoffizieller Mitarbeiter galt der Richtlinie zufolge ein Bürger der DDR oder eines anderen Staates, der auf der Grundlage seiner objektiven und subjektiven Voraussetzungen konspirativ Aufträge des Ministeriums für Staatssicherheit erfüllte, indem er entweder gezielt einzelne Aufträge ausführte oder laufend bestimmte Bereiche oder Personen beobachtete, um darüber seiner Führungsstelle zu berichten.[845] Dafür wurde er in der Regel entlohnt.[846] Der Inoffizielle Mitarbeiter übte seine Tätigkeit neben einem Beruf aus.[847] Inoffizielle Mitarbeiter wurden von der Hauptverwaltung A in vielfältiger Weise eingesetzt. In der Richtlinie 2/79 wurden für den Bereich der Auslandsaufklärung Kategorien wie Quelle, Resident, Werber, Instrukteur, Kurier, Perspektiv-IM und Offizier im besonderen Einsatz unterschieden.[848]

Die Hauptverwaltung A allein führte mindestens so viele „Quellen" wie alle anderen mit nachrichtendienstlichen Aufgaben befassten Einheiten des Ministeriums für Staatssicherheit zusammen. Für die 1980er Jahre kann von etwa 500 bis 600 im Gebiet der damaligen Bundesrepublik tätigen Inoffiziellen Mitarbeitern ausgegangen werden.[849] Der Abschlussbericht über die Auflösung der Hauptverwaltung A weist noch für Ende März 1990 die Einstellung von „540 aktiven Vorgängen" im Operationsgebiet aus.[850]

---

843 Vgl. hierzu beispielhaft *GBA*, Anklage v. 12.3.1993 – Az. 3 StE 2/93-2, S. 73ff. mit Bezug auf die Richtlinie des Ministers für Staatssicherheit Nr. 1/79 betreffend die Arbeit mit Inoffiziellen Mitarbeitern und Gesellschaftlichen Mitarbeitern für Sicherheit (GMS) v. 1.1.1980.

844 *OLG Düsseldorf*, Urteil v. 6.12.1993 – Az. IV-40/92, UA S. 41ff., *M/W*, Bd. 4/1 (2004), S. 3 verweist auf die Richtlinie des Ministers für Staatssicherheit Nr. 2/79 für die Arbeit mit Inoffiziellen Mitarbeitern im Operationsgebiet v. 1.1.1980. Diese Richtlinie ersetzte die bis dahin gültige Richtlinie Nr. 2/68.

845 Vgl. Abschnitt 2.1 der Richtlinie Nr. 2/79 (S. 178 Fn. 844).

846 In einigen Fällen lehnten die Inoffiziellen Mitarbeiter aber auch die Entlohnung ab. Vgl. beispielhaft *BayObLG*, Urteil v. 19.12.1991 – Az. 3 St 8/91 a-d, UA S. 15, 37, 49, *M/W*, Bd. 4/2 (2004), S. 983; Urteil v. 12.3.1992 – Az. 3 St 9/91 a-d, UA S. 84 (insoweit nicht veröffentlicht).

847 *OLG Stuttgart*, Urteil v. 10.12.1992 – Az. 4-3 StE 3/92, UA S. 64f., *M/W*, Bd. 4/1 (2004), S. 561.

848 Vgl. die übersichtliche Darstellung in *OLG Stuttgart*, Urteil v. 10.12.1992 – Az. 4-3 StE 3/92, UA S. 65f., *M/W*, Bd. 4/1 (2004), S. 561.

849 *GBA*, Anklage v. 10.6.1991 – Az. 3 StE 9/91-4, S. 105, *M/W*, Bd. 4/1 (2004), S. 203.

850 *GBA*, Anklage v. 16.9.1992 – Az. 3 StE 14/92-3, S. 70f.; *OLG Düsseldorf*, Urteil v. 6.12.1993 – Az. IV-40/92, UA S. 13, *M/W*, Bd. 4/1 (2004), S. 3 unter Hinweis auf den Abschlussbericht der Hauptverwaltung A – in Auflösung – über die Auflösung der ehemaligen Hauptverwaltung vom 25.6.1990.

2. Besonderheiten bei der Auflösung des Ministeriums für Staatssicherheit

Im Zusammenhang mit den politischen Veränderungen in der DDR im Herbst 1989 wurde das Ministerium für Staatssicherheit am 17. November 1989 durch das Amt für Nationale Sicherheit ersetzt. Dessen Auflösung beschloss der Ministerrat der DDR bereits am 14. Dezember 1989. Als Kontrollorgan für den Auflösungsprozess wurde am 3. Januar 1990 die Arbeitsgruppe Sicherheit des damaligen Zentralen Runden Tisches eingerichtet. Gleichzeitig wurde beschlossen, das gesamte Schriftgut des Ministeriums für Staatssicherheit unter Kontrolle staatlicher Bürgerkomitees in Depots einzulagern und vor einer Vernichtung zu sichern.[851]

Im Zeitraum von Ende 1989 bis April 1990 wurde die nachrichtendienstliche Tätigkeit der Linie XV stufenweise beendet. „Quellen" wurden abgeschaltet; die hauptamtlichen Mitarbeiter waren Ende März 1990 größtenteils entlassen.[852] Am 24. Februar 1990 stellte die Hauptverwaltung A ihre nachrichtendienstliche Tätigkeit ein. Lediglich Einzelaktionen fanden noch bis Ende Juni 1990 statt.[853] Die Auflösung der Hauptverwaltung A wurde zum 30. Juni 1990 abgeschlossen.[854]

Hinsichtlich der Behandlung ihres Schriftguts räumte man der Hauptverwaltung A besondere Rechte ein. Innerhalb der Arbeitsgruppe Sicherheit setzte sich die Vorstellung durch, dass die „Kundschafter der ehemaligen DDR" im Ausland geschützt werden müssten. Es sei beispielsweise nicht zu verantworten, sie in den USA der Gefahr der Todesstrafe auszusetzen. Daher stimmte die Arbeitsgruppe Sicherheit am 20. Februar 1990 der Selbstauflösung der Hauptverwaltung A bei Vernichtung sämtlichen Schriftgutes bis 30. Juni 1990 zu.[855]

Bereits im Oktober 1989, in den Bezirksverwaltungen im November 1989, war damit begonnen worden, die dienstlichen Bestimmungen und Plandokumente des Leiters der Hauptverwaltung A einschließlich der operativen Jahrespläne der Abteilungs- und Referatsleiter sowie Operativakten und Karteikarten

---

851 *GBA*, Anklage v. 3.11.1993 – Az. 3 StE 12/93-4, S. 110, *M/W*, Bd. 4/1 (2004), S. 463.

852 *GBA*, Anklage v. 3.11.1993 – Az. 3 StE 12/93-4, S. 76 f., *M/W*, Bd. 4/1 (2004), S. 463 unter Hinweis auf den Abschlussbericht (S. 178 Fn. 850) sowie *GBA*, Anklage v. 31.1.1992 – Az. 3 StE 3/92-4, S. 76; *GBA*, Anklage v. 3.11.1993 – Az. 3 StE 12/93-4, S. 109 f., *M/W*, Bd. 4/1 (2004), S. 463.

853 *GBA*, Anklage v. 28.7.1992 – Az. 3 StE 10/92-1, S. 34 f.

854 *OLG Stuttgart*, Urteil v. 10.12.1992 – Az. 4-3 StE 3/92, UA S. 77, *M/W*, Bd. 4/1 (2004), S. 561.

855 *GBA*, Anklage v. 3.11.1993 – Az. 3 StE 12/93-4, S. 110, *M/W*, Bd. 4/1 (2004), S. 463.

erheblich zu reduzieren.[856] Akten der Kreisdienststellen wurden in die Bezirksverwaltungen überführt.[857] Während sich die Vernichtung operativen Materials in den anderen Gliederungen des Ministeriums für Staatssicherheit auf die Zerstörung der elektronischen Datenträger beschränkte, hatten die Mitarbeiter der Linie XV Gelegenheit, die Reduzierung dienstlicher Bestimmungen und Plandokumente sowie die Ausdünnung von Operativakten und Karteien fortzuführen. Im März 1990 waren beispielsweise in der Abteilung X der Hauptverwaltung A bis auf unwichtige Unterlagen und Säcke mit Papierschnitzeln keine nachrichtendienstlich relevanten Schriftstücke mehr vorhanden.[858] Ähnliches galt für die Abteilung II der Hauptverwaltung A.[859] Nach abgeschlossener Selbstauflösung übergab die Hauptverwaltung A – in Auflösung – am 30. Juni 1990 ihre Räume besenrein an die Arbeitsgruppe Sicherheit.[860]

Abgesehen von Schriftstücken und Karteimaterial geringen Umfangs haben auch spätere Ermittlungen nicht zur Auffindung nachrichtendienstlich relevanter Unterlagen geführt.[861]

III. Rechtsfragen

1. Besonderheiten des Staatsschutzstrafrechts

Das die nachrichtendienstliche Tätigkeit gegen die Bundesrepublik erfassende sogenannte Staatsschutzstrafrecht weist Besonderheiten materiellrechtlicher, gerichtsverfassungsrechtlicher und prozessrechtlicher Art auf. Zum besseren Verständnis der weiteren Ausführungen sind zunächst diese Besonderheiten vorzustellen.

---

856 *GBA*, Anklage v. 31.1.1992 – Az. 3 StE 3/92-4, S. 77; *GBA*, Anklage v. 22.6.1993 – Az. 3 StE 6/93-1, S. 35; *OLG Stuttgart*, Urteil v. 10.12.1992 – Az. 4-3 StE 3/92, UA S. 74f., *M/W*, Bd. 4/1 (2004), S. 561 unter Hinweis auf Schreiben des Ministers für Staatssicherheit v. 6.11.1989, der Hauptabteilung Kader und Schulung v. 16.11.1989 und des Leiters des Amtes für Nationale Sicherheit v. 22.11.1989 nach denen aus Sicherheitsgründen die vorhandenen Akten erheblich zu reduzieren seien.

857 Ausführlich hierzu *OLG Stuttgart*, Urteil v. 10.12.1992 – Az. 4-3 StE 3/92, UA S. 75, *M/W*, Bd. 4/1 (2004), S. 561.

858 *GBA*, Anklage v. 3.11.1993 – Az. 3 StE 12/93-4, S. 110f., *M/W*, Bd. 4/1 (2004), S. 463.

859 *GBA*, Anklage v. 28.7.1992 – Az. 3 StE 10/92-1, S. 35.

860 *GBA*, Anklage v. 3.11.1993 – Az. 3 StE 12/93-4, S. 112, *M/W*, Bd. 4/1 (2004), S. 463.

861 *GBA*, Anklage v. 22.6.1993 – Az. 3 StE 6/93-1, S. 35; Anklage v. 4.5.1994 – Az. 3 StE 6/94-4, S. 34.

a) Materielles Recht

Schutzobjekt der bundesdeutschen Staatsschutzstraftatbestände ist die äußere Sicherheit des Staates.[862] Der Schutz von Staatsgeheimnissen,[863] deren Bekanntwerden Gefahren für die äußere Sicherheit des Staates auslösen kann, steht dabei im Mittelpunkt.[864] Diesem Schutz dienen die Strafvorschriften über den Landesverrat,[865] das Offenbaren von Staatsgeheimnissen[866] und ihre Preisgabe.[867] Zudem ist die landesverräterische Agententätigkeit, also das Tätigwerden zur Erlangung oder Mitteilung von Staatsgeheimnissen für eine fremde Macht, unter Strafe gestellt.[868]

Das moderne nachrichtendienstliche Betätigungsfeld reicht über das Gebiet „klassischer Spionage" weit hinaus. Geheimdienstliches Agieren ist vorwiegend auf die systematische Erfassung des Potentials eines Ziellandes durch eine Vielzahl von für sich genommen möglicherweise belanglos erscheinenden Einzeloperationen gerichtet. Deshalb war es ein wesentliches Ziel der Reform des bundesdeutschen Staatsschutzstrafrechts von 1968,[869] jener Entwicklung durch die Einführung eines „weitgespannten zentralen Spionagetatbestandes"[870] zu entsprechen. Der Tatbestand der Geheimdienstlichen Agententätigkeit stellt jede gegen die Bundesrepublik ausgeübte geheimdienstliche Tätigkeit für einen fremden Nachrichtendienst unter Strafe, die auf die Mitteilung oder Lieferung von Tatsachen, Gegenständen oder Erkenntnissen gerichtet ist.[871]

b) Gerichtsverfassungsrecht

Aus dem Gerichtsverfassungsgesetz[872] ergibt sich für Spionagedelikte eine erstinstanzliche Zuständigkeit der Oberlandesgerichte. Die Bundesländer können durch Vereinbarung einem zuständigen Oberlandesgericht die Zuständigkeit

---

862 LK/*Schmidt*, 12. Aufl. (2007), vor § 93 Rn. 2; Sch/Sch/*Sternberg-Lieben*, 30. Aufl. (2019), vor §§ 93 Rn. 1.
863 § 93 StGB.
864 LK/*Schmidt*, 12. Aufl. (2007), vor § 93 Rn. 2.
865 § 94 StGB.
866 § 95 StGB.
867 § 97 StGB.
868 § 98 StGB.
869 Vgl. hierzu das 8. Strafrechtsänderungsgesetz v. 25.6.1968, BGBl. I, S. 741.
870 LK/*Schmidt*, 12. Aufl. (2007), vor § 93 Rn. 3; § 99 Rn. 1.
871 § 99 StGB.
872 § 120 Abs. 1 GVG.

auch für das Gebiet eines anderen Landes übertragen. Für die neuen Bundesländer galt eine Sonderzuständigkeit des Berliner Kammergerichts.[873]

Ferner übt der Generalbundesanwalt in diesen Strafsachen das Amt der Staatsanwaltschaft auch bei den Oberlandesgerichten aus.[874] Bei Straftaten der landesverräterischen bzw. geheimdienstlichen Agententätigkeit nach §§ 98, 99 StGB und in Sachen von minderer Bedeutung gibt er das Verfahren jedoch vor Einreichung einer Anklage- oder Antragsschrift an die Landesstaatsanwaltschaft ab.[875] Dies unterbleibt nur dann, wenn die Tat die Interessen der Bundesrepublik in besonderem Maße berührt oder wenn es im Interesse der Rechtseinheit geboten ist, dass der Generalbundesanwalt die Tat verfolgt.

c) Prozessrecht – Einstellung der Spionagestrafverfahren

Gemäß § 153d Absatz 1 StPO kann der Generalbundesanwalt von der Verfolgung von Spionagestraftaten absehen und das Verfahren einstellen, wenn dessen Durchführung die Gefahr eines schweren Nachteils für die Bundesrepublik herbeiführen würde oder der Verfolgung sonstige überwiegende öffentliche Interessen entgegenstehen. Einzigartig im gesamten Strafverfahrensrecht kann hier der Generalbundesanwalt, selbst wenn eine Anklage bereits erhoben ist, ohne eine Mitwirkung des Gerichts die Klage in jeder Lage des Verfahrens zurücknehmen und das Verfahren einstellen (Absatz 2). Er kann in diesem Bereich praktisch jedes gerichtliche Strafverfahren verhindern.

Zusätzlich kann gemäß § 153e StPO im Zusammenwirken von Generalbundesanwalt und zuständigem Oberlandesgericht von der Verfolgung abgesehen oder das Verfahren eingestellt werden, wenn der Täter nach der Tat, bevor ihm die Entdeckung bekannt geworden ist, dazu beigetragen hat, eine Gefahr für den Bestand oder die Sicherheit der Bundesrepublik oder die verfassungsmäßige Ordnung abzuwenden, oder wenn er sein Spionagewissen offenbart hat. Diese Vorschrift lässt es zu, in Fällen tätiger Reue über die materiellrechtlichen Bestimmungen hinaus als rein prozessuale Vergünstigung von der Strafverfolgung abzusehen.

2. Rechtsprobleme der Spionagestrafverfahren

Die gerichtliche Praxis in den Spionageverfahren war zunächst uneinheitlich. Der Bundesgerichtshof und die Mehrzahl der Oberlandesgerichte bejahten die Strafbarkeit ehemaliger DDR-Bürger wegen ihrer nachrichtendienstlichen Tätigkeit

---

873 Anl. I Kap. III Sachgebiet A Abschnitt III Nr. 1 Abs. 1 EV.

874 § 142a GVG.

875 § 142a Abs. 2 Nr. 1 lit. a Nr. 2 GVG.

gegen die Bundesrepublik. Die abweichende Rechtsprechung anderer Oberlandesgerichte setzte sich letztlich zwar nicht mit ihrer Begründung, wohl aber im Ergebnis durch. Das Bundesverfassungsgericht zog der Strafverfolgung früherer DDR-Bürger wegen Spionage gegen die Bundesrepublik nämlich so enge rechtliche Grenzen, dass die Zahl rechtskräftiger Verurteilungen gering blieb.

a) Die Auffassung des Bundesgerichtshofs und der Mehrzahl der Oberlandesgerichte

Der Bundesgerichtshof[876] und die ihm folgenden Oberlandesgerichte[877] prüften zwar, ob völkerrechtliche oder verfassungsrechtliche Einwände Veranlassung gäben, eine Entscheidung des Bundesverfassungsgerichts einzuholen.[878] Sie vertraten letztlich jedoch überwiegend die Auffassung, dass sich an der grundsätzlichen Anwendbarkeit der einschlägigen bundesdeutschen Strafnormen durch den Beitritt der DDR nichts geändert habe.[879]

Zur Anwendbarkeit des bundesdeutschen Strafrechts

Nach dieser Auffassung ergab sich die Anwendbarkeit bundesdeutschen Strafrechts schon aus dem Territorialitätsprinzip in Verbindung mit den Regelungen über den Ort einer Straftat[880]. Führungsoffiziere, die vom Staatsgebiet der DDR aus die geheimdienstliche Agententätigkeit eines Mitarbeiters auf dem Gebiet der Bundesrepublik gesteuert hätten, müssten sich diese Tätigkeit als Mittäter oder Teilnehmer zurechnen lassen.[881] Unabhängig davon sei das Strafrecht der Bundesrepublik jedenfalls wegen der Begehung einer Auslandsstraftat mit besonderem Inlandsbezug anwendbar.[882] Danach gelte das deutsche Strafrecht unabhängig vom Recht des Tatorts für bestimmte inländische Rechtsgüter, so für Taten des Landesverrats und der Gefährdung der äußeren Sicherheit.

---

876 *BGH*, Urteil v. 30.7.1993 – 3 StR 347/92, BGHSt 39, 260, *M/W*, Bd. 4/1 (2004), S. 399.

877 Vgl. etwa *OLG Düsseldorf*, Urteil v. 6.12.1993 – Az. IV-40/92, UA S. 248 f., *M/W*, Bd. 4/1 (2004), S. 3.

878 Vgl. Artikel 100 Abs. 1 und 2 GG.

879 Die Weichen hatte bereits im Januar 1991 der *Ermittlungsrichter des BGH* gestellt; vgl. Beschluss v. 30.1.1991 – Az. 2 BGs 38/91, BGHSt 37, 305; später auch *BGH*, Beschluss v. 29.5.1991 – Az. StB 11/91, NJW 1991, 2498; Beschluss v. 4.10.1991 – Az. StB 22/91, DtZ 1992, 62; Beschluss v. 31.3.1993 – Az. AK 5/93, NStZ 1994, 542.

880 § 9 StGB.

881 *OLG Düsseldorf*, Urteil v. 6.12.1993 – Az. IV-40/92, UA S. 249, *M/W*, Bd. 4/1 (2004), S. 3.

882 Vgl. § 5 Nr. 4 StGB sowie *OLG Düsseldorf*, Urteil v. 6.12.1993 – Az. IV-40/92, *M/W*, Bd. 4/1 (2004), S. 3.

Zu den Regelungen des Einigungsvertrags

Vertreter dieser Auffassung waren der Ansicht, an dieser Rechtslage hätten auch der Einigungsvertrag und das Einigungsvertragsgesetz[883] nichts geändert. In diesen Gesetzen und dem auf ihnen beruhenden Artikel 315 Absatz 4 EGStGB seien die bundesdeutschen Landesverratstatbestände im Gegensatz zu anderen Strafbestimmungen von der Geltung im Beitrittsgebiet bewusst nicht ausgenommen worden. Es liege, so das Oberlandesgericht Düsseldorf, eine bewusste Regelung der Vertragsschließenden vor, welche die Gerichte nicht abändern könnten.[884] Der Entwurf eines Amnestiegesetzes sei gescheitert.[885] Früh formulierte Einwände gegen die Strafbarkeit von Mitarbeitern der Hauptverwaltung A[886] wies die Rechtsprechung zurück. Normen des Völkerrechts oder des Verfassungsrechts stünden der Strafbarkeit nicht entgegen. Ein Strafverfolgungsverbot sei insbesondere aus dem Artikel 31 der Haager Landkriegsordnung[887] nicht abzuleiten. Hierbei handle es sich um eine Sondernorm des Kriegsvölkerrechts, so dass sich eine analoge Anwendung verbiete.[888]

Auch der Gleichheitssatz des Grundgesetzes verpflichte den Gesetzgeber nicht, ehemalige DDR-Spione straffrei zu stellen.[889] Es könne dem Gesetzgeber nicht verwehrt sein, zwischen für die Bundesrepublik ausgeübter Tätigkeit etwa des Bundesnachrichtendienstes und gegen die Bundesrepublik gerichteten Angriffen zu unterscheiden.[890] Im Übrigen fänden die veränderten politischen Verhältnisse durch weitestgehende Nutzung von Möglichkeiten der Einstellung der Verfahren aus Opportunitätsgründen[891] und entsprechende Berücksichtigung im Rahmen der Strafzumessung ausreichend Beachtung.[892]

Angesichts der von jeher bestehenden Strafbarkeit der gegen die Bundesrepublik ausgeübten Spionage könne auch von einer gegen das Rückwirkungs-

---

883 Einigungsvertragsgesetz v. 23.9.1990, BGBl. II, S. 885 ff.

884 *OLG Düsseldorf*, Urteil v. 6.12.1993 – Az. IV-40/92, *M/W*, Bd. 4/1 (2004), S. 3.

885 *OLG Düsseldorf*, Urteil v. 6.12.1993 – Az. IV-40/92, UA S. 250, *M/W*, Bd. 4/1 (2004), S. 3.

886 So etwa *Widmaier* NJW 1990, 3169, 3172 sowie *ders.* KritV 1994, 377, 389 f.

887 Abkommen betreffend die Gesetze und Gebräuche des Landkriegs (sog. IV. Haager Abkommen oder Haager Landkriegsordnung) v. 18.10.1910, S. 107, 132 ff., 144. Art. 31 HLKO lautet: „Ein Spion, welcher zu dem Heere, dem er angehört, zurückgekehrt ist und später vom Feinde gefangen genommen wird, ist als Kriegsgefangener zu behandeln und kann für früher begangene Spionage nicht verantwortlich gemacht werden."

888 *OLG Düsseldorf*, Urteil v. 6.12.1993 – Az. IV-40/92, *M/W*, Bd. 4/1 (2004), S. 3.

889 Anderer Auffassung etwa *Widmaier* NJW 1990, 3169, 3171; etwas zurückhaltender dann *ders.* KritV 1994, 377, 379 f.

890 *OLG Düsseldorf*, Urteil v. 6.12.1993 – Az. IV-40/92, UA S. 250 f., *M/W*, Bd. 4/1 (2004), S. 3.

891 §§ 153 ff. StPO.

892 *OLG Düsseldorf*, Urteil v. 6.12.1993 – Az. IV-40/92, UA S. 251, *M/W*, Bd. 4/1 (2004), S. 3.

verbot des Grundgesetzes[893] verstoßenden Anwendung der Staatsschutznormen des bundesdeutschen Strafgesetzbuchs keine Rede sein.[894]

Täterschaft im Sinne des § 94 StGB

Während die Anwendbarkeit der bundesdeutschen Landesverratsvorschriften zunächst durchweg bejaht wurde, gingen die Gerichte in der Beurteilung der Täterschaft beim Landesverrat zunächst verschiedene Wege. Dabei ging es um die Frage, ob die Angeklagten, wie der Landesverratstatbestand (§ 94 StGB) es fordert, ein Staatsgeheimnis „einer fremden Macht oder einem ihrer Mittelsmänner" mitgeteilt hatten. Als Mitteilung an eine „fremde Macht" gilt die Weitergabe des Geheimnisses an Personen oder Organe, die nach den vorgegebenen Organisationsstrukturen die fremde Macht repräsentieren.[895]

Das Bayerische Oberste Landesgericht verneinte die Möglichkeit einer (mit-)täterschaftlichen Begehung des Landesverrats durch das reine Entgegennehmen von Staatsgeheimnissen durch hochrangige hauptamtliche Mitarbeiter des Ministeriums für Staatssicherheit. In solchen Fällen liege kein „Mitteilen" der betreffenden Staatsgeheimnisse vor, soweit die Angeklagten „nicht selbst innerhalb des sicherheitsempfindlichen Bereichs BND"[896] mit tätig geworden seien. Die Verwirklichung des Tatbestandsmerkmals „Mitteilen" durch die Informationsübermittler sei den Angeklagten auch nicht zuzurechnen, da die Angeklagten selbst „die fremde Macht Warschauer Pakt repräsentierten und die fremde Macht sich ein deutsches Staatsgeheimnis begrifflich nicht selbst mitteilen kann".[897] Eine täterschaftliche Begehung scheide damit aus. Allerdings sei die Tätigkeit der Angeklagten über das bloße Inempfangnehmen der Staatsgeheimnisse hinausgegangen. Denn sie hätten die Beschaffung der Informationen vorsätzlich unterstützt.[898] Das Gericht verurteilte die Angeklagten deshalb wegen Beihilfe zum Landesverrat.

Der Bundesgerichtshof trat dieser Auffassung entgegen:[899] Das Bayerische Oberste Landesgericht habe den Kreis der Repräsentanten zu weit ausgedehnt. Zu den Repräsentanten gehörten die Angehörigen der für die fremde Macht täti-

---

893 Artikel 103 Abs. 2 GG.
894 Anders *Widmaier* NJW 1991, 2460, der diese Auffassung später (*ders.* KritV 1994, 377, 379 f.) jedoch aufgab.
895 LK/*Schmidt*, 12. Aufl. (2007), § 94, Rn. 2.
896 *BayObLG*, Urteil v. 15.11.1991 – Az. 3 St 1/91 a–d, NStZ 1992, 281, *M/W*, Bd. 4/1 (2004), S. 384.
897 *BayObLG*, Urteil v. 15.11.1991 – Az. 3 St 1/91 a–d, NStZ 1992, 281, *M/W*, Bd. 4/1 (2004), S. 384.
898 *BayObLG*, Urteil v. 15.11.1991 – Az. 3 St 1/91 a–d, NStZ 1992, 281, *M/W*, Bd. 4/1 (2004), S. 384.
899 *BGH*, Urteil v. 30.7.1993 – Az. 3 StR 347/92, BGHSt 39, 260, *M/W*, Bd. 4/1 (2004), S. 399.

gen Nachrichtendienste in aller Regel nicht. Ihre Aufgabe sei es grundsätzlich nicht, maßgebliche Entscheidungen darüber zu treffen, wie sich die ihnen zugehörige fremde Macht aufgrund der durch den Verrat gewonnenen Erkenntnisse zu verhalten habe.[900] Folglich könnten sie sich als Täter strafbar gemacht haben. Daraufhin verurteilte das Bayerische Oberste Landesgericht die Angeklagten wegen mittäterschaftlich begangenen Landesverrats zu Freiheitsstrafen von zwei Jahren bzw. einem Jahr und zwei Monaten und setzte die Vollstreckung zur Bewährung aus.[901]

b) Abweichende Rechtsprechung

Das Berliner Kammergericht hielt im Unterschied zu den bisher genannten Strafgerichten die Strafverfolgung teilweise für verfassungswidrig. Die Bedenken gegen die Verurteilung von Personen, die ihren Lebensmittelpunkt in der DDR gehabt hatten, kamen in zwei Vorlagen an das Bundesverfassungsgericht zum Ausdruck.[902] Die Vorlagebeschlüsse stützten sich auf eine entsprechende Anwendung von Artikel 31 der Haager Landkriegsordnung[903] und den Gleichheitssatz des Grundgesetzes.[904]

c) Die Entscheidung des Bundesverfassungsgerichts

Das Bundesverfassungsgericht folgte in seiner Entscheidung vom 15. Mai 1995[905] über weite Strecken der Rechtsprechung des Bundesgerichtshofs und der Mehrheit der Oberlandesgerichte. Es hob jedoch hervor, dass die Wirkungen der faktischen Ausweitung der Jurisdiktion der Bundesrepublik am Rechtsstaatsprin-

900 *BGH*, Urteil v. 30.7.1993 – Az. 3 StR 347/92, BGHSt 39, 275, *M/W*, Bd. 4/1 (2004), S. 410.

901 *BayObLG*, Urteil v. 17.3.1994 – Az. 6 St 1/93 a, b; StE 1/90; 3 StE 4/91-3, *M/W*, Bd. 4/1 (2004), S. 417.

902 *BVerfG*, Beschluss v. 22.7.1991 – Az. (1) 3 StE 9/91-4-(13/91), NJW 1991, 2501 ff., *M/W*, Bd. 4/1 (2004), S. 265, *BVerfG*, Beschluss v. 27.8.1993 – Az. (1) 3 StE 2/93 (12/93), NJ 1994, 34, 35, *M/W*, Bd. 4/2 (2004), S. 703.

903 *KG Berlin*, Beschluss v. 22.7.1991 – Az. (1) 3 StE 9/91-4-(13/91), NJW 1991, 2501, 2504, *M/W*, Bd. 4/1 (2004), S. 265; *KG Berlin*, Beschluss v. 27.8.1993 – Az. (1) 3 StE 2/93 (12/93), NJ 1994, 34, 36, *M/W*, Bd. 4/2 (2004), S. 703 unter Hinweis auf *Grünwald* StV 1991, 31, 32; *Samson* NJW 1991, 335, 339; *Simma/Volk* NJW 1991, 871, 874; *Widmaier* NJW 1990, 3169, 3173 und deren allerdings unterschiedliche Begründungen.

904 *KG Berlin*, Beschluss v. 22.7.1991 – Az. (1) 3 StE 9/91-4-(13/91), NJW 1991, 2501, 2503, *M/W*, Bd. 4/1 (2004), S. 265; *KG Berlin*, Beschluss v. 27.8.1993 – Az. (1) 3 StE 2/93 (12/93), NJ 1994, 34, 35, *M/W*, Bd. 4/2 (2004), S. 703.

905 *BVerfG*, Beschluss v. 15.5.1995 – Az. 2 BvL 19/91 u.a., BVerfGE 92, 277, *M/W*, Bd. 4/1 (2004), S. 283.

zip[906] zu messen seien. Der dort verankerte Grundsatz der Verhältnismäßigkeit werde verletzt, wenn in der mit der Überwindung der deutschen Teilung entstandenen einzigartigen Situation der auf die bundesdeutschen Landesverratstatbestände gegründete Strafanspruch gegenüber solchen Bürgern der DDR durchgesetzt werde, die im Zeitpunkt des Wirksamwerdens der Einheit Deutschlands ihren Lebensmittelpunkt in der ehemaligen DDR gehabt und allein vom Boden der DDR oder solcher Staaten aus gehandelt hätten, in denen sie wegen dieser Taten sowohl vor Auslieferung als auch vor Bestrafung sicher gewesen seien. Für diese Personen bestehe deshalb ein unmittelbar verfassungsrechtlich begründetes Verfolgungshindernis.[907]

In weiteren Verfahren bestätigte das Gericht diese Rechtsprechung durch Kammerbeschlüsse.[908]

d) Weitere Entwicklung der Rechtsprechung

Die Oberlandesgerichte und der Bundesgerichtshof setzten diese Entscheidung des Bundesverfassungsgerichts wie folgt um.

Nach Ansicht der Oberlandesgerichte wirkte sich das vom Bundesverfassungsgericht geschaffene Verfolgungshindernis in unterschiedlicher Weise auf Verfahren gegen ehemalige DDR-Bürger aus. Für DDR-Bürger, die ihre Agententätigkeit gegen die Bundesrepublik allein vom Boden der DDR aus begangen und die am 3. Oktober 1990 dort ihren Lebensmittelpunkt gehabt hätten, bestehe ein unmittelbar verfassungsrechtlich begründetes Verfolgungshindernis.[909] Dieses gelte aber nicht im vollen Umfang für DDR-Bürger, die ihre Agententätigkeit (auch) im Bundesgebiet ausgeübt hätten. Für diese Personengruppe bedürfe es jeweils einer Abwägung der Umstände des Einzelfalles, ob und inwieweit die Verfolgung oder Bestrafung ihrer Taten nach dem Untergang der DDR angesichts der damit endgültig bewirkten Beendigung geheimdienstlicher Gegnerschaft mit dem Verbot des Übermaßes staatlicher Eingriffe in Einklang stehe.[910] Bei dieser

---

906 Art. 20 Abs. 3 und Art. 28 Abs. 1 S. 1 GG.

907 *BVerfG*, Beschluss v. 15.5.1995 – Az. 2 BvL 19/91 u.a., BVerfGE 92, 277, *M/W*, Bd. 4/1 (2004), S. 283.

908 *BVerfG*, Beschluss v. 26.5.1995 – Az. 2 BvR 1724/93, *M/W*, Bd. 4/2 (2004), S. 813; *BVerfG*, Beschluss v. 16.6.1995 – Az. 2 BvR 204/94; *BVerfG*, Beschluss v. 16.6.1995 – Az. 2 BvR 1839/94, NJW 1995, 1953; *BVerfG*, Beschluss v. 25.6.1995 – Az. 2 BvR 182/94; *BVerfG*, Beschluss v. 9.7.1995 – Az. 2 BvR 1180/94, NJW 1995, 2706, *M/W*, Bd. 4/2 (2004), S. 817.

909 *BayObLG*, Beschluss v. 24.8.1995 – Az. 3 St 11/94, JR 1996, 427 unter Hinweis auf *BVerfG*, Beschluss v. 15.5.1995 – Az. 2 BvL 19/91 u.a., BVerfGE 92, 277, *M/W*, Bd. 4/1 (2004), S. 283.

910 *BayObLG*, Beschluss v. 24.8.1995 – Az. 3 St 11/94, JR 1996, 427 mit Bezug auf *BVerfG*, Beschluss v. 15.5.1995 – Az. 2 BvL 19/91 u.a., BVerfGE 92, 277, *M/W*, Bd. 4/1 (2004), S. 283.

Abwägung müsse die aus dem Verfolgungshindernis für die andere Tätergruppe folgende Straflosigkeit jedoch maßgebliche Berücksichtigung finden.[911]

Die Gerichte hätten zwar schon in den vor der Entscheidung des Bundesverfassungsgerichts gefällten Urteilen als strafmildernd gewertet, dass die Angeklagten erst durch den Beitritt der DDR dem Zugriff der Strafverfolgungsbehörden der Bundesrepublik Deutschland ausgesetzt worden seien.[912] Doch sei mit der Entscheidung des Bundesverfassungsgerichts vom 15. Mai 1995[913] der Personenkreis, der nur vom Boden der ehemaligen DDR aus Spionage gegen die Bundesrepublik initiiert und betrieben habe, aufgrund eines verfassungsrechtlichen Verfolgungshindernisses von strafrechtlicher Verfolgung freigestellt worden. Für die in der Bundesrepublik tätig gewordenen Agenten des Ministeriums für Staatssicherheit sei nach dem Willen des Bundesverfassungsgerichts eine erneute Bewertung der Rechtsfolgen unter Beachtung des verfassungsrechtlichen Gewichts der Überlegungen des Bundesverfassungsgerichts vorzunehmen.[914]

Welcher Stellenwert dem Übermaßverbot beizulegen sei, ergebe sich schon daraus, dass das Verfassungsgericht teilweise sogar eine Einstellung aus Opportunitätsgründen für möglich gehalten habe. Wenngleich eine Anwendung der entsprechenden Normen der bundesdeutschen Strafprozessordnung[915] nicht möglich sei, da es sich beim Landesverrat um ein Verbrechen handle, so müsse in diesen Fällen doch der Tatsache, dass höhere Offiziere der Nachrichtendienste der DDR, welche die Angeklagten in die Spionagetätigkeit eingebunden und sie für die besonders gefahrenträchtige Tätigkeit in die Bundesrepublik eingesetzt hätten, nunmehr straflos ausgingen, erhebliche strafmildernde Bedeutung zukommen.[916] In Fällen geheimdienstlicher oder landesverräterischer Agententätigkeit, bei denen es sich um Vergehen handelte, stimmten die Oberlandesgerichte vielfach Einstellungen von Verfahren aus Opportunitätsgründen zu. Im Lichte der Entscheidung des Bundesverfassungsgerichts sei der Unrechtsgehalt der Taten als relativ gering anzusehen. Die betroffenen Personen hätten in der Hierarchie ihres Dienstes nur eine untergeordnete Funktion wahrgenommen und sich schuldeinsichtig gezeigt.[917]

Soweit noch Revisionen gegen erstinstanzliche Verurteilungen durch die Oberlandesgerichte anhängig waren, hob der Bundesgerichtshof solche Urteile

---

911 *BayObLG*, Beschluss v. 24.8.1995 – Az. 3 St 11/94, JR 1996, 427.

912 *BayObLG*, Urteil v. 22.8.1996 – Az. 3 St 16/96, UA S. 7.

913 *BVerfG*, Beschluss v. 15.5.1995 – Az. 2 BvL 19/91 u.a., BVerfGE 92, 277, *M/W*, Bd. 4/1 (2004), S. 283.

914 *BayObLG*, Urteil v. 22.8.1996 – Az. 3 St 16/96.

915 §§ 153, 153a, 153b StPO.

916 *BayObLG*, Urteil v. 22.8.1996 – Az. 3 St 16/96, UA S. 7 f.

917 Vgl. beispielhaft *BayObLG*, Beschluss v. 30.8.1995 – Az. 3 St 12/95.

auf, die nachrichtendienstliche Handlungen auf dem Gebiet der ehemaligen DDR betrafen.[918] Nach der Entscheidung des Bundesverfassungsgerichts könnten die Angeklagten nur verurteilt werden, soweit festgestellt werden könne, dass ein von Verfassungs wegen bestehendes Verfolgungshindernis im konkreten Fall nicht vorliege.[919]

Auch das Verfahren gegen den langjährigen Leiter der Hauptverwaltung A Markus Wolf, das zuletzt nur noch wegen des Verdachts nichtnachrichtendienstlicher Delikte wie Körperverletzung, Nötigung und Freiheitsberaubung geführt wurde, konnte abgeschlossen werden. Das OLG Düsseldorf verurteilte Wolf zu einer Freiheitsstrafe von zwei Jahren, deren Vollstreckung zur Bewährung ausgesetzt wurde.[920] Eine rechtskräftig verurteilte Person erreichte vor dem Hintergrund der Spionage-Entscheidung des Bundesverfassungsgerichts die Wiederaufnahme ihres Verfahrens.[921] Mit diesem Wiederaufnahmebeschluss des Bundesgerichtshofs, der den Grundgedanken des Beschlusses vom 15. Mai 1995 konsequent Rechnung trug, war die strafrechtliche Behandlung ehemaliger DDR-Agenten für die Praxis abschließend geklärt.

---

918 *BGH*, Urteil v. 18.10.1995 – Az. 3 StR 324/94, BGHSt 41, 292, 293 f., *M/W*, Bd. 4/1 (2004), S. 7 unter Hinweis auf *BVerfG*, Beschluss v. 15.5.1995 – Az. 2 BvL 19/91 u.a., BVerfGE 92, 277, *M/W*, Bd. 4/1 (2004), S. 283.

919 Seine entgegenstehende Auffassung gab der 3. Strafsenat auf: *BGH*, Urteil v. 18.10.1995 – Az. 3 StR 324/94, BGHSt 41, 292, 293 f., *M/W*, Bd. 4/1 (2004), S. 7 mit Verweis auf *BGH*, Urteil v. 30.7.1993 – Az. 3 StR 347/92, BGHSt 39, 260, *M/W*, Bd. 4/1 (2004), S. 399.

920 *OLG Düsseldorf*, Urteil v. 27.5.1997 – Az. VII-1/96.

921 *BGH*, Beschluss v. 28.11.1996 – Az. StB 13/96, BGHSt 42, 314.

Zweiter Teil: Verfahrenspraxis

A. Einführung

Beabsichtigt ist, die Praxis der Strafverfolgung des DDR-Unrechts darzustellen. Wesentliche Charakteristika dieser Praxis erklären sich aus der historischen Entwicklung des Ablaufs und der Organisation der Strafverfolgung. Sie bestimmen auch die nachfolgende Darstellung. Daher bedarf es zunächst eines kurzen Rückblicks.

Nach dem politischen Umbruch im Herbst 1989 setzte in der DDR eine Diskussion über die Umgestaltung der Justiz ein. Sie verstärkte sich nach der Volkskammerwahl im Frühjahr 1990.[1] Nachhaltig förderte der Vertrag über die Wirtschafts-, Währungs- und Sozialunion vom 18. Mai 1990 diese Entwicklung. Er enthielt Vorgaben für die Justiz: Zu gewährleisten waren die Unabhängigkeit der Rechtspflege und der Rechtsschutz gegen Maßnahmen staatlicher Gewalt.[2] Die DDR verpflichtete sich ferner, ihre Gesetze rechtsstaatlichen Erfordernissen anzupassen.

Mit dem Beitritt der DDR zur Bundesrepublik am 3. Oktober 1990 begann in den neuen Ländern die Neuorganisation der Rechtspflege. In Berlin war der Einschnitt noch tiefer. Dort wurden die Gerichte und Staatsanwaltschaften der DDR aufgelöst. Deren Arbeit übernahmen die Gerichte und Staatsanwaltschaften des westlichen Teils der Stadt.[3]

Die Vereinigung veränderte durchgreifend die Strafjustizorganisation der neuen Länder und Berlins. Zugleich mussten Tausende von Verfahren der DDR-Justiz übernommen werden. Darunter befanden sich offene Ermittlungsverfahren, Verfahren, in denen bereits Anklage erhoben worden war, und gerichtshängige Verfahren. Zusätzlich war in zahlreichen Fällen zu überprüfen, ob Verfahrenseinstellungen durch die DDR-Staatsanwaltschaften rechtmäßig erfolgt waren.

Diejenigen Verfahren der Generalstaatsanwaltschaft der DDR und der Bezirksstaatsanwaltschaften, in denen bereits mit der Aufarbeitung von DDR-Unrecht begonnen worden war, wurden vom Generalbundesanwalt oder den Generalstaatsanwälten der Länder übernommen und in die neuen Strukturen eingefügt.

---

1 Vgl. die „Thesen zur Justizreform", NJ 1990, 86.

2 Art. 4 Abs. 1 S. 1 des Vertrages iVm dem Gemeinsamen Protokoll zu A.I. und B.I. iVm den Anlagen II bis IV und VI zum Staatsvertrag.

3 Anlage I zum EV, Kapitel III Abschnitt IV.

https://doi.org/10.1515/9783110597356-003

Eingehend wurde über eine Zentralisierung der Strafverfolgung diskutiert.[4] Letztlich entschieden sich Bund und Länder gegen eine zentrale Einrichtung nach dem Vorbild der „Zentralen Stelle der Landesjustizverwaltungen zur Aufklärung nationalsozialistischer Verbrechen" in Ludwigsburg.[5] Stattdessen sollte in den einzelnen Ländern von einer im Gesetz[6] vorgesehenen Möglichkeit Gebrauch gemacht werden, die Strafverfolgung abweichend von der örtlichen Zuständigkeit in Schwerpunktstaatsanwaltschaften oder staatsanwaltschaftlichen Schwerpunktabteilungen zu konzentrieren.

Von vornherein war klar, dass das Systemunrecht der DDR zur Hauptsache von der Berliner Strafjustiz zu bewältigen war. Der Grund liegt darin, dass der Tatort einen wesentlichen Anknüpfungspunkt für Strafverfolgungsmaßnahmen bildet. Das zu verfolgende Unrecht hatte sich in den meisten Fällen in Berlin ereignet oder war doch von dort ausgegangen. Die Regierung des zentralistischen Staates der DDR und die SED-Parteiführung sowie die wichtigsten Staats- und Parteiorgane hatten in Berlin ihren Sitz gehabt. Auch war es in Berlin besonders häufig zu Gewalttaten an der Grenze gekommen. Daher wurde noch 1990 bei der Staatsanwaltschaft bei dem Kammergericht Berlin eine „Arbeitsgruppe Regierungskriminalität" unter der Leitung von Christoph Schaefgen eingerichtet.

Absehbar war, dass die Berliner Strafjustiz die ihr zugefallene Aufgabe nicht mit eigenen Mitteln würde bewältigen können. Auch war zu berücksichtigen, dass die Verfolgung des DDR-Unrechts eine Gemeinschaftsaufgabe darstellte. Daher erklärten sich die alten Länder der Bundesrepublik und die Bundesregierung in einer Vereinbarung vom 7. Mai 1991 bereit, Berlin finanziell und personell zu unterstützen.[7]

Auf dieser Grundlage beschlossen die Justizminister der Länder Anfang Juni 1991, nach bestimmten Länderquoten 60 Staatsanwälte und Richter für einen begrenzten Zeitraum nach Berlin zur Unterstützung der dortigen Staatsanwaltschaft zu entsenden. Die Umsetzung des Beschlusses begann erst gegen Ende des Jahres 1991 und verlief zögerlich. Die angestrebte Zahl von 60 abgeordneten Personen wurde zu keinem Zeitpunkt erreicht.[8]

---

4 Vgl. etwa *Kinkel* DRiZ 1992, 195. Die Forderung nach Einrichtung einer Zentralstelle war u.a. Gegenstand der Sondersitzung des Rechtsausschusses des Deutschen Bundestages am 8.4.1992 in Berlin.

5 Beschluss der Justizministerkonferenz v. 19./21.5.1992 in Hannover.

6 § 143 Abs. 4 GVG.

7 Vgl. die Beschlüsse der Justizministerkonferenzen v. 15./16.11.1990 in Augsburg, v. 4./6.7.1991 und 5./6.11.1991 in Berlin und v. 19./21.5.1992 in Hannover.

8 Vgl. *GStA bei dem KG Berlin*, Bericht 1993, S. 14 f.; Bericht 1994, S. 13 f.; *Senatorin/Senator für Justiz Berlin*, Bericht 1995, S. 8; Bericht 1996, S. 14; Bericht 1997, S. 14; Bericht 1998, S. 16.

Eine organisatorisch selbstständige Form erhielt die staatsanwaltschaftliche Verfolgung des DDR-Unrechts in Berlin am 1. Oktober 1994 mit der Einrichtung der Staatsanwaltschaft II bei dem Landgericht Berlin, geleitet wiederum von Christoph Schaefgen.

Eine Zentralisierung der Strafverfolgung erfolgte auch im Polizeibereich. 1991 wurde in Berlin eine „Zentrale polizeiliche Ermittlungsstelle für die Verfolgung der Regierungs- und Vereinigungskriminalität (ZERV)" eingerichtet, die Manfred Kittlaus leitete. An deren Personalausstattung beteiligten sich die alten Bundesländer ebenfalls.

Die Verfolgung des DDR-Unrechts, das in den Bezirken begangen worden war, mussten die neuen Bundesländer aus eigener Kraft betreiben. Verzögerungen waren unvermeidlich, zumal die Rechtspflege insgesamt neu organisiert werden musste. Daher kam es zumeist erst in den Jahren 1992 oder 1993 zur Bildung von Schwerpunktstaatsanwaltschaften oder Schwerpunktabteilungen. Zuvor lagen die Verfahren in den Händen der örtlich zuständigen Staatsanwaltschaften. Sie konnten nur einen geringen Teil der Gesamtmenge an Verfahren bearbeiten. Eine Anklage wurde in der Regel nur dann erhoben, wenn die Ermittlungen noch von der Staatsanwaltschaft der DDR abgeschlossen worden waren.

Bei einer Gesamtbetrachtung der historischen Entwicklung treten zwei wesentliche Merkmale des zeitlichen Ablaufs und der Organisationsform hervor.

Kennzeichnend ist zum einen, dass die Strafverfolgung sich in mehreren Schritten vollzog und mit erheblichen Anlaufschwierigkeiten zu kämpfen hatte. Erst einige Jahre nach der politischen Wende in der DDR waren die Strafverfolgungsorgane in der Lage, das DDR-Unrecht konzentriert und effektiv strafrechtlich zu verfolgen.

Ein weiteres Kennzeichen besteht darin, dass die Organisation der Strafverfolgung nur teilweise der zentralistischen Struktur des DDR-Unrechts angepasst wurde. So wurden zwar bei der Staatsanwaltschaft und der Polizei spezielle Zuständigkeiten begründet und die personellen und sachlichen Mittel unter Berücksichtigung des besonderen Bedarfs erhöht. Grundsätzlich blieb aber auch bei der Verfolgung von DDR-Unrecht die föderalistische Struktur der Justizorganisation unangetastet.[9]

---

9 Allerdings wurde durch Beschluss der Justizministerkonferenz v. 5./6.11.1991 in Berlin ein Fachausschuss „Regierungskriminalität" mit der Aufgabe betraut, die Strafverfolgungsmaßnahmen in den neuen Bundesländern und in Berlin in organisatorischer und rechtlicher Hinsicht abzustimmen.

Interpretieren lässt sich der zuletzt genannte Umstand unterschiedlich. Zum einen indiziert er eine nur begrenzte Bereitschaft der westlichen Bundesländer, sich zu engagieren. Zum anderen bringt der Verzicht darauf, in gleicher Weise wie bei der Verfolgung von NS-Verbrechen eine Zentralisierung vorzunehmen, zum Ausdruck, dass ein erheblicher Unterschied in der Dimension des Unrechts besteht.

Die dargelegte historische Entwicklung gibt die Abfolge der weiteren Darstellung vor.

Vorangestellt wird ein Abschnitt, der sich mit den Strafverfolgungsbemühungen in der Endphase der DDR befasst (B.). Eine gesonderte Darstellung ist schon deswegen angezeigt, weil die Rahmenbedingungen völlig andere waren als nach dem Beitritt.

Es folgt eine Darstellung der Strafverfolgungstätigkeit der bundesdeutschen Justiz (C.). Dabei wird unterschieden zwischen der Strafverfolgung im Allgemeinen, die in den Händen der Staatsanwaltschaften der Bundesländer lag (C.I.), und der vom Generalbundesanwalt wegen Spionage betriebenen Strafverfolgung (C.II.) Für die getrennte Darstellung der Spionageverfahren sprechen die folgenden Gründe.

Die von der DDR aus betriebene Spionage galt nicht in gleichem Maße und mit gleicher Gewichtung als zu bewältigendes Systemunrecht. Das hing mit der Struktur dieser Kriminalität, mit der Entwicklung der Verfolgungspraxis und mit politischen Reaktionen zusammen.

Generell wird das Unwerturteil über Spionagehandlungen dadurch beeinflusst, dass unmittelbar nur das Verhältnis von Staaten untereinander, nicht aber die individuelle Rechtssphäre betroffen ist. Auch wirkt sich aus, dass Spionage zumeist wechselseitig unter Verwendung weitgehend übereinstimmender Methoden ausgeübt wird. Zudem haben selbst hohe Strafaussprüche in diesem Bereich nicht das ihnen ansonsten zukommende Gewicht, weil es zumeist nach verbreiteter Praxis vorzeitig zu einem Austausch von Spionen kommt.

Mit der DDR ging das Objekt für zweckhafte strafrechtliche Reaktionen unter. Damit entfiel auch die ausgleichende Funktion der Austauschpraxis. Ferner wurde die Strafverfolgung von Spionagetaten nicht wie die von anderen systembedingten Straftaten durch die politische Wende in der DDR und durch die deutsche Vereinigung überhaupt erst rechtlich und praktisch angestoßen, sondern lediglich erleichtert. Spionage für die DDR wurde schon vorher in der Bundesrepublik verfolgt; nunmehr konnten die Ermittlungen auf Tatverdächtige ausgedehnt werden, die zuvor dem Zugriff entzogen gewesen waren.

Eine politische Privilegierung der Spione gegenüber anderen Systemstraftätern hatte bereits ein Beschluss der Arbeitsgemeinschaft Sicherheit der neu gewählten Volkskammer in der Endphase der DDR zur Folge: Gestattet wurde eine Vernichtung des Aktenmaterials der Hauptverwaltung Aufklärung.[10] Ferner war schon während der Verhandlungen zum Einigungsvertrag eine Amnestierung der DDR-Spione im Gespräch.[11] Auch wurde kurz vor und nach der Vereinigung in der politischen Debatte mehrfach und von verschiedenen Seiten eine spezielle Amnestie für Spionagedelikte vorgeschlagen.[12]

Diese Gründe für eine gesonderte Darstellung der Spionageverfahren sprechen auch dafür, die Fallgruppe bei vergleichenden und zusammenfassenden Betrachtungen weitgehend unberücksichtigt zu lassen.

B. Strafverfolgung in der Endphase der DDR

Die noch in der DDR betriebene Strafverfolgung von Systemunrecht fand seinerzeit und findet bis heute in der Öffentlichkeit verhältnismäßig wenig Beachtung. Weitaus mehr Interesse haben die nach dem 3. Oktober 1990 durchgeführten Verfolgungsmaßnahmen auf sich gezogen.

Gründe dafür liegen auf der Hand. Die Zahl der Verfahren war weitaus größer. Ihre Bewältigung erstreckte sich über einen deutlich längeren Zeitraum. Daraus ergaben sich politisch höchst kontrovers geführte Debatten, die insbesondere die Verlängerung von Verjährungsfristen betrafen. Zudem warf der Systemwechsel schwierige Rechtsprobleme auf, die gleichfalls heftige Diskussionen auslösten.

Bei einer Vernachlässigung der vorangegangenen Aufarbeitungsphase wird jedoch Wichtiges übersehen. Es gehört zu den Erfolgen der Bürgerrechtsbewegung der DDR, dass der politische Umbruch auch die Justiz erfasste. Die Zahl der seinerzeit eingeleiteten Verfahren ist angesichts der Kürze des Zeitraums bis zur Vereinigung durchaus beachtlich. Einige Verfahren kamen sogar noch vor der Vereinigung zu einem rechtskräftigen Abschluss. In zahlreichen anderen Fällen führte die bundesdeutsche Justiz Strafverfahren, in denen zum Teil schon Anklage erhoben worden war, nach dem 3. Oktober 1990 fort oder verwertete Erkenntnisse aus diesen Verfahren.

---

10 Vgl. S. 179 f.

11 Vgl. *Schäuble*, Vertrag (1993), S. 268 ff.

12 Entwürfe zu einem „Gesetz über Straffreiheit bei Straftaten des Landesverrats und der Gefährdung der äußeren Sicherheit“ legten am 2.9.1990 die *Fraktionen der CDU/CSU und der FDP* (BT-Drucksache 11/7762) und am 13.9.1990 auch die *Bundesregierung* vor (BT-Drucksache 11/7871). Vgl. auch den späteren Entwurf eines gleichnamigen Gesetzes der *Gruppe der PDS* v. 7.12.1993, BT-Drucksache 12/6370.

Den Aufarbeitungsbemühungen der DDR-Justiz sollte aber nicht allein wegen ihres Umfangs und ihrer Relevanz für die Strafverfolgung nach der Vereinigung eine größere öffentliche Aufmerksamkeit zuteilwerden, als das bisher der Fall ist. Zugleich lässt sich damit die in Gesellschaft und Politik nach wie vor anzutreffende Meinung widerlegen, der Westen Deutschlands habe dem Osten die strafrechtliche Vergangenheitsbewältigung aufgezwungen.

I. Zur Materiallage

Die folgende Darstellung der noch in der DDR betriebenen Strafverfahren kann nicht beanspruchen, vollständig und in jeder Hinsicht abgesichert zu sein. Das hat seinen Grund in den damaligen Umständen.

Der rasche Wechsel der politischen Verhältnisse nach dem Herbst 1989 erfasste auch die Justiz. Betroffen waren alle Ebenen, von der Besetzung der Leitung bis zur Zuweisung der Sachbearbeitung im einzelnen Fall. Zu weiteren personellen und organisatorischen Veränderungen kam es, als absehbar war, dass eine Vereinigung der beiden Staaten bevorstand.

Die Umbrüche und die Kürze des Zeitraums ließen ein systematisches Betreiben der Strafverfolgung nicht zu. Auch trugen Medienberichte über Fälle des politischen Machtmissbrauchs sowie Anzeigen aus der Bevölkerung dazu bei, dass oft nur punktuell und teilweise auch hektisch vorgegangen wurde. Eine Zusammenführung der Verfahren erfolgte nicht. Es fehlt daher auch an einer entsprechenden Verfahrensstatistik. Nachteilig für eine Erfassung der Materialien hat sich ferner ausgewirkt, dass der Verbleib von Verfahrensunterlagen oft nicht mehr zu ermitteln war, weil sie nach der Vereinigung einbezogen worden waren in Strafverfahren verschiedener Organe der Justiz der Bundesrepublik. Außerdem ging durch den Personalwechsel Wissen über die Verfahren und über die Organisation der Strafverfolgung verloren.

Notwendig war es daher, auf Sekundärquellen zuzugreifen, soweit die Verfahrenspraxis der DDR-Justiz nicht unmittelbar auf der Grundlage von Verfahrensmaterialien feststellbar war. Dazu zählen Materialien aus den Beständen des Bundesarchivs Berlin-Lichterfelde und des Archivs beim Parteivorstand der (damaligen) PDS, Informationen des ehemaligen Stellvertreters des Generalstaatsanwalts der DDR und Leiters der zentralen Untersuchungskommission der DDR zur Verfolgung der Regierungskriminalität Lothar Reuter, der Bericht des Untersuchungsausschusses des Deutschen Bundestages zum Bereich „Kommerzielle Koordinierung“, die Tätigkeitsberichte der Arbeitsgruppe Regierungskriminalität bei der Staatsanwaltschaft beim Kammergericht Berlin, juristische Fachliteratur und Dokumentationen sowie Presseberichte aus der damaligen Zeit.

Die im Folgenden wiedergegebenen Erkenntnisse beruhen auf einer Zusammenschau der verschiedenen Informationsquellen. Teilweise mussten einzelne Verfahren rekonstruiert werden. Verhältnismäßig gut abgesichert sind die Angaben zur Anklage- und Haftpraxis. Da die Zahl der Verfahren überschaubar ist, werden immer wieder auch einzelne Fälle dargestellt.

II. Historische Entwicklung

Die Suche nach dem Beginn der Strafverfolgung von Systemkriminalität in der DDR führt zeitlich weiter zurück als bis zum Herbst 1989. Schon davor musste sich die DDR-Justiz mit der Forderung befassen, staatlich initiierte und gelenkte Kriminalität zu verfolgen. Die von der Bürgerrechtsbewegung organisierte Beobachtung der Kommunalwahl vom 7. Mai 1989 deckte umfangreiche Fälschungen auf. Bei den Strafverfolgungsbehörden gingen zahlreiche Anzeigen ein.[13] Die Generalstaatsanwaltschaft reagierte mit der generellen Anweisung, sie kommentarlos entgegenzunehmen und nach Ablauf der vorgesehenen Fristen den Bescheid zu erteilen, dass keine Anhaltspunkte für den Verdacht einer Straftat vorlägen. Der politische Umbruch im Herbst 1989 erzwang eine Kehrtwendung. Nunmehr wurden die Staatsanwaltschaften angewiesen, die seinerzeit erstatteten Wahlfälschungsanzeigen doch ernsthaft zu überprüfen. Die daraufhin durchgeführten Strafverfahren hatten also ihren Ursprung in den Anzeigen vom Mai 1989.

Eine weitere Verfolgungsinitiative ging aus der politischen Entwicklung im Sommer und Frühherbst 1989 hervor. Zahlreiche DDR-Bürger versuchten über osteuropäische Staaten in die Bundesrepublik zu gelangen.[14] Zeitgleich mit der Fluchtbewegung kam es zu Massendemonstrationen in Berlin, Dresden, Leipzig und anderen Orten. Gegen Demonstrationen anlässlich der Feiern zum 40. Jahrestag der DDR am 7. und 8. Oktober 1989 gingen die Sicherheitskräfte gewaltsam vor. Das wiederum ließ den Widerstand gegen die politische Führung noch anwachsen. Der nicht mehr zu unterdrückende Protest machte eine Untersuchung des gewaltsamen Vorgehens von Volkspolizei und Ministerium für Staatssicherheit unumgänglich.

Die Ermittlungen führten bereits Ende November 1989 zu einem ersten Strafprozess gegen einen Angehörigen der Volkspolizei vor dem Stadtbezirksgericht Berlin, Prenzlauer Berg. Das Gericht verurteilte Horst L. am 24. November 1989

---

13 Vgl. dazu und zum Folgenden *M/W*, Bd. 1 (2000), S. XXVIII f. und XXXIII.

14 Dazu etwa *Jarausch*, Einheit (1995).

wegen schwerer Körperverletzung zu einer Freiheitsstrafe von 14 Monaten ohne eine Strafaussetzung zur Bewährung.[15] Der noch immer vorherrschende Einfluss des MfS in diesem Prozess war allerdings mit Händen zu greifen.[16] Das Ziel dieses Schnellverfahrens war es vermutlich, für die Vorfälle um den 7. und 8. Oktober rasch einen Verantwortlichen zu präsentieren und diesen hart zu bestrafen, um die Bevölkerung zu beruhigen.

Das Ziel wurde nicht erreicht. Vielmehr wuchs die Kritik an den politischen Verhältnissen in der DDR weiter an. Richtete sich anfangs das Hauptaugenmerk auf die Ausschreitungen der Volkspolizei gegen friedliche Demonstranten, so verlangten aufgebrachte Bürger bald harte Strafen für die politisch Verantwortlichen, die den Staat in die Krise gestürzt hatten. Der Druck der Öffentlichkeit sowie zahlreiche Anzeigen und Eingaben aus der Bevölkerung[17] veranlassten die Staatsanwaltschaft in den darauf folgenden Wochen und Monaten, sich intensiv mit der wirtschaftlichen (Selbst-)Privilegierung der Staats- und Parteiführung sowie mit der Verantwortlichkeit für die Fälschung der Kommunalwahlen im Mai 1989 zu befassen. Andere Straftaten, die nach der Vereinigung in den Brennpunkt des gesamtdeutschen öffentlichen Interesses rückten, wie etwa die Tötungsdelikte an der deutsch-deutschen Grenze oder die Rechtsbeugungsdelikte, spielten in dieser Zeit noch keine nennenswerte Rolle.[18]

Die Aufgabe, die strafrechtlich wie politisch bedeutsamen Sachverhalte aufzuklären, nahm nicht allein die Staatsanwaltschaft wahr. Am 22. November 1989, als der oben genannte Prozess begann, fand auch die konstituierende Sit-

---

15 *Links/Bahrmann*, Volk (1990), S. 137.

16 Der zunächst geständige Angeklagte widerrief in der Hauptverhandlung sein Geständnis. Auf die richterliche Frage nach dem Grund für sein Verhalten gab er an, bei der Vernehmung unter massivem psychischen Druck gestanden zu haben. Aus dem Zuhörerbereich hörte man Zurufe: „Sag doch endlich, dass sie uns verraten haben...“. Vgl. *Links/Bahrmann*, Volk (1990), S. 137.

17 Allein die Eingaben und Anzeigen aus der Bevölkerung an den Untersuchungsausschuss zur wirtschaftlichen Privilegierung der Staats- und Parteifunktionäre umfassen mehrere Ordner, BArch Berlin, DA 1, 16358-16373; vgl. auch Beschlussempfehlung und Bericht des *Untersuchungsausschusses des Deutschen Bundestages zum Bereich „Kommerzielle Koordinierung“*, BT-Drucksache 12/7600 (1994), S. 385.

18 Erste Untersuchungen zu den Tötungsdelikten an der Grenze wurden allerdings schon vor der Vereinigung eingeleitet, vgl. *KG Berlin*, Beschluss v. 9.6.1992 – Az. 4 Ws 86/92; (513) 2 Js 97/90 KLs (92/91), NStZ 1992, 542, 543, *M/W*, Bd. 2/1 (2002), S. 289. So kam es aufgrund einer Strafanzeige des Militäranwalts der DDR im Januar 1990 zu einem ersten Ermittlungsverfahren, vgl. *BGH*, Urteil v. 18.1.1994 – Az. 1 StR 740/93, BGHSt 40, 48, 50. Auch gegen Erich Honecker wurden in diesem Zusammenhang noch im Sommer 1990 Ermittlungen aufgenommen (Anklageschrift der *StA II bei dem LG Berlin* v. 12.11.1992 – Az. 2 Js 97/91, S. 57, *M/W*, Bd. 3 [2002], S. 195).

zung des „Zeitweiligen Ausschusses der Volkskammer zur Überprüfung von Fällen des Amtsmissbrauchs, der persönlichen Bereicherung und anderen Verdachts der Gesetzesverletzung“ statt.[19]

Das Gremium hatte allerdings zunächst Mühe, einen klaren Kurs einzuschlagen.[20] Einerseits war es starkem öffentlichen Druck ausgesetzt. Andererseits waren nicht wenige Mitglieder in das angeschlagene Machtsystem verstrickt. Auch widmete sich die Presse, die die neu gewonnene Freiheit nutzte, intensiv dem Untersuchungsgegenstand und handelte schneller, als der Volkskammerausschuss ermitteln und agieren konnte.[21] So enthüllten die Medien am 28. November 1989 das Leben der Politbüromitglieder in der Waldsiedlung Wandlitz und beschrieben das luxuriöse Anwesen im Jagdgebiet des Vorsitzenden des Ministerrats Willi Stoph.[22] Spätestens danach musste auf Forderungen nach staatsanwaltschaftlichen Ermittlungen wegen des offenkundig gewordenen Machtmissbrauchs reagiert werden.

Schon am 21. November 1989 lagen dem Generalstaatsanwalt der DDR aus der Bevölkerung 170 Eingaben und Anzeigen vor. Sie betrafen hauptsächlich den Vorwurf, dass die komfortablen Bauten der Staats- und Parteispitze auf Kosten des Volkes errichtet worden seien.[23] Entsprechende Ermittlungsverfahren wegen Untreue im Zusammenhang mit dem „Luxusleben“ der Parteispitze wurden offiziell zwischen dem 30. November[24] und dem 5. Dezember 1989[25] eingeleitet.

Im Zeitraum vom November 1989 bis zum Januar 1990 agierte die Justiz unter erheblichem Handlungsdruck. Die personelle Struktur der obersten Ermittlungsbehörde wurde grundlegend reformiert. Der damalige Generalstaatsanwalt der DDR Günter Wendland und sein Stellvertreter Karl-Heinz Borchert traten am 5. Dezember 1989 zurück. Gegen sie wurden noch im Jahr 1990 Ermitt-

---

19 Protokoll der 1. Sitzung v. 22.11.1989, BArch Berlin, DA 1, 3357. Den Vorsitz dieses Ausschusses führte der ehemalige Richter am OG Toeplitz, gegen den später wegen des Verdachts der Rechtsbeugung ermittelt wurde.

20 Bezeichnend ist etwa der Satz des Ausschussvorsitzenden *Toeplitz*: „... da es *zur Zeit* [Hervorh. d. Verf.] in unserem Land nicht immer gerecht zugeht ... wird es unter Umständen auch die Aufgabe unseres Ausschusses sein, Menschen gegen Verleumdung zu schützen“, BArch Berlin, DA 1, 16355, Protokoll der Sitzung v. 22.11.1989, S. 13.

21 Vgl. die Wortmeldungen des Abgeordneten *Bormann*, Protokolle des Untersuchungsausschusses BArch Berlin, DA 1, 16355, 1. Sitzung v. 22.11.1989, S. 20, 2. Sitzung v. 30.11.1989, S. 5.

22 *Links/Bahrmann*, Volk (1990), S. 147 f.

23 Bericht des damaligen Stellvertreters des Generalstaatsanwalts der DDR *Harrland* vor dem Untersuchungsausschuss der Volkskammer am 22.11.1989, BArch Berlin, DA 1, 16355, S. 3.

24 *Links/Bahrmann*, Volk (1990), S. 154.

25 Nach Angaben des ehemaligen Vertreters des Generalstaatsanwalts der DDR Lothar Reuter.

lungen wegen Rechtsbeugung aufgenommen.[26] Die Aufgaben des Generalstaatsanwalts wurden zunächst kommissarisch auf Harri Harrland übertragen, der kurze Zeit später wiederum von Hans-Jürgen Joseph abgelöst wurde.[27] Am 6. Dezember 1989 wurde eine zentrale Untersuchungskommission zur Ermittlung des Systemunrechts gebildet. Die Leitung übernahm am 20. Januar 1990 Lothar Reuter als Vertreter des Generalstaatsanwalts, der diese Funktion bis Mai/Juni 1990 ausübte. In seiner Hand lag der größte Teil der DDR-Ermittlungen gegen Mitglieder der Staats- und Parteiführung. Es kam zu zahlreichen Ermittlungsverfahren, die sich vorwiegend gegen Funktionäre des alten SED-Machtapparates richteten.

Parallel wurde auch auf Bezirksebene gegen Parteifunktionäre ermittelt. Die staatsanwaltschaftlichen Untersuchungen in den Bezirken fanden zunächst in Erfurt, Gera, Halle, Karl-Marx-Stadt (heute Chemnitz), Rostock und Schwerin statt.[28] Im März 1990 waren allein wegen des Verdachts der Wahlfälschung 56 Ermittlungsverfahren gegen 73 Personen anhängig sowie 13 weitere Verfahren gegen unbekannte Täter.[29]

Auch die erste frei gewählte Volkskammer bekannte sich klar zu einer Verfolgung des Systemunrechts.[30] So ermöglichte § 10 des am 1. Juli 1990 in Kraft getretenen 6. Strafrechtsänderungsgesetzes Verfolgungsmaßnahmen gegen die ehemalige Führung wegen Amtsmissbrauchs. Diese Vorschrift fand auf Wunsch der Verhandlungsdelegation der DDR später auch Eingang in den Einigungsvertrag.

In den letzten Wochen der DDR erlahmten die Ermittlungen unter dem Eindruck der unmittelbar bevorstehenden Vereinigung mit der Bundesrepublik. Erwartet wurde eine energische Fortführung der Strafverfolgung durch die bun-

---

26 Soweit ersichtlich blieben diese jedoch – neben Untersuchungen gegen den Berliner Generalstaatsanwalt Dieter Simon – die einzigen Ermittlungsverfahren wegen des Verdachts der Rechtsbeugung vor dem 3.10.1990.

27 Grund der Ablösung war ein Bericht von Harrland am 12.1.1990 über die bisherige Ermittlungsarbeit, der von der Volkskammer als völlig unzureichend bewertet wurde und zur Forderung nach disziplinarrechtlichen Konsequenzen führte. Joseph konnte sich allerdings auch nicht lange im Amt des Generalstaatsanwalts behaupten. Ihm wurde angelastet, dass ein Konzept zur „offensiven Auseinandersetzung mit belasteten Staatsanwälten" fehle (Abgeordneter *Schmieder*, *Volkskammer der DDR*, Stenographische Protokolle, 10. Wahlperiode, 14. Tagung v. 15.6.1990, S. 493). Letzter Generalstaatsanwalt der DDR wurde im Juli 1990 Günter Seidel.

28 Nach Angaben des ehemaligen Leiters der staatsanwaltschaftlichen Untersuchungskommission Reuter.

29 *Der Spiegel* Nr. 11 v. 12.3.1990, S. 83 („Fliegende Urnen").

30 Bereits in der ersten großen Volkskammerdebatte vom 12.4.1990 wiesen die Redner aller Parteien auf die Notwendigkeit der Ahndung von Regierungskriminalität hin; vgl. *Volkskammer der DDR*, Stenographische Protokolle, 10. Wahlperiode, 2. Tagung v. 12.4.1990.

desdeutsche Justiz.[31] Der Auftrag an sie, für eine Fortsetzung der begonnenen Strafverfolgung Sorge zu tragen, wurde ein wesentlicher Bestandteil des Einigungsvertrages.

Festzuhalten ist, dass die Geschichte der strafrechtlichen Verfolgung des DDR-Unrechts bis in die Frühphase der friedlichen Revolution zurückreicht und dass bereits die Justiz der DDR einen beachtenswerten Beitrag leistete.

III. Übersicht über die Strafverfolgungsmaßnahmen und deren Ergebnisse

1. Ermittlungsverfahren

Wie viele Ermittlungsverfahren eingeleitet wurden, lässt sich nicht präzise beziffern. Zu unscharf sind die Grenzen zwischen Absichtserklärungen, allgemeinen Verfügungen, formlosen Vorermittlungen und förmlichen Ermittlungsverfahren.

Einen Hinweis auf ein durchaus beachtliches Maß an Ermittlungsbemühungen liefert eine interne Dokumentation des DDR-Generalstaatsanwalts, die sich auf den Stand vom 10. Mai 1990 bezieht. Danach wurden zu diesem Zeitpunkt bereits 180 Anzeigenprüfungsverfahren sowie Ermittlungsverfahren gegen 124 Beschuldigte geführt.[32]

Ferner lassen sich einige Justizaktivitäten rekonstruieren, weil über sie in den Medien berichtet wurde. Ansonsten bieten noch Ermittlungsakte mit Außenwirkung einen Anknüpfungspunkt für die Einschätzung der Ermittlungsintensität. Das betrifft zur Hauptsache die Verhängung von Untersuchungshaft. Davon wurde in durchaus beachtlichem Umfang Gebrauch gemacht.

Allerdings ist auch die Zahl der von einer Verhaftung Betroffenen nicht sicher zu bestimmen. Informationslücken ergeben sich insbesondere bei solchen Verfahren, die rasch ohne strafrechtliche Konsequenzen wieder eingestellt wurden. Überprüfbar sind hingegen die Verfahren, in denen es zu einer Anklage kam. Sie sind vollständig erfasst. Ihnen lässt sich entnehmen, ob und wann Untersuchungshaft verhängt wurde und wie lange sie im Ermittlungsverfahren gedauert hat. Weitere Haftfälle konnten durch Recherchen in Zeitungsarchiven und Gespräche mit Zeitzeugen ausfindig gemacht werden. Letztlich dürften allenfalls einige wenige Fälle unentdeckt geblieben sein.

Die auf diese Weise erfassten Verhaftungen erfolgten ausschließlich im Rahmen von Strafverfahren, in denen wegen Amtsmissbrauchs und Korruption oder wegen Wahlfälschung ermittelt wurde.

---

31 *Bock*, Vergangenheitspolitik (2000), S. 311.

32 Vgl. *Müller*, Symbol 89 (2001), S. 185 f.

Insgesamt wurden mindestens 42 Beschuldigte vorübergehend in Haft genommen. Ganz überwiegend gab der Tatvorwurf des Amtsmissbrauchs und der Korruption Anlass für die Anordnung von Untersuchungshaft. Gegen 38 Beschuldigte wurde wegen dieses Vorwurfs Haft verhängt.[33] Wegen des Verdachts der Wahlfälschung kamen lediglich vier Personen in Untersuchungshaft. Gegen zwei der Verhafteten wurden beide Tatvorwürfe erhoben.

Die in Haft genommenen Personen gehörten ganz überwiegend der politischen Führungsebene an. So kamen von den 21 Mitgliedern des kurz zuvor entmachteten Politbüros elf, also etwas mehr als Hälfte, in Untersuchungshaft. Betroffen waren neben Erich Honecker noch Hermann Axen, Hans-Joachim Böhme, Joachim Herrmann, Heinz Keßler, Werner Krolikowski, Erich Mielke, Günter Mittag, Horst Sindermann, Willi Stoph und Harry Tisch. Haftbefehle ergingen auch gegen Führungspersonal auf Bezirksebene, so gegen Hans Albrecht, den 1. Sekretär der SED-Bezirksleitung Suhl, und gegen Gerhard Müller, den 1. Sekretär der SED-Bezirksleitung Erfurt.

Die beiden zuletzt genannten Personen verblieben mit elf bzw. zehn Monaten ungewöhnlich lange in Untersuchungshaft. Erich Honecker befand sich vor dem 3. Oktober 1990 dagegen nur einen Tag in Haft. Er wurde mit Rücksicht auf seinen schlechten Gesundheitszustand vom weiteren Vollzug der Untersuchungshaft verschont.

Der weitaus größte Teil der Beschuldigten kam im Dezember 1989 in Haft. Bereits ab Januar 1990 wurden die Tatverdächtigen nach und nach wieder entlassen. Ende Februar 1990 befand sich nur noch ein kleiner Teil in Hafteinrichtungen. Die meisten Beschuldigten verbrachten einen Zeitraum von einem bis zu drei Monaten in Untersuchungshaft.

Eine Bewertung der Ermittlungstätigkeit der DDR-Organe fällt schwer, weil sie nur in Teilaspekten erfassbar ist.

Festzustellen ist zunächst einmal eine gewisse Parallelität im Verhältnis zur damaligen Öffentlichkeit. Die Nachwendezeit war geprägt von der Empörung über die Selbstbereicherung der politisch Mächtigen. In Übereinstimmung damit lag ein Schwerpunkt der Ermittlungstätigkeit bei der Verfolgung von Amtsmissbrauch und Korruption.

Die große Zahl der Haftfälle in diesem Bereich erweckt den Eindruck einer justiziellen Überreaktion. Er bestätigt sich jedoch nicht bei einer näheren Betrachtung der Rechtsgrundlagen und der bis dahin geübten Praxis in der DDR.[34] Der Tatvorwurf wog unter Berücksichtigung der gesetzlichen Einordnung schwer. Auch griff die DDR-Justiz recht häufig zum Zwangsmittel der Untersu-

33 Einzelheiten bei *Fahnenschmidt*, DDR-Funktionäre vor Gericht (2000), S. 87 ff.

34 Vgl. *Fahnenschmidt*, DDR-Funktionäre vor Gericht (2000), S. 91.

chungshaft. Als eine den neuen politischen Verhältnissen angepasste Maßnahme wird man also den häufigen Gebrauch der Untersuchungshaft nicht bezeichnen können.

Als wertvoll und nützlich haben sich die Ermittlungen der Strafverfolgungsbehörden der DDR nach der Vereinigung in Strafverfahren der bundesdeutschen Justiz erwiesen. In nahezu allen Anklagen wegen Amtsmissbrauchs und Korruption sowie wegen Wahlfälschung ist die damalige Ermittlungstätigkeit verarbeitet. So stützt sich etwa die am 1. Juni 1995 gegen Krenz und andere erhobene Anklage[35] wegen der zentralen Verantwortlichkeit für die Wahlfälschungen von 1989 auf Ermittlungen der Arbeitsgruppe Wahlen innerhalb der von Lothar Reuter geleiteten zentralen Untersuchungskommission.[36] Auch verweisen alle Anklagen der bundesdeutschen Justiz gegen die ehemaligen Machthaber der DDR, soweit sie den Vorwurf persönlicher Bereicherung zum Gegenstand haben, bei der Angabe der Beweismittel auf Vernehmungen von Zeugen und Beschuldigten sowie auf sonstige Ermittlungshandlungen aus der Zeit vor dem 3. Oktober 1990.

2. Anklagen

Vor der Vereinigung wurden fast ausnahmslos Anklagen wegen der Fälschung der Kommunalwahlen 1989 und wegen Amtsmissbrauchs und Korruption erhoben. Das einzige nicht diesen Deliktsgruppen zuzuordnende Verfahren befasste sich mit dem gewaltsamen Vorgehen von Polizei und MfS gegen friedliche Demonstranten Anfang Oktober 1989.[37] Die Anklage der Staatsanwaltschaft Halle vom 6. März 1990 richtete sich gegen zwei Volkspolizisten. Ihnen wurde die Misshandlung von Demonstranten vorgeworfen. Diese hatten nach ihrer „Zuführung" die ganze Nacht bei niedrigen Temperaturen in einer Garage schweigend und mit dem Gesicht zur Wand auf ihre Vernehmung warten müssen. Einige waren gezwungen worden, sich in der sogenannten Fliegerstellung mit ausgebreiteten Armen und gespreizten Beinen von außen an die Garage zu lehnen.[38]

35 Anklage der *StA II bei dem LG Berlin* vom 1.6.1995, Az. 28/ 2 Js 185/91, *M/W*, Bd. 1 (2000), S. 391.

36 Vgl. *GStA bei dem KG Berlin*, Bericht 1992, S. 163ff.

37 Ausgeklammert bleibt hier das schon erwähnte Verfahren gegen einen Volkspolizisten im November 1989 in Berlin. Es hatte lediglich eine Alibifunktion und ist daher noch nicht den Verfahren zuzurechnen, in denen sich die DDR-Justiz ernsthaft um eine Aufarbeitung der Vergangenheit bemühte; vgl. S. 197f.

38 Anklage *StA Halle* v. 6.3.1990 – Az. 221-167-89-4. Die Angeklagten wurden später in zweiter Instanz durch ein Urteil des *LG Halle* v. 20.3.1995 – Az. 27 (14) Ns 67/93 freigesprochen.

Die erste Anklage wegen Wahlfälschung datiert vom 17. Januar 1990. Die Staatsanwaltschaft des Kreises Neuruppin klagte den Vorsitzenden der Wahlkommission der Stadt Rheinsberg sowie zwei Mitwirkende an der Durchführung der dortigen Wahl an. Insgesamt wurden im Komplex der Wahlfälschungsverfahren 19 Anklagen gegen 76 Personen erhoben; gegen elf Beschuldigte erging ein Strafbefehlsantrag.

Die Verfahren gegen hochrangige Funktionäre wegen des Vorwurfs der unrechtmäßigen Bereicherung führten erstmals am 1. Februar 1990 zu einer Anklage. Die Anklageschrift der Staatsanwaltschaft Leipzig richtete sich gegen den Vorsitzenden des Rates des Bezirks Leipzig Rolf Opitz und warf ihm Untreue vor. Noch vor dem Beitritt erhoben Staatsanwaltschaften der DDR insgesamt 21 Anklagen gegen 28 Personen.[39] Zu den Angeklagten zählten die Politbüromitglieder Hans-Joachim Böhme, Werner Krolikowski und Harry Tisch.

In der Konzentration der Anklagepraxis auf die Fallgruppen der Wahlfälschung sowie des Amtsmissbrauchs und der Korruption kommen gesellschaftliche Entwicklungen zum Ausdruck, welche die Veränderung der politischen Verhältnisse in der DDR hervorgerufen und begleitet haben. Die Wahlbeobachtung der Bürgerrechtsbewegung entzog der politischen Führung die Legitimation. Auch formierte sich in der Phase des Umbruchs der Protest der Bevölkerung gegen die Selbstbereicherung der Mächtigen. Insofern befand sich das Vorgehen der Staatsanwaltschaft in Übereinstimmung mit einem demokratischen Willensbildungsprozess.

3. Gerichtliche Entscheidungen

Sämtliche Anklagen führten zu einer Eröffnung des Hauptverfahrens. Keines dieser Verfahren endete mit einem freisprechenden Urteil. Auch wurden alle beantragten Strafbefehle erlassen.

Die elf Strafbefehle in den Wahlfälschungsverfahren ergingen in der Zeit von Mai bis September 1990. Ausnahmslos erlangten sie noch vor dem 3. Oktober 1990 Rechtskraft, weil kein Beschuldigter ein Rechtsmittel einlegte. Mit den Strafbefehlen wurden Geldstrafen in Höhe von 1.000,– bis 4.000,– Mark der DDR gegen Oberbürgermeister, Bürgermeister und Wahlhelfer verhängt.

Sechs der wegen Wahlfälschung durchgeführten Hauptverfahren endeten noch vor Oktober 1990 mit einem Urteil. Soweit Rechtsmittel eingelegt wurden, kam es in fast allen Fällen noch durch die Entscheidung eines DDR-Gerichts zu einem rechtskräftigen Abschluss.

39 Vgl. dazu auch Tabelle 1 auf S. 207.

Lediglich ein Verfahren aus Neuruppin wurde erst nach der Vereinigung beendet.[40] Gegen das Urteil des Kreisgerichts Neuruppin vom 7. März 1990[41] legten zwei der drei Angeklagten Berufung ein. Das Bezirksgericht Potsdam hob mit seinem Berufungsurteil vom 8. Mai 1990[42] das erstinstanzliche Urteil in einem Fall in vollem Umfang auf und verwies es an das Kreisgericht zur Neuverhandlung zurück. Die endgültige Erledigung dieses Verfahrens erfolgte dann erst im Jahr 1992 durch eine Verfahrenseinstellung unter Erbringung einer Gegenleistung gemäß § 153a Absatz 2 StPO.[43]

Das Kreisgericht Brandenburg verurteilte den Oberbürgermeister der Stadt Brandenburg und seinen Stellvertreter rechtskräftig zu einer Geldstrafe von 5.000,– bzw. 2.500,– Mark.[44] Auf die Anklage der Staatsanwaltschaft Glauchau wurden vier Angeklagte durch das dortige Kreisgericht rechtskräftig zu Geldstrafen zwischen 800,– und 2.000,– Mark verurteilt.[45]

In drei Verfahren entschied erst das Rechtsmittelgericht abschließend. Auf die Berufung der Angeklagten gegen ein Urteil des Kreisgerichts Leipzig[46] sprach das Bezirksgericht Leipzig Freiheitsstrafen zwischen vier und acht Monaten auf Bewährung aus.[47] In einem weiteren Verfahren hatte das Kreisgericht Jena-Stadt[48] einen Angeklagten zu einer Bewährungsstrafe und einen anderen zu einer Geldstrafe verurteilt. Zunächst wurde nur die Verurteilung zu einer Geldstrafe rechtskräftig. Das Bezirksgericht Gera bestätigte später jedoch auch die Verurteilung zu einer Freiheitsstrafe auf Bewährung.[49] Dasselbe Gericht hob in einem anderen Prozess das erstinstanzliche Urteil des Kreisgerichts Schleiz[50] auf und sprach lediglich einen „öffentlichen Tadel“ nach § 37 DDR-StGB aus.[51]

In den Amtsmissbrauchsverfahren erlangte dagegen nur eine gerichtliche Entscheidung noch vor dem Beitritt Rechtskraft. Ein wesentlicher Grund hierfür waren Unsicherheiten bei der Rechtsanwendung. Mit dem 6. Strafrechtsänderungsgesetz vom 29. Juni 1990[52] schuf der DDR-Gesetzgeber eine verfassungs-

---

40 *KreisG Neuruppin*, Anklage v. 17.1.1990 – Az. 221-3/90.
41 *KreisG Neuruppin*, Urteil v. 7.3.1990 – Az. S 10/90.
42 *BezG Potsdam*, Urteil v. 8.5.1990 – Az. bsb 41/90.
43 Beschluss des *KreisG Neuruppin* v. 23.12.1992 – Az. S 10/90.
44 *KreisG Brandenburg*, Urteil v. 20.6.1990 – Az. S 88/90, *M/W*, Bd. 1 (2000), S. 21.
45 *KreisG Glauchau*, Urteil v. 8.6.1990 – Az. S 43/90, *M/W*, Bd. 1 (2000), S. 61.
46 *KreisG Leipzig*, Urteil v. 26.6.1990 – Az. 33 S 122/90, *M/W*, Bd. 1 (2000), S. 73.
47 *BezG Leipzig*, Urteil v. 27.9.1990 – Az. BSB 134/90, *M/W*, Bd. 1 (2000), S. 83.
48 *KreisG Leipzig-Stadt*, Urteil v. 23.4.1990 – Az. S 38/90, *M/W*, Bd. 1 (2000), S. 47.
49 *BezG Gera*, Urteil v. 31.5.1990 – Az. BSB 33/90 *M/W*, Bd. 1 (2000), S. 55.
50 *KreisG Schleiz*, Urteil v. 12.4.1990 – Az. S 10/90, *M/W*, Bd. 1 (2000), S. 29.
51 *BezG Gera*, Urteil v. 18.5.1990 – Az. BSB 31/90, *M/W*, Bd. 1 (2000), S. 41.
52 DDR-GBl. I 1990, S. 526 ff.

rechtlich problematische Übergangsregelung zur Ahndung der Funktionärsuntreue, die den meisten Anklagen zugrunde lag.[53] Über deren Verfassungsmäßigkeit musste nach DDR-Recht die Volkskammer befinden.[54] Deshalb setzte etwa das Stadtgericht Berlin das Verfahren gegen Harry Tisch und Werner Krolikowski vor der Eröffnung des Hauptverfahrens aus, um die Entscheidung der Volkskammer einzuholen.[55] Die Verzögerung führte dazu, dass ein Prozessabschluss bis zum 3. Oktober 1990 in mehreren Fällen unmöglich wurde, in denen eine gerichtliche Entscheidung unter Umständen noch erreichbar gewesen wäre.

Rechtskräftig wurde allein ein Urteil des Kreisgerichts Pirna vom 10. August 1990, in dem es den Direktor des Kombinats Hoch- und Tiefbau Pirna zu einer zu verbüßenden Freiheitsstrafe von einem Jahr und drei Monaten verurteilte.[56] Eine Entscheidung des Bezirksgerichts Leipzig vom 11. Mai 1990,[57] durch die der Vorsitzende des Rates des Bezirks zu einer Freiheitsstrafe von einem Jahr verurteilt wurde, hob das Oberste Gericht der DDR durch Urteil vom 6. September 1990 wieder auf.[58] Es verwies die Sache zur erneuten Entscheidung an das Bezirksgericht zurück. Das Verfahren wurde nach dem Beitritt gemäß § 153a StPO gegen Zahlung einer Geldbuße eingestellt.

Weitere Urteile im Zusammenhang mit DDR-Unrecht ergingen bis zum 3. Oktober 1990 nicht. Die zu diesem Zeitpunkt rechtshängigen Verfahren wurden von den Gerichten im Beitrittsgebiet und Berlin nach Durchführung der justizorganisatorischen Reformen auf der Grundlage bundesdeutschen Rechts fortgeführt.

Tabelle 1 gibt einen Überblick über die Aktivitäten der DDR-Justiz in der Wendezeit, die ermittelt werden konnten. Festgehalten sind in den ersten beiden Zeilen die von der Staatsanwaltschaft der DDR im Jahre 1990 erhobenen Anklagen und die von ihr gestellten Strafbefehlsanträge sowie die Anzahl der Angeschuldigten. Die folgenden Zeilen geben Auskunft über die rechtskräftig gewordenen Urteile bzw. Strafbefehle der DDR-Gerichte aus dieser Zeit, die Zahl der davon betroffenen Personen und die Sanktionspraxis.

---

53 Problematisch war die Fortgeltungsregelung des § 10 S. 1 des 6. DDR-StÄG für den Tatbestand des Vertrauensmissbrauchs (§ 165 DDR-StGB). Näher dazu S. 161.

54 In einer der letzten Sitzungen bestätigte der Rechtsausschuss der Volkskammer die Verfassungsmäßigkeit der Vorschrift.

55 Schreiben des Vorsitzenden des 2. Strafsenats des Stadtgerichts Berlin an die Präsidentin der Volkskammer v. 23.8.1990, enthalten in der Akte zum Strafverfahren *StA II bei dem LG Berlin* – Az. 24/2 Js 3/90.

56 *KreisG Pirna*, Urteil v. 10.8.1990 – Az. S 61/90.

57 *BezG Leipzig*, Urteil v. 11.5.1990 – Az. BS 1/90.

58 *OG*, Urteil v. 6. 9. 1990 – Az. 2 OSB 1/90.

Tabelle 1: DDR-Justiz: Anklagen, Strafbefehlsanträge, Urteile und Strafbefehle nach Deliktsgruppen (1/1990–10/1990)

	Deliktsgruppe			Gesamt
	Wahlfälschung	**Amtsmissbrauch**	**Sonstige**	
Anklagen/Strafbefehlsanträge	19/11	21/0	1/0	41/11
darin Angeschuldigte	65/11	28/0	2/0	95/11
Rechtskräftige Urteile/Strafbefehle	6/11	1/0	0/0	7/11
Verurteilte insgesamt	14/11	1/0	0	15/11
davon zu				
Öffentlichem Tadel	1	0	0	1
Geldstrafe	18	0	0	18
Freiheitsstrafe auf Bewährung	4	0	0	4
Freiheitsstrafe auf Bewährung und Geldstrafe	2	0	0	2
Freiheitsstrafe ohne Bewährung	0	1	0	1

Insgesamt kann festgestellt werden, dass die DDR-Gerichte bei der Verarbeitung der Strafbefehlsanträge und Anklagen im Bereich der Wahlfälschungsverfahren die größten Fortschritte erzielten. Ein erheblicher Teil konnte rechtskräftig abgeschlossen werden. Der Unterschied zu den Verfahren wegen Amtsmissbrauchs und Korruption erklärt sich aus Besonderheiten der Gesetzeslage. Verzögerungen resultierten aus Unklarheiten einer Übergangsregelung. Die in diesem Zusammenhang geäußerten verfassungsrechtlichen Bedenken betrafen spezielle Fragen unzulässiger Einzelfallgesetzgebung und etwaige Verstöße gegen den Gleichbehandlungsgrundsatz.[59] In keinem der von DDR-Gerichten entschiedenen Verfahren löste der Wandel der Rechtspraxis Zweifel an der Verfassungsmäßigkeit im Hinblick auf das Rückwirkungsverbot aus, dem auch das DDR-Strafrecht unterlag. Das zuvor durch die Machtverhältnisse bedingte Unterlassen einer Strafverfolgung wurde zu keinem Zeitpunkt ernsthaft als rechtlich geschützte Position in Erwägung gezogen. Den DDR-Gerichten sowie auch zuvor den Staatsanwaltschaften erschien in dieser Hinsicht die Rechtslage klar; sie zweifelten nicht an der Verfolgbarkeit der Taten.

4. Gesamteinschätzung

Der Ermittlungsumfang sowie die Zahl der Anklagen und Aburteilungen sind schon in Anbetracht der Kürze der zur Verfügung stehenden Zeit durchaus beachtlich. Zusätzlich zu bedenken ist, dass die Strafverfolgung nicht allein durch

59 Näher zum Inhalt dieser Regelung S. 161.

den öffentlichen Rechtfertigungsdruck, sondern auch durch personelle Probleme insbesondere bei den Staatsanwaltschaften erschwert wurde. Das bis dahin vorhandene Personal stand teilweise im Verdacht einer Beteiligung an den zu untersuchenden Straftaten oder war zumindest politisch belastet. Daher mussten in die Ermittlungen eine Vielzahl junger und unerfahrener Juristen einbezogen werden. Auch schwand die Motivation der Ermittler im Laufe der Zeit, weil ihre Berufsaussichten immer unsicherer wurden.[60] Schließlich ist zu berücksichtigen, dass ein ordnungsgemäßer Zugriff auf Verfahrensakten im Jahr 1990 nur noch sehr eingeschränkt möglich war, weil sich die politischen Veränderungen auch auf die Organisation und die Funktionstüchtigkeit der Justiz auswirkten.[61]

Festzuhalten ist somit, dass noch in der DDR Systemunrecht mit Schwerpunkten bei Amtsmissbrauch und Korruption sowie Wahlfälschung in einem Umfang und mit einer Intensität verfolgt wurde, die angesichts der Umstände bemerkenswert sind. Die Justiz war somit an der Transformation der politischen Verhältnisse in der DDR beteiligt. Ihre Strafverfolgungsmaßnahmen unterstützten die Reform, nachdem die alten Machtstrukturen ins Wanken geraten waren. Zugleich ging angesichts des revolutionären Potenzials des politischen Geschehens von den justiziellen Aktivitäten eine deeskalierende Wirkung aus.[62]

C. Strafverfolgung nach der Vereinigung

Von der Darstellung bleibt zunächst aus den oben dargelegten Gründen[63] die Strafverfolgung von Spionagedelikten ausgenommen. Ihr ist unter II. ein gesonderter Abschnitt gewidmet.

I. Strafverfahren der Staatsanwaltschaften der Länder

Zunächst kommen die Rahmenbedingungen der Verfolgungstätigkeit sowie der hier unternommenen Analyse der Strafverfahren zur Sprache. Ein erster Ab-

---

60 Zur Situation des Justizpersonals in der Wendezeit vgl. *von Roenne*, Politisch untragbar...? (1997), insbes. S. 28 ff.

61 Nach Angaben des Leiters der Untersuchungskommission der DDR zur Verfolgung des Amtsmissbrauchs Reuter.

62 Eingehend zum Anteil der Justiz am Systemwechsel im letzten Jahr der DDR aus politikwissenschaftlicher Sicht *Bock*, Vergangenheitspolitik (2000).

63 S. 194 f.

schnitt informiert über die organisatorischen und personellen Maßnahmen, welche die betroffenen Bundesländer für die mit der Verfolgung von DDR-Unrecht befassten Staatsanwaltschaften getroffen haben (1.). Im Anschluss daran wird die Materiallage erörtert, die für die Untersuchung der Verfahren zur Verfügung stand (2.).

Die danach folgende Darstellung der Verfahren ist in zwei Teile untergliedert. Der erste Teil befasst sich mit der Ermittlungs- und Anklagepraxis (3.). Der zweite hat den Gang der Verfahren nach Erhebung der Anklage zum Gegenstand (4.). Der Grund für die Unterteilung besteht nicht allein darin, dass das Verfahrensrecht entsprechende Abschnitte vorsieht. Hinzu kommen Unterschiede in der verfügbaren Materialgrundlage (siehe dazu 2.).

1. Organisation und personelle Ausstattung der Staatsanwaltschaften

a) Berlin

Die Strafverfolgung von DDR-Unrecht durch die Berliner Staatsanwaltschaft war von zwei Besonderheiten gekennzeichnet, die sich institutionell auswirkten.

Zum einen hatte die Berliner Staatsanwaltschaft die Hauptlast zu tragen. Sie hatte die meisten Fälle und das schwerste Unrecht zu bearbeiten. Entsprechend der zentralistischen Struktur der DDR hatte sich das Unrechtsgeschehen auf die Hauptstadt Berlin konzentriert. Die maßgeblichen Prinzipien strafprozessrechtlicher Zuständigkeit, in erster Linie das Tatortprinzip nach § 7 StPO, aber auch das Prinzip des Wohnsitzes des Beschuldigten nach § 8 StPO, wiesen der Berliner Staatsanwaltschaft die Zuständigkeit für die Hauptmasse und den Kernbereich der Taten zu.

Zum anderen hatte sich die Berliner Staatsanwaltschaft mit Systemunrecht zu befassen, das auf unterschiedlichen Ebenen begangen worden war. Staatsorganisatorisch hatte Berlin in der DDR nicht nur die Funktion einer Hauptstadt ausgeübt, in der die Regierung und die Führungsgremien der SED ihren Sitz gehabt hatten, sondern auch die eines Bezirks, in dem, wie in den anderen Bezirken der DDR, Vorgaben aus dem Machtzentrum von Staat und Partei durchgesetzt worden waren. Auch dem Systemunrecht, das auf Bezirksebene begangen worden war, hatte die Berliner Staatsanwaltschaft nachzugehen. Diese Aufgabe nahm sie gleichermaßen wahr wie die Staatsanwaltschaften der neuen Bundesländer.

Die zweifache Aufgabenstellung führte zu einer Zweiteilung in der Behördenstruktur. Die Ausgestaltung der Bereiche spiegelte den Unterschied in der Bedeutung der jeweiligen Aufgabe wider. Die weitaus größere Einheit wurde als „Arbeitsgruppe Regierungskriminalität" der Staatsanwaltschaft bei dem Kammergericht eingerichtet und später zur Staatsanwaltschaft II bei dem Landgericht Berlin umgewandelt. Sie befasste sich mit dem zentralen Systemunrecht, nahm insoweit eine Gemeinschaftsaufgabe wahr und wurde daher von den übrigen Ländern und vom Bund unterstützt. Davon gesondert wurde das auf Bezirksebene verwirklichte Systemunrecht zunächst von der Staatsanwaltschaft bei dem Landgericht Berlin verfolgt. Die zuständige Einheit wurde später der neugegründeten Staatsanwaltschaft II bei dem Landgericht Berlin als Abteilung 10 zugeordnet.

aa) Die Verfolgung des zentralen Systemunrechts

Am 3. Oktober 1990 richtete die Staatsanwaltschaft bei dem Kammergericht die „Arbeitsgruppe Regierungskriminalität" ein. Zu bearbeiten hatte sie hauptsächlich Verfahren gegen Angehörige der Staats- und Parteiführung der DDR, Verfahren mit Bezug zu den Gewaltakten an der deutsch-deutschen Grenze, Verfahren im Zusammenhang mit dem Bereich „Kommerzielle Koordinierung" und Verfahren wegen Justizunrechts, begangen durch Mitwirkende an der obersten Gerichtsbarkeit und an den Leitungsorganen der Strafverfolgungsbehörden der DDR.

Die Arbeitsgruppe bestand bis einschließlich Januar 1991 aus zunächst fünf und dann aus sieben Berliner Mitarbeitern. Ab Februar 1991 erfolgte schrittweise und zunächst sehr zögerlich eine Erweiterung durch Abordnung von Staatsanwälten aus den alten Bundesländern. Im Mai 1991 hatten die Länder und die Bundesregierung 60 Abordnungen vereinbart; diesen Umfang erreichten die Abordnungen jedoch zu keinem Zeitpunkt. Im Juli 1992 war ein Höchststand von 66 Mitarbeitern, darunter 59 Abordnungen, zu verzeichnen.

Mit dem 1. Oktober 1994 erhielt die Arbeitsgruppe nach entsprechenden Änderungen des Bundesrechts[64] und des Berliner Landesrechts[65] als Staatsanwaltschaft II den Status einer eigenständigen Behörde. Zusätzlich zum bisherigen Zuständigkeitsbereich wurde ihr die Aufgabe übertragen, im Zusammenhang mit der Vereinigung begangene Wirtschaftsstraftaten zu verfolgen.

In einem Bericht an die Konferenz der Justizminister im Herbst 1994[66] beklagte die Senatorin für Justiz des Landes Berlin die mangelhafte Personalausstattung. Die Verfahren seien überwiegend umfangreich und schwierig. Für ihre Bearbeitung sei ein hoher Zeitaufwand erforderlich. Er liege in der Regel zwischen ein und zwei Jahren, in einigen Fällen auch noch darüber. Zudem wirke sich belastend aus, dass die Sachbearbeiter stets auch selbst die Sache in der

64 § 4a Abs. 2 EGGVG.
65 § 8 Berliner AGGVG.
66 Vgl. *Senatorin für Justiz Berlin*, Bericht 1994, S. 6.

Hauptverhandlung vertreten müssten, weil nur sie den Verfahrensstoff beherrschten und allein so zu gewährleisten sei, dass das Verfahren mit einem vertretbaren Ergebnis zu Ende geführt werde. Wegen der Überlastung der Kammern des Landgerichts Berlin lägen zwischen Anklageerhebung und Hauptverhandlung Zeiträume bis zu einem Jahr und mehr. Daher müssten die Abordnungen mindestens für drei, besser noch für vier Jahre erfolgen. Diesem Erfordernis werde die gängige Praxis in keiner Weise gerecht. Die Arbeitsgruppe habe in den zurückliegenden Jahren einen Personalumschlag von fast 100% zu verkraften gehabt. Eine Verbesserung der Personalsituation zeichne sich nicht ab. Eher gebe es eine gegenläufige Tendenz. So habe unter den zugewiesenen Kräften die Zahl derjenigen zugenommen, denen es an staatsanwaltlicher Berufserfahrung fehle. Teils handle es sich um Berufsanfänger und teils um Personen, die zuvor in einem anderen justiziellen Arbeitsbereich tätig gewesen seien. Zwar seien diese Mitarbeiter in allgemeiner Hinsicht fachlich gut qualifiziert und auch hoch motiviert. Doch reiche das nicht aus, um den Mangel an beruflicher Erfahrung zu kompensieren. Um die anstehenden Arbeiten weiterhin erfolgreich fortsetzen zu können, müsse für eine langfristige und qualitätssichernde personelle Kontinuität in der Sachbearbeitung gesorgt werden.

Dieser Aufruf an die Adresse der alten Bundesländer hatte jedoch nicht den erwünschten Erfolg. Hinsichtlich des Umfangs der Abordnungen blieb es in den Jahren 1995 bis 1997 bei einer Zuweisung zwischen 43 und 49 Staatsanwälten. Am 1. Januar 1998 betrug die Zahl der abgeordneten Kräfte in der Staatsanwaltschaft II bei dem Landgericht Berlin 47.

Probleme bereitete im Übrigen auch die Personalsituation im Bereich der Polizei. Für eine angemessene Unterstützung der Arbeitsgruppe Regierungskriminalität war ein Bedarf von mindestens 340 Beamten errechnet worden, die in einer „Zentralen polizeilichen Ermittlungsstelle für die Verfolgung der Regierungs- und Vereinigungskriminalität (ZERV)“ eingesetzt werden sollten.[67] Diese im Oktober 1992 festgelegte Sollstärke wurde nur annäherungsweise und dies auch erst zu einem wesentlich späteren Zeitpunkt erreicht.

Die Staatsanwaltschaft II bei dem Landgericht Berlin wurde als eigenständige Behörde zum 30. September 1999 aufgelöst. Die zu diesem Zeitpunkt noch offenen Verfahren führte eine Abteilung der Staatsanwaltschaft bei dem Landgericht Berlin fort.[68]

---

67 Beschluss der Ministerpräsidentenkonferenz v. 28./30.10.1992 in Dresden.
68 Vgl. den Bericht im *Tagesspiegel* v. 1.10.1999, https://www.tagesspiegel.de/berlin/christoph-schaefgen-naehert-sich-dem-ddr-unrecht-nicht-mehr-juristisch-sondern-historisch/95592.html.

bb) Die Verfolgung des Systemunrechts auf Bezirksebene

Das DDR-Unrecht auf der Berliner Bezirksebene wurde zunächst in einem Dezernat der Staatsanwaltschaft bei dem Landgericht Berlin bearbeitet, das weitere Sonderzuständigkeiten hatte und mit zwei Staatsanwälten besetzt war. Da die Zahl der eingehenden Verfahren im Laufe des Jahres 1991 erheblich zunahm,[69] wurden dem Dezernat alle vorherigen Sonderzuständigkeiten abgenommen und nach und nach drei weitere Staatsanwälte zugeteilt. In dieser Besetzung verblieb das Dezernat bis zur Errichtung der Staatsanwaltschaft II bei dem Landgericht Berlin am 1. Oktober 1994. Danach wurden die Verfahren wegen DDR-Unrechts auf Bezirksebene in der Abteilung 10 der Staatsanwaltschaft II bearbeitet, die aus einem Abteilungsleiter und fünf Dezernenten bestand.

b) Brandenburg

Die Staatsanwaltschaft Potsdam richtete am 11. Mai 1992 eine Abteilung für DDR-Unrecht auf Bezirksebene ein, in der allerdings lediglich einzelne Verfahren bearbeitet wurden. Sie wurde zum 1. Juli 1992 in eine Schwerpunktabteilung umgewandelt.[70] Mitte 1993 gehörten der Abteilung neben dem Leiter sieben Dezernenten an, von denen vier ausschließlich mit Verfahren wegen DDR-Unrechts befasst waren und einer nur mit einem Teil seiner Arbeitskraft.[71] Im Übrigen wurden in der Abteilung Rehabilitierungsverfahren bearbeitet.

Seit dem 1. Dezember 1993 war die Abteilung der neu eingerichteten Staatsanwaltschaft in Neuruppin zugeordnet.[72] Nicht zu ihrem Zuständigkeitsbereich gehörten die Verfahren wegen vereinigungsbedingter Kriminalität. Sie wurden in einer gesonderten Abteilung der Staatsanwaltschaft Potsdam bearbeitet.[73] In der Schwerpunktabteilung in Neuruppin waren im Dezember 1997 neben dem Abteilungsleiter noch fünf Dezernenten tätig.[74] Im Mai 2002 stellte die Abteilung ihre Tätigkeit ein.

---

69 Vgl. *M/W*, Aufarbeitung (1999), S. 166, Tabelle 4.

70 Allgemeine Verfügung des *Ministers der Justiz des Landes Brandenburg* v. 9.6.1992, JMBl. Brandenburg 1992, S. 81; *Leiter der Schwerpunktabteilung der StA Potsdam*, Bericht v. 6.8.1993, S. 4.

71 Bericht des *Leiters der Schwerpunktabteilung der StA Potsdam* v. 6.8.1993, S. 7.

72 JMBl. Brandenburg 1993, S. 195.

73 *Leiter der Schwerpunktabteilung der StA Neuruppin*, Bericht v. 19.6.1996.

74 *Leiter der Schwerpunktabteilung der StA Neuruppin*, Bericht v. 19.6.1996.

c) Mecklenburg-Vorpommern

Zentrale Ermittlungen wegen DDR-Unrechts wurden in Mecklenburg-Vorpommern seit dem 1. August 1992 in einer Schwerpunktabteilung bei der Staatsanwaltschaft bei dem Landgericht Schwerin geführt. Bis Ende 1993 gehörten ihr neben dem Abteilungsleiter sechs Dezernenten an, von denen zwei nur mit einem Teil ihrer Arbeitskraft (20% und 30%) eingesetzt wurden. In den Jahren 1994 und 1995 wurde die Anzahl der Dezernenten auf insgesamt vier verringert, von denen zwei ab 1996 nur noch mit der Hälfte ihrer Arbeitskraft der Abteilung zugeordnet waren. Seit 1997 war die Schwerpunktabteilung in Schwerin mit zwei Dezernenten und dem Abteilungsleiter besetzt.[75] Wirtschaftsstraftaten im Zusammenhang mit der Vereinigung wurden von der Abteilung nicht bearbeitet. Für sie waren weiterhin die allgemeinen Abteilungen zuständig.[76]

Zusätzlich waren bis zum Ende des Jahres 1994 sechs Staatsanwälte anderer Staatsanwaltschaften des Landes unter Beibehaltung ihres Dienstsitzes mit einem Teil ihrer Arbeitskraft an die Schwerpunktabteilung abgeordnet. Seit 1995 beschränkte sich deren Zahl auf vier. Ferner wurden für die Jahre 1993 und 1994 Beraterverträge mit Staatsanwälten außer Dienst zur Erstattung von Rechtsgutachten abgeschlossen.[77]

Zum 30. Juni 2001 beendete die Schweriner Schwerpunktabteilung ihre Tätigkeit.

d) Sachsen

Am 1. Januar 1992 nahm eine Schwerpunktabteilung zur Verfolgung politisch motivierter und unter Missbrauch politischer Macht begangener Straftaten in der DDR bei der Staatsanwaltschaft bei dem Landgericht Dresden ihre Arbeit auf.[78] Sie war unter der Leitung eines Oberstaatsanwalts im Wesentlichen durchgehend mit 13 Dezernenten besetzt.[79] Ausgenommen von ihrer Zuständigkeit war die vereinigungsbedingte Kriminalität. Mit ihr befasste sich größtenteils die Schwerpunktabteilung zur Verfolgung von Wirtschaftsstrafsachen bei der Staatsanwaltschaft Chemnitz.

---

75 Mündliche Auskunft des *Leiters der Schwerpunktabteilung der StA Schwerin* v. 26.2.1998.

76 Amtsblatt für Mecklenburg-Vorpommern 1992, S. 784.

77 Mitteilungen des *Ministeriums der Justiz und Angelegenheiten der Europäischen Union des Landes Mecklenburg-Vorpommern* v. 10.3.1997.

78 Verwaltungsvorschrift des *Sächsischen Staatsministeriums der Justiz* v. 4.12.1991, SächsAbl. Nr. 42, S. 4.

79 Vermerk des *Sächsischen Staatsministeriums der Justiz, Abteilung III*, v. 20.4.1994, Mitteilung der *Schwerpunktabteilung bei der StA Dresden* v. 17.2.1997 sowie telefonische Auskunft des *Leiters der Schwerpunktabteilung* v. 9.3.1998.

Der genaue Zeitpunkt der Beendigung der Tätigkeit der Schwerpunktabteilung in Dresden ist nicht bekannt. Das letzte in Sachsen geführte Strafverfahren wegen DDR-Unrechts wurde im August 2001 rechtskräftig abgeschlossen.

e) Sachsen-Anhalt

Im Frühjahr 1991 richtete die Staatsanwaltschaft bei dem Landgericht Magdeburg eine Sonderermittlungsgruppe zur Verfolgung von Straftaten des MfS auf Bezirksebene ein. Ferner übernahm ein gesondertes Dezernat die Aufgabe, Ermittlungsverfahren wegen Rechtsbeugung und Freiheitsberaubung durch Angehörige der Justiz der DDR durchzuführen.[80] Eine Zusammenführung und Ausdehnung der Arbeitsbereiche erfolgte am 1. Februar 1993 mit der Einrichtung einer Schwerpunktabteilung zur Verfolgung von DDR-Unrecht bei der Staatsanwaltschaft Magdeburg. Nicht zu ihrem Zuständigkeitsbereich gehörten vereinigungsbedingte Wirtschaftsstrafverfahren. Sie wurden in Zentralstellen der Staatsanwaltschaften Magdeburg und Halle bearbeitet.

Anfang 1992 standen für die Verfolgung von DDR-Unrecht zwei Staatsanwälte zur Verfügung.[81] Im Jahr 1993 erhöhte sich die Zahl der Mitarbeiter auf vier und im Jahr 1995 auf fünf Dezernenten sowie einen Abteilungsleiter, der mit der Hälfte seiner Arbeitskraft in diesem Bereich eingesetzt wurde.[82]

Am 22. Januar 2001 legte der Leiter der Schwerpunktabteilung einen abschließenden Tätigkeitsbericht vor.

f) Thüringen

Eine Schwerpunktabteilung „SED-Kriminalität" nahm in Thüringen am 1. Januar 1992 ihre Tätigkeit bei der Staatsanwaltschaft Erfurt auf. Es wurden vier Dezernenten mit der strafrechtlichen Verfolgung des Systemunrechts auf Bezirksebene betraut. Der Personalbestand wurde ab 1993 auf acht Dezernenten erhöht. Im Jahr 1996 erfolgte eine Rückführung auf vier Dezernenten. Seit Januar 1998 war die Abteilung mit drei Dezernenten besetzt. Geleitet wurde sie von einem Oberstaatsanwalt.[83]

---

80 *Leiter der Schwerpunktabteilung bei der StA Magdeburg*, Mitteilung v. 5.2.1997.

81 *Leiter der Schwerpunktabteilung bei der StA Magdeburg*, Bericht an die Generalstaatsanwaltschaft in Naumburg v. 14.8.1992, S. 2.

82 *Leiter der Schwerpunktabteilung bei der StA Magdeburg*, Bericht an das Ministerium der Justiz des Landes Sachsen-Anhalt v. 11.2.1994, und *ders.*, Mitteilung an das Ministerium für Justiz des Landes Sachsen-Anhalt v. 17.8.1995.

83 Mitteilungen der StA Erfurt vom Oktober 1996 und April 1998.

Über ihre Tätigkeit berichtete die Abteilung letztmalig am 4. September 2000. Aus einer Pressemitteilung des Thüringer Justizministeriums vom 10. März 2003 geht hervor, dass zu diesem Zeitpunkt sämtliche Verfahren zur strafrechtlichen Aufarbeitung des zu DDR-Zeiten begangenen staatlichen Unrechts abgeschlossen waren.

g) Alte Bundesländer

Da sich die örtliche Zuständigkeit der Staatsanwaltschaften und Gerichte zur Hauptsache gemäß § 7 StPO nach dem Ort der Tathandlung bestimmte, kam den alten Bundesländern, von den Spionagedelikten abgesehen, bei der Verfolgung des DDR-Unrechts kaum Bedeutung zu. Daher unterblieb dort auch eine Einrichtung von Schwerpunktstaatsanwaltschaften oder -abteilungen. Die wenigen Fälle, mit denen die alten Bundesländer befasst waren, wurden in allgemeinen Dezernaten bearbeitet.

2. Gewinnung und Verwertung des Untersuchungsmaterials zu den Verfahren

Für eine empirische Untersuchung ergaben sich ganz erhebliche Probleme aus der schrittweisen Entwicklung der Strafverfolgung und aus deren föderalistischer Organisationsstruktur. Die Zahlenangaben, die von den Strafverfolgungsorganen zu erhalten waren, hatten lediglich begrenzte Aussagekraft. Ein einigermaßen zuverlässiges Gesamtbild ließ sich nur durch zusätzliche Erhebungen gewinnen. Sie wurden für die hier vorgelegte Untersuchung durchgeführt.

a) Zahlenangaben der Strafjustiz

Auf eine Zentralisierung der Strafverfolgung des DDR-Unrechts wurde nicht allein dadurch verzichtet, dass die Einrichtung einer Zentralstelle unterblieb. Auch von einer zentralen statistischen Erfassung der Verfahren wurde abgesehen. Daher waren Zahlenangaben, sieht man einmal von den Spionageverfahren ab, nur länderweise erhältlich.

Dieses Zahlenmaterial entstammt in der Regel den Berichten der zuständigen Schwerpunktstaatsanwaltschaften oder -abteilungen an das jeweilige Landesjustizministerium. Das hat zur Folge gehabt, dass die Erhebungszeitpunkte häufig divergieren. Immerhin ermöglichte es eine enge Kooperation mit den Staatsanwaltschaften und den Ministerien, dass als ein gemeinsamer Erhebungszeitpunkt das Ende des Jahres 1997 festgelegt werden konnte. Verschiedentlich war es möglich, ergänzendes Zahlenmaterial für spätere Zeitpunkte heranzuziehen. Nicht beseitigen ließ sich aber die Divergenz früherer Erhebungszeitpunkte. Sie ergab sich häufig auch daraus, dass der Übergang von dezentralen zu zentralen Ermittlungen in den Ländern zu unterschiedlichen Zeitpunkten erfolgte. Somit scheiden auf der Basis der Justizzahlen eine Zusammenführung in zeitlicher Hinsicht und ein Vergleich der zeitlichen Entwicklung aus.

Als undurchführbar erwies sich auf dieser Grundlage auch eine Zusammenführung der Zahlen nach Fallgruppen. Denn die Staatsanwaltschaften der Länder verwendeten für die Bildung von Fallgruppen unterschiedliche Kriterien. Während sich beispielsweise die Erfassung in den Ländern Thüringen und Mecklenburg-Vorpommern eng an den Straftatbeständen des Strafgesetzbuchs orientierte, wurden in anderen Ländern, wie etwa in Brandenburg oder Sachsen, eher bereichsspezifische Einteilungen vorgenommen, zum Beispiel nach „Justizunrecht“ oder „MfS-Delikten“.

An einem einheitlichen Vorgehen fehlte es auch noch in anderer Hinsicht. So wurde die erste aktenmäßige Erfassung der Verfahren teils unterschiedlich gehandhabt. Zum Beispiel wurden in Brandenburg und Sachsen Vorgänge in das Allgemeinen Register (AR) aufgenommen, die in anderen Ländern als Ermittlungsverfahren behandelt und statistisch erfasst worden wären. Auch wurde die Phase der dezentralen Strafverfolgung vor der Einrichtung von Schwerpunktstaatsanwaltschaften oder -abteilungen zumeist nur unvollständig erfasst.

Schließlich verarbeiten die statistischen Angaben der Länder den Verlauf des Verfahrens nach Anklageerhebung und das Verfahrensergebnis sehr unterschiedlich. Einheitliche Daten, die darauf abstellen, wie sich das Verfahren für den einzelnen Angeklagten entwickelt und mit welchem Ergebnis es für ihn geendet hat, waren von Seiten der Justiz nicht erhältlich.

b) Eigene Erhebungen

Gegenstand eigener Erhebungen waren alle Verfahren wegen DDR-Unrechts, in denen es zu einer Anklage gekommen ist oder ein Strafbefehlsantrag gestellt wurde. Als Grundlage standen dem Forschungsprojekt „Strafjustiz und DDR-Vergangenheit“ entsprechende Justizmaterialien zur Verfügung. Eine Kooperationsvereinbarung mit den Justizverwaltungen der neuen Bundesländer und Berlins ermöglichte den Zugang zu Verfahrensakten und sonstigen Materialien, die die Strafverfolgung von DDR-Unrecht betreffen.

Die verfahrenstragenden Entscheidungen wurden mit Mitteln der EDV-Technik als Texte und nach kennzeichnenden Daten erfasst. Dabei wurden Daten sowohl zu den Verfahren als auch zu den Angeschuldigten erhoben. Zur Kennzeichnung eines Verfahrens wurden zunächst das staatsanwaltschaftliche

Aktenzeichen, das Datum der Anklage oder des Strafbefehlsantrags sowie die zuständige Staatsanwaltschaft und das jeweilige Bundesland festgehalten. Außerdem wurde das Verfahren nach dem Schwerpunkt des Anklagevorwurfs einer Deliktsgruppe zugeordnet.[84]

Ferner wurde erfasst, welche Angeschuldigten vom jeweiligen Verfahren betroffen waren. In Bezug auf diese Personen wurden Alter, Geschlecht, gegebenenfalls westdeutsche Staatsbürgerschaft zum Tatzeitpunkt sowie der Zeitraum der angeklagten Tat und eine eventuelle Haft in dieser Sache festgehalten. Die aus einem Verfahren stammenden Dokumente, wie etwa Anklageschriften, Urteile und Beschlüsse, wurden den von ihnen betroffenen Personen zugeordnet. Außerdem wurde personenbezogen der Ausgang des Verfahrens nach der Art der Erledigung sowie nach Art und Höhe einer etwaigen Sanktion verzeichnet.

Die Vorteile dieser Datensammlung gegenüber den Zahlen der Justiz liegen auf der Hand. Die einheitlich erfassten Daten können ohne weiteres ausgewertet werden. Divergenzen hinsichtlich der Fallgruppen und in zeitlicher Hinsicht treten nicht auf. Auch können personenbezogen der Verlauf und das Ergebnis des Verfahrens präzise nachgezeichnet werden. Zudem ermöglichen zahlreiche zusätzliche Erhebungskriterien Erkenntnisse, die auf der Grundlage der Justizzahlen nicht zu gewinnen sind.

Aus der Beschränkung der eigenen Erhebungen auf diejenigen Verfahren, die zu einer Anklage oder einem Strafbefehlsantrag geführt haben, ergibt sich, dass der große Bereich eingestellter Ermittlungsverfahren ausgenommen ist. Insoweit sind somit nur die Zahlenangaben der Justiz verfügbar. Die eigenen Erhebungen, für sich genommen, ermöglichen es also nicht, Anklagen und Aburteilungen in ein Verhältnis zu den eingeleiteten Ermittlungsverfahren zu setzen. Insofern bedarf es eines Rückgriffs auf die justiziellen Angaben.

3. Ermittlungs- und Anklagepraxis nach den Zahlenangaben der Strafjustiz

Die Grundlage der Darstellung der Ermittlungs- und Anklagepraxis der Staatsanwaltschaften bilden die Materialien, die auf Anfrage von den zuständigen Justizbehörden überlassen wurden. Aufgrund der bereits beschriebenen Probleme einer zusammenfassenden Darstellung der behördlichen Statistiken[85] werden die Untersuchungsergebnisse zunächst länderweise präsentiert (a-g). Abschließend wird der Versuch einer Zusammenführung unternommen, der sich notgedrungen auf allgemeine und ungefähre Angaben beschränken muss (h).

---

84 Zur Einteilung der Deliktsgruppen vgl. S. 3, 8 ff.

85 Vgl. S. 215 f.

Das im Folgenden verwertete justizielle Zahlenmaterial umfasst Angaben zu den Anklagen, auch wenn insoweit eine Erfassung durch die eigenen Erhebungen erfolgt ist. Das hat zwei Gründe. Das Vorgehen ermöglicht es, Ermittlungen und Anklagen auf einer einheitlichen Zahlenbasis zu vergleichen. Ferner werden etwaige Divergenzen zur Erfassung der Anklagepraxis durch die eigenen Erhebungen sichtbar, die dann einer Erklärung bedürfen.

a) Berlin

Die Voraussetzungen für eine quantitative Analyse der staatsanwaltlichen Praxis in Berlin sind verhältnismäßig günstig. Für die Arbeitsgruppe Regierungskriminalität und die Staatsanwaltschaft II bei dem Landgericht Berlin kann auf umfangreiche Tätigkeitsberichte mit statistischen Angaben zurückgegriffen werden.[86] Ferner hat die Berliner Staatsanwaltschaft einige Statistiken zur Verfügung gestellt, die aus unterschiedlichen Anlässen und für unterschiedliche Zeiträume angefertigt wurden.

Hinderlich für einen Gesamtüberblick ist allerdings, dass ein differenziertes Schema für eine Erfassung von Fallgruppen erst allmählich entwickelt wurde. Auch liegt nur für den Zeitraum von April 1992 bis März 1994 Zahlenmaterial vor, das nach der Art der Verfahrenserledigung unterscheidet. Die folgenden Übersichten müssen sich deshalb zum Teil auf die Darstellung bestimmter zeitlicher Abschnitte beschränken. Zudem ließ es sich nicht vermeiden, dass Unterschiede hinsichtlich des letzten Erfassungszeitpunktes auftreten.

Für den Bereich des Systemunrechts auf Bezirksebene sind die Verfahren nicht gleichermaßen intensiv erfasst worden wie für den Bereich des zentralen Systemunrechts. Der geringere Aufwand erklärt sich aus der geringeren Bedeutung der Verfahren und zugleich aus dem geringeren Interesse, das sie in der Öffentlichkeit gefunden haben. Auch weichen die Erfassungszeiträume teilweise voneinander ab.

Diese Unterschiede im Zahlenmaterial sind neben dem Unterschied in den Sachgegenständen der Grund dafür, dass im Folgenden jeweils zunächst die Zentralebene und die Bezirksebene getrennt dargestellt werden und erst anschließend der Versuch einer Zusammenfassung unternommen wird.

---

86 Vgl. *GStA bei dem KG Berlin,* Berichte 1992–1994. In den Folgejahren berichtete die Berliner Senatorin bzw. der Senator für Justiz für die jährlich stattfindenden Konferenzen der Justizministerinnen und -minister. Diese Berichte enthalten statistische Angaben zur Tätigkeit der Staatsanwaltschaft II bei dem LG Berlin zum Verfahrensstand vom 31.3. des jeweiligen Jahres, vgl. *Senatorin für Justiz Berlin,* Berichte 1994 ff.

aa) Eingänge und Erledigungen

Zentrales Systemunrecht

Entwicklungen in der Strafverfolgung lassen sich an den Zahlen für die eingeleiteten und erledigten Ermittlungsverfahren ablesen. Erledigung bedeutet in diesem Zusammenhang wie auch in den folgenden Ausführungen zur staatsanwaltschaftlichen Ermittlungspraxis, dass das Verfahren im Bereich der Staatsanwaltschaft entweder durch eine Einstellung oder durch die Erhebung der öffentlichen Klage abgeschlossen worden ist. Wiedergegeben ist jeweils die aufaddierte Zahl der insgesamt bis zum jeweiligen Datum eingegangenen bzw. erledigten Verfahren.

Tabelle 2 lässt eine mit Verzögerung einsetzende und dann ab März 1993 anwachsende Zahl von Erledigungen erkennen. Einen Höhepunkt erreicht die Zunahme der Erledigungszahl zwischen April 1995 und März 1997. Anzunehmen ist ein enger Zusammenhang mit der oben[87] näher dargelegten Personalentwicklung. Weiterhin dürften sich in der Anfangsphase tatsächliche Ermittlungsprobleme hinderlich auf die Entwicklung ausgewirkt haben. In erster Linie erschwerte die Fülle des zu sichtenden Materials eine zügige Erledigung. Nachgewiesen werden mussten Organisationsstrukturen, Anweisungsverhältnisse und konkrete Handlungsabläufe von der politischen Führung bis zu den unmittelbar Handelnden. Auch bedurfte es einer Erfassung allgemeiner Materialien zu rechtlichen Zusammenhängen und zur zeithistorischen Einordnung des Tatgeschehens. Die Recherchen erstreckten sich auf wesentliche Teile des Militärischen Zwischenarchivs in Potsdam, des PDS-Archivs, der Bestände der Behörde des Bundesbeauftragten für die Unterlagen des Staatssicherheitsdienstes der ehemaligen DDR und der Landeshauptarchive. Gefordert war eine Auswertung, die Verbindungen herstellte zu bestimmten Personen und einzelnen strafrechtlich relevanten Handlungen. Vielfach waren Unterlagen nicht mehr vollständig vorhanden. So konnte zum Beispiel nicht mehr auf die Einsatzpläne der Grenztruppen zurückgegriffen werden, um die Namen von Zeugen oder Tatverdächtigen in Erfahrung zu bringen. Besonderes Gewicht hatten diese Probleme, wenn Vorkommnisse aufzuklären waren, die Jahrzehnte zurücklagen.

87 Vgl. S. 210 ff.

Tabelle 2: Berlin, Zentralebene: Eingänge und Erledigungen (10/1990–3/1998)

Stand	Eingänge	Erledigungen	Offen	
			Gesamt	Differenz
Dezember 1990	260	o.A.	o.A.	
Dezember 1991	694	o.A.	o.A.	
April 1992	1.130	191	939	
März 1993	2.189	390	1.799	+ 860
März 1994	2.839	1.162	1.677	– 122
April 1995	4.013	2.245	1.768	+ 91
März 1996	5.807	4.074	1.733	– 35
März 1997	6.729	5.896	833	– 900
März 1998	7.314	6.820	494	– 339

Eine Differenzierung der Eingänge nach Fallgruppen (Tabelle 3) zeigt schon bei Betrachtung der ersten Jahre nach der Vereinigung eine deutliche Schwerpunktverlagerung der Ermittlungen im Verhältnis zu den vorangegangenen Strafverfolgungsmaßnahmen der DDR-Justiz auf. Zwar wurden weiterhin Amtsmissbrauch und Korruption, nunmehr als Wirtschaftsstraftaten, sowie Wahlfälschungen verfolgt. In ihrer quantitativen Bedeutung traten diese Verfahren in der ersten Hälfte der 1990er Jahre jedoch deutlich zurück gegenüber denjenigen Verfahren, die Gewalttaten an der Grenze, Justizunrecht und MfS-Straftaten betrafen.

Tabelle 3: Berlin, Zentralebene: Eingänge nach Deliktsbereichen (10/1990–4/1995)

Stand	Untergruppe I	Untergruppe II	
	Wirtschaftsstraftaten und Komplex „Vogel“	Gewalttaten an der Grenze	Justizunrecht MfS-Straftaten Wahlfälschung
Dezember 1990	44	216	
Dezember 1991	47	387	
April 1992	50	387	
April 1993	132	760	167
März 1994	49	466	135
April 1995	149	1.190	429

Zum besseren Verständnis der Übersicht in Tabelle 3 sind noch einige Erläuterungen anzufügen. Eine Unterscheidung nach Fallgruppen ist für die Jahre 1990 bis 1992 nur in Anlehnung an die interne Organisationsstruktur der in diesem Zeitraum tätigen Arbeitsgruppe Regierungskriminalität möglich. Die Gruppe war in zwei Untergruppen gegliedert, die jeweils einer Hauptabteilung der

Staatsanwaltschaft entsprachen. Die Untergruppe I befasste sich mit Wirtschafts- und Vermögensstraftaten, die Untergruppe II mit allen übrigen Straftaten, insbesondere mit Straftaten aus dem Bereich der Justiz, mit Gewalttaten an der deutsch-deutschen Grenze sowie mit Wahlfälschungen. Ab April 1993 kann ein etwas differenzierteres Bild wiedergegeben werden. Die genannten Eingangszahlen beziehen sich auf die Eingänge im jeweiligen Erfassungszeitraum.

Zum Gegenstandsbereich der einzelnen Fallgruppen ist Folgendes zu bemerken:

Als Wirtschaftsstraftaten erfasste die Berliner Staatsanwaltschaft unterschiedliche Sachverhalte. In diese Kategorie fielen insbesondere Verfahren gegen die SED-Parteispitze wegen wirtschaftlicher Selbstbegünstigung durch politischen Machtmissbrauch.[88] Ihr wurde auch der Bereich „Kommerzielle Koordinierung" zugeordnet, der unter Leitung von Alexander Schalck-Golodkowski vornehmlich für die Devisenbeschaffung zuständig war. Gegen den Leiter und einige seiner Mitarbeiter wurde aufgrund breit gestreuter Verdachtsmomente wegen Untreue, ungeklärter Geldtransaktionen, verschiedener Embargoverstöße, Missachtung des Kriegswaffenkontrollgesetzes und des Außenwirtschaftsgesetzes und Rauschgifthandels ermittelt.[89] Ferner erfasst war der Komplex „Vogel".[90] Einbezogen waren zudem Untersuchungen von Taten im Überschneidungsbereich von DDR-Unrecht und Straftaten mit Bezug zum Vorgang der Vereinigung, so insbesondere das Beiseiteschaffen von Vermögen einzelner Staatsunternehmen in den Monaten vor der Vereinigung durch Überweisung der Gelder auf Konten privater Firmen. Dagegen waren Taten ausgenommen, die ausschließlich mit der Vereinigung der beiden deutschen Staaten zusammenhingen. Sie wurden dem Komplex der „Vereinigungskriminalität"[91]

---

88 Im Verlauf der Ausführungen hier wird diese Deliktsgruppe zumeist als „Amtsmissbrauch und Korruption" bezeichnet.

89 Vgl. dazu S. 166 ff.

90 Der Name des Rechtsanwalts Wolfgang Vogel steht für mehrere Sammelverfahren gegen ihn und eine Reihe weiterer Beschuldigter, gegen die der strafrechtliche Vorwurf der mittäterschaftlich begangenen Erpressung oder Nötigung erhoben wurde. Den Verfahren lagen im wesentlichen Anzeigen zugrunde, in denen behauptet wurde, die Beschuldigten hätten Ausreisewilligen, die über Grundeigentum oder andere beachtliche Vermögenswerte verfügten, die Ausreise aus der DDR nur gegen Hergabe dieses Vermögens ermöglicht, um dadurch Mitarbeiter des MfS und andere regimenahe Personen, aber auch Personen aus dem Umfeld des Beschuldigten Vogel selbst mit Grundvermögen oder sonstigen Sachwerten zu versorgen. Näher dazu S. 105 f.

91 Im Schreiben der *Senatorin für Justiz des Landes Berlin* an die Bundesjustizministerin sowie die Justizministerinnen und -minister der Länder v. 12.4.1994 wird der Begriff wie folgt definiert: „Unter Vereinigungskriminalität sind grundsätzlich Straftaten im Zusammenhang mit

zugeordnet, für den ein Zusammenhang mit dem Systemunrecht verneint wurde. Dieser Komplex war einer gesonderten Abteilung der Staatsanwaltschaft II bei dem Landgericht Berlin zugewiesen und wurde auch gesondert statistisch erfasst.

Die Eingänge im Bereich der Gewalttaten an der deutsch-deutschen Grenze betrafen überwiegend sogenannte Schießvorfälle und Minenvorfälle, durch die Menschen bei dem Versuch, die Grenze von Ost nach West – in Einzelfällen auch in umgekehrter Richtung – zu überwinden, getötet oder verletzt wurden. Miterfasst waren aber auch Fälle, in denen Grenztruppenangehörige ohne die Abgabe von Schüssen Personen daran hinderten, die DDR zu verlassen. Die Berliner Staatsanwaltschaft übernahm die strafrechtliche Untersuchung von Grenzvorfällen auch dann, wenn der Tatort außerhalb Berlins in den Grenzkommandobereichen Nord und Süd lag. Die Grundlage dafür bildete eine mit den Generalstaatsanwälten der Bundesländer getroffene Zuständigkeitsvereinbarung.[92] Sie zielte darauf ab, die Einbeziehung dieser Sachverhalte in die Verfahren gegen die Verantwortlichen auf der militärischen und politischen Leitungsebene der DDR zu ermöglichen, die in Berlin geführt wurden.

Der Bereich des Justizunrechts erstreckte sich auf Sachverhalte, die vorwiegend den Vorwurf der Rechtsbeugung gegen Richter und Staatsanwälte der DDR betrafen. Untersucht wurde in diesem Zusammenhang auch eine Beteiligung seitens des MfS und der politischen Führung durch Anstiftung.

Der Kategorie der MfS-Straftaten wurden Handlungen im Zusammenhang mit der Tötung von Deserteuren, mit Entführungen, mit Postkontrolle und Telefonüberwachung, mit den Übergriffen vom 7. und 8. Oktober 1989 und mit illegalen Durchsuchungen sowie Straftaten an Häftlingen zugeordnet.

Die Ermittlungsverfahren wegen des Vorwurfs der Wahlfälschung betrafen allein die Kommunalwahlen vom Mai 1989.

Systemunrecht auf Bezirksebene

Aus dem staatsanwaltschaftlichen Verfahrensregister ergeben sich für die Staatsanwaltschaft bei dem Landgericht Berlin bzw. für die Abteilung 10 der Staatsanwaltschaft II bei dem Landgericht Berlin außerordentlich hohe Eingangszahlen für die Jahre 1991 bis 1994. Sie weisen jährlich Eingänge zwischen 2.300 und 3.300 aus. Ab 1995 sinkt die Zahl auf unter 1.000.

---

der Umstellung auf ein marktwirtschaftliches System in den neuen Bundesländern zu verstehen“ (S. 4).

92 Vgl. *GStA bei dem KG Berlin*, Bericht 1992, S. 124.

Die Höhe der Eingangszahlen in den Jahren 1991 bis 1994 beruht zu einem wesentlichen Teil auf Abgaben der Zentralen Erfassungsstelle der Landesjustizverwaltungen zur Dokumentation von Gewalttaten durch Staatsorgane der ehemaligen DDR in Salzgitter. Insgesamt sind 7.000 bis 8.000 Verfahren von dort abgegeben worden. Ende 1994 schloss die Erfassungsstelle ihre Tätigkeit weitgehend ab. Einen im Umfang bedeutenden Anlass für Ermittlungsverfahren haben ferner die in den ersten Jahren zahlreichen Rehabilitierungsverfahren gegeben. Sie wurden vollständig im Hinblick auf mögliche Rechtsbeugungstaten ausgewertet.

Nach Auskunft des seinerzeit zuständigen Abteilungsleiters hatten mehr als 90% der insgesamt eingeleiteten Ermittlungsverfahren den Vorwurf der Rechtsbeugung zum Gegenstand. Die Verfahren richteten sich gegen insgesamt ca. 420 Richter und ca. 380 Staatsanwälte der Ostberliner Bezirksebene. Bemerkenswert erscheint, dass nicht wenige der Ermittlungsverfahren Beschuldigte betrafen, gegen die in anderen Fällen bereits Anklage erhoben worden war. Die Staatsanwaltschaft wartete demnach nicht den vollständigen Abschluss der Ermittlungen gegen den jeweiligen Beschuldigten ab. Diese Verfahrenspraxis beruhte vielfach auf der Absicht, im Wege sogenannter Pilotverfahren möglichst schnell obergerichtliche Entscheidungen zu erlangen. Der Nachteil einer Verfahrensaufsplitterung wurde in Kauf genommen. Er hielt sich zudem in Grenzen, weil die Strafprozessordnung die Möglichkeit bot, die noch offenen Verfahren durch Einstellung zu beenden, wenn der Vorwurf neben den angeklagten Taten nicht beträchtlich ins Gewicht fiel.[93]

Auch hinsichtlich der Zahl der Erledigungen weist die staatsanwaltschaftliche Verfahrensstatistik einen signifikanten Entwicklungssprung aus. Ab Mitte der neunziger Jahre steigt diese Zahl deutlich an, so von April 1995 bis März 1996 um etwa 2.300 und von März 1996 bis März 1997 um 4.000. Es ist anzunehmen, dass ein Zusammenhang mit der Rechtsprechung des Bundesgerichtshofs in Rechtsbeugungssachen besteht. Beginnend mit seiner Entscheidung vom 13. Dezember 1993[94] schränkte der Bundesgerichtshof den Bereich strafbarer Rechtsbeugung drastisch ein.[95] Dementsprechend wurden danach zum Beispiel die Fälle der schlichten Anwendung des politischen Strafrechts des Strafgesetzbuchs der DDR von 1968 in großem Umfang eingestellt.

Auch im Bereich der Strafverfahren wegen Denunziationen führte eine restriktive höchstrichterliche Rechtsprechungspraxis[96] in beachtlichem Umfang

93 §§ 154, 154a StPO.

94 *BGH*, Urteil v. 13.12.1993 – Az. 5 StR 76/93, BGHSt 40, 30, *M/W*, Bd. 5/1 (2007), S. 21.

95 Vgl. näher dazu S. 79 ff.

96 Vgl. dazu S. 94 ff.

zu Einstellungen. Daneben wirkte sich aus, dass die Staatsanwaltschaft Verfahren gegen Rechtsanwälte und Ärzte, die den Vorwurf der Verletzung von Berufsgeheimnissen gemäß § 136 DDR-StGB betrafen, wegen Verjährung einstellte, weil nach ihrer Auffassung[97] die Gesetzgebung zur Verlängerung von Verjährungsfristen die am 2. Oktober 1996 eingetretene absolute Verjährung unberührt gelassen hatte.

Zentral- und Bezirksebene insgesamt

Über die Gesamtzahl der in Berlin geführten Ermittlungsverfahren lässt sich auf der Grundlage der justiziellen Angaben keine abschließende Aussage treffen. Erfasst ist nur der Zeitraum bis einschließlich 31. August 1999. Allerdings dürften danach neue Ermittlungsverfahren nicht mehr in einem größeren Umfang eingeleitet worden sein. Erwähnt sei, dass nach einem Bericht des Generalstaatsanwalts bei dem Landgericht Berlin vom 1. Oktober 1999 bis zum 2. Oktober 2000 in den Bereichen Justizunrecht, MfS-Straftaten sowie Doping 77 neue Eingänge registriert wurden und vier für das Arbeitsgebiet Gewalttaten an der Grenze.[98]

Für den Zeitraum von Oktober 1990 bis August 1999 verzeichnete die Berliner Staatsanwaltschaft eine Gesamtzahl von 21.553 Eingängen. Erledigt wurden in dieser Zeit 21.452 Ermittlungsverfahren. Lediglich 101 Verfahren waren zu diesem Zeitpunkt noch offen.

bb) Art der Erledigung

Auch die Entwicklung der Verfahren im Hinblick auf die Art der Erledigung wird zunächst für die beiden Ebenen getrennt betrachtet. Ein Grund dafür sind Unterschiede bei der Erfassung in den ersten Jahren.

Zentrales Systemunrecht

Nach der Art der Erledigung aufgeschlüsseltes Zahlenmaterial liegt nur für den Zeitraum vom Beginn der Tätigkeit der Arbeitsgruppe Regierungskriminalität im Oktober 1990 bis März 1994 vor. Trotz dieser zeitlich engen Grenzen geben die Zahlen Aufschluss über prägende Merkmale der Verfahrensführung und -erledigung.

97 Vgl. *Rautenberg* NJ 1997, 94, 96.

98 Vgl. *GStA bei dem LG Berlin*, Bewältigung der Regierungs- und Vereinigungskriminalität und des Justizunrechts, Bericht v. 8.11.2000, Geschäftszeichen 326I/I II Bd. II.

Das gilt zunächst einmal für den Anteil der Verfahren, die mittels Verbindung zusammengefasst wurden. Während davon bis April 1992 mit 48,1% fast die Hälfte der Verfahren und bis April 1993 noch ein Anteil von 42,2% betroffen war, sank dieser bis März 1994 auf 18,8%. Der Rückgang ist unter anderem mit Ermittlungsabläufen erklärbar.

Die Einleitung von Ermittlungsverfahren ist unabhängig davon, ob und in welchem Umfang die Personalien des Beschuldigten bekannt sind. Zur Zusammenführung von Verfahren kommt es, wenn durch Ermittlungsfortschritte bei den Personalien erkennbar wird, dass verschiedene Verfahren denselben Beschuldigten betreffen. Hatte beispielsweise ein DDR-Richter mehrere Urteile in politischen Strafsachen gefällt, die von den Opfern angezeigt wurden, so ist zunächst für jeden einzelnen Fall ein Ermittlungsverfahren eingeleitet worden. Die Ermittlung der Personendaten, für die es meist nur spärliche Anhaltspunkte gab, etwa in Form der Nennung der Nachnamen der Richter in einem Urteilsrubrum, wurde insbesondere durch die Auflösung des Zentralen Einwohner-Registers der DDR erschwert.[99] Die Personalien der Beschuldigten konnten zum Teil nur nach langwierigen Ermittlungen in Archiven oder Unterlagen der Gerichtsverwaltungen der DDR und durch die Befragung von Zeugen festgestellt werden. Eine Zusammenführung der Einzelverfahren erfolgte erst nach dem Abschluss dieser Ermittlungen und nach der rechtlichen Einordnung des zugrunde liegenden Sachverhalts.

Dementsprechend waren die Strafverfolgungsaktivitäten zunächst durch eine starke Auffächerung gekennzeichnet, die dann durch Verfahrensverbindungen nach und nach reduziert wurde. Der anschließende Rückgang der Verfahrensverbindungen hängt mit den Ermittlungsfortschritten zusammen. Nach Ausermittlung von Personen und Taten und entsprechender Zusammenführung der Verfahren waren die Möglichkeiten einer Verfahrensverbindung weitgehend erschöpft.

Eine auffällige Entwicklung zeigt ferner das Zahlenmaterial zur Verfahrenserledigung nach § 170 Absatz 2 StPO. Eine Einstellung nach dieser Vorschrift erfolgt, wenn nach Abschluss der Ermittlungen kein genügender Anlass für eine Anklage besteht. Die Ermittlungsfortschritte führten, was nahe liegt, zu einer Zunahme an Einstellungen nach dieser Vorschrift. Auf 57 Einstellungen bis 1992 folgten 71 bis 1993. Im anschließenden Jahr kam es zu einem sprunghaften Anstieg auf 529 Einstellungen. Bemerkenswert ist, dass dieser Sprung noch deutlicher ausfällt, wenn man den Anteil dieser Verfahrensabschlüsse an der Gesamtzahl der Erledigungen betrachtet. Der Anteil von 29,8% im ersten Jahr erhöht

---

99 Vgl. *GStA bei dem KG Berlin,* Bericht 1993, S. 74.

sich leicht auf 35,7% im zweiten Jahr und verdoppelt sich fast auf 68,5% im dritten Jahr. Es ist anzunehmen, dass die Entwicklung der höchstrichterlichen Rechtsprechung diese Tendenz maßgeblich beeinflusst hat. Von großer Bedeutung dürfte in diesem Zusammenhang die Einschränkung der Strafbarkeit im Bereich der Rechtsbeugung gewesen sein. Auf die Rechtsprechungsentwicklung wird sogleich näher bei der Darstellung der Anklagepraxis eingegangen, die – in Übereinstimmung mit der hier festgestellten Tendenz – durch einen Rückgang gekennzeichnet ist.

Gleichfalls auffällig ist das Zahlenmaterial zu den Verfahrenseinstellungen aus Opportunitätsgründen. Angesprochen sind damit die in §§ 153 ff. und §§ 154 ff. StPO vorgesehenen Möglichkeiten einer Verfahrensbeendigung mangels Verfolgungsinteresses in Fällen, in denen eine Straftat weniger gewichtig erscheint oder eine andere Straftat größeres Gewicht aufweist. Während diese Einstellungsgründe in der allgemeinen strafverfahrensrechtlichen Praxis etwa in einem Drittel der Erledigungen zur Anwendung kommen,[100] hatten sie hier einen Anteil, der stets unter 5% lag. Das lässt einmal darauf schließen, dass die zu verfolgenden Straftaten nur in Ausnahmefällen als geringgewichtig eingeschätzt wurden. Ferner wird von Bedeutung gewesen sein, dass personenbezogen nur eine ganz bestimmte Form der Strafbarkeit den Tatvorwurf ausmachte, während im Allgemeinen häufig mehrfache Straftaten in unterschiedlichen Formen und mit unterschiedlichem Gewicht den Verfahrensgegenstand bilden.

Die Bewertung des Gewichts der Straftaten kommt auch darin zum Ausdruck, dass die Staatsanwaltschaft in dem genannten Zeitraum lediglich in drei Fällen das Verfahren mit der Beantragung eines Strafbefehls fortsetzte, statt Anklage zu erheben. Der Erlass eines Strafbefehls kommt nur bei weniger schwerwiegenden Straftaten aus dem Zuständigkeitsbereich des Amtsgerichts in Betracht.[101] Die Staatsanwaltschaft vertrat zunächst sogar den Standpunkt, dass Verfahren wegen DDR-Unrechts stets allein schon wegen der Bedeutung der Sache vor dem Landgericht zu führen seien.[102] Diese Einschätzung wurde allerdings von den Gerichten nicht immer geteilt, so dass es zum Teil zur Eröffnung des Hauptverfahrens vor den Amtsgerichten kam. Als Beispiel sei hier das Verfahren gegen den Ostberliner Oberbürgermeister Krack, seine erste Stellvertreterin sowie sämtliche Bezirksbürgermeister und herausgehobene Funktionäre der SED-Stadtbezirksleitungen wegen des Vorwurfs der Wahlfälschung genannt. Auf die beim Landgericht Berlin erhobene Anklage eröffnete das Gericht

100 *Ostendorf*, Strafprozessrecht (2018), S. 148.
101 § 407 StPO.
102 Gem. § 24 Abs. 1 Nr. 3 GVG.

das Verfahren vor dem Amtsgericht Tiergarten in Berlin mit der Begründung, dass mit dem Untergang der DDR eine besondere Bedeutung der Sache, die die Zuständigkeit des Landgerichts begründen würde, nicht mehr gegeben sei.[103]

Hinsichtlich der Anklagepraxis und insbesondere des Anteils der Anklagen an der Gesamtheit der Ermittlungsverfahren liegt justizielles Zahlenmaterial vor, das den Zeitraum bis März 1998 umfasst.[104] Daraus ergibt sich, dass in den ersten vier Jahren die Anklagequote stetig sank. Während der Anteil der Anklagen 1992 noch 12,6% betrug, machte er 1996 nur noch 1,9% aus. Im darauf folgenden Jahr stieg die Quote wieder auf 3,2% an und blieb 1998 mit 3,8% in etwa auf diesem Niveau. Ein Wert von 3,8% errechnet sich auch, wenn insgesamt der Anteil der Anklagen an den Erledigungen im genannten Zeitraum ermittelt wird.

In der dargelegten Entwicklung spiegelt sich wider, dass sich die Rechtslage für die Strafverfolgungsbehörden erst allmählich durch die nach und nach ergangenen höchstrichterlichen Urteile klärte. Der Klärungsprozess führte dazu, dass in bestimmten Bereichen die Ermittlungen teilweise oder völlig eingestellt und Anklagen nur noch in den Fällen erhoben wurden, in denen auf Grund der rechtlichen Beurteilung der Tat durch die Rechtsprechung eine Verurteilung zu erwarten war oder in denen sich noch keine eindeutige oder keine überzeugende obergerichtliche Rechtsprechung herausgebildet hatte. Ab 1996 waren die meisten Ermittlungsverfahren ohne Aussicht auf eine Verurteilung eingestellt, und es war in den meisten Rechtsfragen Klarheit geschaffen. Darauf dürfte der dann erfolgende Anstieg der Anklagequote beruhen.

Die Entwicklung lässt sich für die einzelnen Deliktsbereiche genauer nachzeichnen. Im Bereich der Gewalttaten an der Grenze ergingen die ersten vier Entscheidungen des Bundesgerichtshofs von grundsätzlicher Bedeutung in den Jahren 1992 bis 1994[105]. Sie hatten unter anderem zur Folge, dass die zunächst eingeleiteten Ermittlungsverfahren gegen Grenzsoldaten wegen des Vorwurfs der Nötigung zur Fluchtaufgabe und der Körperverletzung bei versuchten Grenzdurchbrüchen eingestellt wurden.

Den größten Klärungsbedarf gab es im Bereich des Justizunrechts. Die Staatsanwaltschaften der neuen Länder und Berlins verständigten sich darauf,

---

103 *AG Tiergarten*, Beschluss v. 16.12.1992 – Az. 521 – 69/92, BA S. 10.

104 Vgl. die tabellarische Erfassung in *M/W*, Aufarbeitung (1999), S. 170.

105 *BGH*, Urteil v. 3.11.1992 – Az. 5 StR 370/92, BGHSt 39, 1, *M/W*, Bd. 2/1 (2002), S. 135; *BGH*, Urteil v. 25.3.1993 – Az. 5 StR 418/92, BGHSt 39, 168, *M/W*, Bd. 2/1 (2002), S. 71; *BGH*, Urteil v. 20.10.1993 – Az. 5 StR 473/93, BGHSt 39, 353, *M/W*, Bd. 2/1 (2002), S. 379; *BGH*, Urteil v. 26.7.1994 – Az. 5 StR 167/94, BGHSt 40, 241, *M/W*, Bd. 2/1 (2002), S. 179.

zunächst sogenannte Pilotverfahren durchzuführen.[106] Es wurden exemplarische Fälle aus Sachverhaltsgruppen zur Anklage gebracht, um höchstrichterliche Entscheidungen für den gesamten Bereich zu erlangen. Die übrigen Verfahren wurden vorübergehend nicht weiter betrieben. Die Durchführung derartiger Pilotverfahren ist zwar im Hinblick auf die Verpflichtung der Staatsanwaltschaft zum Tätigwerden und auf den verfassungsrechtlichen Gleichheitsgrundsatz problematisch.[107] Auf andere Weise ließ sich die Masse der Verfahren gerade im Bereich der Rechtsbeugung aber nicht bewältigen.

Die ersten Entscheidungen des Bundesgerichtshofs vom 13. Dezember 1993[108] und 9. Mai 1994[109] beruhten auf Anklageerhebungen durch die Berliner Staatsanwaltschaft. Gerichtlich wurden zunächst die Fragen geklärt, ob eine sogenannte Kontinuität des Unrechtstyps hinsichtlich der Strafnormen der Rechtsbeugung im Strafgesetzbuch der DDR und im Strafgesetzbuch der Bundesrepublik feststellbar ist und ob auch Staatsanwälte der DDR wegen Rechtsbeugung strafrechtlich zur Verantwortung gezogen werden können. Klarheit über die vom Bundesgerichtshof zusätzlich entwickelte Voraussetzung, dass schwerwiegende Menschenrechtsverletzungen oder Willkürakte vorgelegen haben müssen, ergab sich durch nachfolgende Entscheidungen aus dem Jahre 1995.[110]

In den Staatsanwaltschaften der neuen Länder und Berlins war lange Zeit umstritten, ob bei Verurteilungen wegen versuchter Republikflucht oder wegen sogenannter Boykotthetze der Vorwurf der Rechtsbeugung allein wegen der Anwendung der entsprechenden Vorschriften des DDR-Rechts[111] erhoben werden konnte.[112] Die Rechtsprechung des Bundesgerichtshofs führte zur Einstellung dieser Verfahren, soweit sich nicht im Einzelfall der Verdacht der Rechtsbeugung auf Besonderheiten stützte, wie zum Beispiel eine völlig überzogene

---

106 In der Sitzung des Fachausschusses Regierungskriminalität v. 25.6.1992 wurde eine Einigung hinsichtlich der Führung sog. Pilotverfahren erzielt (vgl. S. 193 Fn. 9).

107 Näher dazu *Knauer* ZStW 120 (2008), 826.

108 *BGH*, Urteil v. 13.12.1993 – Az. 5 StR 76/93, BGHSt 40, 30, *M/W*, Bd. 5/1 (2007), S. 21.

109 *BGH*, Urteil v. 9.5.1994 – Az. 5 StR 354/93, BGHSt 40, 169.

110 *BGH*, Urteil v. 5.7.1995 – Az. 3 StR 605/94, BGHSt 41, 157; *BGH*, Urteil v. 15.11.1995 – Az. 3 StR 527/94, NStZ 1996, 386; *BGH*, Urteil v. 15.9.1995 – Az. 5 StR 23/95, NJ 1996, 152; *BGH*, Urteil v. 15.9.1995 – Az. 5 StR 713/94, BGHSt 41, 247, NStZ 1996, 86, *M/W*, Bd. 5/1 (2007), S. 321; *BGH*, Urteil v. 16.11.1995 – Az. 5 StR 747/94, BGHSt 41, 317, NJW 1996, 857, *M/W*, Bd. 5/1 (2007), S. 457; vgl. auch S. 79 ff.

111 § 213 DDR-StGB bzw. Art. 6 Abs. 2 DDR-Verfassung von 1949.

112 *Limbach* DtZ 1993, 66, 69; *Schaefgen* RuP 1992, 191, 199; vgl. auch *Rautenberg/Burges* DtZ 1993, 71, 74.

Strafzumessung, eine gravierende Verletzung von Verfahrensvorschriften oder eine unangemessene Härte gegenüber Jugendlichen.[113]

Die erste Entscheidung des Bundesgerichtshofs im Bereich der Wahlfälschung erging am 3. November 1994.[114] Gerichtlich geklärt wurde, dass die Strafnormen der Wahlfälschung im Strafgesetzbuch der DDR und im Strafgesetzbuch der Bundesrepublik die erforderliche Kontinuität des Unrechtstyps aufweisen. Ferner entschied der Bundesgerichtshof, dass eine Verantwortlichkeit ranghoher Vertreter der SED für die Wahlfälschungen auch in der Form einer „Organisationsherrschaft" in Betracht kam. Eine Verwirklichung des Tatbestandes war demnach auch ohne örtliche Anwesenheit durch maßgebliche Beeinflussung der Wahlvorgänge möglich, zum Beispiel durch Entsendung von Beauftragten in einzelne Wahlkreise.

Im Bereich der MfS-Straftaten stellten die Entscheidungen des Bundesgerichtshofs vom 9. Dezember 1993[115] und 25. Juli 1995[116] zu den Komplexen der Telefonüberwachung und der Entnahme von Geld und Wertsachen aus beschlagnahmten Postsendungen durch das MfS klar, dass es in der Regel an Strafbarkeitsvoraussetzungen nach dem Recht der DDR oder der Bundesrepublik fehlt. Demgemäß sind die entsprechenden Ermittlungsverfahren eingestellt worden.

Die Entwicklung der Anklagepraxis – auch in ihrem Verhältnis zu den eingeleiteten Ermittlungsverfahren – lässt sich noch detaillierter beschreiben. Die Darstellung muss sich allerdings für den Tätigkeitszeitraum der Arbeitsgruppe Regierungskriminalität mit groben Kategorien begnügen. Wie bereits festgestellt,[117] wurden die erhobenen Anklagen in dieser Zeit nicht konkreten Deliktsbereichen, sondern sogenannten Untergruppen zugeordnet. Die Untergruppe I befasste sich mit Wirtschafts- und Vermögensstraftaten, insbesondere aus dem Bereich „Kommerzielle Koordinierung", die Untergruppe II mit allen übrigen

---

113 Bezeichnend für die schlichte Anwendung von Art. 6 Abs. 2 der Verfassung der DDR von 1949: In dem Urteil des *BGH* vom 16.11.1995 – Az. 5 StR 747/94, BGHSt 41, 317, 322, *M/W*, Bd. 5/1 (2007), S. 460 heißt es, „dass es dem Angeklagten als Richter der DDR, der im Einklang mit den Vorgaben des Obersten Gerichts Schuldsprüche auf diese Verfassungsnorm gestützt hat, jedenfalls am Vorsatz der Rechtsbeugung gefehlt hat, soweit die bloße Anwendung als Strafnorm betroffen ist". Im Urteil des *BGH* v. 3.12.1996 – Az. 5 StR 67/96, BGHSt 42, 332, *M/W*, Bd. 6 (2006), S. 297 (betreffend die Entführung des Mitglieds der Organisation Gehlen, Wilhelm van Ackern) sind diese Ausführungen auf einen Angehörigen des SfS übertragen worden (UA S. 15).

114 *BGH*, Urteil v. 3.11.1994 – Az. 3 StR 62/94, BGHSt 40, 307, *M/W*, Bd. 1 (2000), S. 313.

115 *BGH*, Urteil v. 9.12.1993 – Az. 4 StR 416/93, BGHSt 40, 8, *M/W*, Bd. 6 (2006), S. 73.

116 *BGH*, *Großer Senat für Strafsachen*, Urteil v. 25.07.1995 – Az. GSSt 1/95, BGHSt 41, 187, *M/W*, Bd. 6 (2006), S. 121.

117 Vgl. S. 220 f.

Straftaten, insbesondere mit Justizdelikten und Gewalttaten an der deutsch-deutschen Grenze sowie Wahlfälschung. Ab April 1995 wurden die erhobenen Anklagen für die einzelnen Deliktsbereiche gesondert erfasst, wie Tabelle 4 ausweist.

Tabelle 4: Berlin, Zentralebene: Anklagen nach Deliktsgruppen (10/1990–3/1998)*

Stand	Untergruppe I			Untergruppe II		
	Wirtschafts-straftaten	Komplex „Vogel“	Gewalttaten an der Grenze	Justiz-unrecht	MfS-Straftaten	Sonstige***
April 1992	12**			12		
April 1993	19			24		
März 1994	31			53		
April 1995	29	6	56	31	11	0
März 1996	38	7	69	38	14	1
März 1997	44	10	87	57	27	1
März 1998	47	10	101	63	34	6

* Genannt sind jeweils Gesamtzahlen bis zum jeweiligen Zeitpunkt.

** In dieser Zahl sind sechs Verfahren enthalten, die am 3. Oktober 1990 mit einer bereits durch den ehemaligen Generalstaatsanwalt der DDR erhobenen Anklage übernommen wurden.

*** Der Deliktsbereich „Sonstige“ enthält eine Anklage und einen Strafbefehlsantrag wegen Wahlfälschung, drei Anklagen wegen Körperverletzung gegen Trainer und Sportärzte (Doping) sowie ein Verfahren wegen Falschaussage.

Die meisten Anklagen sind im Bereich der Gewalttaten an der deutsch-deutschen Grenze zu verzeichnen. Ihr Anteil an der Gesamtzahl der Anklagen (261) beträgt etwa 39%. Einen Anteil von ca. 24% haben die Anklagen wegen Justizunrechts. Auf die Wirtschaftsstraftaten einschließlich des Komplexes „Vogel“ entfällt ein Anteil von ungefähr 22%. Für die MfS-Straftaten errechnet sich ein Anteil von 13%, während die Anklagen wegen sonstiger Straftaten etwa 2% ausmachen.

Es ist anzunehmen, dass im Verhältnis zu den eingeleiteten Ermittlungsverfahren eine deutliche Verschiebung stattgefunden hat. Ein präziser rechnerischer Nachweis ist jedoch nicht möglich, weil die Eingänge nur bis April 1995 nach Deliktsbereichen erfasst worden sind und weil für den Zeitraum bis April 1992 lediglich eine Unterteilung nach Untergruppen vorliegt, die allein die Wirtschaftsstraftaten deliktsspezifisch ausweist. Immerhin kann die Annahme plausibel gemacht werden, wenn einerseits die Eingänge im Zeitraum von April 1992 bis April 1995 anteilmäßig aufgeschlüsselt werden und andererseits die Anteile der bis zum April 1995 erhobenen Anklagen bestimmt werden.

Auf der Grundlage von Tabelle 3[118] errechnet sich für die Wirtschaftsstraftaten einschließlich des Komplexes „Vogel" nach der Addition der Eingänge von April 1993 bis April 1995 ein Anteil von 9,5% an der Gesamtzahl der Eingänge. Die Eingänge im Bereich der Gewalttaten an der Grenze entsprechen einem Anteil von 69,5%. Auf den Bereich, der das Justizunrecht, MfS-Straftaten und Wahlfälschung umfasst, entfällt ein Anteil von 21% an allen Eingängen.

Die Anklagen, die bis April 1995 erhoben wurden, verteilen sich folgendermaßen, wenn dieselbe Deliktseinteilung zugrunde gelegt wird. Die entsprechende Zeile in Tabelle 4 weist bei einer Gesamtzahl von 133 bis dahin erhobenen Anklagen 35 Anklagen aus dem Bereich der Wirtschaftsstraftaten einschließlich des Komplexes „Vogel" und somit einen Anteil von ungefähr 26,5% aus. Den 56 Anklagen wegen Gewalttaten an der Grenze entspricht ein Anteil von ca. 42%. Für die restlichen 42 Anklagen, die sich auf Justizunrecht und MfS-Straftaten beziehen, errechnet sich ein Anteil von etwa 31,5%.

Diese Verschiebung deutet auf Unterschiede in der Anklagequote hin. Offensichtlich wurde in Verfahren wegen Wirtschaftsstraftaten sowie wegen Justizunrechts und MfS-Straftaten deutlich häufiger angeklagt als in Verfahren wegen Gewalttaten an der Grenze. Ansätze für eine Erklärung ergeben sich bei näherer Betrachtung der einzelnen Bereiche.

Im Bereich der Gewalttaten an der Grenze sind sehr ausgedehnte Ermittlungen durchgeführt worden. Sie erstreckten sich auf Grenzvorfälle unterschiedlicher Art. Erfasst wurden nicht allein Tötungen und Körperverletzungen durch Schusswaffengebrauch, Selbstschussanlagen und Minen.[119] Daneben sind in den zahlreichen Fällen, in denen Flüchtlinge durch Gewaltandrohung zur Aufgabe ihres Fluchtvorhabens gezwungen wurden und in denen gezielt, aber erfolglos auf Flüchtlinge geschossen wurde, Ermittlungsverfahren wegen Nötigung bzw. wegen eines versuchten Tötungsdelikts eingeleitet worden. Gegenstand dieses Ermittlungskomplexes ist weiter die Durchsetzung des Grenzregimes durch Zwangsaussiedlungen und Vermögensentziehungen.[120]

Die Ermittlungen richteten sich gegen die Leiter und die sonstigen Verantwortlichen der für Sicherheitsfragen und Außenpolitik zuständigen Abteilungen des Zentralkomitees der SED, gegen die Verantwortlichen im Ministerium des Innern der DDR, gegen die Leiter und sonstigen Verantwortlichen der Hauptabteilung Abwehr, Hauptabteilung I des MfS, die für die Nationale Volksarmee

---

118 S. 220.

119 Nach Erkenntnissen der Staatsanwaltschaft II bei dem LG Berlin sind auf diese Weise mindestens 264 Personen getötet und mehrere hundert Personen zum Teil schwer verletzt worden. Vgl. S. 9.

120 *Schaefgen* RuP 1992, 191, 193.

und die Grenztruppen zuständig war, gegen die Verantwortlichen im Ministerium für Nationale Verteidigung und im Nationalen Verteidigungsrat und gegen die Schützen sowie gegen alle Angehörigen der Grenztruppen, die für den Einsatz von Schusswaffen und die Verminung der Grenze Ursachen gesetzt haben. Ermittelt wurde somit auch gegen die für die Entwicklung und Erprobung von Minen und Selbstschussanlagen Verantwortlichen.[121]

Im Verhältnis zur Breite dieses Ermittlungsansatzes nimmt sich die Zahl der erhobenen Anklagen gering aus. Bis zum 31. März 1998 hatte die Staatsanwaltschaft II bei dem Landgericht Berlin 101 Anklagen gegen insgesamt 226 Personen erhoben. Betroffen waren 20 Mitglieder der politischen Führung, 50 Mitglieder der militärischen Führung und 149 Angehörige der Grenztruppen.[122]

In diesem Zusammenhang bedarf nochmals der Erwähnung, dass die Staatsanwaltschaft II bei dem Landgericht Berlin auch Ermittlungsverfahren wegen der Grenzvorfälle außerhalb Berlins bis zur Anklagereife durchführte. Die Anklagen wurden dann jedoch von der jeweils örtlich zuständigen Staatsanwaltschaft erhoben. Dagegen wurde auf eine Abgabe innerhalb Berlins unter dem Gesichtspunkt anderweitiger sachlicher Zuständigkeit verzichtet. Bei Grenzstraftaten auf Bezirksebene in Berlin unterblieb eine Abgabe des ausermittelten und anklagereifen Verfahrens an die an sich zuständige Abteilung 10 innerhalb der Staatsanwaltschaft II bei dem Landgericht Berlin zum Zweck der Anklageerhebung. Vielmehr erhob die ermittlungsführende Abteilung selbst die Anklage. Die Berliner Staatsanwaltschaft begründete diese Vorgehensweise damit, dass es zweckwidriger Formalismus wäre, nach vollständigem Abschluss der Ermittlungen den Vorgang zur Anklageerhebung an eine andere, bislang unbeteiligte Stelle innerhalb derselben Behörde abzugeben.

Die höhere Anklagequote im Bereich des Justizunrechts hängt vermutlich mit Besonderheiten des Untersuchungsgegenstands zusammen. Wegen Justizunrechts wurden von der Staatsanwaltschaft II bei dem Landgericht Berlin, die wegen Taten auf zentraler Ebene ermittelte, in erster Linie die verantwortlichen Richter und Staatsanwälte des Obersten Gerichts der DDR und der Dienststelle des Generalstaatsanwalts der DDR einschließlich der Dienststelle des Militäroberstaatsanwalts verfolgt. Weitere Ermittlungsverfahren richteten sich gegen die politische Führung der DDR wegen des Vorwurfs der Anstiftung zur Rechtsbeugung. Allein schon die geringere personelle Besetzung der obersten Justizorgane der DDR im Verhältnis zu den unteren Instanzen führte dazu, dass ins-

121 *Schaefgen* RuP 1992, 191, 193.

122 Ohne anklagereife Abgaben an Staatsanwaltschaften aus Gründen anderweitiger örtlicher Zuständigkeit, vgl. *Senatorin/Senator für Justiz Berlin,* Bericht 1997 und Bericht 1998.

gesamt auf dieser Ebene deutlich weniger Ermittlungsverfahren eingeleitet wurden als gegen Richter und Staatsanwälte auf Bezirksebene. Bis zum 31. März 1997 wurden 34 Angehörige des Obersten Gerichts der DDR, acht Angehörige der Behörde des Generalstaatsanwalts der DDR, 42 Militäroberrichter und -staatsanwälte, 58 Angehörige der Ostberliner Justiz sowie acht weitere Personen, darunter Angehörige anderer Staatsanwaltschaften, angeklagt.[123]

Der breite Ermittlungsansatz im Bereich der MfS-Straftaten entsprach der umfassenden Zuständigkeit des Ministeriums für Staatssicherheit in der DDR. Angefangen bei den Telefonüberwachungen, den akustischen und optischen Überwachungen, der systematischen und flächendeckenden Überwachung des nationalen und internationalen Brief- und Paketverkehrs, der Entnahme von Geld und Wertgegenständen daraus, über die organisierte Einflussnahme auf die Justiz, die Entführung und Verschleppung von Angehörigen des Untersuchungsausschusses freiheitlicher Juristen, von politischen Flüchtlingen, von missliebigen Journalisten und von Geheimagenten westlicher Dienste bis hin zur „Liquidierung“ von Personen bot sich ein kaum überschaubares Betätigungsfeld für die Strafverfolgungsbehörden. Gleichwohl ist die Anzahl der Ermittlungsverfahren relativ niedrig, da in einer erheblichen Zahl von Komplexen nur Teilaspekte an und für sich einheitlicher Sachverhalte in den Berliner Zuständigkeitsbereich fielen. Zudem handelte es sich überwiegend um Verfahren beträchtlichen Umfangs, was bei der rein numerischen Zählung der Verfahren, an die die Ermittlung der Anklagequote anknüpft, nicht zum Ausdruck kommt.

Für die Anklagepraxis bei Wirtschaftsdelikten ist von Bedeutung, dass ein erheblicher Teil der von der Berliner Staatsanwaltschaft II hier zugeordneten Verfahren den politischen Machtmissbrauch zum Zwecke wirtschaftlicher Privilegierung betraf. Die Beweislage war bei diesen Delikten in der Regel günstig. Sie hatten oftmals die Erbauung oder Renovierung privater Gebäude auf Staatskosten zum Gegenstand. Der Privatbesitz der Führungselite war hinreichend bekannt[124] und die Finanzierung leicht nachvollziehbar, da die Kosten von Konten öffentlicher Stellen abgebucht worden waren. Aber auch andere Untreuehandlungen waren relativ leicht nachweisbar, da sie jedenfalls im inneren Zirkel der Machtelite kaum verheimlicht wurden. Als das Ende der DDR absehbar

123 Im Bericht 1998 des *Senators für Justiz Berlin* (Stand vom 31.3.1998) sind die im Berichtsjahr hinzugekommenen angeklagten Personen nicht einzeln aufgeführt. Es kam zu weiteren sechs Anklagen, darunter gegen Richter des Obersten Gerichts der DDR und gegen einen Staatsanwalt der Dienststelle des Generalstaatsanwalts von Berlin sowie gegen Richter des 1. Militärstrafsenats, u.a. einen späteren Präsidenten sowie einen späteren Vizepräsidenten des Obersten Gerichts der DDR, und gegen weitere Militärrichter und Angehörige der Militärstaatsanwaltschaft, vgl. *Senatorin für Justiz Berlin,* Bericht 1997 und Bericht 1998.

124 Vgl. Fn. 17 auf S. 198.

war, versuchten zudem einige Beteiligte die eigene Position durch umfassende Angaben zu verbessern. Schließlich ist von Bedeutung, dass die Anklagen häufig auf Ermittlungen fußten, die noch in der Endphase der DDR intensiv geführt worden waren.[125] Es ist anzunehmen, dass diese Umstände wesentlich zu einer verhältnismäßig hohen Anklagequote beigetragen haben.

Systemunrecht auf Bezirksebene

Das Zahlenmaterial für die Bezirksebene gibt nur wenig Aufschluss über die Anteile der Erledigungsarten. Während der Bericht der Justizsenatorin Berlins für die Justizministerkonferenz vom November 1994 noch nach Einstellungsgründen unterschied, wurde seit April 1995 lediglich erfasst, ob eingestellt oder angeklagt wurde. Eine Differenzierung zwischen den verschiedenen Einstellungsgründen unterblieb.

Bei den Anklagen ist noch eine Aufteilung nach zwei Gruppen möglich. Die Statistik der Staatsanwaltschaft unterscheidet zwischen Anklagen wegen des Vorwurfs der Rechtsbeugung und sonstigen Anklagen. 41 der 63 bis zum 31. März 1998 erhobenen Anklagen betrafen den Vorwurf der Rechtsbeugung. Die restlichen 22 Anklagen hatten nach Auskunft der Staatsanwaltschaft ausschließlich Straftaten im Umfeld des Ministeriums für Staatssicherheit zum Gegenstand.

Die Deliktskategorie der Gewalttaten an der Grenze fehlt, weil, wie bereits dargelegt,[126] die Arbeitsgruppe Regierungskriminalität und danach andere Abteilungen der Staatsanwaltschaft II bei dem Landgericht Berlin den Bereich bearbeitet und selbst Anklage in den Verfahren erhoben haben, welche die Berliner Bezirke betrafen. Den Übersichten der Staatsanwaltschaft II bei dem Landgericht Berlin lässt sich entnehmen, dass bis zum 31. März 1998 149 Angehörige der Grenztruppen unterhalb der militärischen Führungsebene angeklagt worden sind.[127]

In dem statistischen Material, das für die Berliner Bezirksebene vorliegt, fehlen auch Anklagen wegen Wahlfälschung, die es in geringer Zahl gegeben hat.[128] Die Gründe dafür sind eher technischer Art. Wahlfälschungsverfahren mit regionalem Bezug waren bereits von der Stadtbezirksstaatsanwaltschaft Berlin-

125 Vgl. S. 201 ff.

126 Vgl. S. 222.

127 Vgl. *Senatorin/Senator für Justiz Berlin,* Bericht 1997 und Bericht 1998.

128 So ist gegen den Oberbürgermeister von Berlin-Ost Erhard Krack und andere ein Verfahren durchgeführt worden, das mit einem Urteil des *AG Tiergarten* vom 8.9.1993 – Az. (215) 77 Js 103/90 (10/93), *M/W,* Bd. 1 (2000), S. 375 zu einem rechtskräftigen Abschluss gelangte.

Ost eingeleitet und weit vorangebracht worden. Sie wurden am 3. Oktober 1990 von der Staatsanwaltschaft bei dem Landgericht Berlin übernommen und weitgehend frühzeitig zu einem Abschluss gebracht. Nach Gründung der Staatsanwaltschaft II bei dem Landgericht kam daher diesem Bereich keine nennenswerte Bedeutung mehr zu, was zur Folge hatte, dass auch ein statistischer Ausweis unterblieb.

Das justizielle Zahlenmaterial weist eine sehr geringe Anklagequote im Verhältnis zu den Erledigungen aus. Bis September 1994 endeten von den 3.592 bis dahin erledigten Verfahren nur 30 und somit lediglich 0,8% mit einer Anklage. In den folgenden Jahren blieb die Quote stets unter 1%. Für den letzten Erfassungszeitpunkt errechnet sich bei 13.018 Erledigungen und insgesamt 63 Anklagen ein Anteil der Anklagen von 0,5%.

Somit lag die Anklagequote bei Straftaten auf Bezirksebene deutlich unter derjenigen bei Straftaten auf Zentralebene, die, wie oben dargelegt,[129] insgesamt 3,8% betrug. Erklärbar ist dieser Unterschied im Wesentlichen damit, dass mehr als 90% aller auf Bezirksebene eingeleiteten Verfahren den Tatvorwurf der Rechtsbeugung betrafen.[130] Hier ist flächendeckend insbesondere auf der Grundlage von Rehabilitierungsverfahren ermittelt worden. Die restriktive Rechtsprechung des Bundesgerichtshofs[131] hat dann aber nur noch einen sehr geringen Spielraum für Anklagen übriggelassen.

Zentral- und Bezirksebene insgesamt

In der folgenden Darstellung ist eine Erweiterung der Erfassungszeiträume möglich. Hinsichtlich der Gesamtzahl der in Berlin durchgeführten Ermittlungsverfahren, der Erledigungen und der Zahl der Anklagen liegt justizielles Zahlenmaterial zum Verfahrensstand vom 31. August 1999 vor.[132] Darüber hinaus können über die Gesamtzahl der Anklagen und deren Verteilung nach Deliktsgruppen Angaben gemacht werden, die sich auf einen Erfassungszeitraum bis zum 2. Oktober 2000 beziehen.

---

129 S. 227.

130 Vgl. S. 223.

131 Vgl. S. 79 ff.

132 Auch nach dem 31. August 1999 sind noch vereinzelt Ermittlungsverfahren eingeleitet worden. Vgl. S. 224.

Tabelle 5: Berlin: Ermittlungsverfahren nach Art der Erledigung (10/1990–8/1999)

Eingänge	Erledigungen insgesamt	davon Anklagen	offen
21.553	21.452	419 (2,0%)	101

Die allgemeine Anklagequote von 2,0% lässt sich nicht weiter nach Deliktsgruppen aufschlüsseln, weil es an einer entsprechenden Datengrundlage fehlt. Hinsichtlich dieser Quote ist noch zu berücksichtigen, dass die Staatsanwaltschaft II bei dem Landgericht Berlin auch Ermittlungsverfahren wegen der Grenzvorfälle außerhalb Berlins bis zur Anklagereife durchführte. Die Anklagen wurden dann jedoch von der jeweils örtlich zuständigen Staatsanwaltschaft erhoben.[133] Sie tauchen deshalb in deren Statistiken auf, während sie in Berlin als Erledigungen durch Abgabe des Verfahrens erfasst wurden.

Die meisten Anklagen betrafen den Bereich des Justizunrechts. Ihr Anteil an der Gesamtzahl der bis Oktober 2000 erhobenen 430 Anklagen[134] beträgt mit 159 Anklagen 37%. Einen Anteil von ca. 26% haben die 111 Anklagen wegen Gewalttaten an der Grenze. Auch hier ist wiederum zu beachten, dass nicht diejenigen Anklagen erfasst sind, die nach Abgabe des Verfahrens durch die Staatsanwaltschaft II von anderen Staatsanwaltschaften erhoben wurden. Auf MfS-Straftaten entfällt mit 72 Anklagen ein Anteil von knapp 17%, 65 Anklagen wegen Wirtschaftsdelikten machen etwa 15% aus, und 23 Anklagen wurden wegen Dopings erhoben, was einem Anteil von etwa 5% entspricht.

b) Brandenburg

Das Brandenburger Justizministerium veröffentlichte nach Beendigung der Arbeit der Schwerpunktabteilung in Neuruppin im Jahr 2002 Informationen zur Ermittlungs- und Erledigungspraxis.[135] Mitgeteilt wurden die Arbeitsergebnisse. Einige Auskünfte zu Details erteilte der Generalstaatsanwalt des Landes Brandenburg auf Nachfrage im Oktober 2006.[136] Da nur Gesamtzahlen vorliegen, ist eine zeitliche Aufschlüsselung mit dem Ziel einer Darstellung von Entwicklungen nicht möglich.

---

133 Vgl. S. 222 ff.

134 Aus dem Unterschied der Erfassungszeiträume ergibt sich, dass zwischen dem 31. August 1999 und dem 2. Oktober 2000 noch elf Anklagen erhoben wurden.

135 *Ministerium der Justiz und für Europaangelegenheiten des Landes Brandenburg*, Aufarbeitung des DDR-Unrechts abgeschlossen, Pressemitteilung v. 15.5.2002. Vgl. auch *Rautenberg*, in Brandenburgisches OLG-FS (2003), 97.

136 *GStA des Landes Brandenburg*, Schreiben v. 6.10.2006, Az. 410 – 88.

Insgesamt bearbeitete die Staatsanwaltschaft im Land Brandenburg mehr als 23.000 Verfahren mit Bezug zum DDR-Unrecht. In 99 Verfahren erhob sie Anklage oder stellte einen Strafbefehlsantrag. Daraus errechnet sich eine Quote von ca. 0,4%. Betroffen waren 124 Beschuldigte.

Der Schwerpunkt der Tätigkeit lag im Bereich der Verfahren wegen Rechtsbeugung gegen Richter und Staatsanwälte der ehemaligen DDR mit circa 19.400 Einzelvorgängen und 460 personenbezogenen Sammelverfahren. An der Gesamtmenge der Ermittlungsverfahren hatten diese Verfahren einen Anteil von etwa 85%. Sie weisen in mehrfacher Hinsicht Besonderheiten auf, die eine nähere Betrachtung verdienen.

Zunächst einmal fällt die hohe Zahl der Eingänge in diesem Bereich auf. Sie erklärt sich, wie auch bereits die hohe Eingangszahl in diesem Bereich in Berlin auf Bezirksebene,[137] aus den besonderen Umständen der frühen Ermittlungsphase. Zunächst wurde jeder verdachtsbegründende justizielle Vorgang gesondert registriert. In einem fortgeschrittenen Ermittlungsstadium war es dann möglich, personenbezogene Sammelverfahren zu bilden, in denen die verschiedenen Einzelhandlungen von Beschuldigten zusammengeführt wurden.

Die Schwerpunktbildung bei Rechtsbeugungstaten tritt noch deutlicher hervor, wenn eine von der Staatsanwaltschaft in Brandenburg entwickelte Verfahrenspraxis in den Blick genommen wird, die insbesondere in diesem Bereich zur Folge gehabt hat, dass ein erheblicher Teil erfasster Fälle gar nicht als Strafverfahren geführt, sondern in einem Vorstadium gewissermaßen geparkt wurde. Der Unterschied zu förmlichen Ermittlungsverfahren bildet sich in den jeweils vergebenen Aktenzeichen ab.

Im Falle der Einleitung eines Ermittlungsverfahrens wird üblicherweise ein Js-Aktenzeichen oder, wenn das Verfahren sich noch nicht gegen eine bestimmte Person richtet, ein UJs-Aktenzeichen vergeben. Anlass für die Verfahrenseinleitung gibt der Verdacht einer Straftat, der auf tatsächlichen Anhaltspunkten beruht. Dieser Anfangsverdacht verpflichtet die Strafverfolgungsorgane zum Tätigwerden.[138]

Nun kann sich aber in der Praxis ein Bedarf für eine weitere Entscheidungsform neben der Alternative der Einleitung oder der Nichteinleitung eines Ermittlungsverfahrens ergeben. Als zweckmäßig kann sich erweisen, es bei einer vorläufigen Erfassung von Informationen mit Bezug zu einer Straftat zu belassen. Als Grund dafür kommt etwa in Betracht, dass mangels personeller Kapazität eine Prüfung vorerst noch nicht erfolgen kann. Denkbar ist ferner, dass die vorhandenen Anhaltspunkte zunächst noch keinen Anfangsverdacht be-

137 Oben S. 222f.

138 Das sogenannte Legalitätsprinzip: §§ 152 Abs. 2, 160 Abs. 1 StPO.

gründen, jedoch weitere Erkenntnisse zu erwarten sind. Auch können Gründe rechtspolitischer Art eine Formalisierung als Ermittlungsverfahren inopportun erscheinen lassen. Allerdings kennt die Strafprozessordnung ein solches Vorstadium strafrechtlicher Ermittlungen nicht. Dessen Formalisierung ermöglicht jedoch das justizielle Registerwesen. Genutzt werden kann das Allgemeine Register (AR), mit dem Vorgänge erfasst werden, die keinem bestimmten Verfahren zuzuordnen sind, wie zum Beispiel Auskunftsersuchen oder Mitteilungen. In Brandenburg – wie auch in Sachsen – wurde von dieser Möglichkeit in größerem Umfang Gebrauch gemacht. So wurden bis November 1997 8.588 Vorgänge dieser Art angelegt, von denen 8.533 Rechtsbeugungsfälle betrafen. Bis zum Mai 2002, als die Neuruppiner Schwerpunktstaatsanwaltschaft ihre Arbeit einstellte, sind insgesamt 10.510 AR-Verfahren allein wegen der Verhängung von Freiheitsstrafen durch ehemalige DDR-Richter und -Staatsanwälte registriert worden.[139]

Für eine nähere Betrachtung dieser Verfahrenspraxis ist es hilfreich, die Alternative an einem Beispiel aufzuzeigen. Bei der Bewältigung der Kriminalität auf Bezirksebene hatte die Staatsanwaltschaft in Berlin mit erheblichen Kapazitätsproblemen zu kämpfen. In den Jahren 1991 bis 1994 brach förmlich eine Flut von Eingängen über sie herein. Die Personalressourcen waren knapp; die Tätigkeit der Arbeitsgruppe Regierungskriminalität hatte Vorrang. Eine eingehende Überprüfung jedes Vorgangs auf einen Anfangsverdacht hin war nicht zu leisten. Immerhin verband sich aber mit dem gerade in Rechtsbeugungssachen vorliegenden Material die Möglichkeit strafbarer Handlungen, was an sich für die Annahme eines Anfangsverdachts ausreicht. Dementsprechend wurde in nahezu allen Vorgängen ein Ermittlungsverfahren mit einem Js- oder UJs-Aktenzeichen eingeleitet. Diese Praxis orientierte sich strikt an der formellen Verfahrensstruktur der Strafprozessordnung.

Die abweichende Verfahrenspraxis in Brandenburg begründete der dortige Generalstaatsanwalt mit Gesichtspunkten personenbezogener Fürsorge. Von den Ermittlungen wegen Rechtsbeugung seien auch vom Land übernommene Richter und Staatsanwälte sowie Rechtsanwälte und Rechtsanwaltsbewerber betroffen.[140] Für sie stelle die Bejahung eines Anfangsverdachts eine erhebliche Belastung dar. Die Einstufung als bloße Vorermittlungen hatte somit zum Ziel, diese Betroffenen von einer derartigen Belastung jedenfalls solange freizuhalten, bis eine nähere Überprüfung einen gesicherten Verdacht ergab.

An einen solchen Verdacht wurden im Übrigen erhöhte Anforderungen gestellt. Im Unterschied zu anderen Staatsanwaltschaften wurde die Auffassung

139 *GStA des Landes Brandenburg*, Schreiben v. 6.10.2006, Az. 410 – 88.
140 *Rautenberg/Burges* DtZ 1993, 71.

vertreten, dass ein Anfangsverdacht nicht bereits dann vorliege, wenn jemand an einer Verurteilung auf der Grundlage des politischen Strafrechts der DDR beteiligt gewesen sei, die in einem Rehabilitierungsverfahren wieder aufgehoben worden sei. Vielmehr müssten weitere Umstände hinzukommen, wie etwa die Betätigung als „politischer Soldat der SED" in einem politischen Senat oder einer politischen Abteilung, die Überdehnung eines Tatbestandes oder ein exzessives Strafmaß.[141]

Die restriktive Rechtsprechung des Bundesgerichtshofs zur Rechtsbeugung[142] kann als Bestätigung dieser Verfahrenspraxis gesehen werden. Andererseits lässt sich darauf verweisen, dass es zum Zeitpunkt der Etablierung dieser Verfahrenspraxis noch an klaren Vorgaben durch die Rechtsprechung fehlte und dass ein Anfangsverdacht im Allgemeinen bereits dann vorliegt, wenn nur die Möglichkeit einer Straftatbegehung erkennbar wird.[143]

Letztlich spiegelt der aufgezeigte Unterschied in der Verfahrenspraxis einen Unterschied im staatsanwaltschaftlichen Selbstverständnis wider. Seit Gründung der Staatsanwaltschaft ist umstritten, wie weit ihre Bindung an Vorgaben des Gesetzgebers und der Gerichte geht. Es zeichnet sich eine starke Tendenz zu größeren Freiräumen ab. Die Ausweitung von Einstellungsmöglichkeiten aus Opportunitätsgründen zu Lasten des Legalitätsprinzips ist dafür ein besonders deutlicher Beleg.[144] Die Etablierung eines Vorermittlungsverfahrens unter Nutzung des Allgemeinen Registers setzt diese Entwicklung konsequent fort. Der Haltung eines „Richters vor dem Richter"[145] entspricht es auch, wenn ungeklärte Rechtsfragen selbstständig in der Weise entschieden werden, dass Restriktionen des Strafbarkeitsbereichs durch Einstellung herbeigeführt werden.

Die Gegenposition orientiert sich weiterhin am Grundmodell justizinterner Gewaltenteilung. Sie beschränkt sich auf das Entscheidungsmuster, das mit dem Legalitätsprinzip verbunden ist, und sieht sich durch das verfassungsrechtlich abgesicherte Rechtsprechungsmonopol der Gerichte[146] gebunden.

Der zur Rechtsbeugung vertretene Standpunkt in Brandenburg hatte zur Folge, dass in diesem Bereich nur bei einem sehr geringen Teil der erledigten Verfahren Anklage erhoben wurde. Angeklagt wurden insgesamt 32 Beschuldigte wegen des Tatvorwurfs der unrechtmäßigen Verhängung von Freiheitsstrafen. Im Zuge der Ermittlungen waren auch 37 Todesurteile der DDR-Justiz über-

---

141 *Weber* GA 1993, 195, 229; *Rautenberg/Burges* DtZ 1993, 71.

142 Vgl. S. 79 ff.

143 *Meyer-Goßner/Schmitt*, StPO, 62. Aufl. (2019), § 152 Rn. 4.

144 Zusammenfassend *Schroeder/Verrel*, Strafprozessrecht (2017), § 10 Rn. 51 ff.

145 *Kausch*, Der Staatsanwalt (1980).

146 Art. 92 GG.

prüft worden. In 36 dieser Verfahren kam es zu Einstellungen mangels hinreichenden Tatverdachts bzw. Nichtvorliegens eines Anfangsverdachts; in einem Fall wurde Anklage gegen einen Richter sowie einen Staatsanwalt erhoben.

Erwähnung verdient schließlich in diesem Zusammenhang noch, dass bei den Einstellungen im Rechtsbeugungsbereich auch von § 153a StPO Gebrauch gemacht worden ist. Nach dieser Vorschrift kann ein Strafverfahren eingestellt werden, wenn durch Auflagen oder Weisungen das öffentliche Interesse an der Strafverfolgung beseitigt werden kann und wenn die Schwere der Schuld nicht entgegensteht. Auch mit der Anwendung dieser Vorschrift hat die Staatsanwaltschaft des Landes Brandenburg Neuland betreten. An sich kann die Vorschrift in Rechtsbeugungsverfahren nicht zur Anwendung kommen, weil nach dem Recht der Bundesrepublik Deutschland die Rechtsbeugung zur Kategorie der mit einer hohen Strafandrohung versehenen Verbrechen gehört, während § 153a StPO nur auf die weniger gewichtigen Vergehen anwendbar ist. Eine Anwendungsmöglichkeit eröffnet jedoch der Einigungsvertrag.[147] Er sieht vor, dass zugleich auch das DDR-Recht anwendbar ist und vorrangig zum Zuge kommt, wenn seine Regelungen milder sind. Unter Berufung darauf konnte Berücksichtigung finden, dass die Rechtsbeugung nach der entsprechenden Vorschrift des DDR-Strafrechts[148] lediglich ein Vergehen darstellte.

Es kann allerdings bezweifelt werden, dass auch die sonstigen Einstellungsvoraussetzungen nach § 153a StPO gegeben waren. Dazu zählt zunächst der hinreichende Tatverdacht einer Rechtsbeugungstat. Nach der Rechtsprechung des Bundesgerichtshofs bedurfte es dafür der Annahme, dass Menschenrechte offensichtlich und schwer verletzt worden waren. Damit erscheint es nicht ohne weiteres vereinbar, dass die Schuld als nicht schwerwiegend bewertet und dass eine Beseitigung des öffentlichen Interesses an einer Strafverfolgung durch Auflagen oder Weisungen als möglich erachtet wurde.

Festzuhalten bleibt, dass sich mit der Verwendung der Einstellungsmöglichkeit nach § 153a StPO das Spektrum staatsanwaltschaftlicher Reaktionsformen erweiterte. Darin zeigte sich gleichermaßen wie in der Praxis einer Verzögerung der Verfahrenseinleitung durch Nutzung des AR-Registers eine Tendenz zur Flexibilisierung der staatsanwaltschaftlichen Strafverfolgung bei der Befassung mit DDR-Unrecht.

Weitere Arbeitsgebiete von größerem Umfang bildeten in Brandenburg Verfahren wegen Gefangenenmisshandlung, wegen Gewalttaten an der innerdeutschen Grenze sowie wegen Wahlfälschung.

---

147 Vgl. *StA Neuruppin* NJ 1996, 539.
148 § 244 DDR-StGB.

Den Vorgängen in Strafvollzugseinrichtungen der DDR hat die Schwerpunktstaatsanwaltschaft Brandenburg besondere Aufmerksamkeit zugewendet. Sie führte Ermittlungen auf der Grundlage von 2.856 bekannt gewordenen Körperverletzungstaten durch. Als erste Staatsanwaltschaft in den neuen Bundesländern erhob sie eine Anklage auf diesem Gebiet. Das Landgericht Potsdam verurteilte den angeklagten Strafvollzugsbediensteten zu einer Freiheitsstrafe von zwei Jahren und setzte deren Vollstreckung zur Bewährung aus.[149] Die von der Staatsanwaltschaft und dann auch vom Gericht vertretene Auffassung, die Straftaten seien nicht verjährt, ist durch den Bundesgerichtshof bestätigt worden.[150] Damit war eine wesentliche Vorfrage für die weitere Tätigkeit der Strafverfolgungsbehörden in diesem Bereich geklärt. Die Ermittlungsverfahren hatten Folgendes zum Ergebnis. In 770 Fällen erfolgte eine Einstellung gem. § 170 Absatz 2 StPO und in 23 Fällen gem. § 153a StPO. 19 Beschuldigte wurden angeklagt. Die Ermittlungsverfahren wegen 120 bekannt gewordener ungeklärter Todesfälle von Untersuchungs- und Strafgefangenen wurden sämtlich gem. § 170 Absatz 2 StPO eingestellt.

Wegen Gewalttaten an der Grenze wurden insgesamt 43 Verfahren geführt. Anklage erhob die Staatsanwaltschaft in 31 Verfahren gegen insgesamt 51 Beschuldigte.

Den Vorwurf der Wahlfälschung hatten 33 Verfahren zum Gegenstand. Der Schwerpunkt der Ermittlungstätigkeit lag im ehemaligen DDR-Bezirk Potsdam.[151] In 25 Verfahren kam es zu einer Einstellung gem. § 170 Absatz 2 StPO. Ein weiteres wurde an eine andere zuständige Staatsanwaltschaft abgegeben. Insgesamt wurden in dieser Deliktsgruppe drei Anklagen erhoben und vier Strafbefehle beantragt, die sich gegen insgesamt zwölf Beschuldigte richteten. Es kam somit vergleichsweise häufig zu einer Fortführung des Verfahrens. Eine Erklärung bietet der Umstand, dass in fast allen dieser Fälle auf eine intensive

---

149 *LG Potsdam*, Urteil v. 24.6.1994 – Az. 24 KLs 39/93.

150 *BGH*, Urteil v. 26.4.1995 – Az. 3 StR 93/95, NJW 1995, 2861, *M/W*, Bd. 7 (2009), S. 31.

151 Große öffentliche Resonanz fanden die Verfahren gegen den Potsdamer Oberbürgermeister Wilfried Seidel sowie den 2. Sekretär der Potsdamer SED-Bezirksleitung Ulrich Schlaak. Beide wurden zu Freiheitsstrafen von jeweils einem Jahr verurteilt, deren Vollstreckung zur Bewährung ausgesetzt wurde, vgl. Urteil des *KreisG Potsdam-Stadt* v. 13.9.1991 – Az. 32 S 26/90 221-7/90, *M/W*, Bd. 1 (2000), S. 107 gegen Seidel; das Urteil gegen Schlaak, vgl. Urteil des *AG Potsdam* v. 27. 10. 1994 – Az. 75 Ls 60 Js 14/92, *M/W*, Bd. 1 (2000), S. 125), wird im Bericht des *Leitendenden OStA der Schwerpunktabteilung Neuruppin* v. 19.6.1996, S. 31, erwähnt. Der verurteilte Seidel ist noch durch die Staatsanwaltschaft der DDR für den Zeitraum von einem Monat wegen Verdunkelungsgefahr in Untersuchungshaft genommen worden (*KreisG Potsdam-Stadt*, Haftbefehl v. 10.1.1990 – Az. 32 RS 4/90).

staatsanwaltschaftliche Ermittlungstätigkeit noch aus der Zeit der DDR zurückgegriffen werden konnte.

c) Mecklenburg-Vorpommern

Für eine Auswertung stand Zahlenmaterial zur Verfügung, das sich auf den gesamten Tätigkeitszeitraum der Schwerpunktabteilung bei der Staatsanwaltschaft bei dem Landgericht Schwerin vom 1. August 1992 bis zum 30. Juni 2001 bezieht. Die Abteilung bediente sich zur Erfassung von Deliktsgruppen einer weit ausdifferenzierten Einteilung, die sich weitgehend an den gesetzlichen Tatbeständen des Strafgesetzbuchs orientierte. Im Folgenden wird eine Zusammenfassung mit Sammelbezeichnungen vorgenommen, um einen Vergleich mit den übrigen Ländern zu ermöglichen.

Insgesamt leitete die Schweriner Staatsanwaltschaft 4.775 Ermittlungsverfahren ein. Die Zahl liegt deutlich unterhalb derjenigen für Brandenburg und Berlin.[152] Erklärbar ist die Differenz im Wesentlichen mit regionalen Unterschieden in der Präsenz staatlicher Macht. Die Machtzentren der DDR befanden sich in und um Berlin. Dagegen hatte keine politische oder militärische Einrichtung von überregionaler Bedeutung ihren Sitz im Gebiet von Mecklenburg-Vorpommern.[153]

Der Ermittlungsschwerpunkt lag mit 3.492 Verfahren und einem Anteil von 73% im Bereich des Justizunrechts. Deutlich niedriger sind die entsprechenden Zahlen für Körperverletzungstaten einschließlich der Misshandlung von Gefangenen (470), politische Verdächtigungen (348), MfS-Straftaten (232), Tötungsdelikte unter Einschluss von Grenzvorfällen (96), Eigentums- und Vermögensstraftaten (61), Wahlfälschung (10) und sonstige Delikte (66).

Im Vergleich zu den Ländern Berlin und Brandenburg fällt die relativ hohe Zahl der wegen des Vorwurfs der politischen Verdächtigung eingeleiteten Ermittlungsverfahren auf. Man hätte allerdings hier und andernorts durchaus auch einen noch erheblich größeren Ermittlungsumfang erwarten können, verursacht durch eine Vielzahl von Anzeigen gegen Aktivitäten des Ministeriums für Staatssicherheit. Wie engmaschig dessen Überwachungsnetz war, zeigt das für das Gebiet von Mecklenburg-Vorpommern vorliegende Zahlenmaterial. Am 1. Oktober 1989 verfügten die Bezirksverwaltungen des MfS in Rostock, Neubrandenburg und Schwerin über einen Personalbestand von insgesamt 6.469 und die in den Bezirken gelegenen 34 Kreisdienststellen des MfS über einen Be-

---

152 Vgl. S. 224, 237.
153 Vgl. *M/W*, Aufarbeitung (1999), S. 185.

stand von insgesamt 1.438 hauptamtlichen Mitarbeitern.[154] Je nach Struktur und Stärke variieren die Zahlen der Inoffiziellen Mitarbeiter des MfS zwischen 4.023 und 9.981 in den Bezirksverwaltungen sowie zwischen 250 und 500 in den Kreisdienststellen.[155] Die Aktivitäten dieses Heeres an Mitarbeitern hätten angesichts der bekannten Praktiken des MfS eine Flut von Anzeigen wegen politischer Verdächtigung auslösen können. Sie ist ausgeblieben. Als Gründe kommen dafür in Betracht, dass Betroffene eine Strafverfolgung nicht wünschten oder aus Mangel an Vertrauen in die Arbeit der Verfolgungsbehörden auf eine Anzeige verzichteten,

In 60 der 4.775 Verfahren kam es zu einer Anklage, was einem Anteil von 1,3% entspricht. Etwa 81% der Verfahren wurden nach § 170 Absatz 2 StPO eingestellt. Die übrigen Verfahren fanden eine Erledigung gemäß §§ 153 ff. StPO oder wurden an andere Staatsanwaltschaften abgegeben.

Die meisten Anklagen wurden im Bereich des Justizunrechts erhoben (34). Die restriktive Rechtsprechung des Bundesgerichtshofs in diesem Bereich veranlasste die Schweriner Staatsanwaltschaft dann jedoch, einen erheblichen Teil davon zurückzunehmen.[156]Auch der gänzliche Verzicht auf Anklagen im Bereich der politischen Verdächtigung hängt vermutlich mit den stark einschränkenden Leitlinien zusammen, welche die Rechtsprechung im Laufe der Zeit entwickelt hat.[157]

d) Sachsen

Für die Strafverfolgungsaktivitäten im Land Sachsen liegt Justizmaterial für den Zeitraum vom 3. Oktober 1990 bis zum 31. Dezember 2000 vor, das einen Gesamtüberblick verschafft. Es kann allerdings nicht davon ausgegangen werden, dass diese Statistik auch sämtliche Verfahren aus der Zeit vor Einrichtung der Schwerpunktstaatsanwaltschaft in Dresden im Jahr 1992 enthält.

Ebenso wie in Brandenburg wurde auch in Sachsen das Allgemeine Register für Zwecke einer Vorprüfung vor der Einleitung eines förmlichen Ermittlungsverfahrens genutzt.[158] Eine statistische Erfassung der AR-Verfahren nach Eingängen und Erledigungen erfolgte jedoch nicht. Nach einer Schätzung der Schwerpunktstaatsanwaltschaft in Dresden sind bis Dezember 1997 insgesamt

---

154 *Fricke*, MfS intern (1991), S. 34.
155 *Fricke*, MfS intern (1991), S. 44.
156 Vgl. hierzu S. 261.
157 Vgl. S. 95 ff.
158 Vgl. S. 237 ff.

etwa 15.000 bis 20.000 AR-Vorgänge angelegt worden. Zur Hauptsache betrafen die Verfahren den Deliktsbereich des Justizunrechts.

Insgesamt weist das aus Sachsen erhältliche Justizmaterial aus, dass 12.606 Ermittlungsverfahren eingeleitet wurden. Auch insoweit dürfte hier wie in den anderen Ländern der Schwerpunkt beim Tatvorwurf der Rechtsbeugung gelegen haben. Von besonderer Bedeutung sind die Ermittlungsverfahren wegen der sogenannten Waldheimer Prozesse[159] gewesen. Die Ermittlungen wurden zunächst von der Staatsanwaltschaft Leipzig aufgenommen und dann von der Schwerpunktstaatsanwaltschaft in Dresden fortgeführt. Von den 48 in Waldheim tätigen Richtern und Staatsanwälten konnten elf als noch lebend ermittelt werden.

Erwähnung verdienen ferner die Ermittlungen wegen der Misshandlung Jugendlicher im Jugendwerkhof Torgau. Sie richteten sich gegen das Personal der Anstalt. Zugleich überprüfte die Arbeitsgruppe Regierungskriminalität in Berlin in diesem Zusammenhang eine strafrechtliche Verantwortlichkeit der Volksbildungsministerin Margot Honecker. Das Verfahren gegen sie wurde eingestellt, nachdem Recherchen in den Beständen des DDR-Volksbildungsministeriums keine weiterführenden Erkenntnisse erbracht hatten.[160]

Hinsichtlich der Erledigungsformen unterscheidet die sächsische Justizstatistik lediglich nach Einstellungen, sonstigen Erledigungen, die im Wesentlichen Verfahrensabgaben und -verbindungen betrafen, und Anklagen. 8.826 Verfahren wurden eingestellt und 3.514 Verfahren auf sonstige Weise erledigt. In 279 Verfahren kam es zu einer Anklage oder wurde ein Strafbefehlsantrag gestellt; das entspricht einem Anteil von 2,2%.

Entsprechend der Schwerpunktbildung bei den Ermittlungen hat das Justizunrecht auch den größten Anteil an den Anklagen. 136 Anklagen, also fast die Hälfte aller Anklagen (48,7%), betrafen diese Deliktsgruppe. Auf eine intensive Verfolgung lässt auch die Zahl von 59 Anklagen (21,1%) im Bereich der Körperverletzungsdelikte schließen. Anzunehmen ist, dass sie größtenteils den Vorwurf der Misshandlung von Gefangenen zum Gegenstand hatten. Die dritte Stelle nehmen 41 Anklagen im Bereich der MfS-Straftaten ein (14,7%), gefolgt von 13 Anklagen wegen Wahlfälschung (4,7%). Die Zahlen für Anklagen wegen sonstiger Straftaten (Tötungsdelikte, Körperverletzung durch Doping, Urkundendelikte, politische Verdächtigung, Untreue) liegen im einstelligen Bereich.

---

159 Vgl. dazu S. 54f., 78, 283.

160 Vgl. *GStA bei dem KG Berlin,* Bericht 1994, S. 95f.

e) Sachsen-Anhalt

Für eine Auswertung stand der Abschlussbericht des Leiters der Schwerpunktabteilung „SED-Unrecht" der Staatsanwaltschaft bei dem Landgericht Magdeburg vom 22. Januar 2001 zur Verfügung. Er umfasst auch die staatsanwaltliche Strafverfolgungstätigkeit vor Einrichtung der Schwerpunktabteilung im Februar 1993.

Insgesamt kam es in 6.540 Fällen zur Einleitung eines Ermittlungsverfahrens. Ähnlich wie in Mecklenburg-Vorpommern belegt diese Zahl einen deutlich geringeren Ermittlungsumfang als in Berlin und Brandenburg. Gleichermaßen ist die Differenz mit der strukturbedingten geringeren Präsenz des Staats- und Parteiapparats zu erklären.

Den Verfolgungsschwerpunkt bildete der Tatvorwurf der Rechtsbeugung. 4.728 Verfahren betrafen diesen Bereich, was einem Anteil von 72,3% entspricht. Die jeweiligen Anteile aller anderen Deliktsbereiche (Freiheitsberaubung, Körperverletzung, politische Verdächtigung, Tötungsdelikte, Kindesentziehung, Sonstige) lagen unter 10%.

Als Besonderheit ist hervorzuheben, dass im Unterschied zu den anderen Ländern in Sachsen-Anhalt Kindesentziehungen als gesonderte Deliktsgruppe ausgewiesen wurden. Der Umstand deutet auf besondere Anstrengungen zur Verfolgung von Zwangsadoptionen der Kinder fluchtwilliger, flüchtiger oder abgeschobener Personen hin. In diesem Zusammenhang ist es jedoch nur zu einer Anklage wegen Rechtsbeugung gekommen.[161]

Hinsichtlich der Erledigung der Ermittlungsverfahren gestattet das vorliegende Zahlenmaterial lediglich, Anklageerhebungen deliktsspezifisch nach groben Kriterien auszuweisen. Insgesamt wurden 64 Anklagen erhoben. In weiteren 15 Fällen wurden Strafbefehlsanträge gestellt. Die daraus zu errechnende Quote für Sachsen-Anhalt beträgt etwa 1,2% und ist damit vergleichbar niedrig wie in den anderen Bundesländern.

An den 64 Anklagen haben 37 Anklagen wegen Gewalttaten an der Grenze mit 57,7% den größten Anteil. Elf Anklagen erfolgten wegen Rechtsbeugung (17,2%) und sechs wegen Misshandlung von Gefangenen (9,4%). Die zehn restlichen Anklagen (15,6%) betrafen die Vorwürfe des Menschenraubs, des Amtsmissbrauchs (Entnahme von Devisen aus Postsendungen), der illegalen Telefonüberwachung, der politischen Verdächtigung sowie der Erpressung im Zusammenhang mit dem Verkauf von Grundstücken Ausreisewilliger.

---

161 *M/W*, Aufarbeitung (1999), S. 53 f. sowie *M/W*, Bd. 5/1 (2007), S. 31 ff.

f) Thüringen

Den folgenden Angaben liegt eine abschließende statistische Übersicht der Schwerpunktabteilung „SED-Kriminalität“ der Staatsanwaltschaft Erfurt vom 4. September 2000 zugrunde. Verwertet wurden ferner die Zahlenangaben aus der Pressemitteilung, die das Thüringer Justizministerium aus Anlass des Abschlusses aller Verfahren wegen DDR-Unrechts am 10. März 2003 herausgegeben hat.[162]

Auf dieser Grundlage lässt sich zunächst einmal festhalten, dass insgesamt 6.420 Ermittlungsverfahren eingeleitet und erledigt wurden. Der Ermittlungsumfang war deutlich geringer als in Berlin und Brandenburg und entspricht demjenigen in Mecklenburg-Vorpommern und Sachsen-Anhalt. Wie auch dort ist diese Differenz mit der geringeren Präsenz von Machtzentren erklärbar. In 101 dieser Verfahren kam es zu einer Anklage oder zu einem Strafbefehlsantrag. Daraus errechnet sich eine Quote von 1,6%.

Das vorliegende Material ermöglicht eine inhaltliche Differenzierung. Ähnlich wie in Mecklenburg-Vorpommern hat die Staatsanwaltschaft in Thüringen eine an Strafvorschriften orientierte Einteilung der Fallgruppen vorgenommen. Den weitaus größten Anteil an den eingeleiteten Ermittlungsverfahren hatten 4.800 wegen Rechtsbeugung geführte Verfahren (75%). Mit erheblichem Abstand folgen u.a. 376 Verfahren wegen Körperverletzung (5,9%), 357 Verfahren wegen politischer Verdächtigung (5,6%), 223 Verfahren wegen Freiheitsberaubung (3,5%), 124 Verfahren wegen Nötigung (1,9%), 88 Verfahren wegen Totschlags (1,4%) und 46 Verfahren wegen Aussageerpressung (0,7%).

Nur in elf Fällen kam es im Bereich der Rechtsbeugungsverfahren zu einer Anklage oder einem Strafbefehlsantrag. Die entsprechende Quote liegt bei lediglich 0,2%. Bemerkenswert ist ferner, dass 823 Ermittlungsverfahren dieser Fallgruppe, die einen Anteil von 17,1% ausmachen, nach § 153 Absatz 1 StPO wegen geringer Schuld und Fehlens eines öffentlichen Verfolgungsinteresses eingestellt wurden. Eine deutlich höhere Quote ergeben die 12 Anklagen wegen Körperverletzung (3,2%) und die drei Anklagen wegen Aussageerpressung (6,5%). Noch weitaus höher fällt die Quote für die 47 Anklagen wegen Totschlags mit 53,4% aus. Dabei handelte es sich ausschließlich um Verfahren wegen Gewalttaten an der Grenze. Alle derartigen Verfahren wurden durch die Staatsanwaltschaft II bei dem Landgericht Berlin bis zur Anklagereife ausermittelt und dann den örtlich zuständigen Staatsanwaltschaften zugeleitet.[163]

---

162 *Freistaat Thüringen, Justizministerium*, Abschluss aller Verfahren zur strafrechtlichen Aufarbeitung des zu DDR-Zeiten begangenen staatlichen Unrechts, Pressemitteilung vom 10.3.2003.

163 Vgl. S. 222, 236 – Eine Änderung der Abgabepraxis ab 1996 führte dazu, dass nunmehr mit Rücksicht auf ein etwaiges Klageerzwingungsverfahren die örtlich zuständigen Staatsanwalt-

g) Alte Bundesländer

Da sich die örtliche Zuständigkeit der Staatsanwaltschaften und Gerichte zur Hauptsache gemäß § 7 StPO nach dem Ort der Tathandlung bestimmt, kommt den alten Bundesländern, von den Spionagedelikten abgesehen,[164] bei der Verfolgung des DDR-Unrechts kaum Bedeutung zu. Daher wurden dort auch keine Schwerpunktstaatsanwaltschaften eingerichtet. Die wenigen Fälle, mit denen die alten Bundesländer befasst waren, wurden in allgemeinen Dezernaten bearbeitet. Daten seitens der Justizbehörden zur Ermittlungs- und Anklagepraxis im Bereich des DDR-Unrechts liegen nicht vor. Bekannt sind drei Verfahren, in denen es auch zur Anklageerhebung gekommen ist. Zwei Anklagen betrafen Gewalttaten an der deutsch-deutschen Grenze. Die dritte Anklage hatte eine Denunziation zum Gegenstand.

In den Grenztötungsfällen hatten die Opfer bei einem Fluchtversuch bereits westdeutschen Boden erreicht, als sie von den Schüssen getroffen wurden. Daraus leitete sich eine Zuständigkeit westdeutscher Staatsanwaltschaften ab. Eine der Anklagen wurde von der Staatsanwaltschaft Schweinfurt,[165] die andere von der Staatsanwaltschaft Lüneburg erhoben.[166] Auch in diesen Fällen wurden die Sachverhalte bis zur Anklagereife von der Staatsanwaltschaft II bei dem Landgericht Berlin ausermittelt, die dann die Verfahren an die örtlich zuständigen Behörden abgegeben hat.[167] Der Denunziationsfall betraf dagegen einen Sachverhalt, der sich ausschließlich auf dem Gebiet der DDR zutrug. Die Staatsanwaltschaft beim Landgericht Hildesheim[168] klagte eine Frau an, die Fluchtpläne ihres Ehemannes verraten haben soll.[169] Die Zuständigkeit dürfte in diesem Fall nach dem Wohnsitz der Beschuldigten oder dem Ergreifungsort bestimmt worden sein.[170]

---

schaften auch den förmlichen Abschluss des Ermittlungsverfahrens durch Einstellung vornahmen. Ohne diese Änderung läge die Anklagequote wohl noch höher.

164 Die Zuständigkeit für die Verfolgung von Spionagetaten liegt beim Generalbundesanwalt. Dieser kann in Fällen von minderer Bedeutung das Verfahren vor Anklageerhebung an eine Landesstaatsanwaltschaft abgeben.

165 *StA Schweinfurt* – Az. 11 Js 4457/92.

166 *StA Lüneburg* – Az. 10 Js 17331/88.

167 Vgl. S. 222, 236, 246.

168 *StA Hildesheim* – Az. 17 Js 1863/90.

169 Die Angeklagte wurde später durch den Bundesgerichtshof in letzter Instanz freigesprochen, vgl. *BGH*, Beschluss v. 8.2.1995 – Az. 5 StR 157/94, *M/W*, Bd. 7 (2009), S. 359.

170 §§ 8, 9 StPO.

h) Zusammenführung der Angaben zu den einzelnen Ländern

Die von der Justiz mitgeteilten Daten zur Ermittlungs- und Anklagepraxis aus den einzelnen Ländern lassen sich nur mit Einschränkungen zusammenführen. Erschwerend wirken sich u.a. Unterschiede in den Erfassungszeiträumen sowie das Verfahren einer Registrierung von Vorgängen im Allgemeinen Register aus, das in Brandenburg und Sachsen praktiziert wurde[171]. Eine Zusammenführung der Zahlen zu den Deliktsgruppen scheitert daran, dass in den Ländern unterschiedliche Kriterien verwendet wurden oder eine Differenzierung unterblieb. Vergleichbare Zahlen sind lediglich im Hinblick auf die Gesamtmenge der eingeleiteten und erledigten Ermittlungsverfahren sowie der Anklagen verfügbar. Immerhin verschaffen sie einen Eindruck von der Größenordnung der justiziellen Aktivitäten wegen DDR-Unrechts.

Tabelle 6 weist aus, dass den Zahlenangaben der Justiz zufolge insgesamt fast 75.000 Ermittlungsverfahren eingeleitet wurden. Diese Zahl erscheint, für sich betrachtet, hoch. Ein Vergleich mit der Gesamtmenge der staatsanwaltlich zu verarbeitenden Kriminalität relativiert diesen Eindruck. Allein im Jahr 1996 waren die Staatsanwaltschaften mit 4.290.408 Eingängen befasst.[172] Demgegenüber bezieht sich die Zahl der Ermittlungsverfahren wegen DDR-Unrechts auf einen Verfolgungszeitraum von mehr als 15 Jahren sowie auf einen Tatzeitraum von etwa 40 Jahren.

Tabelle 6: Bundesländer insgesamt: Ermittlungsverfahren und Anteil der Anklagen*

Bundesland	Ermittlungsverfahren	Anklagen	
Berlin**	21.553	419	(2,0%)
Brandenburg	circa 23.000	99	(circa 0,4%)
Mecklenburg-Vorpommern	4.775	60	(1,3%)
Sachsen	12.606	279	(2,2%)
Sachsen-Anhalt	6.540	79	(1,2%)
Thüringen	6.420	101	(1,6%)
Gesamt	circa 74.894	1.037	(circa 1,4%)

* Die alten Bundesländer sind von der Übersicht ausgenommen, weil über die Zahl der dort geführten Ermittlungsverfahren keine Erkenntnisse vorliegen.

** In Berlin wurden zwar bis Oktober 2000 insgesamt mindestens 430 Anklagen erhoben; hier wird jedoch die Zahl von 419 Anklagen vom August 1999 zugrunde gelegt, weil sich nur für diesen Stand eine Anklagequote ermitteln ließ.

171 Zu den AR-Verfahren vgl. oben S. 237 ff, 243 f.

172 *Statistisches Bundesamt*, Justizgeschäftsstatistik (2012), S. 55.

Wie viele Personen von diesen Ermittlungen betroffen waren, lässt sich nur annäherungsweise bestimmen. Auf der Grundlage der durch eigene Erhebungen gewonnenen Erkenntnis, dass im Durchschnitt aller Verfahren, in denen eine Anklage erhoben wurde, die Zahl der Beschuldigten etwa 1,4 betrug,[173] lässt sich die Zahl der Betroffenen auf circa 100.000 hochrechnen.

Zu vermuten ist, dass etwa drei Viertel aller Ermittlungsverfahren wegen DDR-Unrechts den Tatvorwurf der Rechtsbeugung betrafen. Für die Bundesländer, in denen die eingeleiteten Ermittlungsverfahren deliktsspezifisch erfasst worden sind, ergibt sich ein Anteil der Rechtsbeugungsverfahren, der zwischen 72% und 85% liegt.[174] Es gibt keine Anzeichen dafür, dass für die übrigen Bundesländer wesentlich anderes gilt. Legt man einen generellen Prozentsatz von 75% zugrunde, so sind von ca. 75.000 Ermittlungsverfahren etwa 56.250 dem Bereich der Rechtsbeugung zuzurechnen. In diesem Zusammenhang bedarf nochmals der Erwähnung, dass im Bereich der Rechtsbeugung zumeist breit ermittelt wurde. So wurde vielfach generell die Aufhebung von Verurteilungen in Rehabilitierungsverfahren zum Anlass für Ermittlungen genommen. Teilweise wurden auch insgesamt die Entscheidungen von Spruchkörpern der DDR-Justiz untersucht, die mit politischen Strafsachen befasst waren.

Nicht zu erwarten war, dass mit ca. 23.000 Verfahren die meisten Ermittlungsverfahren in Brandenburg geführt wurden. Angesichts der Konzentration der Machtzentren von Partei und Staat in Ost-Berlin lag es nahe, für Berlin den größeren Ermittlungsumfang anzunehmen. Bemerkenswert ist dann wiederum, dass die Anklagequote in Brandenburg mit 0,4% deutlich unter derjenigen für Berlin (2,0%) liegt. Denkbar ist, dass sich darin ein Unterschied in der Schwere der verfolgten Taten ausgewirkt hat. Möglicherweise ist die Divergenz auch mit unterschiedlichen Strafverfolgungskonzepten erklärbar.

Insgesamt ist die Anklagequote mit ca. 1,4% sehr niedrig ausgefallen. Damit hat im Durchschnitt von 71 eingeleiteten Ermittlungsverfahren nur eines zu einer Anklage oder zu einem Antrag auf Erlass eines Strafbefehls geführt. Tatsächlich dürfte die Anklagequote noch niedriger liegen. Denn in die Justizstatistiken wurde zum Teil auch die Verfolgung von vereinigungsbedingten Wirtschaftsstraftaten sowie von Aussagedelikten einbezogen, die in Verfahren wegen DDR-Unrechts begangen worden waren. In jedem Fall aber bleibt die Quote deutlich hinter derjenigen für allgemeine Strafsachen zurück. So betrug

---

173 Dieser Wert erfasst Personen, die mehrfach angeklagt wurden, nur einmal; vgl. u. S. 255 f.

174 Vgl. S. 237, 242, 245.

der Anteil der Anklagen an allen Erledigungen im Jahre 1996 12,3%. Werden Anträge auf Erlass eines Strafbefehls hinzugezählt, so erhöht sich diese Quote auf 27,9%.[175]

4. Anklage- und Urteilspraxis nach eigenen Erhebungen

a) Verwertbarkeit und Aussagekraft des Zahlenmaterials

Die Verwendung eigenen Zahlenmaterials bedarf der Absicherung. Insbesondere müssen die erhobenen Daten im Verhältnis zu den Zahlenangaben der Justiz als zuverlässig ausgewiesen werden können.

Erfasst wurden zum Stichtag 1. Februar 2007 alle Verfahren wegen DDR-Unrechts, in denen Anklage erhoben oder ein Antrag auf Erlass eines Strafbefehls gestellt wurde. Deren Zahl betrug 1.021.[176] Demgegenüber wurden nach den Angaben der Staatsanwaltschaften circa 1.048 Anklagen erhoben bzw. Strafbefehlsanträge gestellt.[177] Die Differenz erklärt sich zur Hauptsache aus Unterschieden bei der Abgrenzung des Untersuchungsgegenstandes.

Die eigene Datenerhebung erfolgte in enger Kooperation mit den jeweiligen Schwerpunktstaatsanwaltschaften. Sämtliche von diesen geführte Verfahren, in denen es zu einer Anklageerhebung oder einem Strafbefehlsantrag gekommen war, konnten eingesehen werden. Dabei zeigte sich, dass die Staatsanwaltschaften teilweise auch vereinigungsbedingte Wirtschaftsstraftaten und Aussagedelikte, die in Verfahren wegen DDR-Unrechts begangen worden waren, mitbearbeitet und zahlenmäßig erfasst hatten. Diese Verfahren blieben für die eigenen Untersuchungen unberücksichtigt, weil sie keinen spezifischen Zusammenhang zum System der DDR aufweisen. Ein weiterer Grund für die geringere Zahl an Verfahren, die für die eigene Erhebung ausgewertet wurden, ergibt sich aus Unterschieden in der Definition eines Strafverfahrens als Grundeinheit der Datenerfassung. Der eigenen Untersuchung diente als maßgebliches Kriterium die Zuordnung eines Aktenzeichens durch die Staatsanwaltschaft. So wurde die Beantragung mehrerer Strafbefehle oder die Kombination von Anklageerhe-

175 Eigene Berechnungen nach *Statistisches Bundesamt*, Justizgeschäftsstatistik (2012), S. 55.

176 Zwölf Verfahren blieben unberücksichtigt, weil sie noch vor der Vereinigung abgeschlossen worden waren und somit der Strafverfolgung der DDR zuzurechnen sind, die bereits gesondert dargestellt worden ist (vgl. S. 195ff). Ferner wurden die Verfahren hier außer Acht gelassen, die dem Deliktsbereich der Spionage angehören. Dieser Bereich wird in einem späteren Abschnitt gesondert dargestellt (vgl. S. 272ff).

177 Die Zahl ergibt sich aus Tabelle 6 (S. 248), wenn den dort ausgewiesenen 1.037 Verfahren elf hinzugerechnet werden, die entsprechend der Anmerkung zur Tabelle für Berlin zu addieren sind.

bung und einem oder mehreren Strafbefehlsanträgen als *ein* Verfahren gewertet, soweit sie unter demselben Aktenzeichen erfolgten. Insbesondere bei denjenigen Ländern, aus denen nur pauschale Zahlenangaben vorliegen, wie etwa Brandenburg, liegt es nahe anzunehmen, dass mehrere Strafbefehle unter ein und demselben Aktenzeichen hingegen jeweils einzeln gezählt wurden.

Allerdings gibt es auch Bundesländer, deren spezielle Statistik eine niedrigere Verfahrenszahl ausweist als die entsprechende eigene Statistik. Das gilt etwa für Thüringen. Der in der dortigen Justizstatistik ausgewiesenen Zahl von 101 Verfahren stehen 136 Verfahren gegenüber, die für Thüringen in die eigene Erhebung einbezogen wurden. Hier wirkt sich aus, dass vom Zahlenmaterial der Justiz gelegentlich Verfahren nicht erfasst sind, in denen Anklagen noch vor Errichtung der Schwerpunktstaatsanwaltschaften erhoben wurden. Für die eigene Untersuchung wurde gezielt nach solchen Verfahren gesucht. So geht die für Thüringen aufgezeigte Differenz im Wesentlichen auf Verfahren wegen Wahlfälschung zurück, die noch vor Einrichtung der Erfurter Schwerpunktstaatsanwaltschaft von der Staatsanwaltschaft Gera geführt wurden, in der Statistik des Landes aber unberücksichtigt geblieben sind.

Die eigene Erhebung kann somit beanspruchen, dass sie die frühe Phase der Strafverfolgung besser erfasst als die Justizstatistiken. Zu ihrer Aussagekraft trägt ferner bei, dass sie sich mit der Ausscheidung von Verfahren wegen vereinigungsbedingter Wirtschaftsstraftaten und Aussagedelikten auf die eigentlichen Systemstraftaten beschränkt.

b) Verteilung der Verfahren nach Deliktsgruppen und Bundesländern

Tabelle 7 weist aus, welche Anteile die Deliktsgruppen und die Länder an der Gesamtzahl der Verfahren haben, in denen Anklage erhoben oder ein Strafbefehlsantrag gestellt wurde.

Auf die Rechtsbeugungsverfahren entfällt mit 36,6% der größte Anteil. Somit waren die Gerichte im Bereich des DDR-Unrechts zu mehr als einem Drittel mit Rechtsbeugungsverfahren befasst. Allerdings lag der Anteil der Rechtsbeugungsverfahren in diesem Verfahrensstadium damit deutlich niedriger als noch im davor liegenden Stadium der Ermittlungen, in dem sie einen Anteil von etwa drei Vierteln stellten.[178] Zu einem knappen Viertel (23,9%) betreffen die Verfahren Gewalttaten an der deutsch-deutschen Grenze. Die beiden Deliktsgruppen zusammen standen also nach Abschluss des Ermittlungsverfahrens mit einem Anteil von circa 60% eindeutig im Zentrum der justiziellen Bemühungen um

178 Vgl. oben S. 249.

eine Aufarbeitung des DDR-Unrechts. Mit einem deutlich niedrigeren Wert folgen die MfS-Straftaten (13,9%). Die Anteile aller sonstigen Deliktsgruppen liegen deutlich unter 10%.

Die beiden Deliktsgruppen, die bereits in der DDR zum Gegenstand von Strafverfolgungsmaßnahmen gemacht wurden, nämlich Wahlfälschung sowie Amtsmissbrauch und Korruption, sind mit zusammen etwas mehr als 10% an allen Verfahren beteiligt, in denen Anklage erhoben oder ein Strafbefehlsantrag gestellt wurde.[179]

Hinsichtlich der Länderverteilung ist es angesichts der Konzentration der Strafverfolgungsbemühungen in Berlin nicht überraschend, dass dieses Bundesland mit 39,7% auch den größten Anteil an den Anklagen und Strafbefehlsanträgen hat. Die Anteile der übrigen Länder unterscheiden sich teilweise beträchtlich (Sachsen 25,9%; Thüringen 13,3%; Brandenburg 7,7%; Sachsen-Anhalt 7,3%; Mecklenburg-Vorpommern 5,6%). Diese Unterschiede entsprechen aber weitgehend den Unterschieden in den Anteilen an den eingeleiteten Ermittlungsverfahren. Wie die Analyse der justiziellen Zahlenangaben gezeigt hat,[180] liegen die Anklagequoten der meisten Bundesländer recht nahe beieinander. Eine Besonderheit ist lediglich für Brandenburg festzustellen. Der geringe Anteil des Landes an den Anklagen und Strafbefehlsanträgen entspricht nicht dem Anteil an den Ermittlungsverfahren, sondern ist aus einer besonders niedrigen Anklagequote von 0,4% hervorgegangen.

---

179 Zum Zeitpunkt der ersten statistischen Auswertung waren es noch 15% gewesen, vgl. *M/W*, Aufarbeitung (1999), S. 199f. Die Verschiebung erklärt sich dadurch, dass die Strafverfolgung in diesen beiden Deliktsgruppen im Vergleich zu den anderen früher einsetzte und schneller zum Ende kam.

180 Vgl. Tabelle 6 auf S. 248.

Tabelle 7: Anzahl der Verfahren nach Deliktsgruppen und Bundesländern

Deliktsgruppen		Bundesländer							Gesamt	
		Berlin	Branden-burg	Mecklenburg-Vorpommern	Sachsen	Sachsen-Anhalt	Thüringen	Alte Bundes-länder/GBA	Anzahl	Anteil in %
Rechtsbeugung		156	27	31	130	12	18	0	374	36,6
Gewalttaten an der Grenze		109	23	14	3	40	52	3	244	23,9
MfS-Straftaten		70	0	3	45	9	15	0	142	13,9
Wahlfälschung		6	10	2	12	3	33	0	66	6,5
Misshandlung Gefangener		3	16	0	53	3	4	0	79	7,7
Doping		20	2	3	7	0	6	0	38	3,7
Amtsmissbr./Korruption		23	0	3	1	4	7	0	38	3,7
Wirtschaftsstraftaten		9	1	0	3	2	1	0	16	1,6
Denunziation		7	0	0	2	1	0	1	11	1,1
Sonstiges*		2	0	1	8	1	0	1	13	1,36
Gesamt	Anzahl	405	79	57	264	75	136	5	1.021	100,0
	Anteil in %	39,7	7,7	5,6	25,9	7,3	13,3	0,5	100,0	

* Eine vom Generalbundesanwalt erhobene Anklage gegen Markus Wolf wegen Freiheitsberaubung und Nötigung wurde in diese Deliktsgruppe eingeordnet. Sie stand in engem Zusammenhang mit dessen Tätigkeit als Chef der Hauptverwaltung Aufklärung. Das Verfahren wurde durch Verbindung mit einem anderen Verfahren erledigt, das der Generalbundesanwalt wegen Spionage gegen Wolf führte.

c) Zeitliche Entwicklung der Verfahren

Als Indikator für den zeitlichen Ablauf der justiziellen Aktivitäten lässt sich der Zeitpunkt verwerten, zu dem die Staatsanwaltschaften die Verfahren an die Gerichte mit der Anklageerhebung oder der Beantragung eines Strafbefehls weitergaben. Als zeitlicher Schwerpunkt lassen sich klar die Jahre 1993 bis 1999 benennen. Auf jedes dieser Jahre entfallen 9% oder mehr der Gesamtmenge der Anklagen und Strafbefehlsanträge. Von den 1.021 Verfahren wurden in diesem Zeitraum 840 einer gerichtlichen Entscheidung zugeführt, was einem Anteil von 82,3% entspricht. Dazu hat beigetragen, dass in manchen Deliktsgruppen die Ermittlungen erst verhältnismäßig spät eingesetzt hatten. So wurden etwa erst ab 1997 die ersten Personen wegen Dopings angeklagt. Auch treten, bezogen auf Deliktsgruppen, Entwicklungsschübe auf, die möglicherweise damit zusammenhängen, dass höchstrichterliche Grundsatzentscheidungen abgewartet wurden. So folgte auf den Rückgang von 1996 auf 1997 von 13,8% auf 9,8% ein erneuter Anstieg im Jahr 1998 auf 15,9%, der maßgeblich auf Verfahren wegen Rechtsbeugung zurückging. Allein im Jahr 1998 wurde mit 90 Anklagen fast ein Viertel sämtlicher Anklagen in diesem Deliktsbereich erhoben. 1999 waren es immerhin noch 57, davon allein 20 in Brandenburg.

In den Anfangsjahren von 1990 bis 1992 kam es immerhin in 136 Fällen (13,6%) zu einer Anklage oder einem Strafbefehlsantrag. Dabei ist allerdings zu bedenken, dass von den 44 Verfahren des Jahres 1990 36 bereits vor dem 3. Oktober 1990 von DDR-Staatsanwaltschaften eingeleitet worden waren und dann von den bundesdeutschen Justizbehörden übernommen worden sind.

Ab 2000 gelangten nur noch 45 Verfahren (4,4%) per Anklage oder Strafbefehlsantrag an die Gerichte. Der deutliche Einschnitt nach 1999 ist vermutlich darauf zurückzuführen, dass der Eintritt der absoluten Verfolgungsverjährung zum 3. Oktober 2000 näher rückte. Ferner ist anzunehmen, dass der zu diesem Zeitpunkt abgeschlossene Klärungsprozess in der Rechtsprechung insbesondere in den zahlenmäßig stark vertretenen Deliktsgruppen der Rechtsbeugung und der Gewalttaten an der Grenze die Entwicklung beeinflusste.

d) Verteilung der Angeschuldigten nach Deliktsgruppen und Bundesländern

Die genannten 1.021 Verfahren richteten sich, wie Tabelle 8 ausweist, gegen insgesamt 1.737 Angeschuldigte.[181] Im Durchschnitt gab es demnach etwa 1,7 Angeschuldigte pro Verfahren.

181 Wie bereits dargestellt, übernahm die Justiz der Bundesrepublik die zum Zeitpunkt der Vereinigung noch offenen Verfahren von der DDR-Justiz (S. 203, 206). Innerhalb dieser Verfah-

Die Zahl der von einer Anklage betroffenen Personen steht im Verhältnis von 1 zu 58 zu der Zahl der Beschuldigten überhaupt, die oben[182] auf etwa 100.000 geschätzt wurde. Der Verfahrensabschnitt der Anklageerhebung hat also zu einem drastischen Rückgang der Zahl der betroffenen Personen geführt.

Hinter der Gesamtzahl von 1.737 Angeschuldigten verbergen sich zudem nicht unterschiedliche Personen in gleich großer Zahl. Die Angeschuldigtenzahl wurde verfahrensbezogen ermittelt. Nicht wenige der Angeschuldigten wurden jedoch in zwei oder mehr Verfahren angeklagt. Die Zahl derjenigen Personen, die überhaupt im Zusammenhang mit DDR-Unrechtstaten angeklagt wurden, ist also geringer.

Werden Mehrfachanklagen gegen eine Person zunächst nur innerhalb derselben Deliktsgruppe in Rechnung gestellt, so reduziert sich die Zahl angeklagter Personen bereits um fast 17% auf die aus Tabelle 8 ersichtliche Zahl von 1.450. Darunter befinden sich wiederum Personen, denen Straftaten in mehreren Deliktsgruppen angelastet wurden. Betroffen waren vor allem Angehörige der Staats- und Parteiführung der DDR. So mussten sich beispielsweise Mitglieder des Politbüros sowohl wegen des Grenzregimes der DDR als auch wegen Amtsmissbrauchs und Korruption und zum Teil auch wegen Wahlfälschung vor Gericht verantworten. Auf dieser Basis errechnet sich eine verfahrensbezogene Beschuldigtenzahl von 1,426.

Tabelle 8 zeigt ferner die Verteilung der Angeschuldigten insgesamt, also einschließlich der mehrfach angeklagten Personen, nach Deliktsgruppen und Bundesländern. Der Anteil der jeweiligen Deliktsgruppen an den Angeschuldigten entspricht weitgehend deren Anteil an den Verfahren insgesamt.[183] Die meisten Personen waren wegen Rechtsbeugung angeklagt (35,6%). Etwas mehr als ein Viertel (26,8%) musste sich wegen Gewalttaten an der deutsch-deutschen Grenze verantworten. Diese Zahlen übertreffen die Verfahrenszahlen noch an Deutlichkeit: Mit 62% der Angeschuldigten beherrschten die Verfahren wegen Rechtsbeugung und Gewalttaten die Anklagepraxis eindeutig. Die übrigen Deliktsgruppen stellten demgegenüber wesentlich geringere Anteile.

Verschiebungen ergeben sich allerdings, wenn Personen, gegen die in einer Deliktsgruppe zwei oder mehr Anklagen erhoben wurden, nur einmal gezählt werden. Tabelle 8 weist die jeweilige Zahl in Klammern aus. Die Differenz ist bei

---

ren war jedoch für einen Teil der Angeklagten das Verfahren bereits vor dem 3.10.1990 rechtskräftig beendet. Diese sieben Angeschuldigten werden hier nicht berücksichtigt.

182 Vgl. S. 249.

183 Vgl. Tabelle 7 auf S. 253.

den Rechtsbeugungsverfahren besonders groß. Es zeigt sich, dass die verfahrensbezogen ermittelte Angeschuldigtenzahl von 618 auf eine Zahl von 397 sinkt, welche die in diesem Stadium überhaupt von Rechtsbeugungsverfahren betroffenen Personen erfasst. Zwei- oder mehrfache Anklagen gegen eine Person kamen in anderen Deliktsgruppen weitaus seltener vor. Bei einer Bestimmung der Verteilung auf dieser Basis sinkt der Anteil der wegen Rechtsbeugung Verfolgten auf 27,4% aller Angeschuldigten.[184] Die größte Gruppe bilden dann die wegen Gewalttaten an der deutsch-deutschen Grenze angeklagten Personen mit 31,0%. An der Dominanz dieser beiden Deliktsgruppen ändert sich aber nichts.

Die Länderanteile entsprechen in der Größenordnung den jeweiligen Anteilen an den Verfahren, wie sie oben[185] festgestellt wurden. Die weitaus größte Anzahl an Angeschuldigten ist für Berlin zu verzeichnen. Es folgen Sachsen, Thüringen, Brandenburg, Sachsen-Anhalt und Mecklenburg-Vorpommern. Jedoch ergeben sich einige Verschiebungen bei den Prozentwerten. Für Berlin errechnet sich ein höherer Prozentwert von 43,7% (Verfahrensanteil: 39,7%), während der Anteil Sachsens auf 22,2% (Verfahrensanteil: 25,9%) sinkt. Für diese Länder liegt dementsprechend der durchschnittliche Wert für Angeschuldigte pro Verfahren mit 1,9 (Berlin) über sowie 1,5 (Sachsen) unter dem allgemeinen Durchschnittswert von 1,7. Die Werte für die anderen Länder entsprechen dem Durchschnitt oder weichen in geringerem Umfang vom Durchschnitt ab (Brandenburg 1,7, Mecklenburg-Vorpommern 1,8, Sachsen-Anhalt 1,8, Thüringen 1,6).

---

184 Zugrunde gelegt ist dabei die Zahl von 1.450 Angeschuldigten, die sich ergibt, wenn mehrfache Anklagen gegen eine Person in derselben Deliktsgruppe unberücksichtigt bleiben.
185 Vgl. Tabelle 7 auf S. 253.

Tabelle 8: Angeschuldigte nach Deliktsgruppen und Bundesländern*

Deliktsgruppen		Berlin	Branden-burg	Mecklenburg-Vorpommern	Sachsen	Sachsen-Anhalt	Thüringen	Alte Bundes-länder/GBA	Gesamt Anzahl	Gesamt Anteil in %
Rechtsbeugung		258 (157)	38 (32)	61 (33)	203 (131)	29 (27)	29 (24)	0 (0)	618 (397)	35,6 (27,4)
Gewalttaten an der Grenze		248 (243)	50 (50)	20 (17)	4 (4)	59 (57)	81 (76)	4 (4)	466 (450)	26,8 (31,0)
MfS-Straftaten		115 (100)	0 (0)	9 (9)	58 (52)	19 (18)	34 (32)	0 (0)	235 (211)	13,5 (14,6)
Wahlfälschung		22 (22)	23 (23)	2 (2)	32 (32)	10 (10)	44 (44)	0 (0)	133 (133)	7,7 (9,2)
Misshandlung Gefangener		3 (3)	18 (15)	0 (0)	61 (53)	5 (5)	5 (5)	0 (0)	92 (81)	5,3 (5,6)
Doping		46 (44)	3 (3)	5 (5)	7 (7)	0 (0)	6 (6)	0 (0)	67 (65)	3,9 (4,5)
Amtsmissbr./Korruption		31 (25)	0 (0)	5 (5)	1 (1)	5 (5)	15 (15)	0 (0)	57 (51)	3,3 (3,5)
Wirtschaftsstraftaten		25 (21)	4 (4)	0 (0)	6 (6)	2 (1)	1 (1)	0 (0)	38 (33)	2,2 (2,3)
Denunziation		7 (7)	0 (0)	0 (0)	2 (2)	1 (1)	0 (0)	1 (1)	11 (11)	0,6 (0,8)
Sonstiges		4 (4)	0 (0)	2 (2)	11 (9)	2 (2)	0 (0)	1 (1)	20 (18)	1,2 (1,2)
Gesamt	Anzahl	759 (626)	136 (127)	104 (73)	385 (297)	132 (126)	215 (203)	6 (6)	1.737 (1.450)	100,1 (100,0)
	Anteil in %	43,7 42,9	7,8 8,7	6,0 5,0	22,2 20,4	7,6 8,6	12,4 13,9	0,3 0,4	100,0 100,0	

* Die Zahlen in Klammern bei den einzelnen Bundesländern ergeben sich, wenn jede innerhalb einer Deliktsgruppe mehrfach angeklagte Person nur einmal gezählt wird. Die Zahlen in Klammern bei der Gesamtzahl der Angeschuldigten entsprechen nicht der Summe der Zahlen in Klammern bei den einzelnen Bundesländern. Die Differenzen gehen darauf zurück, dass teilweise Verfahren von einem Bundesland in ein anderes abgegeben wurden.e) Angeschuldigte nach Alter, Geschlecht und Staatsangehörigkeit

e) Angeschuldigte nach Alter, Geschlecht und Staatsangehörigkeit

Ermittelt wurde auf der Grundlage einer Erhebung des Geburtsjahres das durchschnittliche Alter der Angeschuldigten zum Anklagezeitpunkt. Die Berechnung erfolgte getrennt für die jeweilige Deliktsgruppe. Deshalb wurden innerhalb einer Deliktsgruppe mehrfach angeklagte Personen auch mehrfach in die Berechnung einbezogen. Vier Angeschuldigte mussten unberücksichtigt bleiben, weil keine Informationen zum Geburtsjahr vorlagen.

Insgesamt war das Durchschnittsalter der Angeschuldigten zum Anklagezeitpunkt sehr hoch. Für die Gesamtheit aller Verfahren wegen DDR-Unrechts lag es bei 57,5 Jahren. Unterscheidet man nach Deliktsgruppen, so zeigt sich, dass die Angeschuldigten in Verfahren wegen Amtsmissbrauchs und Korruption mit 60,8 das höchste Durchschnittsalter aufwiesen, gefolgt von den Angeschuldigten in den Deliktsgruppen Rechtsbeugung (59,5), MfS-Straftaten (59,4), Doping (59,2) sowie Wirtschaftsstraftaten (58,9). Die durchschnittlich jüngsten Angeklagten fanden sich in der Deliktsgruppe Denunziation (42,0).[186]

Zwei weitere Zahlenwerte verdeutlichen den Gesamteindruck. Etwa 72% der Angeschuldigten waren zum Zeitpunkt der Anklage 50 Jahre und älter; 46% waren sogar 60 Jahre alt oder älter.[187]

Hinsichtlich der Geschlechterverteilung hat die entsprechende Erhebung ergeben, dass Frauen im Verhältnis zu ihrem Bevölkerungsanteil als Angeklagte in Verfahren wegen DDR-Unrechts – wie auch bei der allgemeinen Kriminalität – unterrepräsentiert sind. Ihr Anteil an den Angeschuldigten in sämtlichen Verfahren betrug 17,5%. Der Wert stimmt nahezu vollständig überein mit dem Frauenanteil an der allgemeinen Kriminalität, der 1996 bei 17,4% lag.[188] Eine Ausnahme stellen allerdings die Rechtsbeugungsverfahren dar, in denen fast die Hälfte der Angeschuldigten (49,1%) Frauen waren. Die Quote übertrifft sogar den Anteil der Frauen an der Gesamtheit der Richter und Staatsanwälte in der DDR, der 1989 40,8% betrug.[189] Mehr als drei Viertel (76,8%) aller ange-

---

186 Eine Vergleichszahl für die allgemeine Kriminalität liegt leider nicht vor. Zu den Auswirkungen des hohen Alters der Angeschuldigten auf den jeweiligen Verfahrensverlauf vgl. unten S. 262.

187 Den Daten des Statistischen Bundesamtes lässt sich entnehmen, dass etwa im Jahr 1996 von allen wegen Straftaten (ausgenommen: Straftaten im Straßenverkehr) verurteilten Erwachsenen nur etwa 11% 50 Jahre und älter waren; 60 Jahre und älter waren sogar nur etwa 3% (eigene Berechnung nach *Statistisches Bundesamt*, Strafverfolgung 1996 [1997], Tabelle 2.1, S. 16 f.).

188 Straftaten ohne solche im Straßenverkehr; eigene Berechnung nach *Statistisches Bundesamt*, Strafverfolgung 1996 (1997), Tabelle 1.3, S. 14 f.

189 *Hohoff*, Grenzen (2001), S. 12, unter Bezug auf das *Statistische Amt der DDR*, Statistisches Jahrbuch der DDR 1990 (1990), S. 448. Der Frauenanteil an den Richtern betrug demnach 50,0%, der Anteil an den Staatsanwälten 28,3%.

schuldigten Frauen wurde wegen Rechtsbeugung verfolgt. Mit deutlichem Abstand folgt der Anteil an der Gesamtheit der angeschuldigten Frauen, den die wegen Gefangenenmisshandlung angeklagten Frauen gehabt haben (5,5%). Auch diese Deliktsgruppe weist einen recht hohen Frauenanteil von fast einem Fünftel an der Gesamtheit der angeklagten Personen auf. Zumeist waren Vollzugsbedienstete angeklagt. Der Anteil weiblicher Angeschuldigter bei den Denunziationsverfahren liegt mit etwas mehr als 18% etwa im Durchschnitt. Die Verfahren wegen Gewalttaten an der deutsch-deutschen Grenze richteten sich dagegen ausschließlich gegen männliche Angeschuldigte. Das ist insofern nicht erstaunlich, als es in der DDR weder Soldatinnen noch Frauen in militärischen Führungspositionen gab. Allerdings befand sich auch keine Frau unter den Mitgliedern der politischen Führungsebene, die wegen ihrer Verantwortung für das Grenzregime angeklagt wurden. Bleibt die Deliktsgruppe der Gewalttaten unberücksichtigt, erhöht sich der Frauenanteil an den Angeschuldigten auf durchschnittlich 25,4%. Werden mehrfache Anklagen gegen dieselbe Person außer Acht gelassen, so ergibt sich eine Zahl von 187 angeklagten Frauen. Das entspricht, auf dieser Grundlage gerechnet, einem Frauenanteil von circa 13%. In diesem Zusammenhang wirkt sich aus, dass es vor allem im Bereich der Rechtsbeugung zu Mehrfachanklagen kam und dort der Frauenanteil besonders hoch war.

Die Erhebung zur Staatsbürgerschaft hat ergeben, dass lediglich 14 Angeklagte zum Tatzeitpunkt nicht Bürger der DDR gewesen waren. Die Hälfte der Fälle betraf Wirtschaftsstraftaten. Sechs dieser Angeklagten wurden wegen einer MfS-Straftat verfolgt und einer wegen Denunziation.

f) Untersuchungshaft

Auf der Grundlage der durchgeführten Erhebung kann nicht die Haftpraxis insgesamt dargestellt werden. Ermittelt wurde, in welchem Umfang gegen die angeklagten Personen insgesamt und in Bezug auf die einzelnen Deliktsgruppen Untersuchungshaft verhängt wurde. Als Grundgesamtheit diente die Zahl von 1.450 Personen. Sie ergibt sich, wie oben dargelegt,[190] wenn zwei- oder mehrfach innerhalb derselben Deliktsgruppe angeklagte Personen nur einfach gezählt werden. Hervorzuheben ist, dass auch solche Haftfälle einbezogen sind, in denen zwar die Anklage erst nach der Vereinigung erfolgte, eine Haftanordnung aber im Zuge des Ermittlungsverfahrens noch durch die DDR-Justiz erging.

---

190 Vgl. S. 255.

Angesichts einer Gesamtzahl von 64 Fällen, in denen Untersuchungshaft verhängt wurde, errechnet sich eine Haftquote von 4,4%. Es ist jedoch keineswegs so, dass sich die Fälle auch nur annähernd gleichmäßig über den erfassten Zeitraum verteilen. In 34 der 64 Fälle beruhte die Untersuchungshaft auf einer Anordnung der DDR-Justiz. Auch endete in 30 Fällen die Untersuchungshaft noch zu DDR-Zeiten. Die bundesdeutsche Justiz hat somit lediglich gegen 2,3% aller angeklagten Personen Untersuchungshaft angeordnet oder eine bereits verhängte Untersuchungshaft aufrechterhalten.

In der Hälfte aller Fälle waren Personen aus der Deliktsgruppe des Amtsmissbrauchs und der Korruption betroffen. Die Zahl der Angeklagten in diesem Bereich betrug 51. Daraus ergibt sich eine extrem hohe Haftquote von 62,7%. Die entsprechenden Quoten für die anderen Deliktsgruppen lagen deutlich darunter, so für MfS-Straftaten mit 8,3%, für sonstige Wirtschaftsstraftaten mit 6,1% und für Gewalttaten an der Grenze mit 3,1%. Besonders selten, nämlich nur in 0,5% der Fälle, wurde im Rechtsbeugungsbereich verhaftet.

Noch klarere Konturen erhält das Bild, wenn hinzugenommen wird, dass 31 von 32 Haftanordnungen im Deliktsbereich von Amtsmissbrauch und Korruption noch vor dem 3. Oktober 1990 durch die DDR-Justiz ergingen.[191] Intensiv wurde vom Zwangsmittel der Untersuchungshaft lediglich in DDR-Strafverfahren wegen Amtsmissbrauchs und Korruption Gebrauch gemacht. Insoweit besteht ganz offensichtlich ein Zusammenhang mit Entwicklungen in Politik und Medien in der Endphase der DDR. Nach der Einleitung der politischen Wende rückte recht bald der wirtschaftliche Missbrauch von Machtpositionen neben den Wahlfälschungen in das Zentrum der öffentlichen Kritik.[192]

g) Erledigung der Anklagen

Die folgende Darstellung verwendet als Grundgesamtheit die Zahl der 1.737 Angeschuldigten,[193] da es in Verfahren, in denen zwei oder mehr Personen angeklagt wurden, zu unterschiedlichen Formen der Erledigung kommen konnte.

Tabelle 9 gibt Auskunft über die Verteilung der Erledigungsarten. Hervorhebung verdient in erster Linie die große Zahl der Fälle, in denen die Gerichte

---

191 Die Verhaftung Alexander Schalck-Golodkowskis erfolgte zwar auch bereits im Dezember 1989; sie wurde jedoch von der Westberliner Justiz angeordnet.

192 Vgl. dazu *M/W*, Aufarbeitung (1999), S. 105 ff. sowie *Bock*, Vergangenheitspolitik (2000), S. 178 ff. und oben S. 197 ff., 201 ff.

193 Vgl. S. 254 f.

eine Eröffnung des Hauptverfahrens ablehnten. Die entsprechende Quote von 11% übertrifft bei weitem diejenige, die die Rechtspflegestatistik für sämtliche Strafverfahren ausweist und die z.B. für das Jahr 1996 lediglich ca. 0,6% betrug.[194] Zur Hauptsache ist mit 117 Fällen die Deliktsgruppe der Rechtsbeugung betroffen. Erwähnenswert sind noch 30 Fälle, in denen Verfahren wegen MfS-Straftaten nicht eröffnet wurden.

Als Erklärung bietet sich an, dass Staatsanwaltschaften und Gerichte im Bereich des DDR-Unrechts und insbesondere im Hinblick auf Rechtsbeugungstaten viel häufiger als sonst unterschiedliche Auffassungen über die Strafbarkeit des angeklagten Verhaltens vertraten. Die Gerichte steckten den Bereich des Strafbaren enger ab und nutzten ihre Entscheidungsmacht, um ein Hauptverfahren zu vermeiden. Die rechtliche Kontrollfunktion des Zwischenverfahrens, die in der justiziellen Alltagspraxis kaum einmal zutage tritt, entfaltete in den Verfahren wegen DDR-Unrechts deutliche Wirkung. Sie machte sich ferner noch dadurch bemerkbar, dass die Staatsanwaltschaften in 48 weiteren Fällen durch Rücknahme der Anklage einer zu erwartenden ablehnenden gerichtlichen Entscheidung zuvorkamen. Wiederum war der Rechtsbeugungsbereich daran mit 44 Fällen zur Hauptsache beteiligt.

Staatsanwaltschaften und Gerichte gelangten in diesem Bereich somit besonders häufig zu unterschiedlichen Beurteilungen. Offenbar haben die Grundsatzentscheidungen des Bundesgerichtshofs aus den Jahren 1993 und 1994[195] Divergenzen zwischen den Staatsanwaltschaften und den Tatgerichten nicht verhindern können. In 67 der insgesamt 117 Rechtsbeugungsfälle, in denen die Eröffnung des Hauptverfahrens abgelehnt wurde, war die Anklage 1995 oder später erhoben worden. Die Fälle der Nichteröffnung und der Anklagerücknahme erreichen in diesem Bereich zusammen eine Quote von 26,1%. Für mehr als ein Viertel aller wegen Rechtsbeugung angeklagten Personen ist also das Verfahren noch vor Eröffnung des Hauptverfahrens beendet worden.

---

194 Eigene Berechnungen nach *Statistisches Bundesamt*, Rechtspflege 1996 (1997), Tabelle 4.2 und 4.4, S. 84ff. Da die Angaben alle Arten der Erledigung im Zwischenverfahren umfassen und sich auf Verfahren, nicht aber auf Angeschuldigte beziehen, ist ein wirklich exakter Vergleich nicht möglich. Die deutliche Differenz in der Größenordnung bleibt von dieser Unsicherheit jedoch unberührt.

195 Vgl. S. 79ff.

Tabelle 9: Art der Erledigung, bezogen auf Angeschuldigte*

Art der Erledigung	Anzahl	Anteil in %
Urteil**	1.006	57,9
Erlass eines Strafbefehls**	111	6,4
Einstellung**	280	16,1
Ablehnung der Eröffnung des Hauptverfahrens**	190	10,9
Anklagerücknahme durch die StA	48	2,8
Verbindung mit einer anderen Sache	102	5,9
Gesamt	1.737	100,0

* Erfasst sind nur Entscheidungen, die das Verfahren für den Angeschuldigten vollständig beendet haben. Unberücksichtigt bleiben daher Teilentscheidungen, wie z.B. die teilweise Nichteröffnung des Hauptverfahrens, die teilweise Einstellung und die Beschränkung der Strafverfolgung.

** Die mit ** versehenen Erledigungsarten erfassen rechtskräftige Entscheidungen. Zu den Einstellungen werden auch solche durch Urteil gezählt. Im Falle des Todes eines Angeschuldigten wird auch ohne formellen Einstellungsbeschluss von einer Einstellung ausgegangen. (Ob das Verfahren mit dem Tod des Beschuldigten beendet ist oder ob ein formeller Einstellungsbeschluss ergehen muss, ist umstritten.) Die Ablehnung des Erlasses eines Strafbefehls sowie die anschließende Ablehnung der dagegen gerichteten Beschwerde der Staatsanwaltschaft wurden als Ablehnung der Eröffnung des Hauptverfahrens gewertet.

Festzuhalten ist, dass das Zwischenverfahren im Unterschied zur sonstigen Justizpraxis die Zahl der Verfahren in beachtlichem Umfang reduziert hat.

Ergänzend ist auf einen weiteren Grund für eine vorzeitige Verfahrensbeendigung hinzuweisen, der eine Besonderheit darstellt. In mindestens 36 Fällen lehnten die Gerichte die Eröffnung des Hauptverfahrens mangels Verhandlungsfähigkeit ab. In mindestens zwei Fällen erfolgte ein Nichteröffnungsbeschluss, weil der jeweilige Angeschuldigte nach Anklageerhebung verstorben war.[196] Ob dieser Grund in größerem Umfang auch die Rücknahme von Anklagen veranlasst hat, ließ sich nicht feststellen.[197] Eine gewisse Wahrscheinlichkeit spricht dafür, denn die Angeschuldigten in Strafverfahren wegen DDR-Unrechts wiesen ein außerordentlich hohes Durchschnittsalter auf.[198]

196 Eine genaue Zahl lässt sich nicht angeben, weil die Gerichte ihre ablehnende Entscheidung oft nicht eindeutig genug begründeten.

197 Belegt sind drei Fälle einer Anklagerücknahme wegen Verhandlungsunfähigkeit und zwei wegen Todes des Angeschuldigten. Viele Anklagerücknahmen erfolgten jedoch ohne Begründung, so dass keine verlässlichen Aussagen möglich sind.

198 Vgl. S. 258.

h) Aburteilungen und Verurteilungen

In 1.286 der 1.737 erledigten Fälle ergingen abschließende Entscheidungen im Hauptverfahren. Sie sollen im Folgenden näher betrachtet werden. Hinzugenommen werden die 111 Fälle, in denen Gerichte einen Strafbefehl erließen, der, sofern nicht Einspruch erhoben wird, einer rechtskräftigen Verurteilung gleichsteht.[199] Die Analyse führt zu Ergebnissen, die in mehrfacher Hinsicht von der gerichtlichen Verarbeitung der Kriminalität im Allgemeinen abweicht.

In 753 Fällen kam es zu einer Verurteilung.[200] Das entspricht einem Anteil von 53,9% an allen Erledigungen. Die allgemeine Strafverfolgungsstatistik weist demgegenüber etwa für das Jahr 1996 eine deutlich höhere Verurteilungsquote mit 77,8% aus.[201] 336 Angeklagte wurden freigesprochen. Ihr Anteil betrug mit 24,1% nahezu ein Viertel aller Fälle.[202]

Bemerkenswert hoch ist auch die Zahl von 280 Einstellungen.[203] In einem Fünftel der Fälle (20,1%) machten die Gerichte von dieser Entscheidungsform Gebrauch. In 36 Entscheidungen, also in fast 13% der Fälle, stellten sie das Verfahren aus Opportunitätsgründen nach §§ 153, 153a StPO ein, was voraussetzt, dass der Tatvorwurf als minder gewichtig angesehen wurde. Im Übrigen spiegelt sich in den Einstellungsgründen das hohe Alter der Betroffenen wider.[204] In 17 Fällen erfolgte die Einstellung, weil der Angeklagte verstorben war. Hinzu kommen 26 Fälle, in denen das Verfahren ohne förmlichen Einstellungsbeschluss aufgrund des Todes des Angeklagten beendet wurde. In weiteren 67 Fällen beruhte die Einstellung auf dauerhafter Verhandlungsunfähigkeit.

---

199 § 410 Abs. 3 StPO.

200 Einbezogen sind acht Fälle, in denen ein Schuldspruch erging, aber von Strafe abgesehen wurde.

201 Vgl. *Statistisches Bundesamt*, Strafverfolgung 1996 (1997), Tabelle 1.3, S. 14 f. Die Quote von 77,8% bezieht sich auf die alten Bundesländer und Berlin-Ost und lässt Straßenverkehrsdelikte sowie die Entscheidungsform der Verwarnung mit Strafvorbehalt unberücksichtigt. Die Quote für das Jahr 1996 liegt auch keineswegs ungewöhnlich hoch. So betrug sie zum Beispiel für das Jahr 1970 83,8%, für das Jahr 1980 75,1% und für das Jahr 1989 74,5%; vgl. *Statistisches Bundesamt*, Strafverfolgung 1989 (1991), Tabelle 1, S. 10 f.

202 Leider weist die amtliche Statistik die Freispruchquote in Verfahren wegen allgemeiner Kriminalität nicht eigens aus, so dass an dieser Stelle kein Vergleich erfolgen kann; vgl. aber S. 264 Fn. 207.

203 Erfasst sind beide Entscheidungsformen: Beschluss und Urteil. Im Falle des Todes eines Angeschuldigten wurde auch ohne formellen Einstellungsbeschluss von einer Einstellung ausgegangen. Es ließ sich in diesen Fällen nicht stets mit letzter Sicherheit feststellen, dass das Hauptverfahren tatsächlich bereits eröffnet war.

204 Vgl. oben S. 258.

Auffällig ist schließlich noch, dass häufiger als sonst[205] eine Maßnahme ergriffen wurde, der als „mildeste Sanktion“ ein „Ausnahmecharakter“ bescheinigt wird.[206] In immerhin 28 Fällen blieb es bei einer bloßen Verwarnung mit Strafvorbehalt nach § 59 StGB. Elf Verwarnungen betrafen MfS-Straftaten, fünf die Misshandlung von Gefangenen, jeweils vier die Deliktsgruppen des Amtsmissbrauchs und der Korruption bzw. der Wirtschaftsstraftaten sowie jeweils zwei den Bereich der Wahlfälschung und Sonstiges.

Tabelle 10 befasst sich nur noch mit den gerichtlichen Urteilen in der Sache durch Verurteilung oder Freispruch. Einstellungen und Verwarnungen mit Strafvorbehalt bleiben unberücksichtigt. Die Untersuchung hat demnach 1.089 abgeurteilte Personen zur Grundlage. Dargestellt wird, wie sich die beiden Arten gerichtlicher Sachentscheidung in den Deliktsgruppen verteilen.

Tabelle 10: Freisprüche und Verurteilungen nach Deliktsgruppen

Deliktsgruppe		**Rechtskräftige**			
	Aburteilungen	**Freisprüche**		**Verurteilungen**	
Gewalttaten an der Grenze	385	110	(28,6%)	275	(71,4%)
Rechtsbeugung	301	120	(39,9%)	181	(60,1%)
Wahlfälschung	103	4	(3,9%)	99	(96,1%)
MfS-Straftaten	131	62	(47,3%)	69	(52,7%)
Misshandlung Gefangener	57	15	(26,3%)	42	(73,7%)
Doping	47	0	(0,0%)	47	(100,0%)
Amtsmissbrauch/Korruption	32	10	(31,3%)	22	(68,8%)
Wirtschaftsstraftaten	18	5	(27,8%)	13	(72,2%)
Denunziation	9	4	(44,4%)	5	(55,6%)
Sonstiges	6	6	(100,0%)	0	(0,0%)
Gesamt	1089	336	(30,9%)	753	(69,1%)

Die durchschnittliche Freispruchquote in allen Verfahren wegen DDR-Unrechts ist mit etwas mehr als 30% recht hoch.[207] In einigen Deliktsgruppen liegt die

205 In der Strafverfolgungsstatistik werden für 1996 3.864 Personen ausgewiesen, die wegen Straftaten ohne Verkehrsstraftaten gem. § 59 StGB verwarnt wurden. Fasst man diese mit den 544.921 Abgeurteilten zusammen, so ergibt sich ein Anteil der Verwarnten an der gesamten Personengruppe von lediglich 0,7% (eigene Berechnungen nach *Statistisches Bundesamt*, Strafverfolgung 1996 [1999], Tabelle 2.2 auf S. 42 f.).

206 *Lackner/Kühl*, StGB, 29. Aufl. (2018), § 59 Rn. 1.

207 Eine Vergleichsrechnung unter ausschließlicher Berücksichtigung der Verurteilungen und Freisprüche bei den Aburteilungen ergibt für die 1996 wegen Straftaten nach allgemeinem Strafrecht (ausgenommen: Straftaten im Straßenverkehr) Abgeurteilten eine Freispruchquote

Quote noch deutlich höher. Sieht man von denjenigen Deliktsgruppen ab, deren Fallzahl für eine gesicherte Aussage zu niedrig ist, so sind der Bereich der MfS-Straftaten mit 47,3% und der Bereich der Rechtsbeugung mit 39,9% zu nennen. Dabei ist der Anteil der Freisprüche an den Aburteilungen bei den Rechtsbeugungsverfahren in den letzten Jahren der Strafverfolgung gesunken. Eine statistische Auswertung mit Stand vom 15. Juli 1998 hatte auf der Grundlage von damals 59 rechtskräftigen Aburteilungen wegen Rechtsbeugung eine Freispruchquote von 54,2% ergeben.[208] Diese Veränderung der Quote könnte darauf zurückzuführen sein, dass die Gerichte nach der Klärung der Rechtsfragen durch die Grundsatzentscheidungen des Bundesgerichtshofs in Rechtsbeugungsverfahren bereits im Zwischenverfahren besonders intensiv prüften, ob ein hinreichender Tatverdacht gegeben war. Durch die Filterwirkung des Zwischenverfahrens wurde im Fall einer Eröffnung des Hauptverfahrens eine Verurteilung wahrscheinlicher.

Zu keinem einzigen Freispruch kam es in den Verfahren wegen Dopings. Auch wurden mit nur 3,9% aller Fälle Angeklagte in der Deliktsgruppe der Wahlfälschung im Vergleich selten freigesprochen. Die bei der ersten statistischen Auswertung noch festgestellte ebenfalls sehr niedrige Freispruchquote in der Deliktsgruppe des Amtsmissbrauchs und der Korruption (18,5%)[209] hat sich dagegen nicht bestätigt. Sie liegt nach Abschluss aller Verfahren mit 31,3% sogar etwas über dem Durchschnitt.

Über den mit der rechtskräftigen Aburteilung erreichten Stand der Strafverfolgung von DDR-Unrecht informiert die Gegenüberstellung der Anteile der Deliktsgruppen an den angeklagten und an den verurteilten Personen in Tabelle 11.

---

von nur 4% (eigene Berechnungen nach *Statistisches Bundesamt*, Strafverfolgung 1996 [1997], Tabelle 2.2 auf S. 42 f.).

208 *M/W*, Aufarbeitung (1999), S. 210.

209 *M/W*, Aufarbeitung (1999), S. 210.

Tabelle 11: Angeschuldigte in erledigten Verfahren und rechtskräftig Verurteilte nach Deliktsgruppen

Deliktsgruppe	**Angeschuldigte**		**Verurteilte**	
Rechtsbeugung	618	(35,6%)	181	(24,0%)
Gewalttaten an der Grenze	466	(26,8%)	275	(36,6%)
Wahlfälschung	235	(13,5%)	99	(13,1%)
MfS-Straftaten	133	(7,7%)	69	(9,2%)
Misshandlung Gefangener	92	(5,3%)	42	(5,6%)
Doping	67	(3,9%)	47	(6,2%)
Amtsmissbrauch/Korruption	57	(3,3%)	22	(2,9%)
Wirtschaftsstraftaten	38	(2,2%)	13	(1,7%)
Denunziation	11	(0,6%)	5	(0,7%)
Sonstiges	20	(1,2%)	0	(0,0%)
Gesamt	1.737	(100,0%)	753	(100,0%)

Deutlich wird eine Verschiebung der Anteile bei den zahlenmäßig bedeutenden Deliktsgruppen im Verfahrensfortgang von der Anklage zur Verurteilung. So beträgt der Anteil der wegen Rechtsbeugung Angeschuldigten an sämtlichen Angeschuldigten in Verfahren wegen DDR-Unrechts 35,6%, der Anteil an den Verurteilten jedoch nur noch 24,0%. Bei der Deliktsgruppe der Gewalttaten an der deutsch-deutschen Grenze lässt sich hingegen eine umgekehrte Tendenz feststellen: Hier liegt der Anteil an den Angeschuldigten bei 26,8%, derjenige an den Verurteilten jedoch bei 36,6%. Herbeigeführt wird diese Verschiebung durch eine unterdurchschnittliche Verurteilungsquote bei den Rechtsbeugungstaten und eine überdurchschnittliche Verurteilungsquote bei den Gewalttaten an der Grenze. Als Folge hiervon tauschen die beiden Deliktsgruppen ihre Rangplätze im Hinblick auf ihre Anteile an den Angeschuldigten bzw. den Verurteilten. Es bleibt jedoch bei der dominierenden Rolle dieser beiden Deliktsgruppen, die zusammen genommen sowohl bei den Angeschuldigten als auch bei den Verurteilten einen Anteil von mehr als 60% ausmachen. Bei den restlichen Deliktsgruppen entspricht der Anteil an den Verurteilten im Wesentlichen dem jeweiligen Anteil an den Angeschuldigten.

Für die Verfahren wegen Wahlfälschung sowie wegen Amtsmissbrauchs und Korruption ist festzustellen, dass sie im Laufe der Zeit an Bedeutung verloren. In der Anfangsphase der Strafverfolgung kam ihnen noch ein erhebliches Gewicht zu. Die beiden Deliktsgruppen hatten bei der ersten statistischen Auswertung mit Stand vom 15. Juli 1998 zwar nur einen Anteil von 17,6% an allen angeklagten Taten; ihr Anteil an den Verurteilungen lag jedoch bei zusammen 39,4%.[210] Nach Ab-

210 Bei Berücksichtigung der rechtskräftigen Strafbefehle und Verurteilungen durch die DDR-Justiz erhöhte sich dieser Anteil sogar auf circa 45%, siehe *M/W*, Aufarbeitung (1999),

schluss sämtlicher Verfahren wegen DDR-Unrechts sind nur noch etwas mehr als 10% der Anklagen und etwa 16% der Verurteilungen diesen beiden Deliktsgruppen zuzuordnen.

Die weitere Untersuchung hat die Sanktionspraxis zum Gegenstand. Das Interesse gilt den 753 verurteilten Personen. Acht Angeklagte, die sich wegen Gewalttaten an der Grenze verantworten mussten, sprachen die Gerichte zwar schuldig, sahen aber von Strafe ab. Sie werden deshalb im Folgenden nicht einbezogen. Die Grundgesamtheit beträgt demnach 745 Personen. Zunächst wird dargestellt, wie sich die beiden Hauptstrafarten der Geldstrafe und der Freiheitsstrafe in den Deliktsgruppen verteilen (Tabelle 12). Bei den Freiheitsstrafen werden diejenigen gesondert ausgewiesen und anteilmäßig bestimmt, deren Vollstreckung zur Bewährung ausgesetzt wurde.

Tabelle 12: Verhängte Strafen nach Deliktsgruppen und Sanktionsarten

Deliktsgruppen	**Gesamt**	**Geldstrafe**		**Freiheitsstrafe***			
				gesamt		**davon mit Bew.**	
Gewalttaten an der Grenze	267	1	(0,4%)	266	(99,6%)	236	(88,7%)
Rechtsbeugung	181	5	(2,8%)	176	(97,2%)	169	(96,0%)
Wahlfälschung	99	57	(57,6%)	42	(42,4%)	42	(100,0%)
MfS-Straftaten	69	31	(44,9%)	38	(55,1%)	36	(94,7%)
Denunziation	5	0	(0,0%)	5	(100,0%)	5	(100,0%)
Misshandlung Gefangener	42	26	(61,9%)	16	(38,1%)	14	(87,5%)
Amtsmissbrauch/Korruption	22	5	(22,7%)	17	(77,3%)	12	(70,6%)
Wirtschaftsstraftaten	13	10	(76,9%)	3	(23,1%)	3	(100,0%)
Doping	47	30	(63,8%)	17	(36,2%)	17	(100,0%)
Gesamt	745	165	(22,1%)	580	(77,9%)	534	(92,1%)

* In die Kategorie „Freiheitsstrafe mit Bewährung“ wurde auch die „Verurteilung auf Bewährung“ nach § 33 DDR-StGB mit einbezogen, die in Einzelfällen unter Anwendung des milderen Gesetzes zur Anwendung kam. In den 18 Fällen der Verbindung einer Freiheitsstrafe bzw. einer Verurteilung auf Bewährung mit einer Geldstrafe blieb die Geldstrafe jeweils unberücksichtigt.

Insgesamt vermittelt die Sanktionspraxis den Eindruck, dass die Gerichte die Taten als mittelschwere Kriminalität einstuften. Er resultiert aus zwei Bewertungstendenzen, die im Verhältnis zur allgemeinen Sanktionspraxis eine gegenläufige Richtung aufweisen. Für eine Beurteilung der Taten als Kriminalität von erheblichem Gewicht spricht der geringe Anteil der Geldstrafe von etwa 22%.

S. 233. Nach Abschluss sämtlicher Verfahren ist ein solcher Effekt aber nicht mehr feststellbar.

Demgegenüber verzeichnet die allgemeine Verurteilungsstatistik im Jahr 1996 einen Geldstrafenanteil von fast 80%.[211] Andererseits lässt ein außerordentlich hoher Anteil von Strafaussetzungen zur Bewährung an den verhängten Freiheitsstrafen die Taten in der Bewertung durch die Gerichte als weniger gewichtig erscheinen. Die Aussetzungsquote von 92,1% liegt deutlich über derjenigen der allgemeinen Sanktionspraxis, die 1996 etwa 70% betrug.[212]

Überwiegend mit Geldstrafe wurden Taten aus dem Bereich der Wirtschaftsstraftaten, des Dopings, der Misshandlung von Gefangenen und der Wahlfälschung geahndet. Dagegen wurde diese Strafart nur zurückhaltend verwendet bei Rechtsbeugungstaten sowie in der Deliktsgruppe des Amtsmissbrauchs und der Korruption. In Denunziationsverfahren kam sie gar nicht zur Anwendung. In den Fällen der Verurteilung wegen Gewalttaten an der Grenze fehlte es in der Regel bereits an den gesetzlichen Voraussetzungen für die Verhängung einer Geldstrafe. Die einzige Ausnahme bildete eine Verurteilung wegen Beihilfe zum versuchten Totschlag.

Weitere Erkenntnisse liefert ein Blick auf die Zumessung der verhängten Geldstrafen. Für einen Vergleich relevant ist die nach allgemeinen Strafzumessungsregeln festzulegende Zahl der Tagessätze.[213] Der gesetzlich dafür vorgesehene Rahmen reicht von mindestens fünf bis höchstens 360 Tagessätzen.[214]

Der Schwerpunkt der verhängten Geldstrafen lag im unteren und mittleren Bereich. Die Zahl von 90 Tagessätzen wurde nur in 29,0% der Fälle überschritten. Immerhin übertraf dieser Wert aber deutlich denjenigen der allgemeinen Sanktionspraxis, der 1996 lediglich 4%[215] betrug. Es ist zu vermuten, dass in den Verfahren wegen DDR-Unrechts gelegentlich auch solche Taten noch mit Geldstrafe geahndet worden sind, deren Schwere in vergleichbaren Fällen der sonstigen Kriminalität zu einer Freiheitsstrafe geführt hätte.

Mit 34,5% entfielen die meisten der verhängten Geldstrafen auf den Bereich der Wahlfälschung. Es schließen sich mit jeweils etwa 18% die Deliktsgruppen des Dopings und der MfS-Straftaten an, gefolgt von der Gruppe der Misshandlung Gefangener mit 15,8%. Wie sich aus Tabelle 12 ergibt, weisen diese Deliktsgruppen auch jeweils einen hohen Geldstrafenanteil an den Verurteilungen auf.

211 77,7% für Straftaten ohne Verkehrsstraftaten; eigene Berechnungen nach *Statistisches Bundesamt*, Strafverfolgung 1996 (1997), Tabelle 2.3, S. 68.

212 67,8% für Straftaten ohne Verkehrsstraftaten; eigene Berechnungen nach *Statistisches Bundesamt*, Strafverfolgung 1996 (1997), Tabelle 3.1, S. 120.

213 Die Höhe des einzelnen Tagessatzes bemisst sich demgegenüber nach den persönlichen und wirtschaftlichen Verhältnissen des Täters (§ 40 Abs. 2 S. 1 StGB).

214 § 40 Abs. 1 S. 2 StGB.

215 7,1% für Straftaten ohne Verkehrsstraftaten; eigene Berechnungen nach *Statistisches Bundesamt*, Strafverfolgung 1996 (1997), Tabelle 3.3. S. 148.

Näher zu betrachten ist noch die Praxis der Sanktionierung mit Freiheitsstrafe. Aus Tabelle 13 geht dazu Folgendes hervor.

Nur ausnahmsweise, nämlich lediglich in 40 von 523 Fällen, wurde eine Freiheitsstrafe von mehr als zwei Jahren verhängt. In den verbleibenden 483 Fällen, die einen Anteil von 92,4% ausmachen, überschritt die Strafe die Grenze von zwei Jahren nicht. Bei einer Freiheitsstrafe bis zu einem Jahr blieb es in 224 Fällen, was einem Anteil von 42,8% entspricht.

Diese Zumessungspraxis hängt eng mit der gesetzlichen Regelung der Strafaussetzung zur Bewährung zusammen. Nach § 56 Absatz 1 StGB ist eine Freiheitsstrafe bis zu einem Jahr bei günstiger Bewährungsprognose stets auszusetzen. Absatz 2 der Vorschrift gestattet unter besonderen Umständen auch die Aussetzung einer höheren Freiheitsstrafe, sofern sie zwei Jahre nicht übersteigt. Die in Tabelle 13 nicht gesondert ausgewiesene Zahl von immerhin 48 Fällen, in denen die höchste noch aussetzungsfähige Strafe von zwei Jahren verhängt wurde, belegt, dass es den Gerichten darauf ankam, die Möglichkeit einer Strafaussetzung zur Bewährung intensiv zu nutzen. Dafür spricht auch, dass in nur fünf der 483 Fälle einer Verurteilung zu einer Freiheitsstrafe bis zu zwei Jahren eine Strafaussetzung versagt wurde. Betroffen davon waren nur die beiden Deliktsgruppen der Rechtsbeugung sowie des Amtsmissbrauchs und der Korruption.

Freiheitsstrafen über zwei Jahren erwiesen sich als vereinzelte Ausnahmen, sieht man einmal von der Deliktsgruppe der Gewalttaten an der Grenze ab. Dort haben die 30 Fälle immerhin einen Anteil von 11,3% an allen in dieser Deliktsgruppe verhängten Freiheitsstrafen. Hinsichtlich aller 42 Freiheitsstrafen über zwei Jahre entfällt auf die Gewalttaten an der Grenze ein Anteil von 71,4%.

Aber auch noch in anderer Hinsicht ist diese Deliktsgruppe bemerkenswert. Die Freiheitsstrafen bis zu zwei Jahren wurden ausnahmslos zur Bewährung ausgesetzt. Das verdient Erwähnung, weil Gegenstand der Verurteilung stets der Vorwurf des Totschlags war. In der allgemeinen Sanktionspraxis wird aber in einer nicht unerheblichen Zahl derjenigen Fälle eine Strafaussetzung zur Bewährung versagt, in denen wegen eines Totschlagsdelikts eine Freiheitsstrafe bis zu zwei Jahren verhängt wird. 1996 betrug die entsprechende Quote 15,9%.[216]

---

216 Früheres Bundesgebiet einschließlich Ostberlin, Verurteilte 1996 mit Hauptstrafe nach allgemeinem Strafrecht, Verurteilungen zu einer Freiheitsstrafe bis zu zwei Jahren; eigene Berechnung nach *Statistisches Bundesamt*, Strafverfolgung 1996 (1997), Tabelle 3.1, S. 126 f.

Tabelle 13: Zumessung der verhängten Freiheitsstrafen* nach Deliktsgruppen

Deliktsgruppen	Freiheitsstrafe (mehr als … bis einschließlich …)													gesamt
	unter 6 M.	(dar. Straf-auss.)	6 M.	(dar. Straf-auss.)	6–9 M.	(dar. Straf-auss.)	9 M.–1 J.	(dar. Straf-auss.)	1–2 J.	(dar. Straf-auss.)	2–3 J.	3–5 J.	5–10 J.	
Gewalttaten Grenze	7	(7)	14	(14)	27	(27)	48	(48)	138	(138)	13	10	7	264
Rechtsbeugung	2	(2)	4	(4)	6	(6)	18	(18)	96	(94)	1	4	0	131
Wahlfälschung	1	(1)	13	(13)	17	(17)	10	(10)	1	(1)	0	0	0	42
MfS-Straftaten	1	(1)	7	(7)	5	(5)	8	(8)	9	(9)	0	1	1	32
Denunziation	0	(0)	0	(0)	3	(3)	1	(1)	1	(1)	0	0	0	5
Misshandlung Gefangener	1	(1)	1	(1)	4	(2)	2	(2)	3	(3)	2	0	0	13
Amtsmissbr./Korruption	1	(1)	1	(1)	4	(2)	2	(2)	7	(6)	1	0	0	16
Wirtschaftsstraftaten	0	(0)	1	(1)	0	(0)	1	(1)	1	(1)	0	0	0	3
Doping	0	(0)	2	(2)	3	(3)	9	(9)	3	(3)	0	0	0	17
Gesamt	13	(13)	43	(43)	69	(67)	99	(99)	259	(256)	17	15	8	523

* In drei Fällen wurde zusätzlich zur Freiheitsstrafe eine Geldstrafe verhängt. Nicht in der Tabelle enthalten sind Verurteilungen auf Bewährung gemäß DDR-StGB sowie neun Freiheitsstrafen, die später in eine Gesamtstrafe einbezogen wurden. Fünf davon entfallen auf die Deliktsgruppe der Rechtsbeugung, zwei auf MfS-Straftaten und jeweils eine auf Amtsmissbrauch und Korruption sowie Wirtschaftsstraftaten.

Härte und Milde dieser Sanktionspraxis in der Deliktsgruppe der Gewalttaten an der Grenze hingen zumeist davon ab, welche Position die verurteilte Person im militärischen oder politischen Ranggefüge einnahm. In der Regel ließen es die Gerichte gegenüber ehemaligen einfachen Grenzsoldaten bei einer zur Bewährung ausgesetzten Freiheitsstrafe, während zu vollstreckende Freiheitsstrafen, abgesehen von Exzesstaten bei der Ausführung der Tötungshandlung, gegen Angeklagte aus der militärischen oder politischen Führung ergingen.[217]

i) Verfahrensdauer

Das Untersuchungsmaterial lässt die Ermittlung einer Verfahrensdauer zu, die den Zeitraum vom Datum der Anklageerhebung bis zum Datum der verfahrensbeendenden Entscheidung umfasst. Da es auch bei gemeinsam angeklagten Personen zu unterschiedlichen Verfahrensabläufen kommen kann, wurde die Dauer des Verfahrens personenbezogen bestimmt. Ferner erfolgte bei mehrfach angeklagten Personen eine mehrfache Zählung pro Verfahren. Dieser Untersuchungsansatz ergab eine Grundgesamtheit von 1.730 Personen. Nicht berücksichtigt wurden Strafbefehle, die ohne weitere Verfahrensschritte rechtskräftig wurden, weil in diesem Fall beide Daten zusammenfallen.

Vom Zeitpunkt der Anklageerhebung bis zu einer verfahrensbeendenden Entscheidung vergingen im Durchschnitt 714 Tage. Dabei schwankt der Wert zwischen den einzelnen Deliktsgruppen beträchtlich. Am längsten dauerten die Verfahren demnach in der Deliktsgruppe der Wirtschaftsstraftaten (1.068 Tage) sowie des Amtsmissbrauchs und der Korruption (1.058 Tage). Auch in Verfahren wegen Gewalttaten an der Grenze liegt der Durchschnittswert von 872 Tagen über dem Wert für alle Verfahren wegen DDR-Unrechts. Im Vergleich mit den anderen Deliktsgruppen waren die Verfahren wegen Gefangenenmisshandlung (295 Tage) und Doping (168 Tage) am schnellsten zu Ende.

In zeitlich vergleichender Perspektive zeigt sich eine deutliche Entwicklungstendenz. Die Verfahren wurden über die Jahre hinweg kontinuierlich kürzer. Je später die Anklage erhoben wurde, desto wahrscheinlicher war ein schnellerer Verfahrensabschluss. Bei Anklagen aus den Jahren 1990 bis 1994 dauerte ein Verfahren durchschnittlich 892 Tage. Im nachfolgenden Vier-Jahres-Intervall bis 1998 betrug die durchschnittliche Verfahrensdauer noch 703 Tage. Für die in den Jahren ab 1999 angeklagten Personen war das Verfahren bereits nach durchschnittlich 288 Tagen beendet.

---

217 Vgl. S. 35f., 270.

Besonders drastisch verlief diese Entwicklung bei den Verfahren wegen Rechtsbeugung. In den bis einschließlich 1994 angeklagten Fällen lag die durchschnittliche Verfahrensdauer bei 1.015 Tagen. Dieser Wert sank bei den von 1995 bis 1998 angeklagten Taten dann auf 636 Tage und bei den später erhobenen Anklagen schließlich auf 379 Tage.

Ähnlich entwickelte sich die Verfahrensverkürzung in den Verfahren wegen der Gewalttaten an der Grenze; allerdings erfolgte die deutliche Reduzierung der Verfahrensdauer zu einem späteren Zeitpunkt. Für die Angeschuldigten, gegen die in den Jahren bis 1994 Anklage erhoben wurde, war das Verfahren nach durchschnittlich 949 Tagen abgeschlossen. Immerhin noch 933 Tage dauerte das Verfahren für die in den Jahren von 1995 bis 1998 angeklagten Personen. In den Fällen einer Anklage im Jahr 1999 oder später kam das Verfahren hingegen schon nach durchschnittlich 396 Tagen zum Abschluss.

Die letzte verfahrensbeendende Entscheidung in einem Verfahren wegen DDR-Unrechts erging 2005, also 15 Jahre nach der Vereinigung, in einem Rechtsbeugungsverfahren. Ebenfalls im Jahr 2005 wurden die jeweils letzten Verfahren wegen Gewalttaten an der Grenze sowie MfS-Straftaten beendet. Bereits im Jahr 2000 und damit am frühesten vollständig abgeschlossen waren die Strafverfahren wegen Wahlfälschung und Denunziation. Die wenigen Verfahren, die in den alten Bundesländern wegen DDR-Unrechts geführt wurden, waren schon 1995 komplett abgeschlossen. In Sachsen kam die Strafverfolgung im Jahr 2001 zum Ende, in Brandenburg, Mecklenburg-Vorpommern und Sachsen-Anhalt im Jahr 2002, in Thüringen im Jahr 2003 und in Berlin schließlich 2005 mit dem bereits erwähnten Rechtsbeugungsverfahren.

II. Strafverfahren des Generalbundesanwalts wegen Spionage

1. Einführung

Für die Strafverfolgung von DDR-Bürgern wegen Spionage trat mit der Vereinigung vor allem in tatsächlicher Hinsicht eine neue Lage ein. Die Strafverfolgungsorgane konnten nunmehr gegen Tatverdächtige vorgehen, die zuvor vor einem Verfahren sicher waren, weil sie in der DDR wohnten. In rechtlicher Hinsicht bestätigte der Einigungsvertrag die Anwendbarkeit der Strafbestimmungen der Bundesrepublik Deutschland.[218] Der Vorschlag, Spionagetaten von DDR-Bürgern zu amnestieren, konnte sich weder in den Vertragsverhandlungen noch danach durchsetzen.[219] Somit waren die zuständigen Behörden gehalten, tätig zu werden.

218 Vgl. S. 183.
219 Vgl. S. 195 mit Fn. 12.

Gleichwohl weist dieser Bereich im Verhältnis zu anderen Formen des DDR-Unrechts erhebliche Besonderheiten auf. Vor allem die Tatsache, dass alle Staaten Spionage betreiben, spricht gegen eine Gleichsetzung der Spionage mit anderen Formen des DDR-Unrechts. Auch um diesen und weitere Unterschiede hervortreten zu lassen, werden die Spionageverfahren hier in einem besonderen Abschnitt behandelt.[220]

2. Organisation und personelle Ausstattung

Die gesetzlich geregelte Zuständigkeit für diese Verfahren lag beim Generalbundesanwalt.[221] Die von ihm geleitete Behörde hatte die Ermittlungsverfahren zu betreiben, um zu klären, ob ein hinreichender Tatverdacht gegeben war, der Anlass zur Anklageerhebung bot. Wie ebenfalls gesetzlich vorgesehen, gab der Generalbundesanwalt in Fällen von minderer Bedeutung das Verfahren vor Anklageerhebung an eine der ansonsten zuständigen Staatsanwaltschaften der Länder ab.

Innerhalb der Behörde des Generalbundesanwalts war die Abteilung III mit Spionageverfahren befasst. Vor der Vereinigung bestand die Abteilung aus drei Referaten. Einem Referat gehörten ein Bundesanwalt, ein Oberstaatsanwalt und ein wissenschaftlicher Mitarbeiter an. Nach der Vereinigung wurde sehr rasch auf den Anstieg der Verfahren reagiert: Die Abteilung wurde im Jahre 1991 auf fünf Referate erweitert. Die weitere Entwicklung lässt auf eine zügige Erledigung der Verfahren schließen. Bereits im Jahre 1996 wurde praktisch der frühere Zustand wiederhergestellt. Zwar wurde lediglich ein Referat abgegeben. Die Bearbeitung der Spionageverfahren oblag jedoch seither – wie zuvor – nur drei Referaten. Das Arbeitsgebiet des vierten Referats resultierte aus einer Zuständigkeitserweiterung der Abteilung, die zwischenzeitlich vorgenommen worden war.

3. Ermittlungs-, Anklage- und Urteilspraxis nach den Zahlenangaben des Generalbundesanwalts

Die folgenden Angaben beruhen auf Informationen des Generalbundesanwalts. Sie erfassen den Zeitraum vom 1. Januar 1991 bis zum 31. Juli 1997.[222] Daraus er-

---

220 Vgl. im Übrigen S. 194 f.

221 Vgl. dazu und zum Folgenden S. 181 f.

222 Ein Teil der Daten ist veröffentlicht in *Lampe*, Aufarbeitung (1999), S. 452 sowie in der Antwort der *Bundesregierung* auf die Kleine Anfrage der Abgeordneten Kenzler u.a., BT-Drs. 14/4201.

geben sich Einschränkungen, die allerdings den Wert des Materials im Wesentlichen unbeeinträchtigt lassen.

Über die Verfahren, die noch in den letzten Monaten des Jahres 1990 eingeleitet wurden, liegen keine gesicherten Erkenntnisse vor.[223] Auch waren zum letzten Erfassungszeitpunkt noch nicht alle, aber bereits fast 98% aller Ermittlungsverfahren erledigt. Aktuellere Zahlen existieren nicht. Die zahlenmäßige Erfassung ermöglicht zur Hauptsache Aussagen zum Gesamtvorgang. Entwicklungen lassen sich nur für die Verfahrenseinleitung nachweisen, die auch jahresweise erfasst ist.

Tabelle 14 informiert über die Strafverfahren, die insgesamt wegen Spionage seitens der DDR in dem genannten Zeitraum eingeleitet wurden. Die Gesamtheit der Beschuldigten umfasst neben DDR-Bürgern fast ausnahmslos Bundesbürger.

In Übereinstimmung mit der dargelegten Personalentwicklung zeigt sich, dass die Verfolgungsaktivitäten früh einsetzten. Sehr rasch wurden hohe Eingangszahlen erreicht. Der deutliche Unterschied zum schleppenden Beginn der Strafverfolgung in den anderen Fallgruppen des DDR-Unrechts[224] hat tatsächliche und rechtliche Gründe. Während in den Ländern erst noch organisatorische Vorkehrungen zur Bewältigung der Verfahren getroffen werden mussten, war der institutionelle Rahmen für die Verfolgung der Spionagetaten bereits vorhanden. Auch stellten sich für die Behörde des Generalbundesanwalts rechtlich keine völlig neuen Aufgaben. Spionagetaten seitens der DDR wurden seit jeher verfolgt. Im Wesentlichen bedurfte es nur der Reaktion auf eine geänderte Faktenlage. Offensichtlich gelang eine zügige Anpassung durch rasche Veränderungen im Personalbereich.

Tabelle 14: Spionageverfahren: Entwicklung der Ermittlungsverfahren, bezogen auf Verfahren und Beschuldigte (1.1.1991–31.7.1997)

	1991	1992	1993	1994	1995	1996	1997	Gesamt
Eingeleitete Ermittlungsverfahren	1.200	1.576	1.515	1.197	139	9	0	5.636
Beschuldigte insgesamt	1.631	2.098	1.825	1.388	148	9	0	7.099
Davon DDR-Bürger	1.143	1.147	883	875	116	7	0	4.171

Gleichermaßen zügig gelangte die Einleitung neuer Verfahren zu einem Abschluss. Bereits mit dem Jahr 1993 ging die Zahl der eingeleiteten Verfahren zu-

223 Noch 1990 wurden erste Verhaftungen vorgenommen; vgl. *BGH*, Haftbefehl v. 19.1990 – Az. StB 13/90; Haftbefehl v. 4.10.1990 – Az. II BGs 548/90.
224 Vgl. S. 193.

rück. Eine nochmalige deutliche Reduzierung erfolgte im Jahr 1995. Dazu trug die Entscheidung des Bundesverfassungsgerichts vom 5. Mai 1995 maßgeblich bei, welche die Verfolgung von DDR-Bürgern wegen Spionage stark einschränkte.[225]

Der Anteil der DDR-Bürger an der Gesamtheit der Beschuldigten betrug 58,8%. In tendenzieller Übereinstimmung mit der Entscheidung des Bundesverfassungsgerichts stufte der Generalbundesanwalt die Verfahren gegen DDR-Bürger überwiegend als minder bedeutsam ein und gab sie an die Staatsanwaltschaften der Länder ab. Betroffen davon waren 2.343 Beschuldigte, was einem Anteil von 56,2% entspricht.

Versucht man die Zahl der Spionageverfahren, die gegen DDR-Bürger eingeleitet wurden, in ein Verhältnis zu der Zahl zu setzen, die oben[226] für Ermittlungsverfahren wegen DDR-Unrechts in den anderen Fallgruppen geschätzt wurde, so ergibt sich Folgendes. 4.171 Beschuldigten hier stehen ca. 100.000 Beschuldigte dort gegenüber. Auf der Grundlage eines erweiterten Begriffs von DDR-Systemkriminalität, der Spionagehandlungen von DDR-Bürgern einschließt, kann ein Anteil von ca. 4% für die Spionageverfahren angenommen werden.

Die Erledigungspraxis weist ein klares Profil auf. Zum letzten Erfassungszeitpunkt war für 4.079 der insgesamt 4.171 beschuldigten DDR-Bürger das Verfahren erledigt. Lediglich gegen 82 Personen wurde Anklage erhoben, was einem Anteil von nur 2% entspricht. Zwar übertrifft diese Anklagequote diejenige, die für die sonstigen Fallgruppen mit 1,4% ermittelt wurde.[227] Der Unterschied ist jedoch nicht so erheblich, dass eine grundsätzlich andere Ausrichtung der Anklagepraxis angenommen werden müsste.

In 13 Fällen erhob der Generalbundesanwalt Anklage. Gegen 69 Beschuldigte erfolgte die Anklage nach Abgabe durch die Staatsanwaltschaften der Länder. Setzt man diese Zahlen in Beziehung zu den Fällen, die vom Generalbundesanwalt selbst erledigt wurden (1.797), sowie zu denjenigen, die an die Staatsanwaltschaften der Länder abgegeben wurden (2.282), so ergibt sich eine Differenz in der Anklagequote. Einer Quote von 0,7% bei den erstgenannten Fällen steht eine Quote von 3,0% bei den abgegebenen Fällen gegenüber. Unterschiede in der Sache sind dahinter aber nicht zu vermuten. Die Behörde des Generalbundesanwalts hat ein Verfahren in der Regel erst dann abgegeben, wenn ein weit fortgeschrittener Stand erreicht war. Auch wurden Absprachen

225 Vgl. S. 186 f.

226 Vgl. S. 248.

227 Vgl. Tabelle 6 auf S. 248.

mit den Staatsanwaltschaften der Länder über die Behandlung der Spionageverfahren getroffen.[228]

Denkbar ist allerdings, dass die niedrigere Anklagequote in den vom Generalbundesanwalt durchgeführten Verfahren mit einer rechtlichen Besonderheit bei den Einstellungsgründen zusammenhängt. Nur dem Generalbundesanwalt, nicht hingegen den Staatsanwaltschaften der Länder stehen besondere Einstellungsmöglichkeiten zur Verfügung. Sie betreffen zum einen Fälle, in denen bei Durchführung des Verfahrens die Gefahr eines schweren Nachteils für die Bundesrepublik Deutschland droht oder sonstige überwiegende öffentliche Interessen einer Verfolgung entgegenstehen.[229] Zum anderen geht es um Fälle, in denen der Täter durch tätige Reue dazu beigetragen hat, dass eine Gefahr für den Bestand oder die Sicherheit der Bundesrepublik Deutschland oder die verfassungsmäßige Ordnung abgewendet wurde.[230] Diese Einstellungsgründe erweitern den Handlungsspielraum des Generalbundesanwalts ganz erheblich. Insbesondere Gesichtspunkte der Prävention und der Förderung der Ermittlungen in anderen Verfahren können ihn veranlassen, davon Gebrauch zu machen. In immerhin 31 Fällen hat der Generalbundesanwalt diese Möglichkeiten genutzt. Die entsprechende Quote liegt mit 1,7% deutlich über der Anklagequote von 0,7%.

In bemerkenswertem Umfang wurden ferner die Einstellungsmöglichkeiten nach §§ 153, 153a StPO genutzt. An den Erledigungen insgesamt haben diese Einstellungen einen Anteil von 42,3%. Damit wird die entsprechende Quote von ca. 30% in der allgemeinen strafrechtlichen Praxis[231] deutlich übertroffen. Es bestätigt sich der Eindruck, dass die Staatsanwaltschaften in den Spionageverfahren sehr flexibel vorgegangen sind. Die Einstellungsentscheidungen nach §§ 153, 153a StPO verwerteten im Übrigen in großer Zahl diejenigen Gesichtspunkte als Milderungsgründe, die das Bundesverfassungsgericht 1995 veranlassten, ein Verfolgungshindernis zu statuieren. Dazu gehörten die Loyalität der Beschuldigten zu ihrem damaligen Staat,[232] der aus den Anforderungen zweier

---

228 Vgl. dazu beispielhaft *GBA*, Niederschrift (1995), S. 4 f., 10 ff., 16 ff.

229 § 153d StPO.

230 § 153e StPO. Vgl. S. 182.

231 Vgl. S. 226.

232 Einstellung gem. § 153 StPO: *GBA*, Vfg. v. 11.9.1992 – 3 BJs 984/91-1, S. 7; *GBA*, Vfg. v. 9.11.1992 – 3 BJs 500/91-1, S. 5; *GBA*, Vfg. v. 23.4.1993 – 3 BJs 217/91-1, S. 2; *GBA*, Vfg. v. 16.7.1993 – 3 BJs 715/91-2, S. 1; *GBA*, Vfg. v. 9.8.1993 – 3 BJs 712/91-2, S. 2; *GBA*, Vfg. v. 27.4.1994 – 3 BJs 132/91-2, S. 4; *GBA*, Vfg. v. 10.3.1995 – 3 BJs 1015/91-2, S. 7; *GStA bei dem OLG Celle*, Vfg. v. 3.3.1993 – OJs 16/91, S. 1; *StA bei dem KG Berlin*, Vfg. v. 26.7.1994 – 3 OJs 37/93, S. 7; *StA bei dem KG Berlin*, Vfg. v. 20.4.1995 – 3 OJs 229/93, S. 3; *StA bei dem OLG Schleswig*, Vfg. v. 27.10.1992 – OJs 11/91, S. 2.

sich widersprechender Rechtsordnungen resultierende Konflikt,[233] das Fehlen einer Wiederholungsgefahr wegen des Untergangs der DDR[234] und die Milderbewertung der Taten auf Grund der Veränderung der politischen Verhältnisse[235].

Die gegen ehemalige DDR-Bürger erhobenen Anklagen betrafen hauptsächlich die Leitungsebene und bezogen spionagetypische Begleitkriminalität ein. Zum angeklagten Personenkreis gehörten zunächst die Leiter der vorrangig mit Auslandsaufklärung beauftragten Hauptabteilungen des Ministeriums für Staatssicherheit und der Nationalen Volksarmee. Weitere Anklagen wurden gegen die Leiter von Diensteinheiten mit herausgehobener operativer Bedeutung erhoben. Zusätzlich klagten die Staatsanwaltschaften einige Offiziere des Ministeriums für Staatssicherheit und der Nationalen Volksarmee sowie einige Inoffizielle Mitarbeiter wegen des Ausmaßes des angerichteten Schadens oder wegen besonders verwerflicher Tatmodalitäten an.

Auch die Erledigung der angeklagten Fälle war zum letzten Erfassungszeitpunkt[236] weit vorangeschritten. Nur noch sechs der 82 Fälle (7,3%) waren noch offen. Die hohen Zahlen bei Anklagerücknahmen (18) und Einstellungen (33) sind im Wesentlichen erklärbar als Reaktion auf die restriktiven Anforderungen des Bundesverfassungsgerichts. Mehr als zwei Drittel aller Fälle (67%) gelang-

---

Einstellung gem. § 153a StPO: *GBA*, Vfg. v. 5.2.1992 – 3 BJs 725/91-2, S. 3; *GBA*, Vfg. v. 29.6.1992 – 3 BJs 1001/91-2, S. 2; *GBA*, Vfg. v. 30.6.1992 – 3 BJs 530/91-2, S. 4; *GBA*, Vfg. v. 22.7.1992 – 3 BJs 1204/91-1, S. 2; *GBA*, Vfg. v. 28.12.1992 – 3 BJs 1110/91-2, S. 6; *StA BayObLG*, Vfg. v. 7.9.1992 – ObJs I 10/92, S. 4; *StA BayObLG*, Vfg. v. 5.10.1992 – ObJs I 47/91; *GStA bei dem OLG Düsseldorf*, Vfg. v. 2.11.1994 – 3 OJs 61/94, S. 2.

233 *GStA bei dem OLG Düsseldorf*, Vfg. v. 19.9.1994 – 3 OJs 80/94, S. 2.

234 Einstellung gem. § 153 StPO: *GBA*, Vfg. v. 9.11.1992 – 3 BJs 500/91-1, S. 5; *GBA*, Vfg. v. 10.3.1995 – 3 BJs 1015/91-2, S. 7.
Einstellung gem. § 153a StPO: *StA BayObLG*, Vfg. v. 25.8.1992 – ObJs I 45/91, S. 5; *GStA bei dem OLG Düsseldorf*, Vfg. v. 2.11.1994 – 3 OJs 61/94, S. 2; *StA OLG Frankfurt*, Vfg. v. 9.12.1992 – OJs 7/92, S. 2; *GStA bei dem OLG Koblenz*, Vfg. v. 11.3.1993 – OJs 4/93, S. 2; *GStA bei dem OLG Stuttgart*, Vfg. v. 8.9.1993 – OJs (24) 3/93, S. 5.

235 Einstellung gem. § 153 StPO: *GBA*, Vfg. v. 15.7.1992 – 3 BJs 1072/91-1, S. 1; *GBA*, Vfg. v. 9.8.1993 – 3 BJs 712/91-2, S. 2; *GBA*, Vfg. v. 16.7.1993 – 3 BJs 715/91-2, S. 1; *GStA bei dem OLG Düsseldorf*, Vfg. v. 7.12.1993 – 3 OJs 45/93, S. 4; *GStA bei dem OLG Koblenz*, Vfg. v. 24.4.1992 – OJs 5/92, S. 5; *GStA bei dem OLG Stuttgart*, Vfg. v. 6.7.1992 – OJs (24) 8/92, S. 4; *GStA bei dem OLG Stuttgart*, Vfg. v. 25.1.1993 – OJs (24) 1/92, S. 4; *GStA bei dem OLG Stuttgart*, Vfg. v. 26.4.1993 – OJs (23) 34/91, UA S. 3.
Einstellung gem. § 153a StPO: *GStA bei dem OLG Stuttgart*, Vfg. v. 28.7.1993 – OJs (24) 28/92, S. 4; *GStA bei dem OLG Stuttgart*, Vfg. v. 8.9.1993 – OJs (24) 3/93, S. 5; *GStA bei dem OLG Stuttgart*, Vfg. v. 23.9.1993 – OJs (22) 38/91, S. 4.

236 Erfasst wurde der Stand der Verfahren zum 31.7.1997. Für den Zeitraum danach stehen keine Informationen zur Verfügung.

ten auf diese Weise zum Abschluss. Im Wege des Sachurteils wurde nur über 23 Fälle (30,3%) der Anklagen befunden.[237]

Die gerichtliche Entscheidungspraxis bietet keine Hinweise darauf, dass der Annahme einer Strafbarkeit durchgreifende rechtliche Bedenken entgegenstanden. Während in den übrigen Fallgruppen die Eröffnung des Hauptverfahrens in 10,9% der Fälle abgelehnt wurde,[238] und es in nahezu einem Drittel aller Aburteilungen zu einem Freispruch kam,[239] passierten sämtliche Spionageanklagen gegen DDR-Bürger das Zwischenverfahren unbeanstandet. Auch wurde lediglich ein Angeklagter von insgesamt 23, gegen die ein Sachurteil erging, freigesprochen (4,3%).

Ein eigenständiges Profil weist auch die Sanktionspraxis auf. Eine Geldstrafe wurde in keinem Fall verhängt. Demgegenüber war diese Strafart an den Verurteilungen in den anderen Fallgruppen zu mehr als einem Fünftel (22,1%) beteiligt.[240] Gleichwohl kann nicht von einer harten Sanktionspraxis gesprochen werden. Sieht man von zwei Ausnahmen ab, so überschritten die verhängten Freiheitsstrafen den Rahmen von zwei Jahren nicht. Diese Strafen wurden alle zur Bewährung ausgesetzt. Im Durchschnitt höhere Freiheitsstrafen ergingen gegen Bundesbürger, die wegen Spionage zugunsten der DDR verurteilt wurden. Aus den Angaben des Generalbundesanwalts geht hervor, dass in 51 von 245 Fällen eine Freiheitsstrafe von mehr als zwei Jahren verhängt wurde (20,8%).

---

237 Zwei Fälle wurden auf sonstige Weise erledigt, u.a. durch Verbindung.

238 Vgl. S. 262 mit Tabelle 9.

239 Vgl. S. 264 mit Tabelle 10.

240 Vgl. S. 267 mit Tabelle 12.

Dritter Teil: Fazit

Der Dritte Teil zieht das Fazit. Der Text präsentiert die wesentlichen Erkenntnisse zu den Erscheinungsformen des DDR-Unrechts (A.) und zur Verfahrenspraxis (B.). Hieraus werden die Grundlinien der strafrechtlichen Aufarbeitung entwickelt (C.). Auf diesen Grundlagen erfolgt die abschließende Bewertung, die sich durch die Wahl ihrer Perspektive von bisherigen Bewertungsversuchen grundsätzlich unterscheidet (D.). Ein Blick auf die strafrechtliche Verfolgung von DDR-Unrecht in internationaler Perspektive (E.) sowie ein Ausblick (F.) schließen die Untersuchung ab.

A. Zusammenfassung der Erscheinungsformen des DDR-Unrechts

Der Einigungsvertrag hat zentrale Fragen der strafrechtlichen Aufarbeitung von DDR-Unrecht der Rechtsprechung zur Klärung überlassen. Mit der Zeit hat sich für die meisten Deliktsbereiche eine klare Rechtsprechungslinie herausgebildet. Eine wesentliche Leistung der Strafverfahren besteht in der Feststellung zeithistorisch wichtiger Sachverhalte.

Rechtsfragen von allgemeiner Bedeutung traten im Bereich des Strafanwendungsrechts sowie der Verjährungsregelungen auf. Der Gesetzgeber hat die weitgehende Ersetzung des DDR-Strafrechts durch das Strafrecht der Bundesrepublik einer nationalen Gesetzesänderung zwischen Tatbeendigung und Aburteilung gleichgestellt. Dies geschah durch eine Verweisung auf die Grundsätze des intertemporalen Strafrechts (§ 2 StGB) in Artikel 315 Absatz 1 EGStGB. Damit war für sogenannte Alttaten grundsätzlich die Strafbarkeit nach beiden Rechtsordnungen zu prüfen. War die Strafbarkeit auch nur nach einer der beiden Rechtsordnungen zu verneinen, entfiel die Strafbarkeit insgesamt. Die jeweils herangezogenen Tatbestände mussten zudem im wesentlichen Gehalt des vertypten Unrechts übereinstimmen. Das verlangte das strafrechtliche Gesetzlichkeitsprinzip des Artikels 103 Absatz 2 GG. Der Strafausspruch bestimmte sich dann nach dem im Einzelfall milderen Gesetz. Nur soweit schon vor Wirksamwerden des Beitritts auch für in der DDR begangene Taten das bundesdeutsche Strafgesetzbuch gegolten hatte, blieb es bei dessen alleiniger Anwendung (Artikel 315 Absatz 4 EGStGB). Diese Regelung traf zum Beispiel auf die Spionagetaten zu.

Die Verjährung des DDR-Unrechts richtete sich nach Artikel 315a EGStGB in der Fassung des dritten Verjährungsgesetzes von 1997. Sie hatte für Taten, die

https://doi.org/10.1515/9783110597356-004

entsprechend dem ausdrücklichen oder mutmaßlichen Willen der Staats- und Parteiführung nicht geahndet wurden, in der Zeit vom 11. Oktober 1949 bis zum 2. Oktober 1990 geruht. Offen ist geblieben, ob in Fällen minderer Kriminalität im Interesse des Rechtsfriedens trotz politisch motivierter Nichtahndung Verjährung anzunehmen ist. Mit dem 3. Oktober 1990 galt die Verfolgungsverjährung der Alttaten als unterbrochen, soweit nicht schon vor Wirksamwerden des Beitritts Verjährung eingetreten war. Fälle mittelschwerer Kriminalität sind mittlerweile verjährt. Totschlag und versuchter Totschlag können längstens bis zum Eintritt ihrer absoluten Verjährung am 2. Oktober 2030 verfolgt werden. Mordtaten bleiben selbst dann unverjährbar, wenn sie nach dem Recht der DDR zu beurteilen sind.

I. Gewalttaten an der deutsch-deutschen Grenze

An der deutsch-deutschen Grenze kamen mindestens 264 Menschen durch den Gebrauch von Schusswaffen, Minen und Selbstschussanlagen ums Leben.

Die grundsätzliche Versagung des Ausreiserechts in der DDR wurde an der Grenze mit Waffengewalt durchgesetzt. Ein Geflecht aus Dienstverordnungen, Anweisungen und Befehlen regelte den Schusswaffengebrauch gegenüber Flüchtenden. Auch nach Erlass des Grenzgesetzes im Jahr 1982 bestanden weiterhin inoffizielle Anweisungen zur Anwendung der Schusswaffe, beispielsweise in Form von Befehlen oder Vergatterungen.

Die den ausführenden Grenzsoldaten erteilten Instruktionen zielten auf die Verhinderung der Flucht um jeden Preis, notfalls auch durch die Tötung der Flüchtenden als letztes Mittel. Als Faustregel wurde vermittelt: „Besser der Flüchtling ist tot, als dass die Flucht gelingt." Der Schusswaffeneinsatz wurde letztlich immer als rechtmäßig angesehen. Ein Soldat, der eine Flucht, wie auch immer, verhindert hatte, wurde ausgezeichnet, belohnt, erhielt Orden, eine Geldprämie oder wurde befördert. Zu einem Verfahren gegen die Täter kam es in der DDR nie.

Die bundesdeutsche Rechtsprechung hat festgestellt, dass die in der Hierarchie ganz unten stehenden Grenzsoldaten in gewisser Weise auch selbst als Opfer anzusehen sind. Ihr Vorstellungsbild war überdurchschnittlich von der herrschenden Ideologie und der in der Ausbildung besonders intensiv ausgeübten Indoktrination bestimmt.

Zur Geheimhaltung von Grenzvorfällen wurden nach den gerichtlichen Feststellungen vielfältige Maßnahmen getroffen. Sie hatten selbst bei schweren Verletzungen Vorrang vor dem Schutz des Lebens. Aus diesem Grund verzögerte sich vielfach ärztliche Hilfe, und es kam auch dadurch zu Todesfällen.

Innerhalb der gerichtlichen Sachverhaltsfeststellungen zu den Gewalttaten an der deutsch-deutschen Grenze kann nach typischen Geschehensabläufen sowie nach Tätergruppen differenziert werden.

Der Standardfall des Tatgeschehens ist dadurch gekennzeichnet, dass der tödliche Schuss als letztes Mittel zur Verhinderung eines Grenzübertritts eingesetzt wurde. Eine zweite Fallgruppe betrifft die Tötung von Fahnenflüchtigen, eine dritte die Tötung von Bürgern der Bundesrepublik oder Ausländern bei einer West-Ost-Überquerung der Grenze. Die vierte Fallgruppe wird durch die sogenannten Exzessfälle gebildet. Die fünfte Fallgruppe beinhaltet Fälle, in denen Minen oder Selbstschussanlagen den Tod herbeiführten. In der sechsten Fallgruppe trat der Taterfolg auf dem Gebiet der Bundesrepublik oder Westberlins ein. Die siebente sachverhaltsbezogene Fallgruppe wird durch Körperverletzungsdelikte gebildet. In die achte lassen sich versuchte Tötungen einordnen.

Zu einer ersten Tätergruppe gehören die Machthaber, die maßgeblichen Einfluss auf die Ausgestaltung der Grenzsicherung hatten. Bei der zweiten Tätergruppe handelt es sich um Personen, die als Vorgesetzte den tatausführenden Soldaten übergeordnet waren. Aus diesen unmittelbar handelnden Schützen setzt sich die dritte Tätergruppe zusammen.

Den Schwerpunkt der rechtlichen Problematik bildet die Frage der Rechtswidrigkeit der Tötungshandlungen nach dem Recht der DDR. Hier folgte die Rechtsprechung seit der Grundsatzentscheidung des Bundesgerichtshofs vom 3. November 1992 einer einheitlichen Linie und ordnete die Taten als rechtswidrig ein. Die Rechtsprechung übersah nicht, dass die Tötungen an der Grenze – abgesehen von Exzesstaten – von der DDR-Rechtspraxis als rechtmäßig angesehen worden waren. Die Rechtsprechung versagte jedoch im Ergebnis solchen innerstaatlichen Erlaubnissätzen die Anerkennung, die in schwerwiegender Weise gegen völkerrechtlich anerkannte Menschenrechte verstießen. Das Bundesverfassungsgericht hat mit seiner Entscheidung vom 24. Oktober 1996 diese Rechtsprechung als verfassungskonform bestätigt. Der Schutz des Rückwirkungsverbotes entfällt danach, wenn ein Staat unter schwerwiegender Missachtung allgemein anerkannter Menschenrechte schwerstes kriminelles Unrecht durch die Schaffung von Rechtfertigungsgründen begünstigt.

Grundsätzlich lehnte die Rechtsprechung es ab, Taten wegen Handelns auf Befehl oder wegen eines unvermeidbaren Verbotsirrtums als entschuldigt anzusehen. Sie hat aber die gegen die unmittelbar handelnden Grenzsoldaten verhängten Freiheitsstrafen in Anerkennung erheblich strafmildernder Umstände durchweg zur Bewährung ausgesetzt. Bei der Erschießung Fahnenflüchtiger sowie bei Körperverletzungsdelikten gelangte sie zu einem Schuldausschluss. Eine Bestrafung wegen Tötungsversuchs scheiterte regelmäßig am Vorsatznachweis, an den die Rechtsprechung – wie auch sonst bei Tötungsdelikten – besonders hohe Anforderungen stellte. Mit Selbstverständlichkeit bejahte die Rechtsprechung die Strafbarkeit von Exzesstaten und wendete bei Tötungen, die gegen Bundesbürger oder auf bundesdeutschem Gebiet begangen worden waren, bundesdeutsches Strafrecht an. Mitglieder der staatlichen und militärischen Führung wurden als mittelbare Täter verurteilt. Gegen sie wurden in der Regel längere Freiheitsstrafen verhängt.

II. Wahlfälschung

Die strafrechtliche Verfolgung von DDR-Wahlfälschungen beschränkte sich auf die letzten Wahlen unter der Ägide des SED-Parteiapparates, nämlich auf die Kommunalwahlen vom 7. Mai 1989. Entsprechend dem sozialistischen Wahlsystem der DDR standen hier nicht, wie bei Wahlen in parlamentarischen Demokratien westlicher Prägung, konkurrierende politische Programme zur Auswahl. Die Wähler konnten lediglich einzelne Kandidaten von den Listenvorschlägen streichen oder ihre Ablehnung des gesamten Wahlvorschlags als Gegenstimme bekunden. Dabei waren sie bereits im Vorfeld der Stimmabgabe verschiedenen faktischen Beeinträchtigungen der auch nach DDR-Recht garantierten Freiheit und Geheimheit der Wahlen ausgesetzt.

Das einheitliche Unrecht der Fälschungshandlungen besteht in der systematischen Unterdrückung von Enthaltungen und ungültigen Stimmen sowie insbesondere von Gegenstimmen. Der Gegenstimmenanteil übertraf durchschnittlich um etwa zehn Prozentpunkte die veröffentlichten Werte. So lag beispielsweise für die Stadt Dresden der (für DDR-Verhältnisse hohe) offizielle Wert bei ca. 2,5%, während der tatsächliche Anteil auf 10 bis 12% geschätzt wird. Nach korrekter Auszählung in den Wahllokalen wurden die Ergebnisprotokolle auf der Ebene der jeweils zuständigen örtlichen Wahlkommissionen verfälscht. Folgende einheitliche Mechanismen der Fälschungen lassen sich feststellen. Die Geschehnisse wurden durch bewusst verschleierte Vorgaben aus Berlin zentral initiiert. Weiter wurden Staatsfunktionäre über die örtlich und hierarchisch parallel strukturierte SED-Parteiebene beeinflusst. Ebenso charakteristisch ist das gehäufte Auftreten von Widerständen bei mittleren und unteren Amtsträgern der Staats-, teilweise aber auch der Parteihierarchie. Die Umsetzung der Vorgaben erfolgte schließlich einheitlich unter Heranziehung eines möglichst klein gehaltenen Kreises von eher subalternen Mitarbeitern aus den örtlichen Verwaltungen.

Das Kernproblem der strafrechtlichen Erfassung der Wahlfälschungen lag im Bereich der sogenannten Unrechtskontinuität. Nach den Vorgaben des Einigungsvertrags musste diese zwischen den entsprechenden Tatbeständen des DDR-Strafrechts und des bundesdeutschen Strafrechts gegeben sein. Der Bundesgerichtshof bejahte hier eine seiner Auffassung nach ausreichende teilweise Übereinstimmung der Rechtsgüter. Mit der Möglichkeit einer Ablehnung des gesamten Wahlvorschlags seien auch Rudimente parlamentarisch-demokratischer Wahlen vorhanden gewesen: Jedenfalls die Ablehnung der SED-Herrschaft habe bekundet werden können. Diese Auffassung leitete die Bestrafung der DDR-Wahlfälschungen.

III. Rechtsbeugung

Die strafrechtliche Verfolgung wegen Rechtsbeugung richtete sich in erster Linie gegen Richter und Staatsanwälte der DDR. Betroffen waren aber auch Angehörige des Justizministeriums und des Ministeriums für Staatssicherheit. Gegen Schöffen wurden keine Anklagen erhoben.

Die Strafverfolgung hatte hauptsächlich Strafverfahren zum Gegenstand. In deutlich geringerem Umfang betraf sie Arbeits- und Zivilrechtsstreitigkeiten. Im Bereich der Strafverfahren waren zwei Anknüpfungspunkte für einen Rechtsbeugungsvorwurf möglich und Gegenstand der Verfahren: Den Schwerpunkt bildeten Fälle, in denen Strafverfolgung stattgefunden hatte; daneben traten Fälle systembedingter Nichtverfolgung. Soweit es um Strafverfolgungsmaßnahmen ging, konzentrierten sich die Anklagen auf die Waldheimer Prozesse sowie auf Strafverfahren, denen politische Straftaten und Militärstraftaten zugrunde lagen. Dem Bereich der systembedingten Nichtverfolgung durch die DDR-Justiz ist die Nichtverfolgung der Anzeigen wegen Fälschung der Kommunalwahlen vom 7. Mai 1989 zuzurechnen. Die Anklagen, die arbeitsrechtliche Entscheidungen der DDR-Gerichte zum Gegenstand hatten, bezogen sich in erster Linie auf die Behandlung von Kündigungsschutzklagen. Eine einzelne zivilrechtliche Entscheidung betraf das Adoptionsrecht.

Die von den Gerichten festgestellten Sachverhalte hatten einerseits die damaligen Prozesse, welche die Grundlage für den Rechtsbeugungsvorwurf bildeten, zum Gegenstand und andererseits das Justizsystem der DDR, in das die damaligen Verfahren eingebettet waren. Der Bundesgerichtshof ging von folgendem Befund aus. In der DDR gab es keine Gewaltenteilung. Die Rechtsanwendung war im Rahmen der sozialistischen Gesetzlichkeit auf das Staatsziel der Verwirklichung eines sozialistischen Staates unter Führung der Arbeiterklasse und ihrer marxistisch-leninistischen Partei ausgerichtet. Dabei unterlagen die Entscheidungen der Justiz mannigfachen äußeren Einflüssen, die alle auf die SED zurückführten.

Der Bundesgerichtshof vertrat die Auffassung, dass trotz der unterschiedlichen politischen Systeme die Rechtsbeugungstatbestände der DDR und der Bundesrepublik Deutschland einen gemeinsamen Unrechtskern aufwiesen und somit die Verfolgungsvoraussetzung der Unrechtskontinuität zu bejahen sei. Von zentraler Bedeutung für die Erledigung der Verfahren war zum einen, dass die Rechtsprechung die Strafbarkeit von Richtern und Staatsanwälten der DDR auf Fälle schwerer Menschenrechtsverletzungen und Willkürakte beschränkte. Zum anderen war die Auslegung des Rechts der DDR durch die Rechtsprechung in diesem Zusammenhang relevant. Der Bundesgerichtshof sah das geschriebene Recht der DDR grundsätzlich als wirksam an. Daher sollte keine gesetzwidrige Entscheidung im Sinne des Rechtsbeugungstatbestandes des DDR-Strafrechts vorliegen, wenn die Handlung des Richters oder Staatsanwalts vom Wortlaut der vielfach unbestimmten Normen des DDR-Rechts gedeckt war. Eine Strafbarkeit wegen Rechtsbeugung wurde vor diesem Hintergrund von der Rechtsprechung fast stets nur wegen der Verhängung einer unverhältnismäßig hohen Freiheitsstrafe oder einer Todesstrafe angenommen. Derartige Strafen waren nach Auffassung des Bundesgerichtshofs immer zugleich als eine schwere Menschenrechtsverletzung anzusehen.

IV. Denunziationen

Die strafrechtliche Ahndung von Denunziationen umfasst Verfahren gegen Beschuldigte, die offizielle Stellen in der DDR über angebliche oder tatsächliche Regimegegner zwecks Einleitung von Strafverfahren informiert haben. Das angeklagte Anzeigeverhalten bezog sich überwiegend auf Fluchtvorhaben von DDR-Bürgern. Die Informationen waren den Beschuldigten in ihrer Eigenschaft als Inoffizielle Mitarbeiter des Ministerium für Staatssicherheit, durch ihre berufliche Tätigkeit oder aufgrund privater Kontakte bekannt geworden. Die Staatsanwaltschaften haben gegen die Anzeigenden wegen politischer Verdächtigung und Freiheitsberaubung ermittelt.

Hinsichtlich der politischen Verdächtigung hat der Bundesgerichtshof in einer Grundsatzentscheidung ausschließlich bundesdeutsches Strafrecht herangezogen. Er stützte sich hierbei auf den durch den Einigungsvertrag eingeführten Artikel 315 Absatz 4 EGStGB. Nach derselben Entscheidung setzte dagegen, insoweit in Abkehr von der früheren Rechtsprechung, die Verurteilung wegen Freiheitsberaubung auch die Strafbarkeit nach dem Recht der DDR voraus.

Für die Strafbarkeit von DDR-Bürgern wegen politischer Verdächtigung und Freiheitsberaubung hat der Bundesgerichtshof zusätzlich das einschränkende

Erfordernis einer schweren und offensichtlichen Menschenrechtsverletzung aufgestellt. Danach ist der Tatbestand der politischen Verdächtigung nur dann anwendbar, wenn aufgrund der Anzeige mit einer Bestrafung gerechnet werden musste, die einen schweren und offensichtlichen Verstoß gegen die Menschenrechte bedeutete, oder wenn im Verfahren selbst mit derartigen Verstößen zu rechnen war. Auch als Freiheitsberaubung wurden rechtsstaatswidrige Inhaftierungen nur dann für strafbar erklärt, wenn sie als schwere und offensichtliche Menschenrechtsverletzungen zu qualifizieren waren. Darüber hinaus wurde eine selbst unter diesem Gesichtspunkt auch nach dem Recht der DDR strafbare Freiheitsberaubung dann verneint, wenn das Unterlassen der erfolgten Anzeige nach dem Recht der DDR mit Strafe bedroht war. Bei einer Anzeige von schweren Fällen sogenannter Republikflucht, die ausschließlich Gebote des DDR-Strafrechts befolgte, schied danach eine Strafbarkeit von ehemaligen DDR-Bürgern aus.

Bundesbürgern kam dagegen nach einer präzisierenden Entscheidung des Bundesgerichtshofs diese Tatbestandseinschränkung nicht zugute. Für sie blieb es bei der Verbindlichkeit der bundesdeutschen Rechtsordnung, in der sie zur Tatzeit lebten. Für diese Rechtsordnung waren Inhaftierungen und Verurteilungen wegen Republikflucht rechtswidrig, und dies war den Bundesbürgern auch bekannt.

V. MfS-Straftaten

Das Ministerium für Staatssicherheit bildete während der rund 40 Jahre seines Bestehens einen stark untergliederten Komplex mit am Ende fast 90.000 hauptamtlichen Mitarbeitern. Die immense Zahl möglicherweise strafbarer Diensthandlungen und massive Beweisprobleme schlossen von vornherein eine umfassende Strafverfolgung aus. Die Staatsanwaltschaften konzentrierten sich daher auf gut beweisbare Einzeltaten der verschiedenen Typen von MfS-Diensthandlungen. Die Rechtsprechung ihrerseits hat in den wenigen ihr unterbreiteten Sachverhalten den Bereich strafbaren Verhaltens sehr eng begrenzt.

Das praktizierte heimliche Abhören von privaten Telefongesprächen blieb straffrei, da das Strafgesetzbuch der DDR eine entsprechende Strafnorm nicht kannte. Nicht bestraft wurde ferner das Öffnen von Briefsendungen zur Kenntnisnahme ihres Inhalts. Zunächst wurde in diesem Bereich regelmäßig ein unvermeidbarer Verbotsirrtum angenommen, weil die Handelnden auf Grund interner Dienstanweisungen unwiderlegbar von der Rechtmäßigkeit ihres Tuns überzeugt gewesen seien. Später stand dann auch das fristbedingte Erlöschen des Strafantragsrechts der Geschädigten einer Strafverfolgung im Wege.

Die zum Zwecke der Zuführung an den Staatshaushalt der DDR erfolgte Entnahme von Geld und Wertgegenständen aus Postsendungen blieb ebenfalls straffrei. Nach Auffassung des Bundesgerichtshofs erfasste der bundesdeutsche Unterschlagungstatbestand in der zum Zeitpunkt der Entscheidung geltenden Fassung nicht das Handeln zugunsten eines Dritten, hier des Staates.

Die Annahme eines unvermeidbaren Verbotsirrtums verhinderte regelmäßig eine Bestrafung des heimlichen Betretens fremder Räumlichkeiten zum Zwecke der Durchsuchung oder der Installation von Abhöranlagen. Erschwert wurde die Verfolgung zudem dadurch, dass eine mehrfache Tatbegehung nachgewiesen werden musste, weil die Strafgesetze der DDR nur den mehrfachen Hausfriedensbruch mit Kriminalstrafe bedrohten.

Einer Strafverfolgung von Fällen der Verletzung des Berufsgeheimnisses stand zumeist entgegen, dass die Strafanträge nicht rechtzeitig gestellt worden waren. Die sechsmonatige Ausschlussfrist für Strafanträge aus dem DDR-Strafgesetzbuch war insofern zu beachten.

Die Praxis, Ausreiseantragsteller zu bedrängen, ihren Antrag zurückzunehmen, war unter dem Gesichtspunkt der Nötigung verfolgbar. Soweit Antragsteller zum Verkauf ihres Grundeigentums an vorgegebene Käufer oder zu einem Preis unter Wert gedrängt wurden, war eine Bestrafung wegen Erpressung möglich.

Fälle von Freiheitsberaubungen, die vornehmlich Entführungen aus dem Westen Berlins in den Osten der Stadt betrafen, wurden verfolgt, soweit die Täter noch ermittelbar waren. Gleiches gilt für die wenigen Fälle, die Tötungsvorwürfe zum Gegenstand hatten.

VI. Misshandlungen in Haftanstalten

Die Anzahl der bekannt gewordenen Übergriffe gegen inhaftierte Personen in der DDR ist erheblich. Es hat den Anschein, dass vorwiegend politische Strafgefangene Opfer von Körperverletzungen, Aussageerpressungen und Nötigungen wurden. Die Taten waren seinerzeit eindeutig gesetzwidrig und wurden auch von der politischen Führung der DDR nicht gebilligt. Um das Ansehen der bewaffneten Organe, zu denen der Strafvollzug zählte, zu schützen, unterblieb indes regelmäßig eine strafrechtliche Verfolgung. Es wurden nur disziplinarische Maßnahmen ergriffen. Allein in Fällen, die in der Öffentlichkeit bekannt wurden, leitete man Strafverfahren ein.

Im Hinblick auf die weitreichende Nichtverfolgung der Misshandlungen aus Gründen politischer Opportunität ist im Einklang mit der Rechtsprechung von einem „unmittelbaren Systemzusammenhang" auszugehen. Diese Annahme ermöglichte nach der Vereinigung eine Strafverfolgung der Taten, da ansonsten ein Ruhen der Verjährung abzulehnen gewesen wäre. Im Hinblick auf die Schaffung von Rahmenbedingungen, welche die Misshandlungen begünstigten, lässt sich darüber hinaus ein „mittelbarer Systemzusammenhang" bejahen. Insofern erscheint der Kreis der strafrechtlich verfolgten Personen, der allein die unmittelbar Handelnden, nicht aber die politische Leitungsebene einschloss, recht eng.

Bei der Verfolgung hat sich die Verjährungsfrage als bedeutsam herausgestellt. Zahlreiche Verfahren wurden wegen Verjährung eingestellt. In tatsächlicher Hinsicht stellte die Führung des Tatnachweises die Strafverfolgungsbehörden vor erhebliche Schwierigkeiten. Die Taten lagen zum Teil mehrere Jahrzehnte zurück, die Verletzungen waren oft kaum oder gar nicht dokumentiert, und es gab in der Regel keine Zeugen der Tat.

VII. Doping

Nach den Erkenntnissen der Strafverfolgungsorgane wurden im DDR-Leistungssport systematisch und flächendeckend Dopingmittel eingesetzt. Diese Praxis wurde staatlicherseits gefördert und gesteuert. In erster Linie wurden zur Förderung des Muskelwachstums anabole Substanzen eingesetzt, die in den Hormonhaushalt des Körpers eingriffen. Ihre größte Wirkung entfalteten sie bei Heranwachsenden und Frauen. Die Vergabe erfolgte vielfach über einen längeren Zeitraum und in hohen Dosen. Eine Aufklärung über die Gesundheitsrisiken unterblieb. Teilweise wurden die Mittel Minderjährigen ohne Wissen ihrer Eltern verabreicht. Es traten schwere, teilweise irreversible Gesundheitsschäden an inneren Organen sowie an Sehnen und Knochen auf. Bei Sportlerinnen stellte sich eine Vermännlichung des Körperbaus und der Stimme ein.

Rechtlich stellt die Vergabe von Dopingmitteln eine vorsätzliche Körperverletzung dar. Eine rechtfertigende Einwilligung schied regelmäßig aus. Bei den meist jungen Athleten fehlte es an der erforderlichen Einwilligungsfähigkeit. Auch scheiterte die Annahme einer Einwilligung daran, dass über Art und Wirkung der verabreichten Mittel getäuscht wurde.

Nachdem anfänglich Hauptverfahren wegen der Verabreichung von Doping durchgeführt worden waren, gingen die Staatsanwaltschaften später dazu über, Strafbefehle zu beantragen. Grund hierfür war zum einen das Näherrücken des Zeitpunktes der absoluten Verjährung im Jahr 2000; das Strafbefehlsverfahren ermöglichte raschere Erledigung. Zum anderen hatte das Landgericht Berlin in einem Urteil aus dem Jahr 1998 die tatsächlichen und rechtlichen Fragen im Wesentlichen geklärt.

VIII. Amtsmissbrauch und Korruption

Die Basis der strafrechtlichen Verfolgung von Amtsmissbrauch und Korruption wurde bereits durch die DDR-Justiz geschaffen. In nahezu allen Verfahren dieses Deliktsbereichs sind zumindest erste Ermittlungen von DDR-Staatsanwaltschaften eingeleitet worden. In etwa der Hälfte aller Fälle wurden auch die Anklagen bereits vor dem Beitritt erhoben.

Den ehemaligen Machthabern wurde vorgeworfen, sich durch den Missbrauch ihrer exponierten Stellung im Staats- oder Parteigefüge rechtswidrig bereichert zu haben. Die festgestellten Begünstigungen zeigen dabei eine große Vielfalt, ohne dass die Lebens- und Arbeitsbedingungen der führenden Repräsentanten der DDR aus heutiger Sicht als luxuriös bezeichnet werden könnten. Das wohl bekannteste Beispiel ist die bevorzugte Versorgung und Behandlung der Politbüromitglieder in der Regierungssiedlung Wandlitz mit der Möglichkeit, dort Westwaren zu subventionierten Preisen einzukaufen. Viele hohe Funktionäre wurden auch bei der Vergabe von Wohnungen bevorzugt. Sie konnten aufgrund ihres politischen Einflusses überdurchschnittlich gut ausgestattete Privat- oder Ferienwohnungen zu gestützten Preisen erwerben oder anmieten. Ebenso waren die nach den Wünschen der Staats- und Parteiführung eingerichteten Jagdgebiete Gegenstand zahlreicher Ermittlungsverfahren. Die Anklagen enthalten noch eine Vielzahl weiterer Vergünstigungen wie kostenlose Urlaubsreisen und Ehrendotationen.

Die Rechtsprechung ging in den meisten Fällen davon aus, dass die wirtschaftliche (Selbst-)Begünstigung sowohl nach DDR-Recht als auch nach bundesdeutschem Recht als Untreue zu bestrafen war. Dabei wurde ganz überwiegend die bundesdeutsche Untreuevorschrift als die mildeste Norm angesehen. Mit rechtlich schwierigen Fragen musste sich die Justiz kaum auseinandersetzen. Das einzige intensiv diskutierte Problem betraf die Frage der Anwendbarkeit einer alten DDR-Norm. Der Einigungsvertrag sah durch einen Verweis auf das in der Wendezeit erlassene 6. Strafrechtsänderungsgesetz der DDR die Fortgeltung des DDR-Straftatbestands des Vertrauensmissbrauchs vor. Einige Gerichte bezweifelten die Verfassungsmäßigkeit der Weitergeltung dieser Regelung. Der Bundesgerichtshof hat diese Frage offengelassen. Das Bundesverfassungsgericht hat entschieden, dass die Instanzgerichte selbst über die Verfassungsmäßigkeit der Vorschrift befinden könnten.

IX. Wirtschaftsstraftaten

Einige sonstige Wirtschaftsstraftaten waren nach der deutschen Vereinigung Gegenstand von Strafverfahren. Dabei ging es um Verstöße gegen das Kriegswaffenkontrollgesetz, das Militärregierungsgesetz Nr. 53 und Verordnungen der alliierten Streitkräfte. Die Angeklagten sollen unter Verstoß gegen die genannten Vorschriften Handel zwischen der Bundesrepublik und der DDR, unter anderem mit Waffen und hochwertigen Technologiegütern, betrieben haben. Öffentliche Aufmerksamkeit erregte insbesondere das Verfahren gegen den ehemaligen DDR-Wirtschaftsfunktionär Alexander Schalck-Golodkowski. Schalck-Golodkowski wurde wegen Embargoverstößen zu einer einjährigen Freiheitsstrafe verurteilt, die zur Bewährung ausgesetzt wurde. In einer Revisionsentscheidung hat der Bundesgerichtshof dieses Urteil im Ergebnis bestätigt.

X. Spionage

Im Bereich nachrichtendienstlicher Aktivitäten gegen die Bundesrepublik hatten die Hauptverwaltung A des Ministeriums für Staatssicherheit und der Bereich Aufklärung der Nationalen Volksarmee zentrale Bedeutung. Dementsprechend richteten sich auch die Ermittlungen der bundesdeutschen Justiz nach dem Beitritt der DDR zu einem großen Teil gegen Angehörige dieser Einheiten.

Die gegen ehemalige DDR-Bürger erhobenen Anklagen betrafen hauptsächlich die Leitungsebene und bezogen spionagetypische Begleitkriminalität ein. Zum angeklagten Personenkreis gehörten zunächst die Leiter der vorrangig mit Auslandsaufklärung beauftragten Hauptabteilungen des Ministeriums für Staatssicherheit und der Nationalen Volksarmee. Weitere Anklagen wurden gegen Leiter von Diensteinheiten mit herausgehobener operativer Bedeutung, Offiziere des Ministeriums für Staatssicherheit und der Nationalen Volksarmee sowie gegen Inoffizielle Mitarbeiter des Ministeriums für Staatssicherheit erhoben. Dabei wurde maßgeblich auf das Ausmaß der angerichteten Schäden oder auf besonders verwerfliche Tatmodalitäten abgestellt.

Die Anklagen und die dazu ergangenen gerichtlichen Entscheidungen enthalten umfangreiche Feststellungen zum Aufbau, zu den Aufgaben und zum Vorgehen der mit nachrichtendienstlichen Tätigkeiten betrauten Einheiten des Ministeriums für Staatssicherheit und der Nationalen Volksarmee. So konstatierte die Justiz, von einer Trennung des Ministeriums für Staatssicherheit in „reine Auslandsaufklärung" und sonstige Tätigkeiten könne nicht ausgegangen werden. Vielmehr seien beide Bereiche miteinander verzahnt und untrennbar verknüpft gewesen. Deshalb sei die Auslandsaufklärung der DDR vielfach vom

„typischen" DDR-Unrecht geprägt gewesen. Neben der äußeren Sicherheit der Bundesrepublik seien Individualrechtsgüter von DDR-Bürgern wie von Bundesbürgern in einer für totalitäre Regime kennzeichnenden Weise verletzt worden.

Den rechtlichen Ausgangspunkt bildete das schon vor dem Beitritt anwendbare bundesdeutsche Strafrecht. Zu einem Abweichen von den insoweit eindeutigen Vorgaben des Einigungsvertrags sah die Rechtsprechung nach dem Scheitern von Amnestievorhaben keinen Anlass und wies völkerrechtliche wie verfassungsrechtliche Einwände zurück. Das Bundesverfassungsgericht hat allerdings später eine Kurskorrektur vorgenommen. Nach seiner Auffassung sprach ein Übergewicht von Gründen gegen eine weitere strafrechtliche Verfolgung derjenigen ehemaligen DDR-Bürger, die ausschließlich auf dem Gebiet der DDR oder ihrer Verbündeten Spionagestraftaten gegen die Bundesrepublik oder deren Verbündete verübt hatten. Insoweit ergebe sich aus dem Verhältnismäßigkeitsgrundsatz ein Verfolgungshindernis. Je nach den Umständen des Einzelfalls greife auch bei Spionagehandlungen von DDR-Bürgern auf dem Gebiet der Bundesrepublik oder in Drittstaaten ein Verfolgungshindernis ein; in jedem Fall sei die Strafe deutlich zu mildern.

Die Entscheidung des Bundesverfassungsgerichts hat praktisch die strafrechtliche Verfolgung ehemaliger DDR-Bürger wegen ihrer Spionage gegen die Bundesrepublik beendet. Mit wenigen Ausnahmen wurden alle noch anhängigen Verfahren auch in Bezug auf die mitangeklagte Begleitkriminalität eingestellt.

B. Zusammenfassung der Verfahrenspraxis

Die Strafverfolgung von DDR-Unrecht ist abgeschlossen. Seit 2005 sind alle bekannt gewordenen einschlägigen justiziellen Verfahren erledigt. An der Eröffnung neuer Verfahren hindert in aller Regel die Verjährung nun noch entdeckter Fälle. Unverjährbar sind allein Mordtaten. Anhaltspunkte dafür, dass entsprechende Ermittlungen aufgenommen werden könnten, sind nicht vorhanden. Somit ist aus erheblicher zeitlicher Distanz eine bilanzierende Analyse möglich. Im Rückblick auf die oben[1] eingehend dargelegte Praxis der Verfahren erweist sich das Folgende als prägend für die Strafverfolgung von DDR-Unrecht.

1 S. 191 ff.

I. Verfolgungskontinuität

Vergessen oder unterschlagen wird häufig, dass die Justiz der Bundesrepublik Deutschland die Verfolgung des DDR-Unrechts nicht begonnen, sondern nur fortgeführt hat. Nach der politischen Wende im Herbst 1989 leitete bereits die DDR-Justiz Strafverfolgungsmaßnahmen von beachtlichem Umfang ein, gedrängt von den neuen politischen Kräften, von der Medienöffentlichkeit und von massenhaften Eingaben der Bevölkerung.

Auf zwei Deliktsgruppen konzentrierte sich die Strafverfolgung in der Endphase der DDR. Schwerpunktmäßig wurden zum einen Fälle von Amtsmissbrauch und Korruption verfolgt. Gegen zahlreiche Angehörige der Staats- und Parteiführung und Funktionäre auf Bezirksebene wurde der Vorwurf erhoben, sich und andere an staatlichem Vermögen zu Unrecht bereichert zu haben. Zum anderen bildete die Fälschung der Kommunalwahlen vom Mai 1989 einen Schwerpunkt der Ermittlungen. Auch diese Verfahren richteten sich gegen die politische Prominenz aller Ebenen.

Intensität und Umfang der Strafverfolgung lassen sich zahlenmäßig belegen. Mindestens 42 Beschuldigte wurden vor dem 3. Oktober 1990 in Haft genommen. Unter den Verhafteten befanden sich mehr als die Hälfte, nämlich elf der 21 Mitglieder des Politbüros. In mindestens 52 Verfahren, die mit einer Ausnahme die beiden genannten Schwerpunkte betrafen, erhob die Staatsanwaltschaft der DDR Anklage oder stellte einen Strafbefehlsantrag gegen insgesamt 106 Personen. Auch noch vor der Vereinigung ergingen in diesen Verfahren gegen 26 Personen rechtskräftige Urteile bzw. Strafbefehle. Die übrigen Verfahren wurden von der Strafjustiz der Bundesrepublik Deutschland fortgeführt, die zudem in zahlreichen anderen Verfahren Ermittlungsergebnisse der Strafverfolgungsorgane der DDR verwertete.

Verfehlt ist somit die verbreitete Annahme, die Strafverfolgung von DDR-Unrecht habe erst nach der Vereinigung eingesetzt. Und als unhaltbar erweist sich die im politischen Diskurs anzutreffende Behauptung, der Westen Deutschlands habe den Osten mit einer Strafverfolgung nach seinen Regeln überzogen. Vielmehr ist der Gesamtvorgang von einem beträchtlichen Maß an Kontinuität geprägt.

II. Zentralistisches Unrecht – dezentrale Strafverfolgung

Eine Diskrepanz prägt das Gesamtbild der Strafverfolgung von DDR-Unrecht. Dieses Unrecht wies entsprechend dem politischen System eine zentralistische Struktur auf; dagegen fiel die Aufgabe der Verfolgung des Unrechts einer Strafjustiz zu, die im Wesentlichen von den Ländern ausgeübt wird. Verzichtet wurde auf die Einrichtung einer gemeinsamen Ermittlungsbehörde, für welche die Zentralstelle zur Aufklärung nationalsozialistischer Verbrechen in Ludwigsburg als Vorbild hätte dienen können. Es konnte nicht ausbleiben, dass die mangelnde Übereinstimmung von Verfahrensgegenstand und Verfolgungsorganisation zu Brüchen in der Verfahrenspraxis führte.

Immerhin wurde den Besonderheiten der zu verfolgenden Kriminalität dadurch Rechnung getragen, dass die mit den zentralen Machtorganen der DDR befasste Berliner Staatsanwaltschaft Unterstützung vom Bund und von den Ländern erhielt. Jedoch blieb die Abordnung von Personal hinter den Zusagen zurück. Auch wirkte sich nachteilig aus, dass die abgeordneten Personen häufig ausgetauscht wurden und vielfach nur geringe Berufserfahrung besaßen.

Umfang und Bedeutung der Aufgabe machten die Einrichtung gesonderter staatsanwaltschaftlicher Arbeitseinheiten in Berlin und den neuen Bundesländern erforderlich. Dabei kam es teilweise zu erheblichen Verzögerungen, weil die dortige Justiz insgesamt neu aufgebaut werden musste.

Dass die Strafverfolgung im Prinzip dezentral betrieben wurde, begründete die Gefahr unnötiger Mehrfacharbeit und unkoordinierten Vorgehens, der durch länderübergreifende Zusammenarbeit nur in begrenztem Umfang begegnet werden konnte. So wurden zum Teil die Ermittlungsschwerpunkte unterschiedlich gesetzt. Auch ergaben sich Divergenzen in der praktischen Durchführung der Verfahren. Sie sind besonders auffällig im Bereich der Rechtsbeugungsverfahren. Dort beließen es die Länder Brandenburg und Sachsen vielfach bei einer Erfassung von Vorgängen im Allgemeinen Register, die in den anderen Ländern ein förmliches Ermittlungsverfahren ausgelöst hätten. Auch liegt die Anklagequote für eingeleitete Ermittlungsverfahren in Brandenburg deutlich unter der entsprechenden Quote in anderen Ländern.

Nachteilige Folgen hat die dezentrale Strafverfolgung auch für die statistische Erfassung gehabt. Die Zahlenangaben der Länder unterscheiden sich in vielfacher Hinsicht, so z.B. in den Zeiträumen und in den Kriterien für Deliktsgruppen. Präzise Aussagen sind auf der Grundlage des justiziellen Zahlenmaterials daher nicht möglich. Die hier erfolgte Zusammenführung ermöglicht immerhin ungefähre quantitative Angaben. Ferner können auf der Grundlage eigener Erhebungen genauere Aussagen getroffen werden für die mit der Anklageerhebung beginnenden Verfahrensabschnitte.

III. Ausfilterung im Ermittlungs- und im Zwischenverfahren

Das Ausmaß des verfolgten DDR-Unrechts lässt sich nur grob schätzen: Etwa 75.000 Ermittlungsverfahren gegen ungefähr 100.000 Beschuldigte wurden eingeleitet.

Das tatsächliche DDR-Unrecht ist mit diesen Zahlen nicht erfasst. Es kann mit unterschiedlichen Maßstäben unterschiedlich bestimmt werden. Dass es weitaus größer gewesen sei, wird sagen, wer darauf abstellt, dass viele Fälle unentdeckt geblieben sind, nicht angezeigt wurden oder für eine Strafverfolgung nicht in Betracht kamen, weil sie so weit zurücklagen, dass die Täter nicht mehr lebten oder aus Mangel an Beweisen nicht mehr überführt werden konnten. Dagegen gelangt zu weitaus geringeren Zahlen, wer allein das als Unrecht gelten lässt, was zur Grundlage einer rechtskräftigen Verurteilung geworden ist. Danach beschränkt sich der Umfang nachgewiesenen DDR-Unrechts auf die Taten von 753 rechtskräftig verurteilten Personen.

Setzt man die zuletzt genannte Zahl in ein Verhältnis zu der Zahl von 100.000 Beschuldigten, so wird eine drastische Einschränkung der Strafverfolgung im Verfahrensverlauf sichtbar. Rechtskräftig verurteilt wurden nur 0,75% derjenigen Personen, gegen die Ermittlungen aufgenommen worden waren, somit nur etwa jeder 133. Beschuldigte. Im Ausmaß übertrifft diese Reduktion deutlich den entsprechenden Vorgang in Strafverfahren wegen allgemeiner Kriminalität, bei dem die entsprechende Quote in der Regel im Bereich zwischen 20 und 30% liegt.

Beschrieben wird die Verringerung des Verfolgungsumfangs im Verfahrensverlauf üblicherweise mit einem Trichtermodell. Angewendet auf die Strafverfolgung von DDR-Unrecht, hätte ein solches Modell einen extrem engen Auslauf. Auch würde sich darin abzeichnen, dass den Hauptanteil an der Ausfilterung das Ermittlungs- und das Zwischenverfahren gehabt haben.

Die Ausdünnung im Ermittlungsverfahren ist an der außerordentlich niedrigen Anklagequote von etwa 1,4% ablesbar. Sie ist zur Hauptsache ein Ergebnis der Entwicklung im Bereich der Rechtsbeugungsverfahren. Diese machen etwa 75% aller eingeleiteten Ermittlungsverfahren aus. Ihr Anteil an den Verfahren, in denen es zu einer Anklage gekommen ist, beträgt dagegen nur noch 36,6%. Erklären lässt sich die Entwicklung folgendermaßen. Wegen Justizunrechts wurde sehr breit ermittelt. Zu Ermittlungsverfahren in großer Zahl gaben die Aufhebung von DDR-Urteilen in Rehabilitierungsverfahren und eine systematische Sichtung der Tätigkeit solcher Spruchkörper der DDR-Justiz Anlass, die mit politischen Strafsachen befasst gewesen waren. Zur drastischen Reduzierung der Verfahren hat wesentlich beigetragen, dass der Bundesgerichtshof die Grenzen der Strafbarkeit sehr eng absteckte.

Die Anklage hatte auch keineswegs stets ein gerichtliches Hauptverfahren zur Folge. Zahlreiche Verfahren im Bereich der Rechtsbeugung, aber auch in anderen Fallgruppen endeten im Zwischenverfahren. Die Filterwirkung dieses Verfahrensabschnitts ist normalerweise gering; in Verfahren wegen DDR-Unrechts nutzten die Gerichte dagegen ungewöhnlich intensiv die Möglichkeit, die Anklagepraxis der Staatsanwaltschaften zu kontrollieren. In fast 11% aller Verfahren lehnten sie eine Eröffnung des Hauptverfahrens ab. Bemerkenswert ist ferner, dass die Staatsanwaltschaft in einer nicht unerheblichen Zahl an Fällen (2,8%) von sich aus durch Anklagerücknahme auf eine Fortführung des Verfahrens verzichtete.

IV. Niedrige Verurteilungsquote

Die Tendenz zur Ausfilterung setzte sich im gerichtlichen Hauptverfahren fort. Nur etwa 54% aller Angeklagten wurden verurteilt. In sonstigen Strafverfahren liegt diese Quote um mehr als 20% höher.

Nahezu ein Viertel aller Verfahren (24,1%) endete für die Angeklagten mit einem Freispruch. In den übrigen Fällen kam es auf Grund einer Verfahrenseinstellung gar nicht erst zu einer Entscheidung in der Sache. Soweit in der Sache entschieden wurde, erging sogar für fast jeden Dritten der davon Betroffenen ein Freispruch.

V. Schwerpunktverlagerungen

Eine Betrachtung der Strafverfolgungspraxis in zeitlicher Perspektive liefert unterschiedliche Bilder des davon erfassten DDR-Unrechts. Das Gewicht der Fallgruppen verändert sich deutlich in zweifacher Hinsicht: durch eine Verschiebung des generellen Verfolgungsschwerpunktes und durch eine Veränderung des Schwerpunktes im Ablauf der Strafverfahren.

Die Strafverfolgung in der Endphase der DDR befasste sich zur Hauptsache nur mit zwei Fallgruppen, mit Amtsmissbrauch und Korruption sowie mit Wahlfälschungen. Diese Schwerpunktbildung ist gut erklärlich. Zum einen wirkte sich aus, dass die Aufdeckung der Selbstbereicherung der politischen Kaste große allgemeine Empörung auslöste. Denn alle Bürger waren den Lebensbedingungen ausgesetzt gewesen, denen sich politisch Mächtige heimlich durch Plünderung des Staatshaushaltes entzogen hatten. Zum anderen hatten sich Staat und Partei mit der Fälschung der Kommunalwahlen vom Mai 1989 beweiskräftig kompromittiert. Die Bürgerrechtsbewegung konnte Beweise liefern, die die Einleitung von Verfahren unumgänglich machten. Die Verfolgung von Straftaten anderer Fallgruppen beschränkte sich dagegen in dieser Phase noch auf Ansätze.

Das änderte sich nach der Vereinigung rasch. Fallgruppen, denen in menschenrechtlicher Perspektive größeres Gewicht zukam, rückten nun in den Mittelpunkt der Strafverfolgung. So wurden mit Nachdruck Straftaten an der deutsch-deutschen Grenze verfolgt. Noch weitaus zahlreicher waren die nunmehr eingeleiteten Verfahren wegen Justizunrechts. Auf diese beiden Fallgruppen konzentrierte sich die Verfolgungstätigkeit in der Zeit nach der Vereinigung. Sie standen seither auch im Zentrum des öffentlichen Interesses.

Eine Analyse der nach dem 3. Oktober 1990 eingeleiteten Verfahren offenbart ferner eine verfahrensinterne Schwerpunktverlagerung nach Verfahrensstadien. Im Stadium der Verfahrenseinleitung dominierte, wie dargelegt, die Fallgruppe der Rechtsbeugungstaten, der ca. 75% aller eingeleiteten Ermittlungsverfahren angehörten. In den nachfolgenden Verfahrensabschnitten sank der Anteil bis zur Verurteilung drastisch. Nur etwa jeder Vierte der rechtskräftig verurteilten Personen wurde wegen einer Straftat belangt, die dem Bereich des Justizunrechts zuzurechnen ist.

Mit dem Rückgang der Rechtsbeugungsverfahren wuchs im Verfahrensablauf quantitativ die Bedeutung anderer Verfahrensgruppen. Das gilt in erster Linie für die Gruppe der Verfahren wegen Gewalttaten an der Grenze. Deren Verhältnis zu den Rechtsbeugungsverfahren kehrte sich um. Stellten Verfahren wegen Rechtsbeugung bei den Angeschuldigten (einschließlich der mehrfach angeklagten Personen) etwa 36%, waren es bei den Verurteilten nur noch 24%. Die Verfahren wegen der Gewalttaten an der Grenze hatten einen Anteil von 27% an den Angeschuldigten und einen Anteil von 37% an den Verurteilten. Diese Veränderungen lassen allerdings unberührt, dass beide Verfahrensgruppen zusammengenommen mit mehr als 60% quantitativ durchgängig den Schwerpunkt der Verfahren von der Anklageerhebung bis zur Verurteilung bildeten.

VI. Staatsanwaltschaftliche Verfahrensgestaltung

In besonderer Weise nahm die Staatsanwaltschaft Einfluss auf die Strafverfahren wegen DDR-Unrechts. Sie nutzte ihre rechtlichen Handlungsspielräume zu einer aktiven Verfahrensgestaltung. Deutlicher noch als in sonstigen Strafverfahren trat eine Veränderung im Rollenverständnis zutage. Die Staatsanwaltschaft beschränkte sich nicht auf bloße Zuträgerdienste gegenüber den Gerichten, sondern beanspruchte eine verfahrensgestaltende Rolle mit eigener Entscheidungsmacht.

Es ist auf die besonderen Umstände dieser Strafverfahren zurückzuführen, dass sich der Wandel im Selbstverständnis der Staatsanwaltschaft hier so nachdrücklich bemerkbar gemacht hat. Ein kaum überschaubarer, riesiger Verfahrenskomplex musste organisatorisch und rechtlich bewältigt werden. Die Gesetzeslage war in vielfacher Hinsicht unklar. Auf historische Vorbilder konnte nicht zurückgegriffen werden. Diese Schwierigkeiten machten ein unkonventionelles staatsanwaltschaftliches Verhalten fast unvermeidlich.

In organisatorischer Hinsicht reagierte die Staatsanwaltschaft durch Begründung spezieller Zuständigkeiten und durch den Ausbau des Personals. Auf Verfahrensabläufe wurde in sehr unterschiedlicher Weise Einfluss genommen. Hervorzuheben ist einmal, dass vielfach unter Inkaufnahme von Verzögerungen in gleich gelagerten Verfahren das Mittel des Pilotverfahrens genutzt wurde, um möglichst rasch eine Klärung von Rechtsfragen durch höchstrichterliche Entscheidungen zu erreichen. Auch fällt auf, dass intensiver als sonst von den Möglichkeiten einer Einstellung aus Opportunitätsgründen (§§ 153ff. StPO) Gebrauch gemacht wurde. So reduzierte etwa die Bundesanwaltschaft die Zahl der Spionageverfahren gegen DDR-Bürger drastisch durch derartige Einstellungsentscheidungen. Dabei ließ sie sich von genau den Gründen leiten, die später das Bundesverfassungsgericht veranlassten, ein Verfolgungshindernis zu statuieren. Als weiteres Beispiel lässt sich anführen, dass Rechtsbeugungsverfahren trotz der Schwere des Tatvorwurfs unter Erteilung einer Auflage nach § 153a StPO eingestellt wurden. Erwähnung verdient in diesem Zusammenhang ferner, dass teilweise in Rechtsbeugungsverfahren aus verfahrensökonomischen Gründen und zur Vermeidung einer Belastung der Betroffenen auf die formelle Einleitung eines Ermittlungsverfahrens verzichtet und der Vorgang lediglich im Allgemeinen Register eingetragen wurde.

VII. Altersstrafrecht

In den Verfahrensabläufen und in den Ergebnissen spiegelt sich wider, dass die Justizorgane mit Beschuldigten zu tun hatten, deren durchschnittliches Alter von 57,5 Jahren deutlich über demjenigen sonstiger Beschuldigter lag und von denen 46% 60 Jahre alt oder älter waren. Zwar ist gesetzlich kein gesondertes Altersstrafrecht vorgesehen. Gleichwohl reagiert die Justizpraxis in spezifischer Weise auf den Umstand, dass ein Beschuldigter besonders alt ist.

Dementsprechend hat in Verfahren wegen DDR-Unrechts häufig die Verhandlungsunfähigkeit eine Verfahrenseinstellung veranlasst, wenn nicht gar der Tod des Beschuldigten das Verfahren beendet hat. Auch hat nicht selten eine altersbedingte Beschränkung der Verhandlungsfähigkeit zu erheblichen Verzögerungen im Ablauf der Hauptverhandlung geführt, wie etwa die Verfahren gegen Erich Mielke und Erich Honecker belegen. Auswirkungen des hohen Alters der Beschuldigten zeichnen sich ferner in der Sanktionspraxis ab. Für alte Menschen bedeutet die Vollziehung einer Freiheitsstrafe eine besondere Härte. Auch kann bei ihnen vielfach schon aus Altersgründen erwartet werden, dass sie künftig keine Straftaten mehr begehen werden. Daher wird bei ihnen häufiger als sonst eine Freiheitsstrafe zur Bewährung ausgesetzt. Dementsprechend hoch ist in den Verfahren wegen DDR-Unrechts die Quote der zur Bewährung ausgesetzten Freiheitsstrafen. Für etwas mehr als 90% aller Freiheitsstrafen ordneten die Gerichte deren Aussetzung zur Bewährung an.

VIII. Differenzierte Sanktionspraxis

Die verhängten Sanktionen lassen das Bemühen der Gerichte erkennen, den Besonderheiten des Verfahrensgegenstandes gerecht zu werden. In zweifacher Hinsicht sind Abweichungen von der üblichen Sanktionspraxis festzustellen. Der Anteil der Geldstrafen liegt mit etwa 22% deutlich unter der generellen Geldstrafenquote, die über 80% beträgt. Dagegen überschreitet bei den Freiheitsstrafen die genannte Quote der Aussetzung zur Bewährung den entsprechenden Anteil in sonstigen Fällen um etwa 20%. Daran zeigt sich, dass das DDR-Unrecht einer eigenständigen Bewertung unterzogen wurde. Vermieden wurden sowohl eine Überbewertung – etwa durch Gleichsetzung mit dem nationalsozialistischen Unrecht – als auch eine Verharmlosung. Insgesamt vermittelt die Sanktionspraxis den Eindruck, dass das DDR-Unrecht als mittelschwere Kriminalität eingestuft wurde.

Weitere Differenzierungen werden sichtbar bei einer näheren Betrachtung der Fallgruppen. Mit Geldstrafe wurden vorwiegend Delikte aus den Bereichen der Wahlfälschung, der MfS-Straftaten, der Gefangenenmisshandlung, der Wirtschaftsstraftaten und des Dopings geahndet. Die Freiheitsstrafe kam zur Hauptsache in den Deliktsgruppen der Rechtsbeugung sowie der Gewalttaten an der Grenze zum Zuge. Bei der Sanktionierung der Gewalttaten differenzierten die Gerichte deutlich zwischen zwei Tätergruppen. Auf der einen Seite erhielten Angehörige der militärischen und politischen Führung sowie Exzesstäter hohe, zu verbüßende Freiheitsstrafen. Auf der anderen Seite wurden einfache Grenzsoldaten, sofern sie nicht Exzesstaten begangen hatten, mit Freiheitsstrafen bis zu zwei Jahren belegt, die zur Bewährung ausgesetzt wurden.

IX. Der Sonderfall der Spionage

Eine Sonderstellung nimmt die Fallgruppe der Spionageverfahren in vielfacher Hinsicht ein. Erwähnt sei hier lediglich, dass die Vereinigung zur Hauptsache die tatsächlichen, weniger die rechtlichen Verfolgungsbedingungen veränderte und dass schon frühzeitig und mit besonderem Nachdruck eine Amnestie gerade für diese Taten gefordert wurde. Die Analyse der Verfahrenspraxis fügt einige Besonderheiten hinzu. Im Vergleich zu den übrigen Fallgruppen setzte die Verfolgung deutlich früher ein und gelangte auch rascher zu einem Abschluss. Die seit jeher betriebene Strafverfolgung gegen DDR-Spione wurde nach der Vereinigung zügig auf die nunmehr verfolgbaren Fälle ausgedehnt. Das Reaktionsmuster belegt ein hohes Maß an Flexibilität. So wurde von den strafprozessrechtlichen Möglichkeiten einer Verfahrenseinstellung aus Opportunitätsgründen in großem Umfang Gebrauch gemacht. Das lässt vermuten, dass diese Praxis weniger auf strafrechtliche Ahndung als auf Prävention abzielte. Durch Aufklärung der DDR-Spionage konnte eine Abwerbung noch aktiver Spione verhindert werden. Auch waren auf diesem Wege Erkenntnisse über Schwachstellen der Nachrichtendienste der Bundesrepublik Deutschland zu gewinnen. Nur begrenzte Bedeutung kommt daher der Einschränkung der Strafbarkeit durch das Bundesverfassungsgericht im Jahre 1995 zu, zumal diese Entscheidung erst in einem weit vorangeschrittenen Stadium der Strafverfolgung erging. Die geringe Zahl rechtskräftig verurteilter DDR-Bürger, die zudem in aller Regel Freiheitsstrafen nicht verbüßen mussten, rundet das Bild einer zurückhaltenden, eher an präventiven Zielen ausgerichteten Verfolgungspraxis ab.

C. Die Grundlinien der strafrechtlichen Verfolgung des DDR-Unrechts

Rechtlich und verfahrenspraktisch lässt sich die strafrechtliche Aufarbeitung des DDR-Unrechts auf zwei Grundlinien zurückführen: Bestrafung schwerer Menschenrechtsverletzungen und Verfolgungskontinuität.

I. Die Bestrafung schwerer Menschenrechtsverletzungen

Das zentrale Ergebnis der justiziellen Bemühungen lautet: Tatbestandsmäßiges Verhalten, das in offensichtlicher und schwerwiegender Weise gegen völkerrechtlich anerkannte Menschenrechte verstößt, wird durchgängig als strafbar erfasst. Das Erfordernis einer schweren Menschenrechtsverletzung wirkte dabei zugleich legitimierend und begrenzend. Es wurde in drei Deliktsgruppen von der Rechtsprechung ausdrücklich herangezogen. Die Behandlung weiterer Fallgruppen fügt sich in diese Linie.

Für die Gewalttaten an der deutsch-deutschen Grenze hat die Rechtsprechung die Rechtswidrigkeit vorsätzlicher Tötungen mit dem Grund- und Menschenrecht auf Leben begründet und eine entgegenstehende ständige Rechtspraxis der DDR für unbeachtlich erklärt. Das Bundesverfassungsgericht hat diese Rechtsprechung als verfassungskonform bestätigt und einen Verstoß gegen das Rückwirkungsverbot des Artikels 103 Absatz 2 GG verneint: Die innerstaatliche Legalisierung willkürlicher staatlicher Tötungen ist für die Anwendung des Rückwirkungsverbotes unbeachtlich.

Das Erfordernis einer schweren Menschenrechtsverletzung wurde auch bei der Rechtsbeugung verwendet. Es diente hier der Einschränkung von Strafbarkeit, obwohl es in den Rechtsbeugungstatbeständen nicht enthalten ist. Das Fehlen einer schweren Menschenrechtsverletzung hat in diesem Bereich zu zahlreichen Freisprüchen und Verfahrenseinstellungen geführt. Das Ergebnis ist eine Konzentration der Strafverfolgung auf Verurteilungen durch DDR-Gerichte, mit denen unter schwerem Verstoß gegen die Menschenrechte die Todesstrafe oder eine längere Freiheitsstrafe verhängt wurde.

Ähnliches gilt für die Strafbarkeit von Denunziationen. Auch hier wurden im Ergebnis als politische Verdächtigung nur solche Anzeigen strafrechtlich verfolgt, welche die Gefahr einer schweren Menschenrechtsverletzung durch das drohende Strafverfahren begründeten. Dieses Erfordernis hat der Bundesgerichtshof zudem auf die Strafbarkeit von Freiheitsberaubungen ausgedehnt, die im Zusammenhang mit politischen Verdächtigungen begangen wurden.

Die Behandlung weiterer Fallgruppen fügt sich in das Bild einer Konzentration der Strafverfolgung auf schwere Menschenrechtsverletzungen. So hat die Rechtsprechung mit unterschiedlichen dogmatischen Begründungen die Strafbarkeit von MfS-Mitarbeitern eng umgrenzt. Die für straflos erklärten Verhaltensweisen, wie das Abhören von Telefonen, die Entnahme von Geld und Wertgegenständen aus Briefen oder das heimliche Betreten fremder Räumlichkeiten, bleiben durchweg unterhalb der Schwelle einer schweren Menschenrechtsverletzung. Dem Leitprinzip der Verfolgung schwerer Menschenrechtsverletzungen entspricht ferner die Ahndung der körperlichen Misshandlung von Gefangenen und des Doping ohne Einwilligung der Betroffenen. Hier wurde regelmäßig die Gesundheit der Opfer in schwer menschenrechtswidriger Weise angegriffen.

Eingeschränkt hat die Rechtsprechung ferner die Strafbarkeit ehemaliger DDR-Bürger für solche Handlungen, zu deren Beurteilung nach Artikel 315 Absatz 4 EGStGB bundesdeutsches Recht heranzuziehen war. Neben den Denunziationen waren davon zur Hauptsache Spionagehandlungen betroffen. Hier gelangte nach der Rechtsprechung des Bundesverfassungsgerichts ein aus dem Verhältnismäßigkeitsgrundsatz abgeleitetes Verfolgungshindernis zur Anwendung. Es griff zum Schutz von DDR-Bürgern ein, die vom Gebiet der DDR oder „sicherer" Drittstaaten aus gegen die Bundesrepublik spioniert hatten. Diese Restriktionsbemühungen der Rechtsprechung kamen in ihren praktischen Wirkungen einer Teilamnestie gleich. Auch diese faktische Teilamnestie trug zur Konzentration der Strafverfolgung auf schwere Menschenrechtsverletzungen bei.

Das Leitprinzip der Verfolgung schwerer Menschenrechtsverletzungen beherrschte die Verfahrenspraxis auch in quantitativer Hinsicht. So haben die beiden Fallgruppen der Gewalttaten an der Grenze und der Rechtsbeugung, die am deutlichsten vom Gedanken des Menschenrechtsschutzes geprägt waren, den weitaus größten Anteil an den Ermittlungsverfahren. Allein auf den Bereich der Rechtsbeugung entfallen etwa 75% aller Ermittlungsverfahren. Auch bei den Verfahrensergebnissen ist hier ein deutlicher Schwerpunkt zu verzeichnen. Mehr als 60% aller rechtskräftigen Verurteilungen betreffen die Fallgruppen der Gewalttaten an der Grenze und der Rechtsbeugung.

II. Verfolgungskontinuität

Einen nicht unwesentlichen Anteil an den rechtskräftigen Verurteilungen hatten die Fallgruppen des Amtsmissbrauchs und der Korruption sowie der Wahlfälschung mit 16%. Diese Taten waren nicht durch schwere Menschenrechtsverletzungen gekennzeichnet. Vielmehr orientierte sich die strafrechtliche Aufarbeitung in diesem Bereich am Leitprinzip der Verfolgungskontinuität. Fast alle Verfahren wegen Amtsmissbrauchs und Korruption sowie zahlreiche Verfahren wegen Wahlfälschung wurden noch in der DDR eingeleitet. Eine gewandelte DDR-Rechtsprechung gelangte bereits zu einer nicht geringen Zahl von Verurteilungen. Die Strafjustiz der Bundesrepublik Deutschland führte diese Strafverfolgungsaktivitäten konsequent fort. Dafür erteilte ihr der Einigungsvertrag einen klaren Auftrag. Die Fortführung der Strafverfolgung entsprach auch dem Willen der DDR-Bevölkerung, den sie in der Endphase der DDR unmissverständlich zum Ausdruck gebracht hatte, sei es unmittelbar, sei es über demokratisch legitimierte Volksvertreter.

In der Fortführung der Verfolgung von Amtsmissbrauch und Korruption sowie von Wahlfälschung kommt diejenige DDR zur Geltung, die der Bundesrepublik beigetreten ist.

D. Bewertung

Die abschließende Bewertung des Gesamtvorgangs konzentriert sich auf die Grundlinien des strafrechtlichen Aufarbeitungsprozesses. Verarbeitet sind darin insbesondere die Erkenntnisse, die aus der Untersuchung der Verfahrenspraxis sowie der dort aufgetretenen rechtlichen und tatsächlichen Probleme hervorgegangen sind.

Schon zu Beginn des strafrechtlichen Aufarbeitungsprozesses war abzusehen, dass viele Verfahren, wie immer sie enden mochten, juristisch und politisch umstritten bleiben würden. Es ist angesichts der schwierigen Materie auch nicht überraschend, dass es in der Rechtsprechungsentwicklung zu Widersprüchen gekommen ist und dass juristische Begründungen in manchen Bereichen angreifbar geblieben sind. Im Ergebnis aber lässt sich feststellen: Der Rechtsprechung ist es gelungen, in einem für sie neuen und schwierigen Rechtsbereich weitgehende Klarheit zu schaffen und einheitliche Linien zu finden. Die Justiz hat für die Behandlung der wichtigsten Fallgruppen ein im Ganzen gerechtes und schlüssiges Konzept entwickelt, ohne dass ihr die Gesetzgebung wesentliche Hilfe geleistet hätte. Und die Strafverfahren haben zur Aufklärung und Anerkennung des DDR-Unrechts einen zentralen Beitrag geleistet.

I. Stärken

1. Die Bestrafung schwerer Menschenrechtsverletzungen – ein richtiges Signal

Den Ausschlag für ein positives Gesamturteil gibt vor allem das zentrale Ergebnis des strafrechtlichen Aufarbeitungsprozesses: Die Konzentration der Strafverfolgung auf die Bestrafung schwerer Menschenrechtsverletzungen. Tatbestandsmäßige Verhaltensweisen, die in offensichtlicher und schwerwiegender Weise gegen völkerrechtlich anerkannte Menschenrechte verstoßen, werden durchgängig strafrechtlich erfasst. Es findet eine umfassende strafrechtliche Aufarbeitung schwerer Menschenrechtsverletzungen statt. Zugleich wird das Erfordernis einer schweren Menschenrechtsverletzung dazu herangezogen, Bestrafungen zu begrenzen. Mit der Bewertung dieses zentralen Ergebnisses steht und fällt die Bewertung des Aufarbeitungsprozesses insgesamt.

Gegen eine „Kultur der Straflosigkeit“

Mehrere entscheidend positive Wirkungen der Bestrafung schwerer Menschenrechtsverletzungen sind zu verbuchen. Den Ausgangspunkt bildet eine durch schmerzhafte Erfahrungen gewonnene Einsicht. Die Straflosigkeit von schweren Menschenrechtsverletzungen ist eine der wichtigsten Ursachen ihrer Neubegehung. Diese Aussage gilt nicht nur für denkbar schwerste Menschenrechtsverbrechen, wie etwa den Völkermord. Sie gilt für alle schweren Menschenrechtsverletzungen wie willkürliche schwere Körperverletzungen, Freiheitsberaubungen oder Tötungen. Vorgänge in zahlreichen Staaten liefern die traurige Bestätigung. So hat sich in der internationalen Debatte um den Umgang mit schweren Menschenrechtsverletzungen die Einsicht durchgesetzt, dass eine „Kultur der Straflosigkeit" die Wiederholung schwerer Menschenrechtsverletzungen begünstigt. Dagegen ist die strafrechtliche Ahndung schwerer Menschenrechtsverletzungen die im Normalfall angemessene und vom Völkerrecht gewollte staatliche Reaktion. Die Einsetzung der Internationalen Gerichtshöfe für das ehemalige Jugoslawien und für Ruanda, des ständigen internationalen Strafgerichtshofs sowie weiterer internationaler Spruchkörper zur Verfolgung von Völkerrechtsverbrechen ist Ausdruck dieser Grundposition. Dieser Zusammenhang macht klar: Die strafrechtliche Verfolgung der in der DDR begangenen schweren Menschenrechtsverletzungen war kein deutscher „Sonderweg"[2]. Vielmehr haben die deutschen Verfahren das richtige Signal gegeben. Die strafrechtliche Verfolgung schwerer Menschenrechtsverletzungen ist im internationalen Zusammenhang ein wichtiges praktisches Beispiel dafür, dass mit staatlicher Unterstützung handelnde Täter nicht mit Straffreiheit rechnen können.

Respekt vor den Grund- und Menschenrechten

Die Bestrafungen legitimieren sich freilich nicht allein und nicht einmal in erster Linie aus ihrer abschreckenden Wirkung. Vielmehr tragen die Strafverfahren auch dazu bei, den Respekt vor den Grundrechten und den Menschenrechten zu festigen. Die Ahndung schwerer Menschenrechtsverletzungen bringt rechtliche Missbilligung am schärfsten zum Ausdruck. Bestrafungen werden zum Teil eines Prozesses der Normbekräftigung, der auch und gerade nach dem Untergang eines repressiven Systems notwendig ist: Die Grund- und Menschenrechte sind stets zu achten; staatliche Duldung oder Förderung von Menschenrechtsverletzungen verschafft den Handelnden keinen Freibrief.

2 So aber *Schlink* NJ 1994, 433.

Schuldausgleich

Die Bestrafung schwerer Menschenrechtsverletzungen beruht aber keineswegs ausschließlich auf präventiven Erwägungen. Die strafende staatliche Reaktion ist im Bereich des menschenrechtsschützenden Kernstrafrechts ein Gebot elementarer Gerechtigkeit. Unverkennbar beansprucht neben den präventiven Gesichtspunkten deshalb der Gedanke des Schuldausgleichs seinen Platz.

Individualisierung von Verantwortung

Positiv zu bewerten sind ferner die Wirkungen individueller Zurechnung. Individuelle Zurechnung macht deutlich, wie staatsgesteuertes Unrecht aus dem Zusammenwirken bestimmter Individuen entstanden ist. Den Tätern gibt die Individualisierung Anlass, ihren Anteil am Systemverbrechen zu verarbeiten. Die Individualisierung macht der Gesellschaft deutlich, dass nicht ein anonymes Kollektiv, sondern ein bestimmbarer Kreis von Personen die schweren Menschenrechtsverletzungen geplant, organisiert und vollzogen hat. Dieses Vorgehen läuft keineswegs auf eine Verdunkelung oder gar ein Leugnen gesellschaftlicher Verantwortung hinaus. Denn spätestens bei der Bemessung von Strafen ist die Einbindung der Täter in den Zusammenhang staatlichen Handelns zu berücksichtigen.

Die vielfach milden Strafen beeinträchtigen diese Wirkungen nicht. Dies gilt insbesondere für die zahlreichen Bewährungsstrafen, die gegen Grenzsoldaten wegen vorsätzlicher Tötungen verhängt wurden. Der ungewöhnliche Umstand, dass ein vorsätzliches Tötungsdelikt mit einer Bewährungsstrafe geahndet wird, zeigt vielmehr in aller Deutlichkeit, dass die Justiz Schuld sorgfältig individualisiert hat. Dies kommt besonders darin zum Ausdruck, dass die Rechtsprechung die in der Hierarchie ganz unten stehenden Grenzsoldaten in gewisser Weise auch selbst als Opfer ansieht. So kann auf keinen Fall davon die Rede sein, einzelne seien als „Sündenböcke" geopfert worden. Auch der plakative Vorwurf: „Die Kleinen hängt man, die Großen lässt man laufen" ist unberechtigt. Dies belegen nicht zuletzt die Verfahren gegen Angehörige der politischen und militärischen Führung der ehemaligen DDR und die dort, etwa im Politbüro-Prozess, verhängten deutlich höheren Haftstrafen.

Menschenrechtskonforme Begrenzung des Rückwirkungsverbots

Mit der strafrechtlichen Verfolgung schwerer Menschenrechtsverletzungen erfüllt die Strafjustiz den grundgesetzlichen Auftrag, die Grundrechte zu schützen. Ein Widerspruch zum Rückwirkungsverbot des Artikels 103 Absatz 2

Grundgesetz entsteht hierdurch nicht. Das Grundgesetz und sein Rechtsbegriff sind durch Grundrechte und Menschenrechte geprägt. Dieser Zusammenhang erklärt die strikte Formalisierung des Rückwirkungsverbotes und den absoluten Vertrauensschutz des Artikels 103 Absatz 2 Grundgesetz. Die Basis für diesen strikten Vertrauensschutz entfällt, wenn ein Staat selbst schwere Menschenrechtsverletzungen organisiert oder begünstigt. Diese Grenzen des Rückwirkungsverbots hat das Bundesverfassungsgericht mit klaren Formulierungen aufgezeigt. Willkürliche staatliche Tötungen lassen sich auch durch ihre innerstaatliche Legalisierung nicht rechtfertigen. Menschenrechtswidrigen Gesetzen ist die Anerkennung als Rechtfertigungsgrund zu versagen.

Begrenzung von Strafbarkeit auf schwere Menschenrechtsverletzungen

Abschließend ist nochmals die strafbarkeitsbegrenzende Funktion des Vorliegens einer offensichtlichen und schweren Menschenrechtsverletzung hervorzuheben. Diese Funktion kommt insbesondere im Bereich der Rechtsbeugung zur Geltung und hat dort zu einer erheblichen Einschränkung des Bereichs strafbaren Verhaltens geführt. In Übereinstimmung mit der Begrenzung von Strafbarkeit auf schwere Menschenrechtsverletzungen befindet sich die aus dem Verhältnismäßigkeitsgrundsatz abgeleitete Annahme eines verfassungsrechtlichen Verfolgungshindernisses im Bereich der Spionage.

Strafrechtlicher Schutz elementarer Menschenrechte

Diese Überlegungen führen zu einer eindeutigen Bewertung. Der von der bundesdeutschen Justiz bewirkte strafrechtliche Schutz elementarer Menschenrechte ist zu begrüßen. Er macht die Umrisse eines an den Menschenrechten orientierten Kernstrafrechts sichtbar. Die Ergebnisse der Justiz stehen im Einklang mit internationalen Bestrebungen, die Beachtung der Menschenrechte auch durch den Einsatz des Strafrechts zu sichern. Das Erfordernis einer offensichtlichen und schweren Menschenrechtsverletzung sorgt zugleich für eine sachgerechte Begrenzung der Strafbarkeit von DDR-Unrecht. Die Nichtverfolgung selbst schwerer Menschenrechtsverletzungen liefe dagegen auf eine strafrechtliche Privilegierung von Staatskriminalität hinaus und müsste damit das Vertrauen in den Rechtsstaat erschüttern.

2. Verfolgungskontinuität: Respekt vor dem Willen der DDR-Bevölkerung

Die Verfolgung von Wahlfälschungen sowie von Amtsmissbrauch und Korruption fügt sich nicht in das Bild einer Konzentration der Strafverfolgung auf schwere Menschenrechtsverletzungen im Sinne von Angriffen auf Leben, Gesundheit und Bewegungsfreiheit. Auch kann bezweifelt werden, ob die zwei Schlüssel des durch den Einigungsvertrag eingeführten Artikels 315 Absatz 1 EGStGB in diesem Bereich wirklich dazu tauglich waren, das Tor zur Strafbarkeit zu öffnen. Für und gegen die Strafbarkeit von Wahlfälschungen sowie von Amtsmissbrauch und Korruption lassen sich jeweils beachtliche Gründe geltend machen. Sicher hätte die bundesdeutsche Justiz in diesem Bereich mit nachvollziehbaren Gründen Strafbarkeit verneinen können, schon weil das Gewicht der Taten deutlich hinter dem Unwert der in anderen Bereichen erfassten Delikte zurückbleibt. Gleichwohl verdienen die Weichenstellungen der Strafjustiz im Ergebnis Zustimmung.

Die gewendete DDR-Justiz machte Ernst mit der Anwendung der DDR-Strafgesetze und beendete damit die strafrechtliche Privilegierung von staatlichen Machthabern. Die bundesdeutsche Justiz handelte juristisch konsequent, als sie die schon in der DDR gewandelte Rechtspraxis übernahm und eingeleitete Verfahren fortführte. Damit sorgte die Justiz zugleich dafür, dass ein klarer politischer Wille der DDR-Bevölkerung, der sich in der Endphase der DDR auch in staatsanwaltschaftlichen Aktivitäten manifestiert hatte, den Umbruch der Vereinigung überdauerte. Die Gemeinschaftsgüter der Bundesrepublik Deutschland wurden mit dem Beitritt um entsprechende Gemeinschaftsgüter der DDR erweitert. Nicht zu übersehen ist freilich, dass diese Entwicklung ihren Ursprung in Besonderheiten des deutschen Vereinigungsprozesses hat. Anders als die Forderung nach Ahndung schwerer Menschenrechtsverletzungen lässt sich die Verfolgungskontinuität im Bereich von Amtsmissbrauch und Korruption sowie Wahlfälschung nicht auf Übergangssituationen in anderen Staaten übertragen.

3. Aufklärung und Anerkennung von Unrechtsvergangenheit

Bedeutung für das öffentliche Bewusstsein

Die Aufklärung und Anerkennung von DDR-Unrechtsvergangenheit ist ein weiteres zentrales Verdienst der Verfahren. Manche juristischen Wertungen der Gerichte sind umstritten geblieben. Aber die gerichtlichen Feststellungen haben die gesellschaftliche Erinnerung der Deutschen an die DDR mitgeprägt. Was in den gerichtlichen Verfahren mit den Mitteln des Strafprozesses als zweifelsfrei festgestellt wurde, kann einen hohen Grad von Verlässlichkeit beanspruchen. Neben die Ahndungsfunktion strafrechtlicher Verurteilungen tritt damit ihre Aufklärungs- und Anerkennungsfunktion. Dabei kann in manchen Verfahren die Betonung stärker auf der Aufklärungsfunktion liegen, wenn nämlich Gerichte wirklich Neues zu Tage gefördert haben. In anderen

Bereichen war das begangene Unrecht in seinen Umrissen bekannt; hier steht die Anerkennungsfunktion gerichtlicher Entscheidungen im Vordergrund.

Aufklärungsfunktion

Für Verfahren, die auf dem Leitprinzip der Verfolgungskontinuität beruhen, ist die Aufklärungsfunktion von vorrangiger Bedeutung. Gerade der Verdacht von Amtsmissbrauch und Korruption sowie von Wahlfälschungen wurde am Ende der DDR zu einem wichtigen Motor für die Bürgerrechtsbewegung. Entsprechende Bedeutung hatten Aufklärung und Verfolgung von Straftaten in diesem Bereich in den Jahren 1989 und 1990. Betrachtet man die Resultate, so wurden in den Wahlfälschungsprozessen Strukturen und Abläufe der Wahlfälschungen exemplarisch offengelegt. In den Verfahren wurde bewiesen, was man vorher nur vermuten konnte. So ist beispielsweise das durch vielfache Zeugenaussagen belegte „Verhandeln“ um Prozentpunkte bei Wahlergebnissen ein eindrucksvoller Beleg für die zynische und systematische Missachtung des Wählerwillens. Diese Bedeutung der Wahlfälschungsprozesse wird bleiben. Sie wird weder durch die verhältnismäßig geringen Strafen noch durch gewisse juristische Zweifel an der Anwendbarkeit des bundesdeutschen Wahlfälschungstatbestandes geschmälert. Ähnlich wie bei der Wahlfälschung wurden auch im Bereich von Amtsmissbrauch und Korruption Handlungen nachgewiesen, über die zuvor nur spekuliert werden konnte. Die bewusstseinsprägende Bedeutung dieser Verfahren in der Wendezeit und unmittelbar danach sollte trotz des inzwischen gewachsenen zeitlichen Abstands nicht vergessen werden.

Anerkennungsfunktion

Die Anerkennungsfunktion steht bei den für das öffentliche Bewusstsein besonders wichtigen Tötungen an der deutsch-deutschen Grenze im Vordergrund. Dass an dieser Grenze im staatlichen Auftrag getötet wurde, war weltweit bekannt. Gleichwohl hat die strafgerichtliche Aufarbeitung der Vorgänge ihren Eigenwert. Um die Taten der einzelnen Angeklagten, etwa der Grenzsoldaten, einordnen zu können, zeigen die Verfahren das Gesamtsystem der Grenzsicherung minutiös auf. Sie rekonstruieren bis ins Detail die Befehlskette, die von der Spitze der politischen Führung bis hinunter zum einfachen Grenzsoldaten reichte. Die gerichtlichen Entscheidungen machen ferner deutlich, wie der einzelne Grenzsoldat durch Instruktionen und Indoktrination in dieses System eingebunden wurde und wie dies dann zum individuellen Tatbeitrag führte. Die Verfahren insgesamt haben zweifelsfrei ergeben, dass und wie von staatlicher Seite Tötungen bewusst als letztes Mittel zur Verhinderung von Grenzübertritten eingesetzt wurden. Diese Feststellungen werden jeder Verharmlosung der Gewaltverbrechen an der Grenze entgegenwirken. Die Verfahren in einer zweiten wichtigen Fallgruppe, der Rechtsbeugung, belegen, wie die Justiz selbst zum Instrument schwerer Menschenrechtsverletzungen wurde. Die staatsanwaltschaftlichen Ermittlungen und die Entscheidungen der Gerichte liefern hier wichtige Einblicke in Organisation und Ablauf politisch gesteuerter Strafjustiz.

Bedeutung für die Opfer

Die Aufklärung und Anerkennung begangenen Unrechts ist für die Opfer schwerer Menschenrechtsverletzungen von entscheidender Bedeutung. Unerlässlicher erster Schritt jeder Form von Wiedergutmachung ist die offizielle Bestätigung des erlittenen Unrechts. Dies wird auch in Übergangsgesellschaften anerkannt, die – oft aus einer Notlage heraus – auf strafrechtliche Ahndung schwerer Menschenrechtsverletzungen verzichten. In diesen Gesellschaften werden andere Wege gesucht, um das Recht der Opfer auf Wahrheit durchzusetzen. Zweifellos sind aber auch strafgerichtliche Verfahren geeignet, diesem Recht auf Wahrheit zur Geltung zu verhelfen. Die strafgerichtliche Verurteilung von Tätern hat sogar einen besonders hohen Symbolwert. Denn die Urteile halten nicht nur fest, was geschehen ist, sondern bringen rechtliche Missbilligung des geschehenen Unrechts in der schärfsten Form zum Ausdruck.

Das soll nicht heißen, dass Strafurteile eine Wiedergutmachung ersetzen könnten. Vielmehr weist gerade in diesem Bereich der deutsche Aufarbeitungsprozess erhebliche Schwächen auf. Ein Verzicht auf die strafrechtliche Ahndung von DDR-Unrecht hätte aber diesen Befund nicht verbessert, sondern den ohnehin vorhandenen Schwächen ein weiteres Defizit hinzugefügt.

Zeugnis des Systemunrechts

Die Aufklärung und Anerkennung von Unrechtsvergangenheit ist somit eine wichtige und langfristig sogar die zentrale Wirkung des strafrechtlichen Aufarbeitungsprozesses. Gewiss: Gegenstand der einzelnen Strafprozesse sind Tat und Schuld der einzelnen Angeklagten. Aber weil die Einzeltäter typischerweise in einem organisierten Zusammenhang handelten, wird auch der Kontext systematischer Gewalt in den Strafverfahren erfasst und ausgeleuchtet. So bezeugen Gerichtsurteile das vergangene Unrecht und wirken der Geschichtsfälschung entgegen. Zugleich setzen die strafrechtlichen Verurteilungen ein Zeichen: Schweres Unrecht bleibt auch dann verfolgbar, wenn es vom Staat legalisiert, geduldet oder gefördert worden ist.

II. Schwächen

Die strafrechtliche Aufarbeitung des DDR-Unrechts hat auch Mängel aufzuweisen. Sie sind jedoch nur zum Teil der Justiz anzulasten.

1. Defizite des Gesamtvorgangs

Bis die maßgeblichen rechtlichen Leitgesichtspunkte zutage traten, wurde ein Rechtsfindungsgang mit vielen Umwegen und Sackgassen durchlaufen. Dies führte dazu, dass die Strafverfolgung von DDR-Unrecht länger dauerte, als ursprünglich erhofft. Allerdings sollte nicht übersehen werden, dass vergleichbare Vorgänge einer Bewältigung der Unrechtsvergangenheit in den meisten Staaten erheblich mehr Zeit in Anspruch genommen haben. Auch haben die Strafverfolgungsorgane der Bundesländer unterschiedliche Schwerpunkte gesetzt und unterschiedliche Verfahrenswege beschritten.

Eine raschere Erledigung, kürzere Verfahren und ein einheitliches Vorgehen wären möglich gewesen. Doch hätte es dazu anderer gesetzlicher Vorgaben und größerer politischer Unterstützung bedurft. Man stelle sich vor:

Ein Wunschbild

Der Einigungsvertrag und ausführende Gesetze benennen als klares Ziel der strafrechtlichen Aufarbeitung, schwere Menschenrechtsverletzungen zu verfolgen und die bereits in der DDR eingeleiteten Verfolgungsmaßnahmen wegen Amtsmissbrauchs und Korruption sowie wegen Wahlfälschung konsequent zu Ende zu führen. Im Übrigen ergeht eine Amnestie. Es wird eine staatsanwaltschaftliche Zentralstelle eingerichtet, welche die Ermittlungen koordiniert und für eine einheitliche Verfahrenspraxis sorgt. Diese Stelle sowie die Polizeibehörden und die Staatsanwaltschaften in den Ländern werden großzügig mit Personal- und Sachmitteln ausgestattet. Eingebettet ist der Vorgang in einen politischen Diskussionszusammenhang, der differenziert und ohne jede Polemik die historische Dimension durch den Vergleich mit der Aufarbeitung des NS-Unrechts zur Geltung bringt und die internationale Dimension durch den Vergleich mit den Formen der Bewältigung einer diktatorischen Vergangenheit in anderen Staaten.

Zweifellos hätte die Justiz unter diesen Bedingungen erfolgreicher agieren können. Straffe, auf einheitlicher Verfolgungspraxis beruhende Verfahren und klare Resultate mit Begründungen, die sich auf das Wesentliche konzentrieren, sowie ein früheres Ende des Gesamtvorgangs wären zu erwarten gewesen.

Freilich wäre es ungerecht, Gesetzgebung und Politik an diesem Wunschbild zu messen. Seinerzeit überstürzten sich die Ereignisse. Zu viele Aufgaben mussten in zu kurzer Zeit bewältigt werden, als dass geduldig dicke Bretter gebohrt werden konnten, wie es der Beruf des Politikers nach Max Weber verlangt. Doch lässt sich damit nicht jegliche Kritik abweisen. Zu weit war die politische Praxis vom Wunschbild entfernt.

Die Realität: Versäumnisse in Gesetzgebung und Politik

Die gesetzlichen Vorgaben lieferten lediglich einen weiten Rahmen für die strafrechtliche Aufarbeitung. Geregelt wurden nur Fragen des Strafanwendungsrechts sowie der Verjährung. Zu inhaltlichen Fragen des anzuwendenden Strafrechts schwieg der Gesetzgeber. Auch die für eine Teilamnestie nötige Entscheidungskraft brachte er nicht auf. Zudem ließ er die Organisationsstrukturen der Strafverfolgung im Wesentlichen unverändert. Zusagen, das Personal der Verfolgungsorgane angemessen zu verstärken, wurden nicht in vollem Umfang eingelöst. In der politischen Diskussion überschatteten die schwerwiegenden allgemeinen Probleme des Zusammenwachsens von Ost und West die Auseinandersetzung über die strafrechtliche Aufarbeitung. Es entwickelte sich ein scharfer Meinungsgegensatz, in dem Forderungen nach härterer Verfolgung und nach Amnestie aufeinanderprallten.

Ein justizielles Großexperiment

Damit geriet die strafrechtliche Aufarbeitung zu einem justiziellen Großexperiment unter schwierigen Bedingungen. Dessen Verlauf war notgedrungen geprägt von den Merkmalen einer Justiz, die zur Hauptsache von den Ländern ausgeübt wird und ein kompliziertes, mehrstufiges Rechtsmittelsystem unter verfassungsgerichtlicher Kontrolle zur Verfügung stellt. Unvermeidlich traten Divergenzen in der Verfolgungspraxis auf und bildeten sich die Leitlinien der richterlichen Entscheidungspraxis erst in einem langwierigen Klärungsprozess heraus.

2. Defizite der Verjährungsgesetzgebung

Aktivitäten entfaltete die Gesetzgebung im Wesentlichen nur zur Regelung von Fragen der Verjährung – und stiftete dabei mehr Schaden als Nutzen. Die insgesamt drei Verjährungsgesetze, die der Verjährungsregelung im Einigungsvertrag nachfolgten, lassen einen sachgerechten Umgang mit dem rechtsstaatlich bedeutsamen Institut der Verjährung vermissen.

Ein überflüssiges und fehlerhaftes Gesetz

So ist für das erste Verjährungsgesetz, das ein Ruhen der Verjährung bis zum 2. Oktober 1990 mangels Strafverfolgungswillens in der DDR feststellte, ein wirklicher Bedarf nicht erkennbar. Ohne die Regelung wäre die Frage des Ruhens der Verjährung von der Rechtsprechung auf der Grundlage allgemeiner strafrechtlicher Vorschriften zu klären gewesen. Entscheidungen gleichen Inhalts wären zu erwarten gewesen. Denn die Rechtsprechung hatte bereits mit gleicher Begründung ein Ruhen der Verjährung bei nationalsozialistischen Straftaten angenommen.

Dem Gesetz kann nicht einmal bescheinigt werden, dass es als bloß deklaratorische Regelung jedenfalls unschädlich gewesen sei. Die Datierung des Endzeitpunktes des Ruhens auf den 2. Oktober 1990, also einen Tag vor der Vereinigung, verdeckte nämlich, dass bereits der Machtwechsel in der DDR im Herbst 1989 das faktische Verfolgungshindernis beseitigt hatte. Vielfältige Verfolgungsmaßnahmen seit Dezember 1989 belegten den Willen, staatlich gedeckte Straftaten zu verfolgen. Für den Zeitraum bis zum 2. Oktober 1990 ist also ein Ruhen der Verjährung nicht begründbar. Die anderslautende Regelung im ersten Verjährungsgesetz könnte im Übrigen dazu beigetragen haben, dass die Erinnerung an die Strafverfolgung in der Endphase der DDR so rasch verblasste.

Unnötige Verlängerung der Verjährungsfristen

Die Verlängerung von Verjährungsfristen sollte sich ein Gesetzgeber gut überlegen, greift er damit doch in ein Institut ein, das dem Rechtsfrieden dient. Im Zuge der strafrechtlichen Aufarbeitung des DDR-Unrechts wurde die Verjährungsfrist für Delikte mittlerer Schwere zweimal verlängert. Für die erste Verlängerung ließ sich noch ins Feld führen, dass Probleme des Neuaufbaus der Justiz die Strafverfolgung erschwert hatten. Dagegen fehlte es an einer tragfähigen Begründung für die erneute Fristverlängerung in diesem Bereich, die nur wenige Tage vor Fristablauf Ende 1997 vorgenommen wurde.

Die geäußerte Sorge, dass der Verjährungseintritt der Verfolgung zahlreicher bisher nicht entdeckter oder mangels Kapazität nicht verfolgter Taten ein Ende setzen werde, entbehrte jeder Grundlage. Längst war zu diesem Zeitpunkt der Zenit der Verfahrenseinleitungen überschritten. Für die eingeleiteten Verfahren konnten unaufwendig verjährungsunterbrechende Maßnahmen ergriffen werden. Im Übrigen gab es keinerlei Anzeichen für die Existenz noch unerschlossener Kriminalitätsfelder. Größere Verzögerungen hatte es lediglich bei den Dopingverfahren gegeben. Doch war hier der Kreis des tatverdächtigen Führungspersonals, dem die Verfolgungsbemühungen zur Hauptsache galten, von vornherein bekannt; eine Unterbrechung der Verjährung war daher durch entsprechende prozessuale Maßnahmen ohne Weiteres möglich.

Im Nachhinein hat sich der Eindruck bestätigt, dass kein Anlass für eine Verlängerung der Verjährungsfrist bestand. Es findet sich kein Verfahren, das durch die Fristverlängerung vor einem vorzeitigen Ende bewahrt wurde.

Feldzeichen im politischen Kampf

Im Wesentlichen zielte die Verjährungsgesetzgebung auf symbolische Wirkungen. In der politischen Auseinandersetzung um die Strafverfolgung des DDR-Unrechts diente die Verjährungsverlängerung zur Hauptsache als Feldzeichen, hinter dem sich die Befürworter scharten, während die Gegenseite das Banner der Amnestie vor sich hertrug.

3. Defizite der gerichtlichen Entscheidungen

Die beiden Hauptlinien der Strafverfolgung des DDR-Unrechts – Menschenrechtsschutz und Verfolgungskontinuität – kamen in den gerichtlichen Entscheidungen nicht stets mit der nötigen Klarheit zur Geltung. Auch begegnet die Erfassung des Justizunrechts Bedenken.

Begründungsschwächen beim Menschenrechtsschutz

Trotz vielfacher Erwähnung der Menschenrechte fehlte es an einer wirklich kraftvollen Entfaltung des Grundgedankens, dass der Schutz der universell geltenden Menschenrechte zur strafrechtlichen Aufarbeitung einer diktatorischen Vergangenheit berechtigt und verpflichtet. Die zentralen Entscheidungen des Bundesgerichtshofs büßen an Überzeugungskraft durch Unentschiedenheit und Lückenhaftigkeit ein.

So bot die Leitentscheidung zu den Todesschüssen an der Grenze[3] zwei Begründungsalternativen an, die den Gedanken des Menschenrechtsschutzes unterschiedlich verwerteten. Teils wurde dem DDR-Recht, das die Schüsse legalisierte, wegen Menschenrechtswidrigkeit die Gültigkeit abgesprochen; teils wurde eine damalige Auslegung dieses Rechts für möglich erachtet, welche die Menschenrechte wahrte. Welche Begründung letztlich maßgeblich sein sollte, blieb offen. Zudem erweckte der fiktive Charakter der „menschenrechtsfreundlichen Auslegung“ des DDR-Rechts Bedenken. Dieser Umgang mit dem DDR-

---

3 *BGH*, Urteil v. 3.11.1992 – Az. 5 StR 370/92, BGHSt 39, 1, *M/W*, Bd. 2/1 (2002), S. 135.

Recht befand sich in einem geradezu diametralen Gegensatz zu den tatsächlichen Rechtsverhältnissen in der DDR und begründete dadurch die Gefahr rechtlicher und historischer Missverständnisse. Das Konstrukt eines menschenrechtsfreundlichen DDR-Rechts konnte über den repressiven Charakter der faktischen DDR-Rechtsordnung hinwegtäuschen.

In der Leitentscheidung zur Rechtsbeugung[4] blieb unklar, wieso das Merkmal der schweren Menschenrechtsverletzung dem Tatbestand hinzugefügt wurde. Zunächst wurde unter Hinweis auf Besonderheiten des Rechtssystems der DDR zur Wahrung des Rückwirkungsverbots eine Beschränkung des Tatbestands auf Willkürentscheidungen für notwendig befunden. Unversehens verwandelte sich dieses Merkmal dann in das Merkmal der schweren Menschenrechtsverletzung.

Insgesamt wurde viel zu zaghaft die Möglichkeit genutzt, an die Grundlagen des völkerstrafrechtlichen Menschenrechtsschutzes anzuknüpfen, wozu die neuere deutsche Geschichte allen Anlass gegeben hätte. Nur knapp finden die Prinzipien Erwähnung, die die strafrechtliche Aufarbeitung der nationalsozialistischen Vergangenheit in den Nürnberger Prozessen anleiteten.[5] Zu einer ergiebigen inhaltlichen Verwertung ist es nicht gekommen.

Freilich fehlte es dafür auch an Vorarbeiten in der Literatur. Die deutsche Rechtswissenschaft der Nachkriegszeit hatte diesem Gegenstand nur geringe Aufmerksamkeit zugewendet. Sie behandelte ihn mit gleicher Reserve wie die Gesetzgebung, die dem in Artikel 7 Absatz 2 der Europäischen Menschenrechtskonvention normierten Vorrang des Völkerstrafrechts gegenüber der nationalen Gesetzgebung ihre Zustimmung verweigerte.

Kontinuität der Verfolgung – Diskontinuität der Ergebnisse

Konsequent setzten die Strafverfolgungsorgane nach der Vereinigung die Verfolgung von Amtsmissbrauch und Korruption fort. Nicht gleichermaßen konsequent entwickelte sich dagegen die Entscheidungspraxis. Die gerichtlichen Strafzumessungsentscheidungen fielen im Laufe der Zeit immer milder aus, und es mehrten sich die Fälle, in denen die Gerichte – anders als noch zu Beginn der Strafverfolgung – die Strafbarkeit der angeklagten Tat verneinten.

Die Tendenz zu milderen Strafen hatte zum Teil berechtigte Gründe. Unter dem Eindruck öffentlicher Empörung über das Luxusleben der „Bonzen" war die Strafverfolgung anfänglich zu hart gewesen, wie die große Zahl der Haftbe-

4 *BGH*, Urteil v. 13.12.1993 – Az. 5 StR 76/93, BGHSt 40, 30, *M/W*, Bd. 5/1 (2007), S. 21.
5 *BGH*, Urteil v. 20.3.1995 – Az. 5 StR 111/94, BGHSt 41, 101, 109, *M/W*, Bd. 2/1 (2002), S. 229.

fehle und einige Verurteilungen zu Freiheitsstrafen ohne Bewährung belegen. Auch entspricht es üblicher Strafzumessungspraxis, den wachsenden zeitlichen Abstand zwischen Tat und Urteil strafmildernd zu berücksichtigen.

Darauf allein beruhte der deutliche Wandel der Entscheidungspraxis aber nicht. Als weiterer Grund kam hinzu, dass sich die Bewertungsmaßstäbe im Laufe der Zeit veränderten. Gleiche Sachverhalte wurden zunehmend milder bewertet. Schließlich wurde die Strafbarkeit mit der Erwägung verneint, dass die Privilegierung der Führungsschicht auch in anderen politischen Systemen üblich sei. Der verheimlichte DDR-Luxus der Wandlitz-Bewohner nahm die Gestalt einer „Subventionierung" politischer Leitungskräfte an.[6] Insbesondere die Verwendung dieses Begriffs macht deutlich, dass sich westliche Bewertungsmaßstäbe durchsetzten. Diese ließen auch Unrecht und Schuld in den Fällen als minder gewichtig erscheinen, in denen die Strafbarkeit nicht zu bezweifeln war. Tatsächlich nahmen sich im Vergleich zu westlichen Lebensbedingungen die Vorteile bescheiden aus, die sich seinerzeit DDR-Politiker rechtswidrig verschafften. Mit dem Leitgedanken der Verfolgungskontinuität war dieser Perspektivenwechsel allerdings nicht vereinbar.

Die Veränderung der Maßstäbe führte letztlich dazu, dass das genaue Gegenteil einer „Siegerjustiz" praktiziert wurde: Die „Besiegten" profitierten von den Bewertungsmaßstäben des „siegreichen" Systems.

Unklarheiten bei der rechtlichen Erfassung des Justizunrechts

Die Erfassung des Justizunrechts der DDR als Rechtsbeugung war keineswegs selbstverständlich. Denn zur Anwendung dieses Tatbestandes kann es nur kommen, wenn bestimmte Mindestanforderungen an Rechtsprechung erfüllt sind. In den Erwägungen des Bundesgerichtshofs dazu tat sich ein Widerspruch auf. Nach seiner Auffassung genügte die Justiz der DDR trotz aller Mängel noch den Bedingungen für die Anwendung des Rechtsbeugungstatbestands. „Namentlich für Fälle ohne politischen Bezug"[7] gelte, dass eine streitentscheidende, befriedende und ahndende Tätigkeit mit einer gewissen Neutralität gegenüber den Beteiligten und im Bemühen, ihnen gerecht zu werden, ausgeübt worden sei. Gerade durch einen „politischen Bezug" waren aber diejenigen Justizakte gekennzeichnet, die überhaupt nur für eine Strafverfolgung in Betracht kamen. Insbesondere für den Bereich der DDR-Justiz, der sich mit dem politischen Strafrecht befasste, muss bezweifelt werden, dass die Mindestanforde-

6 *KG Berlin*, Beschluss v. 12.11.1998 – Az. (512) 24 Js 1243/92 (56/94), BA S. 23.
7 *BGH*, Urteil v. 13.12.1993 – Az. 5 StR 76/93, BGHSt 40, 30, 39, *M/W*, Bd. 5/1 (2007), S. 26.

rungen an Rechtsprechung erfüllt waren. Bekanntlich kennzeichneten Abhängigkeit und Außensteuerung der Akteure diesen Bereich ganz besonders. Soweit aber DDR-Richter als politische Funktionäre agierten, lag es nahe, hieraus die juristischen Konsequenzen zu ziehen und den Rechtsbeugungstatbestand nicht anzuwenden.

Im Falle der Unanwendbarkeit des Rechtsbeugungstatbestands wären allein die Allgemeindelikte des Totschlags und der Freiheitsberaubung zum Zuge gekommen. Wesentlich andere Ergebnisse wären auf diesem Wege vermutlich nicht erzielt worden. Auch hier hätte das Kriterium der schweren Menschenrechtsverletzung eine Beschränkung auf gravierende Fälle herbeigeführt. Allerdings hätten Form und Inhalt des Tatvorwurfs besser übereingestimmt. Es wäre kein justizielles Unrecht, sondern der Missbrauch staatlicher Gewalt durch Funktionäre in Richterrobe geahndet worden.

Demgegenüber beschönigte die Anwendung des Rechtsbeugungstatbestandes die Verhältnisse. Die Akte der politischen Strafjustiz der DDR wurden zu Rechtsprechungsakten erhöht.

III. Verfehlte Kritik

Die strafrechtliche Verfolgung von DDR-Unrecht ist in der damals geführten öffentlichen Debatte umstritten gewesen. Die Kritik beschränkte sich nicht auf die hier angeführten Schwächen und sonstige Teilaspekte. Vielmehr wurde am strafrechtlichen Aufarbeitungsprozess insgesamt Grundsatzkritik geübt. Einigen der in der Debatte erhobenen Vorwürfen wird durch die hier unterbreiteten Erkenntnisse der Boden entzogen.

„Siegerjustiz“

Der Vorwurf der „Siegerjustiz“ lautet in robuster Zuspitzung: (Westdeutsche) Sieger haben (ostdeutsche) Besiegte gerichtet. Sie haben nicht Gerechtigkeit, sondern Rache gewollt. Die Urteile waren keine Rechtssprüche, sondern Machtsprüche. Den Richtern der (westdeutschen) Sieger fehlte die Legitimation, über die (ostdeutschen) Besiegten zu Gericht zu sitzen.

Der Vorwurf der „Siegerjustiz“ wird durch die hier erhobenen Befunde in vollem Umfang widerlegt.

Betrachten wir zunächst die Fälle mittlerer Kriminalität, in denen keine schweren Menschenrechtsverletzungen begangen wurden. Hier handelt es sich im Wesentlichen um die Vergehen des Amtsmissbrauchs und der Korruption sowie der Wahlfälschung. Angesichts der vergleichsweise geringeren Schwere der Taten liegt der Vorwurf der „Siegerjustiz“ nicht ganz fern. Es war aber die Bevölkerung der DDR, die in und nach der Wendezeit ihren Verfolgungswillen eindeutig manifestierte. Es waren die demokratischen Kräfte der DDR, die Schluss machen wollten mit der strafrechtlichen Privilegierung von DDR-Führungskräften. Die Staatsanwaltschaften der DDR haben tatkräftig Verfolgungsmaßnahmen in diesem Bereich eingeleitet. Diese Tatsachen sprechen eine klare Sprache. In der gewendeten DDR selbst wären vermutlich viele Abgeurteilte weniger glimpflich davongekommen als vor bundesdeutschen Gerichten.

Was die in der DDR begangenen schweren Menschenrechtsverletzungen angeht, so gab es auch hier schon in der gewendeten DDR Ansätze zu strafrechtlicher Verfolgung. Freilich bildete sich in diesem Bereich erst nach dem Beitritt ein Verfolgungsschwerpunkt heraus. Legitimiert wird die Strafverfolgung allein schon durch die Schwere des Unrechts. Die strafrechtliche Ahndung ist die normale, die gerechte und die vom Völkerrecht gewollte staatliche Reaktion auf schwere Menschenrechtsverletzungen. Die entgegenstehende DDR-Rechtspraxis bewahrte die Verantwortlichen nicht vor strafrechtlicher Verfolgung. Die Rechtsprechung erklärte vielmehr einschlägige Taten, die elementare Menschenrechte in schwerwiegender Weise verletzten, für rechtswidrig und strafbar. Dies geschah unabhängig von der innerstaatlichen Legalität und der Rechtspraxis der DDR.

Zugleich hat die Rechtsprechung regelmäßig vergleichsweise milde Strafen verhängt. Die einfachen Grenzsoldaten etwa erhielten für vorsätzliche Tötungen fast ausschließlich Bewährungsstrafen. Lediglich gegen Angehörige der staatlichen oder militärischen Führung und gegen Exzesstäter wurden höhere Strafen verhängt. Aber selbst hier blieb die verhängte höchste Freiheitsstrafe von zehn Jahren deutlich unter dem gesetzlichen Höchstmaß für Totschlag. Eine derartige Strafzumessungspraxis als Ausdruck von „Siegerjustiz“ zu charakterisieren, ist schlicht verfehlt. Widerlegt wird der Vorwurf der „Siegerjustiz“ schließlich durch zahlreiche Entscheidungen, in denen die Anwendung rechtsstaatlicher Grundsätze das Verfahren vorzeitig beendete. Der wohl spektakulärste Fall war die Verfahrenseinstellung im Falle Erich Honeckers.

Das Reden von „Siegerjustiz“ leugnet die Tatsachen und verharmlost das geschehene Unrecht.

„Die Kleinen hängt man, die Großen lässt man laufen“

Ein anderer Vorwurf behauptete, die „kleinen“ Befehlsempfänger habe man hart angefasst, die Hauptverantwortlichen dagegen nicht belangt. Auch dieser Vorwurf entbehrt der Tatsachengrundlage. Schon die gerade angesprochene Differenzierung im Strafmaß spricht gegen diese Kritik.

Was die zeitliche Abfolge der Verurteilungen angeht, so ist es richtig, dass gerade im Bereich der Gewalttaten an der Grenze zunächst die unmittelbar Handelnden angeklagt und abgeurteilt wurden. Dies hatte seinen Grund in der besonderen Komplexität der Ermittlungen gegen Angehörige höherer Hierarchieebenen. Nach Bewältigung von Anlaufschwierigkeiten kam es in erheblichem Umfang zu Verfahren gegen die „Großen“. „Laufen lassen“ hat die Justiz allerdings solche Beschuldigte, die sich als verhandlungsunfähig erwiesen. Dieses rechtsstaatliche Vorgehen aber bietet keinen Anlass zur Kritik: Die Justiz hat hier nur das im Rechtsstaat Selbstverständliche getan.

„Verdeckte Amnestie“

Die Generalamnestie wird als grundsätzliche Alternative zur strafgerichtlichen Aufarbeitung noch zur Sprache kommen. Hier geht es um eine Kritik an der Rechtsprechung. Sie habe ohne gesetzgeberische Legitimation eine faktische Teilamnestie, eine „verdeckte Amnestie“[8] für DDR-Unrecht herbeigeführt. Anlass zu solchen Einwänden geben die in vielen Bereichen vergleichsweise niedrigen Strafen, etwa die Bewährungsstrafen in Fällen vorsätzlicher Tötung. Ferner sind die in dieser Untersuchung aufgezeigten Tendenzen angesprochen, Strafbarkeit zu begrenzen, insbesondere auch durch Konzentration auf schwere Menschenrechtsverletzungen. Aus diesen Umständen lässt sich jedoch kein Vorwurf gegen die Justiz ableiten. Die milden Strafen sind Ausdruck einer sorgfältig austarierten Strafzumessung, die Verstrickungen von Tätern zu deren Gunsten berücksichtigt. Dies ist eine hervorzuhebende Stärke und keine zu kritisierende Schwäche des justiziellen Vorgehens. Allerdings ist einzuräumen, dass das Erfordernis einer schweren Menschenrechtsverletzung teilweise keine Grundlage in den gesetzlichen Tatbeständen hat, so etwa bei der Rechtsbeugung. Die rechtsschöpferische Leistung der Rechtsprechung ist deshalb bei der Konzentration auf schwere Menschenrechtsverletzungen unverkennbar. Ähnliches gilt für das aus dem Verhältnismäßigkeitsgrundsatz abgeleitete Verfolgungshindernis bei der Verfolgung von DDR-Spionage. In diesem Bereich wäre eine klare gesetzgeberische Grenzziehung vorzugswürdig gewesen. Kritik verdient hier freilich der Gesetzgeber, nicht die Justiz. Sie hat durch die Konzentration auf schwere Menschenrechtsverletzungen zur Glaubwürdigkeit des strafrechtlichen Aufarbeitungsprozesses beigetragen und einen unverhältnismäßigen Verfolgungsaufwand verhindert.

8 *Hillenkamp* JZ 1996, 179.

„Täter ohne Strafe“

Eine fundamentalkritische Position hält die strafrechtliche Aufarbeitung des DDR-Unrechts für gänzlich misslungen. Sie beklagt unter der Überschrift „Täter ohne Strafe“ das Fehlen eines Konzepts, ein allzu zögerliches Vorgehen, unangemessen milde Urteile und vor allem die Verschonung des größten Teils der Verantwortlichen von Strafe.[9]

Zur Verdeutlichung wird als Alternative ein historisches Vorbild herangezogen.[10] Gleichermaßen wie nach dem zweiten Weltkrieg die Alliierten durch ihre Kontrollratsgesetze und -direktiven gegen die Verantwortlichen für das NS-Unrecht vorgegangen seien, hätten das Führungspersonal der DDR-Diktatur und dessen Unterstützer zur Rechenschaft gezogen werden müssen.

Im Einzelnen wird ausgeführt, dass gegen Hauptschuldige als Sanktionen Freiheitsstrafen bis zu zehn Jahren, Vermögenseinziehung, Ausschluss von öffentlichen Ämtern, Berufsverbote, Verlust von Pensionen, Aberkennung des aktiven und passiven Wahlrechts, Verpflichtung zu gemeinnützigen Arbeiten und Aufenthaltsbeschränkungen vorzusehen gewesen wären. Als Hauptschuldige wären Personen einzustufen gewesen, die aus politischen Gründen Verbrechen gegen Opfer und Gegner der DDR verübt hätten, sowie die führenden Funktionäre der SED, der DDR-Regierung und der gleichgeschalteten Organe, aktiv Mitwirkende der Staatssicherheit und der Grenztruppen, an Misshandlungen Beteiligte des Personals von Gefängnissen und Lagern, Inoffizielle Mitarbeiter des MfS, die eigennützig zur Verfolgung von Regimegegnern beigetragen hätten, und propagandistisch tätige Unterstützer der Gewaltherrschaft aus dem Bereich der Medien.

Sühnemaßnahmen wären auch gegen Belastete zu treffen gewesen. Dieser Kategorie wären unter anderem FDJ-Funktionäre, Staatsbürgerkundelehrer, Staatsanwälte, Richter, Journalisten, Karrieristen oder Nutznießer von Enteignungen zuzurechnen gewesen.

Hinsichtlich der Verfahrensorganisation wird auf die seinerzeitige Praxis verwiesen, mit Regimegegnern besetzte Spruchkammern tätig werden zu lassen.

Eine Übernahme des rechtlichen Regelungskonzepts der Alliierten hätte, so heißt es abschließend, folgendes Ergebnis gehabt: „Ein Großteil der aktiven Unterstützer der SED-Diktatur wäre in einem geordneten Verfahren zur Rechenschaft gezogen worden.“[11]

Der Kritik ist gleichermaßen grundsätzlich zu widersprechen. Zurückzuweisen ist die in ihr enthaltene Gleichsetzung des DDR-Unrechts mit dem Unrecht

---

9 *Knabe*, Die Täter sind unter uns (2009), S. 79 ff.

10 *Knabe*, Die Täter sind unter uns (2009), S. 85 ff.

11 *Knabe*, Die Täter sind unter uns (2009), S. 87.

des NS-Staates. Dem steht die Einzigartigkeit der nationalsozialistischen Verbrechen entgegen. Auch bleiben die völlig unterschiedlichen Ausgangsbedingungen für die jeweilige Aufarbeitung der Unrechtsvergangenheit ausgeblendet. Mit der deutschen Kapitulation 1945 ging auf die Alliierten die uneingeschränkte Befugnis zur Schaffung und Durchsetzung von Recht über, auch hinsichtlich der Bewältigung des NS-Unrechts. Dagegen erlangten mit dem Beitritt der DDR zur Bundesrepublik die verfassungsrechtlichen Anforderungen des Grundgesetzes Geltung für den Prozess der Aufarbeitung des DDR-Unrechts. Sie schlossen es aus, neu geschaffene Tatbestände und Sanktionsformen auf in der Vergangenheit liegende Taten anzuwenden, Strafen unabhängig von schuldhaft verwirklichten Taten allein für die Zugehörigkeit zu Organisationen und Berufen zu verhängen und die Zuständigkeit für eine Aburteilung den gesetzlich dafür vorgesehenen Gerichten zu entziehen.

Sichtbar wird ein grundlegender Unterschied in der Auffassung vom Strafrecht. Die Fundamentalkritik an der Aufarbeitung des DDR-Unrechts betrachtet das Strafrecht als ein gesellschaftspolitisches Instrument, das die von einer politischen Wende eingeleitete Systemüberwindung und Gesellschaftsumgestaltung fortführen und vollenden soll. Diese Forderung muss das rechtsstaatliche Strafrecht zurückweisen. Es bezieht seine Legitimation und damit auch seine Überzeugungskraft aus dem Recht, das für die in der Vergangenheit liegenden Taten Geltung beanspruchen kann. Daher beschränkt es sich auf eine Ahndung des geschehenen Systemunrechts durch Verfolgung nachweisbarer schwerwiegender Straftaten. Die weitergehende Systemüberwindung bleibt dem demokratischen Prozess gesellschaftlicher Erneuerung überlassen.

IV. Alternativen zur strafrechtlichen Aufarbeitung

Die Aufarbeitung von DDR-Unrecht ist zu einem erheblichen Teil mit den Mitteln des Strafrechts erfolgt. Auch im öffentlichen Bewusstsein spielte das Strafrecht eine zentrale Rolle. Forderungen nach einer Generalamnestie oder wenigstens einer Teilamnestie für weniger schwere Straftaten konnten sich im parlamentarischen Raum nicht durchsetzen. Überlegungen zu alternativen Aufarbeitungsmodellen, die Anfang der 1990er Jahre angestellt wurden, blieben ohne praktische Folgen. Dies gilt etwa für die Idee von öffentlichen Tribunalen, die aufklären, aber keine Zwangsbefugnisse und insbesondere keine Strafbefugnisse haben sollten.

Auch wenn sich in Deutschland die diskutierten Alternativen zum Strafrecht nicht durchsetzen konnten, bleibt fraglich, ob die Fokussierung auf die strafrechtliche Aufarbeitung richtig war. In diese Überlegungen sind nicht nur die in der deutschen Diskussion erörterten Möglichkeiten einzubeziehen. Vielmehr sind auch die staatlichen Reaktionen auf Unrechtsvergangenheit ins Auge zu fassen, die aus Systemwechseln in anderen Staaten bekannt sind. Diese Reaktionen reichen vom schlichten Nichtstun über die Generalamnestie oder die Teilamnestie bis hin zur umfassenden strafrechtlichen Verfolgung. Als eine Art Mittelweg zwischen Amnestie und Strafverfolgung ist seit den 1990er Jahren die von strafrechtlicher Verfolgung gelöste Aufklärung vergangenen Unrechts in den Vordergrund getreten. Mit dieser Aufgabe hat man Institutionen eigener Art betraut, sogenannte Wahrheitskommissionen.

Der weitere Text befasst sich zunächst mit der Generalamnestie als einer grundsätzlichen Alternative zur strafrechtlichen Verfolgung (1.) und erörtert dann die Aufarbeitung von Systemunrecht durch die Einrichtung einer Wahrheitskommission (2.).

1. Generalamnestie

Zur Generalamnestie kann es vor oder nach dem Übergang von der Diktatur zur Demokratie kommen. Gelegentlich haben die noch im Sattel befindlichen Machthaber selbstbegünstigende Amnestiegesetze erlassen. In anderen Fällen war die Generalamnestie der für den friedlichen Machtwechsel geforderte Preis der alten Eliten. Keine der beiden Situationen ist im Deutschland der Wendezeit eingetreten. Zu einer Selbstamnestie der Führungskräfte der untergehenden DDR kam es nicht. Die demokratischen Kräfte der DDR dachten ihrerseits nicht an eine solche Wohltat für kriminelle Unterstützer oder Repräsentanten des alten Systems. Auch bei den Verhandlungen zum Einigungsvertrag sah die erste demokratisch gewählte Regierung der DDR davon ab, eine Amnestie zu fordern. Im Gegenteil: Im Einigungsvertrag wird der Wille zur strafrechtlichen Verfolgung deutlich sichtbar.

Es war gut, dass der Weg der Generalamnestie in Deutschland nicht beschritten wurde. Generalamnestien wirken nämlich, entgegen dem teilweise erhobenen Anspruch, nur scheinbar befriedend. Sie breiten einen Mantel des Schweigens über das vergangene Unrecht und tragen zum Vergessen bei. Aber abgedrängtes Unrecht kommt nicht zur Ruhe. Das Schweigen ebnet nicht den Weg zum inneren Frieden und zur Aussöhnung. Verdrängte Unrechtsvergangenheit hat die Gesellschaften bislang immer noch eingeholt; dies belegt gerade auch die deutsche Erfahrung. Generalamnestien leisten der Verdrängung Vorschub, weil Taten, Opfer und Täter namenlos bleiben.

Gegen eine Generalamnestie sprechen auch durchgreifende rechtliche Bedenken. Der Staat ist zum Schutze der elementaren Grundrechte und Menschenrechte verpflichtet. Diese Verpflichtung wird unter anderem durch die Bestrafung von Tötungsverbrechen und schweren Verletzungen elementarer individueller Rechtsgüter eingelöst. Die Nichtahndung derartiger Taten im Gefolge der Vereinigung hätte die Glaubwürdigkeit des Rechtsstaats entscheidend beeinträchtigt. Gerade nach der Vereinigung war es wichtig, die Achtung vor den Grund- und Menschenrechten zu betonen und zu festigen. Die Ahndung von schweren Menschenrechtsverletzungen, insbesondere von Tötungen, war unverzichtbar. Schwere Menschenrechtsverletzungen sind grundsätzlich mit den Mitteln des Strafrechts zu ahnden – dies ist auch die Grundposition, die sich in der internationalen Debatte um den Schutz der Menschenrechte durchgesetzt hat. Ausnahmen kommen überhaupt nur in Betracht, wenn ohne eine Amnestieregelung die Fortsetzung der Gewalt oder der Ausbruch neuer Gewalt droht. Eine solche Notlage bestand im deutschen Vereinigungsprozess zu keinem Zeitpunkt. Eine Generalamnestie auch für schwere Menschenrechtsverletzungen, wie Tötungen, schwere Körperverletzungen oder lang andauernde Freiheitsentziehungen, musste deshalb ausscheiden.

Wenn die Generalamnestie keine vorzugswürdige Alternative war, so gilt dies erst recht für das staatliche Nichtstun in Form einer faktischen Nichtverfolgung. Hier tritt zu den Nachteilen der Generalamnestie noch ein weiterer hinzu. Eine Generalamnestie bestätigt wenigstens verbal den Unrechtscharakter derjenigen Taten, die nicht bestraft werden sollen. Bei der faktischen Nichtverfolgung bleibt sogar diese verbale Missbilligung vergangenen Unrechts auf der Strecke.

2. Wahrheitskommission

Zur Aufklärung staatsgesteuerten Unrechts wurden in verschiedenen Staaten Wahrheitskommissionen eingesetzt. In der Ausgestaltung der Wahrheitskommissionen gibt es wesentliche Unterschiede. Was alle Wahrheitskommissionen verbindet, ist das Ziel, Unrechtsvergangenheit in offizieller Form anzuerkennen und für das Gedächtnis der Nachwelt festzuhalten. Wahrheitskommissionen schließen im Prinzip eine strafrechtliche Verfolgung nicht aus. Sie können grundsätzlich im Vorfeld, im Nachgang oder parallel zur strafrechtlichen Verfolgung tätig werden. Vielfach aber wurden Wahrheitskommissionen gerade als Alternative zur strafrechtlichen Aufarbeitung ins Leben gerufen. Die weiteren Überlegungen greifen diese Möglichkeit auf, erörtern also, ob die Aufarbeitung durch Wahrheitskommissionen gerichtlichen Verfahren vorzuziehen ist. Es liegt nahe, sich dabei auf das südafrikanische Modell der Wahrheitskommission zu konzentrieren. Denn Südafrika hat das bis heute wohl innovativste Modell der Wahrheitskommission entwickelt. Dieses Modell hat weltweite Aufmerksamkeit gefunden und wurde auch im deutschen Kontext diskutiert, nicht zuletzt weil die Strafverfolgung von DDR-Unrecht parallel zur Arbeit der Wahrheits- und Versöhnungskommission erfolgte.

Aufklärung statt Strafe? Das südafrikanische Modell

Die südafrikanische Kommission für Wahrheit und Versöhnung kombinierte Aufklärung und Opferhilfe. Sie hatte darüber hinaus auch die Vollmacht, Amnestie für Straftaten zu gewähren. Insoweit war die Wahrheitskommission als echte Alternative zu strafgerichtlichen Verfahren konzipiert. Eine wichtige Neuerung gegenüber bisherigen Wahrheitskommissionen lag dabei in der Verknüpfung von Amnestie und Aufklärung: Die in Südafrika geschaffene Form der Amnestie stand unmittelbar im Dienste der Wahrheitsfindung. Die Gewährung von Amnestie setzte einen Antrag des Täters und die volle Offenlegung der Tat voraus, das heißt ein umfassendes Geständnis. Die Tat selbst musste einen politischen Charakter haben. Bei der Erfüllung gewisser zusätzlicher Kriterien konnte unter diesen Voraussetzungen Straffreiheit im einzelnen Fall gewährt werden. Dabei konnten auch bereits verurteilte Täter Amnestieanträge stellen. Die südafrikanische Form der Amnestie stand also in scharfem Gegensatz zu einer „blinden" Generalamnestie. Es handelte sich um eine „sehende" Individualamnestie, bei der Tat und Täter benannt wurden. Die Täter mussten einen eigenen Beitrag zur Wahrheitsfindung leisten, indem sie das von ihnen begangene Unrecht offenlegten. Die Gewährung von Straffreiheit brachte die rechtliche Missbilligung der Taten zum Ausdruck. Zugleich war die Amnestie mit sanktionsähnlichen Wirkungen ausgestattet. Diese Wirkungen bestanden in der öffentlichen Nennung von Tat und Täter sowie in der Öffentlichkeit der Amnestieanhörungen bei Taten, die als schwere Menschenrechtsverletzungen einzuordnen waren. Ein wesentliches Element des Gesamtkonzepts bestand schließlich darin, dass strafrechtlich verfolgt wurde, wer keinen Amnestieantrag stellte. So wurden unter stark zurückgenommenem Einsatz des Strafrechts die Aufklärung und Anerkennung von Unrecht gefördert.

Das südafrikanische Modell weist im Vergleich zu einem hauptsächlich auf Strafverfolgung konzentrierten Ansatz Vorzüge auf. In erster Linie ist die kreative Verknüpfung von Straffreiheit und Aufklärung zu erwähnen. Hervorzuheben sind ferner das weitreichende Mandat der Kommission zur Aufklärung aller schweren Menschenrechtsverletzungen, die Öffentlichkeit der Anhörungen, die Befugnis zur Namensnennung, die justizähnlichen Zwangsbefugnisse sowie die vergleichsweise gute personelle und finanzielle Ausstattung. Diese Stärken verdienen Anerkennung. Entscheidend ist für unseren Zusammenhang allerdings, ob das südafrikanische Vorgehen auch einer strafrechtlichen Aufarbeitung vorzuziehen ist.

Heute wird verbreitet auch Kritik an dem südafrikanischen Aufarbeitungsprozess geübt. Diese bezieht sich besonders darauf, dass eine Strafverfolgung derjenigen, die sich nicht um eine Amnestie bemüht hatten, faktisch nicht erfolgt ist. Es hat insgesamt nur eine Handvoll von Strafverfahren wegen Apartheid-Unrechts gegeben. Das Konzept von „Zuckerbrot und Peitsche" wurde damit in der Praxis an einer entscheidenden Stelle nicht umgesetzt. Die Kritik an der Umsetzung betrifft allerdings nicht die Bewertung des Konzepts selbst. Dies zeigt sich auch daran, dass das südafrikanische Modell bis heute Übergangsstaaten als Vorbild dient, etwa zuletzt Kolumbien oder Nepal.

Strafjustiz und Wahrheitskommission – Gemeinsamkeiten und Konvergenzen

Beim Vergleich zwischen dem südafrikanischen und dem deutschen Vorgehen sind zunächst einige Gemeinsamkeiten festzuhalten. Hier wie dort wurde eine Unrechtsvergangenheit aufgeklärt, anerkannt und rechtlich missbilligt. Darüber hinaus zeichneten sich trotz der unterschiedlichen Gesamtkonzeptionen in der Praxis Annäherungen der beiden Modelle ab. So haben insbesondere die Anhörungsverfahren vor dem Amnestieausschuss der südafrikanischen Wahrheitskommission sehr bald justizförmige Züge angenommen. Im prozessualen Ablauf bestand eine starke Übereinstimmung mit Strafverfahren. Konvergenzen zeichneten sich auch im Hinblick auf rechtliche und tatsächliche Folgen ab. Auf sanktionsähnliche Elemente der südafrikanischen Amnestieverfahren wurde bereits hingewiesen. Umgekehrt wies die Sanktionspraxis in Deutschland vielfach eine Tendenz zur Milde auf, die ihr den Ruf einer „verdeckten Amnestie" eingetragen hat. Solche Milde lässt die Aufklärung und die rechtliche Missbilligung der Taten als die wichtigere Wirkung der Verfahren in den Vordergrund treten. Die aufgezeigten Gemeinsamkeiten und tendenziellen Annäherungen nehmen der Gegenüberstellung von Individualamnestie und Strafe ihre Schärfe. Die südafrikanische Amnestie war nicht „billig" zu haben, wie der Kommissionsvorsitzende Erzbischof Desmond Tutu immer wieder betont hat, und die deutsche Justiz hat, insgesamt gesehen, vom Mittel der Strafe nur zurückhaltend Gebrauch gemacht. Als Differenz bleibt der Unterschied zwischen dem bedingten Verzicht auf Kriminalstrafe und deren maßvollem Einsatz.

Verfolgung schwerer Menschenrechtsverletzungen als Normalfall

Soweit es um schwere Menschenrechtsverletzungen geht, ist der Ausgangspunkt klar. Die Staaten sind verpflichtet, die Grund- und Menschenrechte ihrer Bürger zu achten und zu schützen. Die grundsätzliche Strafbarkeit von schweren Individualrechtsverletzungen wie Tötungen, schweren Misshandlungen oder langandauernden Freiheitsentziehungen ist in allen Staaten selbstverständlich. Dies gilt auch, ja sogar erst recht, wenn solche Rechtsverletzungen staatlich initiiert oder verstärkt wurden. Die strafrechtliche Ahndung schwerer Menschenrechtsverletzungen ist hier die gebotene und auch vom Völkerrecht gewollte Reaktion. Hinzu kommt, dass die Straflosigkeit schwerer Menschenrechtsverletzungen eine der wichtigsten Ursachen ihrer Neubegehung ist. Vor diesem Hintergrund kommt ein Strafverzicht bei schweren Menschenrechtsverletzungen nur in Ausnahmesituationen in Betracht. Deshalb lassen sich auch Wahrheitskommissionen als Ersatz für die strafrechtliche Verfolgung nur aus einer aktuellen Notsituation rechtfertigen. Eine solche Notsituation ist dadurch gekennzeichnet, dass das Strafverfolgungsinteresse mit dem Ziel der Beendigung aktueller Gewalt kollidiert. Im südafrikanischen Übergangsprozess hätte das kompromisslose Festhalten am staatlichen Strafanspruch den friedlichen Machtwechsel vermutlich verhindert. Der bedingte Verzicht auf Kriminalstrafe war der Preis für den Übergang zur Demokratie. Aus dieser Notlage wurden die südafrikanische Wahrheitskommission und ihr Amnestiemodell geboren. Ein weiteres Teilelement dieser Notsituation waren Zweifel, ob die Strafjustiz zu einer strafrechtlichen Aufarbeitung von Apartheid-Unrecht überhaupt in der Lage sein würde. Zur Bewältigung dieser und vergleichbarer Notsituationen mag das südafrikanische Modell einen akzeptablen Weg bieten. Aber außerhalb solcher Notsituationen muss es dabei bleiben: Schwere Menschenrechtsverletzungen sind strafrechtlich zu ahnden. Eine Notsituation lag in Deutschland nicht vor, man kann sogar von geradezu optimalen Bedingungen für eine strafrechtliche Aufarbeitung sprechen – der SED-Staat war untergegangen, so dass ein Zwang zu politischen Kompromissen nicht bestand. Der Einsatz des Strafrechts zur Ahndung schwerer Menschenrechtsverletzungen war deshalb im Falle Deutschlands die richtige Antwort.

Alternativen zum Strafrecht bei Taten unterhalb der Schwelle schwerer Menschenrechtsverletzungen

Die Ahndung von Systemunrecht unterhalb der Schwelle schwerer Menschenrechtsverletzungen war demgegenüber nicht zwingend geboten. In diesem Bereich waren Alternativen zum Strafrecht nicht prinzipiell ausgeschlossen. Es ist zu begrüßen, dass die Rechtsprechung selbst entscheidend dazu beigetragen hat, Strafbarkeit einzugrenzen. Die Justiz selbst hat auf verschiedenen Wegen im Ergebnis eine Konzentration der Strafverfolgung auf die Ahndung schwerer Menschenrechtsverletzungen bewirkt. Dadurch ist die Frage einer (Teil-)Amnestie weitgehend bedeutungslos. Als kritische Bereiche verbleiben die strafrechtliche Verfolgung von Amtsmissbrauch und Korruption sowie Wahlfälschungen. Hier war die Entscheidung gegen eine Amnestie zwar nicht zwingend, sie ist aber mit dem Gedanken der Verfolgungskontinuität gut begründet.

E. Die strafrechtliche Verfolgung von DDR-Unrecht in internationaler Perspektive

Der in Deutschland gewählte Weg einer strafrechtlichen Aufarbeitung hat in vielen anderen Staaten Beachtung gefunden, die eine gleiche oder ähnliche Problemlage zu bewältigen hatten oder noch haben. Ob und wie das deutsche Vorgehen die jeweils gewählten Lösungen beeinflusst hat, ist im Detail schwer zu ermitteln. Ein Gesamtüberblick weist eine Vielfalt von Bewältigungsstrategien aus, die zu einem erheblichen Teil auch das Mittel der Strafverfolgung einbeziehen.[12]

Konkret nachweisbar sind dagegen Auswirkungen der strafrechtlichen Aufarbeitung des DDR-Unrechts auf die Anwendung internationalen Rechts. Auch lässt sich aufzeigen, dass das Vorgehen in Deutschland die internationale Diskussion über Vergangenheitsbewältigung mittels „Transitional Justice" zu fördern vermag.

Eine europarechtliche Klarstellung

Die strafrechtliche Aufarbeitung des DDR-Unrechts hat für Klarheit im Umgang mit einer wichtigen Vorschrift der Europäischen Menschenrechtskonvention gesorgt. Artikel 7 Absatz 2 der Europäischen Menschenrechtskonvention schränkt den Grundsatz ein, dass staatliche Strafe nur den treffen darf, dessen Tat zum Zeitpunkt ihrer Begehung nach geltendem nationalem oder internationalem Recht strafbar war. Zulässig ist nach dieser Vorschrift eine Bestrafung auch dann, wenn zum Tatzeitpunkt eine Strafbarkeit nach den von den zivilisierten Völkern anerkannten allgemeinen Rechtsgrundsätzen gegeben war. Anlässlich der Ratifizierung der Konvention im Jahre 1952 erklärte die Bundesregierung auf Wunsch des Bundestages einen Vorbehalt. Die Bundesrepublik Deutschland werde die Vorschrift nur in den Grenzen des Artikels 103 Absatz 2 GG anwenden. Die Erklärung zielte darauf, das in dieser Verfassungsnorm enthaltene Rückwirkungsverbot national weiterhin uneingeschränkt zur Geltung kommen zu lassen.

---

12 *Werle/Vormbaum*, Transitional Justice (2018), S. 159 ff.

Im Rahmen der strafrechtlichen Aufarbeitung von DDR-Unrecht haben der Bundesgerichtshof und das Bundesverfassungsgericht mit klaren Formulierungen die Grenzen des verfassungsrechtlichen Rückwirkungsverbots in Artikel 103 Absatz 2 GG aufgezeigt. Dabei haben sie menschenrechtswidrigen Gesetzen die Anerkennung als Rechtfertigungsgrund versagt und insoweit der Gerechtigkeit den Vorrang vor der Rechtssicherheit eingeräumt. Damit ist ausgeschlossen, dass das Rückwirkungsverbot des Grundgesetzes eine Bestrafung verbietet, die Artikel 7 Absatz 2 der Europäischen Menschenrechtskonvention zulässt. Die Rechtsprechung zum DDR-Unrecht hat den Vorbehalt gegen Artikel 7 Absatz 2 der Europäischen Menschenrechtskonvention für die deutsche Justizpraxis gegenstandslos gemacht. Bundestag und Bundesregierung haben daraus die notwendige Konsequenz gezogen. Durch förmliche Aufgabe des Vorbehalts haben sie die uneingeschränkte Geltung von Artikel 7 Absatz 2 der Europäischen Menschenrechtskonvention in Deutschland anerkannt. Darin ist auch ein Bekenntnis zum Völkerstrafrecht enthalten, das auf die weltweite Durchsetzung eines menschenrechtlichen Mindeststandards zielt.

Ein Beitrag zur Entwicklung des Völkerstrafrechts

Die Rechtsprechung des Bundesgerichtshofs zu den Gewalttaten an der Grenze hat Eingang gefunden in völkerstrafrechtliche Grundsätze zur Beteiligung an Völkerrechtsverbrechen.

Für die Verurteilung von Angehörigen der Leitungsorgane der SED und der militärischen Führung wegen der Tötung von Flüchtlingen an der Grenze zog der Bundesgerichtshof die gesetzliche Vorschrift über mittelbare Täterschaft[13] heran. Damit machte er erstmals Gebrauch von der rechtlichen Figur eines Täters hinter dem Täter. Sie war zuvor vorgeschlagen worden für die Ahndung von NS-Unrecht. Mit ihr sollte der anerkannte Anwendungsbereich mittelbarer Täterschaft ausgedehnt werden. Erfasst werden sollte nicht mehr allein die Verwirklichung einer Tat durch ein menschliches Werkzeug, das selbst strafrechtlich nicht zur Verantwortung gezogen werden kann. Als mittelbarer Täter sollte auch bestraft werden können, wer zur Steuerung einer Tat in der Lage ist, die eine strafrechtlich verantwortliche Person ausführt. Dementsprechend sah sich der Bundesgerichtshof nicht daran gehindert, die politisch und militärisch Mächtigen der DDR wegen der Tötungen an der Grenze zu bestrafen, auch wenn er zugleich die ausführenden Grenzsoldaten für strafrechtlich verantwortlich erachtete. Zur Begründung verwies er darauf, dass die Angeklagten durch das

---

13 Die Tatbegehung durch einen anderen, § 25 Abs. 1 2. Alt. StGB.

Ausnutzen von Befehlsketten und durch eine vielfältige politische Einflussnahme lenkend auf die Tötungshandlungen der Soldaten eingewirkt hätten.[14]

Die strafrechtliche Zurechnung über die Figur des Täters hinter dem Täter hat danach auch im Völkerstrafrecht Anerkennung gefunden. Enthalten ist sie im Statut des seit 2002 tätigen Internationalen Strafgerichtshofs. Die Rechtsprechung des Bundesgerichtshofs diente der Staatengemeinschaft bei der Vertragsgestaltung als Vorbild. Nach Artikel 25 Absatz 3 lit. a) des Statuts ist für ein der Gerichtsbarkeit des Gerichtshofs unterliegendes Verbrechen auch strafrechtlich verantwortlich und strafbar, wer ein solches Verbrechen „durch einen anderen begeht, gleichviel ob der andere strafrechtlich verantwortlich ist". Damit ist die Frage, ob der Hintermann eines uneingeschränkt schuldhaft handelnden Täters mittelbarer Täter sein kann, die der deutsche Gesetzgeber noch bewusst offen gelassen hat, explizit bejaht worden.

Die Praxis des Internationalen Strafgerichtshofs setzt die Anweisung des Statuts konsequent um. In einer Entscheidung aus dem Jahr 2008 erklärte die Vorverfahrenskammer, dass die Tatbegehung in mittelbarer Täterschaft nicht auf Fälle eines „willenlosen Werkzeugs" beschränkt sei, sondern auch und gerade Fälle des Täters hinter dem Täter erfasse.[15] In einer späteren Entscheidung heißt es, dass den im Hintergrund agierenden mittelbaren Täter, der aus einer Machtposition heraus das Tatgeschehen beherrsche, eine mindestens gleiche, wenn nicht noch größere Schuld treffe als den unmittelbar und voll verantwortlich handelnden Tatmittler im Vordergrund.[16] Dieses Verständnis von mittelbarer Täterschaft gibt eine adäquate völkerstrafrechtliche Antwort auf die vielfach anzutreffende Verbrechensbegehung im Rahmen von hierarchisch strukturierten Organisationen zumeist militärischer Art.

Auf der damit geschaffenen Grundlage ist der Internationale Strafgerichtshof weiter vorangeschritten. Er hat in Reaktion auf die komplexen Begehungsstrukturen völkerstrafrechtlicher Straftaten das Spektrum der Beteiligungsformen durch eine Verbindung von mittelbarer Täterschaft und Mittäterschaft erweitert.

Zunächst hat die Vorverfahrenskammer die mittelbare Mittäterschaft als eine vom Statut des Gerichtshofs erfasste Täterschaftsform anerkannt.[17] Danach

---

14 *BGH*, Urteil v. 26.7.1994 – Az. 5 StR 98/94, UA S. 21 ff., BGHSt 40, 218, 230 ff., *M/W*, Bd. 2/2 (2002), S. 600 ff.

15 *IStGH*, Beschluss v. 30.9.2008 – Katanga and Ngudjolo Chui, PTC, ICC-01/04-01/07-717, Rn. 496; *Werle/Jeßberger*, Völkerstrafrecht, 5. Aufl. (2020), Rn. 618 ff..

16 *IStGH*, Urteil v. 1.12.2014 – Lubanga Dyilo, AC, ICC-01/04-01/06-A5, Rn. 465.

17 *IStGH*, Beschluss v. 30.9.2008 – Katanga and Ngudjolo Chui, PTC, ICC-01/04-01/07-717, Rn. 490 ff.; *Werle/Jeßberger*, Völkerstrafrecht, 5. Aufl. (2020), Rn. 626 f.

ist Täter, wer an einem gemeinschaftlich begangenen Verbrechen dadurch mitwirkt, dass er zur Tat durch einen von ihm beherrschten Tatmittler beiträgt. Bei der Herleitung nahm die Kammer explizit Bezug auf die Rechtsprechung des Bundesgerichtshofs zu den Gewalttaten an der Grenze.

In einer weiteren Entscheidung entwickelte die Vorverfahrenskammer die kombinierte Beteiligungsform der mittelbaren Täterschaft in Mittäterschaft.[18] Charakteristisch dafür ist die gemeinschaftliche Kontrolle der unmittelbar Handelnden durch mehrere mittelbare Täter. Diese Konstellation entspricht in ihrer Struktur der Tatbegehung in den Fällen der Tötungen an der deutsch-deutschen Grenze. Auch dort übten die politisch und militärisch Verantwortlichen gemeinschaftlich die Kontrolle über die Grenzsoldaten aus.

Die Rechtsprechung des Bundesgerichtshofs hat, so lässt sich zusammenfassen, einen grundlegenden Beitrag zur täterschaftlichen Zurechnung im Völkerstrafrecht geleistet und den Anstoß für deren Weiterentwicklung gegeben.

Die strafrechtliche Aufarbeitung von DDR-Unrecht und „Transitional Justice“

Vielfach ist in kritischer Absicht der Eindruck erweckt worden, dass für die Aufarbeitung des DDR-Unrechts ein völlig anderer Weg gewählt worden sei als derjenige, für den sich international der Begriff „Transitional Justice“ durchgesetzt hat. Kritisiert wird eine angeblich unnachsichtige, versöhnungsfeindliche Durchsetzung staatlicher Strafe, ungeeignet für eine Einbeziehung der Opfer und eine vollständige Ermittlung der Wahrheit. Als bessere Alternative gilt Transitional Justice, verstanden als ein Konzept, das aus flexiblen, der jeweiligen Situation angepassten Reaktionsmustern besteht, die darauf zielen, unter Wahrung oder Wiederherstellung des gesellschaftlichen Friedens vergangenes Unrecht aufzudecken, dem Leid der Opfer Anerkennung zu verschaffen, Wiedergutmachung zu leisten und Vorsorge für eine Sicherung der neuen Rechtsverhältnisse zu treffen. Das Strafrecht kommt darin, so die Sicht der Kritiker, lediglich dann zum Zuge, wenn es das Ziel einer Befriedung nicht gefährdet.

Dieser Sicht ist entgegenzutreten. Die deutsche Aufarbeitungspraxis fügt sich durchaus in den Rahmen, den das Transitional-Justice-Konzept setzt. Auch ergeben sich aus dieser Praxis Erkenntnisse, die zur weiteren Entwicklung des Konzepts beitragen können.

---

18 *IStGH*, Beschluss v. 4.3.2009 – Al Bashir, PTC, ICC-02/05-01/09-3, Rn. 216; *Werle/Jeßberger*, Völkerstrafrecht, 5. Aufl. (2020), Rn. 628 ff. Zum Ganzen *Werle/Burghardt*, in Maiwald-FS (2010), 851, 861.

Die Kritik übersieht oder lässt unerwähnt, dass die Bewältigung der DDR-Unrechtsvergangenheit keineswegs allein der Strafjustiz überlassen wurde. Daneben kamen zahlreiche derjenigen Mittel zum Zuge, die als geeignet für das Gelingen von Transitional Justice gelten. Erwähnt seien Maßnahmen der Rehabilitierung, Wiedergutmachung und Entschädigung sowie Initiativen mit dem Ziel, vergangenes Unrecht aufzuklären und im gesellschaftlichen Gedächtnis zu verankern, etwa mittels Publikationen, Ausstellungen und Gedenkstätten. Hervorzuheben ist in diesem Zusammenhang die innovative Praxis, die Akten des Ministeriums für Staatssicherheit einer Einsichtnahme für Betroffene, Medien und Wissenschaft zugänglich zu machen. Sie hat weltweit Beachtung gefunden und die Diskussion über Transitional Justice bereichert.

Auch ist die Strafjustiz bei der Bewältigung des DDR-Unrechts keineswegs mit befriedungsgefährdender Rigidität vorgegangen. Die Beschränkung auf schwere Menschenrechtsverletzungen und auf Delikte, die auch bereits in der DDR Gegenstand von Strafverfolgungsmaßnahmen gewesen waren, hatte in erheblichem Umfang einen Strafverzicht zur Kehrseite. Ferner zeugen die verhängten Strafen von einer insgesamt moderaten Zumessungspraxis, die zudem im Einzelfall sachgerecht durch deutliche Unterschiede in der Strafhöhe darauf abstellte, ob Angeklagte in Ausübung politischer oder militärischer Macht oder in machtabhängiger Position gehandelt hatten.

Wenn eine Aufarbeitung durch Strafprozesse gegen einzelne Personen für ungeeignet gehalten wird, Systemunrecht in seinem vollen Umfang aufzudecken, so ist dem Folgendes entgegenzuhalten. Die strafjustizielle Wahrheitserforschung in solchen Verfahren erstreckt sich durchaus auch auf tatübergreifende Zusammenhänge. So ist es häufig nötig, die Systemabhängigkeit einzelner Taten bei der Ermittlung der Beteiligungsform aufzuklären. Ferner gelten für die Begründung der Strafzumessung rechtliche Anforderungen, die den Gerichten aufgeben, vom Unrechtssystem ausgehende Einwirkungen auf Tat und Täter zu untersuchen. Dementsprechend finden sich in den Strafurteilen zum DDR-Unrecht vielfach eingehende Darlegungen zur Einbindung der Taten in Systemzusammenhänge. Das betrifft etwa die Organisation der Wahlfälschungen, die für die Bewachung der Grenze maßgeblichen Befehlsstrukturen oder die staatliche Lenkung der Vergabe von Dopingmitteln. Außerdem sollte Berücksichtigung finden, dass generell Feststellungen in Strafurteilen wegen der strengen Regeln für die strafgerichtliche Wahrheitsermittlung ein besonders hoher Beweiswert zukommt.

Die strafrechtliche Aufarbeitung von Systemunrecht sollte daher weder als Alternative zum Konzept Transitional Justice ausgegeben noch als Fremdkörper innerhalb dieses Konzepts betrachtet werden. Vielmehr zeigen die im Umgang mit dem DDR-Unrecht gemachten Erfahrungen, dass mit den Mitteln des Strafrechts ein wertvoller Beitrag zur Erreichung der Ziele von Transitional Justice geleistet werden kann, sofern von staatlicher Strafgewalt ein moderater, auf den Kernbereich des Systemunrechts beschränkter Gebrauch gemacht wird.

Einzuräumen ist, dass es in Fällen des Systemumbruchs vielfach an einer funktionsfähigen, unabhängigen und unparteilich agierenden Justiz zur Bewältigung vergangenen Unrechts fehlt. In dieser Hinsicht wies die Situation in Deutschland nach der Vereinigung Besonderheiten auf. Allerdings verdient auch Beachtung, dass sich im Zeitraum davor die Justiz der DDR nach der politischen Wende rasch in der Lage zeigte, Maßnahmen zur strafrechtlichen Aufarbeitung in die Wege zu leiten. Für das Transitional-Justice-Konzept ergibt sich als Konsequenz daraus, dass großer Wert auf eine möglichst rasche Herstellung rechtlicher Einrichtungen zu legen ist, die in der Lage sind, Systemunrecht nach rechtsstaatlichen Grundsätzen zu verfolgen und abzuurteilen.

F. Ausblick

Der staatlichen Vereinigung werde, so glaubte man 1990, die gesellschaftliche rasch folgen. 30 Jahre später ist Ernüchterung eingetreten. Die Spaltung zwischen ostdeutscher und westdeutscher Gesellschaft ist nach wie vor nicht überwunden.

In der Bevölkerung der ostdeutschen Länder ist das Gefühl weit verbreitet, abgehängt zu sein und diskriminiert zu werden. Hervorgerufen wird es unter anderem durch die aktuell immer noch vorhandenen Benachteiligungen beim Arbeitslohn, bei den Renten und bei der Vertretung in Führungspositionen. Auch der Rückblick auf Vorgänge nach der staatlichen Vereinigung trägt dazu bei. Klage wird geführt über ein besatzungsähnliches Verhalten des Westens. Sie richtet sich vor allem gegen die Abwicklungspraxis der Treuhand und die Übernahme von Spitzenämtern in Verwaltung, Justiz, Politik und Wirtschaft durch Personal aus dem Westen.

Hingegen wird die Strafverfolgung des DDR-Unrechts in diesem Zusammenhang nicht zum Gegenstand entsprechender Vorwürfe gemacht. Offenbar wird die justizielle Aufarbeitung auch in der ostdeutschen Bevölkerung akzeptiert. Jedenfalls ist nicht erkennbar, dass dieser Vorgang von Bedeutung ist für die weiterhin vorhandene gesellschaftliche Spaltung. Das spricht dafür, dass der Justiz mit der Bewältigung dieser schwierigen Aufgabe ein Beitrag zur gesamtgesellschaftlichen Befriedung gelungen ist.

Daher wird ein und ein halbes Jahrzehnt nach dem Abschluss der strafrechtlichen Aufarbeitung des DDR-Unrechts aus einem Zeitgeschehen allmählich ein historisches Ereignis werden. Zu besorgen ist, dass zugleich damit die

Auseinandersetzung mit der Unrechtsvergangenheit an ein Ende gelangt. Das sollte verhindert werden, zumal noch Aufgaben zu erledigen sind, die der Vorgang der strafrechtlichen Aufarbeitung hinterlassen hat.

Reformbedarf

Weitgehend ausgeblieben sind gesetzgeberische Reformbemühungen, die an fehlgeschlagene Verfolgungsmaßnahmen anknüpfen. Reagiert wurde lediglich auf den vergeblichen Versuch der Staatsanwaltschaften, die Plünderung von Postsendungen durch MfS-Mitarbeiter als Unterschlagung ahnden zu lassen. Da die Rechtsprechung der Ansicht war, die Täter hätten die Sachen nicht, wie vom gesetzlichen Tatbestand gefordert, sich selbst zueignen wollen, erweiterte der Gesetzgeber dieses und weitere Zueignungsdelikte auf Fälle der beabsichtigten Zueignung an Dritte. Die Gesetzesänderung war lediglich ein kleines Element eines allgemeinen strafrechtlichen Reformgesetzes, das große Bereiche des Strafgesetzbuchs umgestaltete.

Anlass für eine weiter ausgreifende gesetzgeberische Aufarbeitung gab es durchaus. So hatte sich gezeigt, dass es an einer gesetzlichen Grundlage für eine angemessene strafrechtliche Reaktion auf die perfide MfS-Praxis der Zersetzung fehlte. Das Ausbleiben einer Strafverfolgung gerade dieser menschenverachtenden und -zerstörenden Maßnahmen löste heftige Kritik aus, die dem Rechtsstaat vorwarf, die Gerechtigkeit zu verfehlen. Als gesetzlich nicht erfassbar hatten sich auch vom Ministerium für Staatssicherheit praktizierte Formen psychischer Folter erwiesen.

Reformbemühungen blieben vermutlich aus, weil die Drangsalierung der DDR-Bürger durch das Ministerium für Staatssicherheit als ein Phänomen angesehen wurde, das sich mit dem Untergang des Staates DDR erledigt hatte. Dem ist zweierlei entgegenzuhalten. Unterschätzt werden damit gegenwärtige und künftige Gefahren geheimdienstlicher Machtentfaltung. Auch bleibt eine wichtige historisch-politische Symbolfunktion des Strafrechts nach der Überwindung eines Unrechtsregimes unbeachtet. Sie kommt in einem strafgesetzlichen „Nie wieder“ zum Ausdruck. Damit wurde seinerzeit etwa die Einführung von Strafvorschriften gegen die Verwendung von nationalsozialistischen Kennzeichen und gegen Volksverhetzung begründet. Gleichermaßen sollten strafgesetzliche Verbote Zersetzung und psychische Folter brandmarken. Dabei kann die Gesetzgebung auf Vorarbeiten in der Literatur zurückgreifen.[19]

---

19 *Knauer*, Schutz der Psyche (2013), S. 251 ff., 264 ff.

Gerichtliche Aufklärung und gesellschaftliches Erinnern

Die strafrechtliche Aufarbeitung sollte gesehen werden als ein Teilelement im gesellschaftlichen Verarbeitungsprozess. Neben anderen rechtlichen Reaktionen, wie zum Beispiel Entschädigung und Wiedergutmachung, sind die vielfältigen politischen, gesellschaftlichen und wissenschaftlichen Formen der Geschichtsverarbeitung zu nennen. Sie reichen von der materiellen und psychischen Opferhilfe über die Errichtung und Pflege von Gedenkstätten bis hin zu zeithistorischen Projekten und Publikationen.

Dieser Bereich findet häufig nicht die gebührende Beachtung, weil die Strafverfahren und das von ihnen ausgelöste Echo in der Öffentlichkeit die Szene beherrschen. Anderen Aufarbeitungsformen sollte aber größere Aufmerksamkeit zugewendet werden, wenn die Strafverfolgung an ein Ende gelangt ist. Dabei wäre vor allem darauf zu achten, dass die Bemühungen der Strafjustiz um eine Aufklärung des DDR-Unrechts nicht – im Wortsinn – zu den Akten gelegt werden. Für das gesellschaftliche Erinnern und die zeithistorische Forschung sind die von der Strafjustiz getroffenen Feststellungen von allergrößtem Nutzen. Denn die hohen Anforderungen des strafgerichtlichen Beweisverfahrens verleihen den Urteilssachverhalten ein ganz besonderes Gewicht. Deshalb sind die Strafurteile wichtige Mittel gegen das Verdrängen, Verleugnen und Verklären der historischen Tatsachen.

Versäumt wurde bislang allerdings, für den sich abzeichnenden Prozess der Historisierung eine gesicherte Materialgrundlage zu schaffen. Soll es gelingen, die Erinnerung wachzuhalten und künftigen Forschungen eine verlässliche Basis zu bieten, so bedarf es einer Archivierung der Verfahrensakten. Vermutlich ist es als Konsequenz des Verzichts auf eine Zentralisierung der Strafverfolgung und deren statistische Erfassung zu erklären, dass es bisher an entsprechenden Bemühungen gefehlt hat.

Über die Akten verfügen die Staatsanwaltschaften der Länder. Die für die Dauer der Aufbewahrung maßgeblichen Rechtsvorschriften sind länderweise geregelt. Die Regelungen enthalten verfahrensbezogen unterschiedliche Fristen. Die übliche Höchstdauer der Aufbewahrung von Strafakten beträgt 30 Jahre. Die Frist läuft in vielen Fällen demnächst ab. Ob wegen des zeithistorischen Wertes einer Akte eine längere Aufbewahrung verfügt wird, hängt zumeist allein von der Beurteilung des jeweiligen Sachbearbeiters ab. Im Übrigen ist zu befürchten, dass Verluste auch deswegen bereits eingetreten sind, weil die Justiz nicht stets in der Lage gewesen ist, abgelegte Akten sachgerecht aufzubewahren. Dringend geboten ist daher eine länderübergreifende Initiative mit dem Ziel, Vorsorge dafür zu treffen, dass zumindest die wichtigsten Verfahrensakten einer Archivierung zugeführt werden.

Literaturverzeichnis

Abendroth, Wolfgang, Anmerkung zum Urteil des BGH vom 26.11.1980 – Az. 3 StR 393/80, in: StV 1981, 176 f.

Adomeit, Klaus, Die Mauerschützenprozesse – rechtsphilosophisch, in: NJW 1993, 2914 ff.

Ahlers, Rainer, Doping und strafrechtliche Verantwortlichkeit. Zum strafrechtlichen Schutz des Sportlers vor Körperschäden durch Doping, Baden-Baden 1994.

Albrecht, Peter-Alexis, Das Bundesverfassungsgericht und die strafrechtliche Verarbeitung von Systemunrecht – eine deutsche Lösung!, in: NJ 1997, 1 f.

Alexy, Robert, Mauerschützen. Zum Verhältnis von Recht, Moral und Strafbarkeit, Hamburg 1993.

Ambos, Kai, Nuremberg Revisited. Das Bundesverfassungsgericht, das Völkerstrafrecht und das Rückwirkungsverbot, in: StV 1997, 39 ff.

ders., Zur Rechtswidrigkeit der Todesschüsse an der Mauer, in: JA 1997, 983 ff.

ders., Tatherrschaft durch Willensherrschaft kraft organisatorischer Machtapparate. Eine kritische Bestandsaufnahme und weiterführende Ansätze, in: GA 1998, 226 ff.

ders., Artikel 7 EMRK, Common Law und die Mauerschützen, in: KritV 2003, 31 ff.

Amelung, Knut, Strafbarkeit von „Mauerschützen" – BGH, NJW 1993, 141, in: JuS 1993, 637 ff.

ders., Anmerkung zu BGH NStZ 1994, 533, in: NStZ 1995, 29 f.

ders., Die strafrechtliche Bewältigung des DDR-Unrechts durch die deutsche Justiz. Ein Zwischenbericht, in: GA 1996, 51 ff.

Ansorg, Leonore, Strafvollzug an politischen Gefangenen in der DDR. Die Strafvollzugsanstalt Brandenburg-Görden, in: DA 2002, 769 ff.

dies., Die juristische Aufarbeitung von DDR-Unrecht im Strafvollzug. Ermittlungsverfahren gegen ehemalige Angehörige der Strafvollzugsanstalt Brandenburg nach 1989, in: DA 2005, 589 ff.

dies., Politische Häftlinge im Strafvollzug der DDR. Die Strafvollzugsanstalt Brandenburg nach 1989, Berlin 2005.

Arnold, Jörg, Vergangenes und Zukünftiges im Strafvollzug der ehemaligen DDR. Ein Untersuchungsbericht, in: ZfStrVo 1990, 327 ff.

ders., Regierungskriminalität in der ehemaligen DDR, in: NJ 1992, 254 ff.

ders., „Strafvollzug in der DDR". Ein Gegenstand gegenwärtiger und zukünftiger Forschung, in: MschrKrim 1993, 390 ff.

ders., Strafgesetzgebung und -rechtsprechung als Mittel der Politik in der ehemaligen DDR, in: Lampe, Ernst-Joachim (Hrsg.), Deutsche Wiedervereinigung, die Rechtseinheit, Arbeitskreis Strafrecht, Band II, Die Verfolgung von Regierungskriminalität der DDR nach der Wiedervereinigung, Köln u.a. 1993, S. 85 ff.

ders., Die Berücksichtigung der systemimmanenten Auslegung des DDR-Rechts. Insbes. erläutert am Beispiel der Rechtsprechung des LG Rostock und des BGH zum Vertrauensmissbrauch (§ 165 Abs. 1 StGB der DDR), in: wistra 1994, 323.

ders., „Normales" Strafrecht der DDR?, in: KritV 1994, 187 ff.

ders., Die „Bewältigung" der DDR-Vergangenheit vor den Schranken des rechtsstaatlichen Strafrechts, in: Institut für Kriminalwissenschaften der Universität Frankfurt am Main (Hrsg.), Vom unmöglichen Zustand des Strafrechts, Frankfurt am Main u.a. 1995, S. 283 ff.

ders., Bundesverfassungsgericht contra Einigungsvertrag. Der „Mauerschützen"-Beschluss des BVerfG auf dem strafrechtlichen Prüfstand, in: NJ 1997, 115 ff.

ders., Einschränkung des Rückwirkungsverbotes sowie sorgfältige Schuldprüfung bei den Tötungsfällen an der DDR-Grenze. Anmerkung, in: JuS 1997, 400 ff.

https://doi.org/10.1515/9783110597356-005

ders., Rezension: Silke Buchner, Die Rechtswidrigkeit der Taten von „Mauerschützen" im Lichte von Art. 103 II GG unter besonderer Berücksichtigung des Völkerrechts, in: GA 1997, 599 ff.
ders. (Hrsg.), Strafrechtliche Auseinandersetzung mit Systemvergangenheit am Beispiel der DDR, Baden-Baden 2000.
ders./*Kühl, Martin*, Forum: Probleme der Strafbarkeit von „Mauerschützen", in: JuS 1992, 991 ff.
ders./*Kühl, Martin*, Zur strafrechtlichen Beurteilung von Wahlfälschungen in der DDR – Zugleich Anmerkung zum Urteil des BG Dresden vom 7.2.1992, in: NJ 1992, 476 ff.
ders./*Karsten, Nora*/*Kreicker, Helmut*, Menschenrechtsschutz durch Art. 7 Abs. 1 EMRK, in: NJ 2001, 561 ff.
Autorenkollektiv, Strafrecht der DDR, Kommentar zum StGB, herausgegeben vom Ministerium der Justiz der Akademie für Staats- und Rechtswissenschaften der DDR, 5. Auflage, Berlin (Ost) 1987.
Autorenkollektiv, Lehrbuch zum Strafrecht der DDR, Berlin (Ost) 1988.
Autorenkollektiv, Lehrbuch zum Strafrecht Allgemeiner Teil, herausgegeben von der Sektion Rechtswissenschaften der Humboldt-Universität zu Berlin und der Akademie für Staats- und Rechtswissenschaften der DDR, Potsdam-Babelsberg, Berlin (Ost) 1976.
Azzola, Axel, Zum strafrechtlichen Umgang mit der DDR-Hinterlassenschaft, in: Bisky, Lothar/ Heuer, Uwe-Jens/Schumann, Michael (Hrsg.), „Unrechtsstaat"? Politische Justiz und die Aufarbeitung der DDR-Vergangenheit, Hamburg 1994, S. 94 ff.
Barbe, Angelika, Gegen die Verjährung von Regierungs-, Funktionärs- und Wirtschaftskriminalität, in: DRiZ 1997, 316 f.
Bartlsperger, Richard, Einstellung des Strafverfahrens von Verfassungswegen. Zum Strafverfahren Erich Honecker, in: DVBl 1993, 333 ff.
Bath, Matthias, Gefangen und freigetauscht – 1197 Tage als Fluchthelfer in DDR-Haft, München 1981.
ders., Es wird weitergeschossen. Zur Normgenese des „Schießbefehls", in: DA 1985, 959 ff.
ders., Strafvollzug in beiden deutschen Staaten, in: Jura 1988, 401 ff.
ders., Zur Strafbarkeit des Todesschützen an der innerdeutschen Grenze, in: DA 1990, 1733 ff.
Baumann, Thomas, Anmerkung zu BGH, Urteil vom 13.1.1994 – Az. 4 StR 481/93, in: NStZ 1994, 546.
Baumann, Ulrich, Opfer von SED-Unrecht, in: Baumann, Ulrich (Hrsg.), Politisch motivierte Verfolgung: Opfer von SED-Unrecht, Freiburg im Breisgau 1998, S. 423 ff.
ders. (Hrsg.), Politisch motivierte Verfolgung: Opfer von SED-Unrecht, Freiburg im Breisgau 1998, S. 37 ff.
Beckmann, Andreas/*Kusch, Regina*, Gott in Bautzen. Die Gefangenenseelsorge in der DDR, 1. Auflage, Berlin 1994.
Behlert, Wolfgang, Die Staatsanwaltschaft, in: Bundesministerium für Justiz (Hrsg.), Im Namen des Volkes? Über die Justiz im Staat der SED. Wissenschaftlicher Begleitband zur Ausstellung des Bundesministeriums der Justiz, Leipzig 1994, S. 149 ff.
Beleites, Johannes, Abteilung XIV: Haftvollzug, Berlin 2004 [Anatomie der Staatssicherheit; MfS-Handbuch, Teil III/9].
ders., Der Untersuchungshaftvollzug des Ministeriums für Staatssicherheit der DDR. In: Engelmann, Roger/Vollnhals, Clemens (Hrsg.), Justiz im Dienste der Parteiherrschaft, Rechtspraxis und Staatssicherheit in der DDR, Berlin 1999, S. 433 ff.

ders., Schwerin, Demmlerplatz. Die Untersuchungshaftanstalt des Ministeriums für Staatssicherheit in Schwerin, Schwerin 2001.

Bemmann, Günter, Der Richter und das übergesetzliche Recht, in: Seebode, Manfred (Hrsg.), Festschrift für Günter Spendel zum 70. Geburtstag, Berlin u.a. 1992, S. 469 ff.

ders., Zu aktuellen Problemen der Rechtsbeugung, in: JZ 1995, 123 ff.

Bender, Gerd/Falk, Ulrich (Hrsg.), Recht im Sozialismus, Analysen zur Normdurchsetzung in Osteuropäischen Nachkriegsgesellschaften (1944/45–1989), Band 3: Sozialistische Gesetzlichkeit, Frankfurt am Main 1999.

Benke, Klaus, Zersetzungsmaßnahmen. Die Praxis der ‚operativen Psychologie' des Staatssicherheitsdienstes und ihre traumatisierenden Folgen, in: Baumann, Ulrich (Hrsg.), Politisch motivierte Verfolgung: Opfer von SED-Unrecht, Freiburg im Breisgau 1998, S. 379 ff.

Berendonk, Brigitte, Doping-Dokumente – Von der Forschung zum Betrug, Berlin u.a. 1991.

dies./Franke, Werner, Mit Virilisierung von Mädchen und Frauen zum Erfolg, in: Hartmann, Grit (Hrsg.), Goldkinder, Leipzig 1997, S. 166 ff.

Berkemann, Jörg, Ein Landesverfassungsgericht als Revisionsgericht – Der Streitfall Honecker, in: NVwZ 1993, 409 ff.

Biermann, Frank, Gesetzliches Unrecht in der DDR und Rückwirkungsverbot – am Beispiel von § 27 des DDR-Grenzgesetzes, Göttingen 1998.

Blanke, Thomas, Der „Rechtshistorikerstreit" um Amnestie. Politische Klugheit, moralische Richtigkeit und Gerechtigkeit bei der Aufarbeitung deutscher Vergangenheiten, in: KJ 1995, 131 ff.

Blümmel, Regina, Der Opferaspekt bei der strafrechtlichen Vergangenheitsbewältigung, Berlin 2002.

Bloy, René, Grenzen der Täterschaft bei fremdhändiger Tatausführung, in: GA 1996, 424 ff.

Blumenwitz, Dieter, Zur strafrechtlichen Verfolgung Erich Honeckers. Staats- und völkerrechtliche Fragen, in: DA 1992, 567 ff.

Bock, Petra, Vergangenheitspolitik im Systemwechsel. Die Politik der Aufklärung, Strafverfolgung, Disqualifizierung und Wiedergutmachung im letzten Jahr der DDR, Berlin 2000.

Bockelmann, Paul/Volk, Klaus, Strafrecht Allgemeiner Teil, 4. Auflage, München 1987.

Boetzinger, Joachim, Grundsätzliches zum Fall Honecker, in: MDR 1993, R 13.

ders., Die Amnestien der DDR und das Strafrecht nach dem Beitritt, in: DtZ 1993, 167 ff.

ders., Anmerkung zum Urteil des BGH vom 20.10.1993 – 5 StR 473/93, in: JR 1994, 258 ff.

Bottke, Wilfried, Die Verfolgung von Regierungskriminalität der DDR nach dem Beitritt der neuen Länder, in: Lampe, Ernst-Joachim (Hrsg.), Deutsche Wiedervereinigung, Band II: Die Verfolgung von Regierungskriminalität der DDR nach der Wiedervereinigung, Köln u.a. 1993, S. 203 ff.

Bracher, Karl Dietrich, Vierzig Jahre Diktatur (SED-Unrecht) – Herausforderungen an den Rechtsstaat, in: RuP 1991, 137 ff.

ders., Referat, in: 40 Jahre SED-Unrecht. Eine Herausforderung für den Rechtsstaat, ZG Sonderheft 2, München 1991, S. 8 ff.

Brandt, Hans-Jürgen, Die Kandidatenaufstellung zu den Volkskammerwahlen der DDR. Entscheidungsprozesse und Auswahlkriterien, Baden-Baden 1983.

Braum, Stefan, „Emotionen des Augenblicks" – Die Verlängerung der Verjährungsfristen, in: NJ 1998, 75 f.

Brey, Hans-Michael, Doppelstaat DDR. Menschenrechtsverletzungen der Deutschen Volkspolizei, Frankfurt am Main 1999.

Breymann, Klaus, Zur Auslegung der Verjährungsregelung in Art. 315a EGStGB. Verfolgbarkeit von Straftaten staatlicher Instanzen in der ehemaligen DDR, soweit sie nach DDR-Strafrecht verjährt sind, in: NStZ 1991, 463 ff.
Bruns, Wilhelm, Die DDR vor dem Menschenrechtsausschuss der UNO, in: DA 1984, 1183 ff.
Buchholz, Erich, Rechtsbeugung durch DDR-Richter und -Staatsanwälte, in: ZAP-Ost, Nr. 7 vom 17.4.1996, Fach 21, 219 ff.
ders., Tatbestandslehre in der DDR, in: ZStW 101 (1989), 943 ff.
ders., Verantwortung und Verantwortlichkeit für Amtsmissbrauch, in: Staat und Recht 1990, 70 ff.
ders., Verjährung ruhte 40 Jahre, in: DuR 1993, 57 ff.
ders., Politisches Strafrecht, in: Bisky, Lothar/Heuer, Uwe-Jens/Schumann, Michael (Hrsg.), „Unrechtsstaat"? Politische Justiz und die Aufarbeitung der DDR-Vergangenheit, Hamburg 1994, S. 32 ff.
Buchner, Silke, Die Rechtswidrigkeit der Taten von „Mauerschützen" im Lichte von Art. 103 II GG unter besonderer Berücksichtigung des Völkerrechts, Frankfurt am Main 1996.
Classen, Claus Dieter, Anmerkungen zu BGH, Beschluss vom 30.1.1991 – Az. 2 Bgs 38/91, in: JZ 1991, 717 ff.
ders., Artikel 103 Abs. 2 GG – ein Grundrecht unter Vorbehalt?, in: GA 1998, 215 ff.
Dannecker, Gerhard, Das intertemporale Strafrecht, Tübingen 1993.
ders., Die Schüsse an der innerdeutschen Grenze in der höchstrichterlichen Rechtsprechung. Anmerkung zum Urteil des BGH vom 3.11.1992 – 5 StR 370/92, in: Jura 1994, 585 ff.
ders./Stoffers, Kristian, Rechtsstaatliche Grenzen für die strafrechtliche Aufarbeitung der Todesschüsse an der innerdeutschen Grenze, in: JZ 1996, 490 ff.
Dencker, Friedrich, Vergangenheitsbewältigung durch Strafrecht? Lehren aus der Justizgeschichte der Bundesrepublik, in: KritV 1990, 299 ff.
Dölling, Birger, Strafvollzug zwischen Wende und Wiedervereinigung. Kriminalpolitik und Gefangenenprotest im letzten Jahr der DDR, 1. Auflage, Berlin 2009.
Dreher, Eduard/Tröndle, Herbert, Strafgesetzbuch und Nebengesetze, Kommentar, 42. Auflage, München 1987.
Dreier, Horst, Die Radbruchsche Formel – Erkenntnis oder Bekenntnis?, in: Mayer, Heinz (Hrsg.), Staatsrecht in Theorie und Praxis. Festschrift für Robert Walter zum 60. Geburtstag, Wien 1991, S. 117 ff.
ders., Gustav Radbruch und die Mauerschützen, in: JZ 1997, 421 ff.
Dreier, Ralf, Gesetzliches Unrecht im SED-Staat? Am Beispiel des DDR-Grenzgesetzes, in: Haft, Fritjof (Hrsg.), Strafgerechtigkeit: Festschrift für Arthur Kaufmann zum 70. Geburtstag, Heidelberg 1993, S. 57 ff.
ders., Juristische Vergangenheitsbewältigung, Baden-Baden 1995.
Duttge, Gunnar/Fahnenschmidt, Willi, § 256 StGB nach der Reform des Strafrechts: Unterschlagungstatbestand oder unterschlagener Tatbestand?, in: ZStW 110 (1998), 884 ff.
Eberan, Barbro, Amnestie für Straftaten unter dem DDR-Regime?, in: NJ 1995, 299 ff.
Eisenberg, Ulrich/Sander, Günther M., „Politische Delikte" in Wandelbarkeit und Wandel, in: JZ 1987, 111 ff.
Eisert, Wolfgang, Die Waldheimer Prozesse, München 1993.
Engel, Rabea, Doping in der DDR: Eine rechtshistorische und strafrechtliche Aufarbeitung, Hamburg 2010.
Engelmann, Roger/Vollnhals, Clemens (Hrsg.), Im Dienste der Parteiherrschaft. Rechtspraxis und Staatssicherheit in der DDR, 2. Auflage, Berlin 2000.

Epik, Aziz, Die Strafzumessung bei Taten nach dem Völkerstrafgesetzbuch, Tübingen 2017.
Erb, Volker, Die Schutzfunktion von Art. 103 Abs. 2 GG bei Rechtfertigungsgründen, in: ZStW 1996, 266 ff.
Erler, Peter, „Lager X". Das geheime Haftarbeitslager des MfS in Berlin Hohenschönhausen (1952–1972) – Fakten – Dokumente – Personen, Berlin 1997.
Eser, Albin, Deutsche Einheit, Übergangsprobleme im Strafrecht, in: GA 1991, 241 ff.
ders., Schuld und Entschuldbarkeit von Mauerschützen und ihren Befehlsgebern. Zu einem unbewältigten Problem bei der Bewältigung von DDR-Alttaten, in: Böttcher, Reinhard u.a. (Hrsg.), Festschrift für Walter Odersky zum 65. Geburtstag, Berlin 1996, S. 337 ff.
ders./Arnold, Jörg (Hrsg.), Strafrecht in Reaktion auf Systemunrecht. Vergleichende Einblicke in Transitionsprozesse. Band 2: Deutschland, Freiburg im Breisgau 2000.
Espindola, Juan, Transitional Justice after German Reunification: Exposing Unofficial Collaborators, Cambridge 2015.
Essig, Karen, Die Entwicklung des Strafvollzugs in den neuen Bundesländern. Bestandsaufnahme und Analyse unter besonderer Berücksichtigung der Situation der Strafvollzugsbediensteten aus der ehemaligen DDR, Bonn 2000.
Fahnenschmidt, Willi, DDR-Funktionäre vor Gericht. Die Strafverfahren wegen Amtsmissbrauch und Korruption im letzten Jahr der DDR und nach der Vereinigung, Berlin 2000.
Fiedler, Wilfried, Vom Gesetz zur „richtig interpretierten" Norm. Bemerkungen zum Mauerschützen-Urteil des BGH, in: Osteuropa-Recht 1993, 259 ff.
ders., Anmerkung zum Urteil des BGH vom 3.11.1992 – 5 StR 370/92, in: JZ 1993, 206 ff.
Filmer, Werner/Schwan, Heribert, Opfer der Mauer. Die geheimen Protokolle des Todes, München 1991.
Finn, Gerhard, Die politischen Häftlinge der Sowjetzone 1945–1959, Pfaffenhofen 1960.
ders./Fricke, Karl Wilhelm, Politischer Strafvollzug in der DDR, Köln 1981.
Fischer, Thomas, Strafgesetzbuch mit Nebengesetzen, 66. Auflage, München 2019.
Flügge, Christoph, Wie war es wirklich in den DDR-Gefängnissen? Über die Schwierigkeiten mit einer „amtlichen Auskunft", in: ZfStrVo 1996, 100 ff.
Forschner, Steffen, Die Radbruchsche Formel in den höchstrichterlichen „Mauerschützenurteilen", Dissertation 2001, abrufbar unter http://hdl.handle.net/10900/43690.
Fricke, Karl-Wilhelm, Zur Menschen- und Grundrechtssituation politischer Gefangener in der DDR [Analyse und Dokumentation], 2. Auflage, Köln 1990.
ders., MfS intern – Macht, Strukturen, Auflösung der DDR-Staatssicherheit, Köln 1991.
ders., Politik und Justiz in der DDR, 2. Auflage, Köln 1990.
ders., Zwischen Rechtsstaatlichkeit und Gerechtigkeit. Das Dilemma des Honecker-Prozesses, in: DA 1993, 139 ff.
ders./Engelmann, Roger, „Konzentrierte Schläge" – Staatssicherheitsaktionen und politische Prozesse in der DDR 1953–1956, 1. Auflage, Berlin 1998.
ders./Klewin, Silke, Bautzen II. Sonderhaftanstalt unter MfS-Kontrolle 1956 bis 1989. Bericht und Dokumentation, 2. Auflage, Leipzig 2002.
Fritzsch, Günter, Gesicht zur Wand. Willkür und Erpressung hinter Mielkes Mauern, 2. Auflage, Leipzig 1994.
Frommel, Monika, Die Mauerschützenprozesse – eine unerwartete Aktualität der Radbruch'schen Formel, in: Haft, Fritjof (Hrsg.), Strafgerechtigkeit: Festschrift für Arthur Kaufmann zum 70. Geburtstag, Heidelberg 1993, S. 81 ff.
dies., Politisches Unrecht und Staatskriminalität, in: Baumann, Ulrich (Hrsg.), Politisch motivierte Verfolgung: Opfer von SED-Unrecht, Freiburg im Breisgau 1998, S. 3 ff.

Geiger, Hansjörg, Sport und Staatssicherheit: Überwachung, Verfolgung und Außendarstellung, in: Deutscher Bundestag (Hrsg.), Materialien der Enquete-Kommission „Aufarbeitung von Geschichte und Folgen der SED-Diktatur in Deutschland“, Band III/1, Baden-Baden 1995, S. 662 ff.

Geiger, Thomas, Verjährungsprobleme von in der ehemaligen DDR begangenen Straftaten, in: JR 1992, 397 ff.

Geipel, Ines, Verlorene Spiele. Journal eines Dopingprozesses, Berlin 2001.

dies., No Limit. Wieviel Doping verträgt die Gesellschaft?, Stuttgart 2008.

Geppert, Klaus, Probleme der Strafrechtsanwendung im Zeichen der deutschen Einheit, in: Jura 1991, 610 ff.

Gerig, Uwe, Morde an der Mauer, Böblingen 1989.

Gill, David/Schröter, Ulrich, Das Ministerium für Staatssicherheit – Anatomie des Mielke-Imperiums, Reinbek bei Hamburg 1993.

Gogger, Martin, Anmerkung zum Urteil des BGH vom 26.7.1994 – 5 StR 98/94, in: NStZ 1994, 586 f.

Gornig, Gilbert, Die Verantwortlichkeit politischer Funktionsträger nach völkerrechtlichem Strafrecht, in: NJ 1992, 4 ff.

Grafe, Roman, Generalstaatsanwalt Christoph Schaefgen: „Wenig aufbauend ist die zahlenmäßige Bilanz unserer Arbeit“ – Die Strafverfolgung von SED-Unrecht 1990–1998, in: DA 1999, 6 ff.

ders., Deutsche Gerechtigkeit. Prozesse gegen DDR-Grenzschützen und ihre Befehlsgeber, München 2004.

Grasemann, Hans-Jürgen, Das DDR-Grenzregime und seine Folgen. Der Tod an der Grenze, in: Deutscher Bundestag (Hrsg.), Materialien der Enquete-Kommission „Überwindung der Folgen der SED-Diktatur im Prozess der deutschen Einheit (13. Wahlperiode)“, Band VIII/2: Das geteilte Deutschland im geteilten Europa, Baden-Baden 1999, S. 1209 ff.

Gropp, Walter, Die Mitglieder des Nationalen Verteidigungsrates als „Mittelbare Mit-Täter hinter den Tätern“? – BGHSt 40, 218, in: JuS 1996, 13 ff.

ders., Naturrecht oder Rückwirkungsverbot? – Zur Strafbarkeit der Berliner „Mauerschützen“, in: NJ 1996, 393 ff.

Grünwald, Gerald, Bedeutung und Begründung des Satzes „nulla poena sine lege“, in: ZStW 76 (1964), 1 ff.

ders., Ist der Schußwaffengebrauch an der Zonengrenze strafbar?, in: JZ 1966, 633 ff.

ders., Die strafrechtliche Bewertung in der DDR begangener Handlungen, in: StV 1991, 31 ff.

ders., Zur Frage des Ruhens der Verjährung von DDR-Straftaten, in: StV 1992, 333 ff.

ders., Diskussionsbeitrag, in: Lampe, Ernst-Joachim (Hrsg.), Deutsche Wiedervereinigung, Die Rechtseinheit, Arbeitskreis Strafrecht, Band II, Die Verfolgung von Regierungskriminalität der DDR nach der Wiedervereinigung, Köln u.a. 1993, S. 78 f.

Günther, Hans-Ludwig, Strafrechtsdogmatik und Kriminalpolitik im vereinten Deutschland – Bilanz, Gegenwartsprobleme, Perspektiven, in: ZStW 103 (1991), 851 ff.

Günther, Klaus, Anmerkung zum Urteil des BGH vom 3.11.1992 – 5 StR 370/92, in: StV 1993, 18 ff.

Habenicht, Arne, Lehrstunde aus Straßburg: Staatskriminalität als Aufgabe nationaler Kriminalpolitik, in: NK 2001, 32 ff.

Hahn-Godeffroy, Emily, Die südafrikanische Truth and Reconciliation Commission, Baden-Baden 1998.

Hanack, Ernst-Walter, Zur Problematik der gerechten Bestrafung nationalsozialistischer Gewaltverbrecher, in: JZ 1967, 297 ff. und 329 ff.

ders., Zur Frage geminderter Schuld der vom Unrechtsstaat geprägten Täter, in: Verhandlungen des 46. DJT, Band II, München 1967, S. C 53 ff.

ders., Anmerkung zum Urteil des LG Hamburg vom 9.3.1976 – (90) 2/75, in: NJW 1976, 1756 ff.

Hannover, Heinrich, Plädoyer im Modrow-Prozess vor dem LG Dresden, in: NJ 1993, 496 ff.

Hartmann, Grit (Hrsg.), Goldkinder. Die DDR im Spiegel ihres Spitzensports, Leipzig 1997.

Hassemer, Winfried, Naturrecht im Verfassungsrecht, in: Donatsch, Andreas/Forster, Marc/Schwarzenegger, Christian (Hrsg.), Strafrecht, Strafprozessrecht und Menschenrechte. Festschrift für Stefan Trechsel zum 65. Geburtstag, Zürich, Basel, Genf 2002, S. 135 ff.

Hayner, Priscilla, Fifteen Truth Commissions – 1974 to 1994: A Comparative Study, in: Human Rights Quarterly 1994, Vol. 16, No. 4, 600 ff.

Heitmann, Steffen, Justizpraktische und justizpolitische Probleme der Deutschen Einheit – eine Zwischenbilanz für den Freistaat Sachsen, in: NJW 1992, 2177 ff.

Herrmann, Joachim, Menschenrechtsfeindliche und menschenrechtsfreundliche Auslegung von § 27 des Grenzgesetzes der DDR, in: NStZ 1993, 118 ff.

ders., Anmerkung zum Urteil des BGH vom 25.3.1993 – 5 StR 418/92, in: NStZ 1993, 487 f.

Herz, Andre, Untersuchungshaft und Strafverfolgung beim Staatssicherheitsdienst Erfurt/Thüringen. Die Haftanstalt Andreasstraße 37 (1952/54–1989), Erfurt 2000.

ders., Wahl und Wahlbetrug im Mai 1989: DDR-Kommunalwahlen im Thüringer Raum, in: *Herz, Andre/Rothe, Aribert*, Wahl und Wahlbetrug im Mai 1989, DDR-Kommunalwahlen im Thüringer Raum/Kirche und gewaltfreie Revolution, Die Wende 1989 am Beispiel Erfurts, 2004 (hrsg. vom Landesbeauftragten für die Unterlagen des Staatssicherheitsdienstes der Ehemaligen DDR).

Herzog, Felix, Die strafrechtliche Verantwortlichkeit von Todesschützen an der innerdeutschen Grenze, Heidelberg 1993.

ders., Zur strafrechtlichen Verantwortlichkeit von Todesschützen an der innerdeutschen Grenze, in: NJ 1993, 1 ff.

Heuer, Volker/Lilie, Hans, Lasst verjähren, was verjährt?, in: DtZ 1993, 354 ff.

Hillenkamp, Thomas, Offene oder verdeckte Amnestie – über Wege strafrechtlicher Vergangenheitsbewältigung, in: JZ 1996, 179 ff.

Hirsch, Hans Joachim, Rechtsstaatliches Strafrecht und staatlich gesteuertes Unrecht, Opladen 1996.

Hobe, Stephan/Tietje, Christian, Schießbefehl an der DDR-Grenze und ius cogens. Zur Nichtigkeit des § 27 Grenzgesetz unter völkerrechtlichen Aspekten, in: AVR 1994, 130 ff.

Höchst, Sigrid, Unrechtskontinuität zwischen ost- und bundesdeutschen Strafnormen?, in: JR 1992, 360 ff.

Hohmann, Olaf, Zu den Möglichkeiten einer Einstellung des Hauptverfahrens im Strafprozeß wegen eines Verfahrenshindernisses. Anmerkung zum Beschluß des KG vom 13.1.1993 im Verfahren gegen Honecker u.a., in: NJ 1993, 295 ff.

ders., Zur Rechtsbeugung durch DDR-Staatsanwälte, in: NJ 1995, 128 ff.

ders., Die strafrechtliche Bewältigung der Rechtsanwendung durch Richter und Staatsanwälte der DDR – Aktuelle Probleme der Rechtsbeugung, in: DtZ 1996, 230 ff.

Hohoff, Ute, Vorsatz und „Unrechtsbewusstsein“ im Strafrecht der DDR als Problem aktueller Rechtsanwendung, in: DtZ 1997, 308 ff.

dies., An den Grenzen des Rechtsbeugungstatbestandes – Eine Studie zu den Strafverfahren gegen DDR-Juristen, Berlin 2001.
Horstkotte, Hartmuth, Rechtsbeugung durch Richter und Staatsanwälte in der DDR. Ein Bericht über die neuere Rechtsprechung, in: Drobnig, Ulrich (Hrsg.), Die Strafjustiz der DDR im Systemwechsel, Berlin 1998, S. 63 ff.
Hruschka, Joachim, Die Todesschüsse an der Berliner Mauer vor Gericht, in: JZ 1992, 665 ff.
Hübner, Jan-Kristof, Die strafrechtliche Beurteilung von DDR-Wahlfälschungen nach der Wiedervereinigung, Regensburg 1997.
Huhn, Diether, Mauerschützen. 2 Vorlesungen über das Landgericht Berlin u.a., Berlin 1991.
Irmen, Helmut, Stasi und DDR-Militärjustiz. Der Einfluss des Ministeriums für Staatssicherheit auf Strafverfahren und Strafvollzug in der Militärjustiz der DDR, Göttingen 2015.
Isensee, Josef, Der deutsche Rechtsstaat vor seinem unrechtsstaatlichen Erbe, in: ders. (Hrsg.), Vergangenheitsbewältigung durch Recht. Drei Abhandlungen zu einem deutschen Problem, Berlin 1992, S. 91 ff.
Jäger, Herbert, Amnestie für staatliche Verbrechen?, in: KJ 1990, 467 ff.
Jakobs, Günther, Strafrecht Allgemeiner Teil, 2. Auflage, Berlin, New York 1991; 1. Auflage, Berlin, New York 1983.
ders., Vergangenheitsbewältigung durch Strafrecht? Zur Leistungsfähigkeit des Strafrechts nach einem politischen Umbruch, in: Isensee, Josef (Hrsg.), Vergangenheitsbewältigung durch Recht. Drei Abhandlungen zu einem deutschen Problem, Berlin 1992, S. 37 ff.
ders., Untaten des Staates – Unrecht im Staat. Strafe für die Tötungen an der Grenze der ehemaligen DDR?, in: GA 1994, 1 ff.
ders., Anmerkung zum Urteil des BGH vom 18.1.1994 – 1 StR 740/93, in: NStZ 1994, 332 ff.
ders., Anmerkung zum Urteil des BGH vom 26.7.1994 – 5 StR 98/94, in: NStZ 1995, 26 f.
Jarausch, Konrad H., Die unverhoffte Einheit 1989–1990, Frankfurt am Main 1995.
Jescheck, Hans-Heinrich/Weigend, Thomas, Lehrbuch des Strafrechts, Allgemeiner Teil, 5. Auflage, Berlin 1996.
Jesse, Eckhard, „Entnazifizierung" und „Entstasifizierung" als politisches Problem. Die doppelte Vergangenheitsbewältigung, in: Isensee, Josef (Hrsg.), Vergangenheitsbewältigung durch Recht. Drei Abhandlungen zu einem deutschen Problem, Berlin 1992, S. 37 ff.
Jochum, Dietmar, Der Politbüroprozess. Dokumentation eines Justiztheaters, Kückenshagen 1996.
ders., Die Plädoyers und das Urteil im Politbüroprozess, Berlin 1998.
Joerden, Jan C., Wird politische Machtausübung durch das heutige Strafrecht strukturell bevorzugt?, in: GA 1997, 201 ff.
Jordan, Adolf-Dietrich, Die Regelung des 2. Verjährungsgesetzes zur „Vereinigungskriminalität", in: NJ 1996, 294 ff.
Jörns, Gerhard, Der Jugendwerkhof im Jugendhilfesystem der DDR, Göttingen 1995.
Jung, Heike, Anmerkung zu BGH NJW 1993, 141, in: JuS 1993, 601 ff.
Kaiser, Günther/Kerner, Jürgen/Schöch, Heinz, Strafvollzug, 4. Auflage, Heidelberg 1993.
Karakaya, Ilkin, Doping und Unterlassen als strafbare Körperverletzung, 2004.
Karau, Gisela, Grenzerprotokolle. Gespräche mit ehemaligen DDR-Offizieren, Frankfurt am Main 1992.
Kargl, Walter, Das politische Tribunal – eine Strafjustiz im Schafsfell?, in: KritV 1992, 66 ff.
ders., Probleme der Strafbegründung bei Einwilligung des Geschädigten am Beispiel des Dopings, in: JZ 2002, 389 ff.

Karpenstein, Ulrich, Bestrafung nach sozialistischem Strafrecht im Rechtsstaat?, in: JuS 1991, 1005 ff.
Kaschkat, Hannes, Haftung für DDR-Unrecht und der Entwurf des 2. SED-Unrechtsbereinigungsgesetzes, in: DA 1993, 598 ff.
ders., Militärjustiz in der DDR, in: Deutscher Bundestag (Hrsg.), Materialien der Enquete-Kommission „Aufarbeitung von Geschichte und Folgen der SED-Diktatur in Deutschland“, Band IV, Baden-Baden 1995, S. 585 ff.
Kaufmann, Arthur, Die Radbruchsche Formel vom gesetzlichen Unrecht und vom übergesetzlichen Recht in der Diskussion um das im Namen der DDR begangene Unrecht, in: NJW 1995, 81 ff.
Kausch, Erhard, Der Staatsanwalt – ein Richter vor dem Richter? Untersuchungen zu § 153a StPO, Berlin 1980.
Keller, Martina, Die Anwendung der EMRK auf Beschwerden aus der ehemaligen DDR und den neuen Mitgliedstaaten des Europarats unter besonderer Berücksichtigung der Artikel 7, 8 und 10, in: ZEuS 2003, 91 ff.
Keller, Iris, Die strafrechtliche Aufarbeitung von DDR-Justizunrecht, Frankfurt am Main 2013.
Kempken, Katharina (Hrsg.), „Einspruch gegen die Gültigkeit der Wahl!“. Die Kommunalwahlen in der DDR im Jahr 1989, Berlin 2015.
Kenntner, Markus, Der deutsche Sonderweg zum Rückwirkungsverbot, in: NJW 1997, 2298 ff.
Kilian, Michaela, Strafbarkeit der Denunziation eines Fluchtunternehmers, in: NJW 1983, 2305 f.
Kim, Dong Lyoul, Grundlagen der strafrechtlichen Aufarbeitung von DDR-Unrecht und Möglichkeiten ihrer Übertragung auf die Bewältigung nordkoreanischen Systemunrechts, Frankfurt am Main 2012.
Kinkel, Klaus, Das Strafrecht allein reicht nicht aus. SED-Unrecht, Eigentumsproblematik, Rechtspflege-Entlastungsgesetz, Interview mit dem Bundesjustizminister, in: DRiZ 1992, 195 ff.
ders., Wiedervereinigung und Strafrecht, in: JZ 1992, 485 ff.
Kirchheimer, Otto, Politische Justiz, Nachdruck der Erstausgabe von 1965, Hamburg 1993.
Klein, Eckart, Die Bedeutung der Nürnberger Prozesse für die Bewältigung des SED-Unrechts, in: ZRP 1992, 208 ff.
ders., Redebeitrag, in: Deutscher Bundestag, 13. Wahlperiode, Protokoll der 40. Sitzung der Enquete-Kommission „Überwindung der Folgen der SED-Diktatur im Prozeß der deutschen Einheit“.
Klemm, Volker, Korruption und Amtsmissbrauch in der DDR, Stuttgart 1991.
Klose, Peter, Kriminalisierbarkeit der Fluchthilfe unter staats- und völkerrechtlichen Gesichtspunkten, in: ZRP 1976, 28 ff.
Klug, Uwe, Doping als strafbare Verletzung der Rechtsgüter Leben und Gesundheit, Würzburg 1998.
Knabe, Hubertus, Die Täter sind unter uns. Über das Schönreden der SED-Diktatur, 3. Auflage, Berlin 2009.
ders./Gollnest, Sandra, Gefangen in Hohenschönhausen. Stasi-Häftlinge berichten, 2. Auflage, Berlin 2007.
Knauer, Florian, Pilotverfahren im Strafprozess. Zur Frage der Zulässigkeit von strafrechtlichen Musterprozessen, in: ZStW 120 (2008), 826–853.
ders., Der Schutz der Psyche im Strafrecht, Tübingen 2013.
Kohlhaas, Max, Zur Anwendung aufputschender Mittel im Sport, in: NJW 1970, 1958 ff.

König, Peter, Zur Verfolgungsverjährung von SED-Unrechtstaten. Anmerkung zu OLG Frankfurt/M. vom 10.7.1991 – 2 Ws 88/91, in: NStZ 1991, 566 ff.
ders., Anmerkung zum Urteil des BGH vom 18.1.1994 – 1 StR 740/93, in: JR 1994, 339 ff.
ders., Anmerkung zum Urteil des OLG Braunschweig vom 22.11.1991 – Ws 13/91, in: NStZ 1992, 185 ff.
Körting, Erhard, Die Aufarbeitung von DDR-Unrecht (Vortrag), in: JZ 1992, 485 ff.
Korzilius, Sven, „Asoziale" und „Parasiten" im Recht der SBZ/DDR, Köln 2005.
ders., Die Rehabilitierung von Opfern der SED-Unrechtsjustiz, in: Timmermann, Heiner (Hrsg.), Deutsche Fragen. Von der Teilung zur Einheit, Berlin 2001, S. 485 ff.
Krajewski, Markus, Mauerschützen und Menschenrechte, in: JZ 1997, 1054 f.
Krakowsky, Markus, Die Aufarbeitung des SED-Unrechts durch BGH und Literatur – ein Vergleich, Aachen 2001.
Kramer, Volker, Zur Verjährungsproblematik bei SED-Unrechtstaten, in: NJ 1992, 233 ff.
Kraut, Gerald Michael, Rechtsbeugung? Die Justiz der DDR auf dem Prüfstand des Rechtsstaates, München 1997.
Krehl, Christoph, Die Verjährung der in der ehemaligen DDR begangenen Straftaten, in: DtZ 1992, 13 ff.
Kreicker, Helmut, Art. 7 EMRK und die Gewalttaten an der deutsch-deutschen Grenze. Zu den Urteilen des Europäischen Gerichtshofs für Menschenrechte, Baden-Baden 2002.
Kreuter, Jens, Staatskriminalität und die Grenzen des Strafrechts. Reaktionen auf Verbrechen aus Gehorsam aus rechtsethischer Sicht, Gütersloh 1997.
Krey, Volker, Anwendung des „internationalen Strafrechts" im Verhältnis der Bundesrepublik Deutschland zur DDR, in: JR 1980, 45 ff.
ders./Arenz, Norbert, Schutz von DDR-Bürgern durch das Strafrecht der Bundesrepublik Deutschland?, in: JR 1985, 399 ff.
Kritz, Neil J. (Hrsg.), Transitional Justice. How emerging democracies reckon with former regimes, Volume I-III, Washington, D.C., 1995.
König, Peter, Zur Verfolgungsverjährung von SED-Unrechtstaten, in: NStZ 1991, 566 ff.
ders., Anmerkung zu dem Beschluss des OLG Braunschweig vom 22.11.1991 – Ws 13/91, in: NStZ 1992, 185 ff.
Körting, Ehrhart, Ist (Straf-)Recht ein geeignetes Mittel zur Aufarbeitung der Geschichte?, in: NJ 1999, 1 ff.
Kuhlen, Lothar, Normverletzungen im Recht und in der Moral, in: Baurmann, Michael/Kliemt, Hartmut (Hrsg.), Die moderne Gesellschaft im Rechtsstaat, Freiburg im Breisgau, München 1990, S. 63 ff.
ders./Gramminger, Thomas, Der Mauerschütze und der Denunziant – Ein Bericht über eine strafrechtliche Hausarbeit, in: JuS 1993, 32 ff.
Kühl, Kristian, Der Einfluss der Menschenrechte und Grundfreiheiten der Europäischen Menschenrechtskonvention auf das deutsche und europäische Strafrecht, in: Müller-Dietz, Heinz u.a. (Hrsg.), Festschrift für Heike Jung zum 65. Geburtstag am 23. April 2007, Baden-Baden 2007, S. 433 ff.
Küpper, Georg, Strafrechtsprobleme im vereinten Deutschland, in: JuS 1992, 723 ff.
ders./Wilms, Heiner, Die Verfolgung von Straftaten des SED-Regimes, in: ZRP 1992, 91 ff.
Kuss, Klaus-Jürgen, Das Recht auf Ausreise und Auswanderung in der Gesetzgebung sozialistischer Staaten, in: EuGRZ 1987, 305 ff.
Kutz, Florian, Amnestie für politische Straftäter in Südafrika. Von der Sharpeville-Amnestie bis zu den Verfahren der Wahrheits- und Versöhnungskommission, Berlin 2001.

Lackner, Karl/Kühl, Kristian, Strafgesetzbuch. Kommentar, 29. Auflage, München 2018.
Lampe, Ernst-Joachim (Hrsg.), Deutsche Wiedervereinigung, Band II: Die Verfolgung von Regierungskriminalität der DDR nach der Wiedervereinigung, Köln u.a. 1993.
ders., Rechtswidriges Gesetz? Strafbarer Gesetzgeber? Eine rechtsphilosophische Voruntersuchung zur sog. Regierungskriminalität in der ehemaligen DDR, in: ders. (Hrsg.), Deutsche Wiedervereinigung, Die Rechtseinheit, Arbeitskreis Strafrecht, Band II, Die Verfolgung von Regierungskriminalität der DDR nach der Wiedervereinigung, Köln u.a. 1993, S. 15 ff.
ders., Systemunrecht und Unrechtssysteme, in: ZStW 1994, 683 ff.
Lampe, Joachim, Juristische Aufarbeitung der Westspionage des MfS. Eine vorläufige Bilanz. Festvortrag gehalten am 18. Juni 1999 in der Akademie für politische Bildung in Tutzing, Berlin 1999.
Lapp, Peter-Joachim, Frontdienst im Frieden – Die Grenztruppen der DDR, Koblenz 1986.
Laskowski, Silke, Die Probleme des Rechtsstaats mit dem DDR-Unrecht, in: JA 1994, 151 ff.
Lehner, Michael/Freibüchler, Thorsten, Doping im DDR-Sportsystem – Schadenersatzansprüche der Opfer?, in: SpuRt 1995, 2 ff.
Leipziger Kommentar zum Strafgesetzbuch, Jähnke, Burkhard/Laufhütte, Heinrich/Odersky, Walter (Hrsg.), 11. Auflage, Berlin, New York 1992 ff. (Band 1 2003, Band 4 2005); 12. Auflage, (Band 4 2007, Band 13 2009).
Lemke, Michael, 2. Verjährungsgesetz, Versuch einer Analyse eines schwierigen Gesetzes, in: NJ 1993, 529 ff.
ders., Stand der Aufarbeitung von DDR-Unrecht durch die Strafjustiz, in: NJ 1995, 237 ff.
ders., Kommentar zum Urteil des BGH vom 11.12.1997 – 4 StR 414/97, in: NJ 1998, 265 f.
ders., Rezension zu Stefan Zimmermann: Strafrechtliche Vergangenheitsaufarbeitung und Verjährung, in: NJ 1998, 138 f.
ders./Hettinger, Reiner, Ruhen der Verfolgungsverjährung in Fällen politischer Verdächtigung in der früheren DDR wegen Nichteinleitens von Ermittlungsverfahren?, in: StV 1991, 421 ff.
ders./Hettinger, Reiner, Zur Verjährung von in der ehemaligen DDR begangenen Straftaten und den Möglichkeiten des Gesetzgebers, in: NStZ 1992, 21 ff.
Lensing, Hans/Mertens, Thomas, Der Europäische Gerichtshof für Menschenrechte und die „Mauerschützen“. Die „Radbruchsche Formel“ oder: Innerer Widerspruch, in: Vormbaum, Thomas (Hrsg.), Jahrbuch der Juristischen Zeitgeschichte, Band 3, Baden-Baden 2002, S. 352 ff.
Letzgus, Klaus, Unterbrechung, Ruhen und Verlängerung strafrechtlicher Verjährungsfristen für im Beitrittsgebiet begangene Straftaten, in: NStZ 1994, 57 ff.
ders., Die strafrechtliche Verantwortlichkeit von Richtern, Staatsanwälten und Untersuchungsorganen der ehemaligen DDR wegen Rechtsbeugung, in: ders. u.a. (Hrsg.), Festschrift für Herbert Helmrich zum 60. Geburtstag, München 1994, S. 73 ff.
Leupolt, Söhnke, Die rechtliche Aufarbeitung des DDR-Unrechts, Münster 2003.
Leutheusser-Schnarrenberger, Sabine, Amnestie für Spione?, in: ZRP 1995, 308 ff.
dies., Das Zweite Gesetz zur Bereinigung von SED-Unrecht, in: DtZ 1993, 162 ff.
Liebig, Justus B., Anwendbarkeit bundesdeutschen Straf- und Ordnungswidrigkeitenrechts auf Alttaten in der DDR, in: NStZ 1991, 372 ff.
Lilie, Hans, Deutsches Strafrecht? Über die Unvereinbarkeit der Strafrechtsnormen in der Bundesrepublik und in der DDR, in: NStZ 1990, 153 ff.

Limbach, Jutta, Recht und Unrecht in der Justiz der DDR. Fakten, Folgen, Überwindung, in: ZRP 1992, 170 ff.

dies., Strafrechtliche Verantwortlichkeit für die Ausübung politischer Strafjustiz in der ehemaligen DDR, in: Lampe, Ernst-Joachim (Hrsg.), Deutsche Wiedervereinigung, Die Rechtseinheit, Arbeitskreis Strafrecht, Band II, Die Verfolgung von Regierungskriminalität der DDR nach der Wiedervereinigung, Köln u.a. 1993, S. 99 ff.

dies., Vergangenheitsbewältigung durch die Justiz, in: DtZ 1993, 66 ff.

Lindheim, Thomas von, Zum Begriff der Zusammenarbeit des inoffiziellen und hauptamtlichen Mitarbeiters mit dem MfS, in: DtZ 1993, 358 ff.

Linck, Joachim, Doping und staatliches Recht, in: NJW 1987, 2545 ff.

Links, Christoph/Bahrmann, Hannes, Wir sind das Volk. Die DDR im Aufbruch, Berlin 1990.

Lochen, Hans-Hermann/Meyer-Seitz, Christian (Hrsg.), Die geheimen Anweisungen zur Diskriminierung Ausreisewilliger. Dokumente der Stasi und des Ministeriums des Inneren, Köln 1992.

Loos, Fritz/Radtke, Henning, MfS-Offiziere als (Mit-)Täter des Landesverrats (§ 94 StGB)? in: StV 1994, 565 ff.

Lorenz, Frank Lucien, Zum „Beitrittsprinzip“ und zur Strafbarkeit von DDR-Wahlfälschungen, in: NStZ 1992, 422 ff.

ders., „Rechtsgeltung“, DDR-„Geschichte“ und Angemessenheit von Strafe, in: JZ 1994, 388 ff.

Lüderssen, Klaus, Zu den Folgen des „Beitritts“ für die Strafjustiz der Bundesrepublik Deutschland, in: StV 1991, 482 ff.

ders., Der Staat geht unter – das Unrecht bleibt? Regierungskriminalität in der ehemaligen DDR, Frankfurt am Main 1992.

ders., Kontinuität und Grenzen des Gesetzlichkeitsprinzips bei grundsätzlichem Wandel der politischen Verhältnisse, in: ZStW 104 (1992), 735 ff.

ders., Was läßt der Rechtsstaat vom Unrecht übrig?, in: Lampe, Ernst-Joachim (Hrsg.), Deutsche Wiedervereinigung, Die Rechtseinheit, Arbeitskreis Strafrecht, Band II, Die Verfolgung von Regierungskriminalität der DDR nach der Wiedervereinigung, Köln u.a. 1993, S. 27 ff.

ders., Entkriminalisierung durch Politisierung?, in: JZ 1997, 525 ff.

Luther, Horst, Der Einigungsvertrag über die strafrechtliche Behandlung von DDR-Alttaten nach der Einigung Deutschlands, in: DtZ 1991, 433 ff.

ders., Zur Anwendung des Strafrechts nach dem Einigungsvertrag, in: NJ 1991, 395 ff.

Lüscher, Christoph, Mauerschützen-Urteile des BGH, BVerfG und EGMR revisited. Eine Abhandlung zum Verhältnis von Staat, Politik und Recht, Baden-Baden 2017.

Maercker, Andreas, Das Dresdner Forschungsprojekt zu psychischen Folgen der politischen Inhaftierung in der DDR, in: Baumann, Ulrich (Hrsg.), Politisch motivierte Verfolgung: Opfer von SED-Unrecht, Freiburg im Breisgau 1998, S. 153 ff.

Maiwald, Manfred, Rechtsbeugung im SED-Staat, in: NJW 1993, 1881 ff.

Mampel, Siegfried, Die sozialistische Verfassung der Deutschen Demokratischen Republik, 3. Auflage, Goldbach 1997.

ders., Bemerkungen zum Bericht der DDR an das Menschenrechtskomitee der Vereinten Nationen, in: ROW 1978, 149 ff.

Marxen, Klaus, Rechtliche Grenzen der Amnestie, Heidelberg 1984.

ders., The Legal Limitations of Amnesty, in: Rwelamira, Medard/Werle, Gerhard (Hrsg.), Confronting Past Injustices: Approaches to Amnesty, Punishment, Reparation and Restitution in South Africa and Germany, Durban 1996, S. 33 ff.

ders., Beteiligung an schwerem systematischem Unrecht – Bemerkungen zu einer völkerrechtlichen Straftatlehre, in: Lüderssen, Klaus (Hrsg.), Aufgeklärte Kriminalpolitik oder Kampf gegen das Böse? Band III: Makrodelinquenz, Baden-Baden 1998, S. 220 ff.
ders., Recht im Verständnis des Ministeriums für Staatssicherheit der DDR, in: Engelmann, Roger/Vollnhals, Clemens (Hrsg.), Justiz im Dienste der Parteiherrschaft. Rechtspraxis und Staatssicherheit in der DDR, 2. Auflage, Berlin 2000, S. 15 ff.
ders., Redebeitrag, in: Deutscher Bundestag, 13. Wahlperiode, Protokoll der 40. Sitzung der Enquete-Kommission „Überwindung der Folgen der SED-Diktatur im Prozeß der deutschen Einheit".
ders., Demokratisierungsprozess und juristische Aufarbeitung. Der deutsche Weg nach 1989, in: Stiftung zur Aufarbeitung der SED-Diktatur/Botschaft der tschechischen Republik/Tschechisches Zentrum (Hrsg.), Auseinandersetzung mit der totalitären Vergangenheit. Deutsche und tschechische Wege nach 1989 – ein Vergleich, Berlin 2008, S. 155 ff.
ders., Die Strafverfolgung von DDR-Unrecht. Ein Beitrag zur Verwirklichung von Transitional Justice?, in: Kuretsidis-Haider, Claudia/Garscha, Winfried R. (Hrsg.), Gerechtigkeit nach Diktatur und Krieg. Transitional Justice 1945 bis heute: Strafverfahren und ihre Quellen, Graz 2010, S. 145 ff.
ders., Strafrecht nach der Überwindung zweier Unrechtsregime in Deutschland – Ein Plädoyer für eine zeithistorische Rechtsschule im Strafrecht, in: Grundmann, Stefan/Kloepfer, Michael/Paulus, Christoph G./Schröder, Rainer/Werle, Gerhard (Hrsg.), Festschrift 200 Jahre Juristische Fakultät der Humboldt-Universität zu Berlin – Geschichte, Gegenwart, Zukunft, Berlin 2010, S. 1201 ff.
ders., Die strafrechtliche Aufarbeitung des SED-Unrechts – Eine Bilanz, in: Apelt, Andreas H./Grünbaum, Robert/Gutzeit, Martin (Hrsg.), Von der SED-Diktatur zum Rechtsstaat. Der Umgang mit Recht und Justiz in der SBZ/DDR, Berlin 2012, S. 86 ff.
ders., Der Beitrag des Strafrechts zur Überwindung von Systemunrecht – deutsche Erfahrungen, in: Plywaczewski, Emil W./Guzik-Makaruk, Ewa M. (Hrsg.), Current Problems of the Penal Law and Criminology/Aktuelle Probleme des Strafrechts und der Kriminologie, Warszawa 2017, S. 133 ff.
ders./Werle, Gerhard, Erfolge, Defizite und Möglichkeiten der strafrechtlichen Aufarbeitung des SED-Unrechts in vorwiegend empirischer Hinsicht, in: Deutscher Bundestag (Hrsg.), Materialien der Enquete-Kommission „Überwindung der Folgen der SED-Diktatur im Prozess der deutschen Einheit" (13. Wahlperiode des Deutschen Bundestages), Frankfurt am Main, Baden-Baden 1999, S. 1064 ff.
ders./Werle, Gerhard, Die strafrechtliche Aufarbeitung von DDR-Unrecht. Eine Bilanz, 1. Auflage, Berlin 1999.
ders./Werle, Gerhard, Strafjustiz und DDR-Unrecht. Dokumentation, Band 1: Wahlfälschung, Berlin 2000; Band 2: Gewalttaten an der deutsch-deutschen Grenze, Berlin 2002; Band 3: Amtsmissbrauch und Korruption, Berlin 2002; Band 4: Spionage, Berlin 2004; Band 5: Rechtsbeugung, Berlin 2007; Band 6: MfS-Straftaten, Berlin 2006; Band 7: Gefangenenmisshandlung, Doping und sonstiges DDR-Unrecht, Berlin 2009.
ders./Werle, Gerhard/Schäfter, Petra, Die Strafverfolgung von DDR-Unrecht. Fakten und Zahlen, Berlin 2007.
Mehner, Heinrich, Aspekte zur Entwicklung des Straf- und Untersuchungshaftvollzugs in der ehemaligen sowjetischen Besatzungszone Deutschlands (SBZ) sowie in den Anfangsjahren der DDR, in: ZfStrVo 1992, 91 ff.

Mestwerdt, Thomas, Doping – Sittenwidrigkeit und staatliches Sanktionsbedürfnis?, Hamburg 1987.

Meurer, Dieter, Der Verfassungsgerichtshof und das Strafverfahren. Zehn Bemerkungen zu der Kassationsentscheidung des Berliner Verfassungsgerichtshofes vom 12.1.1993 und dem Beschluss des Kammergerichts vom 13.1.1993, in: JR 1993, 89 ff.

Meyer-Goßner, Lutz/Schmitt, Bertram, Strafprozessordnung mit GVG und Nebengesetzen, 62. Auflage, München 2019.

Miehe, Olaf, Rechtfertigung und Verbotsirrtum. Zum Stand der Diskussion über die Strafbarkeit der Todesschützen an Berliner Mauer und innerdeutscher Grenze, in: Heinze, Meinhard/Schmitt, Jochen (Hrsg.), Festschrift für Wolfgang Gitter zum 65. Geburtstag am 30. Mai 1995, Wiesbaden 1995, S. 647 ff.

Miller, Russel A., Der Europäische Gerichtshof für Menschenrechte und die Verbrechen der Staatsführung der DDR, in: KJ 2001, 255 ff.

Ministerium der Justiz der DDR (Hrsg.), Strafprozessrecht der DDR, Kommentar zur Strafprozessordnung, 2. Auflage, Berlin (Ost) 1987.

dass./Akademie für Staats- und Rechtswissenschaft der DDR (Hrsg.), Strafrecht der Deutschen Demokratischen Republik. Kommentar zum Strafgesetzbuch, 5. Auflage, Berlin (Ost) 1987.

Mitsch, Wolfgang, Der Geltungsbereich des StGB und „DDR-Alttaten“, in: NJ 1992, 294 ff.

Möbius, Sascha, „Grundsätzlich kann von jedem Beschuldigten ein Geständnis erlangt werden.“ Die MfS-Untersuchungshaftanstalt Magdeburg-Neustadt von 1957–1970, Straßfurt 1999.

Morré, Jörg, Sowjetische Internierungslager in der SBZ, in: Morré, Jörg/Camphausen, Gabriele (Hrsg.), Speziallager des NKWD. Sowjetische Internierungslager in Brandenburg 1945–1950, Potsdam 1997, S. 9 ff.

Müller, Anja, Doping im Sport als strafbare Gesundheitsbeschädigung (§§ 223 Abs. 1, 230 StGB)?, Baden-Baden 1993.

Müller, Jan, Anmerkung zu BGH, Urteil vom 21.8.1997 – Az. 5 StR 652/96, in: NStZ 1998, 195 f.

ders., Symbol 89 – die DDR-Wahlfälschungen und ihre strafrechtliche Aufarbeitung, Berlin 2001.

Müller, Klaus, Die Lenkung der Strafjustiz durch die SED-Staats- und Parteiführung der DDR am Beispiel der Aktion Rose, Frankfurt am Main, Berlin 1995.

Müller, Klaus-Dieter, „Jeder kriminelle Mörder ist mir lieber...“ – Haftbedingungen für politische Häftlinge in der Sowjetischen Besatzungszone und der Deutschen Demokratischen Republik und ihre Veränderungen von 1945–1989, in: ders./Stephan, Annegret (Hrsg.), Die Vergangenheit lässt uns nicht los. Haftbedingungen politischer Gefangener in der SBZ/DDR und deren gesundheitliche Folgen, Berlin 1998, S. 15 ff.

ders./Stephan, Annegret (Hrsg.), Die Vergangenheit lässt uns nicht los. Haftbedingungen politischer Gefangener in der SBZ/DDR und deren gesundheitliche Folgen, Berlin 1998.

Müller, Wolfgang, Gesetzliches Unrecht und übergesetzliches Recht, in: NJ 1990, 233 ff.

Müller-Enbergs, Helmut (Hrsg.), Inoffizielle Mitarbeiter des Ministeriums für Staatssicherheit. Teil 1: Richtlinien und Durchführungsbestimmungen, Berlin 1996; Teil 2: Anleitungen für die Arbeit mit Agenten, Kundschaftern und Spionen in der Bundesrepublik Deutschland, Berlin 1998.

Mützelburg, Gerhard, Zur Strafbarkeit des Schießens an der Demarkationslinie und an der Mauer, in: RuP 1967, 109 ff.

Murmann, Uwe, Tatherrschaft durch Weisungsmacht, in: GA 1996, 269 ff.

Nanzka, Martin, Spionage der ehemaligen DDR gegen die Bundesrepublik Deutschland. Verfassungsrechtliche Grenzen der Strafverfolgung wegen Landesverrates, Geheimdienstlicher Agententätigkeit und damit in Zusammenhang stehender Straftaten nach der Herstellung der Einheit Deutschlands, Frankfurt am Main u.a. 2000.

Naucke, Wolfgang, Die strafjuristische Privilegierung staatsverstärkter Kriminalität, Frankfurt am Main 1996.

ders., Bürgerliche Kriminalität, Staatskriminalität und Rückwirkungsverbot. Rezension der Entscheidungen des EGMR in den Verfahren Krenz u.a. gegen Deutschland v. 22.3.2001, in: Donatsch, Andreas/Forster, Marc/Schwarzenegger, Christian (Hrsg.), Strafrecht, Strafprozessrecht und Menschenrechte. Festschrift für Stefan Trechsel zum 65. Geburtstag, Zürich, Basel, Genf 2002, S. 505 ff.

Neumann, Ulfrid, Rückwirkungsverbot bei belastenden Rechtsprechungsänderungen der Strafgerichte?, in: ZStW 1991, 331 ff.

Odersky, Walter, Die Rolle des Strafrechts bei der Bewältigung politischen Unrechts, Heidelberg 1992.

Ostendorf, Heribert, Strafprozessrecht, 3. Auflage, Baden-Baden 2018.

Ott, Hermann, Die Staatspraxis an der DDR-Grenze und das Völkerrecht, in: NJ 1993, 337 ff.

Otto, Harro, Grundsätze der Strafverfolgungsverjährung von Straftaten auf dem Gebiet der ehemaligen DDR, in: Jura 1994, 611 ff.

Paeffgen, Hans-Ullrich, Wozu dient der Strafprozess und inwieweit darf das Landgericht in ihn intervenieren? Überlegungen aus Anlass des Verfahrens gegen Honecker u.a. und der Entscheidung des VerfGH Berlin vom 12.1.1993, in: NJ 1993, 152 ff.

Paehler, Hans H., Falsche Schüsse. Zu den Mauerschützenurteilen, in: Betrifft Justiz 1993, 10 ff.

Pawlik, Michael, Das positive Recht und seine Grenzen. Zur rechtstheoretischen und rechtsphilosophischen Problematik der „Mauerschützenprozesse", in: Orsi, Giuseppe u.a. (Hrsg.), Rechtsphilosophische Hefte, Band II, Gerechtigkeit, Frankfurt am Main u.a. 1993, S. 95 ff.

ders., Das Recht im Unrechtsstaat, in: Rechtstheorie 25 (1994), 101 ff.

ders., Strafrecht und Staatsunrecht. Zur Strafbarkeit der „Mauerschützen", in: GA 1994, 472 ff.

Perels, Joachim, Diskussion: Amnestie für in der DDR begangene Straftaten? Keine Privilegien für Staatsverbrecher, in: KJ 1990, 472 ff.

Peschel-Gutzeit, Lore Maria, Zur rechtlichen Auseinandersetzung mit der NS-Gewaltherrschaft und dem SED-Regime, Berlin u.a. 1995.

dies., Zur rechtlichen Auseinandersetzung mit der NS-Gewaltherrschaft und dem SED-Regime, in: NJ 1995, 450 ff.

dies./Jenckel, Anne, Aktuelle Bezüge des Nürnberger Juristenurteils. Auf welchen Grundlagen kann die deutsche Justiz das Systemunrecht der DDR aufarbeiten?, in: dies. (Hrsg.), Das Nürnberger Juristenurteil von 1947. Historische Zusammenhänge und aktuelle Bezüge, Baden-Baden 1996.

Pestalozza, Christian, Der „Honecker-Beschluß" des Berliner Verfassungsgerichtshofs, in: NVwZ 1993, 340 ff.

Peter, Anne-Marie/Volk, Klaus, Zur partiellen Weitergeltung alten DDR-Strafrechts, in: JR 1991, 89 ff.

Pfarr, Micha Christopher, Die strafrechtliche Aufarbeitung der Misshandlung von Gefangenen in den Haftanstalten der DDR, Berlin 2013.

Pieroth, Bodo, Der Rechtsstaat und die Aufarbeitung der vor-rechtsstaatlichen Vergangenheit. 3. Bericht, in: VVDStRL (51) 1992, 91 ff.

ders. / Kingreen, Thorsten, Die verfassungsrechtliche Problematik des Verjährungsgesetzes, in: NJ 1993, 385 ff.
Plath, Jennifer, Das Jugendgerichtsgesetz der DDR von 1952. Eine darstellende und vergleichende Untersuchung, Hamburg 2005.
Polakiewicz, Jörg, Verfassungs- und völkerrechtliche Aspekte der strafrechtlichen Ahndung des Schußwaffeneinsatzes an der innerdeutschen Grenze, in: EuGRZ 1992, 177 ff.
Przybylski, Peter, Tatort Politbüro. Die Akte Honecker, Berlin 1991.
Radbruch, Gustav, Gesetzliches Unrecht und übergesetzliches Recht, in: SJZ 1946, 105 ff.
Rain, Joachim, Die Einwilligung des Sportlers beim Doping, Frankfurt am Main u.a. 1998.
Raschka, Johannes, Justizpolitik im SED-Staat. Anpassung und Wandel des Strafrechts während der Amtszeit Honeckers, Köln 2000.
Rau, Markus, Deutsche Vergangenheitsbewältigung vor dem EGMR – Hat der Rechtsstaat gesiegt?, in NJW 2001, 3008 ff.
Rautenberg, Erardo Cristofero, Plädoyer für ein begrenztes Straffreiheitsgesetz im Bereich des SED-Unrechts, in: NJ 1995, 617 ff.
ders., Anmerkung zum Urteil des Amtsgerichts Chemnitz vom 29. August 1996 – Az. 3 Ds 823 Js 32114/95, in: NJ 1997, 94 ff.
ders., Die strafrechtliche Aufarbeitung des DDR-Systemunrechts im Land Brandenburg aus staatsanwaltlicher Sicht, in: Clavée, Klaus-Christoph/Kahl, Wolf/Prsal, Ramona (Hrsg.), 10 Jahre Brandenburgisches Oberlandesgericht, Festschrift zum 10-jährigen Bestehen, Baden-Baden 2003, S. 97 ff.
ders. / Burges, Gerd, Anfangsverdacht wegen Rechtsbeugung gegen Staatsanwälte und Richter der früheren DDR – ein Beitrag zum Meinungsstand in der Praxis, in: DtZ 1993, 71 ff.
Redeker, Konrad, Bewältigung der Vergangenheit als Aufgabe der Justiz, in: NJW 1964, 1097 ff.
Reimer, Ekkehart, Anmerkung zum Urteil des BGH vom 29.4.1994 – Az. 3 StR 528/93, in: NStZ 1995, 83 f.
Renzikowski, Joachim, Zur Strafbarkeit des Schußwaffengebrauchs an der innerdeutschen Grenze, in: NJ 1992, 152 ff.
ders., Rechtfertigung und Entschuldigung im Strafrecht der ehemaligen DDR, in: ZStW 106 (1994), 93 ff.
Reuter, Lothar, Die Wahlfälschungen in der DDR, in: NJ 1991, 198 ff.
ders., Der widersprüchliche Prozess der Erneuerung der Staatsanwaltschaft, in: NJ 1990, 322 ff.
Richter, Peter, Kurzer Prozess. Honecker & Genossen – ein Staat vor Gericht?, Berlin 1993.
Riedel, Joachim, Die strafrechtliche Aufarbeitung der DDR-Vergangenheit unter besonderer Berücksichtigung der Todesschüsse an der innerdeutschen Grenze, Fürstenfeldbruck 1998.
Riedel, Jörg, „Schießbefehl" und Verjährung – Zum Problem der Strafverfolgungsverjährung bei Schußwaffengebrauch an der ehemaligen DDR-Grenze, in: DtZ 1992, 162 ff.
Rittstieg, Helmut, Strafrechtliche Verantwortlichkeit von Grenzsoldaten der DDR, in: DuR 1991, 404 ff.
ders., Grenzsoldat und Menschenrecht. Zum Mauerschützenurteil des Bundesgerichtshofs, in: DuR 1993, 18 ff.
Roellecke, Gerd, Schwierigkeiten mit der Rechtseinheit nach der deutschen Wiedervereinigung, in: NJW 1991, 657 ff.
ders., Egon Krenz post portas, in: NJW 2001, 3024 ff.
Roenne, Hans Hubertus von, „Politisch untragbar ...?" Die Überprüfung von Richtern und Staatsanwälten der DDR im Zuge der Vereinigung Deutschlands, Berlin 1997.

Rogall, Klaus, Bewältigung von Systemkriminalität, in: Roxin, Claus/Widmaier, Gunter (Hrsg.), 50 Jahre Bundesgerichtshof. Festgabe aus der Wissenschaft, Band IV: Strafrecht, Strafprozessrecht (2000), S. 382ff.
Roggemann, Herwig, Zur Entwicklung des politischen Strafrechts in Deutschland, in: ROW 1968, 50ff.
ders., Grenzübertritt und Strafrechtsanwendung zwischen beiden deutschen Staaten. Anmerkungen zum Fall Weinhold, in: ZRP 1976, 243ff.
ders., Zur Strafbarkeit der Mauerschützen, in: DtZ 1993, 10ff.
ders., Richterstrafbarkeit und Wechsel der Rechtsordnung, in: JZ 1994, 769ff.
ders., Die strafrechtliche Aufarbeitung der DDR-Vergangenheit am Beispiel der „Mauerschützen"- und der Rechtsbeugungsverfahren, in: NJ 1997, 226ff.
Rosenau, Henning, Tödliche Schüsse im staatlichen Auftrag. Die strafrechtliche Verantwortung von Grenzsoldaten für den Schusswaffengebrauch an der deutsch-deutschen Grenze, 2. Auflage, Baden-Baden 1998.
Rosenthal, Walther, Zur Strafbarkeit des Schußwaffengebrauchs an der Zonengrenze, in: ROW 1967, 7ff.
Roth, Jürgen/Saathoff, Günter, Auf dem Weg zu einem „2. SED-Unrechtsbereinigungsgesetz". Eine Schmalspurregelung für Verfolgte wegen leerer Kassen?, in: ZRP 1994, 135ff.
dies./Vom Stein, Jutta, Das Zweite SED-Unrechtsbereinigungsgesetz. Angemessener Schadensausgleich für DDR-Unrecht oder nur preisgünstige „Entsorgung"?, in: DA 1994, 449ff.
Rottleuthner, Hubert, Steuerung der Justiz in der DDR, Köln 1994.
ders., Steuerung der Justiz in der DDR, in: KritV 1992, 237ff.
ders. (Hrsg.), Das Havemann-Verfahren. Das Urteil des Landgerichts Frankfurt (Oder) und die Gutachten der Sachverständigen Prof. H. Roggemann und Prof. H. Rottleuthner, Baden-Baden 1999.
Roxin, Claus, Straftaten im Rahmen organisatorischer Machtapparate, in: GA 1963, 193ff.
ders., Bemerkungen zum „Täter hinter dem Täter", in: Warda, Günter u.a. (Hrsg.), Festschrift für Richard Lange zum 70. Geburtstag, Berlin u.a. 1976, S. 173ff.
ders., Anmerkung zu BGH JZ 1995, 45, in: JZ 1995, 49ff.
Rühmland, Ullrich, Grenzgesetz, Grenzverordnung und Grenzordnung der DDR, in: NZWehrR 1982, 175ff.
Rummler, Toralf, Die Gewalttaten an der deutsch-deutschen Grenze vor Gericht, Berlin 2000.
Rüping, Hinrich, Strafjustiz im Führerstaat, in: GA 1984, 297ff.
Rwelamira, Medard/Werle, Gerhard (Hrsg.), Confronting Past Injustices: Approaches to Amnesty, Punishment, Reparation and Restitution in South Africa and Germany, Durban 1996.
Saathoff, Günter/Roth, Jürgen/Vom Stein, Jutta, Kritik am Entwurf der Bundesregierung für ein 2. SED-Unrechtsbereinigungsgesetz, in: DA 1993, 603ff.
Sager, Peter, Die Vorenthaltung der Menschenrechte in Untersuchungshaft und Strafvollzug der DDR, Bern 1986.
Saliger, Frank, Radbruchsche Formel und Rechtsstaat, Heidelberg 1995.
Samson, Erich, Die strafrechtliche Behandlung von DDR-Alttaten nach der Einigung Deutschlands, in: NJW 1991, 335ff.
ders., Auslands- oder Inlandstheorie bei DDR-Alttaten, in: NJ 1991, 236ff.
ders., Zur Straflosigkeit von DDR-Wahlfälschungen, in: StV 1992, 141ff.
Sauer, Heiner/Plumeyer, Hans-Otto, Der Salzgitter-Report. Die Zentrale Erfassungsstelle berichtet über Verbrechen im SED-Staat, Frankfurt am Main 1993.

Sauter, Alfred, Verjährung von SED-Unrecht – Überlegungen zum gesetzgeberischen Handlungsbedarf, in: DtZ 1992, 169 ff.
Schaefgen, Christoph, „DDR-Regierungskriminalität" – Erscheinungsformen und Probleme, in: RuP 1992, 191 ff.
ders., Die Strafverfolgung von Regierungskriminalität der DDR – Probleme, Ergebnisse, Perspektiven, in: RuP 1994, 150 ff.
ders., Amnestie für Systemunrecht?, in: RuP 1995, 135 ff.
ders., Der Honecker-Prozeß, in: Weber, Jürgen/Piazalo, Michael (Hrsg.), Eine Diktatur vor Gericht, München 1995.
ders., Vergangenheitsbewältigung durch die Justiz: Die Strafverfolgung von DDR-Regierungskriminalität, Regensburg 1996.
ders., Vergangenheitsbewältigung in justitieller Perspektive, in: Wüstenberg, Ralf K. (Hrsg.), Wahrheit, Recht und Versöhnung, Frankfurt am Main u.a. 1998, S. 49 ff.
ders., Opfer von SED-Unrecht im strafrechtlichen fassbaren Bereich, in: Baumann, Ulrich (Hrsg.), Politisch motivierte Verfolgung: Opfer von SED-Unrecht, Freiburg im Breisgau 1998, S. 37 ff.
Schätzler, Johann-Georg, Die versäumte Amnestie. Vorwärts gelebt, rückwärts nichts verstanden, in: NJ 1995, 57 ff.
Schäuble, Wolfgang, Der Vertrag, München 1993.
Schißau, Roland, Strafverfahren wegen MfS-Unrechts. Die Strafverfahren bundesdeutscher Gerichte nach 1989 gegen ehemalige Mitarbeiter des Ministeriums für Staatssicherheit der DDR, Berlin 2006.
Schlink, Bernhard, Rechtsstaat und revolutionäre Gerechtigkeit, in: NJ 1994, 433 ff.
Schmidt, Wilhelm, Verjährungsprobleme bei Straftaten der Mitarbeiter des Ministeriums für Staatssicherheit der ehemaligen DDR, in: NStZ 1995, 262 ff.
ders., Anmerkung zum Beschluss des BayObLG v. 24.8.1995 – 3 St 11/94, in: JR 1996, 430 ff.
Schmutzler, Georg-Siegfried, Gegen den Strom. Erlebnis aus Leipzig unter der Stasi, Göttingen 1992.
Schneiders, Uwe, Die Regelung über das materielle Strafrecht im Einigungsvertrag, in: MDR 1990, 1049 ff.
Scholten, Hans-Joseph, Zur Bedeutung von § 7 StGB für die Verfolgung von Straftaten des SED-Regimes, in: ZRP 1992, 476 ff.
Schönke, Adolf/Schröder, Horst, Strafgesetzbuch. Kommentar, 27. Auflage, München 2006 (zit.: Sch/Sch/*Bearbeiter*).
Schönke, Adolf/Schröder, Horst, Strafgesetzbuch. Kommentar, 30. Auflage, München 2019 (zit.: Sch/Sch/*Bearbeiter*).
Schoreit, Armin, Absolutes Strafverfahrenshindernis und absolutes U-Haftverbot bei begrenzter Lebenserwartung des Angeklagten? Bedeutung, Auswirkungen und Wirksamkeit des Beschlusses des Verfassungsgerichtshofs des Landes Berlin auf die im Verfahren gegen Erich Honecker eingelegte Verfassungsbeschwerde, in: NJW 1993, 881 ff.
Schreiber, Hans-Ludwig, Rückwirkungsverbot bei einer Änderung der Rechtsprechung, in: JZ 1973, 713 ff.
ders., Strafrechtliche Verantwortlichkeit für den Schußwaffengebrauch an der Grenze zwischen Bundesrepublik und DDR, in: Lampe, Ernst-Joachim (Hrsg.), Deutsche Wiedervereinigung, Die Rechtseinheit, Arbeitskreis Strafrecht, Band II, Die Verfolgung von Regierungskriminalität der DDR nach der Wiedervereinigung, Köln u.a. 1993, S. 53 ff.
ders., Die strafrechtliche Aufarbeitung von staatlich gesteuertem Unrecht, in: ZStW 107 (1995), 157 ff.

Schroeder, Friedrich-Christian, Der Täter hinter dem Täter, Berlin 1965.
ders., Zur Strafbarkeit der Fluchthilfe. Unter besonderer Berücksichtigung der Notwehrprobleme, in: JZ 1974, 113 ff.
ders., Notwehr bei Flucht aus der DDR, in: NJW 1978, 2577 ff.
ders., Menschenrechte im Strafverfahren und Strafvollzug, in: Brunner, Georg (Hrsg.), Menschenrechte in der DDR, 1. Auflage, Baden-Baden 1989, S. 257 ff.
ders., Zur Strafbarkeit von Tötungen im staatlichen Auftrag, in: JZ 1992, 990 ff.
ders., Die Rechtswidrigkeit der Flüchtlingserschießungen zwischen Transzendenz und Immanenz. Anmerkung zum Urteil des BGH vom 3.11.1992 – 5 StR 370/92, in: JR 1993, 45 ff.
ders., Rückwirkung milderen Rechts und Wiedervereinigung – Zugleich zum Wahlfälschungsurteil des BGH, in: NStZ 1993, 216 ff.
ders., Strafrechtliche Verantwortlichkeit für die Ausübung politischer Strafjustiz in der ehemaligen DDR, in: Lampe, Ernst-Joachim (Hrsg.), Deutsche Wiedervereinigung, Die Rechtseinheit, Arbeitskreis Strafrecht, Band II, Die Verfolgung von Regierungskriminalität der DDR nach der Wiedervereinigung, Köln u.a. 1993, S. 109 ff.
ders., Zur Verjährung von SED-Unrechtstaten, in: ZRP 1993, 244 ff.
ders., Die Entwicklung des politischen Strafrechts, in: Bundesministerium für Justiz (Hrsg.), Im Namen des Volkes? Über die Justiz im Staat der SED. Wissenschaftlicher Begleitband zur Ausstellung des Bundesministeriums der Justiz, Leipzig 1994, S. 107 ff.
ders., Der Sprung des Täters hinter dem Täter aus der Theorie in die Praxis. Zugleich Besprechungsaufsatz zum Urteil des BGH v. 26.7.94 – 5 StR 98/94, in: JR 1995, 177 ff.
ders., Die strafrechtliche Verfolgung von Unrechtstaten des SED-Regimes, in: Brunner, Georg (Hrsg.), Juristische Bewältigung des kommunistischen Unrechts in Osteuropa und Deutschland, Berlin 1995, S. 211 ff.
ders., §§ 246, 133 StGB auf dem Prüfstand der MfS-Postplünderungen – Zum Vorlagebeschluss des 5. Strafsenats des BGH, in: JR 1995, 95 ff.
ders., Der Sprung des Täters hinter dem Täter aus der Theorie in die Praxis, in: JR 1995, 177 ff.
ders., Zur Bergung schwimmender DDR-Flüchtlinge aus dänischen Gewässern gegen ihren Willen. Anmerkung zum Urteil des BGH vom 11.12.1997 – 4 StR 414/97, in: JZ 1998, 368.
ders./Verrel, Torsten, Strafprozessrecht, 7. Auflage, München 2017.
Schroeder, Klaus/Staadt, Jochen (Hrsg.), Die Todesopfer des DDR-Grenzregimes an der innerdeutschen Grenze 1949–1989. Ein biographisches Handbuch, Frankfurt am Main 2017.
Schroth, Hans-Jürgen, Differenzierung zwischen Inland und räumlichem Geltungsbereich des Strafrechts?, in: NJW 1981, 500 f.
Schuller, Wolfgang, Geschichte und Struktur des politischen Strafrechts der DDR bis 1968, Ebelsbach 1980.
Schulz, Lorenz, Rechtsbeugung und Missbrauch staatlicher Macht, in: StV 1995, 206 ff.
Schünemann, Bernd, Nulla poena sine lege?, Berlin u.a. 1978.
ders., Diskussionsbeitrag, in: Lampe, Ernst-Joachim (Hrsg.), Deutsche Wiedervereinigung, Die Rechtseinheit, Arbeitskreis Strafrecht, Band II, Die Verfolgung von Regierungskriminalität der DDR nach der Wiedervereinigung, Köln u.a. 1993, S. 48 f., 80 f.
ders., Dogmatische Sackgassen bei der Strafverfolgung der vom SED-Regime zu verantwortenden Untaten, in: Samson, Erich (Hrsg.), Festschrift für Gerald Grünwald zum siebzigsten Geburtstag, Baden-Baden 1999, S. 657 ff.
Schumacher, Björn, Rezeption und Kritik der Radbruchschen Formel, Göttingen 1985.
Schultz, Dietrich, Zum räumlichen Geltungsbereich des Strafrechts im geteilten Deutschland, in: JR 1968, 41 ff.

Schulze-Fielitz, Helmuth, Der Rechtsstaat und die Aufarbeitung der vorrechtsstaatlichen Vergangenheit, in: DVBl 1991, 893 ff.
Seebode, Manfred, Rechtsbeugung und Rechtsbruch, in: JR 1994, 1 ff.
Seidel, Knut, Rechtsphilosophische Aspekte der „Mauerschützen"-Prozesse, Berlin 1999.
Sélitrenny, Rita, Doppelte Überwachung – Geheimdienstliche Ermittlungsmethoden in den DDR-Untersuchungshaftanstalten, 1. Auflage, Berlin 2003.
Sendler, Horst, Unrechtsstaat und Amnestie, in: NJ 1995, 225 f.
ders., Rezension: Wolfgang Greive (Hrsg.), Amnestie für Straftaten unter der SED-Diktatur?, in: NJ 1996, 639.
ders., Strafrechtliche Aufarbeitung der DDR-Vergangenheit oder Amnestie?, in: NJW 1997, 3146 ff.
Siekmann, Hanno, Das Unrechtsbewusstsein der DDR-„Mauerschützen", Berlin 2005.
Simma, Bruno/Volk, Klaus, Der Spion, der aus der Kälte kam. Zur BGH-Entscheidung über die Strafbarkeit der DDR-Spionage, in: NJW 1991, 871 ff.
Spendel, Günter, Bundesgerichtshof und „Mauerschützen"-Prozeß, in: RuP 1993, 61 ff.
ders., Rechtsbeugung und Justiz, in: JZ 1995, 375 ff.
Spitzer, Giselher, Sicherungsvorgang Sport – Das Ministerium für Staatssicherheit und der DDR-Spitzensport, Bonn 2005.
ders., Wunden und Verwundungen. Sportler als Opfer des DDR-Dopingsystems. Eine Dokumentation, Köln 2007.
ders., Doping in der DDR. Ein historischer Überblick zu einer konspirativen Praxis. Genese – Verantwortung – Gefahren, 4. Auflage, Köln 2012.
Starck, Christian, Der Rechtsstaat und die Aufarbeitung der vorrechtsstaatlichen Vergangenheit. 1. Bericht, in: VVDStRL (51) 1992, 7 ff.
ders., Der Honecker-Beschluss des Berliner VerfGH, in: JZ 1993, 231 ff.
ders., Anmerkung [zu BVerfG v. 24.10.1996 – 2 BvR 1851–1853, 1875/94], in: JZ 1997, 143 ff.
ders., Die Todesschüsse an der innerdeutschen Grenze, in: JZ 2001, 1102 ff.
Statistisches Bundesamt (Hrsg.), Justizgeschäftsstatistik. Geschäftsentwicklung bei Gerichten und Staatsanwaltschaften seit 1995, Wiesbaden 2012.
dass., Rechtspflege 1996. Fachserie 10, Reihe 2: Gerichte und Staatsanwaltschaften, Wiesbaden 1997.
dass. (Hrsg.), Strafverfolgung 1989. Vollständiger Nachweis der einzelnen Straftaten, Wiesbaden 1991.
dass. (Hrsg.), Strafverfolgung 1996. Vollständiger Nachweis der einzelnen Straftaten, Wiesbaden 1997.
dass. (Hrsg.), Strafverfolgung 1997. Vollständiger Nachweis der einzelnen Straftaten, Wiesbaden 1999.
Steiger, Heinhard, Diskussionsbeitrag, in: 40 Jahre SED-Unrecht. Eine Herausforderung für den Rechtsstaat, ZG Sonderheft 2, München 1991, S. 81 ff.
Stein, Torsten, Diskussionsbeitrag, in: 40 Jahre SED-Unrecht. Eine Herausforderung für den Rechtsstaat, ZG Sonderheft 2, München 1991, S. 79 ff.
Stephan, Gerd-Rüdiger (Hrsg.), „Vorwärts immer, rückwärts nimmer!". Interne Dokumente zum Zerfall von SED und DDR 1988/89, Berlin 1994.
Straßburg, Wolfgang, Rückwirkungsverbot und Änderung der Rechtsprechung im Strafrecht, in: ZStW 1970, 948 ff.
Stuby, Gerhard, Der Honecker-Prozeß, in: DuR 1992, 416 ff.

Teichler, Hans Joachim (Hrsg.), Die Sportbeschlüsse des Politbüros. Eine Studie zum Verhältnis von SED und Sport mit einem Gesamtverzeichnis und einer Dokumentation ausgewählter Beschlüsse, Köln 2002.

Thiemrodt, Ivo, Strafjustiz und DDR-Spionage, Zur Strafverfolgung ehemaliger DDR-Bürger wegen Spionage gegen die Bundesrepublik, Berlin 2000.

Triffterer, Otto, Was kann das Völkerstrafrecht zur Bewältigung der Regierungskriminalität in der DDR beitragen?, in: Lampe, Ernst-Joachim (Hrsg.), Deutsche Wiedervereinigung, die Rechtseinheit, Arbeitskreis Strafrecht, Band II, Die Verfolgung von Regierungskriminalität der DDR nach der Wiedervereinigung, Köln u.a. 1993, S. 131ff.

Tröndle, Herbert, Rückwirkungsverbot bei Rechtsprechungswandel?, in: Jeschek, Hans-Heinrich/Lüttger, Hans (Hrsg.), Festschrift für Eduard Dreher zum 70. Geburtstag, Berlin u.a. 1977.

ders., Verjährungsprobleme bei der strafrechtlichen Verfolgung von SED-Unrechtstaten, in: Wolf, Jürgen (Hrsg.), 140 Jahre GA, Heidelberg 1993, S. 241ff.

ders./Fischer, Thomas, Strafgesetzbuch und Nebengesetze, Kommentar, 49. Auflage, München 1999.

dies., Strafgesetzbuch und Nebengesetze, 52. Auflage, München 2004.

dies., Strafgesetzbuch und Nebengesetze, 54. Auflage, München 2007.

Truth and Reconciliation Commission of South Africa (Hrsg.), Report, 5 Bände, Cape Town (South Africa) 1998.

Turner, George, Rechtsprobleme beim Doping im Sport, in: MDR 1991, 569ff.

Uerpmann, Robert, Die Ausreise von DDR-Bürgern aus Ungarn aus völkerrechtlicher Sicht, in: Jura 1990, 12ff.

Ulmen, Karl-Josef, Pharmakologische Manipulationen (Doping) im Leistungssport der DDR. Eine juristische Untersuchung, Frankfurt am Main u.a. 2000.

Untersuchungsausschuss des Deutschen Bundestages zum Bereich „Kommerzielle Koordinierung", Abschlussbericht, BT-Drucksache 12/7600, 1994.

Vormbaum, Moritz, An „Indispensable Component of the Elimination of Facism": War Crimes Trials and International Criminal Law in the German Democratic Republic, in: Bergsmo, Morten/Cheah, Wui Ling/Yi, Ping (Hrsg.), Historical Origins of International Criminal Law Vol. 2, Brüssel 2014, S. 397ff.

ders., Das Strafrecht der Deutschen Demokratischen Republik, Tübingen 2015.

ders., Das Strafrecht Nordkoreas – eine Annäherung, in: ZStW 2016, 245ff.

ders., Die Staatsanwaltschaft in der DDR, in: Kohl, Gerald/Reiter-Zatloukal, Ilse (Hrsg.), „...das Interesse des Staates zu wahren", Staatsanwaltschaften und andere Einrichtungen zur Vertretung öffentlicher Interessen, Wien 2018, S. 169ff.

ders., Wirtschaftsstrafrecht in der DDR, in: Haferkamp, Hans-Peter/Thiessen, Jan/Waldhoff, Christian (Hrsg.), Deutsche Diktatorische Rechtsgeschichte, Gedächtnisschrift für Rainer Schröder, Tübingen 2018, S. 93ff.

ders., Das Strafrecht der DDR – praktiziertes Feindstrafrecht?, in Steinberg, Georg (Hrsg.), Sozialistische Straftheorie und -praxis in Europa, Baden-Baden 2018, S. 255ff.

ders., Das Strafrecht der Deutschen Demokratischen Republik, in: Hilgendorf, Eric/Kudlich, Hans/Valerius, Brian (Hrsg.), Handbuch des Strafrechts, Band 1, Heidelberg 2018, S. 437ff.

ders., Laiengerichtsbarkeit in der Deutschen Demokratischen Republik, in: Kohl, Gerald/Reiter-Zatloukal, Ilse (Hrsg.), Laien in der Gerichtsbarkeit. Geschichte und aktuelle Perspektiven, Wien 2019, S. 305ff.

Vormbaum, Thomas, Zur strafrechtlichen Verantwortlichkeit von DDR-Richtern wegen Rechtsbeugung, in: NJ 1993, 212ff.
ders., Zur Strafbarkeit der Fälschung von DDR-Wahlen nach bundesdeutschem Recht, in: Gesellschaft der Freunde der FernUniversität e.V. (Hrsg.), Jahrbuch 1994 der Gesellschaft der Freunde der FernUniversität e.V., Hagen 1994, S. 79ff.
ders., Probleme der Strafrechtsanwendung im vereinigten Deutschland. Rechtlicher Rahmen und ausgewählte Einzelprobleme, in: StV 1991, 176ff.
Vassalli, Giuliano, Radbruchsche Formel und Strafrecht. Zur Bestrafung der „Staatsverbrechen" im postnazistischen und postkommunistischen Deutschland, Berlin, New York 2010.
Wagner, Walter, Aus der Rechtsprechung in Staatsschutzverfahren, in: GA 1966, 65ff.
ders., Zur Auslegung der Staatsschutzvorschriften über den Schutz der persönlichen Freiheit, Teil I, in: MDR 1967, 629ff.
Wassermann, Rudolf, „Kein zweierlei Maß bei NS- und SED-Verbrechen", in: Universitas 1991, 1031ff.
ders., Zur Anwendung der sogenannten Radbruchschen Formel auf Unrechtsurteile der DDR-Justiz, in: NJW 1992, 878f.
ders., Die strafrechtliche Aufarbeitung der DDR-Vergangenheit, in: RuP 1992, 121ff.
ders., Zweifelsfragen bei der Verfolgung der DDR-Funktionärskriminalität, in: RuP 1992, 204ff.
ders., Regierungskriminalität und justitielle Aufarbeitung. Möglichkeiten und Grenzen, in: DRiZ 1993, 137ff.
ders., Zum Ausgang des Strafverfahrens gegen Honecker, in: RuP 1993, 14ff.
ders., Zum Ende des Honecker-Verfahrens, in: NJW 1993, 1567f.
ders., Dritte Schuld der Deutschen? Die neue Amnestiedebatte belastet die Strafverfolgung, in: RuP 1994, 138ff.
ders., Schlußstrich unter die SED-Verbrechen? Zur Debatte um eine Amnestie für SED-Funktionärs- und DDR-Regierungskriminalität, in: NJW 1994, 2666ff.
ders., Die DDR-Denunzianten und der Bundesgerichtshof, in: NJW 1995, 931ff.
ders., Amnestie – eine endlose Debatte?, in: NJW 1998, 204ff.
Weber, Klaus, Die Verfolgung des SED-Unrechts in den neuen Ländern, in: GA 1993, 195ff.
ders., Praktische Probleme der Verfolgbarkeit staatlichen Unrechts der ehem. DDR, in: Lampe, Ernst-Joachim (Hrsg.), Deutsche Wiedervereinigung, die Rechtseinheit, Arbeitskreis Strafrecht, Band II, Die Verfolgung von Regierungskriminalität der DDR nach der Wiedervereinigung, Köln u.a. 1993, S. 39ff.
ders., Die Wahlfälschungen in Dresden. Zugleich ein Besprechungsaufsatz zum Urteil des BGH vom 3.11.1994 – Az. 3 StR 62/94 – in dem Strafverfahren gegen Dr. Hans Modrow u.a. wegen Anstiftung zur Wahlfälschung, in: JR 1995, 403ff.
Welke, Wanja Andreas, Rückwirkungsverbot zugunsten staatlicher Kriminalität? in: KJ 1995, 369ff.
Wengler, Wilhelm, Anmerkung zum Urteil des BGH vom 26.11.1980 – Az. 3 StR 393/80 (S), in: JR 1981, 206ff.
Wentker, Hermann, Justiz in der SBZ/DDR 1945–1953. Transformation und Rolle ihrer zentralen Institutionen, München 2001.
Werkentin, Falco, Politische Strafjustiz in der Ära Ulbricht, Berlin 1995.
ders., Strafjustiz im politischen System der DDR: Fundstücke zur Steuerungs- und Eingriffspraxis des zentralen Parteiapparates der SED, in: Rottleuthner, Hubert (Hrsg.), Steuerung der Justiz in der DDR, Köln 1994, S. 93ff.

ders., „Souverän ist, wer über den Tod entscheidet". Die SED-Führung als Richter und Gnadeninstanz bei Todesurteilen, in: DA 1998, 179 ff.
ders., Das Ausmaß politischer Strafjustiz in der DDR, in: Baumann, Ulrich (Hrsg.), Politisch motivierte Verfolgung: Opfer von SED-Unrecht, Freiburg im Breisgau 1998, S. 49 ff.
ders., Zur Dimension politischer Inhaftierungen in der DDR 1949–1989, in: Müller, Klaus-Dieter/Stephan, Annegret (Hrsg.), Die Vergangenheit lässt uns nicht los. Haftbedingungen politischer Gefangener in der SBZ/DDR und deren gesundheitliche Folgen, Berlin 1998, S. 139 ff.
Werle, Gerhard, Justiz-Strafrecht und polizeiliche Verbrechensbekämpfung im Dritten Reich, Berlin u.a. 1989.
ders., Der Holocaust als Gegenstand der bundesdeutschen Strafjustiz, in: NJW 1992, 2529 ff.
ders., We Asked for Justice and Got the Rule of Law – German Courts and the Totalitarian Past, in: South African Journal on Human Rights 1995, 70 ff.
ders., Criminal Justice and State Criminality. The Current German Position, in: Rwelamira, Medard/Werle, Gerhard (Hrsg.), Confronting Past Injustices. Approaches to Amnesty, Punishment, Reparation and Restitution in South Africa and Germany, Durban 1996, S. 21 ff.
ders., Without Truth, No Reconciliation. The South African Rechtsstaat and the Apartheid Past, in: Verfassung und Recht in Übersee. Law and politics in Africa, Asia and Latin America 1996, 58 ff.
ders., Ohne Wahrheit keine Versöhnung. Der südafrikanische Rechtsstaat und die Apartheid-Vergangenheit, Antrittsvorlesung vom 18. Mai 1995, Öffentliche Vorlesungen Humboldt-Universität zu Berlin, Heft 60, Berlin 1996 (Internet-Ausgabe: http://www.rewi.hu-berlin.de/HFR/6-1996/).
ders., Menschenrechtsschutz durch Völkerstrafrecht, in: ZStW 109 (1997), 808 ff.
ders., Neue Wege: Die südafrikanische Wahrheitskommission – Modell für den Umgang mit schweren Menschenrechtsverletzungen?, in: Osnabrücker Jahrbuch Frieden und Wissenschaft V/1998, S. 221 ff.
ders., Rückwirkungsverbot und Staatskriminalität, in: NJW 2001, 3001 ff.
ders./Burghardt, Boris, Die mittelbare Mittäterschaft – Fortentwicklung deutscher Strafrechtsdogmatik im Völkerstrafrecht?, in: Bloy, René/Böse, Martin/Hillenkamp, Thomas/Momsen, Carsten/Rackow, Peter (Hrsg.), Gerechte Strafe und legitimes Strafrecht, Festschrift für Manfred Maiwald zum 75. Geburtstag, Berlin 2010, S. 851 ff.
ders./Jeßberger, Florian, Völkerstrafrecht, 5. Auflage, Tübingen 2020.
ders./Vormbaum, Moritz, After the Fall of the Berlin Wall – Transitional Justice in Germany, in: Popovski, Vesselin/Serrano, Mónica (Hrsg.), After Oppression – Transitional Justice in Eastern Europe and Latin America, Tokio 2012, S. 298 ff.
ders./Vormbaum, Moritz, Die Herstellung der Strafrechtseinheit nach der deutschen Vereinigung, Der Allgemeine Teil des Strafrechts, in: Joerden, Jan C./Schmoller, Kurt (Hrsg.), Rechtsstaatliches Strafen, Festschrift für Keiichi Yamanaka zum 70. Geburtstag, Berlin 2017, S. 833 ff.
ders./Vormbaum, Moritz, Die Herstellung der Strafrechtseinheit nach der deutschen Vereinigung, Der Besondere Teil des Strafrechts, in: Safferling, Christoph/Kett-Straub, Gabriele/Jäger, Christian/Kudlich, Hans (Hrsg.), Festschrift für Franz Streng zum 70. Geburtstag, Heidelberg 2017, S. 163 ff.
ders./Vormbaum, Moritz, Transitional Criminal Justice after German Unification, in: Diritto Penale Contemporaneo, Rivista Trimestrale 4/2018, 273 ff.

ders./Vormbaum, Moritz, Transitional Justice. Vergangenheitsbewältigung durch Recht, Berlin 2018.

ders./Vormbaum, Moritz, Mauerfall und Transitional Justice, in: NJW 2019, 3282ff.

ders./Wandres, Thomas, Auschwitz vor Gericht. Völkermord und bundesdeutsche Strafjustiz, Berlin 1995.

Wesel, Uwe, Der Honecker-Prozess: ein Staat vor Gericht, Frankfurt am Main 1994.

ders., Der Honecker-Prozess. Über den Rechtsstaat, seine Peinlichkeiten und seine Schwierigkeiten, in: KJ 1993, 198ff.

Widmaier, Gunter, Strafbarkeit der DDR-Spionage gegen die Bundesrepublik – auch noch nach der Wiedervereinigung?, in: NJW 1990, 3169ff.

ders., Verfassungswidrige Strafverfolgung der DDR-Spionage: Verstoß gegen das Rückwirkungsverbot des Art. 103 Abs. 2 GG, in: NJW 1991, 2460ff.

ders., Vom Grundsatz des rechtsstaatlichen Vertrauensschutzes, Zur Strafverfolgung von Bürgern der ehemaligen DDR wegen Spionage gegen die Bundesrepublik, in: KritV 1994, 377ff.

Wilke, Dieter, Landesverfassungsgerichtsbarkeit und Einheit des Bundesrechts. Bemerkungen aus Anlass des Honecker-Beschlusses des Berliner Verfassungsgerichtshofs, in: NJW 1993, 887ff.

Willnow, Günter, Die Rechtsprechung des 5. (Berliner) Strafsenats des Bundesgerichtshofs zur strafrechtlichen Bewältigung der mit der deutschen Vereinigung verbundenen Probleme, in: JR 1997, 221ff. und 265ff.

Wilms, Heiner/Ziemske, Burkhardt, Gesetzliches Unrecht und übergesetzliches Recht?, in: ZRP 1994, 170ff.

Wimmer, August, Die Bestrafung von Humanitätsverbrechen und der Grundsatz „nullum crimen sine lege“, in: SJZ 1947, 123ff.

Woesner, Horst, Deutsch-deutsche Strafrechtskonflikte, in: ZRP 1976, 248ff.

Wolff, Friedrich, Die strafrechtliche Beurteilung der Schüsse an der innerdeutschen Grenze als Teilkomplex der juristischen Aufarbeitung der „Regierungskriminalität“ in der DDR, in: Lampe, Ernst-Joachim (Hrsg.), Deutsche Wiedervereinigung, die Rechtseinheit, Arbeitskreis Strafrecht, Band II, Die Verfolgung von Regierungskriminalität der DDR nach der Wiedervereinigung, Köln u.a. 1993, S. 67ff.

ders. (Hrsg.), Das Politbüro der DDR vor Gericht, Berlin 2016.

Wolfslast, Gabriele, Anmerkung zu BGH, Beschluss vom 31.3.1993 – 3 Bjs 512/90-2 (141)-AK 5/93, in: NStZ 1994, 542ff.

Wunschik, Tobias, Der DDR-Strafvollzug unter dem Einfluss der Staatssicherheit in den siebziger und achtziger Jahren, in: Engelmann, Roger/Vollnhals, Clemens (Hrsg.), Justiz im Dienste der Parteiherrschaft. Rechtspraxis und Staatssicherheit in der DDR, Berlin 1999, S. 467ff.

ders., Das „Organ Strafvollzug“ im Ministerium des Inneren der DDR, in: Timmermann, Heiner (Hrsg.), Die DDR – Politik und Ideologie als Instrument, Berlin 1999, S. 489ff.

ders., Die Strafvollzugspolitik des SED-Regimes und die Behandlung der Häftlinge in den Gefängnissen der DDR, in: Timmermann, Heiner (Hrsg.), Deutsche Fragen. Von der Teilung zur Einheit, Berlin 2001, S. 257ff.

Wüstenberg, Ralf K. (Hrsg.), Wahrheit, Recht und Versöhnung. Auseinandersetzung mit der Vergangenheit nach den politischen Umbrüchen in Südafrika und Deutschland, Frankfurt am Main u.a. 1998.

ders., Versöhnung durch Wahrheit: Die politische Dimension der Versöhnung in Südafrika und Deutschland, in: ders. (Hrsg.), Wahrheit, Recht und Versöhnung. Auseinandersetzung mit der Vergangenheit nach den politischen Umbrüchen in Südafrika und Deutschland, Frankfurt am Main u.a. 1998, S. 107 ff.

Wullweber, Helga, Die Mauerschützen-Urteile, in: KJ 1993, 49 ff.

Zahn, Hans-Eberhard, Haftbedingungen und Geständnisproduktion in den Untersuchungs-Haftanstalten des MfS, 5. Auflage, Berlin 2005.

Zarneckow, Reinhart, Keine Verlängerung strafrechtlicher Verjährungsfristen, in: DRiZ 1997, 314 f.

Zentrum für Zeithistorische Forschung Potsdam/Stiftung Berliner Mauer (Hrsg.), Die Todesopfer an der Berliner Mauer 1961–1989. Ein biographisches Handbuch, Berlin 2009.

Zieger, Gottfried, Das neue Gesetz über die Staatsgrenze der DDR, in: ROW 1983, 1 ff.

Zielcke, Andreas, Diskussion: Amnestie für in der DDR-begangene Straftaten? Gnade vor Recht?, in: KJ 1990, 460 ff.

Zimmermann, Stefan, Anmerkung zum Urteil des LG Berlin vom 10.6.1994 – (507) 2 Js 596/92 KLs (98/93), in: NJ 1994, 589 f.

ders., Die strafrechtliche „Bewältigung" der deutschen Diktaturen, in: JuS 1996, 865 ff.

ders., Strafrechtliche Vergangenheitsaufarbeitung und Verjährung. Rechtsdogmatische und -politische Analyse mit vergleichenden Ausblicken nach Tschechien, Ungarn und Frankreich, Freiburg im Breisgau 1997.

Quellenverzeichnis

Bundesbeauftragter für Stasi-Unterlagen, 14. Tätigkeitsbericht für die Unterlagen des Staatsicherheitsdienstes der ehemaligen Deutschen Demokratischen Republik für die Jahre 2017 und 2018, Berlin 2019.

Bundesministerium der Justiz (Hrsg.), Im Namen des Volkes? Über die Justiz im Staat der SED. Katalog zur Ausstellung des Bundesministeriums der Justiz, Leipzig 1994.

Generalbundesanwalt, „Niederschrift über die wesentlichen Ergebnisse der Arbeitstagung der Bundesanwaltschaft und der Generalstaatsanwälte bei den nach § 120 GVG zuständigen Oberlandesgerichten über Auswirkungen der Entscheidung des Bundesverfassungsgerichts vom 15. Mai 1995 auf Ermittlungs- und Strafverfahren wegen Landesverrats u.a. am 3./4. Juli 1995 in Würzburg". (zitiert: GBA, Niederschrift).

Generalstaatsanwalt bei dem Kammergericht Berlin, „Bericht über die Tätigkeit der Arbeitsgruppe Regierungskriminalität bei der Staatsanwaltschaft bei dem Kammergericht für die Zeit vom 3. Oktober 1990 bis zum 15. April 1992", v. 24.4.1992, Az. 1083/2 GStA. (zitiert: GStA bei dem KG Berlin, Bericht 1992).

ders., „Bericht über die Tätigkeit der Arbeitsgruppe Regierungskriminalität bei der Staatsanwaltschaft bei dem Kammergericht für die Zeit vom 16. April 1992 bis zum 1. April 1993", v. 16.4.1993, Az. 1083/2 GStA. (zitiert: GStA bei dem KG Berlin, Bericht 1993).

ders., „Bericht über die Tätigkeit der Arbeitsgruppe Regierungskriminalität bei der Staatsanwaltschaft bei dem Kammergericht für die Zeit vom 1. April 1993 bis zum 15. März 1994", v. 29.3.1994, Az. 1083/2 GStA. (zitiert: GStA bei dem KG Berlin, Bericht 1994).

Landesbeauftragte für Mecklenburg-Vorpommern für die Unterlagen des Staatssicherheitsdienstes der Ehemaligen DDR, Staatsdoping in der DDR: eine Einführung, Schwerin 2017.

Leiter der Schwerpunktabteilung der StA Neuruppin, Bericht an den Generalstaatsanwalt des Landes Brandenburg, v. 19.6.1996, Az. 326-32.

Leiter der Schwerpunktabteilung „SED-Unrecht" bei der StA Magdeburg, Mitteilung v. 5.2.1997, Az. 4110/1 E.

ders., Bericht an die Generalstaatsanwaltschaft in Naumburg v. 14.8.1992, Az. 4110 E-1.

ders., Bericht an das Ministerium der Justiz des Landes Sachsen-Anhalt v. 11.2.1994, Az. 4110/1 E.

ders., Mitteilung an das Ministerium für Justiz des Landes Sachsen-Anhalt v. 17.8.1995, Az. 4110/1 E.

Leiter der Schwerpunktabteilung der StA Potsdam, Bericht über die Tätigkeit der Schwerpunktabteilung für Bezirkskriminalität der Staatsanwaltschaft Potsdam für die Zeit vom 1. Juli 1992 bis 31. Juli 1993, v. 6.8.1993.

Sächsisches Staatsministerium der Justiz, Abteilung III, Vermerk v. 20.4.1994 zur 65. Konferenz der Justizministerinnen und -minister vom 3.–5. Mai 1994 in Hamburg.

Schwerpunktabteilung „SED-Unrecht" bei der Staatsanwaltschaft Dresden: Mitteilung v. 20.4. 1994.

Senatorin für Justiz in Berlin, „Bewältigung der Regierungs- und Vereinigungskriminalität und des Justizunrechts" v. 15.11.1994 zur Herbstkonferenz der Justizministerinnen und -minister am 22. und 23. November 1994 in Hamburg (Verfahrensstand: 3.10.1990 bis Stichtag 30.9.1994). (zitiert: *Senatorin für Justiz Berlin*, Bericht 1994).

dies., „Aktueller Stand und Bewältigung der Regierungs- und Vereinigungskriminalität sowie des Justizunrechts" v. 7.6.1995 zur 66. Konferenz der Justizministerinnen und -minister

https://doi.org/10.1515/9783110597356-006

vom 12. bis 14. Juni 1995 in Dessau (Verfahrensstand: 31.3.1995). (zitiert: *Senatorin für Justiz Berlin* , Bericht 1995).

dies., „Aktueller Stand und Bewältigung der Regierungs- und Vereinigungskriminalität sowie des Justizunrechts – Jahresbericht" v. 23.5.1996 zur 67. Konferenz der Justizministerinnen und -minister vom 3. bis 5. Juni 1995 in Wiesbaden (Verfahrensstand: 31.3.1996). (zitiert: *Senatorin für Justiz Berlin*, Bericht 1996).

dies., „Bewältigung der Regierungs- und Vereinigungskriminalität sowie des Justizunrechts – Bericht zum aktuellen Stand" v. 29.5.1997 zur 68. Konferenz der Justizministerinnen und -minister vom 11. und 12. Juni 1997 in Saarbrücken (Verfahrensstand: 31.3.1997). (zitiert: *Senatorin für Justiz Berlin*, Bericht 1997).

Senator für Justiz in Berlin, „Bewältigung der Regierungs- und Vereinigungskriminalität sowie des Justizunrechts – Bericht zum aktuellen Stand" v. 4.6.1998 zur 69. Konferenz der Justizministerinnen und -minister vom 17. und 18. Juni 1998 in Warnemünde (Verfahrensstand: 31.3.1998). (zitiert: *Senator für Justiz Berlin*, Bericht 1998).

Staatsanwaltschaft bei dem Kammergericht, Aus dem Schlußvortrag der Staatsanwaltschaft bei dem Kammergericht, Arbeitsgruppe Regierungskriminalität, im NVR-Verfahren. in: RuP 1994, 20.

Zeitweiliger Ausschuss der Volkskammer zur Überprüfung von Fällen des Amtsmissbrauchs, der persönlichen Bereicherung und anderen Verdachts der Gesetzesverletzung, Protokolle: BArch Berlin, DA 1, 16355 (Stenographische Protokolle: BArch Berlin, DA 1, 16356).

ders., Eingaben und Anzeigen aus der Bevölkerung an den Untersuchungsausschuss: BArch Berlin, DA 1, 16358–16373.

Tabellenverzeichnis

https://doi.org/10.1515/9783110597356-007

Personenregister

https://doi.org/10.1515/9783110597356-008

Sachregister

https://doi.org/10.1515/9783110597356-009

Bei Fragen zur Produktsicherheit wenden Sie sich bitte an:
If you have any questions regarding product safety,
please contact:

Walter de Gruyter GmbH
Genthiner Straße 13
10785 Berlin
productsafety@degruyterbrill.com